ANALYSEN
FESTSCHRIFT FÜR HANS HEINRICH EGGEBRECHT

BEIHEFTE ZUM
ARCHIV FÜR MUSIKWISSENSCHAFT

BAND XXIII

FRANZ STEINER VERLAG WIESBADEN GMBH
STUTTGART 1984

ANALYSEN

BEITRÄGE ZU EINER PROBLEMGESCHICHTE
DES KOMPONIERENS

FESTSCHRIFT FÜR
HANS HEINRICH EGGEBRECHT
ZUM 65. GEBURTSTAG

HERAUSGEGEBEN VON
WERNER BREIG,
REINHOLD BRINKMANN
UND ELMAR BUDDE

FRANZ STEINER VERLAG WIESBADEN GMBH
STUTTGART 1984

CIP-Kurztitelaufnahme der Deutschen Bibliothek

Analysen: Beitr. zu e. Problemgeschichte d. Komponierens; Festschr. für Hans Heinrich Eggebrecht zum
65. Geburtstag / hrsg. von Werner Breig . . . –
Stuttgart : Steiner -Verlag-Wiesbaden, 1984.
(Beihefte zum Archiv für Musikwissenschaft ; Bd. 23)
    ISBN 3-515-03662-8
NE: Breig, Werner [Hrsg.]; Archiv für Musikwissenschaft / Beihefte; Eggebrecht, Hans Heinrich: Festschrift

INHALT

Vorwort

Am 5. Januar 1984 wird Hans Heinrich Eggebrecht, Ordinarius für Musikwissenschaft an der Albert-Ludwigs-Universität Freiburg im Breisgau, fünfundsechzig Jahre alt. Kollegen und ehemalige Schüler haben sich zusammengefunden, um den Jubilar mit einer Festschrift zu ehren.

Die thematische Ausrichtung der Festschrift — siebenundzwanzig Analysen zur europäischen Musikgeschichte vom Mittelalter bis zur Gegenwart — ist nicht zufällig; sie bezieht sich in der Akzentuierung einer historischen Dimension, in ihrem theoretischen Interesse und in ihrer praktischen Ausführung auf eines jener zentralen Arbeitsgebiete Hans Heinrich Eggebrechts, in dem dieser der Wissenschaft von der Musik entscheidende neue Impulse gegeben hat — in der Forschung wie in der Lehre. (Daß ähnlich eine Ausrichtung auf eine Vielzahl anderer Wissenschaftsbereiche möglich gewesen wäre: Terminologie, Lexikographie, Rezeptionsforschung, Prinzipien der europäischen Musikgeschichte, musikhistorische Methodologie, Musikgeschichtsschreibung zentraler Epochen — um nur einige zu nennen, bezeugt den Perspektivenreichtum wie die Intensität, mit denen hier ein Wissenschaftler das Spektrum seines Fachs erweitert.)

Die Autoren wissen sich mit Hans Heinrich Eggebrecht einig in der Überzeugung, daß europäische Musikgeschichte heute wesentlich geschrieben werden kann aus der Erkenntnis der Struktur und des Gehalts der Werke. Von Eggebrecht selbst stammt die Idee einer ‚Musikgeschichte in Analysen‘; die Festschrift versteht sich als ein Beitrag dazu. Die Beschreibung und Problematisierung kompositorischer Verfahren an ausgewählten Fixpunkten der Musikgeschichte erhellt somit nicht nur die Individualität der Werke selbst, sondern schließt sich zu Aspekten einer Problemgeschichte des Komponierens zusammen.

Die Drucklegung wäre ohne finanzielle Hilfe nicht möglich gewesen. Hierfür sei Herrn Dr. Werner Walcker-Meyer (Walcker-Stiftung für orgelwissenschaftliche Forschung), Herrn Dr. Paul Sacher, der Stadt Freiburg im Breisgau, der Gödecke-Aktiengesellschaft Freiburg und der Rhodia-AG Freiburg herzlich gedankt. Dank gebührt auch dem Franz Steiner Verlag, der sich das Projekt zu eigen gemacht und mit großem Einsatz betreut hat.

Die redaktionelle und organisatorische Hilfe der Kollegen Fritz Reckow und Albrecht Riethmüller sei dankbar vermerkt.

Werner Breig   Reinhold Brinkmann   Elmar Budde

Bibliographie Hans Heinrich Eggebrecht

Zusammengestellt von
Sabine Ehrmann

A) PUBLIKATIONEN

I. SELBSTÄNDIGE SCHRIFTEN

1. *Melchior Vulpius, Leben und Werk*, Phil. Diss. Jena 1949 (maschr.).
   Als Auszüge sind erschienen: *Melchior Vulpius*, MuK XX, 1950; *Die Matthäus-Passion von Melchior Vulpius (1613)*, Mf III, 1950; *Die Kirchenweisen von Melchior Vulpius*, MuK XXIII, 1953; *Das Leben des Melchior Vulpius*, in: Festschrift Max Schneider zum 80. Geburtstag, hg. von W. Vetter, Leipzig 1955.
2. *Studien zur musikalischen Terminologie*, = Akademie der Wissenschaften und der Literatur Mainz, Abh. der geistes- und sozialwiss. Kl., Jg. 1955, Nr. 10, Wiesbaden 1955; 2. Aufl. (mit einem Nachwort) Wiesbaden 1968.
   Zugleich Habilitationsschrift Freiburg i. Br. 1955.
3. *Heinrich Schütz. Musicus poeticus*, = Kleine Vandenhoeck-Reihe 84, Göttingen 1959.
4. *Die Orgelbewegung*, = Veröffentlichungen der Walcker-Stiftung für orgelwissenschaftliche Forschung, hg. von H. H. Eggebrecht (abgekürzt: VdWSt), H. 1, Stuttgart 1967.
5. *Schütz und Gottesdienst. Versuch über das Selbstverständliche*, = VdWSt H. 3, Stuttgart 1969.
6. (Zusammen mit Frieder Zaminer:) *Ad organum faciendum. Lehrschriften der Mehrstimmigkeit in nachguidonischer Zeit*, = Neue Studien zur Musikwissenschaft III, Mainz 1970.
7. *Zur Geschichte der Beethoven-Rezeption. Beethoven 1970*, = Akademie der Wissenschaften und der Literatur Mainz, Abh. der geistes- und sozialwiss. Kl., Jg. 1972, Nr. 3, Wiesbaden 1972.
8. *Versuch über die Wiener Klassik. Die Tanzszene in Mozarts „Don Giovanni"*, = BzAfMw XII, Wiesbaden 1972.
9. *Musikalisches Denken. Aufsätze zur Theorie und Ästhetik der Musik*, = Taschenbücher zur Musikwissenschaft 46, Wilhelmshaven 1977.
   Enthält Nr. II., 12, 25, 45, 50, 52, 55, 56 und 60.
10. *Sinn und Gehalt. Aufsätze zur musikalischen Analyse*, = Taschenbücher zur Musikwissenschaft 58, Wilhelmshaven 1979.
    Enthält Nr. II., 27, 29, 33, 41, 42, 44, 62, 66 und 67.
11. *Die Musik Gustav Mahlers*, München 1982.

II. AUFSÄTZE IN ZEITSCHRIFTEN, FESTSCHRIFTEN UND SAMMELBÄNDEN

1. *Zur Antithese Geistlich – Weltlich*, Musica IV, 1950.
2. *Von der Musikalität der Dichtung*, Musica IV, 1950.
3. *Die Musiker-Legenden des Simeon Metaphrastes*, Musica IV, 1950.
4. *Bach und Leibniz*, Bericht über die Wissenschaftliche Bachtagung der Gesellschaft für Musikforschung Leipzig 1950, hg. von W. Vetter und E. H. Meyer, Leipzig 1951.
5. *Der Begriff des Komischen in der Musikästhetik des 18. Jahrhunderts*, Mf IV, 1951.

6. *Terminus „Ricercar"*, AfMw IX, 1952.

7. *Scheibe gegen Bach – im Notenbeispiel*, Das Musikleben V, 1952.

8. *Aus der Werkstatt des terminologischen Handwörterbuchs*, Kgr.-Ber. Utrecht 1952, Amsterdam 1953.

9. *Zur Geschichte des „Konzert"-Begriffs*, in: Jahrbuch der Niederrheinischen Musikfeste 1952.

10. *Musikerziehung und Musikwissenschaft*, Kgr.-Ber. Bamberg 1953, Kassel 1954.

11. *Johann Pachelbel als Vokalkomponist*, AfMw XI, 1954.

12. *Das Ausdrucks-Prinzip im musikalischen Sturm und Drang*, DVjs. XXIX, 1955.
    Aufgenommen in: *Musikalisches Denken*, s. o. Nr. I., 9.

13. *Johann Pachelbel. Zu seinem 250. Todestag*, Musica X, 1956.

14. *Zum Wort-Ton-Verhältnis in der „Musica poetica" von J. A. Herbst*, Kgr.-Ber. Hamburg 1956, Kassel 1957.

15. *Über Bachs geschichtlichen Ort*, DVjs. XXXI, 1957.
    Nachdruck (mit einem Nachwort 1969) in: *Johann Sebastian Bach*, hg. von W. Blankenburg, = Wege der Forschung CLXX, Darmstadt 1970.

16. *Arten des Generalbasses im frühen und mittleren 17. Jahrhundert*, AfMw XIV, 1957.

17. *Zwei Nürnberger Orgel-Allegorien des 17. Jahrhunderts. Zum Figur-Begriff der Musica poetica*, MuK XXVII, 1957.

18. *Walthers Musikalisches Lexikon in seinen terminologischen Partien*, AMl XXIX, 1957.

19. *Ein Musiklexikon von Christoph Demantius*, Mf X, 1957.

20. *Ars musica. Musikanschauung des Mittelalters und ihre Nachwirkungen*, Die Sammlung XII, 1957.

21. *Barock als musikgeschichtliche Epoche*, in: *Aus der Welt des Barock*, Stuttgart 1957.

22. *„Diaphonia vulgariter organum"*, Kgr.-Ber. Köln 1958, Kassel 1959.

23. *Zum Figur-Begriff der Musica poetica*, AfMw XVI, 1959 (Festheft Wilibald Gurlitt zum 70. Geburtstag).

24. *Ordnung und Ausdruck im Werk von Heinrich Schütz*, MuK XXXI, 1961.
    Zugleich als Broschüre Kassel 1961.

25. *Musik als Tonsprache*, AfMw XVIII, 1961.
    Aufgenommen in: *Musikalisches Denken*, s. o. Nr. I., 9.

26. *Der Begriff des „Neuen" in der Musik von der Ars nova bis zur Gegenwart (The Concept of the „New" in Music from the Ars nova to the Present Day)*, Kgr.-Ber. New York 1961, Kassel 1961.

27. *Machauts Motette Nr. 9*, Teil I, AfMw XIX/XX, 1962/1963.
    Aufgenommen in: *Sinn und Gehalt*, s. o. Nr. I., 10.

28. *Das Weimarer Tabulaturbuch von 1704*, AfMw XXII, 1965.

29. *Machauts Motette Nr. 9*, Teil II, AfMw XXV, 1968.
    Aufgenommen in: *Sinn und Gehalt*, s. o. Nr. I., 10.

30. *Das Handwörterbuch der musikalischen Terminologie*, Archiv für Begriffsgeschichte XII, 1968.

31. (Zusammen mit Fritz Reckow:) *Das Handwörterbuch der musikalischen Terminologie*, AfMw XXV, 1968.

32. (Zusammen mit Wolf Frobenius und Fritz Reckow:) *Bericht II über das Handwörterbuch der musikalischen Terminologie, anläßlich der Vorlage von vier Musterartikeln*, AfMw XXVII, 1970.

33. *Prinzipien des Schubert-Liedes*, AfMw XXVII, 1970.
    Aufgenommen in: *Sinn und Gehalt*, s. o. Nr. I., 10; als Vorfassung *Der „Ton" als ein Prinzip des Schubert-Liedes* auch in: Colloquium Musik und Wort Brünn 1969, Brünn 1973.

34. *Gedanken über die Aufgabe, die Geschichte der Musiktheorie des hohen und späten Mittelalters zu schreiben*, in: *Über Musiktheorie*, Referate der Arbeitstagung 1970 in Berlin, hg. von Fr. Zaminer, = Veröff. des Staatl. Inst. für Musikf. Preuß. Kulturbes. V, Köln 1970.

35. *Cantio mundi.* Über Dietrich von Bausznerns ‚Cantio mundi', Der Chordirigent, Oktober 1970 (Nr. 36).

36. *Über Adornos „Zur Musikpädagogik",* Musik und Bildung III, 1971.

37. *Beethoven und der Begriff der Klassik,* in: Bericht über das Beethoven-Symposion Wien 1970, = Sitzungsberichte der Österreichischen Akademie der Wissenschaften, phil.-hist. Kl. CCLXXI, = Veröff. der Kommission für Musikf. H. 12, Wien 1971.

38. *Organum purum,* in: *Musikalische Edition im Wandel des historischen Bewußtseins,* hg. von Thr. G. Georgiades, = Musikwissenschaftliche Arbeiten XXIII, Kassel 1971.

39. *Über den Sachteil des Riemann Musiklexikons,* in: Internationales Zusammentreffen der Musiklexikographen, in: Studia Minora Facultatis Philosophicae Universitatis Brunensis, H. 6, Brünn 1971.

40. *Wissenschaftsorientierte Schulmusik,* Musik und Bildung IV, 1972.

41. *Musikalische Analyse (Heinrich Schütz),* in: Musicological Annual VIII, Ljubljana 1972.
Aufgenommen in: *Sinn und Gehalt,* s. o. Nr. I., 10.

42. *Zur Methode der musikalischen Analyse,* in: Festschrift Erich Doflein zum 70. Geburtstag, hg. von L. U. Abraham, Mainz 1972.
Aufgenommen in: *Sinn und Gehalt,* s. o. Nr. I., 10; auch polnisch in: Res facta VII, Warschau 1973.

43. *Konzeptionen,* in: *Reflexionen über Musikwissenschaft heute,* Kgr.-Ber. Bonn 1970, Kassel 1971.

44. *Mannheimer Stil – Technik und Gehalt,* in: Colloquium Musica Bohemica et Europaea Brünn 1970, Brünn 1972.
Aufgenommen in: *Sinn und Gehalt,* s. o. Nr. I., 10.

45. *Funktionale Musik,* AfMw XXX, 1973.
Aufgenommen in: *Musikalisches Denken,* s. o. Nr. I., 9.

46. *Heinrich Schütz / Rede 1972,* MuK XLIII, 1973.

47. *Über das gegenwärtige Interesse an der Musikgeschichte des Mittelalters,* NZfM CXXXIV, 1973.

48. *Der Sachteil des Riemann Musiklexikons. Interview mit dem Herausgeber,* in: Festschrift Ludwig Strecker zum 90. Geburtstag, hg. von C. Dahlhaus, Mainz 1973.

49. *Traditionskritik,* in: *Studien zur Tradition in der Musik.* Festschrift Kurt von Fischer zum 60. Geburtstag, hg. von H. H. Eggebrecht und M. Lütolf, München 1973.

50. *Über begriffliches und begriffsloses Verstehen von Musik,* in: *Musik und Verstehen. Aufsätze zur semiotischen Theorie, Ästhetik und Soziologie der musikalischen Rezeption,* hg. von P. Faltin und H.-P. Reinecke, Köln 1973.
Aufgenommen in: *Musikalisches Denken,* s. o. Nr. I., 9.

51. *Neue Musik – Tradition – Fortschritt – Geschichtsbewußtsein: Bemerkungen zu diesen Begriffen,* in: *Zwischen Tradition und Fortschritt. Über das musikalische Geschichtsbewußtsein. Neun Versuche,* hg. von R. Stephan, = Veröff. des Inst. für Neue Musik und Musikerziehung Darmstadt XIII, Mainz 1973.

52. *Grenzen der Musikästhetik?,* in: *Ästhetik heute. Sieben Vorträge,* hg. von A. Giannarás, = Uni-Taschenbücher 313, München 1974.
Aufgenommen in: *Musikalisches Denken,* s. o. Nr. I., 9; Vorabdruck in: NZfM CXXXIV, 1973.

53. *Punktuelle Musik,* in: *Zur Terminologie der Musik des 20. Jahrhunderts,* Bericht über das zweite Colloquium der Walcker-Stiftung für orgelwissenschaftliche Forschung März 1972 in Freiburg i. Br., hg. von H. H. Eggebrecht, = VdWSt H. 5, Stuttgart 1974.

54. *Über die Begriffe Musiktheorie und Geschichte im Titel einer Geschichte der Musiktheorie – Bemerkungen zu Carl Dahlhaus'Text ‚Zur Methode einer Geschichte der Musiktheorie',* in: Jahrbuch des Staatl. Inst. für Musikf. Preuß. Kulturbes. 1973, Berlin 1974.

55. *Musikalisches Denken,* AfMw XXXII, 1975 (Festheft Johannes Lohmann).
Aufgenommen in: *Musikalisches Denken,* s. o. Nr. I., 9.

56. *Opusmusik*, Schweizerische Musikzeitung CXV, 1975.
    Aufgenommen in: *Musikalisches Denken*, s. o. Nr. I., 9; auch in: Festschrift für Zofia Lissa, überreicht zum 60. Geburtstag.

57. *Ansichten über gottesdienstliche Musik*, in: *Orgel im Gottesdienst heute*, Bericht über das dritte Colloquium der Walcker-Stiftung für orgelwissenschaftliche Forschung Januar 1974 in Sinzig a. Rh., hg. von H. H. Eggebrecht, = VdWSt H. 6, Stuttgart 1975.

58. *Kirchenmusik in der Krise?*, Kirchenmusikalische Mitteilungen, hg. vom Amt für Kirchenmusik Rottenburg, April 1976 (Nr. 22).

59. *Wissenschaft als Unterricht*, in: *Schulfach Musik. Elf Beiträge zum Thema Ausbildung von Musiklehrern*, hg. von R. Stephan, = Veröff. des Inst. für Neue Musik und Musikerziehung Darmstadt XVI, Mainz 1976.

60. *Theorie der ästhetischen Identifikation. Zur Wirkungsgeschichte der Musik Beethovens*, AfMw XXXIV, 1977.
    Aufgenommen in: *Musikalisches Denken*, s. o. Nr. I., 9; u. d. T. *Zur Wirkungsgeschichte der Musik Beethovens. Theorie der ästhetischen Identifikation*, in: Bericht über den internationalen Beethoven-Kongreß März 1977 in Berlin, Leipzig 1978.

61. *Theorie und Praxis in der Musik* (im Rahmen des Berner Musikgesprächs 1976), Schweizerische Musikzeitung CXVII, 1977.

62. *Die Freischütz-Ouvertüre. Eine historische Interpretation*, in: *Zeichenprozesse. Semiotische Forschung in den Einzelwissenschaften*, hg. von R. Posner und H.-P. Reinecke, = Schwerpunkte der Linguistik und Kommunikationswissenschaft XIV, Wiesbaden 1977.
    Aufgenommen in: *Sinn und Gehalt*, s. o. Nr. I., 10.

63. *Zur Wissenschaft der auf Musik gerichteten Wörter*, Kgr.-Ber. Berkeley 1977, Kassel 1981.

64. *Das Fach Musikwissenschaft an der Universität Freiburg – ein Studienplan*, Musik und Bildung IX, 1977.

65. *Versuch über Grundsätze der geschichtlichen Entwicklung des Wort-Ton-Verhältnisses*, in: Colloquia Musicologica Brünn 1976 und 1977, Brünn 1978.

66. *Vertontes Gedicht. Über das Verstehen von Kunst durch Kunst*, in: *Dichtung und Musik. Kaleidoskop ihrer Beziehungen*, hg. von G. Schnitzler, Stuttgart 1979.
    Aufgenommen in: *Sinn und Gehalt*, s. o. Nr. I., 10.

67. *Musikverstehen und Musikanalyse*, Musik und Bildung XI, 1979.
    Aufgenommen in: *Sinn und Gehalt*, s. o. Nr. I., 10.

68. *Über die Befreiung der Musik von der Wissenschaft*, Musik und Bildung XII, 1980.

69. *Orgelmusik im Vakuum. Zwischen Avantgardismus und Historismus*, in: *Orgelmusik im Vakuum. Zwischen Avantgardismus und Historismus*, Bericht über das vierte Colloquium der Walcker-Stiftung für orgelwissenschaftliche Forschung November 1977 in Murrhardt, hg. von H. H. Eggebrecht, = VdWSt H. 7, Murrhardt 1980.

70. *Die Walcker-Stiftung für orgelwissenschaftliche Forschung*, in: *Orgelwissenschaft und Orgelpraxis*. Festschrift zum zweihundertjährigen Bestehen des Hauses Walcker, hg. von H. H. Eggebrecht, = VdWSt H. 8, Murrhardt 1980.

71. *Musikanalyse und Musikvermittlung*, in: Musicological Annual XVII, Ljubljana 1981 (Festschrift Dragotin Cvetko).
    Auch in: Musik und Bildung XV, 1983.

72. *Symphonische Dichtung*, AfMw XXXIX, 1982.

73. *Orgel und Ideologie – Orgelschrifttum des Barock*, in: *Orgel und Ideologie*, Bericht über das fünfte Colloquium der Walcker-Stiftung für orgelwissenschaftliche Forschung Mai 1983 in Göttweig, hg. von H. H. Eggebrecht, = VdWSt H. 9, Murrhardt 1984.

74. *Musikalisches und musiktheoretisches Denken*, in: *Ideen zu einer Geschichte der Musiktheorie*, = Geschichte der Musiktheorie, hg. im Auftrag des Staatl. Inst. für Musikf. Preuß. Kulturbes. von Fr. Zaminer, Bd. I, Darmstadt 1984.

75. *Die Mehrstimmigkeitslehre von ihren Anfängen bis zum 12. Jahrhundert*, in: *Die mittelalterliche Lehre von der Mehrstimmigkeit*, = Geschichte der Musiktheorie, hg. im Auftrag des Staatl. Inst. für Musikf. Preuß. Kulturbes. von Fr. Zaminer, Bd. V, Darmstadt 1984.

III. ARTIKEL IN NACHSCHLAGEWERKEN

1. *J. Crüger, J. Fr. Doles, J. G. Eckard, D. Friderici, W. Gurlitt*, in: *Neue Deutsche Biographie*, hg. von der Historischen Kommission bei der Bayerischen Akademie der Wissenschaften, Bde III, IV, V und VII, Berlin 1957–1966.
2. *H. Chr. Koch, Lexika der Musik, Monodie, Pachelbel, G. Schilling*, in: *Die Musik in Geschichte und Gegenwart*, hg. von Fr. Blume, Bde VII, VIII, IX, X und XI, Kassel 1958–1963.
3. *J. D. Heinichen, W. Heinse, J. A. Herbst, Marpurg, J. Mattheson, L. Chr. Mizler, Pachelbel, J. J. Quantz, J. A. Scheibe, D. Schubart, G. A. Sorge, J. G. Walther*, in: *Riemann Musiklexikon*, 12. Aufl., Personenteile A–K und L–Z, hg. von W. Gurlitt, Mainz 1959 und 1961.
4. *Ars antiqua, Ars nova, Atonalität, Ausdruck, Berliner Schule, Cantilena, Cantus firmus, Diaphonia, Discantus, Festmusik, musikalisch-rhetorische Figuren, Geschichte der Musik, Hoquetus, Interpretation, Invention, Kantilenensatz, Komposition, Mannheimer Schule, Modulatio, Monodie, Musica poetica, Musik, Musikwissenschaft, Organum, Ostinato, Paraphonia, Polyphonie, Programmusik, Rondellus, Salonmusik, Symbol, Symphonische Dichtung, Terminologie, Toccata, Tonmalerei, Variation*, in: *Riemann Musiklexikon*, 12. Aufl., Sachteil, hg. von H. H. Eggebrecht, Mainz 1967.
5. *Punktuelle Musik*, in: *Handwörterbuch der musikalischen Terminologie*, hg. im Auftrag der Kommission für Musikwissenschaft der Akademie der Wissenschaften und der Literatur zu Mainz von H. H. Eggebrecht, 2. Auslieferung, Wiesbaden 1973.
6. *J. S. Bach, G. Fr. Händel*, in: *Die Großen der Weltgeschichte*, hg. von K. Fassmann, Bd. VI, Zürich 1975.
7. Die Artikel (ca. 120) über die in der Bundesrepublik Deutschland lebenden Musikwissenschaftler, in: *The New Grove Dictionary of Music and Musicians*, hg. von St. Sadie, 20 Bde, London 1980.

IV. REZENSIONEN

1. Thr. G. Georgiades, *Musik und Sprache. Das Werden der abendländischen Musik*, Berlin 1954, in: Mf VIII, 1955.
2. L. Hoffmann-Erbrecht, *Deutsche und italienische Klaviermusik zur Bachzeit. Studien zur Thematik und Themenverarbeitung in der Zeit von 1720–1760*, Leipzig 1954, in: Mf VIII, 1955.
3. H. Pfrogner, *Musik, Geschichte ihrer Deutung*, Freiburg i. Br. 1954, in: Mf VIII, 1955.
4. *Beiträge zur Musik im Rhein-Maas-Raum*, hg. von C. M. Brand und K. G. Fellerer, Köln 1957, in: Musica XII, 1958.
5. E. Refardt, *Thematischer Katalog der Instrumentalmusik des 18. Jahrhunderts in den Handschriften der Universitätsbibliothek Basel*, Bern 1957, in: Musica XII, 1958.
6. W. Krüger, *Die authentische Klangform des primitiven Organum*, Kassel 1958, in: Musica XIII, 1959.
7. *Riemann Musiklexikon*, 12. Aufl., Personenteil A–K, hg. von W. Gurlitt, Mainz 1959, in: Mf XII, 1959.
8. Chr. Engelbrecht, *Die Kasseler Hofkapelle im 17. Jahrhundert und ihre anonymen Musikhandschriften aus der Kasseler Landesbibliothek*, Kassel 1958, in: Mf XIII, 1960.
9. J. B. Coover, *Music Lexicography. Including a Study of Lacunae in Music Lexicography and a Bibliography of Music Dictionaries*, Denver, Colorado 1958, in: Mf XIII, 1960.

V. REDEN, VORWORTE, EINFÜHRUNGEN, BERICHTE UND ZEITUNGSARTIKEL

1. Programm-Einführungen zu: Bach-Tage Weimar 1948.
2. Konzert-Einführungen zu: Deutsche Bach-Feier Leipzig 1950.

3. *Die Musikwissenschaftliche Bach-Tagung Leipzig 1950*, in: Mf III, 1950.

4. *Bericht über das Symposium „The Concept of the „New' in Music from the Ars nova to the Present Day"*, in: Kgr.-Ber. New York 1961, Bd. II, Kassel 1962.

5. *Das Studium der Musikwissenschaft. Der Freiburger Studiengang der Musikerzieher an Höheren Schulen*, in: Studienführer der Albert-Ludwigs-Universität Freiburg i. Br., 4. Aufl. Freiburg i. Br. 1963 (seither mehrere Neufassungen).

6. *Antrittsrede* als ordentliches Mitglied der Mainzer Akademie der Wissenschaften und der Literatur, in: Jahrbuch der Akademie der Wissenschaften und der Literatur Mainz 1966.

7. Rede für die Studienanfänger der Philosophischen Fakultät der Universität Freiburg i. Br., Oktober 1968, in: uni-presse, Mitteilungen der Universität Freiburg i. Br. Nr. 4/1, 14.11.1968.

8. *Sehnsucht über Schönberg hinaus. Zum 100. Geburtstag Arnold Schönbergs*, Badische Zeitung, Freiburg i. Br. 13.9.1974.

9. *Beethovens V. Symphonie*, in: Programmheft zum 3. Abonnementkonzert der Münchner Philharmoniker, München 21.11.1974.

10. *Beethovens Missa solemnis*, in: Programmheft zum 3. Abonnementkonzert der Münchner Philharmoniker, München 20.11.1975.

11. Vorwort zu: Zofia Lissa, *Neue Aufsätze zur Musikästhetik*, = Taschenbücher zur Musikwissenschaft 38, Wilhelmshaven 1975.

12. *Anton Bruckners II. Symphonie*, in: Programmheft zum 5. Abonnementkonzert der Münchner Philharmoniker, München 8./9.12.1976.

13. *Zum zweihundertjährigen Bestehen des Hauses Walcker*, in: Württembergische Blätter für Kirchenmusik XLVII, 1980.

14. Vorwort (als Beilageblatt) zu: Paul Stefan, *Gustav Mahler*, Faksimile der 1912 erschienenen 4. Aufl., München 1981.

15. *Musik – zur Sprache gebracht*, Badische Zeitung, Freiburg i. Br. 31.8.1981 (Reihe „Forschung in Freiburg").

16. *Gustav Mahlers II. Symphonie*, in: Programmheft Bayerischer Rundfunk, 7./8.10.1982.

17. *Gustav Mahlers VI. Symphonie*, in: Programmheft Bayerischer Rundfunk, 9./10.6.1983.

18. *Mahler und Berg*, in: Programmheft zum 2. Sinfoniekonzert des Freiburger Philharmonischen Orchesters, Freiburg 21./22.11.1983.

19. *Klingende Stille*. Zum 100. Geburtstag Anton Weberns, Badische Zeitung, Freiburg, i.Br. 2.12.1983.

VI. WÜRDIGUNGEN UND NACHRUFE

1. *Bruno Hinze-Reinhold 80 Jahre*, in: Musica XII, 1958.

2. *Wilibald Gurlitt 70 Jahre*, in: Musica XIII, 1959.

3. *Musikgeschichte, lebendig ergriffen. Zum Tode von Wilibald Gurlitt*, in: AfMw XIX/XX, 1962/1963.

4. *Nachruf auf Zofia Lissa*, in: Jahrbuch der Akademie der Wissenschaften und der Literatur Mainz 1980.

5. *Nachruf auf Arnold Schmitz*, in: Jahrbuch der Akademie der Wissenschaften und der Literatur Mainz 1980.

B) EDITIONEN

I. ZEITSCHRIFTEN UND REIHEN

1. Archiv für Musikwissenschaft, als Schriftleiter seit IX, 1952, als Herausgeber seit XXI, 1964.
2. Beihefte zum Archiv für Musikwissenschaft, Wiesbaden seit 1966 (bisher 22 Bde).
3. Veröffentlichungen der Walcker-Stiftung für orgelwissenschaftliche Forschung, Stuttgart 1967–1975 (H. 1–6), Murrhardt seit 1980 (inzwischen bis H. 9).
4. Freiburger Schriften zur Musikwissenschaft, Stuttgart 1970–1971 (Bde I–II), München seit 1973 (inzwischen bis Bd. XIII).
5. Schriftenreihe der Walcker-Stiftung für orgelwissenschaftliche Forschung, Bd. I, Stuttgart 1970, Bd. II, Murrhardt 1980.

II. NACHSCHLAGEWERKE

1. *Riemann Musiklexikon*, 12. Aufl., Sachteil, Mainz 1967.
2. *Handwörterbuch der musikalischen Terminologie*, hg. im Auftrag der Kommission für Musikwissenschaft der Akademie der Wissenschaften und der Literatur zu Mainz, Wiesbaden seit 1972 (bisher 10 Auslieferungen).
3. (Zusammen mit Carl Dahlhaus:) *Brockhaus Riemann Musiklexikon*, 2 Bde, Wiesbaden und Mainz 1978/1979.
4. *Meyers Taschenlexikon der Musik* in 3 Bänden, Mannheim 1984.

III. FESTSCHRIFTEN, SAMMELBÄNDE UND BERICHTE

1. *Bericht über die Wissenschaftliche Bachtagung der Gesellschaft für Musikforschung Leipzig 1950*, hg. von W. Vetter und E. H. Meyer, Leipzig 1951 (als Bearbeiter).
2. Wilibald Gurlitt, *Musikgeschichte und Gegenwart. Eine Aufsatzfolge* in 2 Teilen, = BzAfMw I/II, Wiesbaden 1966.
3. *Orgel und Orgelmusik heute. Versuch einer Analyse*, Bericht über das erste Colloquium der Walcker-Stiftung für orgelwissenschaftliche Forschung Januar 1968 auf dem Thurner im Schwarzwald, = VdWSt H. 2, Stuttgart 1968.
4. *Reflexionen über Musikwissenschaft heute*, in: Kgr.-Ber. Bonn 1970, Kassel 1971. Separat: Kassel 1972.
5. (Zusammen mit Max Lütolf:) *Studien zur Tradition in der Musik*. Festschrift Kurt von Fischer zum 60. Geburtstag, München 1973.
6. *Quellenlage und Editionsfragen. Round-table-Gespräch*, in: Beiträge 1972/1973, hg. von der Österreichischen Gesellschaft für Musik (Webern-Kgr. Wien 1972), Kassel 1973.
7. *Zur Terminologie der Musik des 20. Jahrhunderts*, Bericht über das zweite Colloquium der Walcker-Stiftung für orgelwissenschaftliche Forschung März 1972 in Freiburg i. Br., = VdWSt H. 5, Stuttgart 1974.
8. *Orgel im Gottesdienst heute*, Bericht über das dritte Colloquium der Walcker-Stiftung für orgelwissenschaftliche Forschung Januar 1974 in Sinzig a. Rh., = VdWSt H. 6, Stuttgart 1975.
9. *Orgelmusik im Vakuum. Zwischen Avantgardismus und Historismus*, Bericht über das vierte Colloquium der Walcker-Stiftung für orgelwissenschaftliche Forschung November 1977 in Murrhardt, = VdWSt H. 7, Murrhardt 1980.
10. *Orgelwissenschaft und Orgelpraxis*. Festschrift zum zweihundertjährigen Bestehen des Hauses Walcker, = VdWSt H. 8, Murrhardt 1980.
11. *Orgel und Ideologie*, Bericht über das fünfte Colloquium der Walcker-Stiftung für orgelwissenschaftliche Forschung Mai 1983 in Göttweig, = VdWSt H. 9, Murrhardt 1984.

IV. NOTENAUSGABEN

1. Melchior Vulpius, *Sonntägliche Evangeliensprüche für das Kirchenjahr (1612)*, Kassel 1950.
2. Melchior Vulpius, Zwei Motetten, = Concordia Motet Series B, MS 1027 und 1028, St. Louis, Missouri 1953.
3. Johann Pachelbel, *Das Vokalwerk – Choral and Vocal Works*, Basel und St. Louis, Missouri seit 1954 (bisher 8 Hefte).

Annäherung an ein Troubadour-Lied
„Tant m'abellis l'amoros pessamens" von Folquet de Marseille

von
KARLHEINZ SCHLAGER

I.

Die weltliche Monodie des Mittelalters, repräsentativ vertreten durch den Bestand von nahezu 1800 Melodien zu den provenzalischen Dichtungen der südfranzösischen Troubadours und den altfranzösischen Strophen der nordfranzösischen Trouvères, ist in ihrer Entstehung, ihrer Verbreitung und Überlieferung von Bedingungen abhängig, die auf ihre musikalische Gestalt in anderer Weise Einfluß nehmen als dies bei der geistlichen Monodie der Fall ist. Der Choral im engeren Sinne ist im wesentlichen rational oder spirituell geprägte Aussprache eines vorgegebenen lateinischen Textes, der mit Vorgängen und Bedeutsamkeiten einer kodifizierten Liturgie verbunden ist, und hinter dessen Überlieferung eine verbindliche Autorität und ein universeller Anspruch stehen. Die im 12. Jahrhundert entstehende und seit Mitte des 13. Jahrhunderts schriftlich gesammelte französische Liedkunst, das erste größere Repertoire und ein Ausgangspunkt volkssprachlicher abendländischer Lyrik[1], ist individuelles Spiel mit aktuellen oder aktuell erscheinenden Themen einer sich wandelnden, zunächst ritterlich-höfischen, später bürgerlich-städtischen Gesellschaft, abhängig vom Vortrag und verantwortet vom Vortragenden, nicht dienend in ein Ritual eingebunden[2] und ohne überzeitliche und überregionale Funktion.

Während die Aufzeichnung der Choralmelodien in Handschriften für die Messe und das Offizium zugleich einen weiteren Rahmen und eine höhere Ordnung spiegelt, von der die Musik nur ein Bestandteil ist, haftet dem Eintritt der Liedmelodien in die schriftliche Überlieferung eher' etwas teils Willkürliches, teils Zufälliges an. Willkürlich erscheinen die zu vermutenden redaktionellen Veränderungen, denen die Melodien bei ihrer Niederschrift unterworfen wurden; als zufällig kann die Auswahl der Texte und vor allem der Melodien bezeichnet werden, die in die Sammlungen eingegangen sind.

Die Notwendigkeit und die Authentizität der Überlieferung fehlen. Was dem späteren Betrachter zugänglich ist, vor allem im Hinblick auf den flüchtigen Be-

---

1 „Man kann immerhin sagen, daß mit der Lyrik der Troubadours zum erstenmal die Reflexion auf die Sprache der Dichtung als einer der wichtigsten Gegenstände der Dichtung erscheint" (Al. Vitale-Brovarone, *Die romanischen Sprachen und Literaturen*, in: *Propyläen Geschichte der Literatur*, Bd. II: *Die mittelalterliche Welt, 600–1400*, Berlin 1982, S. 356).

2 Eher ironisch spricht Fr. Heer von einer „Art Liturgie des gehobenen Lebens" (*Mittelalter*, London u. Zürich 1961, S. 293).

standteil des Liedes: die Melodie, kann nur als eine Art Spur gesehen werden. Für
bewahrenswert hielten die adeligen und bürgerlichen Mäzene, ohne deren Wirken
die Handschriften nicht zustande gekommen wären, in erster Linie den Text der
Lieder, ungeachtet der Tatsache, daß „los motz e·l so", die Wörter und die Melodie
ursprünglich verbunden und nur im gesungenen Vortrag lebendig waren. Als reine
Literatur, ihres Klanggewandes entkleidet, sind sie tonlos und damit eigentlich auch
sprachlos geworden[3]. Da indessen die Quellen, in denen die Melodien in weitgehend
undifferenzierter Quadratnotation erstarrt sind, nicht als Aufführungsmaterial angesehen werden können, sondern wohl eher der Repräsentation oder Reputation, be-
stenfalls der Bewahrung einer Literatur mit fragwürdig gewordenen ideellen Prämissen dienten, kann die unsichere Melodieüberlieferung nicht überraschen[4].

Nähert man sich unter diesen Vorzeichen einem Troubadourlied, so sind nicht
nur die Jahrhunderte von der Gegenwart bis zu den Quellen des 13. Jahrhunderts zu
überspringen, sondern, in einem zweiten Anlauf, auch noch der Zeitraum zwischen
Überlieferung und Entstehung des Liedes, wobei dieses kleinere Zeitintervall die
größeren Gefahren bei der Interpretation birgt. Die Aufzeichnung ist immerhin
gegeben; das gesungene Lied, das dem schriftlichen Dokument vorausgegangen ist,
kann in seinen Umrissen nur noch ertastet werden[5].

II.

Das Lied „Tant m'abellis l'amoros pessamens" (P.C. 155.22) gehört zu den etwa
250 provenzalischen Liedtexten, zu denen Melodien überliefert sind. In drei Handschriften wurde die erste Strophe mit Notation ausgestattet. Für den Text liegen
weitere 21 Quellen vor, von denen nur eine Handschrift das Lied ohne Autoren-

---

3 Oft zitiert wird in diesem Zusammenhang der Vergleich, ein Vers ohne Melodie sei wie eine
  Mühle ohne Wasser, der auf den Troubadour Folquet de Marseille zurückgeht.
4 Im Kapitel „Trouvèrepoesie und Gesellschaft" findet H.-H. S. Räkel harte Worte für die
  schriftliche Rezeption der französischen Minnelyrik im stadtbürgerlichen oder klerikalen
  Umkreis: „Alle erhaltenen Handschriften sind Dokumente eines Mäzenatentums, das im
  Besitzen den Abglanz einer gesellschaftlichen Hochstimmung genießt. Es emanzipiert sich
  das Bewahren von seinem Objekt, wo das schöne und teure Buch ganz der Funktion von
  Repräsentation gewidmet wird .. Solche Begeisterung für die höfische Poesie kann nur
  Unterwerfung unter deren inszenierte Ideologie der Harmonie sein, Refugium vor der nicht
  zu bewältigenden Spannung im eigenen Gesellschaftszusammenhang" (*Die musikalische
  Erscheinungsform der Trouvèrepoesie*, = Publikationen der Schweizerischen Musikforschenden Gesellschaft, Serie II, Vol. 27, Bern u. Stuttgart 1977, S. 337–341). Räkels Buch enthält
  eine Reihe wichtiger Anregungen, die auch die vorliegenden Ausführungen beeinflußt haben.
  Es erscheint jedoch fraglich, ob man die für die Entstehung der Handschriften notwendige
  Protektion und das ihr zugrunde liegende Verhältnis zur Vergangenheit nur aus dieser abwertenden Sicht sehen darf, davon abgesehen, daß die höfische Poesie auch einem Publikum,
  das vielleicht dem Rittertum nachtrauerte oder nacheiferte, nicht ausschließlich „harmonisch" erschienen sein konnte.
5 Eine anschauliche Graphik über die Stationen der Textübermittlung vom Autor zum Publikum, sei es in mündlicher oder schriftlicher Form, gibt R. Rohr (*Matière, Sens, Conjointure.
  Methodologische Einführung in die französische und provenzalische Literatur des Mittelalters*, Darmstadt 1978, S. 4).

angabe enthält. In den übrigen Zeugnissen wird es Folquet de Marseille zugeschrieben[6]. Diese Zuweisung führt zur Datierung des Liedes, denn Folquet de Marseille starb am Weihnachtstag des Jahres 1231 und schrieb seine Lieder vor seiner geistlichen Laufbahn, die 1196 mit dem Eintritt in den Zisterzienser-Orden begann und ihn bis auf den Bischofssitz von Toulouse führte[7]. Der einstige Kaufmann von Marseille verabschiedete sich als Troubadour mit zwei Kreuzzugsliedern, denen neben 14 Kanzonen noch ein Klagegesang (planh) um den Tod des Vizegrafen Raimon Gaufridi Barral von Marseille (gest. 1192), ein Streitgedicht (tenso) mit „Totztemps", Deckname (senhal) für den befreundeten Troubadour Raimon de Miraval, und eine Strophe (cobla) gegen eine mit „Vermillon" (Schminke) angesprochene Dame vorausgehen – möglicherweise auch noch ein weiteres Kreuzzugslied.

„Tant m'abellis l'amoros pessamens" gehört zur ersten Gruppe der Liebeslieder, zu den frühesten Dichtungen Folquets. Wie die zweite der abschließenden Geleitstrophen (tornadas) ausweist, ist es drei Damen am Hof von Nîmes zugedacht und könnte dort zwischen 1180 und 1185 von jenen Spielleuten vorgetragen worden sein, die der erstmals 1178 als Bürger von Marseille nachgewiesene Kaufmann, Dichter und Familienvater in Diensten hatte[8].

Das Lied besteht aus fünf Strophen mit gleichen Reimen (coblas unissonans) und zwei Geleitstrophen. Die Strophen sind achtzeilig; nach Silbenzahl, Ausgängen und Reimen ergibt sich folgendes Schema[9]:

$$10a\ 10\,b\ 10c\ 10a\ 10\,b\ 10\,b\ 10d\ 10d$$

Die Reimfolge, umschließend in den Zeilen 1–4 und paarig in den Zeilen 5–8, könnte eine Teilung der Strophe in zwei Hälften begründen, einen Auf- und einen Abgesang, zwischen denen der Reim b und die mit ihm verbundene klingende Zeilenendung vermitteln.

---

6 Zur Gesamtüberlieferung vgl. S. Stroński, *Le Troubadour Folquet de Marseille. Edition critique*, Krakau 1910, Repr. Genf 1968, S. 15–18; A. Pillet, H. Carstens, *Bibliographie der Troubadours*, Halle 1933 (= Schriften der Königsberger Gelehrten Gesellschaft, Sonderreihe III), S. 130 (= P.C. 155.22); F. Gennrich, *Der musikalische Nachlaß der Troubadours, kritische Ausgabe der Melodien*, Darmstadt 1958, S. 90, Nr. 87, und Kommentarband, Darmstadt 1960, S. 59 (= Summa Musicae Medii Aevi III und IV). Die jüngste Melodien-Edition von I. F. de la Cuesta war leider nicht zugänglich.

7 Die bemerkenswerte Biographie des Dichters, der vor allem als clericus historische Bedeutung gewinnt, ist mehrfach rekonstruiert worden, wobei die vorsichtigere und vergleichende Bewertung der vida frühere Interpretationen korrigiert hat. Vgl. F. Diez, *Leben und Werke der Troubadours*, 2. verm. Aufl. von K. Bartsch, Leipzig 1882, Repr. Hildesheim 1965, S. 193–206; Stroński, a.a.O. (Anm. 6); H. G. Tuchel, *Die Trobadors. Leben und Lieder*. Deutsch von F. Wellner, Bremen ²1966, S. 167–177; einschlägige Lexikon-Artikel u. a.

8 Vgl. Stroński, a.a.O. (Anm. 6), S. 70*; F. Gennrich, a.a.O. (Anm. 6), S. 59.

9 Während die achtzeilige Strophe mit männlichen und weiblichen Zehnsilblern in provenzalischen und altfranzösischen Kanzonen häufig begegnet, ist das Reimschema ungewöhnlich Im altfranzösischen Bereich gibt es keine Parallele, vgl. U. Mölk, F. Wolfzettel, *Répertoire Métrique de la Poésie Lyrique Française des Origines à 1350*, München 1972. Die Zusammenstellung aller Strophenformen bei Folquet de Marseille (vgl. Stroński, S. 86*) illustriert die Anmerkung: „Folquet tenait à inventer pour chaque pièce une forme nouvelle".

Inhaltlich steht das Lied in der Tradition des Minnesangs im engeren Sinne. Es spricht die Ambivalenz zwischen Freude und Schmerz aus, die das von einer unerfüllbaren Liebe ergriffene lyrische Ich erlebt, erleidet und reflektiert. Eine freie Übertragung der ersten Strophe lautet:

> So sehr erfüllt mich Liebesleid, / das über mich gekommen ist und mein treues Herz ergriffen hat, / daß dort kein anderer Gedanke mehr Raum findet, / noch irgendeine Vorstellung mir lieblich erscheint oder Vergnügen bereitet. / Leben kann ich, und es geht mir gut, während das sorgenvolle Nachdenken mich tötet / und eine edle Liebe mir mein Martyrium erleichtert. / Freuden verspricht sie mir, aber sie gewährt sie zu langsam, / denn mit ihrer schönen Erscheinung hat sie mich schon seit langem an sich gezogen.

In den Folgestrophen beschreibt der Dichter u. a. seine aussichtslose Sehnsucht und seine Hilflosigkeit (Strophe 2); er bittet die Dame, wenigstens das Gute zu tragen, das er ihr wünscht, während er das Leid auf sich nehmen wolle (Strophe 3); er wendet sich gegen seine Augen, die ihm das bezaubernde Bild vermitteln, und er beschwört die gegenseitige Abhängigkeit (Strophe 4); schließlich kettet er sein Schicksal unauflöslich an das der Dame, ohne sich ihr offenbaren zu können, zwischen Furcht, Vermessenheit und Reue schwankend (Strophe 5).

Die formstrenge Beschreibung und gründliche Erwägung der Situation eines an der Liebe Leidenden geschieht in Bildern, Sentenzen und Antithesen, die der höfischen Gesellschaft vertraut waren. Weder wird die Person des Dichters bloßgestellt, noch die Adressatin verletzt, noch die Konvention gebrochen[10]. Die semantische Struktur der Strophen bestätigt die aus der Reimstellung ableitbare Teilung in zwei Hälften; nach der Mittelzäsur wird der vorausgegangene Gedankengang zumindest neu beleuchtet wenn nicht von einer anderen Möglichkeit abgelöst. Eine eingehendere Analyse würde wohl auch die Paarigkeit im Abgesang wenigstens syntaktisch berücksichtigt finden.

III.

Als früheste der drei Quellen, in denen die Melodie aufgezeichnet wurde, ist die Handschrift Paris, Bibl. Nat. fr. 844, anzusehen, der „Chansonnier du Roi", der

---

10 Ob man nach der inneren Wahrhaftigkeit dieser Dichtung fragen sollte und wie es um sie steht, ist umstritten und wird nicht für alle Texte generell entschieden werden können, zumal sich auch der Stil des Dichtens von Generation zu Generation wandelt. Von „hemmungsloser Emotionalität" (A. Hauser, *Kunst und Gesellschaft*, München 1973, S. 197) wird man sicher nicht sprechen dürfen, und die Aussage „Alle Lieder sind ernst gemeint ..." (Rohr, S. 25) bezieht sich in erster Linie auf das Wertsystem der mittelalterlichen Tugenden, das in den Gedichten nicht verletzt wird. Wichtige Aspekte der Beurteilung bilden der von den Troubadours mehrfach angesprochene Kunstanspruch und die Originalität ihres dichterisch-musikalischen Schaffens und ihr Streben nach sozialer Anerkennung und Bewährung – tatsächlich erwiesen sich die Standesgrenzen mit Hilfe der Kunst als überwindbar. Diese Voraussetzungen, zu denen der öffentliche Vortrag hinzukam, setzten jedem Ansatz zu uneingeschränkter „Bekenntnislyrik" Grenzen, die auf anderer Ebene den Regeln entsprachen, die auch der höfischen Lebensweise ihren idealen Wert verliehen (vgl. U. Mölk, *Trobadorlyrik*, München u. Zürich 1982, eine zusammenfassende Einführung mit weiterführender Literatur).

möglicherweise nach 1253 im Auftrag von Charles d'Anjou zusammengestellt wurde und neben über 400 altfranzösischen Liedern auch 61 Troubadoursgesänge enthält. Innerhalb der provenzalischen Überlieferung hat die Handschrift das Sigel W erhalten. Text und Notation des Liedes brechen innerhalb der Zeile 4 ab, da die obere Hälfte der rechten Spalte der Seite (188v, bzw. 178v oder 178c in der Rekonstruktion) zerstört ist[11]. Um 1300 liegen die beiden rein provenzalischen Chansonniers mit den Sigla R und G, die französische Handschrift Paris, Bibl. Nat. fr. 22543, der „Chansonnier d'Urfé", und die norditalienische Handschrift Milano, Bibl. Ambros. R 71 sup.[12].

Übertragung[13]:

IV.

Als Ausgangspunkt für die Betrachtung des Liedes gilt, daß das Wort-Ton-Verhältnis nicht vom Inhalt, sondern von der Form des Liedes bestimmt wird. Die Melodie trägt die Worte und zeichnet das Strophengehäuse nach, zumindest in Umrissen, aber auch mit der Möglichkeit, der Textstruktur enger zu folgen. Sie ist ein Teil des aus der Silbenzahl, der Metrik und der Folge der Zeilen sich aufbauenden „Tons", der als eine Art Gefäß beschrieben werden kann, in dem unterschiedliche Aussagen und Inhalte Platz finden. Es ist zu diesem Lied zwar keine Kontrafaktur bekannt, aber sie wäre möglich, denn im angesprochenen Wort-Ton-Verhältnis sind Sprache und Melodie austauschbar, solange der „Ton", das metrisch-musikalische Strophenschema sinnvoll ausgefüllt wird. Insofern kann der Inhalt des Liedes in den folgenden Betrachtungen übergangen werden[14].

11 J. Beck, *Le Manuscrit du Roi, Fonds français N° 844 de la Bibliothèque Nationale, Réproduction phototypique publié avec une introduction*, 2 vols., Philadelphia 1938, Repr. New York 1970 (= Corpus Cantilenarum Medii Aevi, première série, Les Chansonniers des Troubadours et des Trouvères, numéro 2).

12 U. Sesini, *Le Melodie Trobadoriche nel Canzoniere Provenzale della Biblioteca Ambrosiana R 71 sup.*, Turin 1942.

13 Die Übertragung enthält keine rhythmische Deutung des Liedes, das F. Gennrich im 3. Modus überträgt, in Übereinstimmung mit der rhythmischen Aufzeichnung dieses Liedes als Duplum über dem Tenor *Flos filius*, d. h. in einem anderen musikalischen Zusammenhang, für den die Liedmelodie offensichtlich auch melodisch neu eingerichtet worden ist (vgl. die Quellenangaben zu dieser Motette bei Gennrich, a.a.O., Anm. 6, Melodienausgabe S. 275 f. und Kommentarband S. 126, Nr. 286). Sesini, a.a.O. (Anm. 12), S. 112 überträgt die Melodie mit Viertelwerten für Einzeltöne, Achtel- und Sechzehntelwerten für Ligaturen. Die Positionen für und gegen eine schriftliche festzulegende rhythmische Deutung der Lieder des französischen Minnesangs sind in jüngster Zeit von H. Tischler und H. van der Werf noch einmal abgesteckt worden (*Chanter m'estuet, Songs of the Trouvères*, edited by S. N. Rosenberg, Music edited by H. Tischler, London u. Boston 1981, vor allem S. XXI ff., und die eingehende Rezension dieser Ausgabe durch H. van der Werf in JAMS XXXV, 1982, S. 539 ff.).

14 Dieses Verfahren erscheint wie eine Umkehrung der Motivation, die der handschriftlichen Aufzeichnung zugrunde lag. War die Bewahrung des Liedes in erster Linie auf den Inhalt und damit auf die Dokumentierung aller Textstrophen gerichtet, von denen die erste mit einer Melodie versehen sein konnte, so zielt unsere Interpretation auf die Melodie als Bestandteil einer dem Inhalt übergeordneten Form, die mit der ersten Textstrophe festgeschrieben ist und sich in den folgenden Strophen nur wiederholt, so daß die Melodiegestalt schon in Verbindung mit einer, mit irgendeiner Strophe ihren Sinn und ihre Erklärung finden kann.

Milano, Bibl. Ambros. R 71 sup. (,,G"), 2.

Paris, B. N. fr. 22543 (,,R"), 42v.

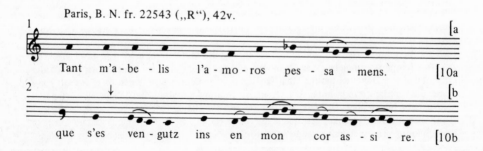

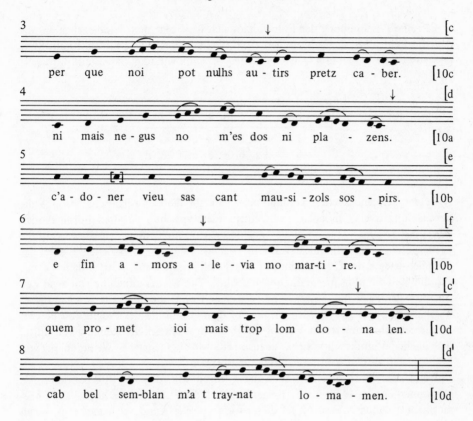

3 [c
per que noi pot nulhs au - tirs pretz ca - ber. [10c

4 [d
ni mais ne - gus no m'es dos ni pla - zens. [10a

5 [e
c'a - do - ner vieu sas cant mau-si - zols sos - pirs. [10b

6 [f
e fin a - mors a - le - via mo mar-ti - re. [10b

7 [c'
quem pro - met ioi mais trop lom do - na len. [10d

8 [d'
cab bel sem-blan m'a t tray-nat lo - ma - men. [10d

Paris, B. N. fr. 844 (,,W"), 188v.

1 [a
Molt m'a-be - list l'a-mo - ros pen-sa - ment. [10a

2 [b
qui sest ve - nuz en mon fin cor ausi - re. [10b

3 [c
per qui non pos nul al - tre pens a - ber. [10c

4
ne ia nus tant non mi___

Für eine Beschreibung der Form bietet sich die Folge der Melodiezeilen an, die den von Reimsilben abgeschlossenen Textzeilen entsprechen. Die musikalische Strophe, soweit sie in den drei Quellen erhalten ist, kann wie folgt dargestellt werden[15]:

Handschrift	Zeile							
	1	2	3	4	5	6	7	8
G	a	b	c	d	e	f	c′	d
R	a	b	c	d	e	f	c′	d′
W	a	b	c	d	—	—	—	—

Nach der zeitgenössischen Terminologie wäre für diese musikalische Strophe die Bezeichnung „vers" möglich, nach einem idealtypischen jüngeren Formenkodex würde das Schema „Oda continua" anzulegen sein, nicht ohne den Hinweis auf die Wiederholung oder zumindest variierte Wiederholung von zwei Zeilen[16], denn das Strophenschema der Oda continua zeichnet sich – seit Dante – u. a. dadurch aus, daß die Melodie ohne Wiederholungen abläuft. Die Wiederaufnahme von zwei Zeilen wäre demnach die Abweichung von einer Regel, die ihrerseits von einer Vortragshaltung abgeleitet worden ist, die auf dem Grundsatz der Progression beruht. In der Situation des freien Vortrags liegt die unschematische Reihung von unterschiedlichen Melodiezeilen sicher ebenso nahe wie die mehrfache Wiederholung von Laissenzeilen als dem konträren Gestaltungsprinzip[17].

Wenn man H.-H. S. Räkel auch darin folgen will, daß die Oda continua „als kontinuierliche Feier gesellschaftlicher Präsenz" der Funktion des höfischen Minnesangs formadäquat ist, so öffnet dieser formtypische Ansatz vielleicht sogar einen Weg, um zur ursprünglichen, zur mündlichen Form dieser Melodie zu gelangen. Der Rückgriff auf zwei Melodiezeilen innerhalb der Gesamtform wäre dann als redaktioneller Eingriff zu betrachten, der mit der Niederschrift der Melodie erfolgte. Denn in der Handschrift verwirklicht sich die Form nicht in der Zeit und im Erleben des Vortrags sondern im räumlichen Bereich von Pergament und Liniensystem als eine überschaubare äußere Ordnung, die in der Repetition oder Rückkehr einzelner

15 Die Variante c zu c' (bzw. d zu d') verweist auf eine in variierter Form wiederkehrende Melodiezeile.

16 So beschreibt auch Gennrich das der Handschrift G abgenommene Formschema, im Anschluß an die Konventionen seiner Formenlehre mit griechischen Buchstaben und Zahlenindices (vgl. *Grundriß einer Formenlehre des mittelalterlichen Liedes*, Halle 1932, Repr. Darmstadt 1970). Sesini, a.a.O. (Anm. 12), S. 113, gibt für die Fassung der Handschrift R das Schema: A B C D E F G D; er verweist, über Gennrich hinaus in die Melodie eindringend, sowohl auf den „Reim" der Zeilen 2, 5 und 6 wie auf die Ähnlichkeit und Identität zwischen den Zeilen 3 und 7 bzw. 4 und 8 („Struttura assai complessa e molto organica") und schlüsselt die Gesamtform wegweisend auf als „cobla musicale in due sezioni".

17 „Die Oda continua drückt am klarsten die Forderung des freien solistischen Vortrags aus, an jedem Punkte der Form einen Fortgang derselben zu implizieren ... ihr unschematischer Charakter [erlaubt] auch besser als jede Repetitionsform die freie Vortragsvariante" (Räkel, a.a.O., Anm. 4, S. 272).

Distinktionen darstellbar und erkennbar wird. Es liegt deshalb nahe, Wiederholungen von einzelnen Melodiezeilen auf dem Weg der Melodie von der mündlichen Vermittlung zur schriftlichen Formulierung anzusiedeln, sie einem „schriftlichen Werkstil" zuzuschreiben, der rationale und formalistische Züge trägt.

Gibt man diesen Argumenten Raum, so entsteht allerdings die paradoxe Situation, daß man zu einer früheren Gestalt der Melodie kommt, indem man ein starres jüngeres Formschema anlegt. Dieses Verfahren erscheint nicht sehr schlüssig, und man wird sich auch nicht damit begnügen können, um einer zunächst hypothetischen Gegenüberstellung von mündlicher und schriftlicher Melodieformulierung willen die gegebene Aufzeichnung des Liedes hinsichtlich ihrer Authentizität von vornherein gering zu schätzen und die vermutete ursprüngliche Melodie für formlos. In jedem Fall ist doch die übertragbare Melodie das einzige konkrete Zeugnis, das vorhanden ist, und die Beschäftigung damit sollte nicht unter ausschließlich abwertenden Vorzeichen geschehen.

Hätte man die Schablone der Oda continua nicht zur Hand, so könnte man mit gutem Recht von einer zweiteiligen Melodie sprechen, die das Formprinzip eines jeweils vierzeiligen Auf- und Abgesangs verwirklicht, wie es in der unterschiedlichen Reimordnung des Gedichtes vorgebildet ist. Die ähnlichen bis identischen Melodiezeilen 3 und 7, 4 und 8 markieren zwei Strophenhälften; in der Melodie kommt der gleiche Formwille zum Ausdruck, der auch die Strophe prägt; die Melodie reflektiert die Zäsur in der Mitte der Strophe[18].

Ein Einwand könnte darin bestehen, daß der Hörer die Zäsur in der Melodie zunächst nicht wahrnehmen wird, weil er eine durchlaufende Folge von sechs unterschiedlichen Distinktionen empfängt und erst am Schluß des Liedes zwei Zeilen begegnet, die ihm vielleicht bekannt vorkommen, die er aber möglicherweise nicht mehr genau lokalisieren kann. Dagegen wäre zu halten, daß sich dieses Lied beim Vortrag in mehreren Strophen realisiert und die Melodie bei viermaliger vollständiger Wiederholung an erkennbarer Form gewinnt, da jeweils die Erfahrung des vorausgegangenen Höreindrucks hinzukommt. Auch der Schluß des Liedes mit den nur 4- bzw. 3-zeiligen Geleitstrophen läßt die Gesamtform in einer anderen Perspektive erscheinen, da in diesen Strophen die letzten Melodiezeilen einen anderen Stellenwert bekommen, indem sie zu einem selbständigen Bestandteil der Strophe werden[19].

Man kann jedoch auch aus der Gestaltung der Melodie selbst Argumente für die rezipierbare Zäsur innerhalb der Strophe gewinnen. Am auffallendsten ist die Melodiezeile d, die sich, unabhängig von den auftretenden Varianten, durch einen beson-

18 Dieser einfache Ansatz zur Betrachtung der Liedform kann zu differenzierten Beobachtungen führen, die in das konfliktreiche Verhältnis von Strophe und Melodie Klarheit bringen, vgl. Th. Karp, *Interrelationships between Poetic and Musical Form in Trouvère Song*, in: *A Musical Offering. Essays in Honor of Martin Bernstein*, New York 1977, S. 137–161.

19 Auf die Bedeutung der tornadas für die „Signalisierung des Liedendes" hat G. Scherner–van Ortmerssen hingewiesen, deren vom Text ausgehender Untersuchung der vorliegende Beitrag auch in anderen systematischen Ansätzen folgt (*Die Text-Melodiestruktur in den Liedern des Bernart de Ventadorn*, Münster 1973, = Forschungen zur Romanischen Philologie, Heft XXI).

ders weiten Ambitus auszeichnet, der in Bogenform durchsungen wird. Diese Zeile
wird sich eingeprägt haben und mit ihr auch eine zweiteilige musikalische Form, in
der unterschiedliche Elemente auf gemeinsame Schlußsteine zulaufen.

Für diese Betrachtungsweise sprechen auch andere Beobachtungen zur inneren
Gliederung der Melodie in zwei voneinander abgesetzte und zugleich parallel verlaufende Abschnitte. In den beiden vollständig erhaltenen Fassungen sind diese Details
allerdings unterschiedlich ausgeprägt.

Beginnen wir mit der Aufzeichnung in der Handschrift G, der, wenn man nach
dem in der Regel allerdings einheitlicher überlieferten Aufgesang schließen darf, die
Notierung in der Handschrift W nahesteht. In der ersten Strophenhälfte beginnen
alle Distinktionen syllabisch mit mindestens zwei Einzelnoten, repetierend (Zeile 1
und 3)[20], absteigend (Zeile 2) und aufsteigend (Zeile 4). Die Tongruppen dringen
vom Zeilenende, von der beschwerten Kadenz aus zunehmend in die Melodik ein.
Die Distinktionen 1 und 2 gehen kontinuierlich ineinander über, die fallende Kadenz von Zeile 1 setzt sich im absteigenden Einsatz von Zeile 2 fort; im textlich
begründeten Enjambement der Zeilen wird der Oktavambitus der Melodie (c – C)
einmal durchmessen. Die Kadenz nach E erscheint als Halbschluß, dem in der
nächsten Zeile eine pointiert ausgesungene Kadenz nach C folgt. Mit dem melodischen „Hiatus" zu Zeile 4 setzt die Melodie erstmals neu ein und beschreibt innerhalb einer Zeile den Ambitus, der in den vorausgehenden drei Zeilen aus kleineren
Intervallen aufgebaut worden ist – eine Art Resümee, das sich in der zweiten
Strophenhälfte an gleicher Position wiederholt. Auch hier gehen syllabisch einsetzende Distinktionen voraus; allerdings nimmt die Ornamentik schon von Anfang an
breiteren Raum ein und erfaßt ab Distinktion 6 bereits die erste Zeilenhälfte. Die
melodische Bewegung ist insgesamt lebhafter und, wie der Vergleich der Ambitus-
verhältnisse zeigt, auch weiträumiger.

Ob man das tonale Zentrum im Ton C oder D erkennen will, in jedem Fall
beginnen die beiden Anfangszeilen der Strophenhälften über dem Zielton und erfassen zunächst den oberen Tonraum. Die Distinktion 5 unterscheidet sich von der
Distinktion 1 durch die Wendung nach E, die in dieser Fassung offenbar unter dem
Diktat von Reim b und weiblicher Zeilenendung steht, denn die Folgezeile schließt
mit der gleichen Tongruppe EDE. Distinktion 6 beginnt wie Distinktion 2 mit einer
Wendung zur unteren Ambitusgrenze C, hier überraschend mit einer vollständigen
Kadenzformel, die erst in der Folgezeile 7 ihre eigentliche Position einnimmt, den
ornamental verzögerten Zeilenschluß, in Parallele zu Distinktion 3. Die Anschlüsse
von Zeile 6 nach 7 und 7 nach 8 entsprechen den Verhältnissen in der ersten
Strophenhälfte.

Die Parallelführung der beiden Strophenhälften liegt offen, ebenso die bewegtere
und weiter ausgreifende Melodieführung in den Distinktionen 5–8.

Wenn diese Formidee von Anfang an der Melodie mitgegeben war, so müßte sie
auch in der zweiten vollständig erhaltenen Fassung, in der italienischen Hand-

---

20 Nach der Zusammenstellung von acht Liedanfängen im Ex. 1 des Artikels im Grove-Lexikon
   handelt es sich dabei um eine Eigentümlichkeit der Melodiebildung bei Folquet de Marseille,
   vgl. *The New Grove*, London 1980, Bd. VI, S. 693.

schrift R zu finden sein, unabhängig von „redaktionellen" Eingriffen, die als Varianten in Erscheinung treten.

Die wesentlichen Kriterien für die Zweiteiligkeit der Melodie sind auch tatsächlich gegeben. Nicht nur die beiden Schlußzeilen der zwei Strophenhälften können voneinander abgeleitet werden, auch die vorausgehenden Distinktionen sind offensichtlich aufeinander abgestimmt. Die Gewichte sind in dieser Fassung so verteilt, daß vor allem der Neueinsatz der Strophe nach der Zäsur mit den gleichen repetierenden Einzelnoten deutlich an den Liedanfang erinnert. Die vorletzte Zeile wiederholt fast Note für Note die Distinktion 3, während die resümierende Schlußzeile hier weniger eng mit dem Oktavbogen verbunden ist, der die erste Strophenhälfte abschließt.

V.

Es fragt sich, ob die beiden Ansätze zur Formbestimmung dieser Liedmelodie, die „Oda continua" und die auf Auf- und Abgesang „reduzierte Kanzone" miteinander zu vereinbaren sind. Die fortschreitend sich bildende Melodie, „der prozessuale Charakter einer Strophe"[21] kann sicher als ein Ausgangspunkt akzeptiert werden. Die Folge der Melodienzeilen steht jedoch unter zwei formprägenden Einflüssen, die sowohl auf die ursprüngliche „Komposition" wie auf die spätere Niederschrift Einfluß genommen haben: die zweiteilige Form des Gedichts einerseits und das Streben nach formaler Schematik der Redaktoren andererseits. Der Aufbau der Strophe wird bereits vor der schriftlichen Überlieferung das Profil des Liedes bestimmt und den variablen Vortrag in eine Richtung gelenkt haben, die jenseits der Varianten den beiden vollständig notierten Fassungen gemeinsam ist. Die Arbeit der Sammler und Schreiber wird sich im Detail zeigen, in der Art und Weise, wie das bereits angelegte Formschema ans Licht gebracht wird. Dies läßt sich an den Varianten und speziell an der Tonalität der Melodie zeigen.

Nimmt man an, daß die kirchentonale Ordnung des Tonsystems auch in die Melodik der weltlichen Liedkunst übergreift, so wäre die Melodie nach dem Oktavausschnitt, den sie einnimmt, mit dem 1., 3., 4. oder 6. Kirchenton in Verbindung zu bringen. Eine offensichtliche Tonhierarchie bildet sich nicht aus, da die Melodie in Sekund- und Terzschritten verläuft — mit Ausnahme des auffallenden Sextfalls vor der Kadenz von Zeile 6 in der Handschrift G. Quart- und Quintfortschreitungen, die kennzeichnende Grenzpositionen der melodischen Progression markieren könnten, oder eine Rezitationsachse als Pol zu einem Finalton sind nicht gegeben. Die Melodie hat somit kein eindeutig kirchentonales Profil[22].

---

21 Räkel, a.a.O. (Anm. 4), S. 267.
22 An diesem Beispiel bestätigt sich die Beobachtung Räkels: „Er [der Begriff der Kirchentonart] ist der dort [am Gegenstand der Trouvèrelyrik] herrschenden Tonalität durchaus inadäquat, weicht sie doch in fast allen charakteristischen Eigenschaften von diesem Begriffe ab" (a.a.O., Anm. 4, S. 325). Es gibt jedoch andere Liedüberlieferungen, in denen die Bedingungen einer Kirchentonart auffallend erfüllt sind; B. Stäblein hat dies bei Liedern von Bernart

Der in tonaler Hinsicht neutrale Verlauf ist die Voraussetzung für zwei unterschiedliche Liedfinales in den Handschriften G und R, mit denen die Melodie in einem Fall als D-, im andern Fall als E-Melodie aufgefaßt wird. Die Ausprägung als D-Melodie wird dadurch unterstrichen, daß in der Handschrift G auch der Aufgesang mit diesem Ton schließt, denn ohne Zweifel ist nach der Anlage der Strophe der Schluß des Aufgesangs nächst dem Liedschluß die wichtigste Position für die vom Finalton zu interpretierende Tonalität der Melodie. An dritter Stelle wird man die übrigen Zeilenfinales betrachten dürfen, wobei einzubeziehen ist, ob der Zeilenübergang „fließend" oder „gestaut", als „Enjambement" oder als „Hiatus" erfolgt. In der Handschrift G lautet die Folge der Zeilenfinales: G, E, C, D im Auf- und E, E, C, D im Abgesang. Von Bedeutung sind in der ersten Strophenhälfte nur die Zeilenschlüsse 2, 3 und 4, da sich die absteigende Melodiebewegung von Zeile 1 am Beginn von Zeile 2 fortsetzt. Zeile 2 endet mit dem oberen Nebenton, Zeile 3 mit dem unteren Nebenton der Liedfinalis. Die melismatische Beschwerung der Zeilenenden 2 und 3 und der im Einklang stehende Anschluß zwischen den Zeilen 3 und 4, der im Vortrag einen Neueinsatz bedingt, unterstreichen die Hinführung der Melodie zum zusammenfassenden Oktavbogen der Abschlußzeile des Aufgesangs.

Mit dieser ersten Liedhälfte scheinen Voraussetzungen für den weiteren Verlauf der Melodie gegeben zu sein, denn die den Finalton D umschließenden Töne E und C wiederholen sich. Die Wendung nach C am Ende von Zeile 7 entspricht der zweiten Zeilenhälfte der Aufgesangszeile 3, ist aber, in eröffnender Funktion, auch in der Abgesangszeile 6 gegeben. Wenn man die von C ausgehenden oder nach C führenden Terzen in den Aufgesangszeilen 2 und 3 noch hinzunimmt, dann würde eine Liedfinalis C, wie sie in anderen Beispielen des französischen Minnesangs nachzuweisen ist, zumindest nicht überraschen.

Detailbeobachtungen an der Fassung dieser Melodie in der Handschrift R führen zu anderen Ergebnissen. Die Kennzeichnung als E-Melodie geht hier nur aus der Liedfinalis hervor, denn die Zeilenschlüsse lauten: G, D, C, C im Aufgesang, F, C, C, E im Abgesang. Vor den Zeilen 2 und 4 staut sich die Melodie im Einklang, und die Zeile 2 endet mit einer schlußkräftigen Umspielung, so daß praktisch alle Zeilenfinales als solche empfunden werden. Davon abgesehen, daß die Melodie damit kurzatmiger verläuft, bedeutet dies die Errichtung einer C-Tonalität zum Ende des Aufgesangs hin. Betont wird dieser Schluß durch den Sextsprung, der für den An-

de Ventadorn gezeigt (*Zur Stilistik der Troubadour-Melodien*, AMl XXXVIII, 1966, S. 27–46), an gleicher Stelle den Melodien des Folquet de Marseille „scheinbar willkürliche, wirre und krause Züge" bescheinigt, in denen eine „ordnende Hand" zu spüren sei. H. van der Werf kommt nach seinen Untersuchungen der Tonalität von französischen Liedmelodien zu zwei Melodiegruppen, die sich in ihrem Tonmaterial nur durch Großterz und Kleinterz über dem Finalton unterscheiden, wobei der Terz auch als Kettenintervall in der Melodiebildung eine tragende Rolle zufallen kann (*The Chansons of the Troubadours and Trouvères*, Utrecht 1972, bes. S. 46 ff.). Auch im tonalen Bereich scheinen verallgemeinernde Aussagen riskant zu sein, zumal die tonale Ordnung der jüngeren Monodie im geistlichen Bereich noch nicht ausreichend erforscht ist und das Denken in „Jonisch" und „Aeolisch" den Redaktoren des 13. und 14. Jahrhunderts noch nicht bedenkenlos unterstellt werden kann, wie die folgenden Überlegungen zeigen.

fangston des Abgesangs nötig wird. Erkennbar ist auch, daß dieser tonräumlich betonte Neuanfang auf den Beginn des Liedes abgestimmt ist, d. h. auf die Deklamation zum Ton a. Auch die hohe Zeilenfinalis F scheint unter dem Einfluß der Anfangszeile zu stehen. Die Folgezeilen führen nach C, in Übereinstimmung mit der zweiten Hälfte des Aufgesangs. Erst am Ende des Liedes wird der Ton E erreicht. Auch diese Fassung tendiert nach C als dem tonalen Gravitationspunkt. Man könnte deshalb vermuten, daß dieses Lied im Stadium mündlicher Überlieferung nach C orientiert war; in der schriftlichen Festlegung sind die Regeln der kirchentonalen Systematik angewendet worden, im Rahmen des Möglichen und Naheliegenden. Die Interpretation als D-Melodie erfaßte die Zeilenschlüsse im Auf- und Abgesang; die Deutung als E-Melodie erfolgte mit weniger konsequenten Eingriffen in die Folge der Zeilenfinales.

Geht man diesen hypothetischen Weg zu einer mündlichen Form der Melodie weiter, so würde die Fassung der Melodie in der Handschrift R möglicherweise auch deshalb näher an das Ziel führen, weil in ihr das Geflecht von Zusammenhängen weniger beabsichtigt erscheint. Der deklamierende Liedanfang und der zusammenfassende Liedschluß gehören offenbar zum Modell dieser Strophe. In der Hanschrift R wiederholt sich die Deklamation am Beginn der zweiten Liedhälfte als ein einfaches und deutliches Erinnerungszeichen. Im übrigen kehren die Zeilen 3 und 4 nur in variierter Form am Liedschluß wieder, wobei Distinktion 7 auf Distinktion 3 noch recht deutlich bezug nimmt, während die Schlußzeile gegenüber Zeile 4 mehrfach differiert.

In der Handschrift G sind die Verhältnisse anders, denn hier stimmen die jeweils letzten Zeilen des Auf- und Abgesangs notengetreu überein; die Verwandtschaft der jeweils vorausgehenden Zeilen verwirklicht sich nur in der zweiten Zeilenhälfte, d. h. im Anschluß zu den identischen Folgezeilen. Die Kennzeichnung des Neueinsatzes in Zeile 5 erfolgt ohne Rückgriff auf den Liedanfang, wenn auch eigenständig betont mit dem doppelten Ansatz G a h. Die klingende Zeilenendung erhält in der Handschrift G jeweils die gleiche Tongruppe, in der Quelle R ist diese Schematik nicht zu beobachten.

Auch wenn man davon ausgeht, daß beiden schriftlichen Formulierungen Formvorstellungen zugrunde lagen, die in der ursprünglichen Melodie vielleicht angelegt, aber nicht systematisch ausgeführt waren, so könnte man doch argumentieren, die Fassung dieser Melodie in der Handschrift R erscheint weniger durchgeformt und deshalb vielleicht einem mündlichen Stadium der Melodie näher. Ob dieses Stadium wirklich einer ursprünglichen Erscheinungsform der Melodie näherliegt, eine jüngere Aufführungsvariante spiegelt oder schlicht auch nur das Ergebnis nachlässigeren oder interesselosen Kopierens ist, muß offen bleiben. Die musikalische Spur, die der französische Minnesang in den ,,Chansonniers" hinterlassen hat, ist verzweigt und vieldeutig und endet vor ihrem Ausgangspunkt.

Zu Perotin und seinem „Sederunt"

von

RUDOLF FLOTZINGER

Es gehört seit langem zu den Trivialitäten der Musikgeschichtsschreibung, die
Namen Leonin und Perotin als „die frühesten bekannten Komponisten des Abend-
landes" mit einer gewissen Aura zu umgeben. Seriöse Arbeiten zum Problemkreis
Komponist, Kunstwerk, Notentext etc. haben einerseits daran erstaunlich wenig
Anteil, andrerseits darauf ebenso geringen Einfluß genommen. Nicht unbeteiligt
dürfte daran die Notwendigkeit sein, jeweils verschiedene Wortbedeutungen auch
dieser Begriffe zu berücksichtigen, die man als „systematisch" und „historisch"
kategorisieren könnte. Diese Scheidung scheint negiert, wenn etwa versucht wird,
an Perotin, Josquin oder Schubert grundsätzlich in der gleichen Weise heranzukom-
men (Lebensdaten, Werkverzeichnis, Werkinterpretation, vgl. ein beliebiges Lexikon), ist aber wiederum wirksam, wenn man dabei „selbstverständlich" nicht dieselben Analysemethoden und Begriffe verwendet.

In seiner Arbeit über die „Entstehung des Komponisten" bezeichnet Finscher
sowohl die Tatsache, daß in dem berühmten Zeugnis des Anonymus IV „bestimmte
Werke bestimmten Personen zugeschrieben werden", als auch diese selbst als Aus-
nahmen (welche zumindest die Regel der Anonymität in der Zeit bestätigten)[1].
Tatsächlich ist man in der Frage der Individualität sowohl der Personen Leonin und
Perotin als auch der Werke aus diesem Umfeld nur bedingt weitergekommen. Man
kennt nun eine Fülle von Details der kompositorischen Eigenart oder auch des
„Fortschritts", diese können jedoch nicht — wie in späterer Zeit — mit bestimmten
Personen verknüpft werden. Das zeitgenössische „Interesse am Komponisten"
(Finschers zweites Bestimmungsstück dieses Begriffs) war offenbar noch nicht groß
genug, um weitere Anhaltspunkte zu hinterlassen, weshalb er sie nicht zu den
Komponisten in seinem Sinne zählt (während andere sogar die Diminutivform der
Namen als Zeichen besonderer Verbundenheit mit den Zeitgenossen nehmen).
Bestätigt scheint diese Sicht auch dadurch, daß einem Komponisten vollgültige
Werke zuzuordnen wären, zu deren Charakter zweifellos ein gewisser Grad von
Vollendung und Unveränderbarkeit gehört. Geht man allein von der Überlieferungs-
lage aus, würde man Leonin und Perotin vermutlich bereits verschieden beurteilen.
(Sie ist bekanntlich der Grund für die Tatsache, daß es von den Tripla und Quadrup-

---

1 L. Finscher, *Die Entstehung des Komponisten. Zum Problem Komponisten-Individualität
und Individualstil in der Musik des 14. Jahrhunderts*, IRASM VI, 1975, S. 29–44.

la seit langem eine Gesamtausgabe gibt[2], eine solche der zweistimmigen Organa und Clauseln aber noch aussteht[3].) Nimmt man diese historischen Tatsachen im einen Fall als Zeichen von Variabilität, im anderen bereits als eine Art von Endgültigkeit, ist man gezwungen, die Ansätze der „Verselbständigung des musikalischen Werkes und Textes zum opus perfectum et absolutum" entscheidend früher als meist angenommen[4], nämlich bereits bei unseren Tripla und Quadrupla zu sehen. Dies darf zwar nicht als Anhaltspunkt für ein simplifizierendes Entwicklungsdenken genommen werden, das eine aufsteigende Linie von der Zwei- über die Drei- bis zur Vierstimmigkeit als vorläufigem Höhepunkt annimmt. Die Tatsache, daß sie in den einschlägigen Handschriften an die Spitze gestellt und in Theoretikeraussagen zitiert werden, muß man aber zumindest als ein Zeichen von Ehrfurcht, einem gewissen Staunen und dem Bewußtsein der Zeitgenossen sehen, daß es sich um Außergewöhnliches handle (seien sie nun im Falle Perotins als genialische Jugend- oder als Alterswerke anzusehen[5]). Allein an der Anzahl der beteiligten Stimmen konnte die Hochschätzung nicht liegen, da durch Oktavverdopplungen drei- und vierstimmige Ausführung ja seit langem bekannt gewesen sind. Es muß also auch an der Art der Kompositionen liegen. In diesem Zusammenhang hat man vermutlich auch die Versuche zu sehen, gerade aus diesen Stücken durch Textierung Motetten (gewissermaßen ohne Antastung des „Notentextes") zu machen[6]. Gründe für ein solches Staunen scheinen indes auch heute noch immer zu bestehen und sollen anhand von Perotins „Sederunt" aufgesucht werden[7].

Der vierstimmigen Komposition der solistischen Intonation des Graduals vom Fest des Heiligen Stephanus „Sederunt" liegen sieben verschieden lange Tenortöne zugrunde. Obwohl wir die Choralversion, die der Komposition zugrundeliegt, nicht exakt kennen, muß bereits diese Tatsache hervorgehoben werden, da der Tenor der zweistimmigen Version in derselben Handschrift F (fol. 101r) — im Gegensatz zur Überlieferung des Satzes in W_1 — einen Ton mehr umfaßt. Dies kommt durch eine Tonwiederholung über der Silbe „-de-" zustande, was bedeutet, daß mit einiger Wahrscheinlichkeit an dieser Stelle — wie noch im Graduale Romanum — ein Stro-

---

2 *Die drei- und vierstimmigen Notre-Dame-Organa.* Kritische Gesamtausgabe hg. v. H. Husmann (= Publikationen älterer Musik IX), Leipzig 1940. Diese Aufgabe wird der Einfachheit halber im folgenden stets zitiert.

3 H. Tischler, *A Prospos a Critical Edition of the Parisian Organa Dupla, AMl XL, 1968,* S. 28–43.

4 C. Dahlhaus, *Das musikalische Kunstwerk als Gegenstand der Soziologie, IRASM V, 1974,* S. 12.

5 I. D. Bent, Art. *Pérotin, The New Grove Dictionary of Music and Musicians,* London 1980, Bd. XIV, S. 540 f.

6 R. Flotzinger, *De Stephani roseo sanguine. Vom Quadruplum zur einstimmigen Motette* (Ms., soll demnächst in Mf erscheinen).

7 Die folgenden Skizzen entstanden gemeinsam mit der Anm. 6 zitierten Arbeit und beziehen sich aus diesem Grund ausschließlich auf den Abschnitt „Sederunt". Im Laufe der Zeit schien eine Verselbständigung notwendig, die hier als Fallstudie vorgelegt wird in dem Bewußtsein, daß die Ausweitung der Basis für ihre Folgerungen notwendig wäre.

phicus stand und sie folgendermaßen lautete: (Im Graduale Roma-

Se- de- runt

num steht über „-runt" ein torculus f-g-f anstelle der clivis g-f.) Die Reduktion auf
sieben Töne scheint mit Absicht gewählt zu sein (welche die zweistimmige Version
in W_1 bereits übernommen hat). Über Gründe und Bedeutung dieser Änderung ist
vorweg nichts auszusagen. Fest steht nur, daß aus 1/33545/343 die Tonfolge
1/3545/43 wurde, damit aber nicht nur eine andere Zuordnung der Töne zu den
Textsilben (1+4+2), sondern auch eine neue melodische Form zustandekam. Ob
diese Veränderungen allein zu diesem Zweck vorgenommen wurden, bleibe ebenfalls dahingestellt. Immerhin ist man an die Aussage der zuständigen Theoretiker
erinnert, daß jede Komposition mit der Disposition (also nicht nur der Wahl) des
Tenors beginne[8]. Da es sich in dem ganzen Abschnitt um drei modalrhythmische
Oberstimmen über Haltetönen im Tenor, also um ein Analogon zum sog. Copula-
Satz[9] bzw. zum dreistimmigen Conductus handelt, entfällt bei der Tenordisposition
die Festlegung eines rhythmischen modus; der Einteilung der Tonfolge in Tongruppen (ordines) sind wegen der Textsilben und der Kürze des Abschnittes enge Grenzen gesetzt. Auf diesem Hintergrund dürfte den genannten Eingriffen um so größeres Gewicht zukommen.

Schon ein erster Blick auf die Übertragung zeigt, daß auch die Unterscheidung
zwischen organalen und diskantilen Partien zur Hauptgliederung[10] hier wegfällt.
Umso größere Bedeutung kommt den von Husmann so genannten „Gliederungsstrichen" zu, welche bereits in den Handschriften „die Hauptabschnitte eines Orga-
nums" trennen, „am konsequentesten in den beiden vierstimmigen Organa" gesetzt
und „offenbar die Spezialität Perotins" gewesen sind[11]. Solche wären in der Husmannschen Ausgabe noch nach Takt (T.) 1, 18, 116, 120 und 133, vielleicht auch
nach T.3 zu ergänzen[12]. Damit tritt eine erste Beobachtungsebene klar zutage: erst
nach dem „principium ante principium" (wie bei allen Tripla und Quadrupla und
im Gegensatz zum Usus im zweistimmigen Bereich hier nur aus einem Akkord ohne
Vorhalt bestehend), das gewissermaßen nur der ersten klanglichen Einrichtung

8 Vgl. Kl. Hofmann, *Untersuchungen zur Kompositionstechnik der Motette im 13. Jahrhundert, durchgeführt an den Motetten mit dem Tenor IN SECULUM* (= Tübinger Beiträge zur
   Musikwissenschaft II), Neuhausen-Stuttgart 1972.
9 Vgl. F. Reckow. *Die Copula. Über einige Zusammenhänge zwischen Setzweise, Formbildung, Rhythmus und Vortragsstil in der Mehrstimmigkeit von Notre-Dame* (= Akademie
   der Wissenschaften und der Literatur zu Mainz, Abh. d. Geistes- u. sozialwiss. Kl. 1972,
   Nr. 13), Wiesbaden 1972.
10 Vgl. H. Husmann, *Die dreistimmigen Organa der Notre Dame-Schule mit besonderer Berücksichtigung der Handschriften Wolfenbüttel und Montpellier*, Diss. Berlin 1934; H. Schmidt,
   Die drei- und vierstimmigen Organa, Kassel 1933; F. Spreitzer, *Studien zum Formaufbau der
   dreistimmigen Organumkompositionen des sogenannten Notre-Dame-Repertoires*, Diss. Frei-
   burg/Br. 1951.
11 Husmann, Gesamtausgabe S. XXX.
12 Es ist zu betonen, daß diese Ergänzung vom Autor noch vor Inangriffnahme der Analyse
   nach den Facsimileausgaben der Hss. W_1 und F (in W_2 fehlt der Teil bekanntlich) vorgenommen wurde.

dient, beginnt der eigentliche Ablauf des Stückes. Diesem Einzeltakt über der ersten Silbe „Se-" entsprechen ebensolche, wenn auch anders gestaltete, aber jedenfalls deutlich kontrastierende Einzeltakte jeweils vor dem Silbenwechsel „-de-" (T.51) und „-runt" (T.124): es sind die üblichen formelhaften Schlußgruppen, die also die Gliederung nach den Textsilben unterstreichen. Entsprechend dem Absetzen (Pause) und folgenden Neuansatz der Töne und Silben in allen Stimmen nach dem ersten Tenorton über der Silbe „Se-" (T.1) folgt eine derartige Zäsur fast jedesmal nach dem Erreichen eines neuen Tenortons. Indem auch hier jeweils Gliederungsstriche stehen, ist deutlich gemacht, daß nicht nur die Textsilben, sondern auch die einzelnen Tenortöne „formal wesentlich" sind (T.68, 90, 103, 125, 133). Etwas abweichend verhält es sich lediglich beim Silbenwechsel „-de-" (T.52): hier steht der Gliederungsstrich noch vor der Schlußgruppe (T.51), es pausieren nicht alle, sondern lediglich zwei Oberstimmen (Triplum/Tr, Quadruplum/Qu), während das Duplum (Du) die Pause überbrückt und gleich den nächsten, musikalisch in sich geschlossenen Abschnitt von 17 Takten (T.52—68, das Ende wiederum mit einem Gliederungsstrich angezeigt) beginnt.

Die übrigen Gliederungsstriche finden sich ebenfalls an Stellen, wo jeweils musikalisch „etwas Neues" beginnt oder die zur richtigen formalen Beurteilung wichtig sind: diejenigen nach T.1 und 7 begrenzen einen Abschnitt, den man sowohl im 6. als auch 3. modus interpretieren kann. (Im letzteren Fall werden aus 6 Takten 11. Husmann entschied sich wohl aus klanglichen Gründen und wegen des nachfolgenden „falschen" 3. modus im Du und Tr für erstere Lösung.) In jedem Fall erscheint die dreiteilige Anlage[13] durch den (wenn auch etwas weniger deutlichen) Gliederungsstrich in F am Ende von T.4 hervorgehoben. Ähnlich verhält es sich mit dem Abschnitt T. 8—29, bei dem der ebenfalls etwas undeutlichere Gliederungsstrich von T.18 den Angelpunkt für die Vertauschung der Stimmen (Qu/Tr, Tr/Du, Du/Qu) — d.h. klanglich identische 2x11 Takte — angibt. Dabei taucht im Tr erstmals das merkwürdig insistierend mit den Tönen d-c-a spielende Motiv auf, das noch mehrmals wiederkehren wird (z. B. im Abschnitt ab T.30, 69). Es ist vielleicht eine Anspielung an die Choralstelle „(et adversum) me". Der folgende Abschnitt (zwischen den Gliederungsstrichen T.29 und 50) besteht zunächst aus einem Sechstakter im Qu (T.30—35), der in den Folgetakten (T.36—41) ins Tr wandert und schließlich (T.42—47) zum Qu zurückkehrt; die darunterliegenden Stimmen aber entsprechen einander nur teilweise: Tr T.30—32 = Qu T. 36—38, Du T.30—31 = 33—34 = 36—37, jeweils mit freien Fortführungen. Es ist, als ob dem strengen Stimmentausch die freiere Handhabung dieses Prinzips, gekoppelt mit kurzen ouvert-clos-Bildungen im Du gegenübergestellt würde. Den Abschluß (nach der Pausenüberbrückung in T.47 durch das Du) aber bildet eine gemeinsame „Kadenz". Die zunächst mit 21 anzugebende Gesamtanzahl der Takte ist nachträglich zu modifizieren: Sowohl die 22 Takte zwischen T.8—29 als auch T.69—90 zeigen in Zusammenhalt mit den vorhin konstatierten Anomalien beim Silbenwechsel T.52 (die

13 a a′ a″
   b b′ d
   c c′ b″

Pausenüberbrückung dokumentierte den sofortigen Neubeginn des Folgenden), daß T.51 noch zu den vorhergehenden 21 gehört. Diese neuerlichen 22 Takte entsprechen also nicht nur den schon genannten (T.8—29), sondern einer weiteren 22-Takt-Gruppe (T.69—90), welche der genannten 17-Taktgruppe (T.52—68) folgen. Diese wird also gewissermaßen eingerahmt. Konstruktionsgerüst dieses Abschnitts scheint zunächst das Zweitaktmotiv zu sein, das im Qu T.53/54 exponiert (der Kopf ist eine Umkehrung von T.52), T.55/56 wiederholt und T.58/59 vom Tr übernommen wird (das Du T.52/53 könnte mit dem „Resonet in laudibus" etwas zu tun haben[14]). Der Silbenwechsel mit T.52 ist also durch die Tatsache, auffallend (d. h. anders als üblich) gestaltet zu sein, klar in seiner formalen Bedeutung (Schluß der ersten Silbe und damit des ersten Groß-Abschnittes von insgesamt 51 Takten zu sein) herausgestellt — u.zw. wie gesagt gerade durch Pausenüberbrückung anstelle von Pausen, die ja wesentlich öfter vorkommen und daher diese Wirkung auch nicht erzielen hätten können. Die Qu-Stimme des besagten Abschnittes ist deutlich zweiteilig ouvert-clos (T.69—80/81—90) gestaltet, das darunter liegende Du aber ist dreiteilig: T.69—74 + Sequenzierung T.75—80 + Fortspinnung T.81—90, deren T.81—88 wieder mit dem Tr T.69—76 identisch, deren T.81—86 als Umkehrung der T.69 ff. und T.87—90 als Umkehrung von Qu T.69 ff. zu verstehen sind. Hier sind also mehrere Prinzipien miteinander kombiniert: zweiteilige Periodik, Dreiteiligkeit, Stimmtausch, Motivumkehrung. Der Rest des zweiten Groß-Abschnittes über der Silbe „-de-" besteht aus 2x13 und (wenn man wiederum den Schlußgruppentakt 124 gleich dazuzählt) 2x4 Takten (er umfaßt also insgesamt 73 Takte). Dabei sind die ersten 13 Takte (T.91—103) durch mannigfache kurze Nachahmungen und Variationen gekennzeichnet (z. B. Tr T.90—92 entspricht Qu T.91—93, Du T.91/92 = 93/94var. = 95/96var., T. 93/94 = 97/98), die folgenden 13 Takte (T.104—116) durch das Wandern eines Motivs durch alle drei Stimmen (Du T.104/105 = Tr T.106/107 = Du T.108/109 = Qu T.110/112), durch kurzfristigen Stimmtausch (Tr T.104/105 = Du T.106/107tr.), Zweiteiligkeit in der Achse um T.110 (Tr T.104/105 = 110/111), der Rest vor allem durch Sequenzierung und Fortspinnung,.

Da die Zahl 11 schon mehrmals eine gewisse Rolle gespielt hat, wird sie als Gesamtumfang des kürzeren dritten Groß-Abschnitts zum Text „-runt", bestehend aus 1+8(=2x4)+2 Takten, nicht mehr überraschen. Dieser ist wiederum in allen Stimmen a-a'-b gestaltet und entspricht somit wiederum dem Anfang (T.2—7 waren ebenfalls a-a-b in allen Stimmen). Diese Abrundung zu einer Gesamtheit mutet wahrhaft zukunftsweisend an.

Wir wir gesehen haben, hat jeder Unterabschnitt seine eigene Physiognomie und Ausgestaltung nach wohl definierbaren Prinzipien. Ihre Anordnung entspricht einem additiven Verfahren, wobei aber offensichtlich auch gewisse Regelmäßigkeiten sichtbar werden sollen. Vom Kontrast- und Gestaltungsmittel unterschiedlicher modus-Verwendung scheint auf den ersten Blick nicht allzu viel Gebrauch gemacht zu sein. Bei näherem Hinsehen aber lassen sich auch da diffizile Muster entdecken:

---

14 Flotzinger, *De Stephani roseo sanguine.*

dem Kontrast zu Beginn (dem größtmöglichen Notenwert Duplex longa folgen in der einen Lesung die kürzestmöglichen des reinen 6.modus, im anderen Fall würde der Kontrast 3./1.modus zum nächstfolgenden Abschnitt bestehen) entspricht gegen Schluß ein nur wenig geringerer Kontrast zwischen der Verlangsamung der Notenwerte ab T.120 und der Schlußgruppe T.124; deutlich geringer ist hingegen der Kontrast beim Silbenwechsel „-de-" (Verlangsamung im Qu schon ab T.40, andrerseits strahlt die fractio modi noch weit in die Folgetakte ab T.52 hinein). Der Hauptanteil steht naheliegenderweise im 1.modus; dieser ist aber selten in allen Stimmen gleichzeitig angewendet (nur T.126 ff.), vielmehr mit dem „falschen" 3.modus (T.8 ff.), 5.modus (T.30 ff., 91 ff.), stark gebrochenen 1.modus (T.52 ff., 134) bzw. dem 3. und 5.modus gleichzeitig (T.69 ff.) kombiniert. Insgesamt erscheinen also Übergänge zwischen den Bewegungsmomenten und Kontraste wohlausgewogen eingesetzt:

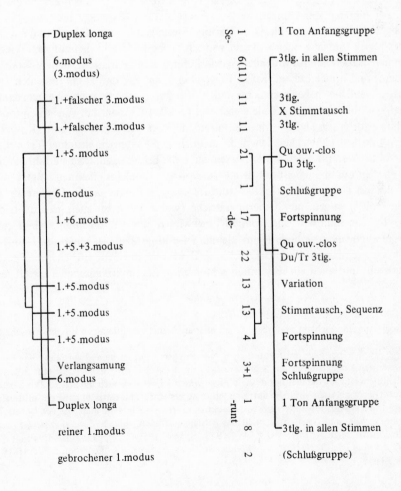

Gegen diese Ausführungen könnte eingewendet werden, daß mit Taktzahlen und anderen Begriffen operiert wurde, die nicht den Originalen entsprächen. Dem Fachmann ist aber klar, daß dies keine sachlichen, sondern weitgehend nur terminologische wenn nicht scheinbare Einwände wären. Fest steht, daß der Nachvollzug — vor allem durch den nicht unmittelbaren Fachmann — in der geläufigen Ausdrucksweise leichter ist und man sich lediglich der Behelfsmäßigkeit bewußt zu bleiben braucht; aber auch, daß eine Rückführung auf die zeitgenössische Terminologie durchaus möglich wäre (etwa anstatt von „Takten", die ja auch von manchen Forschern halb so lang angenommen werden, wobei die obigen Zahlen also zu verdoppeln wären, von „ordines" zu sprechen etc.). Hingegen hat sich gezeigt, daß die „Gliederungsstriche" — offensichtlich sogar graphisch differenziert — uns nie im Stich gelassen oder in die Irre geführt haben, sondern schrittweise zu einer Formbetrachtung brachten, die man als nur der neueren Musik angemessen eingestuft hätte[15]. Dabei ist es bei einiger Überlegung doch naheliegend, daß sich wenigstens die Komponisten unter den „Organisten und Discantisten" Gedanken über den Ersatz des mit der Zerdehnung der Einzelteile verlorengehenden ursprünglichen Zusammenhalts gemacht haben und diesen in Rationalisierungen fanden, die vor- und nachher in der Musik immer wieder wirksam wurden, insbesondere in den auf dem Wiedererkennen basierenden Prinzipien Wiederholung und Variation, neben Kontrast (Neuem) und Spielerischem. Keine Frage aber kann sein, daß 1) die einzelnen Teile nicht „irgendwie nebeneinandergestellt" wurden, sondern nach übergeordneten Prinzipien, und daß 2) die Teile selbst nicht willkürlich oder nur spielerisch (zufällig) hingeworfen, sondern bewußt gestaltet sind, d. h. daß wir es hier mit „Kompositionen" zu tun haben, bei denen daher auch der Austausch einzelner Teile nicht mehr ohne weiteres möglich wäre (wenn auch das besagte „additive Verfahren" den historischen Zusammenhalt mit dem Clauselprinzip durchaus erkennen läßt). Daß es aber Perotin nicht um versteckte Strukturen ging, sondern er sie offenbar werden lassen wollte, zeigen die Gliederungsstriche (wie er sie selbst auch genannt haben mag). Im Einzelfall wird sogar darauf hingewiesen, wo der Angelpunkt einer zwei- oder dreiteiligen Formbildung im kleinen (wie im großen) zu sehen sei. Damit ist jedenfalls erstmals in der Musikgeschichte der hörbaren Ebene eine sichtbare gegenübergestellt und auch ein wesentliches Moment eines „musikalischen Textes" gegeben[16].

15 In diesem Sinne scheint Spreitzers Arbeit eher an Zaghaftigkeit denn an Emphase gescheitert zu sein.

16 Daß es sich bei allen mittelalterlichen Notierungen nicht in demselben Maße wie in der modernen Konzertmusik um Schriftvorlagen für die Ausführung handelt, ist eine Selbstverständlichkeit, auf die hier nur deshalb hingewiesen sei, weil sie auch in jüngster Zeit allzu oft außer Acht gelassen wird. Im übrigen steht eine systematische Untersuchung der mittelalterlichen Handschriften unter diesem Aspekt aus. Vermutlich wird man mit der Unterscheidung in Vor- und Nachschrift nicht das Auslangen finden; vgl. Ch. Seeger, *Prescriptive and descriptive music-writing*, MQ XLIV, 1958, S. 184—195; W. Suppan, *Musiknoten als Vorschrift und als Nachschrift, Symbolae historiae musicae*, Fs. Federhofer, Mainz 1971, S. 39—46.

Ob dies schon „die ganze Wahrheit" sei, wäre bereits oben zu fragen gewesen, z. B. ob das Herausstellen der Zahl 11 (bzw. ihrer Vielfachen) etwa zahlensymbolische Bedeutung haben könnte. Von allen mittelalterlichen Exegeten wird die 11 „ad malam partem gedeutet"[17], man könnte darin also sehr wohl ein Symbol für die Schlechtigkeit des Mordes an Stephanus sehen. Tatsächlich muß ein gewisses Erstaunen hervorrufen zu sehen, mit welch diffizilen Mitteln der oben besprochenen, gleichsam jedem, der Noten lesen kann (also zumindest dem praktischen Musiker, dem *cantor*), sich erschließenden Ebene eine andere gegenübergestellt wird, die sich aber nur mehr dem geistigen Auge (der genauen Analyse, dem Wissenden, dem wahren *musicus*) erschließt. (Die Analogie zur Trichotomie *musica instrumentalis – humana – mundana* ist ebenso unverkennbar wie die zu Hugos v. St. Victor [†1141] „drei Augen" des Menschen[18].)

Schon ältere Forschung versuchte herauszustellen, daß weniger die Stimmenzahl, als die Klanglichkeit (gegenüber der Linearität des organum purum) als das Neue der Tripla und Quadrupla anzusehen sei. So hat Rudolf v. Ficker[19] von den Organalstimmen des „Sederunt principes" als von „auskomponierten Klängen" auf der Grundlage eines Gerüstes gesprochen, das durch die Mehrklänge jeweils bei Eintritt eines neuen c.f.-Tones gebildet werde und ein musikalisches Bild ergebe, „das ungefähr jenem der Beispiele der Organumtraktate des 12. Jahrhunderts" entspreche. Für den Beginn des „Sederunt" ergibt sich allerdings nicht

sondern

Den Versuch, diese Zusammenhänge (d. h. den vierstimmigen Satz gleichsam als „aufgeblähtes" zweistimmiges „primitives" Organum) zu erweisen, unternimmt Ficker allerdings ebenso wenig, wie er der Tatsache nachspürt, warum auf diese vermutlich bereits 1199 vorliegende Komposition später noch so viele und z. T. sicherlich von demselben Komponisten stammende zweistimmige folgen, von denen viele auch das Experiment im Handwerklichen erkennen lassen[20]. Vermutlich wollte auch Ficker nicht dem eingangs erwähnten Entwicklungsdenken verfallen (wohl auch deshalb, um nicht nach dem „ersten Höhepunkt" der Vierstimmigkeit[21] einen

17 H. Meyer, *Die Zahlenallegorese im Mittelalter. Methode und Gebrauch* (= Münstersche Mittelalter-Schriften XXV), München 1975, S. 146.

18 1. des Fleisches, 2. der ratio, 3. der Kontemplation. Vgl. K. Vorländer, *Philosophie des Mittelalters* (= rowohlts deutsche enzyklopädie 193/194), Hamburg 1964, S. 67.

19 R. v. Ficker (Hg.), *Perotinus, Sederunt principes*, Wien 1930, S. 27.

20 R. Flotzinger, *Der Discantussatz im Magnus liber und seiner Nachfolge* (= Wiener Musikwissenschaftliche Beiträge VIII), Wien, Köln, Graz 1969, S. 217 f.

21 Welche meist als Endprodukt eines „Fortschreitens" von der Zwei- zur Drei- und Vierstimmigkeit angesehen wird.

neuerlichen „Abstieg" zur Zweistimmigkeit erklären zu müssen[22]). Geht man aber
entsprechend den überlieferten Theoretikeraussagen über die Klangorte[23] über das
von Ficker genannte Verfahren hinaus und reiht alle Klänge zu den „schweren
Taktzeiten" der Husmannschen Ausgabe aneinander, ergibt sich folgendes: Daß
dabei alle Wiederholungen (auch Stimmtausch-Abschnitte) etc. wiederum sichtbar
werden, versteht sich von selbst. Besser sichtbar aber werden die „harmonischen"
Verhältnisse an Stellen wie der folgenden: die jeweils höchste Stimme Qu T.30—35,
Tr T.36—41 und Qu T.42—47 wird hervortreten und als eine dreimal wiederkehrende Melodie erscheinen, die jedoch nicht völlig identisch „harmonisiert" ist. Sind die
Abschnitte T.30—35 und T.36—41 noch als ouvert-clos zu verstehen (wenn auch
durch das weiterlaufende Du etwas verschleiert), könnte man die T.42—47 jedenfalls als „andere Harmonisierung derselben Oberstimme" ansehen.

Des weiteren zeigt ein Überblick über sämtliche Klangfolgen, daß — ständige
Wiederholung[24] des Tenortones bis zum jeweils nächsten vorausgesetzt — etwa die
Hälfte der Zusammenklänge aus drei verschiedenen Tönen (inklusive Einklängen und
Oktaven) besteht. Da hierbei die Anteile von Einklängen, Oktaven und Quinten sehr
hoch ist, kann man sie fürs erste fast gleich qualifizieren wie die ebenfalls noch sehr
häufigen Zweiklänge (etwa um 1/3 weniger als die Dreiklänge). Bedeutsam aber ist
das Auftreten der Extreme Einklang aller vier Stimmen sowie Vierklang (vier verschiedene Töne). Einklänge gibt es nur im Groß-Abschnitt „-de-" über den Tenortönen g und a (T.80, 90, 95, 121). Die Vierklänge hingegen sind auf alle drei
Groß-Abschnitte verteilt, und zwar je nach Übertragung in höchst charakteristischer
Weise: In der Husmannschen Version gibt es über der Silbe „Se-" nur 3 (T.17, 28,
49, jeweils unter Beteiligung der Sept), über „-de-" bereits 8 (T.54, 55, 56, 60, 82,
101, 115, 120), um im letzten Abschnitt über „-runt" fast die Hälfte aller Klänge
(nämlich 8 von 19) auszumachen. Insgesamt würde man also von einer deutlichen
Steigerung gegen Schluß zu sprechen müssen. Das Bild wandelt sich aber entscheidend, wenn man den Beginn anstatt im 6. im 3.modus überträgt: in diesem Falle
kommen 8 Vierklänge (und zwar wiederum 8 von 19!) hinzu. Anstelle von klang-
licher Steigerung muß man mit 11 (genauer 8+3) bzw. zweimal 8 pro Textabschnitt
(Silbe) von einer verblüffenden Ausgewogenheit sprechen[25]. Diese Ausgewogenheit
hat ihre Parallelen in der Entsprechung des ersten Abschnitts (Husmann T.2—7 im

---

22 Erst recht wird man Ficker Trivialisierungen wie die folgende nicht anlasten können: „Über
den einzelnen lang ausgehaltenen Cantus-Firmus-Tönen wird ein ‚Naturklang' errichtet aus
Quint, Quint-Oktav oder Quart, Quart-Oktav, der verziert, melodisch ausgefüllt und umspielt
wird. Den einzelnen Stimmen sind kleine Motive zugeteilt; im Wechselspiel der verschiedenen Stimmen und durch das alternierende Ineinandergreifen der Motive entsteht eine klang-
lich-rhythmische Einheit. Mit dem Wechsel der Cantus-firmus-Töne tritt jeweils ein neuer
Klangbereich ein. Vorwiegend statische, spannungslose Klangauffassung" (K. H. Wörner,
Geschichte der Musik, Göttingen ³1961, S. 106).
23 Vgl. Hoffmann, S. 14 ff.
24 Also nicht, wie fälschlicherweise fast immer, vor allem auch bei sämtlichen Schallplattenauf-
nahmen angenommen, einfaches Durchklingen!
25 Ein mittelalterlicher Exeget würde im übrigen die 8 als Symbol für Auferstehung, Ewigkeit
und beatitudo — die Stephanus durch sein Martyrium erreichte — genommen haben (Meyer
S. 141).

3.modus) mit dem letzten Teil über ,,-runt" (je 11 Takte, s.o.) und in der Tatsache, daß die Klangregion im gesamten Satz nie über das hinausgeht, was ein gemeinsames Fünfliniensystem bequem (ohne Hilfslinien) fassen kann, d. h. ständig in einer Art Mittellage bleibt. (Man ist also versucht, der 3.modus-Version den Vorzug zu geben.)

Trotzdem ist dem Höreindruck eine gewisse Zunahme des Klanglichen von leeren, quintigen zu komplexeren Klängen zu entnehmen. Diese hängt also offensichtlich nicht nur mit den Vierklängen zusammen, sondern allgemein mit der relativen Verteilung der Klänge. Im Abschnitt ,,Se-" sind außer den genannten Vierklängen fast die Hälfte aller weiteren Quint-Quart-Klänge, während diese in den beiden anderen Großabschnitten jeweils nur etwa ein Viertel ausmachen. Von diesen abgesehen gibt es dann überhaupt nur mehr drei, die ebenfalls in allen Groß-Abschnitten vorkommen: die reine Quint, der Terz-Quart-Klang (,,Sextakkord") und drei Terzen übereinander (,,Septakkord"). Insgesamt verteilen sich die Klänge wie folgt:

	Se-	-de-	-runt
1–8		5	
5–4	47	33	4
4–5	5	4	
3–3	8	20	
5	6	18	3
4–4	8		
3–5	3		
4–2	2		
4	2	8	
3	3	4	
3–3–3	2	1	1
3–4	2	3	1
5–3	5		
7	1		
6–2	1		
4–2–3	1		
4–3		4	
3–3–4		2	2
2–4–4		2	
2–4		2	3
2		8	
2–5		1	
3–2–4		2	2
2–2		3	
3–2–2		3	
3–4–3		1	
2–3		4	
4–2–4		1	2
4–2		3	
2–3–3	(4)		1
4–3–4	(2)		
3–3–2	(2)		
	96 (104)	132	19

Noch nicht erfaßt ist damit die verschiedene Funktion, die ein und derselbe Klang haben kann, z. B. der Terz-Quint-Oktavklang T.55 und 60. Im einen Fall baut er sich über dem Tenorton auf, im anderen bildet dieser die erste Terz (der „Grundton" liegt also tiefer). Von hier aus ergeben sich die zweifellos interessantesten und unerwartetsten Einblicke: Der besagte Dreiklang T.60 ist überhaupt der erste, bei dem der Te nicht der tiefste Ton ist, sondern zu einem Mittelton wird. Dieser Klang teilt also gewissermaßen die gesamte Komposition in zwei Teile: der erste umfaßt 112 (bzw. 120) Stützklänge über dem Te, der zweite Teil umfaßt 135 Stützklänge, von denen 104 mit ihrem tiefsten Ton unter den Te greifen und 27 weitere über dem Tenorton aufgebaut sind[26]; vier weitere sind wie erwähnt reine Einklänge mit dem Tenor. Geht man nun wieder von der Version mit dem Beginn im 3.modus (die sich bereits einmal als die naheliegendere erwiesen hat) aus, so kann man die Zahlen 120:135 (= 15x8:15x9 = 8:9, also entsprechend dem großen Ganzton des pythagoräischen Systems) kaum als zufällig abtun. In diesem Falle ist nicht nur kein Teil durch einen anderen ersetzbar, sondern auch nicht ein Klang hinzuzufügen oder wegzulassen, ohne die beabsichtigte Proportion zu zerstören. Der Komponist muß also absolute Unantastbarkeit seines Werkes intendiert haben.

Völlig unbestreitbar wird sein, daß reine Einklänge in einem vierstimmigen Satz etwas Auffälliges an sich haben. Bei näherer Betrachtung erweist sich, daß ihnen in diesem Fall ähnliche Teiler-Funktionen zukommen, wie jenem Dreiklang in T.60, nur auf „tieferer Ebene" (nicht bezogen auf das Ganze, sondern innerhalb des Teilabschnittes des Groß-Abschnittes „-de-": sie scheiden die übrigen Klänge über den betreffenden Tenortönen in eindeutige Gruppen, u.zw. teilt der Einklang T.80 die 36 Klänge über dem Tenorton a in 20+1+15 (d. h. 4x5 vor und 3x5 nach ihm); die folgenden 24 Klänge über dem Tenorton g beginnen mit einem Einklang T.90 und haben einen weiteren Einklang T.95, sie verteilen sich demnach in 1+8(=2x4)+1+14(=2x7); schließlich teilt der Einklang T.121 die 41 Klänge über dem Tenorton a in 34(=2x17)+1+6(=2x3)[27]. In ähnlicher Weise teilt auch der besagte Dreiklang von T.60 die Klänge über dem Tenorton f in (2x8)+1+(2x7), womit alle Unterabschnitte dieser Textsilbe gleichbehandelt sind. Die Rahmenteile aber („Se-" bzw. „-runt") sind ohne besondere Mittel (insbesondere durch Pausen) untergliedert und leicht überschaubar:

---

26 „Problematisch" könnten lediglich folgende sein: a) die Penultima nach Husmann. Da aber sowohl die Simplicesnoten in F als auch die jeweils ersten Töne der abschließenden Binaria in W_2 derart überdeutlich gelängt sind, können sie guten Gewissens im Sinne Husmanns als 2 Longen übertragen und entsprechend mitgezählt werden. b) Die gleichsam „nachhinkenden" Einzeltöne in T.107 und 111. Da diese im Prinzip von ähnlich „nachhinkenden" Tönen in zwei Stimmen wie in T.105 oder 109 (die noch dazu in den verschiedenen Hss. nur uneinheitlich mit Pausen versehen sind) ebenso wenig zu unterscheiden sind wie von „echten" Pausenüberbrückungen" wie in T. 47, muß man sie als selbständig dazuzählen.

27 Aber selbst wenn man sie nicht isoliert nimmt, sondern jeweils einer der Gruppen zuschlägt, ergeben sich für diese auffällige Konstellationen: 21+15 besteht aus (3x7)+(3x5), 10+14 besteht aus (2x5)+(2x7) und die Teilungszahl 17 der folgenden Gruppe ist als 10+7 zu verstehen.

```
                              31
Se-        d    96(104)  | 1+11(19)+21+21+11+29+2 |
-de-       f    31       |  17+14    (= 2x8+1+2x7)
           a    36          21+15    (=4x5+1+3x5)
           g    24          10+14    (=1+2x4+1+2x7)
           a    41          34+7     (=2x17+1+2x3)
-runt      g    14  19      (=2x7)
           f    5
```

Für die einzelnen Silben ergibt sich (vielleicht nicht mehr geplant, aber nicht minder bemerkenswert) daraus:

```
        Se-        96(104)   12x8(13x8)
        -de-       132       12x11
        -runt       19       11+8
                  ──────
                  247(255)
```

Sowohl im Falle des Dreiklangs von T.60 als auch der vier Einklänge sowie der Pausenüberbrückung T.52 erwies sich in eindrucksvoller Weise, daß das Prinzip, mit außergewöhnlichen oder auffälligen Momenten Hinweise für die Interpretation zu geben (die natürlich nur der Wissende aufzunehmen verstand), nicht erst Komponisten ab dem 15. Jahrhundert geläufig war[28], sondern bereits von Perotin in überzeugender Manier angewendet wurde. Ob er es erfunden hat?

Da sich nun die Ordnung (ordo!) durch Zahlen mehrfach als intendiert gezeigt hat, ist nochmals nach der Zahl 7 (Anzahl der Tenortöne, s.o.) zu fragen. Dabei könnte man sich sowohl bei der Deutung als „Zeichen der Gnade und der Gottesgaben"[29] als auch für Auferstehung, perfectio, plenitudo, aber auch Hauptsünden[30] jeweils auf ausführliche mittelalterliche Exegeten berufen. Sie alle müssen hier verblassen vor der Tatsache, daß Stephanus der Führer jener Gruppe gewesen ist, welche die ersten Christen einfach „die Sieben" nannten (vgl. das Evangelium des Stephanus-Festes). Da die 7 auch sonst mehrfach untergekommen war, wird — akzeptiert man das Prinzip, absichtlich gewählt worden zu sein — diesem direkten Bezug zum Inhalt des Textes absoluter Vorrang einzuräumen sein.

Damit sind wir bei der grundsätzlichen Frage, wie solche Zahlenbedeutungen bzw. überhaupt die Bedeutung der Zahl für diese Komposition(en) wenigstens mit höherer Wahrscheinlichkeit auszustatten und der suspekten Ebene des „Glaubens" zu entheben sei. Dafür besitzen andere Disziplinen mit längerer einschlägiger Forschungstradition bereits Listen methodischer Forderungen[31], in unserem Fall aber

---

28 Vgl. G. Neuwirth, *Erzählung von Zahlen*, Musik-Konzepte 26/27, 1982, S. 8; ders., *Symbol und Form* (des Te Deum K 270), in: Johann Joseph Fux, Sämtliche Werke II/2, Graz 1979, S. XV.
29 P. v. Naredi-Rainer, *Architektur und Harmonie. Zahl, Maß und Proportion in der abendländischen Baukunst* (DuMont Dokumente), Köln 1982, S. 49.
30 Meyer, S. 133 ff.
31 Z. B. für Germanistik: Meyer, S. 18 f.

bestehen noch nicht einmal die Voraussetzungen dazu: „So gewiß in ständig zunehmendem Maße Zahlensymbolik in sämtlichen Bereichen der universalen mittelalterlichen Kultur zum selbstverständlichen geistigen Allgemeingut wird, so wenig liegen jedoch, im Unterschied vor allem zur Geschichte der Architektur und zur Dichtkunst, musikgeschichtliche Spezialforschungen für die Zeit der Wende vom ersten zum zweiten Jahrtausend vor"[32].

Fest steht, daß der uralte, auch in der Bibel zu findende Zentralsatz des Pythagoräismus, daß alles (um so mehr alles Schöne) „nach Maß, Zahl und Gewicht geordnet" sei, durch Augustinus auf Musik und Architektur in besonderer Weise bezogen wurde, weil beide auf Zahlengesetzlichkeiten beruhten[33]. Ebenso steht die entscheidende Rolle Augustinensischen Gedankengutes bei der Entstehung der Gotik im 12. Jahrhundert außer Frage[34]. Fest steht schließlich, daß die Proportionenlehren der Architektur (für die auch die Cotik berühmte Beispiele liefern könnte) sich stets auf die Musik (genauer: auf die Verhältniszahlen der musikalischen Intervalle) berufen[35]. Und ausgerechnet bei der Musik selbst soll dieses Prinzip nicht angewendet worden sein? Im Gegenteil: wenn von mehreren Musiktheoretikern (Lambertus-Aristoteles, Franco, Walter Odington) die ternäre Rhythmik mit der Trinität begründet wird, ist wenigstens e i n konkreter Fall in genügender Deutlichkeit ausgesprochen — damit kann das Prinzip nicht mehr geleugnet (d. h. alles als Zufall abgetan) werden. An Rechenoperationen oder Zahlenkategorien wird nichts vorausgesetzt, was der Zeit nicht geläufig war. Von einem *musicus* waren solche Kenntnisse schon deshalb zu erwarten, weil die Musik bekanntlich im Quadrivium neben den anderen „mathematischen" Künsten Arithmetik, Geometrie und Astronomie eingeordnet war. Aus diesem Grunde gibt es auch nicht wenige Autoren, die Schriften sowohl zur Musik als auch zur Mathematik hinterlassen haben (darunter Boethius, Guido v. Arezzo, Hermannus Contractus und Johannes de Muris, von ausgesprochenen Enzyklopädisten einmal abgesehen).

Neben diesen allgemeinen Beziehungen gibt es weitere, die insbesondere durch ihre Konzentration im Paris des späteren 12. Jahrhunderts aufhorchen und für künftige eingehendere Forschungen noch so manches erwarten lassen:

1. Einer der geistigen Väter der Gotik, Abt Suger von St. Denis (†1151), schildert in seinem *Büchlein über die Kirchenweihe* keineswegs die fachtechnische Seite seines berühmten Kirchenbaues, sondern nur dessen geistigen Prozeß. Dabei ist Sugers Sprache „ausgesprochen musikalisch. Wie seine Zeitgenossen, die Platoniker der Schule von Chartres, begreift er das Universum als symphonische Komposition", wie Alanus von Lille sieht er Gott als „kunstreichen Architekten" an, „der sich den Kosmos als seinen königlichen Palast erbaut [hat], indem er die Vielfalt des Geschaffenen kraft der ‚zarten Ketten' musikalischer Harmonien zusammenfügt[e]".

32 W. Blankenburg, Art. *Zahlensymbolik*, MGG XVI, Kassel etc. 1979, Sp. 1973.

33 Naredi-Rainer, S. 20 f.

34 O. G. v. Simson, *Wirkungen des christlichen Platonismus auf die Entstehung der Gotik*, in: *Humanismus, Mystik und Kunst in der Welt des Mittelalters*, hg. v. J. Koch, Leiden u. Köln 1953, S. 166.

35 Naredi-Rainer, S. 150 ff.

Dieser aber ist das mystische Vorbild für das Heiligtum, das Suger zu bauen unternimmt. Sugers Musik-Ästhetik geht höchstwahrscheinlich auf Johannes Scotus Erigena zurück, der wiederholt und ausführlich auf das Gesetz der harmonischen Proportion zu sprechen kommt[36].

2. Die Neuentfaltung der Mathematik im Abendland beginnt bekanntlich mit der Rezeption der Null (einer indischen Erfindung) und der lateinischen Euklid-Übersetzung[37] im 12. Jahrhundert. Und als die ersten großen Mathematiker gelten allgemein Leonard v. Pisa gen. Fibonacci (1180–1250) in Italien und Jordanus Nemorarius in Frankreich. Wenn auch die lange Zeit angenommene Gleichsetzung des letzteren mit dem 1237 verstorbenen Dominikanergeneral Jordanus v. Sachsen (Teutonicus) heute gelegentlich angezweifelt wird[38], ist doch die Bedeutung seiner Schriften *Algoritmus demonstratus* und *De numeris datis* bzw. seine Rolle als Begründer der mittelalterlichen Mechanik[39], nach dem das bekannte Kraft-mal-Kraftarm-Axiom seinen Namen hat[40], unbestritten[41], und die große Mehrheit der Autoren nimmt seine Tätigkeit an der „Universität" Paris (bzw. an einem der Vorläuferinstitute) an[42]. Es ist daher auch nicht allzu unwahrscheinlich, daß der zweistimmige Conductus „Frater, en, Jordanus", dessen Text in F (fol. 356r/v) zu finden ist (die vorgesehene Notierung ist unterblieben), ein typisches Bettellied[43], sich auf ihn bezieht. Eine gewisse Bedeutung aber könnte neuerlich Alexander v. Villedieu (um 1200) zukommen, auf dessen mögliche Rolle für die Ausbildung der modus-Theorie schon andernorts hingewiesen wurde[44]: von ihm ist auch ein *Carmen de algorismo* erhalten[45].

Es ist mehr als nur möglich, daß Perotin in diesen Pariser Universitätskreisen des ausgehenden 12. Jahrhunderts, jenem Zentrum dialektischer Studien der damaligen Zeit [46], verkehrte und dabei zu seinen Versuchen angeregt wurde, es den anderen Künsten gleichzutun. Vielleicht werden wir ihn einmal in das geistige Zentrum der jungen Gotik voll integriert finden?

36 O. v. Simson, *Die gotische Kathedrale. Beiträge zu ihrer Entstehung und Bedeutung*, Darmstadt 1982, S. 176 ff., 50.

37 A. Sturm, *Geschichte der Mathematik* (Slg. Göschen 226), Leipzig 1904, S. 59.

38 M. Clagett, *The science of mechanics in the Middle Ages*, Madison, Wisc. u. London 1959, S. 72.

39 C. B. Boyer, *A History of mathematics*, New York 1968, S. 283; Clagett, S. 69 ff.

40 H. J. Störig, *Kleine Weltgeschichte der Wissenschaft*, Bd. I (Fischer Bücherei 6032), Frankfurt/M.-Hamburg 1970, S. 199. – Ohne Kontakt mit den Problemen der Bauleute ist dieses Axiom wohl nicht entdeckt worden.

41 M. Cantor, *Vorlesungen über Geschichte der Mathematik*, Leipzig 1900, Bd. II, S. 49–79.

42 Nur nach Clagett (S. 72) s c h e i n e er in Toulouse gelehrt zu haben, was sich nicht einmal auszuschließen braucht.

43 Lieder und Motetten des Mittelalters, hg. v. G. M. Dreves: *Analecta hymnica medii aevi* Bd. 20, Leipzig 1895, S. 16.

44 R. Flotzinger, *Zur Frage der Modal-Rhythmik als Antike-Rezeption*, AfMw XXIX, 1972, S. 203–208.

45 Boyer, S. 279.

46 Ch. H. Haskins, *The Renaissance of the Twelfth Century*, Cambridge 1927, S. 378. – Im „Kampf der sieben Künste" des Henri d'Andeli (ca. 1250) steht noch immer Orléans für Grammatik und Paris für Logik (Haskins, S. 99).

Aber auch außerhalb dieser eher esoterischen Kreise, innerhalb deren es zweifellos auch verschiedene Abstufungen gegeben hat, führen entsprechende Überlegungen in eine ähnliche Richtung, z. B. im Zusammenhang mit der oben konstatierten Offenlegung des Formalen (Gliederungsstriche): Auch die junge Gotik zeigt ein zunehmendes „Bestreben, das Konstruktive sichtbar zu machen" (was insbesondere an einem „Vergleich des älteren Chors mit dem jüngeren Hochschiff von Notre Dame" zu beobachten ist)[47]. Ja, insgesamt ist die Gotik, insbesondere soweit sie sich als Abbild des göttlichen Lichts und des Himmlischen Jerusalem versteht[48], als optische Versinnlichung von geistigen Momenten (und Glaubensinhalten) zu begreifen. Am deutlichsten aber zeigt sich dies in der Tatsache, daß unter demselben Bischof Odo von Sully (1196—1208), dessen Regelungen des Gesanges zur Weihnachtszeit 1198/99 die einzigen bekannten Archivalien darstellen, welche direkt auf Perotins Quadrupla bezogen werden können, die Elevation der Hostie in die Messe eingeführt wurde (1215 als Transsubstantiation auf dem Laterankonzil zum Dogma erhoben)[49]. Hier gab es offenbar Bestrebungen, die einen Hinweis auf den späteren Begriff „Gesamtkunstwerk" erlauben.

All dem im einzelnen nachzugehen, wird sicher eines gewissen Aufwandes bedürfen. Die Aussichten aber, damit ein Tor für die Kenntnis zahlreicher, auch größerer historischer Zusammenhänge aufzustoßen, dürften hoch zu veranschlagen sein.

---

47 Simson, *Platonismus*, S. 162.
48 Simson, *Kathedrale*.
49 G. Bandmann, *Mittelalterliche Architektur als Bedeutungsträger*, Berlin 1951, S. 251.

Petrus de Cruces Motette „Aucun ont trouvé chant par usage / Lonc tans me sui tenu de chanter / ANNUNTIANTES"

Französische Motettenkomposition um 1300

von

WOLF FROBENIUS

Die folgende Analyse[1] soll dem Gegenstand dieser Festschrift: einer Problemgeschichte des Komponierens in Gestalt einiger exemplarischer Analysen, dadurch entsprechen, daß sie — wie Eggebrechts Analyse von Machauts Motette Nr. 9[2] — die Werkgenese, d. h. die Reihen- und Rangfolge der kompositorischen Entscheidungen (die aus dem Werk zu erschließen sind) zum Leitfaden der Darstellung macht und so gleichsam das Werk rekonstruiert. Denn diese Methode sorgt nicht nur für eine historisch angemessene Gewichtung der festzustellenden Sachverhalte; sondern sie liefert auch die Kriterien für eine kompositionsgeschichtliche Einordnung des Werkes, sofern nämlich die Kompositionsgeschichte auch in einer fortwährenden Änderung der Reihen- und Rangfolge der kompositorischen Entscheidungen besteht.

1 Mit der Einschränkung auf „französische" Motettenkomposition soll die englische oder am englischen Stil orientierte Motettenproduktion ausgeschlossen sein (zu dieser E. Apfel, *Beiträge zu einer Geschichte der Satztechnik von der frühen Motette bis Bach*, München 1964/65, und J. Stenzl, *Eine unbekannte Sanctus-Motette vom Ende des 13. Jahrhunderts*, AMl XLII, 1970). — Der Auftrag an den Verf. sah vor, die „kompositorische Aufgabe" des Motettenkomponisten nach der Emanzipation der Motette von der Klausel darzustellen, und zwar anhand einer Motette aus den späten Faszikeln der Hs. Montpellier, Faculté de Médecine, H 196. Nun ist — sofern einer bestimmten kompositorischen Aufgabe ein bestimmtes kompositorisches Vorgehen entspricht und ein verändertes Vorgehen auf eine veränderte Aufgabe schließen läßt — die Epoche der Ars-antiqua-Motette wohl durch eine tiefere Zäsur in sich selbst unterteilt als von der der Ars-nova-Motette geschieden; und die Motette vom Petrus-de-Cruce-Typus (in der sich die Tendenz der vorgeschlagenen Quelle wohl am schärfsten ausprägt) steht der Ars-nova-Motette noch Machauts wohl näher als der früheren Ars-antiqua-Motette selbst noch Adam de la Hâles (vgl. hierzu den Schluß dieses Beitrages). Verf. hatte sich also für ein Werk entweder der früheren oder der späteren Ars antiqua zu entscheiden. Da die Kompositionstechnik der früheren Ars-antiqua-Motette schon von Kl. Hofmann ausführlich dargestellt worden ist (*Untersuchungen zur Kompositionstechnik der Motette im 13. Jahrhundert* [Tübinger Beiträge zur Musikwissenschaft II], Neuhausen-Stuttgart 1972) und die kompositionstechnische Analyse einer Petrus-de-Cruce-Motette die Modellhaftigkeit von Eggebrechts Machaut-Analyse (*Machauts Motette Nr. 9*, AfMw XIX/XX, 1962/63, und XXV, 1968) zu erweisen vermag, wurde letztere Möglichkeit gewählt.

2 S. Anm. 1.

Unsere Motette[3] scheint uns in folgenden Schritten geschaffen worden zu sein:
1) Stoffwahl und -disposition
2) Wahl des C.f.
3) Ordinierung des C.f.
4) Disposition der Zeilenschlußtöne der Oberstimmen und Erstellung eines Gerüstsatzes
5) Bestimmung von Versezahl, Reimordnung und Versrhythmen der Oberstimmentexte
6) Ausarbeitung der Oberstimmentexte
7) endgültige Ausarbeitung der Oberstimmen.

Diese Reihenfolge, die (wie gesagt) auch unserer Darstellung zugrundeliegt, ist weitgehend aus dem Werk selbst zu erschließen und soll, wo nötig, im Laufe der Darstellung begründet werden; doch wird sie bis zu einem gewissen Grade auch durch
Theoretikerzeugnisse bestätigt, von denen das ausführlichste angeführt sei: der Traktat des Aegidius de Murino (Mitte 14. Jh.)[4]:

> Primo accipe tenorem alicujus antiphone vel responsorii vel alterius cantus de antiphona-
> rio; et debent verba concordare cum materia de qua [vis] facere motetum; et tunc recipe
> tenorem, et ordinabis et colorabis... Tunc si vis facere motetum cum quatuor, tunc
> etiam ordinabis et colorabis contratenorem. . . . . . et ordina<b>is triplum supra, bene ut
> concordet cum tenore et contratenore. Et si vis ipsum superius [= mehr] concordare,
> tunc divide tenorem in duas partes, vel quatuor, vel tot partes sicut tibi placuerit; et cum
> feceris unam partem super tenorem, tunc ipsa pars debet ita esse figurata, sicut prima

3 Hg. v. Yvonne Rokseth, *Polyphonies du XIIIe siècle. Le manuscrit H 196 de la Faculté de
Médecine de Montpellier*, Paris 1935–48, Bd. III, S. 81, und A. Auda, *Les „Motets Wallons"
du manuscrit de Turin*, Brüssel 1953, Bd. II, S. 64. Die beiden Überlieferungen unterscheiden sich vor allem hinsichtlich des Dialekts der Texte (Pariser Französisch in Montpellier,
Lütticher Französisch in Turin), sodann hinsichtlich der melismatischen tempus-Unterteilun-
gen, bei denen Hs. Turin gegenüber Montpellier ziemlich konsequent z. B. viertönige statt
dreitöniger Melismen aufweist – Unterschiede der Realisation nur (obschon auch der Niederschrift), aber nicht der Komposition (vgl. auch die noch viel stärker divergierende Überlieferung der Trecento-Musik). – Die Zuschreibung des Werkes an Petrus de Cruce beruht
auf Zeugnissen vor allem bei Jacobus Leodensis, *Speculum musicae* VII (zw. 1323 u.
1324/25). Die Motette ist in mehreren Traktaten um und nach 1300 zitiert, und zwar
durchweg mit Blick auf die mehr als drei semibreves pro tempus-Einheit, die in ihr vorkommen (Stellennachweise sowie Literatur zur Motette bei Fr. Gennrich, *Bibliographie der
ältesten französischen und lateinischen Motetten*, = Summa Musicae Medii Aevi II, Darmstadt 1957, 105). Zu Petrus de Cruce s. E. H. Sanders, Art. *Petrus de Cruce*, in: *The New
Grove*, London 1980.

4 Zu Aegidius de Murino und seinem Traktat s. H. Besseler, *Studien zur Musik des Mittelalters
II: Die Motette von Franko von Köln bis Philipp von Vitry*, AfMw VIII, 1926, 210, Fußn. 3;
G. Reaney, Art. *Egidius de Murino (de Morino, de Muris, de Mori)*, MGG III, 1954; ders.,
The Manuscript Chantilly, Musée Condé 1047, MD 73; R. H. Hoppin und S. Clercx, *Notes
biographiques sur quelques musiciens français du XIVe siècle*, in: Les Colloques de Wégi-
mont II – 1955. *L'Ars Nova. Recueil d'études sur la musique du XIVe siècle* (Bibliothèque
de la Faculté de Philosophie et Lettres de l'Université de Liège CXLIX), Paris 1959; W. Arlt,
Der Tractatus figurarum – ein Beitrag zur Musiklehre der „ars subtilior", Schweizer Beiträge
zur Musikwissenschaft I (Publikationen der Schweizerischen Musikforschenden Gesellschaft III.1), Bern/Stuttgart 1972, bes. S. 36 und 44 f.

pars, et sicut alia pars; et istud vocatur colorare motetos... Hoc facto, procede ad motetum, id est ad quintum; et concordabis et colorabis cum triplo et tenore et cum contratenore, si est cum quatuor, et ita fac usque ad finem. – Postquam cantus est factus et ordinatus, tunc accipe verba que debent esse in moteto et divide ea in quatuor partes; et sic divide cantum in quatuor partes; et prima pars verborum compone super primam partem cantus, sicut melius potes, et sic procede usque in finem; et aliquando est necesse extendere multa verba super pauca tempora et aliquando e converso id est multas notas super pauca verba, quousque pervenientur ad complementum (CS III, 124a–125a, revidiert nach 3 Hss.[5]).

Diesem Text zufolge entsteht eine Motette (der Autor denkt sie sich vierstimmig, isorhythmisch und vierteilig, d. h. wohl mit dreifach diminuiertem Tenor) in folgenden Schritten: 1) Wahl des C.f., 2) Zurichtung des Tenors, 3) Zusatz eines Contratenors (nur bei Vier- oder Fünfstimmigkeit), 4) Zusatz des Triplum, 5) Zusatz des Motetus, 6) Textierung. Dem ist zu entnehmen:

1) Der C.f. ist nicht vorgegeben, sondern wird passend zur Materia[6] der geplanten Motette, die der eigentliche Ausgangspunkt der Arbeit ist, gewählt; er wird also nicht tropiert (wie ursprünglich, als die Gattung Motette noch in einem liturgischen Funktionszusammenhang stand), sondern eher zitiert (wie in der Motette des 13. Jh. auch Refrains zitiert werden), freilich zitiert wie vor einer Predigt das zugrundeliegende Bibelwort.

2) Die Zusatzstimmen werden nacheinander angebracht, und zwar das Triplum auffälligerweise vor dem Motetus (der nach seiner Quintlage zum Tenor auch „Quintus" genannt wird) – vielleicht weil es eine Außenstimme und daher ohrenfälliger ist. Hinsichtlich des Gerüstsatzes kann diese Reihenfolge auch für unsere Motette zutreffen (jedenfalls stellt schon H. Besseler ein contratenorhaftes Verhalten des mehrfach in Nonen und Septen fortschreitenden Motetus von Petrus de Cruces Motette „S'amours eüst / Au renouveler / ECCE IAM VOTIVA"[7] fest[8]); doch scheint bei der Disposition der Zeilenschlüsse der Motetus dem Triplum vorausgegangen zu sein.

3) Immer noch entsteht eine Motette nicht durch Vertonung eines Textes (wie der Conductus und die Kantilenensätze), sondern durch Textierung eines (wenn nunmehr auch ad hoc geschaffenen) Satzes. Allerdings scheint für Aegidius der Text nicht nach Maßgabe von schon begrenzten Melodiezeilen in den einzelnen Stimmen ausgearbeitet, sondern in willkürlich bemessenen Teilen auf ebenso willkürlich bemessene Teile des Satzes verteilt zu werden (Aegidius lehrt auch nicht, daß eine isoperiodische oder vollisorhythmische Anlage schon bei der Tenorzurichtung vor-

---

5 Rom, Bibl. Vaticana, lat. 5321, fol. 6; Washington, Libr. of Congress, ML 171 J.6, fol. 74rv; Siena, Bibl. Comunale, L.V. 30, fol. 44rv.

6 Zum Verhältnis von materia und cantus im späten Mittelalter allgemein s. Fr. Reckow, *Rectitudo – pulchritudo – enormitas. Spätmittelalterliche Erwägungen zum Verhältnis von materia und cantus*, in: Bericht vom Symposion „Musik und Text in der Mehrstimmigkeit des 14. und 15. Jahrhunderts" im September 1980 in Wolfenbüttel (im Satz), ferner ders., *Vitium oder color rhetoricus? Thesen zur Bedeutung der Modelldisziplinen grammatica, rhetorica und poetica für das Musikverständnis*, Forum Musicologicum III, Winterthur 1982.

7 Ed. Rokseth, a.a.O., S. 77, und Auda, a.a.O., S. 95.

8 A.a.O., S. 160.

gesehen werden muß). Zwar schreibt Aegidius nur „ad doctrinam parvulorum" und
verweist für die subtilitates auf die Werke selbst; doch erklärt dies wohl nicht den
Unterschied zu unserer Darstellung, der seinerseits die bisher festgestellten Überein-
stimmungen nicht aufhebt.

4) Die Textierung kann zu großen Unterschieden im Tempo der Silbenaussprache
führen (im Triplum unserer Motette verhalten sich schnellstes und langsamstes Tempo der Silbenaussprache pro Melodiezeile wie 3:1). Allerdings resultieren diese
Unterschiede bei Aegidius aus der soeben beschriebenen Textierungsmethode,
während der Text bei Petrus de Cruce durch die Melodiezeilen nur sehr global
bemessen ist und einen relativ großen Spielraum hat (s. unten 5.).

Nach diesem Blick auf die Aussagen des Aegidius zum Vorgehen beim Verfertigen einer Motette sei nun das zu analysierende Werk in der vorgehenen Weise
gleichsam rekonstruiert.

1. Der Stoff der Motette und seine Disposition, d. h. vor allem Verteilung auf die
beiden Oberstimmen, erhellen aus den Oberstimmentexten, die hier mit Übersetzung wiedergegeben seien[9]:

Triplum:

Aucun ont trouvé chant par usage,   mes a moi en doune ochoison
Amours, qui resbaudist mon courage   si que m'estuet faire chançon.
Car amer me fait dame bele et sage   et de bon renon,
Et je, qui li fait houmage   pour lui servir tout mon aage
                                            de loial cuer sans penser trahison,
Chanterai, car de li tieng un si douz heritage   que joie n'ai se de ce non:
C'est la pensée que mon douz mal m'assouage   et fait esperer garison.
Neporquant seur moi puet clamer hausage   amours, et moi tout mon vivant tenir
                                            en sa prison.
Ne ja pour ce ne penserai vers li mesprison;
Tant set soutilment assaillir,   k'encontre li defendre ne s'en puet on:
Force de cors ne planté de lignage   ne vaut un bouton.
Et si li plaist de raençon
Rendre a son gré, sui pris et l'en fais gage   mon cuer, que je met du tout en abandon.
Si proie merci, car autre avantage   n'ai je, ne pour moi nule autre raison.

Motetus:

Lonc tans me sui tenu de chanter.
Mes or ai raison de joie mener,
Car boune amour me fait desirer
La mieus ensegnie   k'on puist en tout le mont trouver.
A li ne doit on nulle autre comparer,
Et quant j'aim dame si proisie,   que grant deduit ai du penser,
Je puis bien prouver
Que mout a savoureuse vie,   quoique nus die,   en bien amer.

---

9 Text nach Rokseth, a.a.O.; Übersetzung nach D. Beyerle, in: Beilage zur Schallplatte *Musik
  der Gotik* (DG 2710 019), Hamburg 1976, S. 29 (geringfügig geändert).

Triplum:
Manche dichten aus bloßer Gewohnheit, aber was mich dazu bringt,
Ist die Liebe, die mein Herz so erfreut, daß ich ein Lied anstimmen muß.
Denn lieben heißt mich eine schöne und kluge Dame von hohem Ansehen;
Und ich, der ich ihr gehuldigt habe, ihr dienen will mein Leben lang treuen Herzens,
     ohne je an Verrat zu denken.
Werde meine Stimme erheben. Denn einen so kostbaren Besitz verdanke ich ihr, daß nur
     eines mir noch Freude macht:
Der Gedanke, daß mein süßer Schmerz gelindert wird und Hoffnung auf Heilung besteht.
Allerdings kann die Liebe die Herrschaft über mich beanspruchen und mich sogar zeit
     meines Lebens in ihrem Gefängnis festhalten.

Aber ich werde nichts gegen sie unternehmen:
So listig weiß sie anzugreifen, daß man sich ihrer nicht erwehren kann:
Körperliche Stärke oder die Macht einer großen Familie sind hier ohne jeden Wert.
Und wenn sie ein Lösegeld nimmt,
Will ich es gerne bezahlen und gebe zum Pfand mein Herz, das ich ihr ganz überlasse.
Nur um Gnade bitte ich, denn irgendeine andere Ausflucht bleibt mir nicht.

Motetus:
Lange habe ich meine Stimme nicht erhoben,
Aber nun habe ich einen Grund zu frohlocken,
Denn wahre Liebe erfüllt mich mit Verlangen
Nach der Allerbesten, die es auf der Welt gibt.
Ihr darf man keine andere vergleichen.
Und da ich eine so treffliche Dame liebe, daß die Sehnsucht nach ihr mir große Wonne
     bereitet,
Kann ich in der Tat bezeugen:
Ein köstliches Leben gewährt, allen Klagen zum Trotz, die vollkommene Liebe.

Das Thema der Motette ist das Singen, das durch die Liebe zu einer trefflichen Dame veranlaßt ist (und sein muß). Im Motetus erscheint das Singen als Lob der Liebe — die Trefflichkeit der Dame steigert die Sehnsucht, und diese macht das Leben köstlich —, im Triplum als Bitte um Gnade, d. h. Erhörung: das durch die Liebe zu einer trefflichen Dame veranlaßte Singen ist Ausdruck der Freude, die der Hoffnung auf Heilung des süßen Wehs, d. h. auf Erhörung durch die Geliebte, entspringt. Ganz in der Gewalt der unwiderstehlichen Liebe und ihr das Herz für immer überlassend, vermag der Autor in der Tat nur noch um Gnade, d. h. Erhörung, zu bitten. — Dieser Stoff steht in der Tradition der Troubadour- und Trouvère-Lyrik, in der auch Einzelmotive vorgeprägt sind: die Bedingtheit des Singens durch die Liebe zu einer trefflichen Dame, die Freude, das süße Weh, die Gefangenschaft bei der Liebe. Er ist auch speziell in der Motette durchaus zu Hause. Neu im Rahmen der Motette ist allerdings die hohe Stilebene, der auch die Konzentration auf die poetologische Reflexion entspricht und die den Anspruch der Gattung seit Petrus de Cruce unterstreicht.

    2. Zum C.f. für den Tenor wählt Petrus de Cruce den Ausschnitt mit dem Text „Annuntiantes" aus dem Graduale der Epiphanias-Messe. (Daß nicht etwa der Motettentext den Tenortext tropiert wie in der Notre-Dame-Motette, sondern umgekehrt ein Choralausschnitt frei, wenn auch mit passendem Textwort hinzugezogen wird, wie Aegidius es fordert, zeigt sich schon darin, daß es sich nicht wie bei

den liturgisch brauchbaren Motetten um eine solistische, sondern um eine von der Schola gesungene Choralpartie handelt.) Der von Aegidius geforderte textliche Bezug des Tenorworts zum Stoff der Motette wird deutlich, wenn man den ganzen Text des Graduale vornimmt: „Omnes de saba venient, aurum et thus deferentes, et laudem domino annuntiantes" — „Sie werden aus Saba alle kommen, Gold und Weihrauch bringen und des Herrn Lob verkündigen" (= Jes. 60,6). Denn hierbei erweist sich „[laudem] annuntiare" ([Lob] verkünden) als Äquivalent des „chanter" („faire chant", „faire chançon"), das die Oberstimmentexte thematisiert; es ist die knappste und am allgemeinsten gehaltene Formulierung des in den Oberstimmen ausführlich behandelten Themas.

Musikalisch weicht die Tenortonfolge zweimal vom Choralausschnitt in der Fassung des Graduale Romanum wie des Graduale Sarisburiense ab: 1. Als 17. Ton steht statt des h der Ton c — vielleicht handelt es sich um eine regionale Fassung der Melodie. 2. Zwischen 20. und 21. Ton, F und a, ist ein G eingefügt, was wohl von der Ordinierung her zu verstehen ist (s. unten 3.):

Grad. Roman. Sarisb.

annuntiantes

Petrus de Cruce

Infolge dieser Einfügung zählt der C.f. 27 Töne, die sich in 9+10+8 Töne gliedern: der mittlere Abschnitt ist eine Variante des ersten und der dritte eine Variante des zweiten mit eingeengtem Ambitus, in dem die Bewegung zum Stillstand kommt:

Bei der Tenortonfolge handelt es sich also um ein melodisch geschlossenes Gebilde mit sorgfältig herbeigeführtem Schluß und klar ausgeprägter Tonalität (F-modus). Dies ist früher und später keineswegs die Regel, hier aber im Blick auf eine Verwendung von fast ausschließlich Quint- oder Quint-Oktav-Klängen über dem Tenor wohl schlechthin notwendig; in einer solchen Klangtechnik teilt sich die Tenortonalität dem Ganzen mit (Näheres zur Satztechnik unten 4.).

3. Die beschriebene Tonfolge wird im Tenor zweimal durchgeführt: 1. in insgesamt 9 Abschnitten zu je 3 Longen mit nachfolgender Longa-Pause (diese Ordinierung erklärt wohl die oben erwähnte Einfügung eines Tones, durch die die nötige Zahl von 27 Tönen erreicht wird und der Schlußton F auf eine 3. Longa gelangt —

eine in den vorausgehenden Dreiergruppen vermiedene Placierung des Schlußtones —); 2. in einer pausenlosen Folge von 27 Longen:

Beide Ordinierungsweisen sind sehr gebräuchlich; hervorzuheben ist allenfalls die formpsychologisch sinnvolle Aufeinanderfolge von zeitlich gespreizter und dichterer C.f.-Darstellung (Verhältnis 36:27 = 4:3), wie sie dann in der isorhythmischen Motette mit ihrer häufigen Verwendung von Diminutionsteilen üblich wird. Die Schematik der Ordinierungsweise, die offenbar weder — wie die meisten vorausgehenden vulgärsprachlichen Motetten — Refrainzitate noch — wie die meisten Motetten im 14. Jh. — eine Isorhythmie der Oberstimmen zu berücksichtigen hat, berechtigt dazu, der Ordinierung des C.f. die Stelle im Werdegang dieser Motette zuzuweisen, die sie hier einnimmt.

4. Der Gerüsttonsatz zwischen Tenor und Motetus sowie zwischen Tenor und Triplum entspricht sehr weitgehend der von H. H. Eggebrecht so genannten Klangschritt-Lehre[10], bei der fast ausschließlich die Konsonanzen Einklang, Quint und Oktav möglichst unter Gegenbewegung der Stimmen verwendet werden. Gelegentlich ist zwischen Quint und Einklang eine Terz einbezogen; und an wenigen Stellen bewegen sich zwei Stimmen in Parallelen:

```
f  e g| f  g f  c| d e  f  d| e  f  d e g  d| a' g e  g g| c e a  c  d| g a d e  e
c  a d f  c     g d e c  d     c  h a c  d     c  h G c  g e c  f  d     e g e  e
F  a G     c  h c     a F G     F  G a     G a c     d c      a F G     a G a
```

```
g| d  f  f  c a g  g #f g| e  c d  f  d e| g e g  #f g c  e c  d| e g e  g d  f
d  h c     f  e d c d c e  f  d c h a     e c h c g a' f  d c d e d h  c
G  G F     F a G c h c a F G F G a G a c h c c a F G a G a G G F
```

Die Zeilenschlüsse werden nach tonalen Gesichtspunkten festgelegt. Überdies müssen auch brauchbare Zeilenlängen entstehen. Für die Tonalität sind sowohl melodische Funktionen (wie Finalis, Affinalis, Nebenton der beiden) als auch harmonische (wie Ultima- und Paenultimaklang) entscheidend. Wahrscheinlich werden zuerst die Zeilenschlüsse des Motetus festgelegt. Seine Finalis ist der Ton c; er tritt am Ende beider C.f.-Durchführungen als Bestandteil von Ultimaklängen (F-c-f) sowie als Schlußton einer ersten, expositionshaften Melodiezeile des Motetus (hier aber nicht im Verband eines Ultimaklanges) auf. Die drei übrigen Motetusschlüsse der 1. C.f.-Durchführung finden auf dem Nachbarton der Finalis, d, statt, der dabei jeweils in den Paenultimaklang G-d eingebunden ist; und der einzige Binnenschluß

---

10 H. H. Eggebrecht/Fr. Zaminer, *Ad organum faciendum. Lehrschriften der Mehrstimmigkeit in nachguidonischer Zeit* (Neue Studien zur Musikwissenschaft III), Mainz 1970, S. 26. Ausführliche Darstellung in Kl.-J. Sachs, *Zur Tradition der Klangschritt-Lehre. Die Texte mit der Formel „Si cantus ascendit. . ." und ihre Verwandten*, AfM XXVIII, 1971.

in der 2. Durchführung findet auf a statt, dessen Akkord vielleicht sozusagen als Antepaenultimaklang aufzufassen ist (der Paenultimaklang erfolgte dann zwischen Tenor und Triplum, was der Motetus durch seine ungeteilte Longa an dieser Stelle unterstützen würde). In diesem a-Klang sowie in den erwähnten drei Paenultimaklängen der ersten Durchführung haben auch Zeilenschlüsse des Triplum statt, und zwar jeweils in der Quint über dem Grundton, wohingegen die übrigen Zäsuren des Motetus überbrückt werden. Als schneller deklamierende Stimme braucht das Triplum aber weitaus mehr Melodiezeilen als der Motetus. So wird die im Motetus zweiteilige Strecke vom Anfang bis zum ersten Paenultimaschluß im Triplum in drei Glieder unterteilt, wobei die ersten beiden (auf g und c schließend) sich wie Frage und Antwort verhalten und das dritte (auf d schließend) eine Reihung von Gliedern eröffnet, deren Schlüsse zwischen g (dem Nachbarton der Finalis f) und anderen Tönen (d, c, e) pendeln. Ist der Motetus siebenzeilig, so das Triplum dreizehnzeilig.

I.   II.

5. Von der Zahl und der Länge der Melodiezeilen her ergeben sich Versezahl und Reimordnung der Oberstimmentexte. Die Zeilen sind je nach ihrer Länge ein-, zwei- oder dreiteilig (wobei sich die „Längeneinheit" im Triplum vergrößert und im Motetus verkürzt). Entsprechend der Zahl der Einheiten erhält der Motetus 12 Verse und das Triplum 26, wobei die Binnenschlüsse sich anders reimen als die Endschlüsse (hiervon macht nur der viertletzte Vers des Motetus eine Ausnahme):

      Motetus:
      a a a ba a ba abba
      Triplum:
      ab ab ab aab ab ab acb b cb ab b ab ab·

6. Falls nicht — wie wahrscheinlich — schon von Anfang an eine Vorstellung vom Rhythmus der Oberstimmentexte bestanden haben sollte, muß er jetzt festgelegt werden. Zwar gilt der französische Vers weithin als silbenzählend; doch sind die Verse dieser Motette offenbar eher akzentuierend als silbenzählend. Der Motetus besteht aus Jamben mit eingestreuten Anapästen. Der 1. Vers trägt vier Betonungen, der 2. und der 3. ebenfalls, der 4. zwei plus vier, der 5. drei plus drei, der 6. vier plus vier, der 7. drei und der 8. vier plus vier:

            U–U–U–UU–
            U–UU–U–UU–
            U–U–U–UU–
            U–UU–U U–U–U–U–
            U–U–U– –U–U–
            U–U–U–U–UU–U–U–
            U––U–
            U–U–U–U–U –UU–U U–U–

Das Triplum hingegen bewegt sich in Füßen mit zwei, drei oder gar vier unbetonten Silben vor der betonten Silbe. Durch die Subordination so vieler Silben unter einen Hauptakzent erhöht sich das Sprechtempo erheblich (dementsprechend bewegt sich das Triplum auch musikalisch in kleineren Notenwerten); und mit der Zahl der unbetonten Silben vor einer betonten variiert auch das Sprechtempo sehr auffällig, so daß die Akzente zu schweben scheinen. Und unter den untergeordneten Silben machen manche mit einem Nebenakzent den Hauptakzenten Konkurrenz, so daß die Zahl der Akzente nicht immer eindeutig festzustellen ist (dennoch kann von Prosa nicht die Rede sein). Nur unter diesem Vorbehalt sei hier ein Schema für das Triplum gegeben:

a3 b3	∪–∪∪∪–∪∪–∪ ∪∪–∪–∪∪–
a3 b3	∪–∪∪∪–∪∪–∪ –∪∪∪–∪∪–
a4 b2	∪∪–∪∪–∪–∪–(∪) ∪∪–∪
a3 a2 b3	∪–∪∪∪–∪–∪ ∪∪∪–∪∪∪–∪ ∪∪∪–∪∪–∪∪–
a4 b3	∪∪–∪∪∪–∪∪–∪∪–∪ ∪–∪–∪∪∪–
a4 b3	∪∪∪–∪∪∪∪–∪∪–∪ ∪–∪∪–∪∪–
a4 c4 b2	∪∪–∪–∪∪–∪–(∪) ∪–∪∪–∪∪–∪–∪– ∪∪∪–
b3	∪∪∪–∪∪∪–∪∪∪–∪–
c3 b3	–∪∪∪–∪∪– ∪∪∪–∪–∪∪∪–
a3 b2	∪–∪∪–∪∪–∪∪–∪ ∪∪–∪–
b2	∪∪∪–∪∪∪–
a3 b3	∪∪∪–∪–∪∪∪–∪ ∪–∪∪∪∪–∪∪∪–
a3 b4	∪∪∪–∪–∪∪∪–∪ –∪∪∪–∪–∪∪∪–

Die Annahme, daß nicht etwa vorher verfaßte Texte vertont, sondern umgekehrt Texte zu einer in ihrem Gerüst schon festgelegten Melodik verfaßt werden, mag von dem uns vertrauten Wort-Ton-Verhältnis her ungewöhnlich scheinen; die Uneigenständigkeit der Motettentextform läßt aber keine andere Deutung zu. Immer noch und wie bei ihrem Ursprung ist die Herstellung einer Motette die Textierung einer schon existierenden Musik, mag diese nunmehr auch stets speziell für eine einzige, bestimmte Motette geschaffen worden sein.

7. Die Ausarbeitung der Oberstimmen erfolgt im Ausgang von der Länge und den Gerüsttönen der Melodiezeilen sowie der Zahl der in der Melodiezeile unterzubringenden Silben. Akzente werden in der Rhythmik offenbar nicht, zumindest nicht vorrangig, berücksichtigt; die Rhythmik erscheint vielmehr als autonom. Das Triplum mit seinen 1–7 Silben je tempus weist eine klare Fractio-Rhythmik auf, wobei die 2–7 semibreves wohl so auszuführen sind: ♪, ♫, ♫♪, ♫♫, ♫♫♪, ♫♫♫ oder ♫♫♫ [11]. Fast alle Zeilen fangen mit ♪ an, die meisten von ihnen mit der Wertfolge ♪ ♩ die so gleichsam als ein Anfangsgestus erscheint. Die Zeilenschlüsse weisen generell verlangsamte Silbenaussprache auf (211L oder 311L; 1. Zeile: 52L), wobei allerdings vorletzte oder vorvorletzte Silben häufig melismatisch ausgeführt sind. Die Zeilen gliedern sich zumeist mehr oder weniger deutlich in

11 Hierzu Verf., Art. *Semibrevis* III. (1), HmT (1971).

zwei oder drei Teile, die übrigens nur selten mit den Versen kongruieren. Silben-
häufungen (sie sind im allgemeinen nicht durch ein entsprechendes Verhältnis zwischen Silbenzahl und Zahl der verfügbaren tempora bedingt, sondern scheinen spontan aufzutreten) erfolgen unmittelbar nach der beschriebenen Anfangsfigur (3x) oder
zu Beginn der 2. Halbzeile (2x); nur 1x ist sie mehr in das Innere der 1. Halbzeile
hinein verschoben, was wohl mit der Syntax der betreffenden Textzeile zusammenhängt (Z. 5). — Im Motetus wird der jambische Versrhythmus weithin durch den
trochäischen 1. Modus konterkariert, als sollte er zurückgenommen werden; doch
geschieht dies nicht so konsequent, daß darin ein Prinzip zu erkennen wäre.

Ist hiermit das Werk gemäß seinem Werdegang beschrieben, so bleibt es historisch einzuordnen. Von dem in Klaus Hofmanns *Untersuchungen zur Kompositionstechnik der Motette im 13. Jahrhundert* grundlegend dargestellten Stadium entfernt
sich der Petrus-de-Cruce-Typus u. a. durch zwei entscheidende Gegebenheiten, die
miteinander zusammenhängen: 1. Der Satz beruht nicht mehr auf dem Wechsel
von impar und par, sondern auf einem longa-gegen-longa-Gerüstsatz, was schon die
Tenorzurichtung grundlegend verändert. 2. Der Rhythmus ist nicht mehr modal,
sondern beruht auf dem stetigen Gleichmaß von je drei tempora, die ihrerseits
beliebig weit unterteilt werden können (fractio-Rhythmik). Hierbei verändert sich
nicht zuletzt das Verhältnis zwischen Text und Musik, das bis dahin weitgehend
durch eine Deklamation entsprechend dem rhythmischen Modus bestimmt war. Es
entsteht jenes gleichsam teleskopische Verhältnis (in rhythmischer wie in textlicher
Hinsicht) zwischen Tenor, Motetus und Triplum, das die Motette lange kennzeichnet.
Es könnte 3. noch der Rückgang des Refrainzitierens erwähnt werden, das die Motette vor Petrus de Cruce entscheidend mitkonstituierte. Durch diese Eigenschaften
steht die Petrus-de-Cruce-Motette der Ars-nova-Motette näher als dem ihr vorausgehenden Typ. — Jacobus von Lüttich schreibt Petrus de Cruce zu, als Erster mehr als
drei semibreves pro tempus gesetzt und ihre Zahl im Laufe seiner Motettenproduktion nach und nach gesteigert zu haben, und führt in diesem Zusammemhang auch
unsere Motette an[12]. Dies mag zutreffen; doch heißt das nicht, daß sich aus der
Zahl der semibreves pro tempus ohne weiteres die chronologische Stellung einer
Motette ergäbe. Vielmehr bilden sich bei dieser schrittweisen Steigerung der semibreves-Zahl verschiedene Typen — die künftigen vier Prolationen — heraus, wobei
unsere Motette wohl dem späteren tempus perfectum cum prolatione minori (Vitrys tempus perfectum medium[13]) entspricht. Die allmähliche Steigerung der semibreves-Zahl pro tempus-Einheit vergrößert den Spielraum für den Text, dessen Länge durch die der Melodiezeilen nur noch sehr global bestimmt ist und der nun in
einer Art parlando-Stil vorgetragen wird. Die Steigerung der semibreves-Zahl pro
tempus-Einheit führt auch zu großen Bewegungsunterschieden, deren Integration
in musikalische Einheiten möglicherweise erst erlernt werden mußte — insofern mag
sie tatsächlich ein kompositorisches Problem gewesen sein (dabei wird nur über die
Zahl der semibreves pro tempus-Einheit verfügt, noch keineswegs — wie seit der
Ars nova — über die semibreves-Werte selbst). Das kompositorische Hauptproblem

12 *Speculum musicae* VII,17 (CSM 3 VII, 35—39).
13 *Ars nova* (zw. 1316 u. 1324/25), CSM 8, 30.

der Motette um 1300 aber ist — obwohl in unserer Motette nicht faßbar — die Isoperiodik. Diese scheint jedenfalls in Petrus de Cruces anderer (nach Jacobus von Lüttich früheren[14]) Motette „S'amours eüst / Au renouveler / ECCE JAM VOTIVA"[15] intendiert — nicht schon bei der Ordinierung des C.f. (die übrigens seiner melodischen Struktur optimal entspricht), doch bei der Disposition der Zeilenschlüsse, die anders kaum zu erklären wäre. Zugrunde liegt eine Periode von 11+1 Takten (= 3 Tenorordines) mit den üblichen Phasenverschiebungen in den Oberstimmen, die am Anfang der Motette vorne beschnitten, beim vierten Mal auf 20 Takte erweitert und in der 2. C.f.-Durchführung (hier nur noch in den Oberstimmen realisiert) um den Pausentakt auf 11 Takte verkürzt ist. Die Isoperiodik erscheint deutlich als ein kompositorisches Problem der Motette um 1300; zu lösen war es nur durch eine Berücksichtigung der Oberstimmenperiodik schon bei der Ordination des Tenors, d. h. durch eine neue Reihen- und Rangfolge der kompositorischen Entscheidungen, wie es in der isorhythmischen Motette des 14. Jahrhunderts geschah.

---

14 A.a.O., S. 36 f.
15 S. Anm. 7.

Das Schlußstück der „Messe von Toulouse"

von
RUDOLF STEPHAN

In der Messe von Guillaume de Machaut folgt auf das Agnus Dei die vierstimmige Vertonung des „Deo gratias" (resp. „Ite missa est") – es wird in einer handschriftlichen Quelle, Fragmenten italienischer Provenienz, als „Ite" überliefert –, dessen Choralvorlage eine im 12. Jahrhundert aus einer Antiphon-Melodie des 11. Jahrhunderts (O Christi pietas) gewonnenen Sanctusweise (Vat. VIII, Thannabaur Nr. 116) ist[1]. Unter den bekannten Kompositionen dieser Schlußformel der Zeit ist sie die einzige, die n i c h t als Motette im Sinne der Zeit angesprochen werden kann.

Die große isorhythmische lateinische Doppelmotette „Post missarum sollempnia" – „Post misse modulamina" in der Handschrift Ivrea (Iv 11), die von Hanna Stäblein-Harder in der systematisch geordneten Edition „Fourteenth-Century Mass Music in France" als Ite-Komposition eingereiht wird[2], gehört mit zwei anderen Werken, den Motetten „Impudenter circuivi" – „Virtutibus laudabilis" (Philipp von Vitry zugeschrieben, Iv 6) und „Vos quid admiramini" – „Gratissima virginis species" (von Philipp von Vitry, Iv 13), zu jenen repräsentativen Hauptwerken des 14. Jahrhunderts, deren Sonderstellung schon durch die Tatsache erwiesen wird, daß sie in zweifacher Gestalt aufgeführt werden können: vierstimmig (Triplum, Motetus, Tenor, Contratenor) und dreistimmig (Triplum, Motetus und Tenor solus). Der Tenor solus ist dabei stets eine freie Zusammenziehung von Tenor und Contratenor, durchaus vergleichbar dem einer späteren Ära zugehörenden Basso seguente. Die Choralvorlagen von Iv 6 und Iv 13 hat bereits Friedrich Ludwig[3] ermittelt, die von Iv 11 ist bisher nicht nachgewiesen, sodaß einstweilen nicht einmal als entschieden gelten darf, ob es sich überhaupt um eine Ite-Komposition handelt. Daß das Stück ‚nach der Messe' aufgeführt wurde und so einen bedeutsamen Akzent setzte, erweist jedoch der Text.

In derselben berühmten Handschrift findet sich – als Einzelstück (Iv 34) – auch das Schlußstück der Messe von Tournai, eine französische Doppelmotette, die Ludwig als noch zu den Moteti vetustissimi stili gehörig in sein Repertorium (LR) aufgenommen hat[4]: als Nr. [630] und [631][5]. Den Nachweis der Tenorquelle, eine

---

1 Zur Herkunft: D. Johner, *Erklärung des Kyriale*, Regensburg 1933, S. 75 f.
2 CMM XXIX, Nr. 73.
3 Machaut-Ausgabe, S. 61*.
4 Vgl. LR, I, 644, sowie AfMw V, 1922/23, S. 220 f.
5 LR II, 87.

Ite-Melodie, die sich noch im Graduale der Praemonstratenser und Dominikaner findet, bot er einige Jahre später im Kommentar zu seiner Machaut-Ausgabe (S. 61*), was L. Dittmer leider vergaß, in der von ihm veranstalteten Ausgabe des zweiten Bandes von Ludwigs Repertorium nachzutragen.

Das Schlußstück der Messe von Tournai ist bekanntlich nicht die einzige französische Doppelmotette mit einem Ite-missa-est-Tenor, die stilistisch noch ins 13. Jahrhundert gehört, vielmehr erscheint in den wichtigen Motettenhandschriften dieser Zeit noch eine weitere Doppelmotette, [628] „L'autre jour" und [629] „Hier matinet" (Mo 7, 261; Ba 40), allerdings mit einem anderen Ite-Tenor. Wie für die große isorhythmische Motette Iv 11 ist auch für die dreistimmige Ite-Komposition der Messe von Toulouse, deren (einzig textierte) Oberstimme besonders bezeichnet ist, bisher noch keine Choralvorlage nachgewiesen worden[6]. Die Herausgeberin des Erstdrucks dieser Messe schrieb damals zu diesem Stück[7]:

> „Es ist eine Diskantliedkomposition. Der ‚Contratenor' ist weder textiert noch textierbar, und doch wird die Komposition der Handschrift ‚Motetus super ite missa est' genannt. Eine Motette liegt also nur in textlicher Hinsicht vor. Das ‚super ite missa est' aber kann sich entweder nur auf den Text oder auch auf die Itemelodie beziehen. Zwar konnte ich eine solche melodische Vorlage nicht nachweisen, doch läßt die immer wiederkehrende Tonfolge (gfed bzw. agfe) im Tenor und in der Oberstimme melodische Paraphrasierung als möglich erscheinen."

Bevor wir uns dieser Komposition zuwenden, sei daran erinnert, daß sowohl in den beiden genannten Motetten [628]–[629] und [630]–[631] als auch in der Komposition Machauts die zugrunde liegende liturgische Melodie einfach vollständig repetiert wird. Liegt nun hier tatsächlich melodische Paraphrasierung vor? Sollte es nicht doch möglich sein, diese Frage zu beantworten? Zunächst ist festzustellen, daß die Komposition zweiteilig ist: Mensur 1–11 und 12–18. Der Motetus hat insgesamt 85 Töne, der erste Teil 50, der zweite 35. Der zweite Teil ist die sowohl verkürzte als auch veränderte Wiederkehr des ersten. Den Tönen 1–9 (= Mensur 1–2) entspricht (bei Vertauschung der beiden ersten) die Folge 51–59 (= Mensur 12–13). Die Töne der Mensur 14 (= Töne 60–67) wiederholen die der Mensur 5 f. (17–24), die Tonfolge der zweiten Hälfte der Mensur 14 läßt sich auch auf die der Mensur 8 beziehen; und Mensur 16 hat Ähnlichkeit mit Mensur 4. Gewicht ist darauf jedoch nicht zu legen, denn hier handelt es sich ausschließlich um Formeln. Wichtig ist jedoch die Beziehung der Mensuren 5 f. zu 9 f., die einen identischen Melodieabschnitt bieten. Es findet also wie bereits innerhalb des ersten Teils eine genaue Wiederholung statt. Die Zweiteiligkeit der Komposition als Ganze wird jedoch bestimmt durch die Zweiteiligkeit des Motetus (und insofern ist der Motetus tatsächlich Hauptstimme).

---

6 L. Schrade, *Polyphonic Music of the Fourteenth Century*, Commentary to Vol. I, Monaco 1956, S. 140, schreibt vom Tenor: „The melody is not identifiable. . .“; E. Apfel, *Beiträge zu einer Geschichte der Satztechnik*, München 1964, S. 74 f., rubriziert ihn unter „frei komponiert".

7 H. Harder, *Die Messe von Toulouse*, in: MD VII, 1953, S. 112.

Anders liegen die Verhältnisse bei der Fundamentstimme, dem Tenor (mit insgesamt 53 Tönen). Sein Aufbau sei mit Hilfe von Zahlenreihen dargestellt. Die Töne 1–31 bilden den ersten Formteil (Mensur 1–11), die Töne 32–53 den zweiten. Die obere Reihe markiert die Tonfolge, die untere die Rückbeziehung bestimmter Tongruppen (Melodieglieder, Motive o. ä.) auf Vorangegangenes.

```
 1  2  3  4  5  6  7  8  9 10 11 12 13 14 15 16 17 18
       1  2  3

19 20 21 22 23 24 25 26 27 28 29 30 31
 9 11 12 13 14 11 12 13 14
                1  2  4  5  6  7

32 33 34 35 36 37 38 39 40 41 42 43 44 45 46 47 48 49 50 51 52 53
    4  5  6  7 12 13 14 15       15 16 17 20 23 24    29 30 31
```

Während der zweite Teil der Komposition beim 32. Ton beginnt, fängt der zweite Durchlauf der Tonfolge des Tenors bereits mit dem Ton 26 (Mensur 9) an. Die Beziehung der Töne 26 ff. zu 1 ff. ist nämlich keineswegs zufällig und auch nicht eine Folge der Formelhaftigkeit der Melodiebildung. Dies wird einsichtig, wenn die melodische Beziehung zwischen Tenor und Diskant beachtet wird. Die Töne des Motetus der Mensuren 1–3 entsprechen den Tenortönen 1.0.4.5.6.7.8.9.10.11 (‚0' wird sogleich erklärt!), die Motetustöne der Mensuren 12–13 den Tenortönen 0.1.4.5.6.7.7.8.9. Das Kernmotiv muß also 1.4.5. ff. (also: g.g.f.c. etc.) lauten. Dies ist tatsächlich der Anfang eines Motettentenors aus dem Repertoire des 13. Jahrhunderts, dem der bereits oben genannten Motette [628]–[629]. Der gelehrte Dom Gabriel Beyssac hat ihn bereits zu Beginn unserer Jahrhunderts ermittelt[8]. Dieser Motettentenor – Ludwig nennt ihn ‚Ite missa est 1' – erscheint in dem ‚Ite' der Messe von Toulouse reich und doch zugleich erkennbar paraphrasiert. Die ‚Ite 1'-Melodie ist in folgenden Tönen des jüngeren Satzes gegenwärtig:

```
        1  4  5  6  7 10 12 13 16 17 18
und:   26 28 29 30 31 35 38 39 45 46
       [34 35 36 37]
```

Damit sind auch die Töne ‚0' der Reihen im Kontext erklärt, ebenso auch die Töne 2 und 3 (f.e) des Tenors und der Ton 2 (a) des Motetus: es sind frei eingefügte Melodieschritte.

Bei der gegebenen Sachlage gewinnt selbstverständlich die Beziehung des Motetus zum Tenor besondere Bedeutung: die liturgische Melodie bildet demnach nämlich nicht nur die Grundlage der Tenormelodie, sondern auch die der Diskantmelodie. Hier liegt freilich nicht der elftönige liturgische Tenor der Motette zugrunde, vielmehr bilden Elemente, vor allem die absteigende Skale von g bis d, ‚Motive' der Melodiebildung. Ob auch das Verhältnis noch als Paraphrasierung beschrieben (und mithin gedeutet) werden soll, ist eine Frage der Terminologie. Die der Analyse

---

8 *Motets et Ténors*, in: Rassegna Gregoriana VII, 1909, S. 14; vgl. LR II, 87.

zugänglichen musikalischen Befunde dürften, auch ohne Darlegung im Einzelnen, einsichtig sein.

Hier ist noch ein Blick auf die bereits genannte (und gelegentlich von Georg Reichert[9] analysierte) französische Doppelmotette [628] „L'autre jour" – [629] „Hier matinet", die zum jüngeren Corpus der Handschrift Montpellier gehört (Mo 7,261), zu werfen. Der elftönige Tenor läuft fünfmal in gleichförmiger Bewegung ohne die geringste Unregelmäßigkeit durch, sodaß die Motette insgesamt 55 Mensuren umfaßt; vor jedem Neubeginn des Tenors tritt eine geringfügige Zäsur ein. Dem entspricht der Text des Motetus (Duplum), was bei der strengen Beibehaltung des Rhythmus eine gewisse Kunstfertigkeit erforderte. Die einzelnen, den Tenormelodien entsprechenden ‚Strophen' müssen gleich lang, brauchen aber nicht gleich strukturiert zu sein. Der Dichter bietet zwei Formen der Gliederung: 3–4–4 / 4–4–3 / 4–4–3 / 3–4–4 / 3–4–4. Tenor und Motetus bilden formal also eine Einheit. Diese Einheit wird auch dadurch unterstrichen, daß sich die Motetusmelodie ganz offensichtlich anfänglich am Tenor orientiert. Die Töne 1.2.3.4.5.7 sind mit den sechs ersten Tönen des Tenors identisch. (Vgl. das Notenbeispiel S. 44.)

Das ‚modernere' Triplum ignoriert (oder überspielt) sämtliche Zäsuren der beiden anderen Stimmen. Es ist ‚freier'. Ob nicht jedoch auch in seiner Melodie gelegentlich die Kerntöne des Tenoranfangs herausgehört werden können? Etwa Mensur 1–5 (nach Yvonne Rokseths Übertragung)? Und weiter Mensur 12–16, 19 f., 35–38, bis dann im Schlußvers Mensur 52–55 deutlich der Anfang des Motetus, der ja seinerseits auf dem Tenoranfang basiert, zurück greift? Oder sollte die Beziehung des Triplums zum Tenor lediglich eine Folge der (auffälligen) Oktavführung sein? Zum Schluß ergibt sich noch eine weitere Frage. Melodische Verwandtschaft zwischen Motetus und Tenor hat sich für die Anfänge der Motette [628]–[629] und die Ite-Motette der Messe von Toulouse nachweisen lassen. Besteht zwischen beiden Motetten, die auf dieselbe liturgische Melodie zurückgehen, irgend eine Beziehung, etwa in der Art, daß diese jene voraussetzte?

---

9 *Ausgewählte Aufsätze*, Tutzing 1977, S. 111. – Dem Aufsatz Reicherts ist auch das Notenbeispiel S. 45 entnommen.

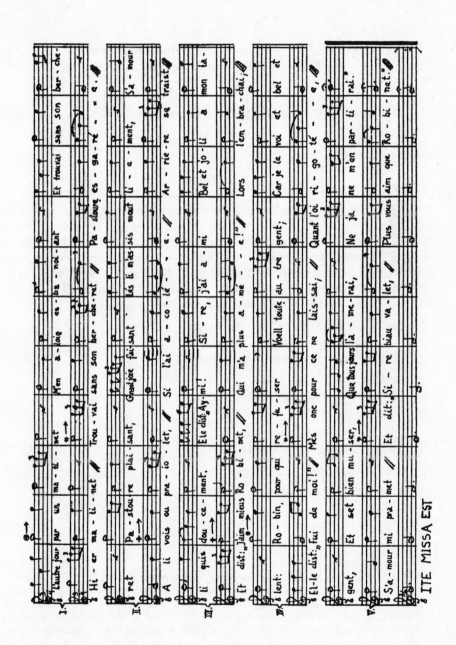

Das Madrigal „Si com' al canto della bella Iguana" von Magister Piero und Jacopo da Bologna

von
KURT VON FISCHER

I. Das Material

Der anonyme Text des Madrigals „Si com' al canto della bella Iguana" ist mit der Musik zweier verschiedener, kurz vor und um die Mitte des 14. Jahrhunderts in Oberitalien wirkender Komponisten überliefert: Magister Piero und Jacopo da Bologna. Der Inhalt des Stückes, der die feenhafte Gestalt der Iguana nennt, weist vermutlich auf eine Herkunft des Gedichtes aus der Gegend Verona-Padua, wo in der Volkspoesie die Eugane (vgl. die valli Euganei) anzutreffen sind[1]. Hier zunächst der Text, wie ihn Pirrotta in normalisierter Form gibt[2]:

Sì com' al canto della bella Iguana
Obliò suo cammin più tempo el greco,
Prendendo suo piacer con forma umana,

Così, per esser, donna, sempre teco,
Faresti la mia voglia esser lontana
Da ogn' altro piacer, 'sendo 'l tuo meco.

Però che se' d'ogni virtute unita,
Tu se' perfecta giemma, Margherita.

Bei Jacopo lautet die letzte Zeile abweichend:

Tu sola, cara [,] giemma, Margherita.

---

1 Vgl. unten, Anm. 3.
2 Vgl. die Edition von N. Pirrotta in *The Music of Fourteenth Century Italy*, CMM 8, vol. II, S. V (Text) und S. 4/5 (Musik von Piero) sowie vol. IV, S. IX (Text) und S. 24/25 (Musik von Jacopo). Vgl. ferner die Ausgaben von W. Th. Marrocco, The Music of Jacopo da Bologna, Berkeley and Los Angeles 1954, S. 91 ff. und in *Polyphonic Music of the Fourteenth Century*, vol. VI, S. 18/19 (Piero) und S. 146 ff. (Jacopo: dreistimmige Fassung sowie zweistimmige Fassung nach Hs.GB-Lbm29987). Der Text ist ferner publiziert bei G. Corsi, *Poesie musicali del Trecento*, Bologna 1970, S. 8, wo auch weitere Ausgaben genannt sind.

Es folge ein Übersetzungsversuch:

> Wie beim Gesang der schönen Iguana[3]
> seinen Pfad zeitweis' vergass der Grieche[4],
> sich deren menschlichen Gestalt erfreuend,
>
> so, um immer mit dir, Frau, zu sein,
> würdest Freude mir bereiten, fern zu bleiben
> von allen andern Vergnügen, indem du bei mir bist.
>
> Doch, alle Tugend in dir vereinend,
> bist du vollkommener Edelstein, Margherita.

Letzter Vers bei Jacopo:

> bist du einzige, teurer Edelstein, Margherita.
> oder:
> bist du einzige, teure, Edelstein: Margherita[5].

Die Quellen für dieses Madrigal sind die folgenden:

für Piero: I–Fn26, fol. 70v;
für Jacopo: I–Fn26, fol. 94v/95; GB-Lbm29987, fol. 8v; I–Fl 87(Sq), fol. 19v/20; F–Pn6771, fol. 33.
In I–Fn26 und F–Pn6771 ist das Stück dreistimmig, in den beiden anderen Quellen zweistimmig überliefert. Alle diese Handschriften stammen aus dem späten 14. und frühen 15. Jahrhundert; sie stützen sich offenbar auf ältere, bis heute unbekannte Quellen.

II. Analyse

Für die folgenden Analysen wurde, neben Pirrottas Edition, in erster Linie die im Faksimile zugängliche Hs.-I–Fn26 benutzt[6]. Varianten von Jacopos Kompositionen sind nur in wichtigen Fällen berücksichtigt[7].

3 Die Iguana ist eine der Euguanen, d. h. eine der Quellen- und Felsenfeen, die im Südosten Oberitaliens beheimatet sind. Vgl. hierzu Corsi, *Poesie musicali*, S. XXXV und dort besonders Anm. 31.

4 Der Grieche ist Odysseus. Vgl. hierzu auch das Sonett Nr. XLVII („Non è mester") des Antonius da Ferrara, in welchem Ulisse ebenfalls mit der Iguanen-Sage in Verbindung gebracht ist (Maestro Antonio da Ferrara [A. Beccari], *Le rime*, hg. von L. Bellucci, Bologna 1972, S. 221). Diesen Hinweis verdanke ich Prof. Dr. O. Besomi, Universität Zürich.

5 Vgl. unten, Anm. 14.

6 *Il Codice Musicale Panciatichi 26 della Biblioteca Nazionale di Firenze*, Riproduzione in Facsimile a cura di F. A. Gallo, Firenze 1981. Zur Struktur dieser Hs. vgl. J. Nadas, *The Structure of Panciatichi 26 and the Transmission of Trecento Polyphony*, JAMS XXXIV, 1981, S. 393 ff.

7 So vor allem die zweistimmige Fassung in GB-Lbm29987 und in I–Fl 87. In I–Fn26 findet sich am Ende der Contra-Stimme, überdeckt von der Schlußlonga, der Vermerk „Musica mia". Da sich in F–Pn6771 der gleiche Contra findet, ist kaum anzunehmen, daß diese Notiz darauf hinweisen würde, daß der Contra vom Schreiber zugefügt worden wäre. Anderer Meinung ist allerdings M. P. Long in seiner Princeton-Dissertation von 1981: *Musical Tastes in Fourteenth-Century Italy*, Univ. Microfilms International 1981, S. 181.

Die musikalische Gestalt des Madrigals ist zunächst von der poetischen Form her
zu bestimmen: zwei Stanzen zur gleichen Musik (bei Piero in der octonaria, bei
Jacopo in der senaria imperfecta) und ein Schlußritornell (bei Piero in der senaria
imperfecta, bei Jacopo in der duodenaria), wobei bei Piero die beiden Ritornellzei-
len zur gleichen Musik erklingen, bei Jacopo jedoch durchkomponiert sind.

Der Text eines Madrigals wird durch die Silbenzahl der einzelnen Zeilen, in
diesem Falle durch Elfsilbler reguliert. In der musikalischen Fassung allerdings
ergeben sich für Analyse und Interpretation nicht unwesentliche Abweichungen. Es
folge zunächst der Text nach Piero, so wie er in der Handschrift I—Fn26 im Cantus
und mit nur ganz geringfügigen Abweichungen auch im Tenor der Musik unterlegt
ist[8]:

Sì comal can-to del-la belay-gua-na

Oblio suochammino piutempo el gre-cho

Pren-dendo suo pia-cer con formahuma-na

Pe pe pero pero chese chese dognivirtute u-ni-(ta)-ta.

Der Text der zweiten, der Musik nicht unmittelbar unterlegten Ritornellzeile („tu
se'...") und die Satzstruktur lassen vermuten, daß die Musik zum Ritornell von
Piero möglicherweise zuerst zu dieser zweiten Zeile konzipiert wurde. Hierauf deuten die sinnvolle Wiederholung von „tu" und „tu se'" (dem „pe" und „pero" der
ersten Zeile entsprechend) sowie vor allem der Einsatz des Namens „Margherita"
zugleich mit Beginn einer Stimmtauschgruppe:

Beispiel 1: T.23—28

Demzufolge wäre zu fragen, ob, wie von mir gegenüber Pirrotta emendiert, „virtute
unita" zu „virtut' unita" zu ändern wäre (die Hs. schreibt allerdings deutlich „virtute unita"). Auffallend ist jedenfalls die gegenüber den regulären Elfsilbern freie

8 Zum besseren Verständnis des Textes habe ich die in der Handschrift natürlich fehlenden
  Bindestriche zwischen den Silben einzelner Worte ergänzt. Die Texte der zweiten Strophe
  und der zweiten Zeile des Ritornells sind nicht der Musik unterlegt, sie stehen, wie üblich,
  am Ende des Musikteils.

Silbenzahl, wie sie in Pieros Stück zu finden ist: Stanza: 11—13—12 Silben; Ritornell: 18, bzw. entsprechend der in der Hs. wiederholten Silbe „ta" („uni(ta)ta") 19 Silben (oder 17 bzw. 18 Silben bei Kontraktion zu „virtut'unita"). Dies ein Beispiel für die in den frühesten bekannten Trecento-Madrigalen oft zu beobachtenden Silben- und Wortwiederholungen, die zu prosaähnlichen Wirkungen führen, ohne daß hierbei in jedem Fall eindeutige Textunterlegungen ausgemacht werden können. Solches ist im Wesen dieser Madrigale begründet. Es ist denn auch durchaus denkbar, daß in andern, bis heute allerdings nicht nachweisbaren Fassungen des zur Diskussion stehenden Stückes andersartige Textierungen zu finden wären.

Musikalisch sind die einzelnen Verse, aber auch Wortgruppen innerhalb der Zeilen, durch Kadenzen voneinander abgetrennt:

1. Zeile: a) „Sì com'al canto" beginnt mit unisonem a und kadenziert auf unisonem e (mit folgender Brevispause);
    b) „della bella Yuguana" beginnt mit Oktavklang d — d^1 und kadenziert auf unisonem g (mit folgender Longapause).

2. Zeile: „Obliò suo chammino . . . grecho" beginnt mit unisonem a und kadenziert am Versende auf unisonem e.

3. Zeile: a) „Prendendo suo piacer con" beginnt mit Oktavklang d — d^1 und kadenziert auf unisonem g;
    b) „forma humana" beginnt mit Quintklang g — d^1 und kadenziert auf unisonem a.

Ritornell: beginnt mit Quintklang a — e^1 und kadenziert auf unisonem c^1.

Auffallend ist, trotz leicht dominierendem a, die Tendenz zu einer Art von tonaler Zentrifugalität: a—e, d—g; a—e; d—g, g—a; a—c. Bemerkenswert sind aber auch die auf textliche Sinnzusammenhänge nur wenig Rücksicht nehmenden Kadenzabschnitte. Mit Ausnahme der Endsilben von Worten ist fast jede Silbe des Strophenteils mit einem Melisma versehen. All dies weist auf ein Zeile-für-Zeile, Abschnitt-für-Abschnitt, Wort-für-Wort und teilweise (vgl. Ritornell) Silbe-für-Silbe Musizieren.

Es stellt sich nun die Frage, ob solche, aus improvisationsartigem Praktiken hervorgegangene Musizierweise sich auch in der Anlage des zweistimmigen Satzes finden läßt, ja, ob hier überhaupt von Satz im Sinne von Komposition zu reden sei. Zunächst fällt auf, daß sich beide Stimmen im selben Ambitus bewegen: Cantus e—f^1, Tenor c—f^1. Auffallend sind aber vor allem die Unison-, bzw. Quintparallelen gleich zu Beginn des Stückes und in T.4/5:

Beispiele 2a: T.1/2.   2b: T.4/5.

Die Kadenzen bringen in der Regel Terz-Unisonfortschreitungen, doch gibt es, merkwürdigerweise gerade am Ende der beiden Hauptteile (Strophe und Ritornell), auch Unisonparallelen:

Beispiele 3a: T.18/19.   3b: T.27/28.

Der Tenor verläuft also teils in Parallel- teils in Gegenbewegung zum Cantus. Zudem erscheinen im Tenor mehrfach Orgelpunkte. Daraus ergibt sich, daß der Tenor nicht als echte Gegenstimme, sondern vielmehr als klanglich zugefügte Stützstimme zu verstehen ist. Jedenfalls ist hier nicht von einem Gerüstsatz zu reden[9].

Anders gebaut ist das Ritornell. Im Gegensatz zum stimmkreuzungslosen Strophenteil erscheinen hier viele auf dem oben schon erwähnten Stimmtauschprinzip beruhende Kreuzungen: T.23/24 entsprechen T.20/21; T.26^2/27/28 (Schluß auf c^1 entsprechen T.24^2/25/26^1 (Schluß in der Art eines *ouvert* auf a)[10]. Auch hier aber sind Quintparallelen nicht vermieden (vgl. T.23 und 25), und, wie erwähnt, schließt der Ritornellteil mit einer Unisonparallele (s. Beispiel 3b).

Auf das Primat der Oberstimmen weist auch die Melodieführung: mehrheitlich Sekund- und einige Terzfortschreitungen; größere Intervalle finden sich nur zwischen einzelnen Kadenzabschnitten (T.3/4,12/13, 16/17,19/20). Auch der Tenor weist zwar keine größeren Sprünge auf, doch ergibt sich kein selbständiger, melodisch sinnvoller Verlauf. Durchwegs fehlen zudem tenorale Kadenzen.

*

Wesentlich anders als Piero verhält sich Jacopo. Zunächst sei der Text des Madrigals so wiedergegeben, wie er im Cantus (und mit ganz geringfügigen Abweichungen auch im Tenor und im Contra) der Hs.-I—Fn26 erscheint[11]:

Si cho meal chanto della bel-layguana
O-bli-o suo cham-minpiu tem-po el gre-co
Pren-dendo suo piacer chon for-ma huma-na

Per-o che se don-gnivir-tute u-ni-ta
tu so-la cara gemma Marghe-ri-ta.

9 Vgl. hierzu K. v. Fischer, *On the Technique, Origin and Evolution of the Italian Trecento Music*, MQ XLVII, 1961, S. 41 ff., sowie Marie Louise Martinez, *Die Musik des frühen Trecento*, Tutzing 1963.

10 Vgl. oben, Beispiel 1.

11 In Marroccos kritischem Bericht sind auf S. 182 der oben in Anm. 2 zitierten Ausgabe *Polyphonic Music* auch einige Textvarianten genannt.

Hier fällt, im Gegensatz zu Piero, die mit Ausnahme von Zeile 3 (12 Silben) streng berücksichtigte Elfsilbenzahl auf. Daß solches auch dem Schreiber bewußt war, zeigen die Kontraktionspunkte unter den Silben „me", „(tem)po" und „(virtu)te".

Zunächst sei nun Jacopos zweistimmige Fassung besprochen. Auch hier ist der Text mittels Kadenzen gruppiert:

1. Zeile: „Sì com'al canto ... humana" beginnt mit Oktavklang d–d[1] und kadenziert auf unisonem a. Eine Art von Zwischenkadenz auf a–e[1] läßt sich in T. 11 (mitten im Melisma der Paenultima [„-gua-"]) erkennen. Dieser als zweizeitige Longa gesetzte Quintklang weist jedoch deutlich darauf hin, daß die endgültige Verskadenz erst mit dem die erste Zeile abschließenden unisonen a erfolgt.

2. Zeile: „Obliò ... greco" beginnt mit Oktavklang a–a[1] und kadenziert auf unisonem c[1] (T.23). Die zur Silbe „-co" (von „greco") gesetzten zwei Longatakte vermitteln zugleich zur dritten Zeile, die mit ihrem Gerundium („prendendo suo piacer") textlich eng mit der zweiten zusammenhängt. Formale und grammatikalische Struktur werden damit in der Musik präzis wiedergegeben.

3. Zeile: „Predendo ... humana" beginnt mit Quintklang g–d[1] und kadenziert auf der Oktave d–d[1]. In T.30 (Silbe „-cer") findet sich eine Zwischenkadenz auf unisonem a, welches aber nicht Longa-, sondern bloß Brevislänge und damit relativ wenig Gewicht hat. Diese leichte Kadenzzäsur könnte allenfalls in der sprachlichen Struktur dieses Verses begründet sein: „Prendendo suo piacer – con forma humana".

Ritornell: beginnt mit Quintklang d[1]–a[1] in hoher, sich vom Schluß des Strophenteils deutlich absetzender Lage – entsprechend dem mit „Però" („Doch") beginnenden Ritornell. Die erste Zeile schließt mit einem offenen Sextklang e–cis[1] [13]:

Beispiel 4: T.44–46.

- ni - - - - ta,   Tu

- ni - - - - ta,   Tu

---

12 Diese Kontraktionspunkte werden schon von Antonio da Tempo in seinem Traktat von 1332, *Trattato delle rime volgari*, erwähnt; vgl. Reprint der Ausgabe von 1869 (hg. G. Grion), Bologna 1970, S. 75: „Cancellant punctando de subtus in scriptura".

13 Das folgende Beispiel bringt, anders als Pirrotta, die rhythmische Version der Hs.I–Fn26.

Die nach Auflösung verlangende Sexte hat eine Art von Doppelpunkt-
funktion, die auch dem Text innewohnt:

> Doch, alle Tugend in dir vereinend:
> bist du einzige, teure, Edelstein: Margherita[14].

Das Ritorell schließt mit unisonem c^1.

Bemerkenswert ist schließlich die kadenzartige Tonfolge auf „gemma"
(nach Hs.I–Fn26):

Beispiel 5: T.47–49.

Hier wirkt die Oktave $d-d^1$ mit folgender Pause als Doppelpunkt vor
dem zentralen Schlußwort „Margherita".

Aus den genannten Beispielen läßt sich Jacopos bewußter Umgang mit Sprache
erkennen. Daß der Text als reguliert zu verstehender komponiert ist, ergibt sich
auch aus der Deklamation: Silben- und Wortrepetitionen fehlen vollständig, die
einzelnen Silben erklingen im Gegensatz zu Piero, mit Ausnahme der ersten und
vorletzten eines Verses, im Strophenteil in regelmäßigen Abstand von Breviseinhei-
ten, im Ritornell in jambischem Rhythmus (Semibrevis-Semibrevis altera).

Ebenfalls im Gegensatz zu Pieros tonal zentrifugaler Struktur zeigt Jacopos
Stück deutlich zentripetale Tendenz: Strophenteil d–d. Ritornell d–c. Auch die
Zweistimmigkeit läßt deutliche Annäherungen an einen Gerüstsatz erkennen. Der
Ambitus der beiden Stimmen ist verschieden: Cantus $a-a^1$, Tenor $c-d^1$. Trotzdem
allerdings wiegen die Unisonkadenzen mit vorangehender Terz noch vor. Eine
moderne Sext-Oktavkadenz mit fallendem Sekundschritt im Tenor findet sich in
T.35/36:

Beispiel 6: T. 35/36.

Auffallend und altertümlich klingt dagegen die hier nur leicht verzierte Oktaven-
parallele f–e (T.35). Solche Elemente einer älteren Praxis stehen auch in T. 25/26:

---

14 Die Pause des Cantus nach „cara" mit Unisonklang auf „-ra" läßt an eine Fassung denken,
welche die drei Worte „sola", „cara" und „gemma" als Appositionen zum „tu. . Margherita" versteht. Nach „cara" müßte in diesem Falle im normalisierten Text ein Komma gesetzt
werden.

Beispiel 7: T.25/26.

und, besonders auffallend, in T.17/18:

Beispiel 8: T.17/18.

Hier wäre ganz vorsichtig die Frage zu stellen, ob die Unisonparallele zu den Worten „obliò suo cammin" vielleicht gar als Figur des Vergessens (obliare), d. h. als bewußt eingesetztes vitium zu interpretieren wäre.

Daß Jacopo parallele perfekte Konsonanzen zuweilen zu umgehen bestrebt ist, zeigt folgendes Beispiel:

Beispiel 9: T.4/5.

Zum Abschluß des Analyseteils sei noch ein kurzer Blick auf die dreistimmige Fassung Jacopos geworfen. Die in Hs.Fn26 als *Contra* bezeichnete Stimme zeigt fast denselben Ambitus wie der Cantus: g-h^1/b^1 (Cantus a–a^1). Satztechnisch gehört das Stück daher zum Typus 1.1. des von Dorothea Baumann aufgestellten Schemas[15]. Rhythmisch ist der Contra ausgesprochen komplementär eingesetzt. Melodisch weist er, im Gegensatz zu Cantus und Tenor, relativ viele Sprünge auf (Quarten, Quinten und einmal auch eine Sexte). Er verhält sich also diesbezüglich ähnlich zum Cantus wie der französische Contratenor zum Tenor. Ganz anders aber ist sein Verhalten hinsichtlich der Zusammenklänge: Sowohl zum Tenor wie auch zum Cantus sind offene perfekte Konsonanzparallelen keineswegs vermieden:

15 Dorothea Baumann, *Die dreistimmige italienische Lied-Satztechnik*, Baden-Baden 1979, S. 37.

Beispiel 10: T.13/14.

Hinsichtlich der Kadenzbildung lassen sich drei Typen unterscheiden[16].
1. Konsonanzparallelen zwischen Contra und Cantus (s. Beispiel 10).
2. Konsonanzparallelen zwischen Contra und Tenor:

Beispiele 11a: T.22/23.   11b: T.50/51.

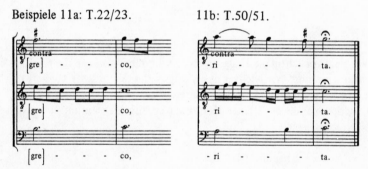

3. Ergänzung des zweistimmigen Satzes im Sinne einer modernen Doppelleitton-
   kadenz (vgl. oben Beispiel 6):

Beispiel 12: T.35/36.

Wichtig festzuhalten ist dagegen, daß nicht der jüngere Kadenztypus 3, sondern der
ältere Typus 2 den Abschluß des ganzen Stückes bildet (s. Beispiel 11b).

16 Ebenda, S. 54 ff.

III. Zusammenfassung und Interpretation

Die vergleichende Analyse der gleichtextigen Madrigale ergab einige wesentliche Resultate:
- Piero und Jacopo verhalten sich verschieden zum Text: Dieser beachtet die literarische Vorlage strenger als jener.
- Piero und Jacopo zeigen hinsichtlich des zweistimmigen Satzes bedeutsame Unterschiede: Dieser komponiert einen annähernd regulären Satz, jener musiziert gewissermaßen zwischen Ein- und Zweistimmigkeit. Ergänzend ist hier beizufügen, daß die Varianten bei mehrfach überlieferten Stücken des frühen Trecento wesentlich zahlreicher sind als in den späteren Madrigalen und Ballaten. Auch dies ein Hinweis auf eine Entwicklungstendenz vom improvisatorischen zum fest komponierten Satz[17].
- Jacopos Stück zeigt gegenüber Piero eine deutliche Neigung zu einer geschlossenen tonartlichen Ordnung.
- Schließlich vollzieht Jacopo den Schritt vom zweistimmigen zum dreistimmigen Madrigal, wobei allerdings zu bemerken ist, daß die Gesamtzahl der erhaltenen dreistimmigen Trecento-Madrigale gegenüber den zweistimmigen in einem ungefähren Zahlenverhältnis von 1:10 steht. Die hier besprochene dreistimmige Fassung von „Sì come al canto" läßt erkennen, daß es sich hier vermutlich um eine Art von Experimentierwerk handeln dürfte[18].

Zusammenfassend läßt sich diese Gegenüberstellung von Piero und Jacopo als Weg beschreiben, der von einer wohl weitgehend noch der mündlichen Überlieferung anvertrauten offenen Musizierweise zur rationalen und damit allmählich auch theoriefähigen Komposition führt. Für die keineswegs standardisierte Frühform des Madrigals stehe die Definition des *Voluntariums* durch Francesco da Barberino (zwischen 1296 und 1312): „Voluntarium est rudium inordinatum concinium ut matricale et similia"[19]. Dem gegenüber sind Jacopos Wirken als Lehrer und seine theoretischen Kenntnisse durch den Traktat *L'arte del biscanto misurato secondo el maestro Jacopo da Bologna*[20] und durch die Erwähnung Philippe de Vitrys und Marchettos im Text des Madrigals „Oselleto salvaço"[21] belegt.

Piero und Jacopo weilten in den Vierziger- und Fünfzigerjahren gemeinsam mit Giovanni da Firenze an den oberitalienischen Höfen von Mailand und Verona. Der Text des besprochenen Madrigals „Sì com' al canto" weist, wie schon oben erwähnt,

17 Vgl. hierzu auch E. C. Fellin, *A Study of Superius Variants in the Sources of Italian Trecento*, PhD Thesis University of Wisconsin, 1970.

18 Dies unabhängig von der Frage, ob der Contra als Jacopos eigene Ergänzung zu betrachten ist oder nicht (vgl. oben Anm. 7). Immerhin sei darauf hingewiesen, daß es zwei Madrigale dieses Komponisten gibt, die *nur* in dreistimmiger Fassung überliefert sind: „Sotto l'imperio" und das dreitextige „Aquil' altera".

19 Vgl. F. A. Gallo, Art. *Madrigale*, HmT.

20 Hg. von J. Wolf, in: *Theodor Kroyer-Festschrift*, Regensburg 1933, S. 17 ff. Englische Übersetzung in W. Th. Marrocco, *The Music of Jacopo da Bologna*, S. 146 ff.

21 Vgl. die letzte Zeile der dritten Strophe dieses Madrigals in der Ausgabe von Pirrotta, S. VIII, Nr. 17.

auf die Gegend von Verona und damit auf den Hof des Mastino della Scala. Mit
Margherita könnte möglicherweise die illegitime Tochter Mastinos II gemeint sein[22].
Bedeutsam ist hier vor allem, daß zwei offenbar am selben Ort wirkende Musiker
den gleichen Text vertont haben. Handelt es sich dabei vielleicht gar um eine Art
von Wettstreit zwischen den beiden? [23] Ohne die genauen Lebensdaten Pieros und
Jacopos zu kennen, scheint Piero der ältere und Jacopo der jüngere und, wie die
Analyse zeigte, auch der kompositionstechnisch fortschrittlichere gewesen zu
sein[24]. In diesem Nebeneinander verschieden avancierter Musizierweisen äußert sich,
wie ich meine, ein spezifisches kulturelles Verhalten der damals in Norditalien
regierenden neuaristokratischen Gesellschaft. Trotz Vorhandensein älterer Traditionen fordert das Prestigedenken ein fortschrittliches Verhalten auch auf musikalischem Gebiet. Hierbei hat vermutlich als Vorbild, wenn auch unter Bewahrung
einer gewissen Italianità, die zeitgenössisch französisch höfische Musik Frankreichs
eine Rolle gespielt.

So repräsentieren die beiden Stücke zwei für die italienische Musikentwicklung
wesentliche Strömungen, im Laufe derer durchaus, um den Titel des oben genannten Aufsatzes von Ludwig Finscher zu zitieren, von einer „Entstehung des Komponisten" zu sprechen ist. Zugleich aber wird an diesen zwei Beispielen deutlich, daß
die italienische Musik des Trecento andere Voraussetzungen aufweist als die französische. Ein eigentliches Gegenstück zur Rationalität der französischen Kunst des
späten 13. und frühen 14. Jahrhunderts fehlt in Italien. Am Anfang der mehrstimmigen italienischen Kunstmusik steht eine vielfach noch oralen Traditionen folgende und keineswegs schon durchrationalisierte Schaffensweise, die aber im Begriffe
ist, sich zu einer ars musica im engeren Sinne zu entwickeln. Solches ist Verlust und
Gewinn zugleich: Verlust des Charmes eines unmittelbaren Musizierens, Gewinn
jedoch an strenger Satztechnik und damit an Theoriefähigkeit.

---

22 Vgl. N. Pirrotta, *Marchettus de Padua and the Italian Ars Nova*, MD IX, 1955, S. 70. Vgl.
   aber hierzu auch die kritischen Bemerkungen von Corsi, *Poesie musicali*, S. XXXI/XXXII
   (insbesondere dort auch Anm. 15).
23 Vgl. hierzu L. Finscher, *Die „Entstehung" des Komponisten*, IRASM VI, 1975, S. 38/39.
24 Ein möglicher Hinweis auf den Altersunterschied der beiden findet sich in einer *bas de page*
   Miniatur einer italienischen Handschrift aus Bologna, vgl. K. v. Fischer, *„Porträts" von
   Piero, Giovanni da Firenze und Jacopo da Bologna in einer Bologneser-Handschrift des
   14. Jahrhunderts*, MD XXVII, 1973, S. 61 ff.

Der Beitrag der Chanson zu einer Problemgeschichte des Komponierens:

„Las! j'ay perdu. . . " und „Il m'est si grief. . ." von Jacobus Vide

von

WULF ARLT

Mit der „Chanson" des 14. und 15. Jahrhunderts kam es zum ersten Mal in der Geschichte der abendländischen Mehrstimmigkeit zur Formulierung eines spezifischen Liedsatzes, der nur ausnahmsweise von bestehenden Melodien Gebrauch machte. In ihm war das „musikalische Denken", wie es Hans Heinrich Eggebrecht, im Anschluß an eine Aussage Schönbergs, als Gegenstand einer Problemgeschichte des Komponierens diskutierte, unmittelbarer als je zuvor und in neuer Weise auf den Text bezogen[1]. Daß sich der französische Liedsatz von Guillaume de Machaut bis in die zweite Hälfte des 15. Jahrhunderts durchgehend als ein Textvortrag erschließt, der in den Grundlagen der musikalischen Gestaltung auf der Klanglichkeit des „contrapunctus" und den rhythmischen Möglichkeiten der „quatre prolacions" beruht und in der Disposition einer der drei „formes fixes" folgt, entspricht der Kontinuität des Satztypus über alle Wandlungen und Modifikationen hinaus. Und da es in den „formes fixes" — aus dem Aufnehmen der textlichen Gegebenheiten — bald schon zur Etablierung musikalischer Konventionen kam, die sich nach dem Modell einer musikalischen Formenlehre begreifen lassen und die von Machaut über die französisch-italienische Spätkunst der Zeit um 1400 bis in die Liedsätze Dufays die Basis für eine immer wieder andere, subtile und raffinierte musikalische Gestaltung bildeten, liegt ein wesentlicher Beitrag der Chanson für eine Problemgeschichte des Komponierens in diesen Aspekten eines musikalischen Denkens im engeren Sinne. Doch ist das nur die eine Seite des Bildes. Die andere betrifft die Ausrichtung auf den Text und damit die Tatsache, daß die Komponisten der Chanson des 14. und 15. Jahrhunderts in einem breiten Spektrum neue Möglichkeiten einer individuellen Textvertonung erschlossen. Insofern liegt das eigentliche Thema einer Beschäftigung mit der Chanson in der Spannung zwischen der spezifisch musikalischen Kunstgestaltung, als einem Denken im musikalischen Material und aus seinen Voraussetzungen, und dessen Funktion in der je anders gehaltenen Textvertonung. Dabei war das differenzierte Ausloten der Beziehung zwischen Text und Musik weder das Privileg hervorragender Komponisten noch besonderer Werke — auch

---

1 *Musikalisches Denken*, AfMw XXXII, 1975 (Festschrift für Johannes Lohmann), S. 228–240, zitiert nach H. H. Eggebrecht, *Musikalisches Denken. Aufsätze zur Theorie und Ästhetik der Musik*, Wilhelmshaven 1977, S. 131–151.

wenn bestimmte Komponisten, wie etwa Machaut, Senleches, Dufay oder die beiden Lantins nach den bis heute vorliegenden Beobachtungen in der Berücksichtigung der individuellen Gegebenheiten eines Textes und insbesondere der Textaussage weiter gingen als andere[2]. So lassen sich die Aspekte jener Spannung wie die
unterschiedlichen Lösungsmöglichkeiten selbst an Werken kaum bekannter Komponisten, ja sogar am Beispiel einer Miniatur des Liedsatzes paradigmatisch diskutieren.

Der zweite Faszikel der Handschrift Oxford, Bodleian Library, Canonici
misc. 213, enthält mit den Folien 21 und 30 ein Doppelblatt, das zunächst für sich
bestand und erst nachträglich in diese Lage eingefügt wurde. Das Blatt gehört zu
den jüngsten Teilen der Handschrift und dürfte demnach im vierten Jahrzehnt des
15. Jahrhunderts in Venedig kopiert worden sein[3]. Der Grundbestand des Doppelblattes — nach der Einordnung wurde auf einem frei gebliebenen System der Seite 21 noch der Contratenor eines Rondeau von Dufay eingetragen — umfaßt sieben
Kompositionen franko-flämischer Komponisten in den beiden Hauptformen der
Chanson: die Ballade, die bei Machaut sowie im späten 14. Jahrhundert die wichtigste Gattung war, ist noch mit zwei Sätzen von Malbecque und Legrant vertreten
und bezeichnenderweise in beiden Fällen nur noch mit einer Strophe; dazu kommen fünf Rondeaux unterschiedlichsten Umfangs, eines von Legrant und je zwei
von Binchois und Vide, als der Form, auf die sich die Chanson-Komponisten seit
dem Anfang des 15. Jahrhunderts zunehmend konzentrierten[4]. Da Kompositionen
damals, wie offensichtlich schon im 14. Jahrhundert, vor allem in Einzelblättern
und in „Lagenhandschriften" geringen Umfangs weitergereicht wurden, könnte es
sich bei den hier kopierten Werken um eine solche kleine Sammlung handeln, die
die Präsenz des franko-flämischen Liedsatzes jener Tage in Italien dokumentiert —
zumal alle sieben Werke nur in diesem Doppelblatt überliefert sind. Und symptomatisch für das französische Liedrepertoire des frühen 15. Jahrhunderts ist nicht nur
der Anteil der Gattungen in diesem Bestand, die Gestaltung der Sätze sowie die
Bedeutung einer italienischen Quelle für deren Überlieferung, sondern auch die
Tatsache, daß für die hier vertretenen Komponisten nur zum Teil und in sehr

2 Dazu jetzt D. M. Randel, *Dufay the Reader*, in: *Studies in Music History*, Bd. I, New York
  1983, im Druck, sowie Verf., *Musik und Text im Liedsatz franko-flämischer Italienfahrer der
  ersten Hälfte des 15. Jahrhunderts*, Schweizer Jahrbuch für Musikwissenschaft I, 1981,
  S. 23−69, sowie *Aspekte der Chronologie und des Stilwandels im französischen Lied des
  14. Jahrhunderts*, in: *Aktuelle Fragen der musikbezogenen Mittelalterforschung* (= Forum
  musicologicum III), Winterthur 1982, insbes. S. 228−261 „Zu den frühen Balladen
  Machauts".
3 Dazu die Untersuchungen von H. Schoop, *Entstehung und Verwendung der Handschrift
  Oxford Bodleian Library, Canonici misc. 213* (= Publikationen der Schweizerischen Musikforschenden Gesellschaft, Ser. II, Bd. 2), Bern/Stuttgart 1971, zum 2. Faszikel insbes.
  S. 15−27.
4 Vgl. Nr. 29−31 und 46−49 des Verzeichnisses von G. Reaney, *The Manuscript Oxford,
  Bodleian Library, Canonici Misc. 213*, MD IX, 1955, S. 87/88, sowie für eine Ausgabe der
  Werke von Legrant und Malbecque von dems., *Early Fifteenth-Century Music* (= CMM XI),
  Bd. II, o.O. 1959.

unterschiedlichem Umfang ein Aufenthalt in Italien belegt ist. So scheint Binchois nie in Italien gewesen zu sein, während Malbecque von 1431 bis 1438 der Papstkapelle angehörte. Von Legrant liegen keine Nachrichten zur Biographie vor, und bei Vide bleibt als konkreter Anhaltspunkt für einen Kontakt mit Italien, ja vielleicht sogar mit der Papstkapelle, nur die Tatsache, daß er 1410 auf Weisung Johannes XXIII. eine Präbende an St. Donatian in Brügge erhielt[5].

Las! j'ay perdu mon espincel, eines der beiden Rondeaux von Jacobus Vide auf diesem Doppelblatt – eine Wiedergabe findet sich auf Seite 63 nach der Edition von Jeanne Marix[6] – bietet einen der kürzesten Liedsätze jener Zeit, zugleich aber und trotz der Beschränkung auf nur zwei Stimmen sowie auf eine weitestgehend syllabische Vertonung, die den Umfang auf ganze 14 Breven reduziert, eine sehr subtil gestaltete Komposition.

Die Zweistimmigkeit könnte an sich auch auf den Verlust einer dritten Stimme zurückzuführen sein. Zumal der Kopist der Oxforder Handschrift hier, wie in anderen Fällen, Raum für einen „Contratenor" vorsah und eine entsprechende Textmarke eintrug. Andererseits sind viele Liedsätze der Oxforder Handschrift mit nur zwei Stimmen überliefert. Das trifft auch auf ein weiteres der acht Rondeaux von Vide zu. Und der Vergleich seiner zweistimmigen mit den dreistimmigen Kompositionen bietet nicht den geringsten Anhaltspunkt dafür, daß es sich bei *Las! j'ay perdu* um eine unvollständig überlieferte Komposition handeln könnte. Daß der Kopist mit einer dritten, an anderer Stelle überlieferten oder auch zu komponierender Stimme rechnete, ist möglicherweise durch den Kontext der Überlieferung hinreichend erklärt, da es sich bei allen anderen Kompositionen des Doppelblattes um dreistimmige Sätze handelt.

Die Kürze der Komposition korrespondiert mit dem spielerischen Charakter des doppeldeutigen Textes, dessen inhaltliche Disposition der formalen Gliederung entspricht, wie sie in den beiden Teilen des Refrains aus drei bzw. zwei Versen zu acht Silben und der Reimgliederung aab bzw. ba für die weiteren Abschnitte fixiert ist[7]. So bringt der erste Teil eine Aussage, auf die alles folgende bezogen ist: die Sprechende klagt, mit dem formelhaften Ruf des „Las" beginnend, daß sie ihren

5 Reinhard Strohm, dem ich herzlich für einen detaillierten Bericht zu den Angaben über Vide aus seinen Quellenforschungen in Brügge danke (Brief v. 6.1.1983), hält es – aus dem Vergleich mit weiteren Angaben – fast für sicher, daß Vide damals der Papstkapelle angehörte. Das erste Datum für Brügge ist die Vorsprache des Procurators Johannes Mercat(is?) vom 6.10., der „litterae bullatae" von Johannes XXIII. vorgelegt hatte, datiert auf den 29.5. dieses Jahres. Vide selber erschien am 27.10. „exponens eis sibi graciam factam per dominum ... papam modernum de canonicatu" und erhielt die 4. Präbende (nach den Acta capitularia von St. Donatian im Bischöflichen Archiv Brügge, Reeks A no. 49).

6 *Les musiciens de la cour de Bourgogne au XVe siècle (1420–1467)*, Paris 1937, S. 23.

7 Die Anregung zu einer detaillierten Auseinandersetzung mit Vide und eine Reihe hilfreicher Beobachtungen zu seinen Werken verdanke ich einem Basler Seminar im Wintersemester 1981/82 und dem Wunsch der Teilnehmer, einmal den unbekannteren Komponisten des burgundischen Kreises nachzugehen. Für Hinweise zur Interpretation der Texte gilt mein herzlicher Dank Frau Nicoletta Birkner-Gossen, Herrn lic. phil. Dominique Muller und insbesondere Frau Marie-José Brochard vom *Französischen Etymologischen Wörterbuch* in Basel. Angesichts dessen, daß die Liedtexte dieser Zeit noch kaum erschlossen sind, bleibt allerdings gerade bei Fragen der Mehrdeutigkeit und des Assoziationshintergrunds als letzte Instanz vorläufig oft nur der Rückgriff auf die persönlichen Eindrücke und Erfahrungen aus dem Umgang mit diesem Repertoire.

‚Schmuck' verloren habe — un „espincel", eine Nadel, Spange —, die sie von ihrem schönen Freund aus „guter Liebe" erhalten hatte:

> Las! j'ay perdu mon espincel,
> Que mon amy, qui est tant bel,
> m'avoit donne de bon amour.

Nun muß ja ein Refrain im Rondeau so gestaltet sein, daß der erste Teil im Ablauf nicht nur allein aufgenommen werden kann, sondern daß er sich auch mit dem zweiten zu einem Ganzen fügt, das am Beginn und Ende, gleichsam als Rahmen vollständig erklingt und den Vortrag beschließt. Diese Problemstellung provozierte die Dichter des 14. und 15. Jahrhunderts zu immer wieder anderen Lösungen.

Eine der kunstvollsten Lösungen bietet Dufays *Par le regard*. Hier ist, wie Don Randel in seiner erwähnten Studie über „Dufay the Reader" zeigte, der Refrain in jeder Hinsicht — vom Lautbestand über die Syntax und die Sprachgeste des wiederholten „vous" bis hin zur Aussage — als eine Einheit konzipiert, die auf das „moy presenter" im vierten Vers zielt:

> Par le regard de vos beaux yeux
> Et de vo maintien bel et gent,
> A vous, belle, viens humblement
> Moy presenter vostre amoureux.

Dennoch wird auch in diesem Fall die Wiederholung nur der beiden ersten Verse möglich gemacht. Der dazu notwendige Kunstgriff besteht darin, daß die Halbstrophe — dem Schluß des Refrains sogar im Anklang entsprechend („vostre amoureux" und „de vostre amour") — das Ich der Dichtung mit einer in sich abgeschlossenen Aussage aufs neue einführt, der der erste Teil des Refrains als Apposition angeschlossen werden kann:

> De vostre amour sui desireux
> Et tout mon vouloir s'i consent,
>   Par le regard . . .

Das kleine Rondeau von Vide zeigt die einfachste Lösung einer syntaktisch und inhaltlich abgeschlossenen Aussage im ersten Teil des Refrains, die im zweiten durch eine weitere ergänzt wird. In ihr geht es um die Folgen jenes Geschenks, das die Sprechende schmückte, so wohlgefällig und neu war es:

> Il refaisoit tout mon atour,
> Tant estoit plaisant et nouvel.

Dabei klingt durch die Verbindung mit dem „refaire" in „tout mon atour" ein weites Spektrum der Bedeutungen an: vom konkreten Haarschmuck über die ganze äußere Erscheinung vielleicht gar bis zu einer neuen Qualität der Person. — Der dann folgende zweite Text zum ersten musikalischen Teil aktualisiert den Verlust im Hinweis darauf, daß das Geschenk erst kürzlich fiel und Weh im Herzen schuf — im Tanzen, im „faisant rimel" (Reimen, oder auch Lärmen?):

> Il me cheu tout de novel,
> En dansant, en faisant rimel,
> Comment j'aray au cuer doulour.

Die lose Reihung in meiner Paraphrase des Textes entspricht der Tatsache, daß sich diese Verse unterschiedlich gliedern lassen. So kann der Anfang des zweiten sowohl als Fortsetzung der Aussage des ersten gelesen werden („Il me cheu … en dansant") als auch bereits auf das konditionale „j'array" des dritten bezogen („Comment j'aray au cuer doulour en dansant, en faisant rimel").

Das führt zur Wiederholung der ersten drei Verse des Refrains zurück, mit deren Ende die Mitte des Liedvortrags erreicht ist. Diese Wiederaufnahme rundet textlich zum ersten Mal in der Rückkehr zum Anfang; zugleich öffnet sie darin gegenüber dem folgenden, daß es sich eben nur um den ersten Teil des Refrains handelt. Bis dahin bleibt die zweite Sinnebene im Hintergrund. Erst in der zweiten Hälfte und vor allem am Ende des dritten, wieder für beide musikalische Teile bestimmten Textabschnitts läßt der Schluß mit der überspitzten Alternative – entweder erhält die Sprechende jenes Geschenk unwiderruflich und gegen eine blumenreiche Belohnung zurück („chapel" als Blumenkranz mit der offenen Frage einer weiteren Assoziation über das anklingende „capella"), oder aber sie tötet sich auf der Stelle! – kaum mehr Zweifel an der Doppeldeutigkeit: „bon coutel" für den Verlust des ‚Geschenks' aus „bon amour", oder eben der Kranz, in dem sich viele Blumen finden:

> Qui le me rendera sans rapel,
> Je lui donray ung bel chapel,
> Ou il y ara mainte flour.
> Et se ne l'aray sans seiour,
> Tuer me veul d'un bon coutel.

Mit dieser Opposition ist ein neuer Hintergrund für das Verständnis des Refrains geschaffen, der zum Abschluß wieder vollständig erklingt.

Der Gang durch den Text exponiert die beiden Momente der „formes fixes", die im Rondeau am schärfsten konfrontiert sind: auf der einen Seite die Wiederholung, als Wiederkehr des Gleichen in Text und Musik bzw. nur in der Komposition (und im Sprachlichen mit Versgestalt und Reimfolge), und auf der anderen die Ergänzung um neue Textteile, die das Gesagte bzw. Wiederholte in anderem Licht erscheinen lassen: vertiefend, relativierend und so fort. In der Vermittlung zwischen beiden Aspekten liegt die Pointe der Kunstform – und für die Gestaltung die Provokation zur Korrespondenz, zur Variatio, zum Gegensatz. Das gilt für den Text, für die Musik wie für das Zusammenspiel beider.

Dabei repräsentiert der Text die Spannung zwischen Wiederholung und Erweiterung ungleich stärker als die Musik, da ja diese unverändert wiederholt wird. So wie die Komposition, weil sie zunächst als eine Vertonung des Refrains erscheint, im Miteinander der Gestaltungsmittel auch dort die Präsenz des Refrains evoziert, wo sie mit einem neuen Text erklingt[8]. Andererseits wäre es eine fragwürdige Verkürzung, wollte man das Notierte unbesehen für die Sache selber nehmen, wie es der Vorstellung entspricht, beim Rondeau sei eben ‚nur der Refrain vertont'. Damit stellt sich je aufs neue die Frage, wieweit der Komponist bei der Vertonung vor

8 Diesen Gesichtspunkt betonte Don Randel in *Dufay the Reader*.

allem den Refrain und wieweit er zugleich den ganzen Liedverlauf im Auge hatte. Das trifft auf alle „formes fixes" – und in allgemeinerer Weise auf alle Strophenlieder der Ein- und Mehrstimmigkeit seit dem neuen Lied der Zeit um 1100 – zu, fällt aber beim Rondeau stärker ins Gewicht als bei anderen Formabläufen. Im einzelnen ist die Verbindung der musikalischen Gestaltung mit unterschiedlichen Texten allerdings erst dort zu diskutieren, wo es um die Vertonung der Verse und um deren Zusammenhang geht.

Fürs ganze der Teile gilt auch im Musikalischen die anhand des Textes skizzierte generelle Problematik einer je anderen Funktion im Ablauf – auch wenn, ja gerade weil die musikalische Formulierung der Teile unverändert bleibt. Das führt auf Fragen der Proportion und der Balance, der Entsprechungen im Material und nicht zuletzt der Schlußbildung, die bei beiden Teilen einen Einschnitt mit je anderer Fortsetzung markiert, da auf den ersten der zweite oder wieder der erste folgt und auf den zweiten, der zugleich den Schluß des Liedvortrags bildet, immer wieder der erste. In *Las! j'ay perdu* ist die Schlußbildung so gelöst, daß am Ende der beiden Teile dieselbe einfache Kadenz steht: eine Folge aus drei absteigenden Sexten mit kurzem Septvorhalt über dem vorletzten Tenorton und anschließendem Finalklang in der Oktave g-g' des plagalen g-dorisch dieser Komposition, das mit dem Ambitus beider Stimmen und mit den wichtigsten Tönen des Melodieverlaufs eindeutig bestimmt ist. Vollständig findet sich diese Kadenz nur ein weiteres Mal in den Takten 11/12, allerdings auf der Unterquart. Und damit kommt der Aspekt der musikalischen Balance zwischen den Teilen ins Spiel. Denn bei einem Rondeau mit fünf Versen sind ja die beiden Abschnitte des Refrains (und damit alle entsprechenden Abschnitte im weiteren Verlauf) im Text unterschiedlich lang. (Daß Rondeaux mit fünf Versen oft die Reimgliederung aab ba aufweisen, die – im Gegensatz zum Abschluß beider Teile mit dem gleichen Reim in aab ab – den Unterschied der Teile unterstreicht, mag nicht zuletzt dem Reiz dieser Verbindung ungleicher Teile in der Wiederholungsstruktur zuzuschreiben sein.) Der Komponist kann auf diese Situation unterschiedlich reagieren und überdies, wie in diesem Rondeau, auf zwei Ebenen. So markiert hier zwar die Kadenz am Ende der syllabisch vertonten und damit in der Länge ungleichen Teile den Abschluß des Textes, doch läßt die tonale Orientierung keinen Zweifel daran, daß es sich nur um eine Binnengliederung handelt. Ihr folgt der einzige längere melismatische Abschnitt der Komposition. Die Pointe dieses melismatischen Schlusses besteht aber nicht nur darin, daß er die Länge eines Verses hat und damit die Teile im Umfang einander angleicht, sondern mehr noch in seiner Gestaltung. Denn der Schluß ist – von kleinen, aber umso interessanteren Abweichungen abgesehen – mit der Vertonung des ersten Verses identisch, so daß die Rahmenfunktion, die der Refrain im Ganzen des Ablaufs hat, in seiner Vertonung eine Entsprechung findet.

Freilich ist das nur eine der vielen musikalischen Entsprechungen aus dem Zusammenspiel zwischen Text und Musik in der Gestaltung dieses Rondeaus. So stimmt die Vertonung des zweiten Verses mit derjenigen des letzten überein und die des dritten im Beginn und in der Klangfolge der zweiten Hälfte mit der des ersten. Wobei der Melodieverlauf der beiden Verspaare (Vers 1, 3 und Schlußmelisma sowie

O., *fol.30 v°*, Jacobus Vide

Vers 2 und 5), der gleichen Kadenz entsprechend, im wesentlichen auf den versetzten dorischen Melodiezug des Abstiegs b-a-g-f(is)-g bzw. f-e-d-c(is)-d zurückzuführen ist, hier mit dem vorangestellten g bzw. d und dort mit dem als Auftakt notierten a – das a als Beginn des Satzes, mit der perfekten Konsonanz der oktaverweiterten Quinte und g bzw. d, als Fortführung, mit der imperfekten Sext bzw. Terz.

Das Beispiel auf Seite 64 verdeutlicht diesen Zusammenhang mit einer Zusammenstellung, die der Klangfolge der ersten Versgruppe die drei Formulierungen (A) und diesen mit dem Schlußvers die Formulierung der zweiten Versgruppe zuordnet (B).

Daß mit diesen musikalischen Abschnitten jeweils Verszeilen erfaßt sind, führt auf das Verhältnis zwischen Musik und Text zurück, und zwar sowohl hinsichtlich der größeren Abschnitte (der Teile des Refrains mit den zusätzlichen Texten in Halbstrophe und Strophe) als auch für einzelne der Sprachvertonung.

Beim ersten Teil korrespondiert die Reihung der Verszeilen, die durch das je andere „fuggir le cadenze" beim ersten und zweiten Vers miteinander verknüpft sind, mit der Weiterführung der Aussage in Syntax und Inhalt bis zum dritten Vers. Sie findet sich in allen drei Texten zu dieser Vertonung. Und die Versetzung des Melodiezugs vom ersten beim zweiten sowie die „Rundung" aus der Wiederholung der Klangfolge des ersten beim dritten Vers unterstreichen die Geschlossenheit des Teils. Dabei öffnet die Verbindung der ersten beiden Verse und insbesondere die Überbrückung des Kadenzschlusses den Blick für einen entsprechenden Zusammen-

hang in den Versen des zweiten Teils (a-fis′ vor b-g′/d′ im Übergang). Zumal der vierte, bisher noch nicht diskutierte Vers wie der erste mit dem Klang d′-a′ beginnt und vor dem Schluß im exponiertesten Ton der Verszeile (und nach dem Abstieg!) die Dezime g-b′ bringt. Auch hier fügt sich die Vertonung der Verszeilen in beiden Texten (des Refrains wie der Strophe) zur sprachlichen Gestaltung. Und die Aufnahme des musikalischen Materials aus dem ersten Teil im vierten Vers verdeutlicht, wie eben der ganze zweite Teil des Rondeaus, dem Text des Refrains entsprechend, auch in der Komposition in verschiedener Hinsicht eine Weiterführung und Ergänzung des ersten bietet.

Daß die Vertonung auch dort, wo sie im einzelnen der musikalischen Deklamation primär auf den Text des Refrains bezogen ist, zum Vortrag mehrerer Texte dient, bestimmt die Grenzen einer Berücksichtigung der individuellen Struktur und Aussage eines Verses. Insofern ist es symptomatisch, daß es sich bei einem der aufschlußreichsten Beispiele für die Berücksichtigung der Textaussage in der Komposition, Dufays *Vergene bella*, um eine „Strophe" ohne Textwiederholung handelt, und daß andere Liedsätze, die in dieser Hinsicht sehr differenziert sind, wie etwa Dufays *Helas mon dueil*, verschiedentlich eine Verkürzung der Wiederholungsstruktur aufweisen.

Bei *Helas mon dueil* ist die individuelle Vertonung beispielhaft schon im emphatischen Beginn zu greifen, dessen Gestaltung nicht zuletzt im Blick auf den Anfang des kleinen Rondeaus von Vide aufschlußreich ist:

Die besondere Gestaltung betrifft die Dehnung zu einem Modus perfectus (gegenüber der im weiteren durchgehend zweizeitigen Gruppierung des Tempus imperfectum mit Prolatio minor) in allen drei und die Formulierung in den beiden texttragenden Stimmen: im Cantus mit den langen Werten, mit der Vertonung des ersten Wortes im Terzfall (und akzidentellem fis!) sowie des zweiten in der fa-mi-Fortschreitung, und mit dem resultierenden Melodieschritt fis'-b' zwischen den Worten; im Tenor mit dem melismatischen Aufschwung zum d' und dem abschließenden Abstieg durch die Oktave[9].

Ein zweiter Text zu diesem Liedteil ist bezeichnenderweise nicht überliefert, und es ist – angesichts der vielen „reduzierten" Liedformen – nicht einzusehen, warum er in solchen Fällen, wie die Ausgaben (aus der Fixierung auf die Norm der „formes fixes") immer wieder anmerken, „verloren" sein sollte.

Andererseits lag in dem Problem, eine musikalische Formulierung zu finden, die den besonderen Gegebenheiten eines bestimmten Verses bzw. Textabschnittes Rechnung trägt und zugleich für den Vortrag weiterer Texte dienen konnte, eine Aufgabe, die die Komponisten des Liedsatzes seit den Tagen Machauts zu immer wieder anderen Lösungen herausforderte. So wie viele Liedtexte jener Zeit die Absicht erkennen lassen, in den weiteren Strophen Korrespondenzen zur besonderen Gestaltung einer ersten zu bieten – vom Enjambement bis zur Verwendung und Stellung einzelner Wörter.

Die Untersuchung solcher Zusammenhänge gehört allerdings zu den vielen noch kaum in Angriff genommenen Aufgaben der musikhistorischen wie der literaturgeschichtlichen Forschung. Sie kann bei einzelnen Komponisten ansetzen sowie in bestimmten Repertoires oder auch bei stehenden Wendungen, für die etwa der Ruf des „Las", „Helas" einen dankbaren Gegenstand bietet. Wie denn überhaupt eine detaillierte Liedinterpretation für diese Zeit weithin noch zu leisten ist. Doch steht schon heute außer Frage, daß sie die allgemeine Vorstellung vom Verhältnis zwischen Musik und Text im Übergang vom späten Mittelalter zur Renaissance mit erheblichen Konsequenzen modifizieren wird.

Es ist bezeichnenderweise durchaus möglich, die Formulierung der musikalischen „Verszeilen" und deren Verbindung in der kleinen Chanson Vides aus der Aufgabe zu erklären, den Rahmen zum Vortrag eines Rondeaus mit fünf Achtsilblern in der Gliederung 3+2 zu entwerfen. So wie sich das Resultat – über die erwähnten Beobachtungen hinaus – weithin allein aus dem musikalischen Material, aus Kon-

9 Dazu jetzt die eingehendere Interpretation des ersten Verses, die ich an anderer Stelle vorgelegt habe: *Musik und Text – Verstellte Perspektiven einer Grundlageneinheit*, Musica 37, 1983, S. 497 f., sowie die Beobachtungen zum ganzen Satz in der Dufay-Monographie von David Fallows (*Dufay*, London etc. 1982, S. 155 f.), der von diesem Lied sicher zurecht feststellte, es handle sich wohl um einen der „most expressive of all of his songs". Das Beispiel nach der Gesamtausgabe Heinrich Besselers, Opera Omnia (CMM I), Bd. VI: *Cantiones*, Rom 1964, S. 42.

ventionen der Melodiebildung (hinsichtlich Sekundschrittverlauf und Melodiesprün-
gen im Modus), des formelhaften rhythmischen Ablaufs im Tempus imperfectum
mit Prolatio maior sowie aus der Balance der Melodieabschnitte plausibel interpretieren läßt. In diesem Sinne ist etwa für den Zusammenhang zwischen den ersten
beiden Versen noch auf die Korrespondenz im melodischen Abstieg des Cantus zur
Unterquart zu verweisen, läßt sich der Aufschwung zur Oberquinte im dritten Vers
auf eine Schlußsteigerung zurückführen, die zugleich – der Funktion des ersten
Teils entsprechend – die Erwartung nach einer Fortsetzung mit sich bringt, kann
die Eröffnung des zweiten Teils in der Verbindung des Anfangsklangs d'-a' mit der
Dreischlag-Rhythmik vom Anfang des zweiten Verses als Variatio des Vorangehenden erklärt werden, und so fort. Andererseits gibt es zahlreiche Anhaltspunkte
dafür, daß gerade diese musikalischen Verszeilen für den vorliegenden Text entworfen sind, mit dem allein sie die Überlieferung verbindet. Wie denn die Kombination
eines Liedsatzes mit zwei verschiedenen Texten (vom Beispiel der Kontrafaktur ins
Geistliche abgesehen) eine seltene und darin bemerkenswerte Ausnahme darstellt[10].
Nur führt eine Interpretation, die im Liedsatz jener Tage den Indizien für einen
subtileren Zusammenhang zwischen Musik und Text nachgeht, aus den skizzierten
Voraussetzungen immer wieder an die Grenzen des Verifizierbaren. Sie wird not-
wendigerweise zu einem Grenzgang, der aus der detaillierten Bestandsaufnahme und
sorgfältigen Argumentation Hinweise auch auf solche Intentionen des Komponierens gewinnt, die sich einem mehr oder weniger eindeutigen Nachweis entziehen,
gegebenenfalls aber für das Konzipieren und für das Verständnis der Musik jener
Tage entscheidend waren. Und das gilt ja für viele der spezifischen Fragen einer
Wissenschaft von der Musik – nicht nur der älteren Zeiten[11].

Auffallend am Beginn der Chanson ist zunächst die sorgfältige Ausnotierung der
ersten Brevis mit Pausen. Sie verweist auf die Bedeutung der Brevisgruppierung für
den Vortrag in Semibreven und Minimen und sie reduziert die erste Minima zu einer
im Ablauf des Tempus imperfectum mit Prolatio maior kurzen Note an einem
rhythmisch sekundären Ort[12]. Damit tritt das „Las", als ein Ausruf, der immer
wieder zu besonderer Gestaltung Anlaß gab – bis hin zu der diskutierten Vertonung
Dufays[13] –, in dieser Komposition gegenüber dem weiteren Text des Verses in den

10 Einige aufschlußreiche Beispiele diskutieren Nino Pirrotta, *On Text Forms from Ciconia to
   Dufay*, in: *Aspects of Medieval and Renaissance Music: A Birthday Offering to Gustave
   Reese*, New York 1966, S. 673–482 – dazu Margaret Bent, *The songs of Dufay. Some
   questions of form and authenticity*, Early Music VIII, 1980, S. 454–459 – und David
   Fallows, *Words and music in two English songs of the mid-15th century: Charles d'Orléans
   and John Lydgate*, Early Music V, 1977, S. 38–43.
11 Eingehender bin ich den Konsequenzen dieser Situation für die Interpretation des Verhältnisses zwischen Musik und Text an anderer Stelle und am Beispiel der *Vergene bella* Dufays
   nachgegangen (*Musik und Text im Liedsatz*, a.a.O., S. 26–36).
12 Dazu die Beobachtungen „Zur Frage nach Gruppierung, Mensur und Iktus im französischen
   Liedsatz des 14. und 15. Jahrhunderts" an anderer Stelle: *Musik, Schrift und Interpretation.
   Zwei Studien zum Umgang mit Aufzeichnungen ein- und mehrstimmiger Musik aus dem 14.
   und 15. Jahrhundert*, Basler Jahrbuch für historische Musikpraxis IV, 1980, S. 115–132.
13 Vgl. dazu oben, S. 65, und die Beispiele in der erwähnten Studie über *Musik und Text im
   Liedsatz*, S. 39 f. (Ciconia) und 46 f. (Arnold de Lantins).

Hintergrund. Die musikalische Deklamation unterstreicht in der ersten Verszeile zunächst „j'ay" und „mon", als die Wörter, mit denen das Ich der Erzählenden exponiert ist, und dann das Schlußwort des Verses, „espincel", als Ausgangspunkt des *discours*.

— „j'ay" ist durch (relativ) langen Hochton an rhythmisch wichtigem Ort hervorgehoben und durch den Halbtonschritt des *fa* nach dem *mi*. Der Vergleich mit dem Schlußmelisma verweist auf Alternativen der Formulierung, die die klare Gewichtung am Anfang des ersten Verses verdeutlichen:

— „mon" bringt einen langen Hochton im Quintsprung und überdies das nach dem *fa* wieder erwartete *mi*.

— „espincel" ist durch drei Momente unterstrichen: (1) durch den Wechsel in der Deklamation zum Tempus perfectum mit Prolatio minor — die Kolorierung erübrigte sich, da die Deklamation eindeutig gruppiert —, (2) durch das Überspielen der Kadenz (die kurze Oktave auf der vierten Minima fällt klanglich nicht ins Gewicht, da das g' des Cantus durch die Textierung kaum anders denn als Nebennote in einem kadenzierenden Melisma gehört werden kann) und (3) durch die „coronae" am Versende.

Wieweit der Abstieg zum d' durch das Wort „perdu" provoziert ist und wieweit durch die Gliederung nach der vierten Silbe, bleibt offen — zumal das d als Unterquinte die im Klang naheliegendste Abstützung des a darstellt. Immerhin findet sich in der Halbstrophe an der entsprechenden Stelle das Wort „cheü" (von cheoïr < cadere)!

Der Vergleich mit der zweiten Verszeile bestätigt die besondere Gestaltung der ersten, da es sich um eine jener neutralen Formulierungen handelt, die — hier als Nachsatz konzipiert — zum Vortrag jedes Achtsilblers dienen können. Anders der dritte Vers: denn hier ist in der Deklamation durch den Aufschwung zur Oberquinte (statt Abstieg zur Unterquart) des finalen g mit Nachdruck „donné" hervorgehoben, also wieder ein Wort, das für die eingangs exponierte Lesung des Textes zentral ist. — So exponiert die Deklamation in der ersten Hälfte des Refrains, ohne den Sprachfall zu vernachlässigen, das Ich der Erzählenden, das „Geschenk" und seinen personalen Bezug im Verhältnis zu dem „bel amy".

Nicht weniger aufschlußreich ist der vierte Vers — auch wenn hier die Überlieferung einige Probleme aufgibt.

Die Handschrift bringt eindeutig die folgende Zuordnung (der senkrechte Strich verdeutlicht den Zeilenwechsel):

Die Deklamation auf der Semiminima wäre ungewöhnlich und stünde gegen die Zäsur und gegen den formelhaften Dreischlag-Beginn – zumal das „tout" sinngemäß zum Schluß des Verses gehört. So könnte man an ein Versehen der Überlieferung aufgrund der folgenden ungewöhnlichen Gestaltung denken:

Andererseits bringt der einzige weitere Text für diese musikalische Formulierung eine Wortgrenze erst nach der fünften (!) Silbe: „Et se ne l'aray | sans seiour".

Möglicherweise liegt hier einer der Fälle vor, wo die Texte zu unterschiedlichen Zuordnungen führten[14]. Dabei scheint mir für den Refrain (und gegen die Handschrift) in jedem Fall die Gliederung nach der Zäsur sinnvoll und in der Ganzstrophe die Pause nach der fünften Silbe.

Denn unabhängig davon, wie der Text in der zweiten Hälfte des Verses zugeordnet wird, korrespondiert das „refaisoit" mit der einzigen Pause nach einer Zäsur und ist am Ende „atour" bzw. „mon atour" hervorgehoben.

Die Komposition des Refrains bietet mit dem Verzicht auf die Ausgestaltung des „Las", in der vergleichsweise neutralen syllabischen Deklamation sowie in der Hervorhebung einzelner Wörter eine Gestaltung, die den beiden Sinnebenen des Textes Rechnung trägt – zumal dann, wenn der Vortrag mit einem ruhigen Puls auf der Semibrevis jener Verlangsamung des Tempus imperfectum mit Prolatio maior entspricht, die damals dem neuen Rhythmus des Tempus perfectum diminutum den Weg bereitete. Und der Blick auf die Konsequenzen dieser Formulierung für die weiteren Textteile trägt eine Reihe von Anhaltspunkten bei, die diese Interpretation stützen. Das betrifft zunächst die bereits angesprochene Parallelität des „Il me cheu" zu „Las! j'ay perdu" im Beginn der aktualisierenden Halbstrophe (mit „tout de novel" auf „mon espincel") und wohl auch die Hervorhebung des konditionalen „j'aray" im dritten Vers dieses Teils. In der Ganzstrophe ist zu Beginn das „le" unterstrichen, das sich auf das Schlüsselwort „espincel" bezieht, und am Ende des ersten Verses „sans rapel", sowie im vierten Vers „sans seiour" am Ort des „mon atour" aus dem Refrain. Angesichts dieser Zusammenhänge fragt sich nicht nur, ob auch der (wahrscheinliche) Wechsel zur Deklamation in der Semiminima am Anfang des zweiten Teils der Strophe zur Unterstreichung der Opposition in der Aussage intendiert ist, sondern mehr noch, ob die Betonung des „y" als dritter Silbe des dritten Verses mit einer Isolierung des Adverb de lieu in der festen Formulierung „y ara" spielt. Und ist es nicht sogar denkbar, daß die einzige Deklamation gegen den Sprachfall im vierten Wort des ersten Verses nicht eine Verlegenheitslösung darstellt, sondern als ein Signal zu Beginn desjenigen Textabschnitts gemeint ist, der den Doppelsinn endgültig aufdeckt?

*

Daß sich der Beitrag der „Chanson" zu einer Problemgeschichte des Komponierens selbst an der Miniatur des kleinen *Las! j'ay perdu* diskutieren läßt, entspricht

---

14 Wie ich es schon für den Liedsatz Machauts annehmen möchte (dazu das Beispiel in *Aspekte der Chronologie und des Stilwandels*, a.a.O., S. 252).

nicht zuletzt der Rolle des zweistimmigen Satzgefüges aus Tenor und Cantus in der Chanson des 14. und 15. Jahrhunderts. Andererseits ist die Reduktion der Gestaltungsmittel in diesem Lied auch unter den Sätzen Vides extrem, bei denen der Wechsel der Stimmenzahl mit der Tatsache korrespondiert, daß jede der acht Kompositionen eine andere und in allen Fällen eine außerordentlich differenzierte Sprachvertonung zeigt.

Insofern dürfte es kein Zufall sein, daß die weitere zweistimmige Chanson, *Et c'est asses pour m'esjouir*, nicht Tenor und Cantus, sondern zwei Stimmen in gleicher Lage bringt, und daß das Rondeau *Amans doubles, or doubles vos amours* im Sinne dieser Aufforderung zwei textierte Oberstimmen bietet[15]. – Bei einem der Lieder ist allerdings nur der Anfang des Textes überliefert.

Unter diesen Chansons bietet sich *Il m'est si grief* schon insofern für einige ergänzende Bemerkungen zur Dreistimmigkeit an, als es sich um einen Satz handelt, der mit zwei unterschiedlichen Contratenores überliefert ist. Eine dieser Stimmen ist textiert, die andere nicht. Das bringt, wie Wilibald Gurlitt in seinen grundsätzlichen Überlegungen über „Burgundische Chanson- und deutsche Liedkunst des 15. Jahrhunderts" betonte, die Frage nach einem Rollenwechsel des Contratenors im Stilwandel des frühen 15. Jahrhunderts ins Spiel[16]. Darüber hinaus kontrapunktiert dieses Rondeau das kleine *Las! j'ay perdu* auch darin, daß sein Text und die gewichtige Vertonung von einem durchgehend ernsten Grundton getragen sind (Seite 70/71 bietet wieder eine Übertragung nach der Ausgabe von Jeanne Marix[17]): „Euer Scheiden, Freund, schafft mir solches Leid, daß es mir das Herz teilt; und ich gebe jeder Freude den Abschied. So bitte ich Gott, Freund, daß er euch behüte, bis daß ich euch wiedersehe":

> Il m'est si grif vostre depart,
> Amis, que mon cuer parmi part,
> Et prens congie a toute joye.
> Jusques a ce que vous revoye
> Sy pri dieu, amis, qu'il vous gart.

Die Vertonung reagiert allenthalben und insbesondere in der Deklamation und Gestaltung des Cantus auf die Anlage und Aussage des Textes. Das beginnt bei den ersten vier Silben mit dem Hochton auf „m'est" und dem Quintfall auf „grief" sowie der anschließenden Pause. Das betrifft im weiteren die Wiederholung des Abstiegs im Melisma über „depart", sodann die emphatische Anrede des Freundes (mit dem akzidentiellen *mi-fa* und der Dehnung des es') und den Neueinsatz in der Dreischlaggruppe am Anfang des dritten Verses, dessen Deklamation „a toute" mit Hochton und Länge hervorhebt und der über „joye" am Ende des ersten Teils das längste und bewegteste Melisma des Satzes bietet. Der zweite Teil nimmt den Quint-

---

15 Dazu die Editionen von Jeanne Marix, a.a.O., S. 19 und 17–18.

16 Abgedruckt in der von Hans Heinrich Eggebrecht hg. Aufsatzsammlung *Musikgeschichte und Gegenwart*, Bd. I: *Von musikgeschichtlichen Epochen* (= Beihefte zum AfMw I), Wiesbaden 1966, S. 46–61.

17 A.a.O., S. 21–23. Die folgende Textwiedergabe nach der Oxforder Handschrift (fol. 77).

Il m'est si grif vostre de
Il m'est si gri[e]f

Contratenor

Il m'est si grif vostre
Il m'est si

Tenor

Il m'est si grif

vos — tre de — — part, A — mis,

gri[e]f vos — tre de — — part,

que mon cuer par — mi part, Et prens con — gié a

A — mis, que mon cuer

tou — te joy — — — — — — — — —

par — mi part, Et prens con — gié a tou — — te joy —

Et vous remaine cesté part
Sain [et] sauf⁴⁾, joyeux et espart,
Et si brief que⁵⁾ je le voudroye.
Il m'est si gri[e]f [vostre depart,
Amis, que mon cuer parmi part,
Et prens congié à toute joye.

Car desir qui cuer d'amant art
Parmi moy s'esprent et espart
Tant fort que souvent l'oieil larmoye,
Si vous pri mon cuer ou que soye,
Leial soiés de vostre part.
Il m'est si gri[e]f...

1) E 1: S. clé d'ut 3ᵉ l. et 2ᵉ l., C.T. clé de fa 3ᵉ l., si et mi♭ à la clé.   2) Contraténor de E 1.
3) E 1: S. le do est une brève.   4) E 1: sain et sauf.   5) E 1: ainsi comme.

fall aus dem ersten auf und bringt über „revoye" das zweite Melisma mit einem Aufstieg durch die Oktave bis zum Spitzenton b′, der hier zum ersten Mal erklingt. Das ist die Voraussetzung für die musikalische Geste des „Sy pri dieu" (im Terzfall zu dem akzidentellen es′ mit mit der anschließenden fa-mi-Fortschreitung) und für die zweite Anrede des Freundes, die umso auffallender ist, sofern der Cantus zu dem e′ zurückkehrt). Bezeichnenderweise steht dieses Stück im ruhigeren Ablauf des Tempus perfectum mit Prolatio minor (und einem in der Gruppierung noch anklingendem Modus imperfectus). Und auch bei diesem Lied führt eine detaillierte Analyse in jeder Hinsicht, im Verhältnis der Teile, in deren Gestaltung und in der Berücksichtigung der weiteren Texte, auf eine subtile kompositorische Konzeption, wie sie in dem kleinen Rondeau zu beobachten war.

Unter diesen Voraussetzungen reicht die Frage nach den beiden unterschiedlichen Contratenores weit über die satztechnischen Aspekte einer erweiterten Zweistimmigkeit hinaus. Wie denn schon Wilibald Gurlitt in dem nicht textierten Contratenor der Escorial-Handschrift mit seinen zahlreichen Sprüngen den älteren Typus einer instrumentalen Tiefstimme sah und den „neuen textierten Contra" der Oxforder Handschrift als Indiz für ein „fortschreitendes Stadium" interpretierte, das eine zunehmende „Durchvokalisierung" aller Stimmen brachte[18].

Tatsächlich handelt es sich beim Contratenor der Escorial-Handschrift um eine Tiefstimme, die das Satzgerüst von Cantus und Tenor nach einfachen handwerklichen Regeln, wenn auch sorgfältig erweitert. Die klangliche Grundlage ist auch hier der konsonante Satz des „contrapunctus" im rhythmischen Gefüge der gewählten Mensur. Der Contra liegt im gleichen Klangraum wie der Tenor, unter ihm nur dann, wenn dieser über das g′ (als Grenzton) hinausgeht (mit kurzen Ausnahmen im Übergang von der einen in die andere Lage). Der rhythmische Ablauf ist durch zwei Momente bestimmt: zum einen durch die Tendenz zum Klangwechsel auf der Semibrevis und zum anderen dadurch, daß diese Stimme die Impulse der beiden anderen ergänzt — im Rahmen der Gruppierungen dieser Mensur und mit der Tendenz zu einer *fractio* von Werten ab der alterierten Semibrevis bzw. imperfizierten Brevis.

Wie sorgfältig der Contra auf den Bestand beider Gerüststimmen bezogen ist, zeigt etwa die Variante der Oberstimme in Takt 5. Zu den wenigen Ausnahmen gehören die Septimen zum Cantus in den Takten 14 und 37. In beiden Fällen war der Tenorbezug ausschlaggebend: in 14 mit dem Abstieg im Quint-Oktav-Klang über dem liegenden c und in 37 mit dem Neueinsatz in der perfekten Konsonanz der Quinte.

Dabei ist die Disposition des Satzes mit seiner Abschnittbildung in Kadenzen und Überleitungen klar berücksichtigt.

Das verdeutlicht etwa die unterschiedliche Funktion des Contra in den Übergängen vom ersten zum zweiten und vom zweiten zum dritten Vers mit der (vergleichsweise) ruhigen Überleitung in den Takten 7 und 8 und der Zäsur in 13, die es erlaubt, in 14 die Dreischlaggruppe des Cantus zu unterstreichen. Bemerkenswert ist in dieser Hinsicht auch, wie die Überleitungstakte 23 und 24 sowohl die Rückkehr zum Anfang des ersten Teils als auch die Weiterführung in den zweiten vorbereiten.

18 A.a.O., S. 53 f. (der Contratenor und die entsprechenden Abweichungen nach fol. 5′/6 der Handschrift Escorial V. III. 24).

Andererseits ist nicht zu übersehen, daß die Tendenz zur Variatio, wie sie auch in der je anderen Gestaltung der gleichen Kadenz-Problematik greifbar ist, sowie zur Ergänzung unter rhythmischem und klanglichem Aspekt nach den mühelos zu erschließenden Handwerksregeln für eine solche Zusatzstimme den Feinheiten der Textvertonung Abbruch tut. Symptomatisch dafür ist schon der dritte Takt, wo der Cantus bei „grief" bezeichnenderweise zum einzigen Mal unter dem Tenor (und in der Oxforder Handschrift auch unter dem Contratenor) liegt. Denn hier wird diese textbezogene Pointe durch den instrumentalen Contra wenn nicht aufgehoben, so doch zumindest relativiert. Entsprechend verhält es sich bei der Dehnung des „(A)mis" in Takt 9 und in den Takten 29 und 30, wo der Tenor durch seine hohe Lage den Aufstieg im Cantus unterstreicht. In Takt 32 überspielt der Contra die Zäsur vor dem expressiven „Sy pri dieu" und so fort.

Verglichen damit ist es erstaunlich, wie subtil der textierte, „vokale" Contratenor die Aspekte der Textvertonung im Cantus aufnimmt und dort um eigene Lösungen ergänzt, wo die Formulierung der Gerüststimmen einer parallelen Erweiterung Grenzen setzte. So folgt dieser Contratenor zu Beginn der Deklamation des Cantus. (Das Wort „grief" ist — entgegen der Ausgabe — sicher schon auf die Ligatur im dritten Takt zu singen.) Der Abstieg über „depart" ist hier im überbrückenden Melisma der Takte 6 bis 9 aufgenommen, und zwar so, daß die Wirkung der akzidentellen kleinen Dezime im Schritt *mi-fa* über „(A)mis" durch die Quinte zum Tenor und damit die kleine Sext zum Cantus unterstrichen wird. Im Übergang zum dritten Vers ist der neue Dreischlag-Rhythmus antizipiert und der Text gerafft.

Ich lese — was die Handschrift erlaubt — eine Textzuordnung in Brevis- und Semibreviswerten, die dem Sprachfall entspricht:

A - mis, que mon cuer par - mi part. Et prens con - gie

Der zweite Teil bringt zu Beginn wieder die Vorimitation der Dreischlaggruppe und dann in Takt 32 eine gemeinsame Kadenz vor dem Schlußvers. Am eindrücklichsten aber ist wohl die Lösung für den Schluß selber. Hier kann zunächst die individuelle Gestaltung des Cantus durch die einfachste Lösung einer Austerzung des Tenors hervortreten, die im übrigen im a von Takt 34 das e des Cantus stützt. Dann aber ist auf den Text „Sy pri dieu, amis" der Wechsel vom e' zum es' mit der Umkehrung der Intervallfolge des Cantus aus den Takten 33 und 33 aufgenommen:

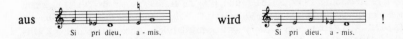

aus   Si   pri dieu,   a - mis.   wird   Si   pri dieu, a - mis.   !

Angesichts dieser subtilen Gestaltung des textierten Contratenor der Oxforder Handschrift ist kaum zu bezweifeln, daß diese Stimme von Vide stammt. Ob ihm

auch der „instrumentale" Contratenor der Handschrift aus dem Escorial zuzuweisen
ist – etwa als eine ältere oder durch einen bestimmten Anlaß begründete Erweiterung –, ist nicht deinitiv zu beantworten; doch tendiere ich aus der Beschäftigung
mit den Liedsätzen dieses Komponisten dazu, in dieser Stimme eine handwerkliche
Ergänzung von anderer Hand zu sehen. Dabei ist die Escorial-Handschrift eher nach
der Oxforder Quelle entstanden und wird sie aufgrund der dominierenden Stellung
Binchois' in ihrem Bestand seit den Arbeiten Heinrich Besselers immer wieder als
ein Zeugnis der „burgundischen Chanson" interpretiert[19]. Das führt einerseits auf
die eingangs erwähnte Rolle der italienischen Überlieferung für die franko-flämische
Chanson der ersten Hälfte des 15. Jahrhunderts zurück und bringt andererseits das
bisher ausgesparte Stichwort „Burgund" ins Spiel – und damit die Frage nach der
Stellung dieser raffinierten Liedsätze sowie ihres kaum bekannten Komponisten im
breiten Spektrum der Chanson des 15. Jahrhunderts.

Nun ist vom Leben dieses Jacobus Vide kaum etwas bekannt, das wenige aber
durchaus von Interesse für die damit angeschnittenen Probleme. Geburts- und
Todesjahr liegen im Dunkeln. Die ersten bekannten Daten betreffen die Präbende in
Brügge[20]. Dort wird er in der „receptio" vom 27. Oktober 1410 als ein Kanoniker
und als ein „clericus" der Diözese Tournai bezeichnet. Andererseits erhält er einen
„stallum super pavimentum", und das meint in der unteren Reihe, „quia non erat in
sacris". Vide war also, wie etwa auch Machaut, „clerc", aber kein Priester. Wie lange
er die Präbende innehatte, ist offen. Möglicherweise ging sie bereits am Anfang des
Jahres 1411 an einen Henricus Brun über. Die nächsten der spärlichen Daten dieser
Biographie aber führen an den burgundischen Hof. Hier ist Jacques bzw. Jaquet
Vide seit 1423 nachzuweisen – allerdings nicht als Mitglied der Kapelle (auch wenn
er Kapellknaben in seiner Obhut hatte), sondern als „Valet de chambre", und das
scheint auf einen künstlerischen Rang hinzuweisen, sofern wir uns an den Trägern
dieses Titels orientieren, zu denen unter den Musikern Jean Tapissier und Hayne
van Ghizeghem gehören, allen voran aber die darstellenden Künstler, ein Claus
Sluter und ein Jan van Eyck[21]. 1428 ist Vide als Sekretär erwähnt sowie mit der
Nachricht, daß er „une petite orghes" in Empfang nahm. Nach 1433 verschwindet
er in den Quellen.

19 Dazu das Nachwort von Wolfgang Rehm zur Faksimile-Ausgabe der Handschrift in den
   Documenta Musicologica, 2. Reihe, Bd. II, Kassel etc. 1958, sowie W. H. Kemp, *The Manuscript El Escorial, Biblioteca del Monasterio V.III.24*, MD XXX, 1976, S. 97–129.
20 Die folgenden Angaben wieder aufgrund der Mitteilung Reinhard Strohms (vgl. oben
   Anm. 5).
21 Die Angaben zu Vides Stellung am burgundischen Hof nach Jeanne Marix, *Histoire de la
   Musique et des Musiciens de la Cour de Bourgogne sous le règne de Philippe le Bon
   (1420–1467)*, Strasbourg 1939, S. 161 f. und 178. Zu Jean Tapissier als „Valet de chambre" mit einem Hinweis auf die Stellung Vides jetzt C. Wright, *Music at the Court of Burgun-
   dy 1364–1419. A. Documentary History* (= Wissenschaftliche Abhandlungen B. XXVIII),
   Henryville etc. 1979, S. 123–143. – Zu welchem Zeitpunkt Vide Provost von St. Gertrud in
   Nivelles war, ist offensichtlich unklar. Die entsprechende Angabe bei Jean-Francois Foppens
   war mir nicht erreichbar, *Compendium chronologicum episcoporum Brugensium*, Brügge
   1731, S. 116.

Der Kontext dieser wenigen Daten legt es nahe, in Vide, wie es damals offensichtlich — und entgegen einer verbreiteten Vorstellung — noch erstaunlich oft der Fall war, nicht nur den Komponisten, sondern auch den Dichter seiner Lieder zu sehen. Damit gehörte er zu jenen „faiseurs", die als Dichtermusiker von Machaut über Senleches bis ins 15. Jahrhundert Werke schufen, deren subtile Verbindung von Text und Musik den spezifischen Beitrag der Chanson zu einer Problemgeschichte des Komponierens prägte. Daß ein Senleches oder Vide rasch vergessen waren, während Binchois schon im 15. Jahrhundert als einer der Großen erscheint, dürfte nicht zuletzt mit dem Umfang der Produktion dieses Komponisten zusammenhängen und damit, daß seine Chansons in der Vielfalt der musikalischen Gestaltung sowie in der Eigenheit des Stils eher eine Sonderstellung einnehmen. Daß sie — aufs Ganze gesehen — im Verhältnis zwischen Musik und Text weniger subtil sind, nicht nur als die Kompositionen eines Hugo und Arnold de Lantins oder eines Guillaume Dufay, die alle für längere Zeit in Italien waren, sondern eben auch als die Werke eines Jacques Vide und anderer unbekannterer Komponisten jener Tage, läßt es allerdings angezeigt sein, die Frage nach den Merkmalen der „burgundischen Chanson" erst dann wieder aufzunehmen, wenn der erhaltene Bestand nicht nur ediert, sondern auch als Zeugnis eines künstlerischen Denkens ernst genommen ist.

Pierre de La Rues „Missa de Beata Virgine"
in ihrer *copia* aus *varietas* und *similitudo*

von
KLAUS-JÜRGEN SACHS

Die mehrstimmige Vertonung des Meßordinariums, die Johannes Tinctoris (*Diffinitorium*, um 1473) vordergründig ihres äußeren Umfangs wegen als „cantus magnus" vor Motette und Chanson („cantus mediocris" und „parvus") heraushob, galt dem von Hans Ott (im Vorwort der Sammlung *Missae tredecim*, Nürnberg 1539) benutzten Diktum zufolge – „qui Missas veterum artificum non norit, veram Musicam ignorare" (fol. AA 3') – als eigentliche, „wahre" Musik, somit als vollkommenste Ausprägung musikalischer Kunst. Ob beide Zeugnisse auf wachsende Reputation der mehrstimmigen Messe deuten oder nur deren fraglosen Vorrang unterschiedlich ansprechen, bleibt belanglos für die Tatsache, daß die chronologisch „zwischen" ihnen liegende Phase des Messenschaffens „um 1500" nicht allein einen gattungsgeschichtlichen Höhepunkt bildet, sondern auch als ein musik- wie kulturhistorisches Ereignis einzustufen ist.

Genau in diese Phase zielen laut Otts Vorrede und Auswahl die von ihm veröffentlichten „Missae tredecim qvatvor vocvm a praestantiss[imis] artificib[us] compositae", indem sie Josquin, der einhellig als musikalische Leitgestalt der Epoche galt, mit fünf Werken bevorzugen (den Nummern 2, 5, 7, 9, 10 – letztere, *Sub tuum praesidium*, fälschlich zugewiesen, weil sicher Messe La Rues) und neben ihm Brumel (3), Isaac (4, 6), Obrecht (1, 12) sowie La Rue (8, 11, 13) berücksichtigen.

An einem Werk La Rues wendet sich die folgende Betrachtung analytisch jener „vera Musica" zu, weil dieser Komponist bislang weniger durch Editionen und Einzeluntersuchungen erschlossen wurde als andere der „praestantissimi artifices", ihm gleichwohl Forscher, deren Urteil wiegt, herausragenden Rang und besondere Individualität zusprachen: seine Messen dürften „an künstlerischer Bedeutung... denjenigen des berühmteren Meisters [sc. Josquin] kaum nachstehen" (Wagner, 167)[1], und er habe „einen eigenen Stil geschaffen" (Wolff, 67).

---

1 Zitierte Sekundärliteratur (alphabetisch nach Verfassern, die im Text für die Titel stehen): H. Besseler, *Die Musik des Mittelalters und der Renaissance*, Potsdam 1931; C. Dahlhaus, *Miszellen zu einigen niederländischen Messen*, KmJb LXIII/LXIV, 1979/80, S. 1–7; O. Gombosi, *Jacob Obrecht. Eine stilkritische Studie* (= Sammlung musikwissenschaftlicher Einzeldarstellungen IV), Leipzig 1925; M. Henze, *Studien zu den Messenkompositionen Johannes Ockeghems* (= Berliner Studien zur Musikwissenschaft XII), Berlin 1968; J. Huizinga, *Herbst des Mittelalters. Studien über Lebens- und Geistesformen des 14. und 15. Jahrhunderts in Frankreich und in den Niederlanden*, ⁵Stuttgart 1939; ders., *Burgund*, –

Würdigte die Forschung vorwiegend die zyklusbildenden Maßnahmen in der Meßkomposition jener Ära — „Einheit der Tonart für alle Meßteile und Einheit des
thematischen Materials" (Schmidt-Görg, 155) — sowie satztechnische Besonderheiten, vor allem Kanonkünste — auch und gerade bei La Rue —, so lenkt die als
Exemplum gewählte *Missa de Beata Virgine* den Blick auf ein Werk, das weder
durch „Einheitlichkeit" von Cantus firmus oder sonstiger Thematik, also auch Tonart, noch durch Extreme an Umfang, Stimmenzahl oder artifizieller Technik gekennzeichnet ist, hingegen eher unauffällig, wenig ambitioniert, dafür mehr in seiner
gottesdienstlichen Bestimmung aufgehend wirkt.

Verzicht auf „Ungewöhnliches" bekundet sich bereits darin, daß jedem der fünf
Teile eine eigene Choralordinariums-Melodie zugrunde liegt und zwar, wie in anderen der auffallend zahlreichen gleichnamigen Messen jener Zeit, vorwiegend aus
Missa IX der Editio Vaticana. Die Komposition gründet sich somit auf Melodien,
deren Zusammenstellung primär der liturgischen Funktion gehorcht, nicht aber auf
ein „thematisches Material", das von vornherein musikalische Einheit stiften kann,
zählt demnach zum „Non-cyclic type of Mass" (Minor, 40) und nimmt eine „Hete-
rogenität der Teile" (Dahlhaus, 5) in Kauf.

Konzeption — und Niveau — des Werkes indessen treten deutlicher hervor, wenn
man, statt (vergeblicher) Suche nach sonst offenkundig einheitsbildenden Merkmalen, in seine satztechnische Feinstruktur einzudringen versucht, wobei Äußerungen
in Otts Vorwort von 1539 als Ansatzpunkte dienen können.

Mit seiner Sammlung „sacrarum cantionum (quas Missas uocant)" als einem „nouo in Ger-
mania exemplo" übernimmt Ott — obschon nicht „artifex, sed tanquam vnus ex media plebe"
— ausdrücklich Heroldsdienste („preconum ministeria"), indem er einschlägige Gesichtspunkte
aus der musikalischen Fachdiskussion referiert („ea... quae... ab Eruditis musicis de hoc
genere cancionum disputari solent"; fol. AA 2).

Nachdem er betont hat, „in his sacris cantionibus (quas Missas vulgus vocat)"lasse sich alles
an der Musik Lobenswerte vereinigt und paradigmatisch — nicht nur, wie „in alijs cantionibus",
getrennt und gleichsam aus der Ferne — erkennen, geht er auf drei ästhetische Vorzüge („quae
in omni Musica praecipuam laudem habent") eigens ein: auf *ars, copia* und *gravitas* (bzw.
suavitas).

eine Krise des romanisch-germanischen Verhältnisses, in: *Im Banne der Geschichte*, Basel
1943; A. Krings, *Die Bearbeitung der gregorianischen Melodien in der Meßkomposition von
Ockeghem bis Josquin des Prez*, KmJb XXXV, 1951, S. 36–53; A. C. Minor, *The Masses of
Jean Mouton*, Diss. Univ. of Michigan 1950; H. Osthoff, *Josquin Desprez*, Bd. I, Tutzing
1962; J. Robijns, *Pierre de la Rue (Circa 1460–1518). Een bio-bibliographische Studie*
(= Université de Louvain, Recueil de travaux d'histoire et de philologie, 4. Sér., 6. Fasc.),
Gembloux 1954; K. E. Roediger, *Die geistlichen Musikhandschriften der Universitäts-Biblio-
thek Jena* (= Claves Jenenses. Veröffentlichungen der Universitätsbibliothek Jena III, Text-
band), Jena 1935; M. Rosenberg, *Symbolic and Descriptive Text Settings in the Sacred
Works of Pierre de La Rue (c. 1460–1518)*, Miscellanea musicologica I, Adelaide 1966,
S. 225–248; J. Schmidt-Görg, *Nicolas Gombert. Leben und Werk*, Bonn 1938; E. H. Sparks,
Cantus Firmus in Mass and Motet 1420–1530, Berkeley und Los Angeles 1963; M. Staehe-
lin, *Die Messen Heinrich Isaacs*, Bd. III: *Studien zu Werk- und Satztechnik*, Bern u. Stuttgart
1977; P. Wagner, *Geschichte der Messe*, I. Teil: *Bis 1600*, Leipzig 1913; H. Chr. Wolff, *Die
Musik der Niederländer*, Leipzig 1956; R. Zimmermann, *Stilkritische Anmerkungen zum
Werk Ockeghems*, AfMw XXII, 1965, S. 248–271.

Die *ars* bestehe in feinsinniger Stimmenverbindung und Mannigfaltigkeit „der Zahlen" oder in Proportionen („non solum in callida vocum mixtura, sed etiam in varietate numerorum, seu proportionibus"). Weil aber einen wohlgeformten Körper nicht nur Symmetrie seiner Glieder, sondern auch Wohlbeschaffenheit insgesamt („εὐεξία") auszeichne, verbänden die Musiker die *ars* mit einer gewissen *copia*, die frei von Gezwungenheit und Pedanterie auf schöne Erhabenheit oder erhabene Schönheit gegründet sein müsse („sine molestia, hoc est, suaui grauitate, & graui suauitate condita"). Kunstfertiges (ars) mit Sinnfülle oder Beziehungsreichtum (copia) verbunden, die durch Erhabenheit (gravitas) gerechtfertigt sind – auf diese Formel ließe sich bringen, was Ott als höchsten Schmuck der Gesänge anspricht und mit dem Felde vergleicht, auf dem die Komponisten zu wetteifern haben („Haec fere sunt laudatissimarum cantionum ornamenta, & quasi stadium, in quo conficiendo artifices Musici, sibi decurrendum esse censuere").

Die Erörterung der Möglichkeiten von *copia* macht aber nun als wesentliche Problematik der Meßkomposition das Spannungsverhältnis zwischen einheitstiftenden und vielfaltgewährenden Momenten sichtbar. Ott erwähnt die „ratio carminis" der Ähnliches in sich vereinigenden Gestalt („forma per omnes partes. . . debet esse sui similis"), ferner eine verschiedene Tempora durchmessende (identische) „Melodia totius Missae" sowie den Fall (der Parodiemesse), daß ein und dasselbe Satzelement das ganze Werk hindurch wiederkehrt („ut eadem clausula per totam cantionem. . . repetatur"). Handelt es sich hier zweifellos um eine einheitstiftende *copia*, so kennt Ott doch auch die Notwendigkeit einer *copia*, die Langeweile und Überdruß vermeiden hilft („Artis enim hoc proprium est opus, condire illam copiam, ne pariat fastidium, & nimia esse videatur"). Deshalb weise gerade die Meßkomposition z. B. Vielfalt der Mensurzeichen („signorum varietas"; fol. AA 2') auf, die gleichsam zum Blendwerk („quasi praestigias") gehöre, mit dem die Komponisten melodische Identität verhüllen und gleiche Tonfolgen in wechselnde Gewänder kleiden wollten („quibus similitudinem melodiae occultarent, & eosdem sonos, subinde alia atque alia forma, sicut in scena histriones mutato cultu, ostenderent"). Höchste Bewunderung aber verdiene die satztechnische *varietas* („Non est autem in tota arte aliud admirabilius hac erudita varietate, qua tam varie artifices vti voluerunt . . . Sed quid facio, cum eam varietatem verbis ostendere conor, quam longa aetas eruditorum Musicorum non potuit totam complecti"; fol. AA 3), die bereits Tinctoris in reichster Ausprägung bei der Messe konstatierte (*Liber de arte contrapuncti* III, cap. 8).

Ott versteht demnach *copia* ambivalent: einheitstiftend und vielfaltgewährend – wobei die jeweiligen Grade von *varietas* und *similitudo* gegeneinander abzuwägen sind.

In La Rues *Missa de Beata Virgine* bildet die *varietas* das offenbar vorrangige Gestaltungsprinzip, das zunächst betrachtet und unter sechs Aspekten an einzelnen Partien des Werkes gezeigt werden soll.

1. Bereits die Gestalt, in der die entlehnten Choralmelodien dem Werk zugrunde gelegt, besser: inkorporiert werden, weist ein erstaunliches Maß an *varietas* auf.

In den Teilen mit choralbezogenem Tenor (Ky, Sa, Ag)[2] reicht die Spannweite von integrer Wiedergabe des Cantus firmus in langen Noten (meist bei Satz- oder Choralzeilenbeginn) über vielfältige Paraphrasierungen durch Zusatztöne oder -floskeln bis hin zur Loslösung von der Vorlage (in Partien, die melismatisch, repetierend oder anderweitig verdichtend auf Schlußbildungen vorbereiten). So deutlich sich innerhalb der Einzelsätze eine Tendenz erkennen läßt, den Cantus firmus ein-

---

2   Abkürzungen: für die vier Stimmen des Satzes (gemäß den heute üblichen Bezeichnungen) S=Sopran, A=Alt, T=Tenor, B=Baß; für die fünf Teile des Meßordinariums Ky=Kyrie, Gl=Gloria, Cr=Credo, Sa=Sanctus, Ag=Agnus; die beigegebenen (Takt- bzw. Mensur-)Zahlen folgen der Edition von R. B. Lenaerts und J. Robijns in *Monumenta Musicae Belgicae* VIII, Amsterdam 1960, 1–22 (Variantennachweise ebenda, S. VII–IX).

gangs zu zitieren, dann zu paraphrasieren und schließlich aufzulösen, so wenig sind diese Metamorphosen zu begreifen ohne den mehrstimmigen Prozeß, der sie rechtfertigt.

In den Notenbeispielen I und II wurden die Cantustöne nach den Melodien von Missa IX der Editio Vaticana signiert (x). Auch wenn diese Fassung gewiß nicht mit La Rues Vorlage übereinstimmt (deren exakte Identifizierung, wie bei den meisten Meßkompositionen der Epoche, bisher nicht gelungen ist), dürfte das skizzierte Bild der Choralverarbeitung sichtbar werden und grundsätzlich zutreffen.

In den textreichen Teilen (Gl, Cr) bleibt zwar aufs Ganze gesehen der Cantus firmus getreuer, deutlicher und einheitlicher gewahrt, er wird aber zugleich dem Bewegungsduktus der anderen Stimmen angeglichen und — dadurch ermöglicht — in wechselnden Lagen, Stimmen oder Imitationsgruppen zitiert. Auch hier zeigt sich eine Tendenz, nämlich vor allem Tenor und Sopran (alternierend oder gleichzeitig) mit dem Choral zu betrauen; vereinzelte Stellen mit Cantus firmus in Baß oder Alt aber gewährleisten, daß an der *varietas*, die vom mannigfachen raschen Wechsel zwischen zwei-, drei- und vierstimmigen Partien unterschiedlicher Struktur lebt, auch die Wiedergabe des Chorals teilhat.

Bereits so kurze Ausschnitte wie in Notenbeispiel III (bei denen bewußt nur eine, nämlich die der Cantusfassung von Missa IX „ähnlichste", Stimme signiert wurde) vermitteln einen gewissen Eindruck dessen.

Selbst in diesen Teilen also übt der „vorgegebene" Cantus firmus, trotz besserer Vernehmbarkeit, keine determinierende Wirkung auf wesentliche Züge der Komposition aus, sondern dient in ihrem Rahmen eher als ein Reservoir für unterschiedlich sinnfällige „Anklänge".

2. Die schon berührte *varietas* der Satzweise ist deshalb besonders reich, weil das Werk „nicht mehr" dem überkommenen Prinzip einer Komposition zu „vorgegebenem" Tenor-Cantus firmus und „noch nicht" der zukunftweisenden, planmäßig angewandten Technik der Durchimitation gehorcht, sich also im Freiraum zwischen diesen historisch ausgeprägten Konzeptionen aufhält. In einer Systematik ließe sich zwischen entgegengesetzten Polen wie schlichtem Bicinium Note gegen Note (Cr 84–88: „et incarnatus est") oder figuriertem und imitierendem, auch kanonischem zweistimmigen Satz (Sa 46–51: „pleni"; Cr 139–146: „qui cum Patre") einerseits und freier Polyphonie in dichter Vierstimmigkeit (Ky 8–13) andererseits eine beachtliche Anzahl von mehr oder minder charakteristischen Satzarten erfassen, die in mancherlei Konstellationen choralentlehnte und freie Substanzen, partielle Nachahmungen, motivische Verselbständigungen einzelner Stimmen, Parallelführungstechniken (vor allem Dezimen der Außenstimmen), vollstimmigen Contrapunctus simplex oder, relativ selten, auch strikte Durchimitation (Cr 47–51: „Deum de Deo") benutzen. Ebenso wie in der Behandlung der Choralmelodien strebt La Rue auch hinsichtlich der Satzarten eine geradezu bunte Vielfalt an.

3. Ferner durchsetzt er, über den in der Messenkomposition jener Epoche üblichen Mensurenwechsel — Otts „signorum varietas" — hinaus, nicht selten auch die

herrschende Mensur mit ihr widerstreitenden Elementen. So bewegt sich Kyrie I im
Konflikt zwischen vorgezeichnetem Tempus perfectum cum prolatione minori und
latentem Tempus imperfectum cum prolatione maiori, letzteres zu Anfang durch
vorherrschende Rhythmik, danach durch regelmäßige Dehnung (des „4. und
5. Viertels") in jeweils einer Stimme (A 6, 8; T 7, 11; B 9; S 10) suggeriert:

Beispiel I: Ky 1–13

Die wichtigsten handschriftlichen Quellen lösen zudem die nach Petruccis Druck von 1503 in
die Edition übernommenen punktierten Halben in tonrepetierende Halbe und Viertel auf, wie
sie in S 2 erscheinen.

Nahezu alle Sätze in ternärer Mensur bieten, teilweise versteckter, ähnliche Konflikte (Gl 115–119, Sa 136–143, Ag 1). Ky 53–57 (vgl. Notenbeispiel IV) enthält eine
Sequenzbildung, die im Tempus imperfectum drastisch offenläge, im Tempus perfectum aber widerstrebt.

    In den metrisch wie rhythmisch einfacheren Sätzen mit binärer Mensur („Gerad-
taktigkeit") schafft La Rue eine analoge Vielfalt und Mehrdeutigkeit auf der Ebene
von Mensurengruppen, zumeist als Konflikt zwischen perfektem und imperfektem
Modus. So deuten im „Christe" (Notenbeispiel II) die Einsätze der Außenstimmen,
die korrespondierenden Gruppen über den Haltetönen (29–34) und die anschließende Wiederholung im T auf „dreitaktige" Glieder, denen sich freilich die „zweitaktige" Anfangsimitation der Mittelstimmen, dann auch die „viertaktigen" Phrasen
im B (22–29) widersetzen (was die unter dem Notensystem beigegebenen Klam-
mern anzeigen). Die durch Vorhaltsdissonanzen (V) markierten Kadenzbildungen
unterstreichen ihrerseits (paarweise in „dreitaktigem" Abstand) einen perfekten
Modus, stehen aber zugleich in Spannung entweder (25) zur B-Phrase oder (39 und
42 – hier konform einer B-Wiederholung) zur dreifachen T-Gruppe (deren Textierung wohl, entgegen der Edition, als dreifaches „eleison" nach ebenfalls dreifachem
„Christe" gedacht ist; vgl. dazu prinzipiell Rosenberg, 230 f.):

Beispiel II: Ky 14—44 („Christe")

In den textreichen Teilen (Gl, Cr) bedient sich La Rue nicht selten kürzerer Partien, die durch Imitation oder andere Korrespondenzen ein verkapptes Tempus perfectum einführen, und erzielt auf diese Weise wechselnde (Gl 34—41) oder auch mehrdeutige (Gl 1—8) Binnengliederungen:

Beispiel III: Gl 34—41 („Domine Fili") und 1—8 („Et in terra pax")

Dies aber ist nur möglich, weil sich die korrespondierenden Glieder rhythmisch wie melodisch deutlich von ihrer Umgebung abheben, was teils auf der Technik partiellen Wiederholens, teils auf motivischer Profilierung einzelner Partien innerhalb größerer Melodiezüge beruht.

4. So bedeutsam aber Korrespondenzen und partielle Repetitionen für das Werk auch sind, so strikt bleibt die gänzlich unveränderte Wiederkehr eines — und sei es begrenzten — Komplexes ausgeschlossen. Die *varietas* innerhalb von Repetitionen (vgl. Notenbeispiel IV) ist charakteristisch für jene Satzpartikeln, in denen sich Finalsteigerungen und -verdichtungen gleichsam verfangen und „im Kreis drehen" (durch Schraffierung über dem Notensystem gekennzeichnet), um die anschließende Kadenz bei Satzschluß in verstärktem Grade als „Befreiung" erscheinen zu lassen. In der Regel werden dabei Nuancen in der Mehrstimmigkeit, zumindest aber die mensuralen Positionen der Wiederholungsglieder (so Ky 55—59) modifiziert:

Beispiel IV: Sa 85—91 („in excelsis") und 149—153 („in excelsis"), Cr 190—195 („Amen"), Ky 53—59 („eleison")

Daß La Rue auch bei bewußt gleichartig behandelten Cantus-firmus-Wendungen gezielt im Satz variiert (vgl. Cr 61–64 [„genitum] mit 73–75 [„qui propter"]), erscheint daher nur als konsequent.

5. In Analogie zur freizügigen Behandlung der Choralvorlagen sowie in untrenn-
barer Wechselbeziehung zum Reichtum der Satzweise und -gliederung steht eine
beträchtliche *varietas* im Duktus der (nicht choralbezogenen) Einzelstimmen. Eine
Partie wie die des Soprans aus Ag 22–46 (vgl. Notenbeispiel V) veranschaulicht, wie
– innerhalb eines großräumigen Melodiezuges – sich profilierende Abschnitte unversehens mit andersartigen, völlig zurücktretenden wechseln können:

Beispiel V: Ag 22–48 („Agnus Dei"[III])

Die für dieses Wechseln wesentliche Differenz an rhythmischer Dichte zwischen den
Abschnitten wird konzediert, weil bei der Ausformung der Einzelstimmen noch das
„Vorbild" eines teils in Langnoten, teils ausgeschmückt vorgetragenen Cantus firmus, nicht aber das spätere Ideal in sich einheitlicher Stimmen im Dienste eines
möglichst ausgewogen polyphonen Satzes herrscht, und enthüllt wohl auch personal-
stilistische Züge. Denn zweifellos im Blick auf den Einzelstimmenduktus betonen
manche Forscher La Rues „langausgesponnene Gedanken", den „zwar untektoni-
schen, aber dekorativen Melodiebau" (Gombosi, 54), die „weite Spannung der
Linien und die melismatische Führung der Stimmen" (Krings, 49), die „ins Unendliche verfließende Melodik" (Wolff, 67) oder bezeichnen seinen gesamten Stil als
„schweifend vage" (Besseler, 247). Die gewiß heterogenen Momente werden jedoch
in melodisch zielgerichteten, wenngleich ausladenden Bögen zusammengehalten, die
ihrerseits übergeordnete Strukturen bilden.

So weisen die drei durch Pausen getrennten Teile jener Sopranstimme aus Ag 22–46 (Notenbeispiel V) unterschiedliche Richtungsverläufe, Spitzentöne und – von diesen markierte – Ambitus (als reale oder „maßgebende" Oktavrahmen) auf, entsprechen aber auch in ihrer abnehmenden Länge der auf Steigerung angelegten inneren Dynamik:

Mensuren:	22–32	33–41	42–46
Verlauf:	von c² aus in mehr-fachem Anhub schrittweise bis d¹ fallend	zum neuen Spitzen-ton steil ansteigend, dann in verhaltenem Fallen abklingend	unvermittelt (aus vom Alt übernommenem g¹) hoch einsetzend, zum überbietenden Höhe-punkt steigernd und in ausgeprägter Klausel-bildung nach c² zurück-leitend
Spitzenton:	d²	f²	g²
Oktavrahmen:	d¹ – d²	f¹ – f²	g¹ – g²
Mensurenzahl:	11	9	5

Zur Eigenprägung der Teile, aber auch zu ihrem Korrespondieren innerhalb der übergeordneten Melodiestruktur trägt bei, daß in 22–32 stets Aufwärtsquartsprünge die ansonsten fallende Bewegung zum Neuanhub zwingen, während in 33–46 das stufenweise Steigen ausgerechnet bei den Halbtönen (e-f, a-b; 34, 37, 43) gebremst wird, als sei hier besonderer „Widerstand" zu überwinden. Verfolgt man nun aber im einzelnen, wie sich als zusammenhangbildend auswirkt, daß die unterschiedlichen Merkmale der drei Teile aufeinander – und auf die zugehörigen Satzweisen – abgestimmt sind, so wird ein weiterer Aspekt sichtbar.

6. Denn auch die Motivbehandlung zeigt La Rues Bemühen um *varietas*. Im er-örterten Beispiel V beruht sie auf den zwar geringfügig, dennoch kalkuliert vonein-ander abweichenden rhythmischen Wendungen:

$$\text{♩. ♫}\qquad (23, 26, 34, 39)$$

$$\text{♩ ♩ ♫}\qquad (24, 27)$$

$$\text{♫ ♩ ♫}\qquad (38, 44)$$

Sie erfassen ganze Motivzüge, verändern aber auch ihre mensuralen Positionen:

a) ♩ ┊ ♩.   ♫ ┊ ♩ ♩   ♫ ┊ ♩   (A 25–27, ähnlich S 22–24)

b) ♩   ♩ ♩ ┊ ♩ ♫ ♩ ♩ ┊ ♩ ♫ ♩   (S 28–30, A 31–33)

c)   ♩.   ♩ ┊ ♫ ♩   ♫ ┊   (S 67–68, T 69–70, ähnlich S 37–38)

Der trotz solcher Varianten deutlich motivische Charakter dieser Wendungen wird dadurch verstärkt, daß die erste der beiden (in der Regel stufenweise fallenden) Semiminimae (Achtel) systematisch als Transitus irregularis dissoniert (durch ↓ gekennzeichnet) und dieses Merkmal auch bei allen späteren, sogar imitierenden Vorkommen (50–51, 54–55, 58–59, 63–64, 72–74, 80) konsequent beibehält.

Anhand der oben angegebenen Motivzüge lassen sich abermals Wechsel und Mehrdeutigkeit der Binnengliederung verfolgen. Die anfangs regelmäßige „Dreitaktigkeit" (aus Notenbeispiel V) beruht auf den Wiederholungen der Motivzüge a und b, auf ihrer – trotz Positionsverschiebung – identischen „Länge" sowie auf einer entsprechenden Fortführung der B-Haltetongruppen (34–36 und 37–39 analog zu 31–33). Der Wechsel zur „Zweitaktigkeit" (ab 40) wird dadurch verhüllt, daß die Mittelstimmen (besonders T) den Motivzug a in verschränkter Position (38–40) einführen. Zugleich kündigt sich Motivzug c als (wie später) „zweitaktiges" Gebilde an (S 37–38), da 39 wie 34 auch als Gruppenbeginn verstanden werden könnte.

Die Flexibilität motivischer oder nahezu thematischer Gebilde läßt sich besonders plastisch an Sa 92–135 („Benedictus"), dem neben Sa 46–66 („Pleni") einzigen dreistimmigen Satzkomplex des Werkes, zeigen:

Beispiel VI: Sa 92–135 („Benedictus")

Im Rahmen des eröffnenden Quintkanons (92–97), der vom Choralincipit ausgeht (x), führt der A ein zweites Sequenzglied ein, das der B minimal abwandelt (nämlich um die durch ⁓ signierten Töne kürzt) sowie unterquinttransponiert als Einsatzphrase aufgreift (98–101), während der A mit einer den Quintraum (über c^1) durchschreitenden Wendung kontrapunktiert (die sich versteckt auf S 96–97 bezieht). Baßphrase und Quintgang aus 98–101, nicht jedoch das eigentliche Ausgangsmaterial aus dem Kanon, bilden sodann die Grundsubstanzen weiterer Kombinationen und Wandlungen. So übernimmt der S (101–104) die Baßphrase. Der B setzt zu einem dreifachen und leicht variierenden Quasi-Ostinato des Quintganges (auf f) an, wobei das zweite Glied (104–107) mit dem (ursprünglichen) Quintgang im S (auf c^2) enggeführt wird. Der A aber, wiewohl an dieser Stelle unzweifelhaft zuletzt konzipiert, ist nicht als bloß ergänzende, sondern als auch eigenständige Stimme angelegt, da er melodisch eine Sequenz bildet und im Satz ungewöhnliche Dissonanztypen bewirkt: den Vorhalt mit Oktavauflösung (103) sowie die dissonierende Vorbereitung des S-Vorhaltes (105): beide Erscheinungen ordnete La Rue offenbar dem linearen Anspruch des A unter, zumal diese Stimme wenig später (110–113), bei der Versetzung des B-Quintganges (auf c), in eine Transposition der Wendung von 102–104 bei nur zweistimmigem Satz einmündet. Bezieht man also ein Urteil wie jenes, La Rues Stil sei „nicht restlos durchgeformt" (Besseler, 247), auf derartige Details, so regen sich Zweifel, daß es den kompositorischen Absichten wirklich gerecht wird.

Nahezu in der Mitte des Satzverlaufs (113) beginnt abermals ein zweistimmiger Quintkanon der Oberstimmen. Während sein erstes Glied (im S 113–115) nur die fallende Klausel (aus A 96–98) aufgreift und mit einem daraus ableitbaren Motiv (bestehend aus den vier Anfangstönen) verknüpft, stellt das zweite (im S 115–119) eine abermalige Variante bereits exponierter Melodiezüge (A 94–98; B 98–101=S 101–104) dar. Auch der „hinzutretende" B ist schwerlich nur Ergänzungsstimme: er bildet eine zweitaktige, geschmeidig verbundene Quartsequenz (113–117) und führt zugleich als „neues" Element den punktierten Quartgang ein, der im weiteren Verlauf jenen charakteristischen Quintgang völlig ablöst (und B 123, S 127 sowie 131–132 wiederkehrt). Trotz dieser Wandlungen bleibt die Technik des variierenden Rückgriffs im zweiten Teil ebenso gewahrt wie das Einmünden des Basses in ein Quasi-Ostinato (124–135) nach einer Phrase (119–124), die gleichfalls Vorangegangenes (98–103) modifiziert. Der Kern des Quasi-Ostinatos stammt aus dem ersten Teil (A 99–101=S 105–107) und wird zunächst im zweistimmigen Satz mit dem Eröffnungsmotiv des zweiten Kanons (S 113) kombiniert (125–126), sodann, mensural versetzt, zur Dreistimmigkeit erweitert; dabei wirkt der S (129) wie eine Entlehnung (vom A 94–96), und möglicherweise spielt diese in die Differenz von 123–124 gegenüber 102–103 hinein. Die Frage, ob derartige Entlehnungen oder verwandelnde Rückgriffe – wie auch der des wiederkehrenden Quintsprung-Phraseninitiums (B 127–128, A 130–131, B 132) auf ein entsprechendes Element (B 105–106) – bewußt oder intuitiv vollzogen wurden, bleibt freilich offen, berührt jedoch nicht das Faktum der hochgradigen *varietas* in der Behandlung motivischer oder thematischer Gebilde.

Obwohl dieses „Benedictus" (dreistimmig ohne einen den Choral paraphrasierenden T) zweifellos anderen Bedingungen unterliegt als die übrigen textarmen Sätze der Messe, ließe sich auch in ihnen eine ähnliche *varietas* des Motivischen beobachten, die zuweilen sogar ausgeformte Melodieteile erfaßt (vgl. Sa 2–5 und 7–10 in S und B) oder in einen anderen satztechnischen Kontext übernimmt (Ag S 49–55=T 56–61, vgl. auch B 62–66). Dies ist bemerkenswert, weil noch nicht die in systematischer Durchimitation selbstverständliche Substanzgemeinschaft der Stimmen, sondern deren an sich „freie" Entfaltung als Norm dient (was gegenüber Robijns, 80 f. zu betonen bleibt).

Die *varietas* in der *Missa de Beata Virgine* La Rues erschöpft sich nicht mit dem, was an wenigen Beispielen unter den genannten sechs Aspekten beleuchtet wurde, sondern ließe sich gleichsam auf Schritt und Tritt und an weiteren Einzelheiten demonstrieren – bis hin zu so formelgebundenen Wendungen wie den Kadenzen, die ebenfalls sichtlich einer variativen Behandlung unterliegen (vgl. etwa aus Notenbeispiel II: Ky 24, 41; aus III: Gl 38, 40). Dabei zeigt sich allerdings überzeugend, was schon für das Werk Ockeghems betont wurde: „Keinesfalls bedeutet varietas Willkür bei der Anwendung des Materials" (Zimmermann, 256).

Die gleichwohl hinreichend veranschaulichte und – wie behauptet – vorrangige *varietas* in der Komposition wird jedoch nicht nur durch die bereits erkennbar gewordene Konsistenz der variativen Technik vor willkürlicher Buntheit geschützt, sondern auch „in einer sekundären Schicht" ergänzt durch Momente jener einheitstiftenden *copia*, die Ott erwähnt. Was an Josquins gleichnamiger Messe als Absicht diagnostiziert wurde, „gegen den Widerstand der modalen Buntheit, die in der Choralvorlage herrscht, eine sekundäre modale Einheit durchzusetzen" (Dahlhaus, 6; auch Sparks, 371), läßt sich mit gewissen, wenngleich andersartigen Maßnahmen La Rues vergleichen, die ebenfalls der Schaffung von Bezügen zwischen den Teilen des Werkes und damit seiner *similitudo* dienen. Auch bei La Rue steht das Bestreben außer Zweifel, nicht „hinter das Prinzip der zyklischen Meßkomposition" zurückzufallen, sondern dieses „unter erschwerten Bedingungen" zu verwirklichen (Dahlhaus, 6).

Während Josquin als Choralvorlagen Ky und Gl aus Missa IX, Cr I sowie Sa und Ag aus Missa IV zugrunde legt und in seinem Werk durch Transposition, Kanonoder bestimmte Kadenzbildungen „überformt" (Dahlhaus, 7), benutzt La Rue – abweichend auch von Isaac in dessen mindestens drei gleichnamigen Messen (Staehelin, 111, 113, 115), – Ky, Gl, Sa aus Missa IX, Cr IV und Ag XVII. Mit dieser Wahl der Vorlagen entspricht La Rues Messe bis auf das Cr (I) Brumels *Missa de Beata Virgine* (CMM 5, IV, 124–126), der sie chronologisch vorausgeht.

Indem sich La Rue, wie nach ihm Brumel – und Morales (Wagner, 507–533) –, für die (lydischen) Melodien von Sa IX und Ag XVII entschied, verlieh er der Opfermesse eine modale Einheit, legte überdies aber auch, da sich die beiden Incipits der Choralmelodien kaum unterscheiden, den Grund für zusätzliche Verwandtschaften, die Sa und Ag miteinander verbinden.

Gegenüber dieser *similitudo* in der Opfermesse ist bei den Teilen der Gebetsmesse (Ky, Gl, Cr) das einigende Band weniger sinnfällig. Zunächst mag überraschen, daß La Rue von den gewählten Melodien Ky IX (dorisch), Gl IX (mixolydisch) und Cr IV (dorisch) die erste um eine Quinte aufwärts transponiert. Selbst wenn dieser Eingriff sich bereits durch die für einen Tenor zu tiefe Lage der (benutzten) Cantustöne (c-b) rechtfertigen läßt, hängt er doch wohl mit der vereinheitlichenden Konzeption zusammen. Denn Bestand und Abfolge der durch Ausgangsebene, Binnenkadenzen und Schlußbildung hervorgehobenen Klänge im Sinn tonaler Brennpunkte der Teile machen deutlich, daß Ky und Gl trotz unterschiedlicher Modi und Finales (dorisch-a, mixolydisch-G) durch klar bevorzugte d-Kadenzen im Binnenverlauf (vgl. Ky 24–42, Gl 38–78, 85–107) latent miteinander verbunden werden:

Ky		a	d	a
Gl		G	d	G

Das Cr (dorisch-d) läßt sich als Synthese auffassen, denn nach Beginn mit einer a-Ebene wechseln Zielklänge auf a und d vielfältig miteinander, und gelegentlich wird die ohnehin bestehende Verwandtschaft mit dem ebenfalls textreichen Gl auch durch (cantusbedingte) Anklänge verstärkt (vgl. G-Ebene und Motivik Cr 171–174 [„resurrectionem"] mit Gl 25–27 [„Domine Deus"]). Ferner können als Bindeglieder zwischen diesen Teilen gelten: die „Vordeutungen" auf Gl 1–3 in S und B von Ky 56–57 sowie das analoge Quintsprungmotiv, das – den beiden verschiedenen Choralmelodien entnommen – die Satzeröffnungen Gl 79–81 („Qui sedes") und Cr 1-4 („Patrem omnipotentem") beherrscht.

Gebets- und Opfermesse, in der skizzierten Weise jeweils zu mehr oder minder wahrnehmbaren Einheiten zusammengefaßt, wurden anscheinend – wie an Messen Ockeghems beobachtet (Henze, 59–70) – auch mit identischer Summe der Teilsätze einander gegenübergestellt, nämlich je sieben in Ky (Kyrie, Christe, Kyrie), Gl (Et in terra, Qui sedes), Cr (Patrem, Crucifixus) einerseits und Sa (Sanctus, Pleni, Hosanna, Benedictus, Hosanna), Ag (Agnus I und „II" – das sehr wahrscheinlich als Agnus III nach repetiertem Vorgängersatz diente) andererseits, was man auf Otts Andeutung von der „mirabilis numerorum quasi distributio in Missis" (fol. AA 2') beziehen kann, ohne sich in Spekulationen über (mögliche, doch kaum beweisbare) weitere Arten von Zahlenkomposition, -spiel oder -symbolik einzulassen.

Doch auch zwischen den beiden musikalischen Komplexen von Gebets- und Opfermesse schafft La Rue mindestens zwei rein kompositorische Bindeglieder.

1. Das auffälligste besteht in den Ähnlichkeiten zwischen Ky 29–34 (Notenbeispiel II) und Ag 28–33 (Notenbeispiel V): mit Hilfe desselben Motivs in den Ober-

stimmen bilden sich über einem Haltetonsatz der Unterstimmen auf derselben Basis
(d-a) in gleicher Mensur zwei miteinander korrespondierende Modus-perfectus-Grup-
pen (je drei Takte), deren „Wiederkehr" im Ag wie eine Art von Zitat aus dem Ky
erscheint. Ob dies musikalischer Ausdruck einer von den Textwörtern „Christe"
und „Agnus" gebildeten Gleichung ist, sei dahingestellt.

2. Während beide Parallelstellen ein und dasselbe Motiv für nahezu identische
Melodiezüge benutzen, bilden sich, weit häufiger, mehr untergründige Beziehungen
zwischen den Sätzen des Werkes dadurch, daß La Rue immer wieder auf einen
gewissen Fundus von Motiven zurückgreift, der bereits beim „Benedictus" ins Blick-
feld rückte. Was dort am Einzelsatz als *varietas* im Motivischen auffiel, wirkt sich,
über die ganze Messe verteilt, als vereinheitlichendes Material aus. Auch wenn man
zugesteht, daß derartige Motive durchaus zum weitverbreiteten Formelschatz des
musikalischen Stiles jener Zeit gehören, läßt sich die kaum willkürliche Konzentration auf bestimmte Wendungen nicht bestreiten.

Konkret handelt es sich um Elemente, in denen zwei oder drei Semiminimae
(Achtel), verbunden mit längeren Notenwerten, stufenweise fallen (im folgenden
durch — gekennzeichnet) und verschiedene mensurale Positionen einnehmen, vor
allem um diese (zum Nachweis werden je zwölf ausgewählte Vorkommen genannt):

[Notenbeispiel]	Ky 45, 52; Gl 8, 71; Sa 26, 41, 42, 74; Ag 23, 34, 39, 72
[Notenbeispiel]	Ky 47, 48; Cr 9, 12, 187; Sa 3, 25, 75, 110, 141; Ag 12, 24
[Notenbeispiel]	Ky 38, 46; Gl 71; Cr 33; Sa 2, 11, 36, 69, 100; Ag 30, 58, 64
[Notenbeispiel]	Ky 24, 28, 41; Gl 7; Sa 35, 126, 128, 139, 146; Ag 10, 44, 47

Nicht ganz so häufig, gleichwohl charakteristisch sind folgende Varianten:

[Notenbeispiel]	Ky 3; Gl 55, 66; Cr 164; Sa 113, 145; Ag 54, 82
[Notenbeispiel]	Ky 10; Gl 6, 62; Sa 86, 129; Ag 4, 10, 11

Zuweilen kommen auch entsprechende stufenweise steigende Formeln vor; sie
wahren zumindest den rhythmischen Gehalt der Motive. Demgegenüber erscheinen
Gruppen mit mehr als drei Semiminimae, auch mit Richtungswechsel oder Binnen-
sprung, wie sie als motivisch prägendes Material in anderen Messen La Rues Verwendung finden, nur selten, verdeckt oder aber in Varianten der obenerwähnten Motive
(vgl. in den Notenbeispielen I, IV, V, VI: Ky 3, 11; Sa 115; 152; Ag 41, 44 f.).

Nach dem Gesagten könnte der Eindruck naheliegen, der reichen *varietas* stehe
eine verhältnismäßig begrenzte oder gar spärliche *similitudo* gegenüber. Sieht man
einmal davon ab, daß sich die zuletzterwähnten, über das ganze Werk verstreuten

Motivbeziehungen in ihrer vereinheitlichenden Wirkung schwer „messen" lassen, so wäre jenem Eindruck doch auch dieses zu entgegnen. Das Werk ist, verglichen mit anderen Messen der Zeit, knapp und komprimiert angelegt, weshalb sowohl der Zusammenhalt der Einzelsätze als auch ihr musikalisch sinnvolles Korrespondieren keiner auffällig vereinheitlichenden Maßnahmen bedurften. Zudem verlagern sich im Verlauf des Werkes die Gewichte von einer in der Gebetsmesse eher versteckten *similitudo* hin zur offenkundigen in der Opfermesse, ohne daß man hier von deutlichen Einbußen an *varietas* sprechen könnte. Dieser durchaus organische Prozeß geht einher und ist verknüpft mit musikalischen Qualitäten des Werkes, die zu Recht hervorgehoben wurden (Robijns, 80: „aesthetisch gezien één der belangrijkste") und der Messe vermutlich auch zur Zeit der „veterum artificum" eine ganz eigene Bedeutung sicherten.

Sie eröffnet in Petruccis *Misse Petri de la Rue* (Venedig 1503) — einem der ältesten Individualdrucke mit Messen (nach denen Josquins von 1502 sowie Obrechts, Brumels und Ghiselins von 1503) — die Reihe von fünf Messen La Rues, an deren Auswahl und Reihenfolge der Komponist wahrscheinlich nicht unbeteiligt war. Auch lassen biographische Zeugnisse (wie die Zugehörigkeit zur Illustre Lieve Vrouwe Broederschap in s'Hertogenbosch und der testamentarische Wunsch, links des Marienaltars von Notre-Dame zu Courtrai beigesetzt zu werden) vermuten, daß La Rue in der *Missa de Beata Virgine* — wie in den anderen, wohl späteren Marienmessen — auch einer sehr persönlichen Devotion Ausdruck verliehen hat. Und dieser Zug dürfte der mystischen Religiosität entsprochen haben, wie sie samt ihren vermeintlich grellen Gegensätzen aus renaissancehaft-sinnenfroher Diesseitigkeit und Prachtentfaltung den burgundischen Hof besonders der Gönnerin La Rues, Margarete von Österreich, prägte. Sie, die als „die Verkörperung des Begriffs Burgund" angesehen werden könnte (Huizinga 1943, 333), veranlaßte offenbar jene kalligraphischen und miniaturengeschmückten Aufzeichnungen von Kompositionen, unter denen sich auch La Rues *Missa de Beata Virgine* befindet (vor allem in den verwandten Handschriften Jena 22 und Wien 1783 [faksimiliert: MGG 8, 233]; vgl. Roediger, 10, 56) — übrigens in Details korrekter als bei Petrucci (vgl. beispielsweise Ky 55—56).

Möglicherweise aber hatte das Werk auch eine besondere Wirkungsgeschichte. Sollte es der Fall sein, daß Josquins gleichnamige Messe — sein umfangreichstes Einzelwerk und wohl in der Tat sein „perfectissimum corpus" (Glarean, *Dodekachordon*, 366) — durch eine Situation des „Wettstreites" (Gombosi, 51) zwischen La Rue und ihm mitbestimmt wurde — hier eindeutig als das jüngere Werk (Osthoff, 181—186; Dahlhaus, 5), somit in umgekehrter Richtung „aemulatione haud dubie Iusquini" (Glarean, 444) —, so wäre auch dies als ein Spiegel für die Bedeutung der *Missa de Beata Virgine* La Rues anzusehen.

Unabhängig aber von solchen Kombinationen kann das Werk in seiner *copia* aus *varietas* und *similitudo* als ein gültiges musikalisches Exemplum für Johan Huizingas (auf die Malerei gemünzte) Formel der Kunst des 15. Jahrhunderts gelten: ihr „Wesen" sei „Mannigfaltigkeit. Nur dort, wo die Mannigfaltigkeit selbst wieder zur Einheit" werde, entstehe „die Wirkung einer hohen Harmonie" (1939, 461).

Das „Lamento d'Arianna" von Claudio Monteverdi

von

ULRICH MICHELS

I. Zur Entstehung

Das *Lamento d'Arianna* gehört schon zu Leibzeiten Monteverdis zu seinen berühmtesten Kompositionen. Es ist auch heute noch das hervorragende Beispiel der neuen Monodie in der jungen Operngattung. Monteverdi hatte damit den Geschmack, den Stil und das Lebensgefühl seiner Zeit getroffen, so wie das später vergleichsweise Goethe mit dem *Werther* oder Haydn mit der *Schöpfung* gelang. Ob dabei das Kunstwerk den Zeitgeist oder der Zeitgeist das Kunstwerk beeinflußte, mag hier undiskutiert bleiben angesichts gegenseitiger Identität.

Das *Lamento d'Arianna* ist bekanntlich das einzige erhaltene Musikstück aus der Oper *L'Arianna*. Es wurde von Monteverdi allerdings als der „wesentlichste Teil der Oper" bezeichnet[1]. Die übrige Musik ist verloren, das Libretto von Ottavio Rinuccini erhalten.

Die *Arianna* entstand ein Jahr nach dem *Orfeo* als Monteverdis zweite Oper. Geschrieben wurde sie für die Fürstenhochzeit des Francesco von Gonzaga mit Isabella von Savoyen im Frühjahr 1608, ein wichtiges politisches Ereignis[2]. Die Hochzeit sollte in Mantua mit großem Aufwand vor Italien und Europa in Szene gesetzt werden. Auf künstlerischem Gebiet fanden dazu im Theater in rascher Folge festliche Veranstaltungen statt, wobei es galt, das Vorbild Florenz mit dem Hof der Medici möglichst zu übertreffen. Man gab neben Konzerten und Bällen:
– die Oper *L'Arianna* (28.5.) von Rinuccini mit Musik von Monteverdi und Peri;
– die Komödie *Idropica* (2.6.) von Guarini, dazu Intermedien von Chiabrera mit Musik von Gagliano, Gastoldi, Monteverdi und Rossi;
– das Tunierspiel *Il trionfo d'onore* (3.6.) von Striggio jun. nach einer Idee von Francesco Gonzaga und mit Musik von Gagliano;
– das Opernballett *Il ballo dell'Ingrate* (4.6.) von Rinuccini mit Musik von Monteverdi;
– das Ballett *Il sacrificio d'Ifigenia* (5.6.) von Striggio jun. mit Musik von Gagliano.
Monteverdi bekennt später, daß er bei dieser Arbeitsfülle an die Grenze seiner Kräfte kam und die Komposition der *Arianna* ihn beinahe das Leben gekostet

---

1 „La più essential parte dell'opera", Brief vom 20.3.1620.

2 Näheres dazu bei Silke Leopold, *Claudio Monteverdi und seine Zeit* (= Große Komponisten und ihre Zeit), Laaber 1982, S. 233 ff.; dort auch eine umfangreiche Bibliographie zum *Lamento d'Arianna*.

habe[3]. Seine persönliche Situation war in jener Zeit besonders schmerzvoll und belastend: seine Frau Claudia starb im September 1607, im März 1608 starb überraschend die junge Sängerin Caterina Martinelli, Liebling des Herzogs Vincenzo Gonzaga. Für sie hatte Monteverdi die Partie der Arianna konzipiert und mit ihr die Partie gründlich vorbereitet. Die Rolle der Arianna übernahm Virginia Andreini, eine gewandte Schauspielerin und Sängerin aus einer reisenden Comedia dell'arte-Truppe. Der Erfolg der Oper, insbesondere des *Lamento* der Arianna, war überwältigend.

II. Das Libretto

Zu einem so öffentlichen und feierlichen Anlaß wie die Fürstenhochzeit in Mantua war die Stoffwahl für die Oper keineswegs gleichgültig. Die Wahl ist vielleicht am wenigsten ein musikgeschichtliches Ereignis, wenngleich die Stoffnähe zu den ersten und noch immer aktuellen Opern der Florentiner Camerata offensichtlich ist: das antik pastorale Genre um Dafne, Orfeo, Euridice dominiert. Die Stoffwahl ist in erster Linie eine literarische, modische, politische Sache. Sie wird nicht nur mit dem Fürsten abgesprochen, sondern meistens von diesem gelenkt.

In Mantua wählte man für die Festoper eine berühmte Hochzeitsgeschichte aus der Antike: Ariadne, von Theseus entführt und verlassen, erlebt ihren Triumph als Braut des Dionysos (Bacchus), dem sie in fruchtbarer Ehe viele Kinder schenkt. Diese Kinder werden die Ahnväter weinbauender Griechenstämme. In Mantua steht die Königstochter Ariadne als Symbol für die Braut Isabella von Savoyen, der man damit ein ebenso glückliches Geschick wünscht: beglückt wenn schon nicht gerade durch einen Gott, so doch durch einen Fürsten von Gottes Gnaden und hoffentlich kinderreich wie Ariadne. Das wäre ein untragischer Stoff für ein farbenprächtiges Intermedium. Zu einer Oper gehört aber eine tragische Konfliktsituation, um im Hörer und Zuschauer eindrucksvoll Affekte der Seele wecken und lebendig machen zu können. Ariadne gilt in der Geschichte primär als die Verlassene, die Klagende. In der kunstvollen Klage aber mit ihren reichen Schattierungen erkennt sich offenbar das zum Manierismus neigende Zeitalter besonders gerne wieder: Klagegesänge jeder Art waren damals weit verbreitet, weniger in der Musik als vielmehr in der Dichtung. Zu den berühmtesten gehörten die Klage der verlassenen Olimpia in Ariosts *Orlando furioso* (1516—21) und die Klage der Erminia in Tassos *Gerusalemme liberata* (1581).

Als Quellen für den Arianna-Stoff dürften wohl die *Metamorphosen* Ovids in Frage kommen. Ovid schildert aber hauptsächlich den Triumph der Arianna durch Dionysos und erwähnt die klagende Arianna nur in wenigen Zeilen (*Metamorphosen* VIII, 169—182). Hingegen findet sich schon bei Catull (64, 50 ff.) ein langer Klagegesang der Arianna, der bereits viele Einzelheiten der späteren Klage enthält. Andererseits bringt Ovid eine umfangreiche Klage der Olimpia (in den *Heroides*), die

---

3 „...che la brevità del tempo fu cagione ch'io mi riducessi quasi alla morte nel scrivere
  l'Arianna", Brief vom 1.5.1627.

vermutlich neben Catulls Ariadne-Klage als Modell für viele andere Klagen gedient
hat. Auf Ovid bezieht sich jedenfalls Ariost mit seiner Olimpia-Klage.

Nun wies vor kurzem L. Bianconi daraufhin, daß 1561 ein *Lamento d'Arianna*
von Andrea dell'Anguillara erschien, ein „Bestseller" der Zeit mit mindestens 35
Auflagen bis 1677, wobei Andrea dell'Anguillara sich ausdrücklich auf Ariosts Olimpia-Klage beruft und deren stark gegensätzliche Seelenzustände und brüske Übergänge lobt[4]. Genau diese Qualitäten suchte man damals, genau sie fordert auch
Monteverdi für seine Opernlibretti. Anguillaras *Lamento d'Arianna* diente vermutlich als direktes Vorbild für Rinuccinis Text. Wichtiger noch: durch Anguillaras
Buch war die Klage der Arianna für Rinuccinis und Monteverdis Zuhörer ein bekannter und beliebter Lesestoff[5].

Bei der Stoffwahl zur Oper hat diese Beliebtheit sicher eine Rolle gespielt. Wie
modisch man in Mantua dachte, zeigt auch die Wahl des Librettisten: man holte den
derzeit bekanntesten Dichter aus Florenz, Ottavio Rinuccini (1552–1621), der in
der Camerata die *Favola di Dafne* (1594, vertont von Peri, Corsi und Caccini) und
die *Euridice* (1600, zur Hochzeit Marias von Medici mit Heinrich IV. von Frankreich, vertont von Caccini) gedichtet hatte. Die *Arianna* gilt als Rinuccinis bestes
Werk. Den Höhepunkt des Opernlibrettos bildet Ariannas Klage. Um sie baut sich
das gesamte übrige Geschehen auf. Sie steht am dramatisch wichtigsten Ort kurz vor
Schluß. Je stärker sie die Zuschauer beeindruckt, desto erlösender wirkt die Schlußwendung zum Guten.

Das Libretto umfaßt einen Prolog und 8 Szenen. Das Bühnenbild zeigt das Meer
mit einer gewaltigen Felsinsel darin: alles ist aufs Große angelegt. Zum Prolog
schwebt Apollo auf einer Wolke herein. Er begrüßt die Gäste und wendet sich zum
Schluß eigens an die Braut: auch dort oben auf der Bühne werde eine königliche
Braut stehen und in großes Elend gestürzt werden. Aber sie stehe im Schutze der
Götter (Jupiter, Apollo, Venus, Amor), und Bacchus sei ihr zugedacht. Damit ist
der tragische Aspekt getilgt, den die klagende Arianna vermittelt (Rinuccini nennt
seine Arianna zwar anspruchsvoll *tragedia in musica*). Man ist sich der Künstlichkeit
des Ganzen bewußt und weiß gerade sie zu genießen. Der Gang der Handlung ist
kurz zusammengefaßt folgender:

1. Szene: Venus und Amor legen die Hilfe für Arianna fest. Noch einmal erfolgt der Hinweis
auf das zentrale *Lamento*. Es werden bittere Klagen erschallen, aber eine so edle Seele
und ein so treues Herz werden nicht vergehen, heißt es, und keinen „so harten Lohn
findet ein treuer Diener in unserem Reich", dem Reich der Liebe von Venus und
Amor, aber auch dem Reich des Fürsten im Parterre.

---

4 L. Bianconi, *Il Seicento* (= Storia della Musica a cura della Società Italiana di Musicologia
IV), Turin 1982, S. 204 ff.; dort auch Ausführungen zum *Lamento* als literarischer und seit
Monteverdis *Lamento d'Arianna* auch musikalischer Gattung; ebenso dazu Silke Leopold,
a.a.O., S. 155 ff.
5 Wie zum Beweis für diese Zusammenhänge erschien 1640 in Bologna ein kleiner privater
Druck mit dem *Lamento d'Arianna* von Anguillara und im Anhang das *Lamento d'Arianna*
von Rinuccini in der Version Monteverdis (s. Bianconi, a.a.O., S. 155 ff.).

2. Szene: Sie schildert den Triumph des Theseus und Ariannas Abschiedsschmerz von Eltern und Vaterland. Arianna zieht sich zur Ruhe ins Haus der Dorilla zurück.

3. Szene: Sie vermittelt den Grund, warum Theseus Arianna verläßt. Die Antike kennt verschiedene Versionen: a) Theseus habe eine neue Geliebte (Aigle, die Tochter des Panopeus); b) Theseus habe Angst vor dem Skandal, den die Ankunft Ariadnes, der Tochter des Erzfeindes, in Athen möglicherweise verursachen könnte; c) Dionysos sei Theseus drohend im Traum erschienen und habe Ariadne für sich gefordert. Rinuccini wählt die psychologisch schwierigste, die zweite Version. Ein Ratgeber überredet Theseus, Arianna zu verlassen.

4. Szene: Sie zeigt Arianna bei ihrer Gastgeberin Dorilla. Arianna ahnt Böses.

5. Szene: Ein Bote berichtet den Fischern von Naxos (Chor), wie Arianna am einsamen Strande den entschwindenden Segeln des Theseus nachtrauert.

6. Szene: Nun tritt die klagende Arianna selbst auf und singt ihr *Lamento*. Dorilla und die Fischer sind tief erschüttert.

7. Szene: Ein zweiter Bote berichtet von der Ankunft des Bacchus.

8. Szene: Bacchus erobert die unglückliche Arianna im Anblick aller Götter (Jupiter, Apollo, Venus, Amor) und mit großem Gepränge (Soldaten-, Diener-, Fischerchöre). Arianna bemerkt noch tiefsinnig: ,,Glücklich ist das Herz, das zum Troste einen Gott hat''.

Aufschlußreich für die erste *Arianna*-Aufführung ist der hochzeitliche Festbericht, der auch das *Lamento* der Arianna bis hin zu musikalischen Details erwähnt. Da liest man u. a.:

Das Theater sei eigens für die Festveranstaltungen errichtet worden, vermutlich eine Holzkonstruktion. Es kamen immerhin über 6 000 Besucher zur Aufführung der *Arianna*, alle von auswärts, Adel und Gesandte, alle mit Damen. Um Platz für die Angereisten zu schaffen, mußte der Fürst seinen Leuten vom Hause und dem Adel der Stadt Mantua den Zutritt verbieten. Das Werk sei sehr schön gewesen (*opera*: hier wird das Wort sozusagen auf dem Wege zu seiner spezifischen Bezeichnung verwendet) und zwar schön im Blick auf zwei Dinge: die Kleidung und den Bühnenapparat. Der Bericht hälft fest, die Mitwirkenden seien ,,geeignet und pompös'' gekleidet gewesen. Die Mode stand hoch in Kurs, und es gibt lange Kleiderzubereitungen und entsprechende Berichte bei allen Festen. Die Zuschauer wußten die Kostüme auf der Bühne und im Saal sehr wohl zu schätzen. Das Kostüm gehört nicht nur zum Theater, sondern zum Lebensstil allgemein. Die Stilisierung des Lebens ist umgekehrt ein Element, was den Zuschauerraum der Theaterbühne gegenüber öffnet: helles Licht auf beiden Seiten (die Guckkastenbühne kommt erst im 19. Jh.), heftige Reaktionen seitens der Zuschauer, ungeteilte Bejahung von Künstlichkeit und Schönheit, auch in Etikette, Rangordnung usw. Schön fand man in der *Arianna*-Aufführung auch den Bühnenapparat: er stellte einen ,,alpinen Felsen'' inmitten von Meereswellen dar, die sich ,,mit großer Lieblichkeit bewegten''. Dazu kam noch

,,die Kraft der Musik des Signor Claudio Monteverdi, ein Mann von einem solchen Wert, den die Welt bereits kennt und der in dieser Arbeit eine Probe gab, wie man sich selbst überragt; zum Zusammenklang der Stimmen fügte er die Harmonie der Instrumente, die hinter der Szene aufgestellt ständig begleiteten und mit der Veränderung der Musik (Gesang) auch ihren Klang veränderten. Die Musik wurde dargestellt von Männern wie Frauen, die in der Kunst des Gesanges ganz hervorragend waren. Dies gilt für alle Rollen. Mehr als wunderbar aber gelang die Musik zu dem Klagegesang, den Arianna anhob, auf dem Felsen, verlassen von Theseus. Dieses Lamento wurde mit so starkem Affekt und auf so mitleiderregende Arten dargestellt, daß sich kein Zuhörer fand, der nicht gerührt gewesen wäre, und es gab auch nicht eine Dame, die nicht einige kleine Tränen vergossen hätte bei ihrer schönen Klage"[6].

Wie fein die Beobachtung ist, geht aus der Bemerkung über die „Musik" hervor. Es kann nur der Gesang gemeint sein (vgl. die Folgezeile), in dem sich die veränderten Situationen spiegeln, wonach Monteverdi wiederum die Instrumentierung richtete.

Auch der Gesandte aus Modena hebt den Erfolg des *Lamento* hervor. Es sei von Violen und Violinen begleitet worden. Dieser Effekt erinnert an ähnliche streicherbegleitete Ariosi im Barock bis hin zur Christus-Partie in Bachs *Matthäus-Passion*. Der Gesandte nennt die Oper wohl im Blick auf ihren guten Ausgang eine Komödie in Musik. Ihre angegebene Länge ist aber nur erklärbar, wenn man eine oder mehrere große Pausen für die Aufführung annimmt. Monteverdi jedenfalls war der Ansicht, daß man Musik nicht lange aufmerksam anhören könne, und so sind Pausen auch von dort her wahrscheinlich. Der Gesandte berichtet:

„Und man gab dann die Komödie in Musik, die man noch vor dem Ave-Maria begann und die bis in die dritte Stunde des Abends dauerte . . . und es war die Fabel von Ariadne und Theseus, und (Arianna) brachte in ihrem Lamento in Musik, begleitet von Violen und Violinen, viele über ihr Unglück zum Weinen"[7].

Monteverdi war bekanntlich in der Wahl seiner Texte äußerst penibel. Wurden ihm Texte zur Komposition vorgeschlagen, die er nicht selbst ausgesucht hatte, prüfte er sie genau, lehnte sie ab oder machte Verbesserungsvorschläge. Was er von einem Libretto verlangte, ist einleuchtend. Zunächst unterschied er zwischen einem Libretto für Intermedien und einem Opernlibretto. Das Intermedium ist repräsentative, allegorische Darstellung, mehr Tableau als Handlung, mehr Zeichen und Schau als Drama: ein Erbauungsstück (nicht „Unterhaltung" im modernen Sinn), begrenzt rührend, eher lehrhaft, immer Augenweide und schön. Von all dem geht viel in die

6 „Era quell'opera per se molto bella e per i personaggi che v'intervennero, vestiti d'habiti non meno appropriati che pomposi: e per l'apparato della scena, rappresentante un alpestre scoglio in mezzo all'onde, le quali nella più lontana parte della prospettiva si vedero sempre ondeggiar con molta vaghezza. Ma essendole poi aggiunta la forza della musica del sig. Claudio Monteverdi, huomo di quel valore che il mondo sa, et che in quell'attione fece prova di superar se stesso; aggiungendosi al concento delle voci l'armonia degli strumenti collocati dietro la scena che l'accompagnavano sempre, e con la variatione della Musica variavano il suono; e vedendo rappresentata si da huomini come da donne nell'arte del cantare eccellentissime, in ogni sua parte riusci più che mirabile, nel lamento che fece Arianna sopra lo scoglio, abbandonata da Teseo, il quale fu rappresentato con tanto affetto e con si pietosi modi, che non si trovò ascoltante alcuno che non si intenerisse, nè fu pur una Dama che non versasse qualche lagrimetta al suo bel pianto". Der Bericht und das Libretto sind abgedruckt in: Ottavio Rinuccini, *Drammi per musica. Dafna – Euridice – Arianna*, hg. von A. della Corte (= Classici Italiani L), Turin 1926, S. 67 ff.
7 „Si fece poi la Commedia in musica che si cominciò prima dell'Avemaria et durò sino alle tre di notte . . . et fu la favola d'Arianna et Teseo, ch nel suo lamento in musica accompagnato da viole et violini fece piangere molti la sua disgrazia." Abgedruckt bei della Corte, a.a.O., S. 105.

Oper ein. Die Oper aber verlangt eine Psychologie der Handlung, menschliche Aktionen, einen dramatischen Vorwurf mit dem Ziel, im Zuschauer und Zuhörer Leidenschaften zu wecken, wie im antiken Drama Furcht und Mitleid zu erregen, und weniger durch Anschauen als vielmehr durch aktives inneres Erleben zu seelischen Erschütterungen und zu Klärungen zu kommen. Das ist der Effekt, den die Oper machen soll. Infolgedessen ist das Opernlibretto anspruchsvoller als das des Intermediums, aktiver, kraftvoller, „barocker". Monteverdi erwartet eine gute Erfindung, einen logischen Gang der Handlung, dazu extreme Leidenschaften und Affekte, abwechslungsreich angelegt, möglichst in scharfen Kontrasten und plötzlichen Übergängen[8]. Er muß sich mit dem Gehalt des Textes, besonders mit den Gefühlen der Menschen auf der Bühne, identifizieren können, damit ihm eine Musik einfällt, die überzeugend wirkt[9].

Das Libretto der *Arianna*, insbesondere das *Lamento*, ist für all dies geradezu ein Musterbeispiel. Monteverdi dürfte am Text mitgearbeitet haben, auch wenn das im einzelnen nicht mehr belegbar ist. Er hat ihn auf jeden Fall akzeptiert: der Sinn der Monteverdischen Komposition deckt sich weitgehend mit dem des Textes, nur an wenigen Stellen interpretiert Monteverdi durch seine Musik abweichend von Rinuccinis Text bzw. bietet eigene Nuancen.

Ariannas *Lamento* gliedert sich in 5 monologisierende Abschnitte. Barockem Gusto entsprechend tritt Arianna in ihrer Klageszene nicht allein auf, sondern vor Publikum (schon auf der Bühne): die Freundin und Gastgeberin Dorilla und die Fischer von Naxos hören ihrer Klage zu und kommentieren sie als Chor wie im antiken Drama. Daraus ergibt sich musikalisch ein Wechsel von Soli und Chor, der im Frühbarock zu den erprobten Kunstmitteln nicht nur der Oper gehört.

Hier folge der Text des *Lamento d'Arianna* vollständig, also mit den originalen Chören (Text nach A. della Corte, s. Anm. 6). Zum Vergleich sei die spätere geistlich-lateinische Kontrafaktur *Pianto della Madonna* daneben gestellt (Die Chöre und der Schlußteil fehlen in der Kontrafaktur. Näheres s. u., Text nach Malipieros Monteverdi-Gesamtausgabe mit einigen Verbesserungen):

---

8 Brief vom 7.5.1627.

9 „come, caro Sig.re potro io imittare il parlar de venti che non parlano! et come potrò io con il mezzo loro movere li affetti! Mosse l'Arianna per esser donna, et mosse parimenti Orfeo per essere homo et non vento; le armonie imitanno loro medesime e non con l'oratione... La favola tutta poi quanto alla mia non poca ignoranza non sento che ponto mi mova, et con dificoltà anco la intendo, né sento che lei mi porta con ordine naturale ad un fine che mi mova; l'Arianna mi porta ad un giusto lamento; et l'Orfeo ad una giusta preghiera, ma questa non so a qual fine...", Brief vom 9.12.1616, worin er ein bestimmtes Libretto zum Vertonen ablehnt.

Lamento d'Arianna	Pianto della Madonna
I. Teil	*I. Teil*

Arianna

Maria

Lasciatemi morire,	Iam moriar mi Fili,
Lasciatemi morire;	Iam moriar mi Fili;
E che volete voi che mi conforte	Quisnam poterit mater consolari
In così dura sorte,	In hoc fero dolore,
In così gran matire?	In hoc tam duro tormento?
Lasciatemi morire.	Iam moriar mi Fili.
(Lasciatemi morire.)	(Iam moriar mi Fili.)

Coro

In van lingua mortale,
In van porge conforto
Dove infinito è il male.

II. Teil	*II. Teil*

Arianna

Maria

O Teseo, o Teseo mio,	Mi Jesu, o Jesu mi sponse,
Sî che mio ti vo' dir, che mio pur sei,	Sponse mi dilecte, mi mea spes, mea vita,
Benchè t'involi, ahi crudo! a gli occhi miei.	Me deferis, heu vulnus! cordi mei.
Volgiti, Teseo mio,	Respice, Jesu mi.
Volgiti, Teseo, oh Dio!	Respice, Jesu, precor,
Volgiti indietro a rimirar colei	Respice matrem, matrem respice tuam
Che lasciato ha per te la patria e il regno,	Que gemendo pro te pallidas languet,
E in queste arene ancora,	Atque in morte funesto
Cibo di fere dispietate e crude,	In hac tam dura et tam immani cruce,
Lascerà l'ossa ignude.	Tecum petit affigi.
O Teseo, o Teseo mio,	Mi Jesu, o Jesu mi,
Se tu sapessi, oh Dio!	O potens homo, o Deus!
Se tu sapessi, oimè!, come s'affanna	Cujus pectores, heu!, tanti doloris
La povera Arianna,	Quo torquetur Maria,
Forse, forse pentito	Miserere gementis
Rivolgeresti ancor la prora al lito.	Tecum quae extinta sit quae per te vixit.
Ma con l'aure serene	Sed promptus ex hac vita
Tu te ne vai felice, et io qui piango;	Discendis, o mi Fili, et ego hic ploro;
A te prepara Atene	Tu confringes infernum
Liete pompe superbe, et io rimango	Hoste victo superbo, et ego relinquor
Cibo di fere in solitarie arene;	Preda doloris solitaria et mesta;
Te l'uno e l'altro tuo vecchio parente	Te Pater almus, teque fons amoris
Stringerà lieto, et io	Suscipiant liaeti, et ego
Più non vedrovvi o madre o padre mio.	Te non videbo, o Pater, o mi sponse.

Coro

Ahi! che 'l cor mi si spezza.
A qual misero fin correr ti veggio,
Sventurata bellezza!

III. Teil

Arianna
Dove, dove è la fede,
Che tanto mi giuravi?
Così ne l'alta sede
Tu mi rispon de gli avi?
Son queste le corone,
Onde m'adorni il crine?
Questi gli scettri sono,
Queste le gemme e gli ori?
Lasciarmi in abbandono
A fêra che mi strazi e mi divori?
Ah Teseo, ah Teseo mio,
Lascerai tu morire,
In van piangendo, in van gridando aita,
La misera Arianna
Che a te fidossi, e ti diè gloria e vita?

Coro
Vinta da l'aspro duolo
Non s'accorge la misera ch'indarno
Vanno i preghi e i sospir con l'aure a volo.

III. Teil

Maria
Haec sunt, haec sunt promissa
Arcangeli Gabrielis?
Haec illa excelsa sede
Antiqui Patris David?
Sunt haec regaliae coronae[10],
Quae tibi cingant crines?
Haec sunt aurea sceptra,
Et fine, fine regnum?
Affigi duro ligno
Et clavis laniari atque corona?
Ah Jesu, ah Jesu mi,
En mihi dulce mori,
Ecce plorando, ecce clamando rogat
Te misera Maria
Nam tecum mori est illi gloria et vita.

IV. Teil

Arianna
Ahi, che non pur risponde!
(Ahi, che più d'aspe è sordo a miei lamenti!)[11]
O nembi, o turbi, o venti,
Sommergetelo voi dentr'a quell'onde!
Correte, orche e balene,
E de le membra immonde
Empiete le voragini profonde.
Che parlo, ahi! che vaneggio?
Misera[12], ohimè! che chieggio?
O Teseo, o Teseo mio,
Non son, non son quell'io,
Non son quell'io che i feri detti sciolse:
Parlò l'affanno mio, parlò il dolore;
Parlò la lingua sì, ma non già 'l core.

Coro
Verace amor, degno ch'il mondo ammiri!
Ne le miserie estreme
Non sai chieder vendetta e non t'adiri.

IV. Teil

Maria
Heu, Fili, non respondes!
Heu, surdus es ad fletus atque quaerellas!
O mors, o culpa, o inferne
Esse sponsus meus mersus in undis velox!
O terrae centrum
Aperite profundum
Et cum dilecto meo quoque absconde.
Quid loquor, heu! quid spero?
Misera[12], heu iam! quid quero?
O Jesu, o Jesu mi,
Non sit, non sit quid volo,
Non sit quid volo, sed fiat quod tibi placet.
Vivat maestum cor meum, pleno dolore;
Pascere Fili mi, matris amore.

10 Konjektur; der Text bei Malipiero heißt „Sunt haec regalia sceptra".
11 Diese Zeile fehlt in Rinuccinis Libretto (Druckfehler?), in der Madrigalfassung und in der Fassung für Sopran und Generalbaß ist sie aber vorhanden.
12 Monteverdi verbindet „Misera" noch mit dem vorhergehenden „vaneggio". Er beginnt dann neu mit „ohimè" (in allen überlieferten Fassungen).

V. Teil

Arianna

Misera! ancor do loco
A la tradita speme, e non si spegne
Fra tanto scherno ancor, d'amore il foco?
Spegni tu, Morte, omai le fiamme indegne.
O madre, o padre, o de l'antico regno
Superbi alberghi, ov'ebbi d'or la cuna,
O servi, o fidi amici (ahi fato indegno!)
Mirate, ove m'ha scorto empia fortuna!
Mirate di che duol m'han fatto erede
L'amor mio, la mia fede, e l'altrui inganno.
Così va chi tropp'ama e troppo crede.

(Dorilla
Di magnanimo cor, che morte sprezza,
Odo le voci. O figlia, o regia figlia,
Arma contri'il destin l'animo altero;
Mira se ricovrar nel sen de morte
È di donna real degno pensiero.

Arianna
Nacqui regna, e ne l'antica Creta
Fu bell'il viver mio mentre al ciel piacque;
Tempo è ch'io mora; al mio voler t'acqueta.)

III. Die Komposition

Monteverdi hat das *Lamento d'Arianna* als musikalisch reiche Monodie ver-
tont, d. h. als einen intervallisch und rhythmisch ausgreifenden Sologesang mit
Begleitung, und zwar im darstellenden Stil (*stile rappresentativo*). Will man unter
Monodie nur einen Sologesang mit Generalbaßbegleitung verstehen, dürfte eigentlich nur die entsprechende Bearbeitung des *Lamento* so heißen, nicht aber das
Opernoriginal. Das Wesen der Musik ist aber in beiden Fassungen das gleiche: der
Verlauf der inneren Vorgänge und Zustände, ausgedrückt im Verlauf der Gesangsmelodie (also Melodie mit Sprache) und im Wechsel der Tonarten (was sich vor
allem im Verlauf der Baßstimme manifestiert). Zentral ist die Erfindung der Melodie. Dabei nennt Monteverdi wiederholt drei Dinge als deren wesentliche Elemente:
die Sprache, den Rhythmus und die Harmonie[13]. Die Sprache birgt das Entscheidende, der Rhythmus richtet sich nach dem Text und nach dem Grad der inneren
Erregung, die Tonarten und Dissonanzen sind wählbar, und zwar wiederum textent-
sprechend. Dem Text entspricht auch die Anlage der Musik in ihrer Disposition der

13 Z.B. im Vorwort vom VIII. Madrigalbuch von 1638: „Oratione, Armonicha et Rithmica";
oder im Brief vom 22.10.1633 (s. u., S. 108).

Teile, im großen wie im kleinen. Der I. Teil des *Lamento d'Arianna* und wenige
ausgewählte Stellen aus den übrigen Teilen mögen beispielhaft zeigen, wie Monteverdi vorgegangen ist, wobei sich die Interpretation bewußt auf die von Monteverdi
aufgeführten Elemente beschränkt[14].

Die Grundtonart des *Lamento*, nämlich die, in der alle Teile schließen und die
am häufigsten vorkommt, ist d-moll (mit Dur-Variante). Diese dorische Tonart
entspricht dem Ernst und der Tragik der Situation. Die Kadenzen mit ihren Formeln tragen zudem ein starkes absolutmusikalisches architektonisches Element in
diese textabhängige Musik. Ariannas erstes „Lasciatemi morire" erklingt wie eine
Devise und prägt sich mit seiner unvergeßlichen melodischen Qualität stark ein. Der
dargestellte Affekt ist Verzweiflung bis zum Tode. Arianna beginnt ihren Gesang
gespannt, gleichsam aufblickend, mit der Quinte a^1, erhebt sich mit einem patho-
poetischen Halbtonschritt, einer den Hörern wohlvertrauten melodischen Schmerz-
formel, zum b^1, hier verstärkt durch synkopische Betonung und Längung, und fällt
dann über ein größeres Intervall, die Quarte f^1, abwärts zum Halbschluß auf „morire" mit e^1. Dabei wirkt die an sich konsonante Quarte schmerzreich dissonant,
denn sie klingt zu g im Baß als Septe und zugleich als vorweggenommene kleine
Sekunde zum abschließenden e^1.

Die Melodie schildert schmerzliches Aufwallen und ermattetes Absinken. In der
Wiederholung des „Lasciatemi morire" wird dies noch deutlicher. Monteverdi verwendet grelle Elemente: das überraschende G-dur (statt g-moll in T. 2), das helle h^1
im Sopran (statt des erwarteten b^1), den unerwartet scharfen Schritt zum cis^2 (im
Madrigal gemildert zu $h^1 - c^2 - cis^2$). Dieser Aufbruch zum hohen d^2 über dem
Quartfall g-d im Baß[15] setzt einen starken Lebens- und Schmerzimpuls frei. War
beim ersten mal „laßt" und „sterben" betont, so nun das Wort „mich": Arianna
tritt in schöner, antiker Kraft hervor, in tragischem Dorisch. Die Pause bestätigt und
bekräftigt die Emphase. Dann wechselt die Haltung bzw. der Affekt. Todesbereit-
schaft und Ruhe prägen das Wort „sterben". Die Tonart g-moll drückt den Wechsel
aus und leitet zugleich die vollständige Kadenz über A-dur nach d-moll ein, wozu
Arianna ihr verhauchend zum d^1 absteigendes „morire" singt.

Ein erster Abschnitt geht zu Ende. Möglicherweise haben hier in der Originalsze-
ne die Streicher hinter der Bühne den Affekt der Zeile in einem instrumentalen
Einschub wiederholt, sozusagen als Reminiszenz ohne Worte. Sie dürften wohl
kaum etwas Neues gebracht haben, denn das bleibt Arianna vorbehalten und hätte
die dramatische Entwicklung gestört: die Instrumente bleiben in derselben Tonart

---

14 Bei der folgenden Betrachtung des *Lamento* liegt zwangsläufig die erhaltene Fassung für
   Sopran und Generalbaß zugrunde, die aber der ursprünglichen Opern-Monodie bis auf die
   fehlenden Chöre und die fehlende Streicherbegleitung entsprechen dürfte. Es fehlt bekanntlich eine zuverlässige Ausgabe. Die von Malipiero betreute Gesamtausgabe zeigt viele Unstim-
   migkeiten. In harmonischen Zweifelsfällen der Generalbaßfassung wurde das Madrigal zu
   Hilfe genommen, obwohl das Madrigal nicht zwangsläufig die Harmonie des Original-*Lamento* wiederzugeben braucht (s. u.).
15 Viele *Lamenti* wurden später über diesem Quartfall als ostinatem Baß gebaut, s. Silke Leopold, a.a.O., S. 155 ff.

und überlassen es Arianna, den eintretenden Affektwechsel des nun beginnenden
Mittelteils zu vollziehen.

Arianna wendet sich Dorilla und den Fischern zu (vielleicht auch dem
Publikum):

> „Und was wollt ihr, das mich tröste
> in solch hartem Schicksal,
> in solch großer Qual?"

Das könnte wie ein Aufhorchen wirken. Gibt es Trost? Monteverdi vertont eine
aufwallende Bewegung, sei es Hoffnung, sei es entschiedeneres Begreifen der Hoff-
nungslosigkeit, jedenfalls textgemäß in drei Zeilen, aufsteigend, auf g^1, a^1 und h^1
endend. Dazu wechselt die Harmonie nach C-dur (zu „Trost"), A-dur (zu „Schicksal") und E-dur (zu „Qual" mit Betonung ihrer Größe). Die Bewegungsintensität
nimmt zu, die Gestik der Fragen wird durch die kurzen Noten („sorte", „martire")
und die Pause verdeutlicht. In diesem Aufschwung bewährt sich erneut Ariannas
Seelenkraft: da steht keine matte, gebrochene Frau, die lamentiert, sondern eine
glutvolle, schöne Arianna, aufs äußerste verletzt durch ihren Gebliebten, aber stark,
diesen Schmerz zutiefst zu empfinden und vor der Umgebung auszudrücken. Für
einen solchen stolzen und starken Charakter gibt es in diesem Augenblick keinen
Trost von außen, und so bejaht Arianna erneut ihren Sterbenswunsch. Die Stimmung wechselt daher, und zwar plötzlich, und in direktem Anschluß (ohne die
Möglichkeit eines Zwischenspiels) erscheint der Anfangsaffekt, verstärkt in seiner
Wirkung durch den Kontrast zum Mittelteil: „Laßt mich sterben!". Der Rhythmus
des letzten „morire" wird geschärft (Kontrast Achtel gegen Halbe), der Schluß ist
perfekt. Hier endet der I. Teil des *Lamento*.

Die so angesprochene Umgebung kann nicht stumm bleiben. Der Chor der Fischer erklärt erschüttert, jeder Trostzuspruch in solch einem Leid sei vergeblich.

Dann beginnt der II. Teil des *Lamento* mit dem Anruf Ariannas an den Geliebten
„O Theseus, o mein Theseus. . ." Dreimal wiederholt, hochaufschwingend, wird
dieser Anruf zu einer Art Leitmotiv, das Monteverdi später wieder aufnimmt. Es
entsteht dadurch weniger eine musikalische als eine „dichterische" Form in der
Musik (*„durchkomponiert"*). Darüberhinaus verbindet Monteverdi das folgende
„Kehr um, mein Theseus" ganz mit diesem Theseus-Rufmotiv: die Musik verrät,
daß für Arianna die Gedanken „Theseus" und „Kehr um" gefühlsmäßig identisch
sind. Die Musik vermittelt hier mehr als der Text. Auch komponiert Monteverdi den
Gegensatz Theseus – Arianna aus. Zu Theseus erklingt d-moll und D-dur (dorisch),
zu Arianna g-moll (mixolydisch, T. 23 „mio"), dazu senkt sich die Stimme. Der
Grundaffekt ist Flehen, Bitten, dann aber wechselt dieser Affekt. Arianna wirft
Theseus Undank vor. Der Rhythmus wird schneller, die Tonart wendet sich nach
E-dur, grell, verletzt, gefährdet: Arianna verließ ihr königliches Vaterland und findet sich nun in der Einöde und den wilden Tieren ausgesetzt. Das kontrastreiche
Denken ist ebenso typisch wie die gewählte dichterische Ausdrucksweise. Die äußere Gefahr, in Anbetracht Dorillas und der Fischer gegenstandslos, steht bildlich für
die innere Verlassenheit und Bedrohung. Eine Reihe von Kontrastbildern zeigen

stets Theseus im Glück und Arianna in Tränen. Tänzerische Bewegung, kräftig aufschwingend, C-dur, F-dur, G-dur stehen für Theseus („ma con l'aure serene. . ."), Pausen, abrupter Bewegungswechsel abwärts, Tonartenwechsel nach E-dur, später g-moll stehen für Arianna („et io. . ."). So endet bewegt der II. Teil.

Der Chor erklingt. Den Fischern bricht das Herz beim Anblick dieser „unglücklichen Schönheit": barocker Kontrast auch hier.

Das Prinzip ständig und jäh wechselnder Seelenregungen belebt auch die folgenden Teile. Monteverdi legt ausdrücklich Wert auf solche Kontraste, um die gewünschte seelische Erschütterung im Hörer leichter zu erreichen. Dazu dient auch, daß in der Musik alle Empfindungen und Schilderungen ganz aus dem Augenblick heraus und in diesem präsent gemacht werden[16]. Nicht komplizierte denkerische Vorgänge, sondern Unmittelbarkeit der Empfindung wird gefordert. Zum Gelingen trägt die Persönlichkeit und Ausstrahlung der Schauspieler und Sänger entsprechend bei. Arianna wirft sich in die Darstellung wie in einen stark dahinströmenden Fluß, ohne das Steuer ihrer künstlichen Fahrt je einen Moment aus der Hand zu geben. Schon Caccini empfahl den Komponisten, die Gestik der Schauspieler im Theater zu studieren. Monteverdis Komposition enthält deutlich „Regieanweisungen" für die Darstellung.

Der III. Teil verstärkt die Vorwürfe gegen Theseus, hält seine Versprechungen gegen die Wirklichkeit. Das ergibt eine neue Skala von Affekten. Ungewöhnlich farbig gerät Monteverdi das „Lasciarmi morire. . ." mit dem einzigen Es-dur und mit einer Folge von 8 verschiedenen Tonarten in 4 Takten.

Der Chor erinnert dann daran, daß alle Klagen Ariannas in den Wind gesprochen sind.

Der IV. Teil zeigt Arianna mit einem neuen Grundaffekt: sie steigert sich in Wut bis zum Fluch über Theseus, den Wellen und Fische verschlingen mögen. In der Musik erklingen kräftige Tonarten wie F-dur, C-dur, G-dur, dazu rasche Sechzehntelfolgen. Dann erschrickt Arianna vor sich selbst: „Was sag ich, was verlang ich da?" Der plötzliche Kontrast wird auf allen Ebenen vertont: Wechsel der Tonart (einziges B-dur, grelles E-dur), Wechsel der Lage (Tiefe), des Tempos (langsame Halbe), der Dynamik (erschrecktes Zurücknehmen), des Rhythmus (Pausen, Halbe), der Richtung (abwärts), der Bewegungsgröße (nur Terzintervall). Die antike Arianna kennt dieses Erschrecken nicht (z. B. bei Catull). Sie bleibt bei ihrem stolzen Fluch, und Jupiter nickt Gewährung: Thesus kommt zwar in Athen an, aber er verschuldet den Tod seines Vaters. Die Arianna der Renaissance und des Frühbarock distanziert sich vom Fluch (ohne ihn übrigens zurückzunehmen) und erhält sich eine neue, vielleicht christliche Art von „Seelenreinheit": ihr Schmerz, ihre Zunge haben geflucht, ihr Herz nicht. Arianna setzt ihre Liebe zu Theseus über ihren Stolz, oder genauer: sie erfährt, daß ihre Liebe zu Theseus stärker ist als alles andere, sogar stärker als ihr Selbsterhaltungstrieb.

Der Chor kommentiert: das sei wahre, bewundernswerte Liebe, und setzt die Moral hinzu: auch in extremer Not verlange man keine Rache, noch errege man sich in Zorn.

16 Vgl. dazu den Brief vom 7.5.1627.

Das wirkt matt gegenüber dem Ausbruch der fluchenden Arianna. Daß aber diese Arianna ihre Liebe über alles setzt, ist ein absoluter Höhepunkt im *Lamento* und eine völlig akzeptierte Haltung in einer Zeit, in der zahlreiche Madrigale und andere Texte die Liebe in ihrer Leidenschaft und ihrer Qual bis zum Tode besangen. Offenbar wollte jedoch Rinuccini diese Haltung in einem Drama mit der Würde der antiken Königstochter Arianna nicht verbinden. Er gibt dem *Lamento* nun noch eine andere Richtung.

Im V. und letzten Teil der Klage setzt Rinuccinis Arianna ihren verletzten Königsstolz gegen ihre Liebe. Sie bereut ihre Liebe. Arianna klagt zwar noch, aber nicht mehr über ihre Verlassenheit und ihren Liebesschmerz, sondern über ihre zu starke Hingabe und Gutgläubigkeit. Damit ist die antike Größe der Arianna-Klage ins Frühbarocke, Christlich-Bürgerliche gewendet. Die entsprechende Moral verkündet Arianna ihren Hörern gleich selbst: „So ergeht es dem, der zu viel liebt und zu viel glaubt".

Hier endet Ariannas Monolog. Die Klageszene aber geht weiter. Es folgen Zuspruch Dorillas, Chor der Fischer und erneute Trostlosigkeit Ariannas, ehe die nächste Szene dann die Erlösung durch Bacchus bringt.

Die Komposition steckt voller Feinheiten, wie sie im einzelnen nun nicht mehr aufgezeigt werden sollen. Dagegen mögen ein paar zusammenfassende Bemerkungen zu den genannten Elementen Sprache, Rhythmus und Harmonik den Blick auf das *Lamento* beschließen.

Zur Sprache. Mit Sprache ist, wie angedeutet, der Stoff gemeint, den der Komponist zur Vertonung wählt. Das bedeutet nicht nur den Klangleib der Sprache und den unmittelbaren Wortsinn, sondern die ganze Wirklichkeit, besonders die Menschen in ihren Affekten. Auch die Typisierung dringt durch die Sprache in die Musik ein.

Zum Rhythmus. Ausgangspunkt sind einerseits die Sprache, andererseits der Akzentstufentakt in Kontrast zu ihr. Sprache kennt unendlich viele rhythmische Differenzierungen und Nuancen, nicht nur Längen und Kürzen im Verhältnis 2:1 oder in anderen überschaubaren Kombinationen. Die Poesie schematisiert, gibt aber dem Vortragenden entsprechende Freiheiten. Genau das tut die Musik auch: sie bringt zwar ein Schema (den Takt), aber sie erlaubt Freiheiten (entsprechend den Seelenregungen). Diese Freiheiten sind wie die der Sprache vielfältig und reich: sie werden nicht notiert. Der im *Lamento* notierte Vierertakt bietet die Möglichkeiten von Regelmaß und Abweichung (Synkope). Die notierten Rhythmen sind zwar nicht selbst, aber in der Zahl ihrer Elemente beschränkt: Ganze bis Sechzehntel (keine Zweiunddreißigstel), Punktierungen; Auftakte mehr oder weniger scharf (Viertel, Achtel oder Sechzehntel vor Halben oder kürzeren Werten), dazu mehrteilige Auftakte und rasche Tonfolgen (meist auf gleicher Tonhöhe) als Zeichen höchster Erregung und Kraft (z. B. Fluchen, Erschrecken). Hier geht Monteverdi später weiter zum *stile concitato* (erstmals im *Combattimento*, 1624). Die Begriffe *stile molle* und *stile temperato* in der *Prima pratica* beziehen sich natürlich auch auf den Rhythmus. Ariannas *Lamento* durchbricht diese Stile ihrem unruhigen Wesen entsprechend.

Zur Harmonik. Hier herrscht bis auf die festen Tonartenkopplungen in den Kadenzen Freiheit der Wahl und Folge der Tonarten. Monteverdi beschränkt sich aber in der Anzahl. Jede Tonart hat eine mehr oder weniger bestimmte Charakteristik und dient der Darstellung der entsprechenden Affekte im Text. Für das *Lamento d'Arianna* ergibt sich folgendes Bild:

– d: Gesamtsituation (mit a-moll, mit Dur usw.); dorisch (1. Modus) wird von den Theoretikern als heroisch, ernst verstanden, hypoäolisch als traurig[17];
–g: die elende Arianna, weinend; hypodorisch (2. Modus): traurig, elend;
–E: die schreiende, in Not geratene Arianna, erschreckt, schrill, überrascht; phrygisch (3. Modus): klagend, schmerzvoll;
–C: Natur, Kraft, z.B. Theseus, günstige Winde; ionisch (11.Modus): heiter, die meisten Tänze;
–F: Glanz, Ruhm, Recht, Eltern (lydisch oder hypoionisch);
–G: Stolz, Hoffnung, Glück, Feste, aber auch Natur: Sturm, Wind; mixolydisch (7./8. Modus): ausgelassen, fröhlich, auch Schönheit der Natur (hier pervertiert), auch Drohung, Zorn.

Daß diese vereinfachte Tabelle den vielen von Monteverdi verwendeten Tonartenschattierungen und differenzierten Möglichkeiten nicht gerecht wird, braucht wohl kaum erwähnt zu werden[18]. Doch bestätigt sich, daß die Tonarten eine psychologisch motivierte Farbskala bieten und damit ein entscheidendes Element der neuen Musik sind.

IV. Die Bearbeitungen

Monteverdi hat die Klage der Arianna in drei verschiedenen Fassungen bzw. Gattungen bearbeitet: als Solomadrigal oder Monodie (Solostimme mit Generalbaß), als 5st. Madrigal und als geistliche Marienklage (lat.-geistl. Kontrafaktur des Solomadrigals).

1. Das Solomadrigal für Sopran und Generalbaß ist vermutlich auf den Wunsch hin entstanden, das *Lamento* der Arianna außerhalb der Oper als *Arie* zu Hause singen zu können (*Kammerarie*). Diese Fassung fand weite Verbreitung und war noch um die Mitte des 17. Jh. in jedem Hause zu finden, in dem ein Cembalo oder

17 Siehe dazu: S. Schmalzriedt, *Heinrich Schütz und andere zeitgenössische Musiker in der Lehre Giovanni Gabrielis. Studien zu ihren Madrigalen* (= Tübinger Beiträge zur Musikwissenschaft I), Neuhausen-Stuttgart 1972, S. 42 ff. Schmalzriedt spricht von „Tonartengruppen".
18 Erwähnt sei auch die merkwürdige Stelle im IV. Teil „Ahi, che piu d'aspe. . ." mit h-moll, H-dur, Fis-dur, welche die Stummheit und Stille auf Ariannas Klagen ausdrückt. Hier wird etwas in Musik eigentlich Unsagbares zu Klang: Stummheit ist keine Musik. Vgl. Monteverdis Überlegungen zum musikalischen Ausdruck der „discordia", wo die Stimme eigentlich sprechen müßte und nicht singen (Brief vom 18.9.1627).

eine Theorbe existierte[19]. Monteverdi beförderte das *Lamento d'Arianna* in dieser Form auch in Druck, zusammen mit 2 „lettere amorose in genere rappresentativo" (Venedig 1623). Daß die Chöre hierbei entfallen, ist klar, ebenso die begleitenden Instrumente. Monteverdi schließt diese erhaltene Fassung vor dem Einsatz der Dorilla, so daß jedenfalls der große Sologesang der Arianna aus der verlorenen Opernszene in seinen 5 Teilen nachzuvollziehen ist. Der musikalische Unterschied zum Original liegt bei wahrscheinlich gleicher Oberstimme und gleichem Baß vor allem in der fehlenden Streicherbegleitung. Es fehlt dabei nicht nur der Streicherklang, sondern auch die authentische Ausführung der (Generalbaß-)Harmonien in einem differenzierten mehrstimmigen Satz. Daß dieser Satz ideenreich half, den Text auszudrücken, geht aus dem Uraufführungsbericht hervor, der ihn eigens erwähnt (s. S. 94). Vielleicht hat Monteverdi ihn in seiner 5st. Madrigalfassung mitberücksichtigt, da er nun einmal zum Original seines *Lamento d'Arianna* gehörte.

2. Das 5st. Madrigal. Die originale Umwandlung der Monodie zum 5st. Madrigal bedeutet stilistisch keineswegs den Bruch, den man zwischen Solomonodie und Chorwerk annehmen müßte. Die Voraussetzung für die monodische wie die Madrigal-Fassung ist die *Seconda pratica*, die sich in der Gattung Madrigal vor allem seit Cyprian de Rore herausgebildet hatte: das Eingehen der Musik auf den Text bis zum Primat des Textes über die Musik. Die Monodie hat zwar einen anderen Ursprung (Florentiner Camerata), doch realisiert sie vor allem in Monteverdis ariosem Stil die Ausdruckserrungenschaften gegenüber der *Prima pratica*, die das Madrigal entwickelt hatte. Solomadrigal und Monodie können ihrem Wesen nach identisch werden, wie das in den Fassungen von Monteverdis *Lamento d'Arianna* der Fall ist. So bleibt die Mehrstimmigkeit als Hauptumwandlungsmoment. Es ist, wie gesagt, denkbar, daß die Violen- und Violinbegleitung der Opernszene hier als Satz zumindest teilweise eingegangen ist, so wie man umgekehrt nun in der vollständigen Harmonisierung des Madrigals bei gleicher Oberstimme und gleichem Baß wie in der Monodie die Monteverdische Vorstellung der Generalbaß-Harmonik entnehmen kann (der Generalbaßsatz selbst war dabei sicher freier als der Satz des 5st. Madrigals).

Ins Madrigal gehen kleine Längungen ein durch transponierte Einschübe. Meist wird ein kleiner Abschnitt vorweg in einer Art Tiefchor gesungen (quinttransponiert), ehe er im Originalklang, d. h. in der Originaltonart und mit der *Lamento*-Stimme im Sopran erklingt. Diese musikalischen wie textlichen Vorwegnahmen und Wiederholungen zeigen die Tendenz zu musikalisch absoluten Strukturen in der Madrigalfassung. Das liegt wohl doch an der ungleich objektiveren Erscheinung des Ganzen durch ein Vokalensemble bzw. durch einen Chor gegenüber der subjektiv gefärbten Darstellung durch eine Solostimme, erst recht in einem dramatischen Zusammenhang auf der Bühne. Umgekehrt hat die Gattungsgeschichte des Madrigals zu dieser Zeit einen derartigen Reifegrad erreicht, daß die Madrigalfassung des *Lamento d'Arianna* die extremen Affekte der Monodie ausdrücken kann. Voraussetzung ist ein hoher Grad an Stilisierung, den auch das monodische *Lamento* prägt.

---

19 Nach Bianconi, a.a.O., S. 209 f.

Monteverdi läßt in der Madrigalfassung den V. Teil des *Lamento* weg. Über den psychologischen Höhepunkt am Ende des IV. Teils ist oben schon gesprochen worden. In der Madrigalfassung erscheint das *Lamento* daher als reines Liebesmadrigal, in der Ariannas Liebe zu Theseus durch keinerlei nachfolgende Gedanken geschwächt oder gar abgewertet wird. Der letzte Klang gehört dem treuen, sich in Liebe verzehrenden Herzen Ariannas.

Die 5st. Madrigalfassung des *Lamento d'Arianna* ist übrigens die erste, die Monteverdi in Druck gibt. Sie erscheint bereits im VI. Madrigalbuch 1614.

3. Die Kontrafaktur *Pianto della Madonna* erscheint noch zu Lebzeiten Monteverdis in der späten Sammlung geistlicher Stücke *Selva morale e spirituale* von 1614[20]. Zugrunde liegt die Solomadrigalfassung des *Lamento* für Sopran und Generalbaß. Silke Leopold hat auf den großen Bedarf an geistlichen Gesängen und Solomadrigalen im Zuge der Gegenreformation hingewiesen, auch auf die frühen geistlichen Madrigale Monteverdis und auf Monteverdis Freund, den Rhetorikprofessor Aquilino Coppini in Bologna, der bereits 1607 Madrigale Monteverdis und anderer Komponisten mit neuen lateinisch-geistlichen Texten veröffentlicht hatte[21]. Der Textdichter der Marienkontrafaktur ist allerdings unbekannt. Er hat aber sehr geschickt nicht nur den Sinn des Originaltextes berücksichtigt, wo es eben ging, sondern sogar z. T. den Sprachklang nachgeahmt (z. B. „O Teseo" – „O Jesu").

Monteverdi ändert musikalisch fast nichts. Nur Rhythmusänderungen finden sich wegen des neuen Textes und zwei bis drei geringe melodische Glättungen (z. B. im tänzerischen Melodieaufschwung „Ma con l'aure serene. . ."). Doch kann das nicht ins Gewicht fallen. Es bleibt die Tatsache, daß trotz Gegenreformation oder gerade in ihrem Sinne ein ausgesprochen affektgeladenes weltliches Opernstück in der frühbarocken Kirche erklang[22]. Zweck war sicher auch hier die Erschütterung der Hörer und deren religiöse Erbauung. Auch waren Solokonzerte in der Kirche nicht neu (Viadana, Monteverdis *Marienvesper* usw.). Man kann der späten Kontrafaktur Monteverdis aber auch entnehmen, welche Vorstellung er bzw. der Frühbarock von Maria hatten: eine lebendige, leidenschaftliche Frau von antiker Größe.

V. Die neuen kompositorischen Erfahrungen
im *Lamento d'Arianna*

In Erinnerung an den alten Streit um die *Prima* und *Seconda pratica* erklärt Monteverdi in einem späten Brief[23], daß er zum ersten Mal bei der Komposition des *Lamento* der Arianna ganz allein und ohne Hilfe, nur auf die Nachahmungsidee Platos hin, eine neue Kompositionsmethode entdeckt und verwirklicht habe. Er schreibt:

20 *Pianto della Madonna sopra il Lamento d'Arianna*, als letztes Stück der Sammlung.
21 A.a.O., S. 207 ff.
22 Die Bearbeitung diente natürlich auch privatem Gebrauch.
23 Vermutlich an G. B. Doni, Venedig 22.10.1633.

„...denn ich habe in der Praxis herausgefunden, als ich die Klage der Arianna schreiben wollte und ich kein Buch fand, das mir den natürlichen Weg zur Nachahmung gezeigt hätte, nicht einmal eines, das mich aufgeklärt hätte, ich solle ein Nachahmer sein, abgesehen von Platon, dank einer seiner versteckten Lichtstrahlen, so daß ich aus der Ferne mit meiner schwachen Sehkraft kaum das wenige ausmachen konnte, das er mir zeigte, ich habe also, so will ich sagen, herausgefunden, wie große Mühe ich aufwenden mußte, um das wenige zu erreichen, was ich hinsichtlich der Nachahmung tat"[24].

Das erinnert in Situation und Bild an Schönberg, der in seinem Rundfunkvortrag von 1931 über seine Orchestervariationen op. 31 seine ersten Schritte in die Atonalität schildert: er vergleicht sich mit einem Höhlenforscher, der als einzelner erste Erfahrungen sammelt. In der Tat sind Monteverdis und Schönbergs Wege in mehr als einem Punkte vergleichbar. Was Monteverdi 300 Jahre vor Schönbergs Schritt in die Atonalität unternahm, war der Versuch, die alte Tonartenordnung und ihre hergebrachte Verbindung im Satz aufzugeben und an Stelle dieser autonom-musikalischen Strukturen eine freie, neue Musik zu erfinden. Die Freiheit dieser neuen Musik diente dem Ziel, den Menschen mit seinen seelischen Regungen ins Zentrum des musikalischen Empfindens und Denkens zu setzen, zum Maßstab einer neuen Musik zu machen.

Die von Monteverdi zitierte Nachahmungstheorie ist im 16. Jh. und zu seiner Zeit ja keineswegs neu[25], aber sie wurde noch nie so direkt mit dem Einzelwesen Mensch verknüpft, dazu noch auf so hohem Niveau wie bei Monteverdi. Im Madrigalschaffen hatte Monteverdi experimentiert, im *Orfeo* ist eine erste zeitlos gültige Stufe der neuen Operngattung erreicht, im *Lamento d'Arianna* werden zum ersten Mal über eine längere Strecke die Seelenregungen eines verzweifelten Menschen in Musik gesetzt. Die hergebrachten musikalischen Mittel erhalten in der neuen Freiheit eine neue Ausdruckskraft. Zum Movens der Musik wird die Sprache und hinter ihr der Mensch. In der gleichen Weise setzt Schönberg den Menschen absolut ins Zentrum seiner expressionistischen Atonalität. Er beruft sich auf innere, erlebte, wenn auch noch nicht formulierte Gesetze beim Komponieren (*Harmonielehre* 1911). Bei Monteverdi ist dieser Schritt aber im großen Unterschied zu Schönberg von der Gesellschaft getragen dank ihres bejahten Gemeinschaftsgefüges und der daraus resultierenden Möglichkeit zu einem verbindlichen Lebensstil. Entsprechend wird auch der Stil in der Kunst erlebt, entwickelt, diskutiert. Im Zeitalter eines unbegrenzten Individualismus einerseits und der Massen andererseits hat Schönbergs Schritt in die tonale Auflösung und den neuen extremen Expressionismus erschreckend isolierenden, tragischen Charakter.

24 „Vado credendo che non sarà discaro al mondo, posciachè ho provato in pratica che quando fui per scrivere il pianto del Arianna, non trovando libro che mi aprisse la via naturale alla immitatione nè meno che mi illuminasse che dovesse essere immitatore altri che platone per via di un suo lume rinchiuso così che appena potevo di lontano con la mia debil vista quel poco che mi mostrava; ho provocato dicco la gran fatica che mi bisognò fare in far quel poco ch'io feci d'immitatione...", in Text und Übersetzung zitiert nach Sabine Ehrmann, *Zur Theorie der Musik in Vorreden und Briefen Claudio Monteverdis*, Magisterarbeit Freiburg i. Br. 1983, mschr., S. 73 f.

25 Z. B. bei G. Zarlino, *Istitutioni harmoniche*, Venedig 1558.

Die feste Bindung und der Stil erlaubten Monteverdi auch noch die Umwandlung des monodischen *Lamento* ins polyphone Madrigal. Auch die neue Monodie hat durch ihren Stil Prototypisches in der Darstellung des Menschen[26], gemessen an dem, was das 20. Jahrhundert brachte.

Monteverdi wollte bekanntlich im Streit mit Artusi um die *Seconda pratica* ein Buch schreiben. Dieses Buch hat nie Gestalt gewonnen, statt dessen gab es neue Kompositionen: das *Lamento* der Arianna ist eine praktische Antwort auf Artusis theoretische Angriffe. Die dem erwähnten Brief an Doni entschuldigt sich Monteverdi ausdrücklich, daß er trotz öffentlicher Ankündigung (im Vorwort des V. Madrigalbuches) das Buch nicht zustande gebracht habe (wegen seiner schwachen Kräfte). Doch wiederholt er den Titel des Buches: *Melodia overo seconda pratica musicale*, und teilt mit, wie die Kapitel heißen sollen:

„Ich teile das Buch in drei Teile, entsprechend den drei die Melodie konstituierenden Faktoren. Im ersten Teil spreche ich über die Sprache, im zweiten Teil über die Harmonie und im dritten Teil über den Rhythmus"[27].

Hier wird wieder Plato ins Spiel gebracht mit den musikalischen Elementen, doch wohl nur theoretisch[28]. Praktisch spricht Monteverdi von seiner neuen Erfahrung mit der Menschendarstellung über die Sprache und die neuen Freiheiten in Harmonie und Rhythmus.

Monteverdi wertet die alte Musik nicht ab, gibt sie schon garnicht auf, sondern setzt die neue neben sie, allerdings mit Anteilnahme und Leidenschaft. Umsichtig nennt er die beiden konträren Musikstile auch nicht „alt" und „neu", sondern „erste" und „zweite" Praxis. Auch das Wort „Praxis" dürfte hier genau überlegt sein, denn es geht um erlebte Erfahrung der Wirklichkeit, um Praxis.

Diese Wirklichkeit spiegelt sich in der *Prima pratica* als umfassende Ordnung: Himmelskörper, Welt, Mensch, eingebettet in die göttliche Existenz. Sie neigt zum Objektiven, am deutlichsten in der Sphärenharmonie, musikalisch im alten polyphonen Satz mit seiner Kontrapunktik und seinem tonartlichen Reglement. Diese *Prima pratica* hat bei aller glänzenden Harmonie etwas Mechanisches.

Die neue Erfahrung der Wirklichkeit in der *Seconda pratica* setzt gegen diese Mechanik die Versenkung in die Seele des Menschen, gegen den Kontrapunkt neue satztechnische Freiheiten, gegen die Tonartenbindungen die Tonarten als Farbe, gegen die alte Objektivität eine neue Subjektivität, alles in den Grenzen des Stils. Die *Seconda pratica* ist ihrem Wesen nach auch nicht kodifizier- und lehrbar, sondern nur erleb- und erfahrbar. Darin liegen die „fondamenti della verità", auf denen der moderne Komponist arbeitet[29]. Monteverdi braucht übrigens für die Komposi-

---

26 S. o., S. 105.

27 „divido il libro in tre parti rispondenti alle tre parti della Melodia, nella prima discorro intorno al oratione nella seconda intorno all'armonia, nella terza intorno alla parte Rithmica", zitiert nach Sabine Ehrmann, a.a.O., S. 73.

28 S. o., S. 99 f.

29 „Credete che il moderno Compositore fabrica sopra li fondamenti della verità", Vorwort zum V. Madrigalbuch, 1605.

tion im neuen Stil viel Zeit. Es sei ganz ausgeschlossen, in diesem Stil schnell Musik zu schreiben, wenn sie gut sein soll. Die Versenkung in das Innenleben des Textes verlangt Verweilen, Nachempfinden, Schau, Leben, nicht rasches Denken gemäß Verstandesregeln[30]. In gewisser Weise setzt Monteverdi gegen die Mechanik die Erfahrung einer Mystik. Er gehört zu den großen Geistern, die zu allen Zeiten auf diesem inneren Wege zu tieferen Erkenntnissen gelangt sind.

---

30 Monteverdi äußert sich dazu an vielen Stellen und in immer wechselnden Zusammenhängen. Hier ein Beispiel: „Lassio lontano nel mio scrivere quel modo tenuto da Greci con parole et segni loro, adoperando le voci et gli carateri che usiano ne la nostra pratica; perchè la mia intentione è di monstrare con il mezzo de la nostra pratica quanto ho potuto trarre da la mente di que' filosofi a servitio de la bona arte, et non a principii de la prima pratica, armonica solamente", Brief an Doni vom 2.2.1634.

Friedenssehnsucht und göttliche Ordnung

Heinrich Schütz

Motette „O lieber Herre Gott" zu sechs Stimmen
aus der „Geistlichen Chormusik" (Dresden 1648)

von

SIEGFRIED SCHMALZRIEDT

I.

In seiner Erzählung *Das Treffen in Telgte*[1] schildert Günter Grass die fiktive
Zusammenkunft von über zwanzig deutschen Dichtern, Gelehrten und Verlegern in
dem kleinen norddeutschen Wallfahrtsort im Jahre 1647, dem letzten Jahr des
Dreißigjährigen Krieges. Grass denkt sich aus, was hätte sein können, wenn sich die
namhaftesten deutschen Dichter des Barock tatsächlich einmal so getroffen hätten
wie dreihundert Jahre später die Gruppe 47 nach Beendigung des Zweiten Weltkrieges. Daß ein langer und verlustreicher Krieg nicht zuletzt auch an der geistigen
Substanz der Menschen zehrt, wird aus den zahlreichen Lobreden und Streitgesprä-
chen während des Treffens deutlich, und wenn Deutschlands bedeutendste Köpfe
aus der Mitte des 17. Jahrhunderts als vielfach in enger Provinzialität befangen
geschildert werden, so wirft dies nicht nur ein Licht auf Grass' Sicht der Gruppe
47, sondern gibt auch − zumindest für das Jahr 1647 − eine historische Tatsache
wieder. Über eines war man sich in Telgte einig: „Wo alles wüst lag, glänzten die
Wörter. Und wo sich die Fürsten erniedrigt hatten, fiel den Dichtern Ansehen zu"[2].
Wie nun bei Brühwürsten und Braunbier weitschweifig über Not und Glück der
Poeterei, über Redefiguren und Klangwörter, über die „Pegnitzerei" und das „Opitzie-
ren" disputiert wird, da tritt, gänzlich unerwartet, Heinrich Schütz zu der Runde.
Als „Mann von entrückter Autorität und strenger Größe, die niemand fassen konnte"[3], macht Schütz (ganz wider seinen Willen) den anwesenden Dichtern und Literaten deutlich, wie zweitrangig und epigonal sie doch im Vergleich mit dieser Erscheinung sind, zumal Schütz sich „dem Angebot der zeitgenössischen Dichter . . .

---

1 Darmstadt und Neuwied: Luchterhand 1979 (im folgenden zitiert nach der Taschenbuch-
  Ausgabe Reinbek 1981).
2 Grass, a.a.O., S. 25.
3 Ebenda, S. 54.

in seinem Hauptwerk, der geistlichen Musik, bis auf die Ausnahmen des Becker-schen Psalters und einiger Texte des jungen Opitz, bisher versagt"[4] hatte: „Da keiner wie er aufs Wort setzte und seine Musik einzig dem Wort zu dienen hatte, es deuten, beleben, seine Gesten betonen und in jede Tiefe, Weite und Höhe versen-ken, dehnen, erhöhen wollte, war Schütz streng mit den Wörtern und hielt sich entweder an die überlieferte lateinische Liturgie oder an Luthers Bibelwort"[5].

Prägnanter läßt sich Schütz' Stellung in seiner Zeit kaum beschreiben. Er war in der Tat einer der ersten deutschen Künstler von internationalem Rang, und an ihm sollte sich bewahrheiten, daß jemand erst in die Kultur fremder Länder und Spra-chen eindringen muß, um die nötige Distanz und Einsicht zu erlangen, das charakte-ristisch Besondere der eigenen Kultur und Sprache erfassen, gestalten und weiter-entwickeln zu können. Wenn wir in Schütz heute den „Musicus poeticus"[6], den unvergleichlichen Wort-Ton-Meister erblicken, so verdanken wir dies seiner „Ausein-andersetzung mit der Sprache"[7], in die er während seines ersten italienischen Stu-dienaufenthalts (1609–1612) durch Giovanni Gabrieli eingeführt worden war[8].

Die Dankbarkeit und Zuneigung, die Schütz hierfür zeitlebens gegenüber Gabrieli empfunden hat, zieht sich wie ein roter Faden durch die Vorreden seiner Werke und durch andere persönliche Äußerungen. Daß Schütz in der Widmung zu seinem in Venedig entstandenen Gesellenstück, den *Italienischen Madrigalen* von 1611, seinen Lehrmeister rühmend erwähnt und von dessen Musik schreibt, sie sei ein „Rau-schen, das mehr als alles andere die Himmlische Harmonie darstelle" (con mormorio piu d'ogni altro all'Armonia Celeste và illustrando), erscheint ebenso selbstverständ-lich, wie wenn er im Vorwort zu den *Psalmen Davids* (1619) von seinem (sieben Jahre zuvor verstorbenen) „lieben und in aller Welt hochberühmten Praeceptore Herrn Johan Gabrieln" dankbar als demjenigen spricht, bei dem er die Komposition mehrchöriger „Psalmen auff Italienische Manier" erlernt hat. Sehr viel weniger selbstverständlich ist die hymnische Erinnerung an Gabrieli in der Vorrede zu dem 1629 in Venedig veröffentlichten I. Teil der *Symphoniae sacrae*. Und vollends unge-wöhnlich ist es, daß Schütz im Vorwort zu seiner *Geistlichen Chormusik*, 37 Jahre nach der Veröffentlichung der *Italienischen Madrigale*, Gabrieli zwar nicht nament-lich nennt, sich jedoch auf seinen Kompositionsunterricht bei ihm bezieht und diesen als schlechthin vorbildlich hinstellt. Vorbildlich daran sei vor allem Gabrielis Beharrlichkeit gewesen, die Komposition am „*Stylo* ohne den *Bassum Continuum*" zu lehren, obgleich dieser bereits damals in Italien außer Mode gekommen war. Nun, da in Deutschland unter dem Einfluß des „über dem *Bassum Continuum concert*irenden *Stylus Compositionis*" diese Kunst verlorenzugehen drohe, habe er

---

4 Ebenda, S. 55.

5 Ebenda.

6 H. H. Eggebrecht, *Heinrich Schütz. Musicus poeticus*, Göttingen 1959.

7 Thr. Georgiades, *Musik und Sprache. Das Werden der abendländischen Musik, dargestellt an der Vertonung der Messe*, Berlin, Göttingen und Heidelberg 1954, S. 64.

8 S. Schmalzriedt, *Heinrich Schütz und andere zeitgenössische Musiker in der Lehre Giovanni Gabrielis. Studien zu ihren Madrigalen* (Tübinger Beiträge zur Musikwissenschaft I), Neuhau-sen-Stuttgart 1972.

sich (in pädagogischer Absicht) veranlaßt gesehen, eine Sammlung von Motetten ohne Generalbaß herauszugeben:

Als bin ich hierdurch veranlasset worden derogleichen Wercklein ohne *Bassum Continuum* auch einsten wieder anzugehen, und hiedurch vielleicht etliche, insonderheit aber theils der angehenden Deutschen Componisten anzufrischen, das, ehe Sie zu dem *concerti*renden *Stylo* schreitten, Sie vorher diese harte Nuß (als worinnen der rechte Kern, und das rechte Fundament eines guten *Contrapuncts* zusuchen ist) auffbeissen, und darinnen ihre erste Proba ablegen möchti: Allermassen dann auch in Italien, als auff der rechten Musicalischen hohen Schule (als in meiner Jugend ich erstmahls meine Fundamenta in dieser Profession zulegen angefangen) der Gebrauch gewesen, das die Anfahenden iedesmahl derogleichen Geist- oder Weltlich Wercklein, ohne den *Bassum Continuum*, zu erst recht ausgearbeitet, und also von sich gelassen haben, wie denn daselbsten solche gute Ordnung vermuthlichen noch in acht genommen wird.

Daß Schütz noch als Dreiundsechzigjähriger Italien als ,,die rechte Musicalische hohe Schule" apostrophiert, darf in der Weise verstanden werden, daß er die dort bei Gabrieli erlernten ,,Fundamenta in dieser Profession" nie wirklich aufgegeben hat, sondern diese vielmehr weiterentwickelnd bewahrt und konsequent auf die deutsche Sprache angewendet hat. Für ihn ist der alte Kontrapunkt und die in Regeln faßbare Lehrbarkeit seiner Bestandteile stets Grundlage seiner ausdrucksvollen musikalischen ,,Übersetzungs"-Kunst geblieben. Expressivität erlaubt sich für ihn nur in enger Verbindung mit ,,guter Ordnung". Der komponierte Text wendet sich mittels des Affektausdrucks an den Menschen und ist zugleich an seinem kunstvoll regulierten Tonsatz, der als Abbild ,,göttlicher Ordnung" verstanden wird, als göttliches Wort erkennbar[9].

Schütz ist also am Ende des Dreißigjährigen Krieges nicht nur ,,streng mit den Wörtern", er ist es auch und vor allem mit dem musikalischen Satz, dessen Kenntnis man seiner Meinung nach nur ,,in dem schweresten *Studio Contrapuncti*" erlangen kann, und der auch dann von Nutzen sei, wenn man nicht im strengen Kontrapunktstil zu komponieren beabsichtige, sondern ,,andere Arten der Composition" bevorzuge. Der Grund hierfür liegt auf der Hand: Der Zwang, im generalbaßlosen A-cappella-Satz die polyphon individualisierten Stimmen so anzuordnen, daß der Satz jeweils vollständige Harmonien bildet, schränkt zwar die Freiheit zu affektivem Ausdruck der Stimmen zunächst ein, führt aber zur Beherrschung der Komposition als einer ,,kunstvollen Anordnung unterschiedener Stimmen und mannigfaltiger Konkordanzen"[10], deren Kenntnis für Schütz auch Voraussetzung für weniger gebundene Kompositionsstile bleibt. Schütz zählt einige der ,,zu einer *Regulirten Composition* nothwendige *Requisita*" auf, welche die Vertreter des ,,concertirenden *Stylus*" glaubten nicht mehr erlernen und beachten zu müssen:

Weil es aber gleichwohl an dem, auch bey allen in guten Schulen erzogenen Musicis auser zweifel ist, daß in dem schweresten *Studio Contrapuncti* niemand andere Arten der *Composition* in guter Ordnung angehen, und dieselbigen gebührlich handeln oder *tracti*ren könne, er habe sich dann vorhero in dem *Stylo* ohne den *Bassum Continuum* genugsam geübet, und darneben die zu einer *Regulirten Composition* nothwendige *Requisita* wohl eingeholet, als da

9 Vgl. hierzu Eggebrecht, a.a.O., S. 3 ff.
10 J. Nucius, *Musices poeticae*, Neiße 1613: ,,Compositio est . . . per discretas voces & distinctas concordantias artificiosa ordinatio" (f. A 4').

(unter anderen) sind die *Dispositiones Modorum; Fugae Simplices, mixtae, inversae; Contrapunctum duplex: Differentia Styli in arte Musicâ diversi: Modulatio Vocum: Connexio subiectorum, &c.* Und dergleichen Dinge mehr; Worvon die gelehrten *Theorici* weitleufftig schreiben, und in *Scholâ Practicâ* die *Studiosi Contrapuncti* mit lebendiger Stimme unterrichtet werden; Ohne welche, bey erfahrnen Componisten ja keine eintzige *Composition* (ob auch solche denen in der Music nicht recht gelehrten Ohren, gleichsam als eine Himmlische Harmoni fürkommen möchte) nicht bestehen, oder doch nicht viel höher als einer tauben Nuß werth geschätzet werden kan, &c.

Schütz nennt nicht sämtliche Bestandteile (,,*Requisita*'') der nach Regeln lehrbaren Komposition (,,*Regulirten Composition*''), sondern lediglich einige ,,unter anderen'', nämlich diejenigen, die ihm besonders bedroht erscheinen, in Vergessenheit zu geraten. Sie betreffen insbesondere den Bereich der Kirchentonarten, die in zunehmendem Maße einem Vereinheitlichungsprozeß unterworfen sind (,,*Dispositiones Modorum*''; ,,*Modulatio Vocum*''), das Gebiet artifizieller Kontrapunktik, das die Vertreter des monodischen und des konzertierenden Stils für überholt halten (,,*Fugae Simplices, mixtae, inversae; Contrapunctum duplex*''; ,,*Connexio subiectorum*'') sowie die strenge Unterscheidung verschiedener musikalischer Stile (,,*Differentia Styli in arte Musicâ diversi*''), deren absichtsvolle Vermischung nicht zuletzt durch Monteverdi eingeführt worden war. Daß für Schütz die gefährdeten Bestandteile der älteren Kompositionsweise nicht nur strukturellen musikalischen Ordnungs- und Schönheitswert aufweisen, sondern auch Bedeutungsträger sind, welche die ,,in die Music übersetzten'' Worte zu betonen, zu schmücken und auszulegen vermögen, soll im folgenden gezeigt werden.

II.

Die Motette *O lieber Herre Gott* steht als Nr. 13 an der Spitze der sechsstimmigen Gesänge der *Geistlichen Chormusik*[11]. Schütz scheint ihren Text, der die Grundaussage des evangelischen Glaubens, das Erlangen Gottes durch Jesum Christum, in schlichten Worten ausspricht, besonders geliebt zu haben, denn er hat ihn bereits 1636 als Duett für zwei Soprane und Generalbaß im Rahmen der ersten Abteilung der *Kleinen Geistlichen Konzerte* komponiert (SWV 287). Es handelt sich dabei um eine vorreformatorische Adventskollekte, die Martin Luther ins Deutsche übertragen hat und die erstmals in der 2. Auflage des Klugschen Gesangbuches von 1533 zu Wittenberg erschienen ist. Schütz folgt in seiner Auffassung des kurzen vorweihnachtlichen Gebetstextes nicht dessen liturgischen Bestandteilen Anrede, Bitte, Schlußformel und Amen[12], sondern interpretiert ihn unabhängig davon als dreiteilig: I. Anrufung Gottes; II. Vision der Menschwerdung Gottes; III. Rückkehr zur Anrufung in der Art einer Doxologie[13]. Jeder Teil umfaßt zwei Zeilen, und jeder

---

11 Als Band 5 der Neuen Schütz-GA hg. von W. Kamlah, Kassel und Basel 1962.
12 Vgl. H. L. Kulp, *Das Gemeindegebet im christlichen Gottesdienst*, in: Leiturgia. Handbuch des evangelischen Gottesdienstes II, Kassel 1955, insbes. S. 382–412.
13 Doxologie im weitesten Sinne des Wortes.

Teil wird in der Komposition wiederholt, lediglich die Zeile ,,wenn dein Sohn kommt" bleibt unwiederholt, möglicherweise weil Schütz auf den einmaligen Vorgang von Jesu Christi Geburt verweisen will. Die Gebetsschlußformel ,,Amen" bleibt ebenfalls unwiederholt:

Liturgie	*Schütz*		
Anrede	Anrufung	(a)	O lieber Herre Gott,
Bitte		(b)	wecke uns auf, daß wir bereit sein,
	(Wiederholung)	(c)	O lieber Herre Gott,
		(d)	wecke uns auf, daß wir bereit sein,
	sing. Zeile	(e)	wenn dein Sohn kommt,
	Vision	(f)	ihn mit Freuden zu empfahen,
		(g)	und dir mit reinem Herzen zu dienen,
	(Wiederholung)	(h)	ihn mit Freuden zu empfahen,
		(i)	und dir mit reinem Herzen zu dienen,
Schlußformel	Anrufung	(k)	durch denselbigen deinen lieben Sohn,
(Doxologie)	(Doxologie)		Jesum Christum, unsern Herren,
	(Wiederholung)	(l)	durch denselbigen deinen lieben Sohn,
			Jesum Christum, unseren Herren,
Amen	Amen	(m)	Amen.

Unter ,,*Dispositiones Modorum*" versteht Schütz ein Bündel von kompositorischen Maßnahmen und Konsequenzen, die sich aus der Wahl der Tonart oder der Tonarten ergeben für die Anordnung der Stimmen im Satz und die planvolle Abfolge der musikalischen Abschnitte und deren Schlußbildungen[14].

Als Grundtonart wählt Schütz für die Motette *O lieber Herre Gott* den um eine Quarte höher nach g transponierten 2. Kirchenton (g-Hypodorisch). Diese Tonart gilt als ,,streng und ernst"[15], was sie für die Komposition eines Gebetes, in dem Gott angerufen wird, angemessen macht. Gewöhnlicherweise färbt die Transposition eines Kirchentons um eine Quarte höher eine Tonart heiterer. Beim 2. Kirchen-

---

14 H. J. Moser, *Heinrich Schütz*, Kassel und Basel ²1954, S. 494, interpretiert den zusammengesetzten Terminus unscharf als ,,Tonartenverteilung", S. Hermelink, *Dispositiones Modorum. Die Tonarten in der Musik Palestrinas und seiner Zeitgenossen*, Tutzing 1960, S. 9, erklärt den Ausdruck als ,,Ordnung, Gliederung, Eigenschaften der verschiedenen Tonarten im Bereich des vokalen Kontrapunkts". J. G. Walther, *Praecepta der Musicalischen Composition*, 1708, hg. von P. Benary, Leipzig 1955, S. 160, versteht unter den beiden Arten der ,,*dispositio* der *Modorum*" die auf der harmonischen und arithmetischen Teilung der Oktave beruhenden authentischen und plagalen Kirchentöne, also das, was in der Musiktheorie im allgemeinen als ,,divisiones modorum" angesprochen wird. Es läßt sich nicht entscheiden, ob Walther mit dem Ausdruck einen engen Bedeutungsausschnitt im Sinne hat, oder ob ihm eine Verwechslung der beiden Wörter divisio und dispositio aufgrund ihrer klanglichen Ähnlichkeit und semantischen Nähe unterlaufen ist.
15 Vgl. Schmalzriedt, a.a.O., S. 47.

ton ist dies aber nach Auffassung der Gabrieli-Schule nicht der Fall, weil dieser, wegen seiner extrem tiefen (theoretischen) Normallage, so gut wie immer um eine Quarte höher transponiert verwendet wird. Die Gabrieli-Schule hat aus diesem Usus die Konsequenz gezogen, g-Hypodorisch nicht als Transposition, sondern als Normallage zu betrachten[16] und folgerichtig auch den Tonartencharakter als unvermindert streng und ernst zu interpretieren. Für den „visionären" Mittelteil nimmt Schütz eine in ihrem Charakter zum 2. Kirchenton stark kontrastierende Tonart, den um eine Quinte tiefer nach f transponierten 11. Kirchenton (f-Ionisch). Dieser gilt als „heiter und ausgelassen"[17] und ist deshalb geeignet, die „Freude" zum Ausdruck zu bringen, mit der Jesus bei seiner Geburt empfangen werden soll. Für den transponierten 11. Kirchenton gilt in der Tradition der Gabrieli-Schule dasselbe wie für den transponierten 2. Kirchenton: er wird nicht als transponiert angesehen, weil er in der um eine Quinte tiefer transponierten Lage wesentlich häufiger verwendet wird als in seiner sehr hohen (theoretischen) Normallage. Auch ändert sich durch die Transposition sein Charakter nicht: mit Finalis f bleibt er heiter und ausgelassen[18].

Mit der Wahl der dem Textgehalt angemessenen Tonart bzw. Tonarten ist in der „*Regulirten Composition*" auch zugleich die Disposition der Stimmen im Satz gegeben. So hat es seine „gute Ordnung", wenn Schütz in einer sechsstimmigen Motette mit dem Quintus den Cantus und mit dem Sextus den Tenor verdoppelt und als Schlüsselkombination die für den (transponierten) Kirchenton übliche „Tiefschlüsselung" ($C_1 - C_1 - C_3 - C_4 - C_4 - F_4$-Schlüssel) wählt[19]. Hiermit ist wiederum gegeben, daß die Stimmen untereinander derart als Satzgefüge „verzahnt" sind, daß Cantus, Quintus, Tenor und Sextus die plagale, Altus und Bassus hingegen die authentische Variante der dorischen Tonart ausbilden[20]. Festgelegt sind hierdurch auch die Umfänge der einzelnen Stimmen, weil die Schlüsselkombination dergestalt normiert ist, daß die einzelnen Stimmen das Fünfliniensystem um nicht mehr als eine Hilfslinie über- oder unterschreiten sollen. Schütz hält sich in der zu besprechenden Motette streng an diese Norm. Einerseits mag dies damit zu tun haben, daß es sich um Chormusik handelt, bei der er den Sängern in stimmlicher Hinsicht nicht allzuviel zumuten darf, andererseits mag es Schütz gerade auch in dieser Hinsicht um die demonstrative Einhaltung und Erfüllung einer Regel gegangen sein, an die er sich übrigens in früheren Werken, insbesondere in seinen unter den Augen Giovanni Gabrielis entstandenen *Italienischen Madrigalen* nicht immer streng gehalten hat[21]. Das Berühren der Grenzen des Stimmumfanges gilt in der strengen Satzlehre als Ausdrucksmittel, das Über- und Unterschreiten des Ambitus aber als Lizenz, die durch eine außergewöhnliche Textsituation legitimiert sein muß. Letzteres ist freilich mehr im madrigalischen Stil üblich (in dem die Stimmen meist solistisch be-

16 Ebenda S. 60.
17 Ebenda S. 48.
18 Ebenda S. 60.
19 Ebenda S. 48–51.
20 Ebenda S. 53 f.
21 Nachweise ebenda S. 55 ff., Anm. 26, 28–31.

setzt sind). Schütz überschreitet die Grenzen des Ambitus in keinem Falle, benützt aber das Berühren der oberen Grenze des Stimmumfangs als Mittel der Emphase, des Nachdrucks, z. B. im Cantus das f^2 als nachdrückliche Betonung einmal der Aufforderung „wecke uns *auf*" (T. 12) und zum andern Mal der enthusiastischen Zeile „ihn mit *Freu*den zu empfahen" (T. 63).

Am eindrücklichsten manifestiert sich das Prinzip tonartlicher Ordnung im „Kadenzplan" der Motette. Er resultiert aus der Tatsache, daß die Kadenz nicht nur als eine Zierde der Musik („ornamentum musicae")[22] gilt, sondern zugleich auch das wesentliche interpunktorische Mittel zur Gliederung der musikalischen Syntax („il Punto della Cantilena")[23] darstellt. Die Tonartenlehre der ersten Hälfte des 17. Jahrhunderts unterscheidet innerhalb einer jeden Kirchentonart drei reguläre und vier irreguläre Kadenzstufen. Die regulären Kadenzen haben die Töne der „Trias harmonica" über der Finalis zu ihrem Fundament; in ihrem Zusammenwirken symbolisieren sie das vollkommenste Abbild hierachischer „göttlicher Ordnung": *clausula primaria* (I) auf der Finalis, *clausula secundaria* (II) auf der Quint über der Finalis, *clausula tertiaria* (III) auf der Terz über der Finalis[24]. Im Falle des g-Hypodorischen und des f-Ionischen sind dies:

2. (transp.) Modus: I: g   II: d   III: b
11. (transp.) Modus: I: f   II: c   III: a

Die irregulären Kadenzen auf den vier verbleibenden Tonstufen sind als Lizenzen außergewöhnlichen Textsituationen vorbehalten. Da sie, wenn sie häufig zur Anwendung kommen, die tonartliche Ordnung zerstören können, sollen sie in jeder Komposition höchstens ein- oder zweimal vorkommen. Bei den regulären Kadenzen sollte beachtet werden, daß jedes Stück mit einer *Clausula primaria* beginnen und enden muß und, bei größerer Ausdehnung, auch eine solche in seiner Mitte haben sollte. Die Anordnung I, II, III sollte überdies auch in der Reihenfolge der Verwendung sowie in der Stufung des quantitativen Vorkommens der Kadenzen bestimmend sein.

Die „Modulation" (modern gesprochen), die im Mittelteil der Motette vom ernsten Charakter des Hypodorischen zum heiteren des Ionischen hin- und wieder zurückführt, haben die zeitgenössischen Theoretiker als *Commixtio tonorum*, als „Vermischung der Tonarten" aufgefaßt, die immer dann legitimiert ist, wenn ein größerer Textteil einen vom Grundcharakter des Textes stark abweichenden Gehalt aufweist[25]. Im Gegensatz zur Modulation ist die *Commixtio tonorum* keine funktionale Verknüpfung unterschiedlicher Tonarten, sondern eine unvermittelte Gegenüberstellung solcher. Schütz vollzieht den Tonartenwechsel von der „Anrufung" zur

---

22 A. Schmitz, *Die Kadenz als Ornamentum musicae*, Kongreß-Bericht Bamberg 1953, Kassel und Basel 1954, S. 114–120.

23 G. Zarlino, *Istitutioni harmoniche*, Venedig ²1562, S. 221.

24 Termini bei S. Calvisius, *Melopoiia*, Erfurt 1592, Cap. 14 u. 18, und J. G. Walther, *Praecepta...*, S. 175; vgl. hierzu S. Schmalzriedt, Art. *Kadenz*, HmT 1974, S. 6 f.

25 Vgl. B. Meier, *Die Tonarten der klassischen Vokalpolyphonie*, Utrecht 1974, S. 269–314.

„Vision", vom Ernsten zum Freudigen, mittels einer steigenden Sequenzierung (I:g → III:a), die eine Steigerung (insbesondere auch auf dem Gebiet der Lautstärkendynamik) darstellt, und macht ihn rückgängig mittels einer ebenfalls steigenden Sequenzierung (II:c → II:d). Daß Schütz zur früheren Tonart nicht, wie naheliegend, „fallend" zurückkehrt, darf als Textauslegung dafür angesehen werden, daß die „Vision" der Ankunft Jesu den Anrufenden „gekräftigt" hat und ihn nun gestärkt in den Zustand der doxologischen „Anrufung" zurückentläßt:

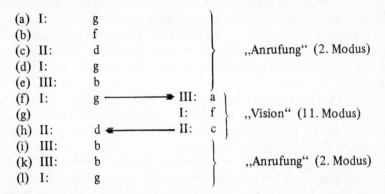

(a)	I:	g	⎫	
(b)		f		
(c)	II:	d	⎬	„Anrufung" (2. Modus)
(d)	I:	g		
(e)	III:	b	⎭	
(f)	I:	g ⟶ III: a	⎫	
(g)		I: f	⎬	„Vision" (11. Modus)
(h)	II:	d ⟵ II: c	⎭	
(i)	III:	b	⎫	
(k)	III:	b	⎬	„Anrufung" (2. Modus)
(l)	I:	g	⎭	

Im Sinne der genannten Regeln ist die von Schütz befolgte tonartliche Anordnung von größter Ausgewogenheit und Symmetrie: Die ersten fünf Abschnitte (a) – (f) exponieren die Grundtonart in der strengstmöglichen Folge I, II, I, III, I, unterbrochen lediglich von der im Abschnitt (b) erreichten *Clausula peregrina* auf f, die insofern vom Text „daß wir bereit sind" veranlaßt zu sein scheint, als sie bereits auf die Finalis f des „visionären" Mittelteils hinweist: „. . .ihn mit Freuden zu empfahen". Auf diesen Anfangsteil folgt der im Tonartencharakter kontrastierende Mittelteil (f) – (h), in dessen Zentrum (g) die auch theologisch zentrale Aussage „und dir mit reinem Herzen zu dienen" mit der *Clausula primaria* des 11. Modus abgeschlossen wird. Die Wiederaufnahme der Ausgangstonart in den Abschnitten (h) bis (1) bringt gegenüber den einleitenden Abschnitten eine Beschleunigung des Ablaufs, weil die dort verwendete *Clausula secundaria* und die beiden *Clausulae tertiariae* weniger schlußkräftig sind und dadurch den musikalischen Fluß weniger stark zäsurieren, als dies im Anfangsteil der Fall ist. Unterstützt wird dieses Moment der Beschleunigung noch dadurch, daß im Schlußteil entgegen den anderen Partien nur noch nach jeweils zwei Textteilen kadenziert wird.

Doch verwendet Schütz die Kadenzen nicht nur in ihrer strukturellen, für die Tonarten konstituierenden Bedeutung. Sie haben häufig auch eine symbolische Aussagekraft. So will z. B. die sechsstimmige Kadenz auf g (T. 9), die den Abschnitt (a) „O lieber Herre *Gott*" beendet, in ihrer Vollkommenheit (*clausula perfecta*) – hinsichtlich der Stimmenzahl sowie der regulären Plazierung der einzelnen Stimmklauseln – sagen: „*Gott* ist vollkommen", während die *Clausula peregrina* auf f (T. 14), mit welcher der Abschnitt (b) „daß *wir* bereit sein" endet, außer ihrem auf den Mittelteil verweisenden Charakter, in ihrer geringeren Vollkommenheit – hinsichtlich der Stimmenzahl und des „Unterlaufenwerdens" ihres Grundtons f durch den neu eintretenden Sextus – ausdrücken will: „*wir* sind unvollkommen". Am Ende der Wiederholung der Eingangsaussage (c) „O lieber Herre Gott" will die vollkommene sechsstimmige *Cadentia dominans*[26] auf d (T. 28) verstärkt postulieren: „Gott ist vollkommen und herrscht". Die unvollkommene Kadenz (*clausula imperfecta*[27]) auf c (T. 33) in Abschnitt (d) wird erst durch den Baß, der „wecke uns auf" singt, zur vollkommenen (Einklangs-)Kadenz, was bedeuten soll: „Zwar sind wir unvollkommen, aber dein Wecken wird dazu beitragen, uns vollkommen zu machen". Dergestalt begnügen sich die Kadenzen keineswegs mit einer nur ornamentalen und interpunktorischen Rolle. In ihren vielzähligen Erscheinungsformen dienen sie vielmehr auch der inhaltlichen Deutung des vertonten Textes durch den Komponisten.

Ähnliches wäre auch über die Verwendung des Dreiertaktes für den Abschnitt (f) „ihn mit Freuden zu empfahen" und dessen rückmodulierende Sequenzierung (h) zu sagen. Die Verwendung der *Proportio tripla* (3)[28] ist hier einerseits strukturelles Mittel, auch in der Bewegungsart den „visionären" Mittelteil von dem motettischen Normalmaß des *Tempus imperfectum diminutum* (₵) kontrastierend abzuheben. Der Wechsel zum Dreiermaß ist hier das komplementäre metrische Äquivalent zum Tonartenwechsel. Andererseits ist der Tripeltakt mit seinem tänzerischen Impuls unmittelbarer Bewegungsausdruck der „Freude", von der hier die Rede ist. Wie J. Mittring ausgeführt hat[29], ist für den Schütz der *Geistlichen Chormusik* der Tripeltakt freilich Ausdruck einer „Freude" ganz besonderer Art, nämlich derjenigen, die sich auf den „evangelischen Erlösungs- und Rechtfertigungsglauben" bezieht. In dessen Mittelpunkt steht die Hoffnung auf die Erlösung des Gläubigen durch das Heil, das mit der freudenreichen Geburt Christi in die Welt gekommen ist. Es ist der Eintritt aus einer unvollkommenen Existenz in ein vollkommenes, ewiges Leben, der hier durch den Wechsel von einem unvollkommenen Zeitmaß (*tempus imperfectum*) zu einem vollkommenen (*tempus perfectum*)[30] symbolisiert wird. Eine zusätzliche Steigerung dieser „Freude" erreicht Schütz durch die Textwiederholunng „ihn mit Freuden, *mit Freuden* zu empfahen", die er mittels der verbreiternden Wirkung einer *Proportio hemiolia* (durch Schwärzung der Notenwerte) besonders akzentuiert.

---

26 Terminus bei J. G. Walther, *Musicalisches Lexicon*, Leipzig 1732, S. 125.
27 Die Termini *clausula perfecta* und *clausula imperfecta* bei Calvisius, a.a.O., Cap. 13.
28 In der Neuen Schütz-GA finden sich die Notenwerte innerhalb des Tripeltaktes gegenüber dem Schützschen Originaldruck halbiert, was die Vorzeichnung ³⁄₂ erforderlich macht.
29 *Der Dreiertakt – Ausdruck der Freude? Zu Heinrich Schützens „Geistlicher Chormusik" von 1648*, MuK XXXIV, 1964, insbes. S. 284.
30 Zwar war die zeitgenössische italienische Theorie längst dazu übergegangen, den *Tactus alla breve* (₵) als *tempo perfetto maggiore* und den *Tactus alla semibreve* (C) als *tempo perfetto minore* zu bezeichnen; vgl. hierzu Schmalzriedt, a.a.O., S. 63. Gebildete Musiker wußten jedoch noch Generationen später um die traditionelle Auffassung, auf die sich Schütz hier bezieht.

Schütz versteht unter „*Modulatio vocum*" „die den Gegebenheiten der Tonarten (*modi*) entsprechende melodische Bildung der Stimmen"[31]. So bedeutet noch 1732 für Johann Gottfried Walther modulieren, „den guten Regeln der Modorum" zu folgen[32]. Einerseits gilt es also die sprachliche Gestalt und das inhaltliche Gewicht der Worte melodisch-rhythmisch nachzubilden, andererseits sind dabei tonartliche Aufbauprinzipien zu beachten, zwei unterschiedliche Gestaltungsmomente, die nicht immer leicht in Einklang zu bringen sind. Bernhard Meier hat überzeugend dargestellt, daß es in der Vokalpolyphonie des 16. und frühen 17. Jahrhunderts eine „Typik der modal-melodischen Erfindung"[33] gibt, bei der vor allem die Quart- und Quintenspecies der einzelnen Modi sowie deren Repercussionen eine fundamentale Rolle spielen. Hinzu kommt, daß in imitatorischen („fugierten") Abschnitten auf die Nachahmbarkeit bzw. kontrapunktische Verknüpfung des melodischen Motivs durch die Folge- oder Simultanstimme Rücksicht genommen werden muß.

Die zeitgenössische Theorie hat immer wieder auf die besondere Bedeutung der Melodik des Exordiums für die Darstellung und Erkennung der Tonart hingewiesen[34]. Der Kontrapunkt „O lieber Herre Gott" zwischen Quintus und Altus, mit dem Schütz die Motette anheben läßt, ist geradezu ein Musterbeispiel einer solchen tonartlich geordneten Exordialmelodik. Dabei hat die Melodik des den Cantus verdoppelnden Quintus (als „herrschende" Stimme) die Eigenschaften des plagalen Hypodorischen, die des Altus (als „dienende" Stimme) die Qualitäten des authentischen Dorischen auszuprägen. Für die Species des plagalen Modus und somit für die Melodiebildung des Quintus ist der Quart-Quint-Aufbau ($d^1 - g^1 - d^2$) und die Repercussion $g^1 - b^1$ maßgebend. Ausgehend von der Finalis g^1 erreicht die Melodie auf der nächsten betonten Silbe (*Herre*) die Repercussa b^1, deren Notenwert nicht nur punktiert ist, sondern auch nach dem Berühren der unteren Nebennote a^1 wiedererklingt („repercutiert"). Danach steigt die Melodie zur oberen *Chorda estrema*[35] des plagalen Modus, d^2, ihrer am längsten ausgehaltenen Note, um danach zurückzukehren zur Finalis g^1, sodann niederzufallen zur unteren *Chorda estrema* d^1 und auf dieser zu enden. Für die Species des authentischen Modus und somit für die Melodiebildung des Altus ist der Quint-Quart-Aufbau ($g - d^1 - g^1$) und die Repercussion $g - d^1$ formbildend. Ausgehend von der oberen *Chorda estrema* g^1, der Oberoktave der Finalis, senkt sich die Melodie des Kontrapunkts hernieder über die *Chorda mezana* d^1, die zugleich Repercussa ist, zu der unteren *Chorda estrema*, der Finalis g. Bei diesem melodischen Verfahren sind die *Chorde estreme* nicht nur die Grenztöne des Stimmambitus, sie sind zugleich auch die Ruhepunkte und Zieltöne des melodischen Geschehens. Schütz achtet zudem auch auf eine klassisch im Sinne Palestrinascher Melodiebildung zu nennende Ausgewogenheit des melodischen Auf und Nieder.

---

31 Vgl. hierzu H. H. Eggebrecht, Art. *Modulatio*, RiemannL, Sachteil, Mainz 1967.
32 *Musicalisches Lexicon*, Art. *Musica Modulatoria*.
33 Meier, a.a.O., I. Teil, 6. Kapitel, S. 153–219.
34 Ebenda S. 153.
35 Terminologie nach Zarlino, a.a.O., Lib. III, Cap. 28.

Im Hinblick auf das inhaltliche Gewicht der zu vertonenden Worte legt Schütz unverkennbar den Hauptakzent der ersten Anrufungszeile auf das melismatisch gesetzte Wort „Herre". Das Wort „lieber", das ebenfalls eine Betonung tragen könnte, behandelt er unakzentuiert. Diese Betonung des Objektiv-Hierarchischen bei gleichzeitiger Nichtbetonung des Subjektiv-Emotionalen ist nicht nur ein Grundelement motettischer Kompositionshaltung, sondern darf auch als persönlicher symbolischer Fingerzeig verstanden werden.

Ist das Wort „Herre" durch das längste Melisma (es ist strenggenommen auch das einzige, sieht man von solchen bei Kadenzbildungen ab) der Motette ausgezeichnet, so ist am Schluß der Motette der Name „Jesum Christum" durch eine cantus-firmus-artige Längung und Egalisierung der Notenwerte aus seinem Umfeld kurzer Notenwerte hervorgehoben. Durch ein nahezu identisches Verfahren im Kleinen Geistlichen Konzert SWV 287 findet sich der hinweishafte Charakter dieser formelhaften Melodisierung bestätigt. Schütz scheint durch die Hervorhebung der Wörter „Herre" zu Beginn und „Jesum Christum" zu Ende der Motette auf den Glaubenssatz hinweisen zu wollen, „daß kein Weg zum Herrn führt denn durch Jesum Christum".

III.

Als zentrale Techniken artifizieller Kontrapunktik nennt Schütz die *„Fugae Simplices, mixtae, inversae"* sowie den *„Contrapunctum duplex"*. Es handelt sich dabei um die strengsten (und daher kunstvollsten) Techniken imitatorischer Verarbeitungsweisen. Christoph Bernhard unterscheidet in seinem *Tractatus compositionis augmentatus*[36] von 1648/49 die *Fugae* in *totales* und *partiales*[37], in strenge *Fugae* und freie *Fugae*. Über die strenge *Fuga* führt Bernhard aus:

Fuga totalis ist *Simplex* oder *Mixta, Simplex ratione Intervalli*, ist entweder *aequisona* oder *consona*, oder *dissona, Ratione Temporis* ist sie *aequalis* oder *inaequalis, ratione durationis* ist sie *perpetua* oder *non perpetua* (S. 113).

Bernhards weitere Ausführungen[38] zeigen, daß er unter *Fuga simplex* den Kanon versteht. Hinsichtlich des Imitationsintervalls unterscheidet er in *Fugae aequisonae* (Kanons im Einklang), *Fugae consonae* (Quart- und Quint- sowie seltener Terz- und Sextkanons) und *Fugae dissonae* (Sekund- und Septkanons). Kanons, bei denen die imitierende Stimme den Bewegungsgrad (*tempus*) der imitierten beibehält, nennt er *Fugae aequales*, Augmentations- und Diminutionskanons *Fugae inaequales*. Hinsichtlich der Dauer (*duratio*) unterscheidet er *Fugae perpetuae* (Zirkel- und Spiralkanons) und *Fugae non perpetuae* (abgeschlossene Kanons).

---

36 Hg. von J. Müller-Blattau als *Die Kompositionslehre Heinrich Schützens in der Fassung seines Schülers Christoph Bernhard*, Kassel usf., 2. Aufl. 1963.
37 Cap. 57: *Von denen Fugis insgemein*, S. 112. Zarlino nennt sie *fughe legate* und *fughe sciolte*.
38 Cap. 58—59, 61—62.

Über die *Fugae mixtae* führt er aus:

Mixta ist aus zweyen oder mehreren der vorhergesagten Arten vermenget (ibid.),

d. h. als solche würde er z. B. einen Augmentationskanon der Oberquinte oder einen Zirkelkanon der Unterquart bezeichnen.

Den Terminus *Fuga inversa* gebraucht Bernhard nicht. Doch scheint es sicher zu sein, daß Schütz damit den Umkehrungskanon meint, den Bernhard als *Fuga contraria* bezeichnet:

Fuga contraria, welche man auch *per Arsin et Thesin* nennet, ist eine Umkehrung der *Modulation* der vorangegangenen Stimme, also: daß die folgende alles, was in die Höhe steiget, niederwärts, und was hinabgehet, auffwärts singet (S. 117).

In der Motette *O lieber Herre Gott* kommen die im *Vorwort* genannten Techniken der strengen Imitation nicht zur Anwendung, wohl aber deren freie Entsprechungen. Schütz sieht die Kenntnis der strengen Imitationsweisen als Voraussetzung für den Umgang mit den freien an, und auch Bernhard lehrt nicht eigens die Kenntnis der *Fugae partiales*, sondern sieht sie vor dem Hintergrund der *Fugae totales*. In der freien Imitation muß die imitierende Stimme nur einen Teil der imitierten wiederholen, wobei die Extension dieses Anteils im Belieben des Komponisten steht:

Partialis wird von andern auch *Fuga Soluta*[39] genannt, und ist eine Wiederholung nur eines Theiles der *Modulation*, so in einer anderen Stimme vorhergegangen.
Solcher *Fugarum partialium Exempla* sind vorher angeführet und gehören entweder zu *Consociation* oder *Aequatione Toni*[40]. So wird auch aus der *Fugarum totalium* eigentlicher Beschreibung ihr Unterschied von denselben, und dergestalt ihre eigene Art erhellen, daher wir ihrer weitläufftiger zu gedencken dieses Orts ohne Noth erachten (S. 112).

Die Satztechniken der *Fuga soluta* bzw. *partialis* finden sich in den polyphonen Partien der betrachteten Motette fast durchgängig angewendet. Sieht man zunächst einmal von dem kunstvollen Eingangsabschnitt (a) „O lieber Herre Gott" ab, über den unten noch gesondert gehandelt wird, so finden sich z. B. im Abschnitt (c) in T. 14 ff., 15 ff. und 16 ff. zwischen Sextus, Quintus und Cantus eine dreistimmige *Fuga simplex (aequisona et recta*[41]), in T. 14 ff. und 15 ff. zwischen Sextus und Tenor eine *Fuga mixta (consona et inversa)* sowie in T. 15 ff. zwischen Quintus und Tenor eine *Fuga inversa* (mit Einsatzabstand null und somit ein Grenzfall der *Fuga*). Ist in allen diesen Fällen der Motivanfang streng beibehalten und der weitere Melodieverlauf in der nachfolgenden Stimme frei behandelt, so variiert die *Fuga simplex* des Inversus-Motivs in T. 18 ff. und 19 ff. den Anfang des Motivs und hält dessen Fortführung streng bei. Als Ganzes legt Schütz den Abschnitt dergestalt an, daß er darauf achtet, daß jeweils im Abstand einer Semibrevis in wenigstens einer Stimme

---

39 Vgl. Zarlinos Terminus *fuga sciolta.*
40 In Cap. 53: *Von der Consociation derer Modorum* handelt Bernhard von der tonalen Beantwortung und in Cap. 54: *Von der Aequatione Modorum* von der realen Beantwortung und gibt dazu Beispiele durch sämtliche Kirchentonarten.
41 Terminus in Cap. 60.

ein neues Imitationsmotiv beginnt. Während in den Anfangsmensuren des Abschnitts der streng behandelte Anteil über mindestens zwei Semibreven sich erstreckt, wird im weiteren Verlauf des Abschnittes dieser strenge Anteil immer kürzer. Nachdem in T. 17 ff. der Bassus das Imitationsmotiv dergestalt abgewandelt hat, daß es mit der Contrapunctus-Stimme des Abschnitts (a) identisch wurde, wird es in T. 21 nochmals im Bassus um einen Ganzton höher sequenziert, worauf es von T. 23 an als dreistimmige *Fuga simplex* von Sextus, Quintus und Cantus über nur noch eine Semibrevis streng durchgeführt wird. Nimmt auf diese Weise die imitatorische Satzdichte sowohl hinsichtlich der Einsatzzahl als auch der Imitationsdauer kontinuierlich ab, so intensiviert sich zugleich der homophone Charakter des sechsstimmigen Satzes, der von T. 25 an in eine vollkommene Kadenz einmündet, umgekehrt proportional.

Eine *Fuga* besonderer Art stellt der Exordiumsabschnitt (a) dar. Es handelt sich bis einschließlich T. 5 um eine *Fuga partialis* mit beibehaltenem Kontrasubjekt, wobei dieses (T. 2 ff. im Altus und T. 4 ff. im Bassus) wiederum im Sinne der *Fuga partialis*, sofern man will, als freie Imitation des Subjekts aufgefaßt werden kann, da der Kontrapunkt die rhythmische Gestalt des Subjekts über mehr als zwei Semibreven übernimmt. Schütz legt den Satz dergestalt an, daß jeweils im Abstand einer Semibrevis die Stimmen aequison auf dem Grundton g einsetzen. Dabei ist der Contrapunctus harmonisch so disponiert, daß sich von T. 2 an ein regelmäßiger Klangwechsel zwischen kleiner Terz g – b und großer Terz g – h ergibt. Von T. 5 an wird der Satz dann mit dem Dominantton d beginnend aequison nur noch aus einer Variante des Kontrasubjekts weitergeführt und mündet dann nach dem zuvor beschriebenen Prinzip zunehmender Homophonisierung (dem Prinzip der *Fuga partialis* sozusagen) in eine vollkommene Kadenz.

Den *Contrapunctus duplex* beschreibt Bernhard[42] als

eine sinnreiche *Composition*, in welcher nach gehöriger Verwechselung der Unter-Parthey in die Obere, und der Oberen in die Untere eine gantz andere *Harmonie* sowohl in der Verwechselung, als außer derselben gehört wird (S. 123).

Auch diese spezielle Technik artifizieller Kontrapunktik wendet Schütz im engeren Sinne in der vorliegenden Motette nicht an. Auch sie will er wohl mehr als kompositionstechnisches Rüstzeug denn als in extenso angewandte Satztechnik verstanden wissen. Das pädagogische Prinzip, das Schütz vorschwebt, ist, daß man mit den komplizierten Verfahrensweisen die einfacheren automatisch mitlernt. Dies gilt auch für eine dem doppelten Kontrapunkt verwandte Setzweise, die er seit den *Italienischen Madrigalen* von 1611 beherrscht und die er bei Giovanni Gabrieli gelernt haben dürfte. Bernhard handelt von ihr in seinem *Von den doppelten Contrapuncten* überschriebenen *Anhang* zu seinem *Tractatus* als *Von demjenigen Contrapuncto welcher aus einem Bicinio ein Quatuor macht*[43]:

---

42 Cap. 64: *Von denen doppelten Contrapuncten insgemein.*
43 Cap. 69.

1. Solchen zu verfertigen, gebraucht man nur allein die 2 *Consonantzen Tertie* und *Octave*.
2. Die *Dissonantzen* mögen im *Transitu*[44], aber nicht in *Syncopatione*[45] gebraucht werden.
3. Hernach wird über die höchste Stimme eine andere eine *Tertie* höher und auch über die unterste ebenfalls eine *Tertie* drüber gesetzt.
4. Zwey Consonantzen einer Art dürffen nicht auffeinander folgen, es sey denn [in] *Motu contrario*[46].

In der vorliegenden Motette wendet Schütz diese kontrapunktische Schreibart, die er ebenfalls als *Contrapunctum duplex* bezeichnet haben dürfte, in einer modifizierten Weise an im Abschnitt (g) „Und dir mit reinem Herzen zu dienen". Als Biciniums-Modell nimmt Schütz eine *Fuga simplex* zwischen Altus und Bassus (Außenstimmen). Dann erfolgt die „Austerzung" des Bassus durch den Tenor (Mittelstimme):

Da Schütz auf die „Austerzung" des Altus verzichtet, kann er sich bei der Intervallik des Biciniums Freiheiten gegenüber den sonst geltenden engen Regeln herausnehmen, so z. B. die Verwendung der Quint $g - d^1$, die bei einer „Austerzung" der Oberstimme zwischen den Außenstimmen des „Quatuors" eine Septime ergeben hätte. Möglicherweise erschien es Schütz nicht günstig, beide Stimmen mit parallelen Terzgängen zu versehen, weil er auf diese Weise an der freien Ausgestaltung der anderen Stimmen gehindert gewesen wäre.

Mit dem zusammengesetzten Ausdruck „*Connexio subiectorum*" bezeichnet Schütz die ‚Verknüpfung melodischer Motive‘, präziser wohl die ‚Verknüpfung unterschiedlicher melodischer Motive‘. H. J. Moser übersetzt den Begriff mit „Verschränkung gegensätzlicher Themen"[47], während O. Brodde darunter „das Zusammengehen mehrerer melodischer Linien"[48]versteht. Wenngleich Moser einerseits mit dem Attribut „gegensätzlich" wohl zu weit geht (es kann der Fall sein, daß sie gegensätzlich sind, sie müssen es aber nicht sein) und Brodde sich andererseits zu unbestimmt ausdrückt (denn ein ‚Zusammengehen mehrerer melodischer Linien‘ charakterisiert jegliche polyphone Kompositionsweise), so zielen sie doch beide auf eine richtige Interpretation des Terminus[49].

---

44 D. h. im Durchgang; vgl. Cap. 17: *Vom Transitu.*
45 D. h. als Vorhalt; vgl. Cap. 19: *Von der Syncopation.*
46 D. h. in der Gegenbewegung; z. B. in T. 49: $\frac{e^1 - a^1}{e \ - A}$.
47 Moser, a.a.O., S. 494.
48 O. Brodde, *Heinrich Schütz. Weg und Werk*, Kassel usf. 1972, S. 206.
49 Vgl. S. Schmalzriedt, Art. *Subiectum / soggetto / sujet / Subjekt*, HmT 1978.

Wie Schütz bei der ‚Verknüpfung unterschiedlicher melodischer Motive' vorgeht, wurde bereits anläßlich der Besprechung des Exordialabschnitts (a) deutlich, wo ein plagales Subiectum im Quintus mit einem authentischen (Contra-)Subiectum im Altus kontrapunktisch verknüpft und dieser zweistimmige Contrapunctus mit sich selbst (im Sextus und im Bassus) fugiert wird. Ebenfalls wurde im Hinblick auf den Abschnitt (c) das Verknüpfungsprinzip des „Contrapunctum welcher aus einem Bicinio ein Quatuor macht" als eine Unterart des doppelten Kontrapunkts besprochen. Noch zu zeigen wäre, wie Schütz in den Abschnitten (k) und (1) „durch denselbigen deinen lieben Sohn Jesum Christum, unsern Herren" vorgeht. Hier kann im Sinne Mosers von einer Verknüpfung „gegensätzlicher" Motive insofern die Rede sein, als Schütz die Worte „Jesum Christum", vom restlichen Text getrennt, diesem gegenüberstellt: Die Verknüpfung der „gegensätzlichen" Subiecta geschieht in einer äußerst kunstvollen Weise, indem zwei mehrstimmige *Fugae simplices* unterschiedlicher Bewegungsgrade miteinander kontrapunktiert werden, die eine über den Text „durch denselbigen deinen lieben Sohn" mit schnellen Semiminimen und Fusen, die andere über den Namen „Jesum Christum" in der Art einer Anrufung in getragenen Minimen gesetzt.

IV.

Schütz' Forderung nach Einhaltung einer „*Differentia Styli in arte Musicâ diversi*" steht im Zentrum seiner Auffassung von einer „*Regulirten Composition*". Die strenge Unterscheidung der verschiedenen funktions- und gattungsbezogenen musikalischen Stile ist für ihn in Gefahr, in Vergessenheit zu geraten, nachdem der madrigalische und der monodische Stil in die Kirche eingekehrt und jegliche Musik generalbaßmäßig strukturiert ist. Stilistische Differenzierung gemäß unterschiedlicher Aufgaben ist für den Komponisten der *Musicalia ad Chorum Sacrum*[50] nicht nur eine Frage der Konvention und des Geschmacks, sondern auch eine der Erfüllung einer gottgewollten Ordnung. Christoph Bernhards Unterscheidung der musikalischen Stile, die auch diejenige Schützens gewesen sein dürfte, ist oft und ausführlich beschrieben und diskutiert worden[51], weshalb es im gegebenen Zusammenhang als gerechtfertigt erscheint, diese nur zu streifen. Für die Motettenkomposition kommen für Schütz, wie dies die Stücke aus der *Geistlichen Chormusik* zeigen, zwei Stilebenen in Frage: erstens der *Stylus gravis*, auch *Stylus antiquus* oder *a capella ecclesiasticus* genannt, sowie die nicht-theatralische Ausprägung des *Stylus luxurians* (auch *Stylus modernus*), der *Stylus luxurians communis*. Nicht in Frage kommt der *Stylus luxurians comicus*, auch *Stylus theatralis, recitativus* oder *oratorius* geheißen. Diese Stile unterscheiden sich in erster Linie hinsichtlich ihres Dissonanzgebrauchs. Der *Stylus gravis* kennt nur wenige Dissonanzen, während im *Stylus luxurians* mehr Dissonanzen zur Anwendung kommen: im *Stylus luxurians communis* werden sie gemäß der von Monteverdi definierten *Prima pratica* regelgerecht vorbereitet und aufgelöst, im *Stylus luxurians comicus* hingegen können sie im

50 So der lateinische Titel der *Geistlichen Chormusik*.
51 Vgl. Müller-Blattau, a.a.O., S. 17–19 und Brodde, a.a.O., S. 203–204.

Sinne der *Seconda pratica* zum Zwecke eines gesteigerten, leidenschaftlichen Affektausdrucks auch unvorbereitet sein. Die ältere Aufteilung in motettischen und madrigalischen Stil, in *Stilo da motetto* und *Stilo da madrigale*[52] findet sich hier insofern modifiziert, als durch das Hinzutreten einer dritten Stilebene, der monodischen, der gemäßigte, noch nicht von der Monodie beeinflußte Madrigalstil eine Mittelposition (*communis*) zwischen dem alten Kirchenstil und dem modernen Theaterstil einnimmt. Bernhard nennt für jeden der drei Stile markante Vertreter: für den *Stylus antiquus* Palestrina, Willaert, Josquin, Gombert und die beiden Gabrielis; für den *Stylus theatralis* Monteverdi, Cavalli und Carissimi; für den *Stylus luxurians communis* Monteverdi, Carissimi und Schütz.

Der *Stylus luxurians communis*, in dem auch die Motette *O lieber Herre Gott* geschrieben ist, vereinigt, gemessen an den älteren Stilkategorien aus der Zeit um 1600, Momente motettischer Schreibweise mit solchen des Madrigals. So räumt ihm auch Bernhard unter dem Gesichtspunkt des Wort-Ton-Verhältnisses eine Mittelstellung ein, indem er schreibt, daß bei ihm „sowohl *Oratio* als auch *Harmonia Domina*" seien, während im *Stylus antiquus* „*Harmonia Orationis Domina*" und im *Stylus theatralis* „*Oratio Harmonia Domina absolutissima*"[53] seien. In der Praxis bedeutet das, daß der Komponist einerseits die formalen wie inhaltlichen Qualitäten des Textes in seiner Vertonung berücksichtigt, andererseits aber sämtliche Stilmittel meidet, die dem Bereich extremer Madrigalistik oder theatralischer Überhöhung entstammen. So kommen in der Motette *O lieber Herre Gott* zum einen keinerlei Madrigalismen im Sinne einer entwickelten oder gar manieristischen *Imitazione della parola* oder einer *Imitazione della natura* vor, auch werden keinerlei Satzlizenzen zur Textausdeutung in Anspruch genommen. Zum anderen werden alle musikalisch-rhetorischen Figuren vermieden, die nach Bernhard dem *Stylus theatralis* zugehören[54]. Motettisch ist die Vermeidung der „sprachlich-affektuosen" Deklamation[55], also die übertriebene Dehnung aller betonten Silben, das Zusammenstoßen extremer Bewegungswerte innerhalb eines Abschnitts, madrigalisch die weitgehende Vermeidung ausgedehnter melismatischer Partien[56]. Motettisch ist der mittels des ₵-Zeichens vorgeschriebene *Tactus alla breve*, madrigalisch die Verwendung von kleinen Notenwerten (Semiminimen und Fusen). Motettisch sind die z. T. verhältnismäßig langen melodischen Motive[57] und die Textwiederholungen ganzer Teile,

---

52 P. Pontio, *Ragionamento di musica*, Parma 1588, S. 153 ff.

53 Bernhard, a.a.O., Cap. 35: *Von dem Stylo Theatrali insgemein*, insbes. Punkt 3, S. 83.

54 Bernhard, a.a.O., insbes. Punkt 12. Es werden acht Figuren genannt und ausführlich behandelt: (1) *Extensio*, (2) *Ellipsis*, (3) *Mora*, (4) *Abruptio*, (5) *Transitus inversus*, (6) *Heterolepsis*, (7) *Tertia deficiens*, (8) *Sexta superflua*.

55 Vgl. Schmalzriedt, *Heinrich Schütz. . .*, S. 82 ff.

56 P. Cerone, *El Melopeo y Maestro*, Neapel 1613, fordert für das Madrigal: „Cada punto con su sillaba. . . por no vocalizar con tantos puntos, como se haze en los Motetes" (S. 692); „Jede Note mit ihrer Silbe, um (das Madrigal) nicht mit so vielen Noten zu vertonen, wie man das bei den Motetten findet".

57 Pontio, a.a.O.: „Le inventioni del Madrigale debbono esser brevi, non più di due tempi di Semibrevi over di tre. . . La cagione è, che s'altramente fossero, non sarebbono proprie del Madrigale; ma più presto da Motetto, over da Messa, ò d'altra cosa, che di Madrigale"

madrigalisch die Kontrastbildung zwischen den Abschnitten (homophon gegen polyphon, gering- gegen vollstimmig, Hoch- gegen Tiefchor usf., nicht aber chromatisch gegen diatonisch). Motettisch ist schließlich die Artifizialität imitatorischer Partien (wie zum Beispiel der Beginn der Motette), madrigalisch dann wieder die sequenzierende Wiederholung des „wecke uns auf", das an das Exordium anschließt.

V.

Heinrich Schütz war 33 Jahre alt, als 1618 der Dreißigjährige Krieg ausbrach, als dieser 1648 mit dem Westfälischen Frieden endete, war Schütz 63. Ein halbes Menschenleben dauerte dieser verheerende Krieg, der niemanden und nichts verschonte. Das Land lag verwüstet, Menschen und Vieh, Städte und Höfe waren dezimiert. Schütz mußte erleben, wie an den direkten und indirekten Folgen des Krieges viele seiner nächsten Angehörigen starben, wie ein Mitglied nach dem andern seiner Hofkapelle ins Feld zog, so daß bald an ein sinnvolles Musizieren nicht mehr zu denken war. Zeitweise war die Armut unvorstellbar, vielfach rettete man nur das nackte Leben. Weil Musik für größere Ensembles nicht mehr aufgeführt werden konnte, komponierte Schütz für die Schublade oder für kleine und kleinste Besetzungen, und es war ein Wunder, daß es ihm gelang, die erste Abteilung seiner *Kleinen Geistlichen Konzerte* 1636 in Leipzig herauszugeben. Im Vorwort zu dieser Sammlung[58] klagt Schütz über den kriegsbedingten Niedergang der Musik und begründet, weshalb es ihm unmöglich war, Kompositionen für größere Ensembles zu veröffentlichen:

Welcher gestalt unter anderen freyen Künsten, auch die löbliche Music, von den noch anhaltenden gefährlichen Kriegs-Läufften in unserm lieben Vater-Lande, Teutscher Nation, nicht allein in großes Abnehmen gerathen, sondern an manchem Ort gantz niedergelegt worden, stehet neben andern allgemeinen Ruinen und eingerissenen Unordnungen, so der unselige Krieg mit sich zu bringen pfleget, vor männigliches Augen, ich erfahre auch solches wegen etzlicher meiner componirten Musicalischen Operum selber, mit welchen ich aus Mangel der Vorlegere biß anhero wie auch noch anjetzo, zurückstehen müssen, biß vielleicht der Allerhöchste bessere Zeiten förderlichst gnädig verleyhen wolle.

Die Formulierung von den „eingerissenen Unordnungen, so der unselige Krieg mit sich zu bringen pfleget" zeigt, daß für Schütz Krieg der Inbegriff von Unordnung war, eine Unordnung, so darf man ergänzen, mit der sich die Menschen an Gottes Schöpfungs- und Weltplan versündigen. Wie sehr mag ihm der Ausruf „A c h , w e n n   d o c h   F r i e d e   w e r e ,   A c h   w e n n   d o c h   n u r   d e r   K r i e g   e i n   E n d e   h e t t e !" zu Herzen gegangen sein, den sein Schüler Martin Knabe aus Weißenfels in der Vorrede zu seinem dreistimmigen Konzert über Josua Stegmanns *Klagelied des langwirigen Kriegswesens. Wann soll doch mein Leid sich en-*

(S. 160); „Die melodischen Motive des Madrigals müssen kurz sein, nicht länger dauern als zwei oder drei Semibreven... Der Grund (dafür) ist, daß, wenn sie anders wären, sie dann nicht zum Madrigal paßten, sondern eher zur Motette oder zur Messe oder zu irgendetwas anderem als zu einem Madrigal".

58 Zit. nach Moser, a.a.O., S. 143.

den? abdruckte, das Knabe Schütz, Samuel Scheidt sowie sechs Adligen 1635 gewidmet hat[59]. Noch 13 lange Jahre blieb diese Friedenssehnsucht ungestillt!

Vor dem Hintergrund der Auffassung, daß Krieg der Inbegriff von Unordnung sei, kann Schütz' Sorge um den kunstvoll regulierten Tonsatz, den er als ein Abbild „göttlicher Ordnung" versteht, als eine friedensstiftende und friedenserhaltende Utopie begriffen werden. So verstanden ist Schütz' Haltung nicht nur der abgeklärte Alterskonservatismus, der sich nach einem kompositorisch bewegten Leben gleichsam von alleine einstellt, sondern auch Ausdruck seiner ungestillten und unbezwingbaren Friedenssehnsucht. Daß die Auffassung, Musik könne ordnend und einigend in die Realität eingreifen, bei Schütz und seinen Zeitgenossen lebendig war, belegt neben anderen ein Passus in Johann Andreas Herbsts *Arte Prattica & Poëtica*[60] von 1653:

Und wie die Anarmonia und Uneinigkeit eine Ursache des Untergangs in allen Dingen ist, also wird dagegen durch die Harmoniam alles erhalten, kraft welcher auch alles bestehet, ja das, was gefallen, wieder aufgerichtet und durch seine Harmoniam und Einigkeit auf festem Fuß bleiben . . . und zum Harmonischen Ebenbild Gottes wieder erneuert werden kann.

Die von Gott gewollte „gute Ordnung" einer „Regulirten Composition" weist für Schütz den Menschen den Weg, wie eine vom Kriege verwüstete Welt „zum Harmonischen Ebenbild Gottes wieder erneuert werden kann".

---

59 Zit. nach Moser (ebenda) S. 145.
60 Zit. nach Eggebrecht, *Heinrich Schütz. . .*, S. 44; vgl. zu dieser Denkweise V. Scherliess, *musica politica*, Fs. Georg von Dadelsen zum 60. Geburtstag, Neuhausen-Stuttgart 1978, S. 270–283. Zum Aspekt der ‚Ordnung' bei Schütz vgl. auch H. H. Eggebrecht, *Ordnung und Ausdruck im Werk von Heinrich Schütz*, Kassel usf. 1961.

„Cacher l'Art par l'Art même"

Jean-Baptiste Lullys „Armide"-Monolog und die „Kunst des Verbergens"

von
FRITZ RECKOW

Soll versucht werden, aus analytischer Beschäftigung mit der „Tragédie en musique" bzw. der „Tragédie lyrique" heraus einen Beitrag zur „Problemgeschichte des Komponierens" zu entwerfen, so liegt es nahe, von Jean-Baptiste Lullys *Armide*, und zumal von der historischen Auseinandersetzung mit und um Armides Monolog in der 5. Szene des 2. Akts auszugehen.

Denn der provozierende Rang dieser Tragédie en musique ist selbst von Lullys Kritikern wie Diderot nicht in Frage gestellt worden: „L'Opéra d'*Armide* est le chef-d'œuvre de Lulli, et le Monologue d'*Armide* est le chef-d'œuvre de cet Opéra"[1]. Bis über die Mitte des 18. Jahrhunderts hinaus galt der Monolog geradezu als „le modèle le plus parfait, non seulement du récitatif français, mais de la déclamation tragique française"[2]; er ist vielfach sogar „bis heute als konkrete Verkörperung einer idealen Vertonung eines französischen Textes" angesehen worden[3]. Auch entspricht die Konzentration der folgenden Überlegungen auf den Monolog der zentralen Rolle, die gerade das Rezitativ bei der Ausprägung einer spezifisch französischen Oper im 17. Jahrhundert gespielt hat: „En forgeant le récitatif, Lully crée de ce fait le drame musical... C'est sur le récitatif que repose tout l'opéra lullyste"[4].

Berühmt geworden als „le modéle le plus parfait du vrai récitatif François"[5], als Inbegriff des ebenso gefeierten wie umstrittenen französischen Opernstils, ist der Armide-Monolog jahrzehntelang zugleich Gegenstand engagierter Debatten und auch aspektreicher „analyses" gewesen. Vor allem im Blick auf diese faszinierende wie beunruhigende Partie sind die zentralen Kategorien und Kriterien französischer Opernkritik erprobt, präzisiert und konkret mit Inhalt gefüllt worden, hat man Beobachtungen und Überlegungen formuliert, Argumente pro und contra entwickelt, die fortan die Vorstellung und Bewertung dessen mitbestimmt haben, was

---

1 D. Diderot, *Au Petit Prophête de Boesmischbroda*, Paris 1753, S. 8. Die Schriften des Buffonistenstreits werden nach der Faksimile-Edition von Denise Launay mit originaler und Editions-Paginierung zitiert: *La Querelle des Bouffons*, Genf 1973, S. 422.

2 R. Rolland, *Notes sur Lully*, in: *Musiciens d'Autrefois*, Paris ¹⁰ 1927, S. 167.

3 H. Schneider, *Die Rezeption der Opern Lullys im Frankreich des Ancien régime* (= Mainzer Studien zur Musikwissenschaft XVI), Tutzing 1982, S. 272.

4 H. Prunières, *Lully* (= Les musiciens célèbres), Paris 1910, S. 94 f.

5 J.-J. Rousseau, *Lettre sur la Musique Françoise*, Paris 1753, S. 79 (751), hier freilich distanziert als Meinung der „Maîtres" wiedergegeben.

an der Tragédie en musique charakteristisch und wesentlich sein sollte: die die Ansprüche gegenüber der Gattung ebenso geprägt haben wie die Vorbehalte, denen die *Armide*-Diskussion ihre Eindringlichkeit und darüber hinaus ihre Fruchtbarkeit verdankt. Noch die Kontroversen bestätigen das Format der Komposition: *Armide* konnte abgelehnt werden, ließ aber offenbar auch die Kritiker Lullys und seiner künstlerischen Nachfahren nicht gleichgültig. Respekt vor Lully spricht noch aus der Bereitschaft d'Alemberts, die Leistung des Komponisten historisch zu relativieren, ihm einen „état d'imperfection et de foiblesse“ zugute zu halten, „où la Musique étoit alors“. Zum Monolog meint er zwar, man habe inzwischen fast hundert Jahre Zeit gehabt, „d'en faire un meilleur“; eine frühere Generation indes habe Armides Monolog keineswegs schon „abgeschmackt“ gefunden, vielmehr sei er „devenu insipide“ erst „pour nous“[6].

Wenn sich an Lully und vor allem, in exemplarischer Zuspitzung, an seiner *Armide* noch nach der Mitte des 18. Jahrhunderts im Buffonistenstreit die Geister geschieden haben, so mag dies zunächst auf Divergenzen wie auch auf den Wandel von Rezeptionsvoraussetzungen zurückzuführen sein: auf unterschiedliche stilistische Präferenzen (Stichwort: Italien versus Frankreich), auf unterschiedliche musiktheoretische Positionen und entsprechend konträre Prioritätsdogmen (Stichwort: mélodie versus harmonie), auf unterschiedliche politisch-soziale Bindungen mit jeweils entsprechenden künstlerischen Idealen (Stichwort: „coin de la reine“ versus „coin du roi“, Spontaneität versus Stilisierung), und sicher auch schlicht auf so etwas wie „Generationenunterschiede“ unter den Kontrahenten selbst[7].

Zugleich aber verweisen die Divergenzen und Kontroversen auch auf Schwierigkeiten, die durch die Komposition als solche verursacht worden sind: durch Eigenheiten, die Lullys Kritiker überwiegend als D e f i z i t e oder D e f e k t e behandeln und dementsprechend in negativer Form als etwas auflisten, was an dieser Musik zu v e r m i s s e n sei. Rousseau faßt am Ende seiner „analyse“ katalogartig zusammen: als „chant“ betrachtet, besitze der Monolog „ni mesure, ni caractére, ni mélodie“; als „récitatif“ genommen, ließe er „ni naturel, ni expression“ entdecken; seine „modulation“ — hier wohl die tonartliche Disposition und Ausgestaltung — sei zwar „réguliere“, gerade deshalb jedoch auch „puérile. . ., scholastique, sans énergie, sans affection sensible“[8].

Offenkundig also ist der Monolog derart komponiert, daß durchaus nicht jedermann an ihm — wie Danièle Pistone — „beauté des contrastes“ und „force d'expression“ spontan zu „bewundern“ fand[9]. Im Gegenteil: selbst die „défenseurs de

---

6 J. L. d'Alembert, *De la Liberté de la Musique* (1754), zit. nach *Mélanges*. . . IV, Amsterdam ²1759, S. 436 f. (2256 f.).

7 Eine eingehende Diskussion der komplexen Rezeptionsvoraussetzungen insbes. zur Zeit des Buffonistenstreits zuletzt bei P. Gülke, *Rousseau und die Musik, oder: Von der Zuständigkeit des Dilettanten*, Leipzig 1983, Kap. VII. Ich danke Peter Gülke für die Möglichkeit, bereits vor Erscheinen Einblick in das Manuskript zu erhalten.

8 A.a.O., S. 89 f. (761 f.).

9 S. Gut und Danièle Pistone, *Le commentaire musicologique du Grégorien à 1700* (= Musique – Musicologie I), Paris 1976, S. 180 (Commentaire 20 ist dem Armide-Monolog gewidmet: S. 177–183, incl. einiger „Remarques critiques“ von H. Schneider).

la Musique Françoise"[10] gingen im 18. Jahrhundert davon aus, daß Kontraste und Ausdrucksgewalt dieses Monologs nur unter einer bezeichnenden Bedingung zur rechten Wirkung kämen und angemessen gewürdigt werden könnten: sofern man nämlich bereit sei, Lully eine kompositorische Haltung zu konzedieren, die (in Anlehnung an eine Formulierung Jean-Philippe Rameaus) einstweilen nur schlagwortartig-pauschal als „Kunst des Verbergens" umrissen sein soll.

Der Armide-Monolog und seine Rolle in der französischen Opern-Diskussion sind bis in die jüngste Zeit regelmäßig Gegenstand wissenschaftlicher Untersuchung gewesen. Detaillierte Analysen des Notentextes liegen ebenso vor wie eindringende Interpretationen der ästhetischen Kontroversen und ihrer Hintergründe[11]. Der nachfolgende Beitrag kann deshalb auf eine neuerliche Gesamtanalyse verzichten und sich stattdessen auf exemplarische Details, vor allem aber auf jenes analytische Spezialproblem konzentrieren, das mit der Formel von der „Kunst des Verbergens" soeben angesprochen worden ist. Gemeint ist ein Zug Lullyscher Kompositionskunst, der am positiven Notentext nur bedingt, allenfalls in Spuren aufgewiesen werden kann, und der die kompositorische Gestaltung und musikalische Wirkung dennoch auf charakteristische Weise mitbestimmt. Gemeint sind Momente, die m i t k o m p o n i e r t und – wie nicht zuletzt die skeptisch suchenden und kritisch vermissenden Reaktionen zeigen – auch m i t g e h ö r t worden sind, und die sich dem direkten analytischen Zugriff dennoch weitgehend entziehen. Pointiert gesagt, geht es im folgenden zunächst vornehmlich um das, was diese Musik gerade nicht sein soll, und was sie eben deshalb i s t : um eine bewußte stilistische Prägung, die beim Hörer als Bezugsrahmen die ästhetische Präsenz auch dessen voraussetzt, wozu die Musik Abstand hält, was sie meidet, worauf sie verzichtet.

Für einen analytischen Versuch, der Lully von dieser Seite her gerecht werden möchte, bedeuten die historischen Kontroversen um den Monolog eine unschätzbare Hilfe (auch wenn die Texte infolge zeitlicher Streuung, vor allem aber infolge divergierender Funktionen und Methoden alles andere darstellen als ein homogenes Corpus von musikästhetischen Abhandlungen). Denn die hier niedergelegten Beobachtungen, Überlegungen und Bewertungen – insbesondere auch die Fehlanzeigen – erschließen wesentliche Momente dessen, was provisorisch (und wohl auch unzulänglich wenn nicht unzutreffend) eingangs eher „negativ" als „Kunst des Verbergens" thematisiert worden ist. Diese Kunst wird im folgenden näher zu erörtern und in ihren Voraussetzungen, Begründungen und Zielen zu charakterisieren: nach ihren Einzelmomenten aufzufächern und schließlich auch „positiv" nach kompositorischen Konsequenzen zu präzisieren sein.

---

10 Vgl. Diderot, a.a.O., S. 8 (422).
11 Vgl. neben den Nachweisen bei Schneider (*Rezeption*, bes. S. 245 ff.) und den bereits erwähnten Untersuchungen den „Commentaire musical et esthétique" von J.-Cl. Malgoire, *L'analyse ramiste du monologue d'Armide*, in: J.-Ph. Rameau, *Musique raisonnée*, Textes choisis, présentés et commentés par Catherine Kintzler et J.-Cl. Malgoire, Paris 1980, S. 201–215.

I.

Die Tragédie en musique *Armide* ist am 15. Februar 1686 im Palais Royal zu Paris erstmals aufgeführt worden. Die Wahl des Sujets hatte Louis XIV veranlaßt, die Textdichtung stammt von Philippe Quinault[12]. Das Libretto fußt auf der Rinaldo-Armida-Handlung in Tassos *Gierusalemme liberata*.

Armide hat den im Kampf unbezwinglichen Kreuzritter Renaud durch Zauberkünste eingeschläfert und in ihre Gewalt gebracht, um ihn zu töten. Hier setzt der Monolog ein. In seinem Verlauf wird der Zauberin zunehmend bewußt, daß sie Renaud nicht nur haßt, sondern sich ebenso auch zu ihm hingezogen fühlt (und dies bereits seit dem 1. Akt, vgl. I,1: „Incessament son importune image Malgré moy trouble mon repos. . ."). So schwankt sie zwischen Rachsucht und Mitleid, ist „zwischen Haß und Liebe hin- und hergerissen"[13] und zugleich irritiert und besorgt über den Zwiespalt ihrer eigenen Leidenschaften. Zwar vermag Armide den wehrlosen Ritter nicht mehr zu töten; doch sinnt sie weiterhin auf − nunmehr unblutige − Rache mit Hilfe neuerlichen Zaubers: er soll sie lieben müssen, den sie selbst − „s'il se peut" − auch in Zukunft hassen wird. Renaud bleibt, in aufschlußreich paradoxer Formulierung, der „ennemy trop aimable" (III,3). Indem Armide seine Liebe erzwingt, demütigt sie freilich nur sich selbst: „Il m'aime! quel amour! ma honte s'en augmente" (III,2). Der Monologtext lautet[14]:

ARMIDE, tenant un dard à la main.

> Enfin, il est en ma puissance,
> Ce fatal ennemi, ce superbe vainqueur;
> Le charme du sommeil le livre à ma vengeance;
> Je vais percer son invincible cœur.
> Par lui, tous mes captifs sont sortis d'esclavage.
> Qui'il éprouve toute ma rage. . .

(Armide va pour frapper Renaud, et ne peut exécuter le dessein qu'elle a de lui ôter la vie.)

> Quel trouble me saisit! qui me fait hésiter?
> Qu'est-ce qu'en sa faveur la pitié me veut dire?
> Frappons. . . ciel! qui peut m'arrêter?
> Achevons. . . je frémis! Vengeons-nous. . . je soupire!
> Est-ce ainsi que je dois me venger aujourd'hui!
> Ma colère s'éteint, quand j'approche de lui:
> Plus je le vois, plus ma fureur est vaine;
> Mon bras tremblant se refuse à ma haine.

---

12 Zu Einzelheiten vgl. H. Schneider, *Chronologisch-thematisches Verzeichnis sämtlicher Werke von Jean-Baptiste Lully (LWV)* (= Mainzer Studien zur Musikwissenschaft XIV), Tutzing 1981, S. 465 ff.; C. Girdlestone, *La Tragédie en musique (1673−1750) considérée comme genre littéraire* (= Histoire des idées et critique littéraire CXXVI), Genf 1972, S. 112−118.

13 Vgl. Anna Amalie Abert, *Christoph Willibald Gluck*, München 1959, S. 231, zur *Armide* Glucks, der 1777 erstmals nach Lully wieder Quinaults Tragédie-Dichtung vertont hat.

14 Lully hat die letzten sechs Zeilen von „Venez, secondez mes désirs" an zu einem Air geformt.

Ah! quelle cruauté de lui ravir le jour!
A ce jeune héros tout cède sur la terre.
Qui croirait qu'il fût né seulement pour la guerre?
    Il semble être fait pour l'amour.
Ne puis-je me venger à moins qu'il ne périsse?
Eh! ne suffit-il pas que l'amour le punisse?
Puisqu'il n'a pu trouver mes yeux assez charmants,
    Qu'il m'aime, au moins, par mes enchantements;
    Que, s'il se peut, je le haïsse.
      Venez, secondez mes désirs;
Démons, transformez-vous en d'aimables zéphyrs.
Je cède à ce vainqueur; la pitié me surmonte;
    Cachez ma faiblesse et ma honte
    Dans les plus reculés déserts;
Volez, conduisez-nous au bout de l'univers.

(Les démons, transformés en zéphyrs, enlèvent Renaud et Armide.)

Der Komponist war durch den Monologtext vor eine komplexe Aufgabe gestellt. Zum einen mußte er eine Reihe rasch wechselnder gegensätzlicher Affekte bewältigen: Haß – Liebe, Rachsucht – Mitleid, Wut – Verwirrung. Zum andern mußte er der Einheit des Charakters einer Person gerecht werden, deren aufgewühlt-instabile Grundverfassung – Irritation, Zweifel, Zerrissenheit – sich im raschen Wechsel eben jener konträren Affekte symptomatisch zu erkennen gibt. Und schließlich mußte er berücksichtigen, daß der leidenschaftliche Monolog zwar den Zuschauer zum vollen Mitwisser all der (bislang nur angedeuteten) seelischen Verstrickungen und Konflikte Armides macht, die Spannung damit jedoch keineswegs löst. Im Gegenteil: durch den „vertraulichen" Einblick am Ende des 2. Akts ist der weitere Fortgang des Geschehens für den Zuschauer nur um so unkalkulierbarer – und deshalb um so rätselhafter und spannender – geworden: es sei gerade die „confidence", so Diderot über die dramatische Funktion und Wirkung von Monologen, die den Zuschauer „saisit à l'instant de crainte ou d'espérance"[15]. Dieser stets gefährdeten Balance, dem geradezu explosiven Schwebezustand der „passions" – „Hélas! c'est mon cœur que je crains!", gesteht Armide im folgenden Akt (III,2) – hatte die musikalische Gestaltung Rechnung zu tragen. Würde Armide nämlich bereits durch den Monolog einseitig und eindeutig „métamorphosée en furieuse ou en femme voluptueuse", argumentiert eine anonyme Schrift 1754 zugunsten Lullys, so wäre es schwerlich möglich, sich für die folgenden Akte überhaupt noch zu interessieren[16].

Die Komposition des Monologs setzt demnach eine minuziöse affektentheoretische Interpretation der Dichtung voraus. Und auch die Kontroversen um den Monolog beziehen sich nicht abstrakt und generell auf die Ausdruckskraft, auf force, énergie, intensité der Komposition „an sich", sondern konkret und speziell auf

15 *De la poésie dramatique* (Amsterdam 1758), zit. nach Diderot, *Oeuvres esthétiques*, hg. von P. Vernière, Paris ² 1965, S. 229.
16 *Réflexions d'un patriote sur l'Opera François et sur l'Opera Italien, Qui présentent le Parallele du goût des deux Nations dans les beaux Arts*, Lausanne 1754, S. 124 (2160).

die affektentheoretische Angemessenheit der Musik. Ob und inwieweit die musikalische Gestaltung aber als angemessen — oder umgekehrt als verfehlt, mangelhaft, enttäuschend — gilt, hängt wiederum auch von der affektentheoretischen Interpretation der Monolog-Dichtung durch den jeweiligen Kritiker ab. Die Auseinandersetzung mit einer „Kunst des Verbergens“ muß deshalb mit einer Diskussion unterschiedlicher affektentheoretischer Sichtweisen und Akzentsetzungen beginnen. Sie kann sich dabei auf einen exemplarischen Ausschnitt des Monologs konzentrieren[17].

17 Das zusammenhängende Beispiel ist der Seconde Edition von Ballard (Paris 1713) entnommen.

II.

In seiner herausfordernden „analyse" des Monologs — die den demagogischen „orateur révolutionnaire" ebenso ahnen läßt wie sie fachliche Kompetenz verrät[18] — bemängelt Rousseau zunächst generell die „régularité scolastique" in einer Szene, in der „l'emportement, la tendresse et le contraste des passions opposées mettent l'Actrice et les Spectateurs dans la plus vive agitation"[19]. Der „combat violent de différentes passions opposées" im Herzen Armides[20] steht für die „philosophes" um die Mitte des 18. Jahrhunderts nicht nur im Mittelpunkt des psychologischen Interesses, sondern auch im Vordergrund des dramatischen Geschehens. Und so kann Rousseau z.B. die Stelle „ciel! qui peut m'arrêter? Achevons... je frémis! Vengeons-nous... je soupire!" — „certainement le moment le plus violent de toute la scéne" — in Lullys Komposition nur verfehlt: nur unangemessen gleichförmig und dürftig finden[21] :

C'est ici que se fait le plus grand combat dans le cœur d'Armide. Qui croiroit que le Musicien a laissé toute cette agitation dans le même ton, sans la moindre transition intellectuelle, sans le moindre écart harmonique, d'une maniere si insipide, avec une mélodie si peu caractérisée et une si inconcevable mal-adresse, qu'au lieu du dernier vers que dit le Poëte,

　　Achevons; je frémis. Vengeons-nous; Je soupire.
le Musicien dit exactement celui-ci.
　　Achevons; achevons. Vengeons-nous; vengeons-nous.

18 Vgl. Ph. Beaussant, *Versailles, Opéra*, Paris 1981, S. 131 f.
19 A.a.O., S. 79 f. (751 f.).
20 Vgl. Diderot, *Au Petit Prophéte...*, S. 8 (422).
21 A.a.O., S. 86 f. (758 f.).

Dieser gnadenlosen Kritik stellen die anonymen *Réflexions d'un patriote* im Jahr darauf eine umfangreiche und detaillierte psychologische Analyse entgegen, die bei analogem Gesamtbefund dennoch wesentlich anders gewichtet. Just in dem diskutierten dramatischen Augenblick nämlich werde sich Armide ihrer „véritables sentimens" voll bewußt, so daß hier nicht der Gegensatz von Gefühlen, sondern ein einziges komplexes „sentiment dominant" die Situation bestimme. Die stolze Armide könne sich die „violente passion" für Renaud endgültig nicht mehr verhehlen, mit der deprimierenden Folge: „Sa gloire est anéantie, son bonheur est évanoui". Deshalb brächten auch die Worte „*achevons*" und „*vengeons-nous*" hier nur noch „des desirs superflus" zum Ausdruck: sie formulierten bloß noch „de vains projets qui ne peuvent plus avoir d'exécution". Der Komponist hätte also recht gehabt, diese Worte „sur le ton des autres" singen zu lassen: offenbar überzeugt, die „dominierende" seelische Verfassung Armides dadurch „avec plus de vérité" wiederzugeben als durch aufdringlich-plakative Kontrastierung der Satzfragmente. Im übrigen sei es unter Kennern durchaus umstritten, ob die „deux idées de vengeance et d'amour" hier musikalisch wirklich „de la même maniere" ausgedrückt seien − auf diesen Einwand wird noch zurückzukommen sein[22].

Kontrovers ist aber nicht nur, ob besagte Stelle eher durch einen „combat violent de différentes passions opposées" oder eher durch ein einziges „sentiment dominant" geprägt sei. Kontrovers ist vielmehr bereits die allgemeinere Frage, ob sich im Laufe des Monologs im Herzen Armides überhaupt ein Wandel vollzogen habe, den die Musik mit ihren Mitteln hätte verdeutlichen müssen.

Rousseau wird in seiner *Lettre* nicht müde, immer wieder neue Indizien für ein tiefgreifendes „changement" herauszustellen, so etwa im Blick auf den Vers „*Quel trouble me saisit! qui me fait hésiter?*"[23] :

Ce vers est dans le même ton, presque dans le même accord que le précédent. Pas une altération qui puisse indiquer le changement prodigieux qui se fait dans l'ame et dans les discours d'Armide. La tonique, il est vrai, devient dominante par un mouvement de Basse. Eh Dieux! il est bien question de tonique et de dominante dans un instant où toute liaison harmonique doit être interrompue, où tout doit peindre le désordre et l'agitation. . . Dans ce vers, le cœur, les yeux, le visage, le geste d'Armide, tout est changé, hormis sa voix: elle parle plus bas, mais elle garde le même ton.

Auch d'Alembert, der im Blick auf die psychologische Disposition des Monologs von einer regelrechten „Wegstrecke" spricht, vermißt adäquate kompositorische Maßnahmen[24] :

. . . le cœur d'Armide fait tant de chemin, tandis que Lulli tourne froidement autour de la même modulation, sans s'écarter des routes les plus communes et les plus élémentaires.

Den „philosophes" ist zu konzedieren: je mehr die Monologdichtung als Gestaltung eines seelischen Wandlungsprozesses gelesen wird − Rousseau: „L'Héroïne finit

22 S. unten Abschnitt VII.; die Zitate stammen aus den *Réflexions*, S. 111−113 (2147−2149).
23 A.a.O., S. 84 f. (756 f.).
24 A.a.O., S. 436 (2256).

par adorer celui qu'elle vouloit égorger au commencement"[25] —, desto wichtiger
muß auch die Wirksamkeit der einander opponierenden Einzelaffekte genommen
werden, und desto berechtigter ist die Erwartung drastischer Affekt-Darstellung —
desto verständlicher also auch der Eindruck einer geradezu „tödlichen" Monotonie
(von „mort de l'expression" ist bei Rousseau einmal ausdrücklich die Rede[26]).

Der „patriote" versucht demgegenüber unverdrossen nachzuweisen, daß man
schon bei einer halbwegs aufmerksamen Lektüre der Dichtung herausfinden müsse,
„qu'il n'arrive aucun changement dans le cœur d'Armide pendant la durée du Monologue". Die Heroine habe sich über ihre Gefühle anfangs zwar „getäuscht" und
erfahre im Laufe des Monologs insofern eine gewisse „Aufklärung"[27], indes:

Elle est à la fin de la Scene, ce qu'elle étoit au commencement, éperduement amoureuse de
Regnaut. Cette héroïne prenoit pour de la haine les mouvemens qui l'agitoient depuis long-
tems, et se trompoit. La présence de Regnaut l'éclaire sur ses sentimens. Son ame est agitée,
mais son cœur n'éprouve aucun changement.

Aus solcher Sicht heraus kann der „patriote" Lully umgekehrt zugute halten, mit
seiner Kompositionsweise Armides „caractere général" sogar in besonders hohem
Maße gerecht geworden zu sein. Die konträren Einzelaffekte seien bloße Sympto-
me, und Lully konzentriere sich deshalb mit gutem Grund auf das „principe des
mouvemens dont elle est agitée" sowie auf den allgemeinen „état de son cœur".
Sein Thema seien sozusagen die tieferliegenden Momente ihrer Aufgewühltheit,
die sich letztlich in einem einzigen komplexen „mouvement" manifestierten, „qui
l'entraîne et qui la subjuge"[28]. Daher sein apologetisches Postulat[29]:

Il faut exprimer le regret affreux dont Armide est pénétrée, en cédant à l'amour; sa honte de
se trouver dans l'impossibilité de se venger; son desespoir d'avoir été si long-tems trompée par
les apparences d'une fausse haine; en même tems sa foiblesse extrême pour Regnaut, plus forte
que toute sa raison.

Erst diese psychologische Akzentsetzung schaffe die notwendige Ungewißheit über
das weitere Geschehen und halte damit die Spannung aufrecht[30]:

voilà ce qu'il est nécessaire de faire sentir, parce qu'Armide doit toujours mériter l'estime du
Spectateur et l'intéresser jusqu'à la fin. Voilà ce que. . . Lulli a très-bien rendu.

Auf die komplexen Voraussetzungen und Motive der divergierenden Interpretationen und Bewertungen wird im folgenden noch näher einzugehen sein. Schon
jetzt aber kann festgehalten werden, daß die vehement-einseitige Kritik der „philosophes" auch aufschlußreiche Gegenanalysen provoziert hat. Deren engagiertes
Bemühen um alternative Gesichtspunkte und Argumente hat dazu beigetragen,
neben der psychologischen Vielschichtigkeit der Monologdichtung auch Eigenheiten der Lullyschen Komposition besser durchschaubar werden zu lassen.

25 A.a.O., S. 80 (752).
26 A.a.O., S. 78 (759).
27 A.a.O., S. 106 (2142).
28 A.a.O., S. 105 f. (2141 f.).
29 A.a.O., S. 118 (2154).
30 Ebenda.

So kann der „patriote" immerhin plausibel machen, daß Lully dem Monolog mit voller Absicht nicht „toutes les beautés musicales" verliehen habe, „dont les paroles sont susceptibles". Denn erst dank solcher Selbstbeschränkung sei es gelungen, mit einer „justesse de sentiment merveilleuse" die „principaux mouvemens dont Armide est agitée" musikalisch desto intensiver und glaubwürdiger zu fassen[31].

Auch habe Lully dank der Konzentration auf die „principaux mouvemens" der Monolog-Komposition zugleich „une sorte d'unité" gesichert[32], die keineswegs als spannungslose Gleichförmigkeit aufgefaßt werden muß. Eher ist wohl an die „klassische" Kategorie der „expression générale" zu denken, die — in engem Zusammenhang mit Poussins Modus-Theorie — den „Ausdruck der *passion* des Ganzen" in einem Werk der bildenden Kunst meint, und zwar „in Analogie. . . zum Ausdruck der *passion* eines Einzelnen"[33]. Besonders aufschlußreich ist dabei, daß diese „expression générale", wie Oskar Bätschmann jüngst betont hat, wohl „nicht als einfacher Ausdruck aufgefaßt werden" könne, sondern als „Dialektik zweier gegensätzlicher ‚passions'", z.B. als „Umschlag von Trauer in Heiterkeit, oder als Ausdruck von Trauer, der Heiterkeit innewohnt"[34].

Lully hätte, wenn die vage Parallele erlaubt ist, für den „patriote" in einer Art „expression générale" die Ambivalenz, Gefährdung und Gefährlichkeit einer Liebe gestaltet, der nach wie vor ein Quantum Rachsucht „innewohnt". Und er hätte mit solcher psychologischen Konzentration auf die Einheit eines „caractere général" zugleich ein traditionelles ästhetisches Ideal gewahrt: „La belle Scene Françoise ne s'attache qu'à produire une seule et unique impression"[35].

Wie nahe die zustimmende affektentheoretische wie ästhetische Interpretation des „patriote" dem Konzept Lullys (und der Intention Quinaults) auch immer gekommen sein mag: sie wird zumindest partiell bestätigt durch den großen und dauerhaften Theatererfolg des Monologs, den auch Rousseau keineswegs bestritten (auch wenn er der Musik jeglichen Anteil am „effet" aberkennt)[36]. Auf seiner unbeirrbaren Suche nach der „raison de l'effet" vermag der „patriote" immerhin ein unverkennbares Moment Lullyscher Gestaltungsweise herauszuarbeiten, zu benennen und — aus seiner Sicht heraus — positiv zu erklären: ein Moment, das nun freilich kaum als „Kunst des Verbergens", wohl aber als durchdachte K o n z e n t r a t i o n und als affektentheoretisch wie ästhetisch begründbare Ö k o n o m i e bezeichnet werden darf.

Blainvilles fast gleichzeitige Charakterisierung des französischen „style en musique" — mit seiner Betonung des „Ganzen" auch auf Kosten des faszinierenden

---

31 A.a.O., S. 115 (2151).
32 A.a.O., S. 125 (2161).
33 Vgl. O. Bätschmann, *Dialektik der Malerei von Nicolas Poussin* (= Jahrbuch des Schweizerischen Instituts für Kunstwissenschaft 1978–1981), Zürich und München 1982, S. 49.
34 O. Bätschmann, *Diskurs der Architektur im Bild. Architekturdarstellung im Werk von Poussin*, in: *Architektur und Sprache*, Gedenkschrift für R. Zürcher, München 1982, S. 33.
35 A.a.O., S. 128 (2164).
36 S. unten, Abschnitt V.

oder frappierenden Details — liest sich wie eine gezielte Antwort aus „klassisch"-französischer Tradition auf die polemischen Mängelanzeigen jener Jahre[37] :

Les graces du goût, un tact aisé, délicat, un discernement vaste, étendu, ordonnent toutes ces choses avec une œconomie, si l'on peut dire, admirable. Les détails pris séparément ne sont pas d'un feu, d'un éclat hardi, éblouissant; mais le tout ensemble fait un tableau de goût, dont la raison fait la principale ordonnance. . .

Auch Lully, so Rameau in einer seiner lakonisch-apodiktischen Formulierungen, „pensoit en Grand"[38].

III.

Grundsätzlichkeit und Härte der *Armide*-Kontroversen lassen freilich keinen Zweifel daran: hier stehen nicht nur Gegensätze der affektentheoretischen Interpretation und der ästhetischen Bewertung zur Diskussion; hier geht es um mehr als nur um die Gewichtung zwischen einzelnen Affekt-Symptomen und dem „caractere général", als um das Verhältnis von kontrastreicher Vielfalt und konzentriert-ökonomischer „unité".

Der anonyme „patriote" läßt schon in den zentralen Kategorien und Kriterien seiner *Réflexions* noch eine weitere Dimension der Kontroversen erkennen, die für die Monolog-Analyse nicht minder wichtig ist als für das Verständnis der Konflikte überhaupt[39] :

Les François, plus froids et plus conséquens [sc. que les Italiens], ont imposé à leurs artistes des loix plus rigoureuses. Tout art dont le but est de plaire au Public, doit s'assujettir en France à la justesse du sentiment, aux bienséances relatives, à la décence et à la noblesse de l'expression, dont les François sont esclaves.

Das Stichwort der „bienséance" — ästhetischer Leitbegriff und politisch-soziales Reizwort ineins — verkörpert allein schon ein Ideal, das bestimmt ist durch Funktion und Prägung von Kunst speziell in der höfischen Gesellschaft seit dem Grand siècle. Und wenn der „patriote" fortfährt: „C'est le caractere national qui a donné des loix à l'Opera François", und etwas später von „den Franzosen" schlechthin als von denjenigen spricht, „dont les passions sont plus modérées, et qui ont été les maîtres de mieux régler le feu de leur imagination"[40], so bestätigt und bekräftigt er damit nur noch eine problematische und umstrittene Tendenz mit langer Tradition. Bereits Mersenne hat, wie Albrecht D. Stoll zeigt, in „Korrektur seiner einst antihöfischen Haltung" in späteren Jahren „die höfische Kunst mit einer allgemein nationalen Kunst identifiziert und auf diese Weise akzeptiert"[41].

---

37 C. H. Blainville, *L'Esprit de l'art musical, ou Réflexions sur la musique, et ses différentes parties*, Genf 1754, S. 44.

38 *Observations sur notre instinct pour la Musique, et sur son Principe*, Paris 1754, S. 78 (1828).

39 A.a.O., S. 50 (2086).

40 A.a.O., S. 51 und 93 (2087 und 2129).

41 A. D. Stoll, *Figur und Affekt. Zur höfischen Musik und zur bürgerlichen Musiktheorie der Epoche Richelieu* (= Frankfurter Beiträge zur Musikwissenschaft IV), Tutzing ²1981, S. 150 f.

Der Begriff von „bienséance" impliziert weit mehr als bloße „Schicklichkeit", als gesellschaftlichen Anstand": die Vorschriften und Verbote im Namen der bienséance sind, mit einer prägnanten Formulierung von Erich Köhler, vielmehr „zu ästhetischen Regeln geronnene Lebenswerte einer Gesellschaftsschicht, die ihrer konkreten sozialen Funktion beraubt worden ist und die nun ihre parasitär gewordene, aber nach wie vor privilegierte Existenz mit idealen Normen der Gesittung legitimiert"[42].

Zu diesen „ästhetischen Regeln" gehört zuallererst – zu verstehen aus dem von Norbert Elias eindrucksvoll analysierten „Konkurrenzkampf des höfischen Lebens" heraus – das Bemühen um eine „Bändigung der Affekte zu Gunsten einer genau berechneten und durchnuancierten Haltung im Verkehr mit den Menschen": ein „Zurückstellen der kurzfristigen individuellen Affekte" bis hin zur kalkulierten Selbstverleugnung[43]: „Un homme qui sait la cour est maître de son geste, de ses yeux et de son visage; il est profond, impénétrable"[44].

In dem Maße nun, in dem das Theater selbst ein Bestandteil, ja „unmittelbares Element im gesellschaftlich-höfischen Leben" wird[45], hat sich auch das „Verhalten der Personen des Spiels auf der Bühne ... nach dem Verhalten des Spiels in der Gesellschaft zu richten"[46]. Und in dem Maße, in dem „Schritt für Schritt an Stelle eines Kriegeradels ein gezähmter Adel mit gedämpften Affekten tritt, ein höfischer Adel"[47], wird auch – erstmals durch Pierre Corneille – der Bühnenheld zu einem Krieger geformt, der seine „natürlichen Instinkte" zügelt und „seinen Kampfesmut den Gesetzen des gesellschaftlichen Wohlverhaltens unterzuordnen hat"[48]. Die Leidenschaften eines solchen Helden können stark sein, indes: „leidenschaftliche Ausbrüche sind verpönt", Konflikte werden eher in Konversation und Deklamation als in direkter Aktion gelöst[49]. Ein „ganzer Teil der Spannungen, die ehemals unmittelbar im Kampf zwischen Mensch und Mensch zum Austrag kamen", wird nun „als innere Spannung im Kampf des Einzelnen mit sich selbst bewältigt"[50].

Im „Kampf des Einzelnen mit sich selbst" sind „réflexion" und „passion" einander konfrontiert: zentrales Thema einer „Moralistik", das Jürgen von Stackelberg (mit Blick auf La Rochefoucauld) auf die Formel zugespitzt hat: „Der Mensch denkt – der Affekt lenkt"[51]. Forderte einerseits die „Kunst der ‚ehrenhaften Verstellung'" als moralistische Reaktion die „enthüllende Menschenanalyse" heraus, so resultierte aus solcher Analyse andererseits eine Art „Autonomieskepsis", die – ungeachtet aller Bemühungen um Affektbeherrschung – um eine bleibende Affektabhängigkeit des Menschen weiß[52].

Quinaults Armide muß aus solchem Kontext heraus verstanden werden. In der einen Person allein wird der Kontrast, ja der „Konflikt zweier Zivilisationen" ge-

42 E. Köhler, *Vorklassik* (= Vorlesungen zur Geschichte der Französischen Literatur), Stuttgart 1983, S. 105.
43 N. Elias, *Die höfische Gesellschaft. Untersuchungen zur Soziologie des Königtums und der höfischen Aristokratie* (= Soziologische Texte LIV), Darmstadt und Neuwied ²1975, S. 168 f.
44 J. de La Bruyère, *Les Caractères ou les Mœurs de ce siècle* (Paris 1688), hg. von R. Garapon, Paris 1962, S. 221.
45 Elias, a.a.O., S. 170.
46 V. Kapp, *Die Idealisierung der höfischen Welt im klassischen Drama*, in: *Französische Literatur in Einzeldarstellungen*, Bd. I, hg. von P. Brockmeier und H. H. Wetzel, Stuttgart 1981, S. 131.
47 N. Elias, *Über den Prozeß der Zivilisation*, Bern ²1969, Bd. II, S. 353.
48 Kapp, a.a.O., S. 137.
49 Elias, *Gesellschaft*, S. 170 f.
50 Elias, *Zivilisation*, Bd. II, S. 406.
51 J. v. Stackelberg, *Französische Moralistik im europäischen Kontext* (= Erträge der Forschung CLXXII), Darmstadt 1982, S. 26.
52 Ebenda, S. 7 und 26 f.

staltet und ausgetragen, ringen Mentalität und Verhaltensweise von Feudal- und
Hofadel miteinander, werden die „naturhaften Instinkte des Kriegers" gedämpft
und die Handlungen zugleich auf die „Ebene der Argumentation" – hier des
Monologs – verlagert[53]. Infolge eigener Gefühlswiderstände, die sich als Zuneigung
erweisen, aber auch infolge der sozialen Tugend von pitié wird es Armide unmöglich, den sie bedrängenden Affekten von Haß, Wut und Rachsucht noch in unmittelbarer Tat spontan nachzugeben. Der Kampf mit sich selbst, ausgefochten und ausgebreitet im Monolog, der komplizierte Widerstreit von Wollen und Können, führt
Armide schließlich zu einer außerordentlich diplomatischen und zugleich typisch
höfischen Kompromißlösung: die gezügelten, aber deshalb noch keineswegs be-
herrschten oder überwundenen Affekte werden nicht dementiert, doch erspart sich
Armide die blutige Konsequenz: „Ne puis-je me venger à moins qu'il ne périsse?
Eh! ne suffit-il pas que l'amour le punisse?". Die neue Form der Rache wird im
„faux bien" erzwungener Liebe bestehen.

Es ist die höfische Verhaltensnorm der bienséance mit dem Ziel diplomatisch-
schicklicher Affekt-Dämpfung, die die Verteidiger Lullys auch der Beurteilung seiner *Armide*-Musik zugrundelegen[54]:

C'est. . . un grand inconvénient de charger trop l'image de la passion, parce qu'il faut avoir égard
aux bienséances relatives, et s'y renfermer.

Mitunter wird der Erfolg Lullys sogar offen auf politisch-stilistische Anpassungs-
fähigkeit zurückgeführt: „C'étoit le temps des Passions en regle. . . Une Musique
telle que celle de Lully. . . étoit trop analogue aux passions du temps, pour ne pas
déterminer le Compositeur à s'y ployer". Und eben deshalb sei sie auch geeignet gewesen, „de remplir les désirs d'un Monarque"[55]. „Le Roi. . . est de notre côté", läßt
La Viéville einen Lully-Anhänger mit offenkundiger Genugtuung feststellen[56].

Wenn die „philosophes" in Lullys Komposition nach leidenschaftlichen Ausbrü-
chen, nach musikalisch schockierender „fureur", „violence", „impétuosité" verge-
bens gesucht haben, dann also gewiß nicht nur aus Gründen historischer Distanz
und gewandelter, genauer: gesteigerter Ausdruckserwartungen, und auch keineswegs nur aus Gründen der oben diskutierten affektentheoretischen Konzentration
und ästhetischen Ökonomie, sondern auch und vor allem aus Gründen der bienséance: „on ne doit point s'écrier démesurément devant un roi", faßt Grimarest das
künstlerisch-soziale Schicklichkeitsgebot lapidar zusammen[57].

---

53 Vgl. Kapp, a.a.O., S. 139, 137, 143.

54 Vgl. *Réflexions d'un patriote*. . ., S. 91 (2127).

55 Anon., *Lettre critique et historique Sur la Musique Françoise, la Musique Italienne, et sur les
Bouffons*, Paris 1753, S. 7 (455).

56 J. L. Lecerf de la Viéville, *Comparaison de la musique italienne et de la musique françoise*
(Bruxelles 1704/06), zit. nach dem Abdruck bei P. Bourdelot und P. Bonnet, *Histoire de la
musique et de ses effets*, Amsterdam 1725, Bd. III, S. 319.

57 J.-L. Le Gallois de Grimarest, *Traité du récitatif*, Paris 1707, S. 170; vgl. P. France und
Margaret McGowan, *Autour du Traité du récitatif de Grimarest*, in: XVIIe Siècle XXXIII,
1981, S. 303–317.

Freilich: gerade „outre mesure" will sich der Rousseau der *Nouvelle Héloïse* musikalisch erschüttern lassen[58]. Auf die „patriotische" Erwartung von décence reagiert Diderot mit der gelangweilten Geste: „Mais la décence! la décence!. . . Je n'entends répéter que ce mot"[59]. Den „loix rigoureux" hält Rousseau das Ideal eines „vrai pathétique" entgegen, das sich in einem „accent passionné" manifestiere, „qui ne se détermine point par les règles"[60]. Die Lully-Kritik der „philosophes" ist immer auch eine Kritik an allgemeinen politischen Rücksichten und sozialen Zwängen: an einer Gesellschaftsform, der die ursprüngliche Spontaneität der „wahren menschlichen Natur" und ihr genuines Vermögen unverstellten Gefühlsausdrucks zum Opfer gefallen sein sollen. Kritik an jenen „misérables conventions, qui pervertissent l'homme"[61], an Verhaltensnormen, in denen der unmittelbare „cri animal de la passion"[62], der ungezügelte Ausdruck eines „désordre des passions violentes"[63] nicht vorgesehen ist. Im Gegenteil: der Künstler soll durch „ordre" und „règle" all das „korrigieren" und „vervollkommnen", „que la Nature a de defectueux en ses mouvemens"[64]. Die Kritik an der von Louis XIV bestellten *Armide* ist, pointiert gesagt, immer auch Kritik an Versailles, ist Kampf gegen den „ordre moral, politique, poétique aussi, qui un siècle plus tôt s'était incarné dans ce palais"[65]. Ironisch gewendet: „Conservons donc l'Opéra tel qu'il est, si nous avons envie de conserver le Royaume"[66].

Auch unter politisch-sozialem Betracht kann von einer „Kunst des Verbergens" also nur in einem sehr speziellen Sinne die Rede sein: es geht um bewußte Z u - r ü c k h a l t u n g — bedingt und geprägt durch das bienséance-Gebot, das nicht allein das Handeln (soweit bei einer heidnischen Zauberin überhaupt denkbar), sondern auch die musikalische Ausdrucksweise Armides den Normen von noblesse, décence, mesure, régularité unterwirft.

IV.

Bewußte kompositorische Zurückhaltung im Sinne der bienséance-Erwartung ist an der notierten Faktur allein schwer nachvollziehbar und riskiert deshalb den Tadel der Unentschiedenheit und Gleichförmigkeit. In der Tat ist der französischen

---

58 *Julie ou la Nouvelle Héloïse*, hg. von R. Pomeau, Paris 1960, S. 109.

59 *Entretiens sur le Fils naturel*, a.a.O., S. 90.

60 *Dictionnaire de Musique*, Paris 1768, s.v. *Pathétique*, S. 367.

61 Diderot, *De la poésie dramatique*, a.a.O., S. 195.

62 Mit dieser drastischen Formulierung geht Diderot im *Neveu de Rameau* sogar noch über Rousseau hinaus, vgl. Jean Fabres Diskussionsbeitrag in: Michèle Duchet und M. Launay, *Entretiens sur „Le Neveu de Rameau"*, Paris 1967, S. 241.

63 Vgl. Rousseau, *Julie. . .*, S. 108.

64 Fr. Hédelin Abbé d'Aubignac, *La pratique du théâtre* (Paris 1657), zit. nach der Ausgabe Amsterdam 1715, S. 310 f.

65 Beaussant, a.a.O., S. 131.

66 d'Alembert, *Liberté*, S. 397 (2217).

Musik nicht nur Monotonie, sondern auch ein „caractère indéterminé" ausdrücklich vorgehalten worden[67]. Sie war darum auf ein Gegenbild angewiesen, mit dessen Hilfe — aus Abstand und Kontrast heraus — die eigenen ästhetischen Ideale verdeutlicht, die eigenen stilistischen Intentionen veranschaulicht werden konnten.

Dieses Gegenbild lieferte die Musik Italiens, genauer: eine Musik, wie sie als italienisches Gegenbild der französischen Ideale und Intentionen beschrieben (um nicht zu sagen: konstruiert) und nicht zuletzt in Parodien präsent gehalten wurde[68]. Auch Lully selbst hat in brillanten Parodien — etwa im Ballet de la Raillerie[69] oder im Ballet des nations des Bourgeois gentilhomme — das Bewußtsein für die gemeinten (und kultivierten) stilistischen Unterschiede geschärft. Und die Literatur der Zeit bietet, zumal seit dem kritischen Jahr 1661 (Tod Mazarins, Beginn der persönlichen Regierung von Louis XIV), in „Parallèles" und „Comparaisons" ganze Merkmalskataloge, in denen auf italienischer Seite naheliegenderweise die „défauts" überwiegen[70]. Schon Mersenne hatte sich reserviert (wenn auch beeindruckt) über die „violence estrange" italienischen Affektausdrucks geäußert[71], und Maugars hatte berichtet, die Italiener ihrerseits belustigten sich umgekehrt „de nostre Régularité"[72]. Doch wurde nun erst, im Zusammenhang mit Colberts umfassenden Autarkiebestrebungen, das Thema einer eigenständigen französischen Kunst zu einer Frage geradezu „nationalen Prestiges"[73]. Und es war Lully, dem es dank höchster Protektion gelang, der Musik in Frankreich ein institutionell-repräsentatives Gewicht zu verleihen, das auch sie zu einem „part of the general policy of national self-sufficiency" werden ließ[74].

Gemessen an solchem Anspruch freilich wirken die Selbstcharakterisierungen französischer Musik erstaunlich allgemein und vage — so etwa, wenn La Viéville als

---

67 Rousseau, Dictionnaire, s.v. Orchestre, S. 355.

68 Vgl. zuletzt die exemplarische Diskussion der Folie-Arie „Aux langueurs d'Apollon" aus Rameaus Platée durch Michael Zimmermann: . . . laissons à l'Italie De tous ces faux brillans l'éclatante folie. Rameau und die „närrische" Musik Italiens, Kgr.-Ber. Bayreuth 1981 (im Druck); ich danke Michael Zimmermann für den Einblick ins Manuskript.

69 Vgl. H. Prunières, L'Opéra italien en France avant Lulli, Paris 1913, S. 208–211, sowie Appendice musical, S. 16–19.

70 Die erste „extended pro-French comparison of French and Italian music" enthält Perrins Brief an den Erzbischof von Turin (dat. 30.4.1659, publ. 1661), vgl. Georgia Cowart, The Origins of Modern Musical Criticism. French and Italian Music 1600–1700 (= Studies in Musicology XXXVIII), Ann Arbor 1980, S. 16 ff.; Perrins Brief ist bequem zugänglich in den Quellentexten zur Konzeption der europäischen Oper im 17. Jahrhundert, hg. von H. Becker (= Musikwissenschaftliche Arbeiten XXVII), Kassel usf. 1981, S. 105–111 (hg. von H. Schneider).

71 Harmonie Universelle, Bd. II, Paris 1636: Das Chants, S. 356.

72 Réponse faite à un Curieux sur le sentiment de la Musique d'Italie (1.10.1639), zit. nach dem Abdruck bei Fr. Raguenet, Défense du Parallele des Italiens et des François, Paris 1705, S. 168.

73 Vgl. M. Lütolf, Zur Rolle der Antike in der musikalischen Tradition der französischen Epoque classique, in: Studien zur Tradition in der Musik, Fs. K. v. Fischer, hg. von H. H. Eggebrecht und M. Lütolf, München 1973, S. 151 u. passim.

74 Vgl. R. M. Isherwood, Music in the Service of the King. France in the Seventeenth Century, Ithaca und London 1973, S. 247.

„les trois grandes, les trois importantes régles" nennt: die Musik habe – wie die französische – „naturelle, expressive, harmonieuse" zu sein[75]:

J'apelle à la lettre *naturel*, ce qui est composé de tons qui s'offrent naturellement, ce qui n'est point composé de tons recherchez, extraordinaires. J'apelle *simple*, ce qui n'est point chargé d'agrémens, d'accords. J'apelle *expressif* un Air dont les tons conviennent parfaitement aux paroles. . . J'apelle *harmonieux, mélodieux, agréable*, ce qui remplit, ce qui contente, ce qui chatouille les oreilles. . .

Derart allgemeine und vage Kategorien und Kriterien sowie eine entsprechend blasse, fast nichtssagende Auslegung – die Werner Braun nicht ganz zu unrecht auf den schlichten Nenner gebracht hat: „viel Anmut (Leichtigkeit, Regelmäßigkeit, ,Natur'), wenig ,Kunst' (kompositorische Arbeit, Originalität, Schwierigkeit)"[76] – informieren mehr über die herrschenden bienséance-Vorstellungen als über den Charakter französischen Komponierens. Sie machen zugleich verständlich, wie sehr die französische Musikkritik auf das Gegenbild italienischer Musik angewiesen ist: auf ein Gegenbild, das noch in der Ablehnung vielfach eine Art uneingestandener Modellfunktion besitzt, und das in seinen wesentlichen Zügen noch in der Polemik – vielleicht gerade dank der Polemik – konkreter und markanter ausfällt als die Beschreibung der eigenen Musik.

Die überlieferten Vorbehalte gegenüber italienischer Musik sind ebenso aspekt- wie wortreich; sie sollen hier nur im Blick auf das *Armide*-Thema knapp zusammengefaßt werden[77]. Italienische Musik sei, so ist allenthalben zu lesen, einesteils entstellt durch „extravagances", „excès", „exagérations", „licences", durch „outrierte" Antithesen und penetrante Kontraste der Affektdarstellung, und zwar sowohl in der Kompositions- als auch in der Vortragsweise – die im übrigen durch eine Fülle bloß virtuoser, mithin ausdrucksloser Verzierungen um ihre emotionale Wirkung gebracht würde –; andernteils sei sie überladen mit satztechnischen Komplikationen, tonartlichen Unklarheiten, harmonischen Härten, chromatischen Wagnissen usw.

Angesichts des relativ klar konturierten Gegenbildes ist es plausibel, wenn man die eigene Musik in Frankreich – teilweise bis über den Buffonistenstreit hinaus – bevorzugt negativ: als „nicht-italienisch" charakterisiert hat. So sind „Eigenart und Eigenheiten" auch von Lullys Musik in „Abhebung gegenüber der italienischen Musik" verdeutlicht worden[78], und auch Lully selbst dürfte sich am italienischen

---

75 A.a.O., Bd. III, S. 277 f.

76 *Die Musik des 17. Jahrhunderts* (= Neues Handbuch der Musikwissenschaft IV), Wiesbaden und Laaber 1981, S. 310.

77 Zu Einzelheiten vgl. die zuletzt zitierten Arbeiten von Georgia Cowart, Michael Zimmermann, Henry Prunières sowie J. R. Anthony, *French Baroque Music from Beaujoyeulx to Rameau*, New York ²1978, S. 47 ff. und 108 ff.

78 Vgl. W. Arlt, *Rousseaus Dictionnaire und die Aufführung der Musik seiner Zeit: Kritisches, Information und Polemik*, Teil 1, Basler Jahrbuch für Historische Musikpraxis III, 1979, S. 117.

Gegenbild – als Gegenbild – orientiert haben, als er seine „sorte de gallicanisme musical" erarbeitete und prägte[79].

Wiederum also: nicht „Kunst des Verbergens", wohl aber eine Strategie des V e r m e i d e n s : programmatische Andersartigkeit bis hin zu entschiedener stilistischer Einseitigkeit, die dem Hörer vorenthält, was er von der – realen, parodierten oder literarisch konstruierten – italienischen Musik her kennt, zu kennen glaubt oder erwartet. Eine Einseitigkeit allerdings, die zugleich voraussetzt, daß der Hörer den Abstand – das Vermeiden einer „force excessive", das Umgehen von „accords sçavans et recherchés", das Aussparen von „chûtes effrayantes et monstrueuses"[80] – als einen mitkomponierten Abstand wahrnimmt und den Kontrast bewußt mithört. Armide ist, im Kontext der „Parallèles" und „Comparaisons", kompositorisch auch dadurch gekennzeichnet, daß sie dem musikalischen Habitus einer italienischen Heroine entsagt.

V.

So wenig bei analytischer Einkreisung des Armide-Monologs die bienséance-Erwartung isoliert betrachtet werden darf, so wenig auch die stilbezogene „Strategie des Vermeidens". Denn zumindest ein gewisses Maß jener spontanen Ausdrucksintensität, die der notierten Komposition durch Zurückhaltung und Vermeiden bewußt verweigert wird, kann und soll gemäß zeitgenössischen Vorstellungen in den unmittelbaren Vollzug der Aufführung doch wieder eingebracht werden.

Rousseau beispielsweise behauptet zwar in gewohnter Zuspitzung: „Notre mélodie. . . ne dit rien par elle-même". Doch spricht er damit der französischen Musik keineswegs jegliche Expressivität ab: nur erhalte diese „toute son expression" seiner Auffassung nach von dem „mouvement", von der Geschwindigkeit und Lebendigkeit, mit der man sie vortrage. Der „grand effet" des Monologs auf dem Theater, den Rousseau nicht leugnet, sei zum einen darauf zurückzuführen, daß „les vers en sont admirables et la situation vive et intéressante"; zum andern aber auch auf das Spiel der Actrice, habe doch gerade solche (für Rousseau unerträglich monotone) Musik „grand besoin du secours des yeux pour être supportable aux oreilles"[81].

Gleichgültig, ob Rousseau mit dieser Gewichtung der Erfolgsfaktoren dem Rang der Komposition gerecht geworden ist: er verweist damit jedenfalls auf einen weiteren charakteristischen Zug von Lullys Musik, der wiederum am besten negativ umschrieben werden kann. Der Monolog setzt offenbar ein hohes Maß an interpretatorischer Gestaltung durch die Actrice voraus: seine Bühnenwirkung hängt entscheidend von der sängerischen, aber auch von der szenisch-mimischen Intensität und Durchformung ab. Und die Musik, so scheint es, unterstützt die Actrice gerade dadurch, daß sie die Interpretation nicht bis ins letzte Detail hinein durch komposi-

---

79 Die prägnante Formulierung gebraucht Emile Tersen in dem von Anne Ubersfeld und R. Desné hg. *Manuel d'histoire littéraire de la France*, Bd. II; Paris 1966, S. 32.

80 Vgl. La Viéville, a.a.O., Bd. III, S. 280; Bd. II, S. 107 und 96.

81 *Lettre sur la Musique Françoise*, S. 68 und 91 (740 und 763).

torische Maßnahmen zu binden sucht, sondern umgekehrt der Actrice einen gewissen Freiraum läßt für die persönlich-expressive Ausarbeitung der Rolle.

Für Viéville z. B. gehört es zu den unabdingbaren Aufgaben des Sängers, „à entrer vivement et à propos dans la passion des Vers qu'il chante: à les *passionner*"[82]. Und um den Gesang zu „passionieren", so der Abbé DuBos, „ergänzt" jeder Sänger „de son fonds à ce qui n'a point pu s'écrire en notes, et il le supplée à proportion de sa capacité"[83]. „. . .ajouter les inflexions, les agrémens convenables aux diverses expressions, augmenter ces beautés par l'ensemble du geste": hierin zeigt sich für Blainville „le vrai art du chant"[84]. Der Acteur darf und soll laut Grimarest den Komponisten sogar „verbessern", wo dieser, etwa unter dem Zwang von Satzregeln, die korrekte Deklamation vernachlässigt hat: „c'est à un habile Acteur à suppléer à ce défaut, en faisant longues les silabes qui doivent l'être. . ., sans faire attention à la longueur. . . de la note, à laquelle elles sont assujetties"[85]. Seine besondere „Kunstfertigkeit" stellt der Sänger dann unter Beweis, wenn er – dem eigenen „sentiment juste" vertrauend – „s'écarte des mesures de la Musique pour aprocher le plus qu'il peut de la maniere dont la passion doit être exprimée"[86].

Das Vokabular ist eindeutig: durch „suppléer", „ajouter", „augmenter" kann, ja soll die Actrice die gesungenen Verse „passionner" – ihnen also durch Mittel der Vortrags- und Darstellungskunst zu einer Leidenschaftlichkeit verhelfen, wie sie der Notentext allein kaum ahnen läßt, jedenfalls nicht ausformuliert. Rameaus bissige Bemerkung „aussi faut-il plus que des yeux pour juger"[87] gilt auch im Blick auf die „expressivité" des Monologs. Die Actrice übernimmt selbst einen gewichtigen Anteil an der definitiven Bühnenfassung: sie „erfüllt" den verbliebenen Freiraum, sie vollendet „passionierend", was der Komponist mit Rücksicht auf die Persönlichkeit der Actrice sozusagen eher „neutral" gehalten hat.

„Kunst des Verbergens" auch in dieser Hinsicht nicht; vielmehr eine Kunst des Offenhaltens und damit eine Kunst des Ermöglichens im Blick auf das aktive Mitgestalten der Actrice, von der auch Rousseau verlangt: „il faut entrer dans toutes les idées du Compositeur, sentir et rendre le feu de l'expression"[88].

VI.

„Le Musicien de la France doit tout à son Poëte; . . . au contraire le Poëte de l'Italie doit tout à son Musicien"[89]. Mit dieser Antithese nimmt Diderot einen für ihn offenbar besonders charakteristischen Mangel der französischen Musik (in üblicher Kontrastierung zur italienischen Rivalin) aufs Korn: eine Abhängigkeit vom

---

82 A.a.O., Bd. III, S. 306 (Hervorhebung original).

83 *Réflexions critiques sur la poësie et sur la peinture*, Paris (1719) [7]1770, Bd. III, S. 342.

84 A.a.O., S. 118.

85 A.a.O., S. 218.

86 Ebenda, S. 197.

87 *Observations*, S. 98 (1856).

88 *Dictionnaire*, s.v. *Exécution*, S. 206; vgl. W. Arlt, „*L'exécution – le moment de la réflexion*". Zur Interpretation des Dictionnaire de Musique, SJbMw, NF II, 1982 (im Druck).

89 Diderot, *Au Petit Prophête. . .*, S. 9 (423).

Textdichter, für die übrigens auch Prunières noch die skeptische Formulierung gewählt hat: „Lully . . . sacrifie la musique au texte"[90]. Freilich bestreitet Prunières nicht, daß das „idéal très littéraire", das hinter solchem „Opfer" steht, für den Komponisten zugleich eine Herausforderung und Chance bedeutet hat. Denn vor allem die entschlossene Orientierung am Text der „in Musik gesetzten Tragödie"[91] hat die Prägung jener „sorte de gallicanisme musical" gefördert, die bisher überwiegend mit „negativen" Kategorien des Vermissens und Vermeidens umschrieben wurde – die indes, als bewußt gestaltende und stilisierende Haltung, der musikalischen Analyse gerade aus dem „idéal très littéraire" heraus auch „positiv" formulierbare Beobachtungen ermöglicht.

Allerdings setzt analytisches Einkreisen eines „gallicanisme musical" voraus, daß die Art der „Abhängigkeit vom Textdichter" und die Richtung der „Orientierung am Text" zunächst selbst noch näher bestimmt werden. Die von Rousseau referierte communis opinio, es handle sich beim Armide-Monolog um ein „chef-d'œuvre de déclamation"[92], reicht dabei ebenso wenig aus wie die Beteuerung seines „patriotischen" Widersachers, der Monolog sei das „modele de la bonne déclamation chantante des François"[93]. Daß „im Rezitativ . . . die korrekte Deklamation des Textes, nicht die psychologische Ausdeutung des Inhalts primär" sei, mag auf Lullys Tragédie en musique im großen und ganzen wohl zutreffen[94]. Doch liegt die Pointe der deklamatorischen Kunst Lullys gerade darin, daß nicht generell französischer „ T e x t ", sondern speziell und dezidiert französischer V e r s kompositorisch gestaltet worden ist. Und nicht nur auf deklamatorische „Korrektheit" als solche kommt es dabei an (sie darf vorausgesetzt werden), sondern auch und vor allem auf die musikalische Auseinandersetzung mit korrekter Vers-Deklamation, genauer: auf die Spannung zwischen den Ansprüchen der Versgestalt und dem kompositorischen Interesse an der Versaussage.

Die verwirrenden Berichte über den Charakter der „klassischen" Tragödien-Deklamation und seine Auswirkungen auf Lullys Rezitativ hat Dominique Muller unlängst in einer scharfsinnigen Studie mit überzeugenden Resultaten durchleuchtet[95]. Demnach war das, was man auf dem Sprechtheater als „chant" bezeichnete, nicht etwa Inbegriff eines besonders leidenschaftlichen Vortrags, sondern im Gegenteil eine „déclamation fautive", nach der Definition von Furetière[96]:

90 *Lully*, S. 95.
91 Der Partiturdruck Ballards von 1686 ist mit *Armide/Tragedie/Mise/ en Musique*. . . überschrieben; Girdlestone konnte die Gattung in dem genannten Buch speziell als „genre littéraire" behandeln (s. oben, Anm. 12).
92 *Lettre sur la Musique Françoise*, S. 79 (751).
93 *Réflexions*, S. 62 (2098).
94 Vgl. Schneider, *Rezeption*, S. 302; Schneider schränkt selbst sogleich ein: u. a. der Armide-Monolog beweise, daß „auch hier . . . ein hohes Maß an Ausdrucksintensität erreicht werden" könne.
95 *Aspects de la déclamation dans le récitatif de Jean-Baptiste Lully*, Forum Musicologicum II, 1980, S. 231–251; vgl. bes. S. 239 und 243.
96 A. Furetière, *Dictionnaire universel*. . ., La Haye und Rotterdam 1690; vgl. Muller, a.a.O., S. 236.

Chanter se dit pareillement d'un Orateur, d'un Déclamateur, d'un Comédien, lorsqu'ils ne varient pas assez leur voix, qu'ils ont une monotonie ou qu'ils retombent toujours dans une même cadence.

Das Verdienst Jean Racines habe darin bestanden, den Schauspielern – unter ihnen der berühmten und in der Opernliteratur vielbemühten Champmeslé – stattdessen umgekehrt eine „manière plus parlante de dire les vers" beizubringen: „Il aura fallu la réforme de Racine pour que la déclamation tragique, monotone et rigide, s'assouplisse et se nuance enfin".

1670 war die Champmeslé erstmals in einem Stück von Racine aufgetreten. 1672 scheint Lully (nach langjähriger Skepsis gegenüber der Eignung französischer Bühnensprache) damit begonnen zu haben, sein Rezitativ „à la Comédie sur les tons de la Champmeslé" zu formen (Bericht von La Viéville) – eben weil, so Mullers einleuchtende Interpretation, die Champmeslé gerade nicht mehr „chantait". Die Preisgabe des penetrant-eintönigen „chant" der Tragödien-Deklamation wäre also möglicherweise „la raison primordiale de la naissance de la tragédie lyrique en 1673". Denn dadurch erst sei es für den Komponisten überhaupt interessant und reizvoll geworden, die Textdeklamation seinerseits musikalisch differenziert und präzise „nachzuahmen".

Die Möglichkeiten melodisch-rhythmischer Nachzeichnung passioniert gesprochener Textdeklamation waren freilich begrenzt. Um so mehr sollte sich nach Grimarest der Komponist zugleich als „traducteur" jenes sentiment bewähren, das der Acteur seinerseits „par la déclamation" zum Ausdruck bringt. Hat sich der Komponist bei der Textvertonung einesteils so eng wie möglich an die „règles de la Déclamation" zu halten, so muß er sich andernteils doch auch um eine Intensivierung mit genuin musikalischen Mitteln bemühen. In dieser doppelten Aufgabenstellung liegt zugleich die Herausforderung an heutige Analyse (der sich Muller abschließend mit detaillierten Beobachtungen und aspektreichen Interpretationen auch selbst stellt).

Die kompositorischen Konsequenzen des angedeuteten „idéal très littéraire" sollen an zwei Versen des Armide-Monologs näher erörtert und dann wieder nach Indizien für eine „Kunst des Verbergens" befragt werden. Herausgegriffen seien die beiden emotional besonders bewegten und deshalb, wie gezeigt, in ihrer musikalischen Gestaltung entsprechend umstrittenen Verse:

Frappons. . . ciel! qui peut m'arrêter?
Achevons. . . je frémis! Vengeons-nous. . . je soupire!

Beide Verse, „octosyllabe" und „alexandrin", besitzen einen „accent fixe" auf dem Reim, der Alexandriner darüber hinaus einen zweiten „accent fixe" auf der „césure" in der Versmitte „*(fré)mis*"[97]. Daneben kennt der französische Vers schwächere, „sekundäre" Akzente, die z. B. den Alexandriner nach Einheiten jambischen oder anapästischen Charakters (wie die vier Versfragmente in „*Achevons. . .*") strukturieren können. Auch besteht die Möglichkeit, beliebige Silben nach ihrem emotionalen Gewicht (wie die Interjektion „*ciel!*") ad hoc zu akzentuieren.

Es gehört zu den Konventionen der Vers-Komposition, daß der „accent fixe" auf eine betonte Taktzeit fällt; der häufige Taktwechsel im französischen Rezitativ ist von dieser Konvention her zu erklären – und der Taktwechsel macht seinerseits deutlich, wie wichtig es genommen wird, daß die strukturell zentralen Elemente des Verses auch kompositorisch herausgearbeitet werden. Auch finden markantere vers-

---

97 Zu Einzelheiten der Verslehre vgl. die zusammenfassende Darstellung bei Muller, a.a.O., S. 244 (mit weiterer Literatur).

metrische Strukturen – hier mag das humanistische Ideal einer „musique mesurée à l'antique" noch nachwirken – häufig ihre Entsprechung in analoger musikalischer Rhythmisierung (der Anapäst beispielsweise in der Abfolge von zwei kürzeren und einem längeren Wert).

Ein sozusagen „normaler" Alexandriner ohne deklamatorische Besonderheiten kann metrisch-rhythmisch z.B. folgendermaßen gestaltet sein:

Est-ce ainsi que je dois me venger aujourd'hui!

Dieser Vers – er folgt unmittelbar auf „*Achevons. . .*" – demonstriert zugleich, in seiner wahrhaft schulmeisterlichen „régularité", was es für den Komponisten heißt, sich so eng wie möglich an die „règles de la Déclamation" zu halten. Und er läßt ahnen, wie eng die Grenzen für die kompositorische Gestaltung passionierten Ausdrucks angesichts der skizzierten Konventionen der Versvertonung gezogen sind. Denn nicht im ungezügelt-spontanen, metrisch-rhythmisch ungeformten Affekt-Ausbruch, sondern nur in extremer Zuspitzung der (im Prinzip normierten) Vers-Deklamation kann sich passion, können sich auch Gegensätze und Konflikte von passions musikalisch äußern (hinzu kommen natürlich melodische, harmonische und tonartliche Mittel, auf die im nächsten Abschnitt einzugehen sein wird).

Im Vers „*Achevons. . .*" z. B. geschieht dies, verglichen mit der „régularité" von „*Est-ce ainsi. . .*":

– durch Verschärfung der rhythmischen Kontraste (Kürzung bzw. Dehnung der Anapäst-Werte bis zur Proportion ♪♪♩ anstelle von „regulär" ♪♪♩)
– durch Wechsel der rhythmischen Wertkonstellationen in den einzelnen Versfragmenten bei gleichbleibendem metrischem Grundmuster (z. B. zweimalige Dehnung des „*je*")
– durch emphatische Pausen, die den einen Alexandriner – wie in einem Dialog[98] – in vier Satzfragmente auseinanderreißen
– durch Plazierung aller vier Anapäst-Längen jeweils auf dem Taktbeginn (dank Dehnung plus Pause): jedes der vier Versfragmente wird nicht nur eigenständiger, sondern auch nachdrücklicher:

Achevons. . . je frémis! Vengeons-nous. . . je sou- pire!

Der 8silbige Vers „*Frappons. . .*" erhält seinen Charakter vor allem durch die Interjektion „*ciel!*", die als expressive deklamatorische Geste u. a. Taktwechsel mit-

---

98 Vgl. C.-F. Ménestrier, *Des représentations en musique anciennes et modernes*, Paris 1681, S. 246: „. . .les Alexandrins ont un repos aprés la sixiéme syllabe, comme si chacun d'eux faisoit deux Vers. . . et dans les dialogues un Vers se peut separer en plusieurs repos" (es folgt ein Beispiel aus Lullys *Cadmus et Hermione* II,4: „Vous fuyez – Il le faut – Demeurez – Je ne puis").

ten im Vers erforderlich macht. Im Vergleich mit dem relativ „regulären" octosyllabe „*Qu'il éprouve toute ma rage*. . ." fällt auch hier auf:
— stärkere Kontrastierung der Notenwerte
— Einfügung von Pausen, also emphatische Trennung von Verspartikeln
— schließlich sogar zweimaliger Taktwechsel: emotionaler wie struktureller
  („fixer") Akzent sollen auf Taktbeginn fallen.
Im übrigen sind die beiden Verse — von der Interjektions-Ausnahme abgesehen — in
geradezu stereotyper Weise metrisch-rhythmisch analog gebildet:

Auf weitere metrisch-rhythmische Analogien zwischen den Versen des Monologs
(wie auch auf weitere Abwandlungen der Grundmuster) braucht hier nicht mehr
eingegangen zu werden. Sie sind evident, sobald die rhythmische Fassung nicht nur
von „korrekter Text-Deklamation" im allgemeinen, sondern speziell von der musikalischen Realisierung der Versstruktur her analysiert wird[99].
   Die Beispiele und Vergleiche machen deutlich: die „régularité scolastique", die
Rousseau am Armide-Monolog bemängelt, ist dem „chef-d'œuvre de déclamation"
nicht nur „system-immanent", sondern sie ist zugleich auch Voraussetzung für die
besondere Art seiner Expressivität. Diese beruht gerade nicht auf unmittelbarer
Nachahmung des „cri de la nature" aus den innersten „entrailles" heraus[100]. Sie
manifestiert sich vielmehr in der kalkulierten (auch nach ihrer Intensität kalkulierten) Abweichung vom Grundmuster „regulärer" — und das heißt sogar bei Lully oft
genug: stereotyp-routinierter — Vers-Deklamation[101]: sie manifestiert sich im jeweiligen Grade der Abwandlung, Übertreibung, Verzerrung, der emphatischen Betonung, ja Herauslösung einzelner Elemente, in der Art von Kohärenz oder Dissozia-
tion von Verspartien, in den Mitteln der Kontrastierung ganzer Verszeilen usf. —
und dies stets im stilistisch verbindlichen Rahmen von œconomie und bienséance.
   Ein guter Teil der Expressivität des Monologs — und ein guter Teil auch seiner
Art von „gallicanisme musical" — resultiert aus ebenso sensibler wie überlegter
Auseinandersetzung mit dem französischen Vers: aus der vom Komponisten erzeug-
ten Spannung zwischen Nähe und Ferne zu seiner „régularité", aus dem Wechsel-
spiel von Annäherung und Entfernung, aus der Balance zwischen Bestätigung und
Störung von Versmodellen, deren grundsätzliche Präsenz außer Frage steht. Gerade
sie müssen mitgehört werden, wenn solche Spannung und Balance überhaupt wahr-
genommen werden und zu ihrer eigenen expressiven Wirkung gelangen sollen.
   Lully „opfert" die Musik keineswegs dem Text. Er verbindet beide in einer
Weise, die nicht nur die Musik, sondern auch den Text — den französischen Vers als
Vers — wirken, und auch auf die Musik zurückwirken läßt. Dabei „verbirgt" er

99 Vgl. hierzu die grundsätzlichen Darlegungen bereits bei Rolland, a.a.O., S. 152 ff.
100 Vgl. Diderot, *Entretiens sur le Fils naturel*, a.a.O., S. 168.
101 Auch Rolland hat die Routine — bis hin zur „monotonie accablante" — bei Lully nicht ge-
    schont (a.a.O.).

nichts: viel eher wäre hier von einer „Kunst der I n t e g r a t i o n" zu sprechen, für die die Versdichtung so konstitutiv ist, wie es die Gattungsbezeichnung „Tragédie en musique" selbst bereits akzentuiert.

VII.

Affektentheoretische Konzentration auf Armides „caractere général"; Ökonomie bei der kompositorischen Gestaltung von „passions" und „contrastes" nicht zuletzt um des ästhetischen Ideals der „unité" willen; Unterwerfung unter das aristokratische Verhaltens- und Stilgebot der „bienséance"; kalkulierte Distanz zur Musik Italiens und zu ihren (realen oder konstruierten) „extravagances" und „excès"; spürbarer Verzicht auf lückenlose emotionale Determiniertheit des Satzes zugunsten eines gewissen Freiraums, der es der Actrice gestattet, Deklamation und Szene auch nach persönlichem Vermögen individuell zu „passionner"; konsequenter, wenn auch 'höchst variabler und spannungsvoller Bezug der „déclamation chantante" auf die „régularité" des französischen Tragödienverses – all dies hat nicht nur Anerkennung und Begeisterung hervorgerufen. Es hat, in wechselnder Gewichtung je nach Standort und Interessenlage der Autoren, ebenso beigetragen zu Unbehagen und Ungenügen an *Armide*, bis hin zu gravierenden Vorbehalten gegenüber Lully, ja zu grundsätzlicher Ablehnung der durch ihn geprägten französischen Operntradition. Als „reflection of a society and a way of life"[102] wurde die Tragédie lyrique schließlich – zumal für den Kreis der Enzyklopädisten und ihrer Anhänger – zum bevorzugten Ziel sozial- und kulturkritisch begründeter Angriffe. Diese sollten eine Gesellschaftsschicht und die von ihr bestimmte Gesellschaftsordnung treffen, in der „Bouffoniste, Républicain, Frondeur, Athée, (j'oubliois Matérialiste)" geradezu als „termes synonimes" gelten konnten, wie d'Alembert nicht ohne gewissen Stolz vermerkt hat[103].

Schon während der „Querelle du *Cid*" hatte ein anonymer Autor den Zusammenhang zwischen sozialer Zugehörigkeit und künstlerischen Vorlieben thematisiert und dabei, mit Blick auf den „Geschmack des Volkspublikums", von „nous autres qui sommes du peuple" gesprochen, „qui aymons tout ce qui est bizarre et extraordinaire"[104]. So mochte es nun allein schon aus politisch-taktischen Erwägungen heraus nahegelegen haben, die als bizarr-exzessiv geltende Musik Italiens – das traditionelle Gegenbild eines nach höfischen Idealen konzipierten „gallicanisme musical" – zum Inbegriff einer „wahrhaft natürlichen" Musik umzuwerten und der Tragédie lyrique die bewußte Zurückhaltung und Stilisierung als Mangel, als Versäumnis anzulasten. Die Wirkung der Kritik hing freilich weniger von der Verve als vom konkreten Sachbezug der Argumentation ab. Diderot hat deshalb bereits im Februar 1753 einen prinzipiellen Stilwandel des „combat" gefordert („j'espere que

102 Vgl. C. Girdlestone, *Jean-Philippe Rameau. His Life and Work*, New York ² 1969, S. 571.
103 *Liberté*, S. 397 f. (2217 f.).
104 Vgl. Köhler, a.a.O., S. 107.

bientôt... les raisons succéderont aux personnalités, le sens commun à l'épigramme, et la lumiere aux *prophéties*") und dabei auch eine minuziöse Auseinandersetzung mit vergleichbaren französischen und italienischen Kompositionen angeregt[105].

Rousseaus alsbald publizierte „analyse" des Armide-Monologs war allerdings von so programmatischer Einseitigkeit, daß sie, wie dargelegt, zu ebenso engagierten wie gründlichen Gegenanalysen herausforderte. Eine alternative affektentheoretische Interpretation ist in Abschnitt II. erörtert worden. Von einer alternativen kompositorischen Stellungnahme – Rameaus schon wiederholt zitierten *Observations* aus dem Jahre 1754 – soll abschließend die Rede sein.

Die Gegenanalyse Rameaus ist weit mehr als eine bloß professionelle Replik. Sie ist, den Umständen des Disputs gemäß, zugleich Parteinahme für eine Gattung und ihren auch sozial geprägten Stil, und sie dient Rameau darüber hinaus als Gelegenheit für eine „vivid illustration of important theoretical ideas" aus dem Fundus seiner eigenen jahrzehntelangen Bemühungen um das „principe de l'harmonie"[106]. Kompositorische Beobachtung, Apologie und Polemik sowie theoretische Demonstration durchdringen einander.

Trotzdem sind die *Observations* nicht nur ein Rezeptions-Dokument: sie kommen ebenso auch der Analyse zugute. Denn wie voreingenommen Rameau auch immer vorgehen mag: er setzt sich mit Lully auseinander als ein Mann von Métier, der die Gattung und ihre Stilforderungen als Komponist persönlich beherrscht, und der zugleich ein außergewöhnlich subtiles Sensorium für die Situation und für die Möglichkeiten eines Komponisten besitzt, der sich vielfältigen Restriktionen unterworfen hat und deshalb um so intensiver am Detail arbeiten und mit der Nuance wirken muß.

Rameau schätzt, verteidigt – und sucht – an Lully, was Raymond Picard im Blick auf den älteren Malherbe die „Tugend der Selbstbeschränkung" genannt hat: „Konzentration und Disziplin", deren Ziel der „nicht mehr reduzierbare Kern des Werkes" ist – das eben solcher Konzentration und Disziplin den Eindruck „der Reinheit, der strengen Geschlossenheit, des Endgültigen" verdankt[107]. Rameau weiß um eine künstlerische Haltung, wie sie Anthony Blunt bei Corneille und Poussin charakterisiert hat als „exposition which states everything essential and leaves out everything incidental": als ein Arbeiten „within very strict rules", das auf „concentration rather than richness" abzielt, und dem es gerade dadurch gelingt,

105 *Au Petit Prophéte...*, S. 6 ff. (420 ff.).
106 Vgl. E. Cynthia Verba, *The Development of Rameau's Thoughts on Modulation and Chromatics*, JAMS XXVI, 1973, S. 73 u. passim, mit detaillierten Beobachtungen zum Armide-Monolog. Zum engen Wechselverhältnis von theoretischen Ideen und Kompositionsverfahren bei Rameau vgl. jetzt Chr. Berger, *Ein „Tableau" des „Principe de l'harmonie": „Pygmalion' von Jean-Philippe Rameau*, Colloque International de Musicologie: Jean-Philippe Rameau (Dijon 1983, im Druck).
107 *Von La Fontaine bis Rousseau. Kritische Modelle zur französischen Literatur*, München 1970, S. 40 f.

den Betrachter „by an infallibly calculated series of steps" genau zu dem Punkt zu führen, auf den es ankommt[108].

Inwieweit Rameau mit seiner apologetischen Analyse – bzw. mit seiner analytischen Apologie – nicht nur dem Rang, sondern auch den Intentionen Lullys gerecht geworden ist, läßt sich im einzelnen kaum mit Gewißheit ermitteln. Er hat sogar selbst eingeräumt, Lully z. B. nach einem Harmonie-Prinzip zu analysieren, von dem dieser „n'avoit aucune connoissance"[109]. Problematisch ist auch, daß Rameau die wirkenden Faktoren bei Lully allein i n dessen Musik selbst sucht: als explizit komponiert und notiert, zumindest aber als „stillschweigend einbegriffen". Da die oben mehrfach betonte mitkomponierte Distanz und Spannung zum vielschichtigen Kontext für Rameau also kein Thema ist, erhält das kompositorisch manifeste Detail in seinen Analysen um so größeres Gewicht. Folgerichtig steht bei ihm das Bemühen um den Nachweis im Vordergrund, „que ce récitatif ne peut être apprécié que si l'on veut bien le regarder et l'écouter de près"[110]. Unabhängig aber davon, inwieweit Lullys Intentionen jeweils wirklich getroffen sind: auch dort noch, wo er Lully seine eigenen Ideen unterschiebt, entwirft Rameau aus intimer Vertrautheit mit der Gattungstradition und ihren Ansprüchen das Bild einer kompositorischen Einstellung, deren Kenntnis für jede Lully-Analyse unerläßlich ist.

Es würde hier zu weit führen, all die ideenpolitischen und musiktheoretischen Kontroversen nebst Voraussetzungen und Folgen erneut aufzurollen, in die Rameau und seine Zeitgenossen sich verstrickt haben, und aus denen heraus sie ihr Verhältnis zu Lully entwickeln und begründen[111]. Auch Rameaus Erörterungen und Stellungnahmen sind seit langem so eingehend untersucht, daß sich die folgenden Überlegungen auf wenige exemplarische Aspekte konzentrieren können. Sie betreffen Rameaus Reaktion vor allem auf drei konkrete Vorwürfe Rousseaus gegenüber Lully: tonartliche Einförmigkeit, harmonische Kraftlosigkeit, melodische Ausdrucksarmut[112]. Dabei ist auffällig und aufschlußreich, daß Rameau – anders als der „patriote" – Rousseaus Ansprüche durch seine Alternativ-Interpretation nicht beiseiteschiebt, sondern sie im Gegenteil als (mehr oder weniger) erfüllt zu erweisen sucht: erfüllt freilich mit den Lully

108 *Art and Architecture in France 1500 to 1700*, Harmondsworth [4]1980, S. 284.
109 *Observations*, S. 76 (1826). D'Alembert konnte deshalb replizieren, Rameau habe in Lullys Baß „mille choses *sous-entendues*" hineingelegt, „auxquelles Lulli n'a jamais pensé" (*Liberté*, S. 436 [2256]) – womit er seinerseits Rameau nur bedingt gerecht geworden ist, da sich dieser nicht als Erfinder, sondern als Entdecker eines zeitlos gültigen Prinzips betrachtet: „conduit par le sentiment, et par le goût", also sozusagen „instinktiv", habe Lully dies auch in seiner Musik bereits zu realisieren vermocht (a.a.O.).
110 Malgoire, a.a.O., S. 214.
111 Zu den unterschiedlichen Natur-Begriffen Rameaus und Rousseaus – „nature des choses" bzw. „nature de l'homme" – mit ihren Konsequenzen für eine theoretische – physikalisch-ahistorische bzw. anthropologisch-historische – Begründung der Musik und zu der entsprechend konträren Ableitung und Gewichtung von harmonie und mélodie vgl. zuletzt die Arbeiten von Catherine Kintzler: *Rameau et Rousseau: le choc de deux esthétiques*, = Préface von: J.-J. Rousseau, *Ecrits sur la Musique*, Paris 1979; *Les grâces de la musique et les délices de la science*, = Présentation von: J.-Ph. Rameau, *Musique raisonnée*, Paris 1980; *Jean-Philippe Rameau. Splendeur et naufrage de l'esthétique du plaisir à l'âge classique*, Paris 1983.
112 Rousseau bezieht sich vor allem auf die oben im Faksimile wiedergegebenen Monolog-Partien; seine Vorbehalte sind in Abschnitt II. bereits zusammenhängend zitiert worden.

verfügbaren Mitteln nach Maßgabe der durch die Gattung gesetzten Stilgrenzen, wie Rameau sie sieht.

Am Vers *„Quel trouble me saisit! qui me fait hésiter?"* hatte Rousseau u. a. bemängelt: „Ce vers est dans le même ton, presque dans le même accord que le précédent". Rameau erwidert nicht nur, daß hier „le *Mode* change à chaque phrase"[113]; sondern er arbeitet vor allem seine Beobachtung heraus, daß Lully sich im Vers *„Par luy. . ."* von der eingangs nachdrücklich exponierten Monolog-Grundtonart e-Moll zu entfernen beginnt, um sie dann über eine Reihe von Versen hinweg konsequent auszusparen. Für Rameau erzeugt Lully auch ohne drastische Ausdrucksmittel allein durch das Vermeiden der Grundtonart schon eine Spannung, die der plötzlichen Irritation, den Zweifeln und dem Zögern Armides korrespondiert, und die sich von Vers zu Vers noch steigert: je länger nämlich die Grundtonart ausbleibt. Entsprechend „schlagend" wirkt für ihn dann auch die Rückkehr nach e-Moll just in dem Moment, in dem Armide ihre Fassung wiedergefunden hat und sich mit einem energischen *„Frappons. . ."* selbst zum tödlichen Streich anfeuert. Die Grundtonart wird, so Rameau[114], im vorangehenden Vers (auf *„dire?"*) „si bien", so angemessen und treffend erreicht,

que le *Mode mineur* de *mi*, celui qui règne dans tout le Monologue, celui qui seul y préoccupe, et qu'on vient de faire désirer plus fortement que jamais par tous les différens *Tons* ou *Modes* qui l'ont suivi depuis le quatriéme Vers, sçavoir, ceux de *ré*, de *sol*, d'*ut*, et de *la*, si bien, dis-je, que ce même *Mode* de *mi* tant désiré s'annonce, revient, et va tout d'un coup frapper [!] sur sa *Tonique* en y montant de *Quarte*, justement pour exprimer le mot décisif, *Frappons*.

Rameau empfindet hier also keineswegs tonartliche Monotonie und Langeweile, sondern im Gegenteil hohe Spannung: der Hörer werde „toujours. . . en suspens" gehalten „jusqu'au moment où le grand coup doit porter"[115].

Bezeichnend ist an dieser Interpretation, daß Lully eine weit ausgreifende tonartliche Disposition zugetraut wird, die auf die emotionalen Vorgänge abgestimmt ist, und die von sich aus Spannung erzeugt. Die Monolog-Komposition wird — analog der affektentheoretischen Betonung des „caractere général" — nach größeren, versübergreifenden musikalischen Einheiten gegliedert: Rameaus Diktum „Lulli pensoit en Grand" ist denn auch zunächst speziell auf tonartliche Zusammenhangsbildung gemünzt[116]. Und indem sich, ähnlich wie bei der kompositorischen Versgestaltung, Spannung — in décence und délicatesse — bereits aus dem Wechselspiel von Nähe und Ferne zur Grundtonart und aus der Dauer der Entfernung ergeben soll, erweisen sich auch die von den „philosophes" erwarteten auffälligeren und gröberen Ausdrucksmittel geradezu als überflüssig: nach Rameau jedenfalls für denjenigen, der zu hören, der h i n - zuhören versteht.

Entsprechende Sensibilität für „dezent" gestaltete énergie und force setzt Rameau auch beim Nachvollzug der harmonischen Bewegung voraus. Der abwärtsgerichtete Sekundschritt in Lullys Baß, der den D-Dur-Akkord (zum Wort *„rage"*) beim Schlüsselwort *„trouble"* in einen Dominantseptakkord verwandelt, ist für Rousseaus Ohren eine kompositorische Lappalie: „Eh Dieux! il est bien question de tonique et de dominante dans un instant où toute liaison harmonique doit être interrompue. . .". Rameau sieht demgegenüber in dem Schritt einen dramatischen Umschlag, wie zwischen Tag und Nacht. Denn hiermit wird zugleich — tonartlich großräumig betrachtet —, eine Akkordfolge in Subdominant-Richtung (D – G – C) eingeleitet, die (seinen eigenen Theorien zufolge) einer Wendung zum musikalischen Ausdruck von „mollesse", „foiblesse", „humiliation", „tristesse" mit harmonischen Mitteln gleichkommt[117]. Mögen bei so konträrer interpretatorischer Gewichtung des Übergangs auch der „Generationsunter-

113 A.a.O., S. 90 (1846).
114 A.a.O., S. 91 f. (1849 f.).
115 A.a.O., S. 96 (1854).
116 A.a.O., S. 78 (1828).
117 Vgl. a.a.O., S. 52 ff. (1798 ff.).

schied" mit divergierenden Hörerfahrungen, auf seiten Rameaus auch die „strenge Disziplin" des eigenen theoretischen Systems mit der Folge besonderer harmonischer Sensibilität eine wichtige Rolle spielen[118] : mindestens ebenso dürfte sich auswirken, daß Rameau den harmonischen Wechsel aus der „Disziplin" gattungsspezifischer bienséance heraus nuancierter zu hören vermag – und bereit ist – als Rousseau, der eher ungezügelten Affektausdruck (hier sogar den „Bruch" jeglichen harmonischen Zusammenhangs) erwartet.

Aus analogen Gründen kann Rousseau auch den Vers „*Achevons. . . je frémis! Vengeons-nous. . . je soupire!*" nur monoton, ja abgeschmackt finden: bewegt er sich doch – in angeblich schärfstem Widerspruch zu Armides „agitation" – lediglich in simplen Kadenzschritten über G. Für Rameau indes dürfte schon die Distanz des Verses zur Grundtonart für eine gewisse Spannung sorgen. Dazu kommt, daß die Harmonieschritte mit den emotionalen Akzenten übereinstimmen – das verwirrte Eingeständnis „*je frémis!*" wird vom Schritt zur Subdominante begleitet, während dem Schritt zur Dominante der energische Text „*Vengeons-nous. . .*" zugeordnet ist.

In Hinsicht auf diesen Vers läßt Rameau auch selbst durchblicken, wie sehr seine eigene Interpretation den stilistischen Restriktionen der Gattungstradition verpflichtet ist. So bestehe das besondere Verdienst Lullys darin, „d'avoir sçû si bien rendre l'impétuosité de tant de différens mouvemens avec un fond d'Harmonie aussi simple que celui qui y est employé". Die von Rousseau vehement vermißten „écarts harmoniques" seien in solcher „simplicité" durchaus angemessen verwirklicht – freilich, im Sinne von bienséance, also nicht in Form jener Sorte von „écarts",

dont la dureté se fait toujours sentir, et qui sont la ressource ordinaire des génies bornés, qui ne peuvent s'échauffer qu'en forçant la Nature. . .,

sondern mit jenen „*écarts doux*, dont la *liaison*, quoiqu'agréable, ne laisse pas que de faire sentir les différens mouvemens qu'ils peignent"[119].

Deutlicher kann Unterwerfung unter die Normen schicklicher Zurückhaltung kaum formuliert werden, deutlicher ist aber auch selten gesagt worden, daß der Hörer von sich aus alle Aufmerksamkeit und alles Differenzierungsvermögen auf die Musik richten muß, um Lullys „écarts doux" wahrnehmen und angemessen nachvollziehen zu können.

Die mélodie ist nach Rameaus Theorien der harmonie nachgeordnet; sie gilt – zusammengesetzt aus einer Auswahl aufeinanderfolgender Harmonietöne – als deren „produit"[120]. Entsprechend knapp sind Rameaus analytische Hinweise auf Lullys melodische Gestaltungsprinzipien: sie beschränken sich (mit fast provozierend allgemein gehaltenen Wörtern) in der Regel auf den Wechsel von „haut" und „bas", erfassen aber nichtsdestoweniger einige charakteristische und durchaus auch expressive Wendungen.

So thematisiert Rameau im Vers „*Achevons. . .*" den abrupten Wechsel der Lagen je nach Ausdruck von Entschlossenheit oder irritierter Resignation. Und er verweist auch auf den deutlich unterschiedenen Charakter knapper melodischer Gesten – etwa des energisch aufwärtsgerichteten Quartsprungs („*Frappons. . .*"; „*Achevons. . .*"), der auf den Grundton der Tonart zielt, oder auf die eher unsicher, zweifelnd gewundene Geste, die dem Aufstieg in der Regel einen Quint-, zumindest aber einen Terzfall folgen läßt (gleich dreimal hintereinander: „*. . .me saisit? /qui me fait hésiter?*"; ferner: „*m'arrêter?*"; „*je frémis!*"; „*je soupire!*").

Wie subtil Lully mit dergleichen sprachlich-metrisch-melodischen Gesten arbeitet, läßt sich am Versfragment „*Vengeons-nous. . .*" gut beobachten. Einerseits will sich Armide noch einmal zur Rachetat aufraffen; andererseits fühlt sie allein schon an ihrem eigenen Beben, daß sie zu der Tat nicht mehr imstande sein wird. So wählt Lully einerseits die extreme Hochlage (bislang höchster Melodieton) nebst dominantischer „force", läßt Armide andererseits jedoch die gewundene, gebrochene Geste mit fallendem Schlußintervall singen. Er gestaltet damit eine Minia-

118 Vgl. Gülke, a.a.O.
119 A.a.O., S. 105 f. (1865 f.).
120 A.a.O., S. 58 (1806).

tur, die in sich selbst ambivalent, ja geradezu widersprüchlich ist, und er bringt eben damit musikalisch zum Ausdruck, was der „patriote" bereits in seiner affektentheoretischen Interpretation behauptet hatte: daß es nämlich in diesem Augenblick nur noch um „des désirs superflus ou de vains projets" gehe, „qui ne peuvent plus avoir d'exécution"[121].

Rameaus „Lektüre" des Armide-Monologs „de près" läßt eine kompositorische Haltung einsichtig werden, für die es geradezu konstitutiv ist, daß sie — aus welcher theoretischen Begründung heraus und mit welchen praktischen Mitteln und Verfahren auch immer — infolge bewußter Selbstbeschränkung expressive Intensität durch eine konzentrierte und subtile Gestaltung des Details, durch äußerste Differenzierung im Bereich der Nuancen zu verwirklichen sucht.

Obwohl sich Rameau in seiner Lully-Interpretation auf „Verborgenes" beruft, trägt gerade auch er dazu bei, die Formel von der „Kunst des Verbergens" ein weiteres Mal präzisierend in Frage zu stellen. Was Rameau — als Komponist feinster emotionaler Schattierungen kompetent wie wohl kein anderer Autor seiner Zeit[122] — bei Lully letztlich aufdeckt, ist nicht eine „Kunst des Verbergens", sondern eine Kunst der N u a n c i e r u n g , der D o s i e r u n g , der A n d e u t u n g . Und deren Intensität beruht weniger auf „verborgenen" Prinzipien, als vielmehr auf ihrer Rolle, auf ihrer Chance in einem künstlerisch-sozialen Kontext, der durch Konzentration, Ökonomie, Zurückhaltung, Aussparen, Vermeiden, Verzichten, durch eine Vielzahl von „loix rigoureux" geprägt ist, und in dem deshalb sogar die Nuance — als „bloße" Nuance — zu Geltung und Wirkung kommen kann.

VIII.

„. . .sçavoir si bien cacher l'Art par l'Art même": mit dieser Formulierung bezieht sich Rameau in den *Observations* speziell auf ein hypothetisches Phänomen, das in der Notierung selbst „verborgen" bleibt, das musikalisch, beim Hören, aber trotzdem wirksam werden soll: auf den „jeu de Chromatique", den „Chromatique sous-entendu", d. h. auf die von ihm theoretisch postulierte „stillschweigend einbegriffene" Dissonanz, die für eine zwingende „Verkettung der Akkorde" sorgen soll[123].

Mit der prägnanten Formulierung verbindet sich für das Dixhuitième freilich nicht nur eine speziell musiktheoretische, sondern auch eine generell musikästhetische Vorstellung. So versichert Rameau z. B. in dem berühmten Brief an Houdar de la Motte vom 25. Oktober 1727, er mache in seinen „productions" zwar ausgiebig Gebrauch von seiner „science", doch bemühe er sich zugleich „de cacher l'art par

---

121 *Réflexions*, S. 112 (2148).

122 In leicht ironischer Brechung hat dies auch Diderot anerkannt: „Avant Uremifasolasiututut [= Rameau], personne n'avait distingué les nuances délicates qui séparent le tendre du voluptueux, le voluptueux du passionné, le passionné du lascif": *Les bijoux indiscrets*, Œuvres romanesques, hg. von H. Bénac, Paris 1962, S. 34.

123 A.a.O., S. 105 (1865); vgl. C. Dahlhaus, *Untersuchungen über die Entstehung der harmonischen Tonalität* (= Saarbrücker Studien zur Musikwissenschaft II), Kassel usf. 1968, S. 22 ff.

l'art même"; denn nicht die „sçavans", sondern die „gens de goût" habe er als Adressaten seiner Kompositionen primär im Auge[124]. So wie eine Rede gemäß der aristotelischen celare-artem-Regel um so stärker wirkt, je weniger sich die angewandten Kunstmittel bemerkbar machen, so verdankt nach Überzeugung der Rameau-Zeitgenossen auch die Musik ihre Wirkung nicht einer Demonstration des kompositorischen „travail", sondern eher dem Charakter einer gewissen „Leichtigkeit" und „Natürlichkeit" — wie ihn Bollioud de Mermet bereits bei Lully anzutreffen meint[125] :

Tout plaît dans sa Musique, tout charme, tout intéresse. La nature s'y exprime naïvement: l'Art s'y cache habilement. Il y régne, je ne sçais quel air de décence et de dignité peu commun au théatre. Tout y paroît si aisé, si coulant, qu'on seroit tenté de ne lui tenir aucun compte de son travail: tant on est persuadé, par le naturel de ses compositions, qu'elles lui ont peu coûté.

Indes: die fortschreitende Demontage und Korrektur der Formel von der „Kunst des Verbergens" hat gezeigt: Lully „verbirgt" nicht — er konzentriert, spart aus, verzichtet usf., kurz: seine Kunst ist viel eher eine Kunst des W e g l a s s e n s oder, positiv gewendet: eine Kunst des W ä h l e n s . Sie ist vergleichbar der Haltung Poussins, dessen Gemälde *Eliézer et Rebecca* Charles Lebrun 1682 (vier Jahre vor Lullys *Armide*) gegen den Vorwurf in Schutz nehmen mußte, durch das Weglassen der Kamele sei die „fidélité de l'histoire" verletzt worden[126] :

M. Poussin, cherchant toujours à épurer et à débarrasser le sujet de ses ouvrages et à faire paroître agréablement l'action principale qu'il y traitoit, en avoit rejeté les objets bizarres qui pouvoient débaucher l'œil du spectateur et l'amuser à des minuties.

Wenn Rolland gegenüber Lully geltend macht, er sei zwar „un homme intelligent" gewesen, „qui comprenait la passion, et qui en sentait la grandeur", der sie aber nur „de dehors" gesehen und „d'une façon volontaire" „gemalt" hätte[127], so charakterisiert er damit exakt das Vorgehen des „denkenden Musikers" jener Zeit: das Vorgehen eines Musikers, der — analog dem „Verfahren des gelehrten, wenn nicht des intellektuellen Malers" Poussin[128] — aus der Fülle des Möglichen und Denkbaren, aus den „mille particularitez" des Verfügbaren[129] bewußt und kalkuliert auswählt, und das Ausgewählte im Blick auf die Stilerwartung wie auf die

124 Zit. nach dem „Commentaire bibliographique" von Ch. Malherbe in: J.-Ph. Rameau, *Hippolyte et Aricie*, hg. von V. d'Indy (Œuvres complètes VI), Paris 1900, S. XXXIII f.

125 *De la corruption du goust dans la Musique Françoise*, Lyon 1746, S. 9 f.

126 Nach dem Protokoll von Guillet de Saint-Georges über die Sitzung der Académie Royale de peinture et de sculpture am 10. Oktober 1682, zit. nach dem Katalog *Nicolas Poussin (1594–1665)*, Düsseldorf 1978, S. 46.

127 A.a.O., S. 160.

128 Vgl. O. Bätschmann, *Poussins Narziss und Echo im Louvre: Die Konstruktion von Thematik und Darstellung aus den Quellen*, Zeitschrift für Kunstgeschichte 42, 1979, S. 46 u. passim.

129 Vgl. schon Mersenne, a.a.O., S. 364, samt den vorangehenden Ratschlägen und Katalogen. Roger de Piles spricht wörtlich von einem mit „choix" und „jugement" angelegten „magasin" von „idees", dessen sich der Künstler nach Bedarf bediene (nach Bätschmann, *Poussins Narziss und Echo*, S. 36).

angestrebte Wirkung überlegt, planvoll und insofern sicherlich auch mit einer gewissen „Willkür" zur Einheit zusammenfügt.

Er dient damit zugleich dem künstlerischen Gebot der „vraisemblance", die sich ihrerseits an den Normen der bienséance orientiert, und die — etwa nach d'Aubignac — erst dann als erreicht gelten darf, wenn „sie die Wirklichkeit in gewisser Weise perfektioniert, indem sie nur das an ihr berücksichtigt und sichtbar macht, was wesentlich ist, indem sie aber auch all das an ihr zurückweist, was den moralischen, politischen und ästhetischen Normen der Gesellschaft widerspricht"[130]. Allein schon um der vraisemblance willen muß der französische Komponist „unterscheiden" können und zum „Wählen" bereit sein. Zugleich vermag er gerade auch hierin — jedenfalls nach Ansicht der Lully-Anhänger — seine Überlegenheit über das italienische Gegenbild zu erweisen[131]:

Le Compositeur Italien..., à force de vouloir tout peindre indistinctement et sans choix, anéantit sans ressource cette noble vraisemblance qui fait à nos yeux le principal mérite d'une representation theatrale.

---

130 H.-J. Neuschäfer in der Einleitung zu der oben, Anm. 64, genannten Ausgabe, S. XXI f. (Faks. Genf 1971).
131 *Réflexions d'un patriote...*, S. 124 f. (2160 f.).

Bachs Capriccio B-Dur
Nachahmung um 1700

von

ROLF DAMMANN

Der Begriff ‚Nachahmung' stößt im 18. Jahrhundert auf Kritik. Man beurteilt ihn abschätzig in Musik und Literatur. Zunehmend gerät er in den Verdacht des Unschöpferischen. Nachahmende oder schildernde ‚Tonmalerei' mag in schmalen Grenzen hinnehmbar sein. Unerträglich und suspekt wird sie, sobald sie sich erhebt zum ästhetischen Selbstzweck. Um die Kompositionsidee seiner 6. Symphonie abzuschirmen gegen drohende Mißverständnisse, vermerkt Beethoven: „Mehr Ausdruck der Empfindung, als Mahlerey"[1], und mit einer empörten, an Drastik unüberbietbaren Notiz versieht er Gottfried Webers Caecilien-Rezension seines Opus 91[2]. Neben anderen äußert sich zur Nachahmung Johann Jacob Engel, Erzieher von Alexander und Wilhelm v. Humbold sowie des nachmaligen Königs Friedrich Wilhelm III.: *Über die musikalische Malerei* (1780)[3].

Die Ursachen dieser Allergie gegen ‚Nachahmung' liegen in den tiefgreifenden Veränderungen des musikalischen Bewußtseins gegen 1750. Sie vergegenwärtigen sich im Zeitalter der Empfindsamkeit, mehr noch im Sturm und Drang. Wesensverbunden sind sie dem umwälzenden Naturbegriff Rousseaus[4] und dem daraus folgenden Genie-Kult. Denn sobald der Komponist in seinem Werk nicht mehr objektbezogen darstellt, sondern, als Subjekt, sich selbst ausdrückt[5], ist auch dem Nachahmungsprinzip die Grundlage entzogen.

Es wäre verfehlt, vorangegangene Epochen mit diesem Konfliktpotential zu belasten oder auch nur ästhetisch zu beargwöhnen. Die angeschnittene Problematik bleibt ihrem Horizontbewußtsein fremd. Nichts davon gelangt in den Lichtkegel der Erkenntnis. Das Denken und Vorstellen hat einen anderen Wesenskern. Dem Spätbarock galt Musik noch immer als eine der Nachahmung fähige und verpflich-

---

1 Handschriftlich; erste Druckausgabe, Rückseite des Titelblatts der I. Violinstimme.

2 „Ach du erbärmlicher Schuft, was ich scheiße ist besser, als was du je gedacht".

3 An den Königl. Capellmeister Herrn Reichardt, geschrieben 1780 (= Schriften, Bd. IV), Berlin 1802; frz. von H. Jensen, Paris 1789.

4 Natur als Gebärerin: sie erzeugt aus sich heraus unbegreiflichen Reichtum an Formen und Kräften. – Vgl. Goethes Gespräch mit Eckermann vom 8. Okt. 1827.

5 H. H. Eggebrecht, *Das Ausdrucks-Prinzip im musikalischen Sturm und Drang*, DVjs. XXIX, 1955, bes. S. 333 f.

tete Kunst. Erinnerlich seien vielmehr die über zweitausend Jahre zurückliegenden Bemerkungen des Aristoteles zur Musik als Mimesis[6].

Kunst als Nachahmung der Natur: das ist und bleibt ein Fundamentalsatz auch im Mittelalter. Mit ausdrücklichem Bezug auf Aristoteles versichert Thomas von Aquin: „ars imitatur naturam in quantum potest"[7]. Und noch 1697 bestätigt Andreas Werckmeister: „[...] die Music ein Spiegel der Natur [...] ars enim imitatur naturam [...]"[8]. Freilich wird diese Natur als Kunst (Kunstwerk) Gottes verstanden. Anschließend beim Topos „Deus artifex" kann Athanasius Kircher 1650 sagen: „natura [...] ars Dei", – ein Gedankengang, der sich verfolgen läßt von Platon (*Timaios*) über Cicero, Apuleius, Irenaeus, Origines, Raimundus Lullus, Nicolaus von Cues.

Zwar ist im Umfeld dieser Zitate nichts zu lesen von der Nachahmung bestimmter Naturvorgänge. Vielmehr beziehen sich die Stellen auf das althergebrachte Verhältnis von Urbild und Abbild[9]. Jedoch war die Schrittfolge zwingend, solche Analogie zu konkretisieren, sie gleichsam punktuell zu beziehen auf Naturausschnitte und Nachahmungen von Details.

Die epochale Wende geschah im späten 15. Jahrhundert mit der musikalischen Gewichtsverlagerung vom Quadrivium zum Trivium. Eine zunehmend humanisierte Konzeption der Musik bezog sich auf die Sprache: deklamatorisch, bildhaft, affektiv. Mithin rückte das in der griechisch-römischen Antike erkannte Wert- und Würdezeichen des Menschen auf zur kompositionstechnisch neuen Instanz.

Die Ereigniskette läßt sich an einigen Stellen markieren. Das im 16. Jahrhundert vielberufene „affectus exprimere" beginnt bereits in den 1480er Jahren bei Josquin[10]. Aus der Renaissance führt dann der Weg des Nachahmungsprinzips von Zarlinos zentralem „imitare le parole" und seinem Registrieren typischer Seelenzustände – der „passioni, habiti morali" und „costumi dell'animo" (1558) – über das „rem quasi actam ante oculos ponendo"[11] und die manieristische, oft von

---

6 Hier speziell zum Instrumentalspiel: „αὐλητικῆς[...]κιθαριστικῆς [...]μιμήσεις"; *Poet.* 1447a, 15–16.

7 Von Gewicht in diesem Zusammenhang ist der Passus zumindest im geschichtlichen Erscheinungsbild der Aristoteles-Rezeption. Vgl. Aristoteles-Kommentare des Thomas von Aquin: 1. *In Post. Anal.* I, lect. 1, 5 (ed. Leonina): Das lat. Zitat gilt als Übersetzung der Aristoteles-Stelle: „ἡ τέχνη μιμεῖται τὴν φύσιν" (*Phys.* B 2, 194a 21); 2. *In Phys.* II, cap. II, lect. IV 5; II, cap. II. lect. IV 6 („quod ars imitatur naturam"); II, cap. VIII, lect. XIII 4; VII, cap. III, lect. V 5 („ars est imitatrix naturae"), ed. Leonina. – Ferner: *Contra gent.* II, cap. LXXV sowie III, cap. X (ed. Leonina); *In sent.* IV, dist. XLII, q. II, art. I 7 (ed. Vivès); *De reg.* cap. III, 752 (ed. Marinetti); *De verit.* q. XI, art. I (ed. Leonina).

8 A. Werckmeister, *Hypomnemata Musica*, Quedlinburg 1697, S. 34.

9 ‚Archetypus' – ‚Ektypus'.

10 Vor allem in seinen Psalm-Motetten. Gedacht sei jedoch auch an Dufays Sterbe-Motette *Ave regina coelorum*, geschrieben „wohl 1464" (zur Datierung H. Besseler, Vorwort, in: Capella, H. 1, 1950).

11 Formulierung von S. Quickelberg, einem Antwerpener Arzt, zu Lassos Bußpsalmen (entstanden um 1560, veröffentlicht 1584). – Vgl. Anm. 26.

Chromatik durchwirkte Madrigalkunst der Italiener in die „Musica pathetica" des 17. und frühen 18. Jahrhunderts[12].

Nachahmende Darstellung des Menschen wird in der Oper des Barock ohnehin zum Kernthema. Die Komponisten übertreffen einander in kunstvollen Gipfelleistungen. Vincenzo Galilei empfahl dem schöpferischen Musiker bereits 1581 die genaue Beobachtung von großen Rednern oder mehr noch von Schauspielern auf der nächstbesten Bühne.

Indes imitiert auch die Instrumentalmusik eine Vielzahl von Gegebenheiten[13]. Musikalisch nachgeahmt werden Menschen mit spezifischem Ambiente. Sie sind geprägt etwa durch ihre gesellschaftliche Position (König, Königin, Prinzessinnen), bestimmt von typischen Verhaltens- und Erscheinungsmerkmalen (die Prüde, Düstere, Muntere, Seufzende, Geheimnisvolle, Verführerische, Schäkerin, Gefährliche, Schöne, Blonde / Brünette), durch gewerbliche Tätigkeiten als einzelne oder als Gruppe (Bäuerin, Winzerinnen, Milchmädchen, Matrosen, Artist, Harlekin, Zauberin), nach landschaftlicher Herkunft (Florentinerin, Venezianerin). Auch von namentlich bekannten Personen entstehen musikalische Abbilder (Fr. Couperins Frau, seine Tochter; Antoine Forqueray, Marin Marais als die zwei berühmtesten Gambisten am französischen Hof). *Potraits* nennt Couperin 1713 derartige Instrumentalpiècen. Geschildert werden sodann mythologische Gestalten (Musen, Grazien, Zyklopen, Waldgötter, Amazone, Diana, Atalanta), geschichtliche Figuren (Zenobia), Ereignisse (Schlacht, Frieden), Tages- und Jahreszeiten (Tagesanbruch, Herbst) sowie menschliche Altersstufen, mechanische Einrichtungen und Musikinstrumente (Glocken, Windmühlen, Spieluhr, Harfe), andere Gegenstände (Gondeln, Trophäe, Barrikaden, Kaskaden, Schlummerkörner), auch Tricks, Allotria, Obskurantes (jemandem ein Bein stellen, Kobold = Poltergeist, der ‚Geist'), ferner Affekte, Gefühle, Naturerscheinungen (Tränen, Reue, Wonnen, Traum, Wellen, Schatten), Wertbegriffe und Zustände (Hoffnung, Treue, Schamhaftigkeit, Hitze, Mattigkeit), Folgen von Szenerien (Gepränge einer Spielmannszusammenkunft als zeitkritische Persiflage, Karnevalsepisoden mit Masken in bedeutungsvollen Farben), nicht zuletzt Tiere (Kuckuck, Huhn, Waldschnepfe, Nachtigall, Hänfling, Schmetterling, Grasmücke, Fliege, Aal, Amphibie). Instrumental dargestellt wird denkbar Verschiedenes, – kaum möglich, all diese Sujets sinnvoll zu rubrizieren: Tombeaux, Lamenti (Plaintes), blühende Obstgärten, eine Gallensteinoperation, die Vestalinnen, Handgemenge, Federballspiel, Schäferei (Schafställe), Kleinigkeiten, Trinkgelage, die

---

12 A. Kircher, *Musurgia universalis*, Rom 1650; dazu R. Dammann, *Der Musikbegriff im deutschen Barock*, Köln (1967), S. 311 f.

13 Vgl. J. A. Scheibe, *Critischer Musikus*, Das 75. Stück (2. Febr. 1740): „Aus der Vocalmusik muß man nur auf die Instrumentalmusik schließen. Weil wir in jener mit Worten zu thun haben, dadurch aber die Affecten entdecken, welche darinnen befindlich sind: so kann man auch mit Recht sagen, daß in der Vocalmusik eigentlich der Sitz der Figuren befindlich ist, durch welche man nämlich die Affecten ausdrücket. Und so lernet man folglich durch die Vocalmusik die Beschaffenheit der Figuren unterscheiden, und einsehen, und sie hernach auch in der Instrumentalmusik gebührend anwenden: weil diese in Ansehung der Affecten nichts anders, als eine Nachahmung der Vocalmusik ist."

glücklichen Gedanken, Koketterie, Gänsegeschnatter (= Klatsch), Satiren, Liebesplauderei, die Genesende, Manon, der kleine Nichts usw.

Im Jahre 1700 erscheint in Leipzig ein Werk von Johann Kuhnau, des hier seit 1684 amtierenden Organisten an der Thomaskirche, nachmaligen Kantors und Universitätsmusikdirektors (1701). Es hat den Titel *Musicalische Vorstellung / Einiger / Biblischer Historien / In 6. Sonaten / Auff dem Claviere zu spielen / Allen Liebhabern zum Vergnügen [...]*[14]. In einem gewichtigen Vorwort verfolgt Kuhnau Gedankengänge zur musikalischen Nachahmung. Er verdeutlicht ihre Problemansätze, verweist auf das geschichtliche Hinterland der bildhaft-affektiven Instrumentalmusik, auf deren Trieb- und Formkraft sowie auf ihre Wirkungsfähigkeit. Hinsichtlich der Nachahmung beruft sich Kuhnau auf die Vorgänger und deren vortreffliche Beispiele[15]. Dabei verweist er auf Rhetorik, Skulptur und Malerei. Zwar hätten diese Künste der Musik im Nachahmen einiges voraus[16]. Immerhin verfüge aber auch sie über umfängliches Potential, vor allem im Nachahmen der Affekte[17]. „Denn gleichwie die Rede schon vor sich selbst viel würcket / also bekömmt sie vollends durch die Music eine durchdringende Krafft". Unausweichlich stellt sich die Frage, wie Instrumentalmusik dergleichen zu leisten vermag. Kuhnaus Ausweg: Kurze Kommentare seien unverzichtbar. In Prologen zu jeder der sechs Sonaten erläutert er mit der alttestamentlichen Historie seine programmatische Kompositionsidee. Da es sich zuweilen um komplizierte Sujets handelt, sollen sprachliche Hinweise dem sinngemäßen Erfassen der Stücke nachhelfen. Erarbeitet man Kuhnaus Sonaten sowie die auf nachahmende Darstellung gerichteten Piècen französischer Clavecinistik um und nach 1700, so besticht der unermüdliche Versuch, mit dem technischen Niveau bildender Künste – vor allem der Malerei – zu konkurrieren.

Grundsätzlich muß bei aller Nachahmung das Verhältnis von Natur und Kunst bewußt bleiben. Die Kunst ahmt die Natur nach. Das lehrte bereits Aristoteles[18]. Indes vermag die Kunst ihr Vorbild sogar zu übertreffen. Kunst kann Natur korrigieren und überhöhen. Auch dies bestätigte Aristoteles[19].

Im Barock gerät das Verhältnis von Natur und Kunst geradezu in einen Wettstreit. Die Kunst ahmt Natur nach und sucht sie dabei zu übertrumpfen. Das geschieht

14 NA von K. Päsler, DDT IV (1901); Facs. Leipzig 1973.

15 „[...] von des berühmten Frobergers und anderer excellenten Componisten ihren unterschiedenen Batailles, Wasserfällen / Tombeaux [...]".

16 „Hiernechst ist auch bekandt / daß alle Virtuosen, sonderlich die aus der Antiquität durch die Music fast dasjenige auszurichten bemühet gewesen / was die Meister in der Redner-Bildhauer- und Mahlerey-Kunst vermögen". Zum Begriff des Virtuoso: J. Kuhnau, *Der Musicalische Quack-Salber*, Dresden 1700, Cap. 53; abgedruckt bei A. Werckmeister, *Cribrum musicum*, Quedlinburg u. Leipzig 1700.

17 „Expression der Affecten".

18 Vgl. oben S. 159 Anm. 7. – Dazu und zur geschichtlichen Problematik: A. Riethmüller, *Die Musik als Abbild der Realität* (= BzAfMw XV), Wiesbaden 1976, bes. S. 19.

19 „ὅλως δὲ ἡ τέχνη τὰ μὲν ἐπιτελεῖ ἃ ἡ φύσις ἀδυνατεῖ ἀπεργάσασθαι, τὰ δὲ μιμεῖται" (*Phys.* B 8 199a 15–17). – Aristoteles zufolge ist das Nachahmen dem Menschen von Kindheit an angeboren und seiner Natur gemäß (*Poet.* 1448b 5–6, 1448b 20). Nachgeahmt werden in

oft mit grandiosem Pathos. Zuweilen wird es inszeniert mit theatralischer Pose. Zwei Stellen bei Johann Rist (1666); „O Kunst / wie steigst du doch / So hoch / das die Natur von dir schier lernet noch!" Dann: „Was rühmst du dich / Natur / [...] Die Kunst kans ja so lebhafft[20] schaffen / Und noch wol schöner fast." – Mit dem Zeitalter des Absolutismus steigert sich Naturnachahmung zu artistischer Naturbeherrschung. Der nach geometrischem Reglement angelegte französische Barockpark überragt bei weitem eine irrational ungestaltete oder gar urwüchsige Landschaft. Couperins musikalisch gleich zweimal portraitierte Nachtigal – *Le Rossignol d'amour / Le Rossignol vainqueur* – gerät schöner noch als ihr Modellbild[21].

In seiner Lobrede auf Matthaeus Merian rühmt Johann Rist den griechischen Maler Zeuxis aus dem 5. vorchristlichen Jahrhundert. Er bewundert dessen Kunst der Nachahmung[21a].

> „Es hat der Zeüxis zwahr / die Vogel so betrogen /
> Daß sie mit grosser Lust den Trauben zugeflogen
>   Welch' er gemahlet hatt' / und schnapten nach dem Tuch' /
>   Unwissend / daß es nur ein ahrtiger Betrug:
> Doch dieses ist nur schlecht: Die Menschen zu betriegen /
> Ja gahr den Meister selbst / das heist recht hoch gestiegen /
>   So that Parrahsius / der für ein Bild allein
>   Mahlt' einen Vorhang der natürlich schien zu sein /
> So gahr / daß Zeüxis selbst nach solchem hat gegriffen /
> Worüber er mit Schimpf zuletzt ward außgepfiffen/"

Auch Kuhnau (1700) kommt zu sprechen auf die ominöse Leistung jenes altgriechischen Künstlers: „was die Meister in der Redner- Bildhauer- und Mahlerey-Kunst vermögen [...] wenn man den Alten glauben darff / so hat Zeuxes seine Weintrauben so natürlich gemahlet / daß auch die unvernünfftigen Vögel darnach geflogen". – In der nachahmenden Darstellung seien Malerei und Rhetorik der Musik voraus. Aus dem Kontext spricht der emphatische Wunsch, die Musik möge diesen Vorsprung aufholen.

erster Linie handelnde Menschen (1448a 30), – Menschen und Dinge: wie sie sind, wie sie scheinen oder wie sie sein sollen. Mithin gelangt Nachahmung ($\mu\ddot{\iota}\mu\eta\sigma\iota\varsigma$) bei Aristoteles über bloße Kopie der Natur hinaus zu einem Idealentwurf, zur umformenden oder neugestaltenden Wiedergabe. Mimesis vermag ihren Gegenstand zu heben in den Vorstellungsbereich einer künstlerischen Idealwahrheit. Konstitutiv dabei ist das ‚Notwendige' und das ‚Wahrscheinliche'. – Es ist abwegig, den aristotelischen Mimesis-Begriff zu überziehen, wie das mitunter geschieht (etwa bei J. W. H. Atkins, *Library Criticism in Antiquity*, 1934, Bd. I, S. 79). E. R. Curtius warnte nachdrücklich vor derartigen Strapazen: *Europäische Literatur und lateinisches Mittelalter*, Bern ²1954, S. 401. – Vgl. auch die Interpretation bei H. Friedrich, *Epochen der italienischen Lyrik*, Frankfurt a.M. 1964, S. 621 f.

20 = eindringlich.

21 *Quatuorzième Ordre*, in: *Pièces de Clavecin*, Paris 1722. – Auch kann „Kunst" (Kunsthandwerk, Handwerk) durch „Kunst" nachgeahmt werden, z. B. „Glantz der Waffen" in der Malerei (= „Schilder-Kunst"): J. Rist, 1666. In der Musik imitiert Fr. Couperin auf dem Clavecin die Pauken und Trompeten (im Mittelalter: „instrumenta artificialia"); die „künstlich" nachgeahmten Pauken ‚übertreffen' ihre „natürlichen" Vorbilder durch rhythmische Baßoktaven (*Dixième Ordre: Fanfare*, Tonart D–Dur).

21a Unerheblich bleibt hier die Frage, ob die historische Überlieferung zutrifft oder legendär ist. Dem 17. Jahrhundert galt sie offenbar als glaubwürdig.

Kuhnau verweist in jener Vorrede namentlich auf Froberger (1616–67). Dieser süddeutsche Meister konnte mit einem kaiserlichen Stipendium in Rom bei Frescobaldi studieren. In Frobergers Werk verschmelzen italienische Orgelkunst, englische Virginalistik und französischer Lautenstil[22]. Noch 1739 erwähnt Mattheson eine in seinem Besitz befindliche Komposition, die fast 100 Jahre zuvor entstanden sein mag[23]:

> „Es hat der berühmte Joh. Jac. Froberger, Kaiser Ferdinand III Hof-Organist, auf dem blossen Clavier gantze Geschichte, mit Abmahlung der dabey gegenwärtig-gewesenen, und Theil daran nehmenden Personen, samt ihren Gemüths-Eigenschafften gar wol vorzustellen gewust. Unter andern ist bey mir eine Allemande mit der Zubehör vorhanden, worin die Überfahrt des Grafens von Thurn, und die Gefahr so sie auf dem Rhein ausgestanden, in 26 Noten-Fällen ziemlich deutlich vor Augen und Ohren gelegt wird. Froberger ist selbst mit dabey gewesen."

Man beachte einige Formulierungen. Um 1700 sind sie stereotyp und daher vertraut: Froberger habe die damaligen Ereignisse in Musik „wol vorzustellen gewust", – mit den „Gemüths-Eigenschafften", also den Affekten und Charakteren oder spezifischen Verhaltensweisen bestimmter Reiseteilnehmer. Auch Kuhnau betitelt die sechs Biblischen Sonaten *Musicalische Vorstellung*. Und Froberger hat die Vorgänge offenbar mit bildhafter Eindringlichkeit präsentiert: „vor Augen und Ohren". Einige Zeilen weiter gebraucht Mattheson die Wendung „deutlich abgemahlet"[24]. Erinnerlich dabei werden Einsichten von Quickelberg in Lassos Bußpsalmen: „[. . .] singulorum affectuum vim exprimendo rem quasi actam ante oculos ponendo, expressit [...]"[25].

,Hypotyposis' heißt die rhetorische Figur, mit der die deutsche Musiklehre im Barock das „Abmalen", also bildhaftes Darstellen begreift[26]. Fast immer ist es auch affektgeladen. Bild und Affekt gehören zusammen. Bestimmte Wörter im Text seien „exprimenda et pingenda", fordert Nucius 1613. In seiner musikalischen Beschreibung Prags verfährt Mauritius Vogt 1719 pleonastisch: „[...] belissima hypotyposi depinxit ad vivum universa"[27]. Grundzügig verschieden von „Tonmalerei" im 19. Jahrhundert bleibt hier der Bezug auf das rhetorische Begriffsinventar[28].

---

22 Gaultier und seine Schule.

23 *Der vollkommene Capellmeister*, Hamburg 1739, II, 4. Cap., § 72, S. 130.

24 Ebenda § 75.

25 Vgl. oben.

26 ὑποτύπωσις = Abbildung, Darstellung im Bilde. – Andere Termini für ,Hypotyposis' sind ,energia', ,evidentia', ,illustratio', ,descriptio', ,demonstratio', ,subiectio sub oculos'; bei Herennius (um 85 v. Chr.): „sub oculos subiectio". Einen frühen, bemerkenswerten Vergleich von Musik und Malerei zieht Johannes Ott mit Bezug auf Josquins Passions-Motette *Huc me sydereo*: Vorwort zum ,Secundus Tomus Novi Operis Musici', Nürnberg 1538; ausschnittweise zitiert bei H. Osthoff, *Josquin Desprez* (II, 91), Tutzing 1965. – Vergleich Dichtung – Malerei bei Horaz: „ut pictura poesis . . ."

27 Der griechische Figurenname und das Prädikat ,depinxit' stehen nebeneinander.

28 Engel, a.a.O., wird 1780 das im Barock noch verwobene „exprimere" und „pingere" trennen: „Alles was ich hier zu sagen habe, beruht auf dem Unterschied von *Malerei* und *Ausdruck*" (S. 325). Dann: „*Malen*: das *Objective* darstellen; hingegen das *Subjective* darstellen, heißt man nicht mehr Malen, sondern *Ausdrücken*" (S. 327).

Danach berührt Mattheson ein seither verschollenes Werk von Buxtehude (1637–1707). Es setzt eine uralte Thematik fort. Boethius (um 500) verstand die von Menschen praktizierte Musik als Nachahmung des harmonisch geordneten Universums[29]. Durch den von ihm geprägten Wortbegriff *musica mundana* vermittelte er eine vielleicht wiederum tausend Jahre zurückreichende Kosmologie der griechischen Antike dem lateinischen Abendland. Nachdem das harmonikale Weltbild im Ausklang des Mittelalters zerbrochen war, gab es noch immer wirksame Strömungen, wenigstens Teilaspekte festzuhalten[30]. – Dem Nachhall dieser einst mächtigen Konzeption entspricht Buxtehude[31]. Wie etwa ein Maler die Jahreszeiten darstellt, so konkretisiert Buxtehude musikalisch die Planeten: ,,[. . .] hat dergleichen auch mit gutem Beifall seiner Zeit zu Papier gebracht, und unter andern, die Natur oder Eigenschafft der Planeten, in sieben Clavier-Suiten, artig abgebildet"[32].

Die hier nur skizzierten Vorgänge sollte man sich vergegenwärtigen. Denn der junge Johann Sebastian Bach, Organist in Arnstadt, erbat im Oktober 1705 vom Konsistorium einen vierwöchigen Urlaub für eine Studienreise zu Buxtehude in Lübeck. Bekanntlich dehnte er diesen Urlaub eigenmächtig aus auf etwa drei Monate und kehrte erst im Februar 1706 in sein Amt zurück[33].

Wahrscheinlich entstand im Jahre 1706, nach der Rückkehr aus Lübeck, sein *Capriccio sopra la lontananza dell' suo fratello dilettissimo*. Oder gilt noch die Datierung 1704? [34] Das *Capriccio* ist verbunden mit Bachs Familientradition und

---

29 Dazu gehörte auch das Gefüge der vier Elemente, der Wechsel der Jahreszeiten usw.

30 Etwa Kepler (1619). Er verwirft die ,,Sphärenharmonie", weil die Planeten selbständige Himmelskörper sind, lehrt aber das Proportionsgefüge des Himmels.

31 Die Verbindung zu Werckmeister bestätigt sich durch ein Glückwunschgedicht, das Buxtehude ,,seinem Hochgeschätzten Freunde" verfertigt.

32 Bemerkenswert ist ein gewichtiger Hinweis Matthesons: ,,innerliche Regungen sind allezeit edler, als äusserliche, wörtliche Zeichen" (*Capellmeister*, § 76). Es wäre vorschnell, wollte man von hier aus eine Brücke schlagen zu Beethovens ,,Mehr Ausdruck der Empfindung, als Mahlerey" (Schumann zu seinem Op. 133, 1853: ,,[...] mehr Gefühlsausdruck, als Malerei"). Freilich ist auch um 1730 affektive Darstellung höher eingestuft als bildhafte. Bereits die Rhetorik des Altertums verstand Affektdarstellung und -erregung als Gipfel der Kunstfertigkeit. Aber der von Mattheson herangezogene, auf Pilatus zugeschnittene Text: ,,Bäume, die mit ihren Zweigen / Wollen in die Lüffte steigen / Kürtzet man bey Zeiten ab", ist in dieser Hinsicht unergiebig: ,,weil eben kein sonderbarer Affekt aus den Worten hervorblicket". Mithin hat der Komponist zu erwägen, ob er ,,die Gemüths-Bewegung der Herrschsucht und des majestätischen Wesens" ausdrücken solle oder – bildhaft nur – das ,,Steigen in die Lüffte". Mattheson empfiehlt, die Affektdarstellung vorzuziehen. (Wünschenswert freilich bliebe stets eine affekt- und zugleich bildstarke Konzeption.) – In der ,,absoluten" Musik des späten 18. und frühen 19. Jahrhunderts hingegen ist die sich selbst äußernde Instanz der schöpferischen Künstlerindividualität derart sinnzentral, daß ,,Malerei" allenfalls als Randerscheinung hinnehmbar sein kann. Beethovens Hinweis entspringt einer von Grund auf neuen Bewußtseinslage und einem ästhetisch total veränderten Bewertungsgefüge.

33 Rüge des Konsistoriums im Protokoll vom 21. Februar 1706; vgl. *Bach-Dokumente*, Bd. II, Nr. 16.

34 Datierung 1706 (statt 1704: *Genealogie*): A. Protz, *Zu J. S. Bachs ,,Capriccio [...]"*, Mf X, 1957, S. 405–408. – Zur Datierung vgl. unten Anm. 37.

seiner frühen Lebensgeschichte. Jährlich gab es eine Zusammenkunft der engsten Verwandten. Wie es dabei zugegangen sein mochte, berichtet Forkel[35].

> „Außer dieser schönen, zum frohen Lebensgenuß unentbehrlichen Genügsamkeit, hatten auch die verschiedenen Glieder dieser Familie eine sehr große Anhänglichkeit an einander. Da sie unmöglich alle an einem einzigen Orte beysammen leben konnten, so wollten sie sich doch wenigstens einmahl im Jahre sehen, und bestimmten einen gewissen Tag, an welchem sie sich sämmtlich an einem dazu gewählten Orte einfinden mußten. Auch dann noch, als die Familie an Zahl ihrer Glieder schon sehr zugenommen, und sich außer Thüringen auch hin und wieder in Ober- und Niedersachsen, so wie in Franken hatte verbreiten müssen, setzte sie ihre jährlichen Zusammenkünfte fort. Der Versammlungsort war gewöhnlich Erfurt, Eisenach oder Arnstadt. Die Art und Weise, wie sie die Zeit während dieser Zusammenkunft hinbrachten, war ganz musikalisch. Da die Gesellschaft aus lauter Cantoren, Organisten und Stadtmusikanten bestand, die sämmtlich mit der Kirche zu thun hatten, und es überhaupt damahls noch eine Gewohnheit war, alle Dinge mit Religion anzufangen, so wurde, wenn sie versammelt waren, zuerst ein Choral angestimmt. Von diesem andächtigen Anfang gingen sie zu Scherzen über, die häufig sehr gegen denselben abstachen. Sie sangen nehmlich nun Volkslieder, theils von possierlichem, theils auch von schlüpfrigem Inhalt zugleich mit einander aus dem Stegreif so, daß zwar die verschiedenen extemporirten Stimmen eine Art von Harmonie ausmachten, die Texte aber in jeder Stimme andern Inhalts waren. Sie nannten diese Art von extemporirter Zusammenstimmung *Quodlibet,* und konnten nicht nur selbst recht von ganzem Herzen dabey lachen, sondern erregten auch ein eben so herzliches und unwiderstehliches Lachen bey jedem, der sie hörte. Einige wollen diese Possenspiele als den Anfang der komischen Operette unter den Deutschen betrachten [...].“

Im Rahmen eines solchen Familientreffens hat man sich den Vortrag des *Capriccio* zu denken. Es ist ein Gelegenheitswerk, eine Abschiedsmusik. Als Widmungsadressaten und als Hauptperson zugleich nennt die Überschrift den *fratello dilettissimo*. Es handelt sich um Johann Jacob Bach.

Geboren am 9. Februar 1682, besucht er 1690–1695 die Eisenacher Lateinschule. Seit Januar 1695 sind die Geschwister verwaist. Die Familie muß aufgelöst werden. Johann Jacob und der etwa drei Jahr jüngere Sebastian verbringen zunächst eine gemeinsame Zeit im Hause ihres ältesten Bruders Johann Christoph (1671–1721), des Pachelbel-Schülers und Organisten an der Michaeliskirche zu Ohrdruf. Beide Knaben gehen hier in das angesehene Lyceum. Es steht im Zeichen der pädagogischen Reformideen des Comenius[36]. Johann Jacob bricht den Schulbesuch bereits als Vierzehnjähriger (1696) ab und wird Kunstpfeiferlehrling in Eisenach beim Nachfolger seines Vaters, während Sebastian in Ohrdruf verbleibt und sich erst am 15. März 1700 zum Michaeliskloster nach Lüneburg begibt. Als Militärmusiker (Hautboist) läßt sich Johann Jacob dann für schwedische Gardedienste anwerben. Eine gute Gelegenheit bietet sich wahrscheinlich, als König Carl XII. sein Haupt-

35 J. N. Forkel, *Ueber Johann Sebastian Bachs Leben, Kunst und Kunstwerke*, Leipzig 1802, NA v. J. M. Müller-Blattau, Augsburg 1925, S. 19 f.
36 Zu Comenius: K. v. Raumer, *Geschichte der Pädagogik*, Bd. II, Gütersloh [4]1872, S. 39–82; Fr. Blättner, *Geschichte der Pädagogik*, Heidelberg 1951, S. 27 ff.

quartier vom Herbst 1706 bis zum Sommer 1707 in Sachsen aufschlägt[37]. — Vorauszusehen war ein abenteuerliches Leben nach Art von Grimmelshausens *Simplicius Simplicissimus*.

In dieser Situation komponiert Johann Sebastian Bach sein *Capriccio*. Mit ihm versucht er, den geliebten Bruder von seinen Plänen abzubringen. Es ist ein — im vorhinein schon — vergeblicher Versuch. Denn Johann Jacobs Entschluß steht fest. Gleichwohl unternimmt Sebastian mit allen Mitteln musikalischer Oratorie, ihrem mächtigen und mehr als 2000 Jahre älteren Vorbilde, der literarischen Rhetorik, nachzueifern und zugleich seine jüngst erworbenen Fähigkeiten auf diesem Terrain zu erproben. Ziel der Rhetorik ist die Kunst des Überredens (,persuadere'), und zwar mit möglichst gewichtigen, einleuchtenden, auch belehrenden Argumenten. — Das geschieht in Gestalt eines Capriccio[38].

Was ist um 1700 unter ,,Capriccio" zu verstehen?

Friedrich Erhard Niedt schreibt 1706:

> ,,Caprice, Frantz: Caprizzio, Ital:" 2. Aufl. 1721 korrigiert: ,,Capriccio, (nicht Caprizzio)", ,,eigentlich ein wunderlicher und seltzamer Einfall; wird fast auff Ciacconen Art tractiret; der Baß hält sich aber an kein gewiß Thema, sondern verändert solches". Letzteres trifft auf Bachs Capriccio B-dur nicht zu, — allenfalls auf dessen Lamento[39]. Ergänzend steht in der 2. Auflage von 1721 (besorgt durch Mattheson) als Anmerkung: ,,Die Capricci halten gar keine besondere Art; sonsten sind eben das / was die Fantasie und Boutades, darinn einer seinem Sinn folget / und nach seiner caprice etwas hinsetzet oder [improvisierend] herspielet; welches jedoch manchesmahl weit artiger zu hören ist / als was regulirtes und studirtes: wenn es aus einem freyen Geiste kömmt"[40].

37 Protz zufolge (a.a.O. S. 406) in Altranstädt bei Leipzig. — Dazu vgl. man den noch nicht erschienenen Rev.-Ber. (H. Eichberg), von dem mir Frau Dr. Ruth Blume freundlicherweise eine Photokopie besorgte (darin auch eingehende Behandlung der Quellen usw.); dort, S. 26, zur Datierungsfrage: Carl XII. betrieb während dieser Zeit ,,in weiten Teilen Deutschlands Werbungen im großen Stil". Gleichwohl bleibt ,,das Datum 1704 nicht auszuschließen", denn im Winter 1704/05 haben ,,die schwedischen Truppen längs der schlesisch-brandenburgischen Grenze" Quartier bezogen, ,,wohin sich Johann Jacob sehr wohl von Thüringen aus hätte durchschlagen können". Mithin gibt es ,,keinen zwingenden Grund", dem Datum 1704 der *Genealogie* zu widersprechen. — Rev.-Ber., Fußnote 22: ,,Die biographischen Anmerkungen zu Johann Jacob Bach in Dok. I, S. 265 folgen mit der Angabe ,wahrscheinlich erst 1706' der Darstellung von Protz". — Ferner (Rev.-Ber., S. 26 f.): ,,Ein Grenzdatum liefert der Abzug der schwedischen Truppen aus ihren sächsischen Lagern in den späten Augusttagen des Jahres 1707." Für die Entstehung des *Capriccios* käme in Frage 1704 (*Genealogie*: nicht unbedingt zuverlässig), auch 1705, aber ebenso (nach A. Protz) 1706. — Korrekturbedürftig ist Protz (a.a.O., S. 407, insbes. Anm. 12) mit seinem Hinweis, Johann Jacob Bach habe ,,als Trompeter [...] im Offiziersrang" gestanden. Er hatte den Rang eines Unteroffiziers; dazu: W. Braun, *Entwurf für eine Typologie der ,,Hautboisten"*, in: *Der Sozialstatus des Berufsmusikers vom 17. bis 19. Jahrhundert*, Kassel 1971, S. 43 ff.

38 Caprice (frz.) = Laune, Grille, Eigensinn, Einfall; *Capriccio* (ital.) = Laune, Grille, Schrulle, Zicken.

39 Das Lamento um 1700 wird aber auch außerhalb eines Capriccio oft über den Basso ostinato angelegt.

40 Fr. E. Niedt, *Handleitung zur Variation*, Hamburg 1706; 2. Aufl.: *Musicalische Handleitung*, Anderer Teil, Hamburg 1721: Verweis auf Brossard, *Dict.* [1703, ²1705] und Mattheson *Orch.* [= *Das Neu-Eröffnete Orchestre*, Hamburg 1713, S. 176].

1703 stand bei Brossard zu lesen:

„Caprice [...], pièces, où le Compositeur [...] donne l'essort au feu de son genie [...]"[41].

Johann Gottfried Walther, ein Freund J. S. Bachs und Vetter zweiten Grades, gibt die Brossard-Stelle folgendermaßen wieder:

„es sey Capricio ein solches Stück, worinn der Componist, ohne sich an eine gewisse Anzahl Täcte, Tact-Art, oder aber vorher überlegten Entwurff zu binden, der Hitze seines naturels den freyen Lauff lasse." Walther kommentiert den Brossard-Passus: „Kurtz: ein Einfall, worauf vorher nicht meditirt worden. Daher werden auch die vors Clavier gesetzte, aber nicht sonderlich ausgearbeitete Fugen also tituliret"[42]. Das über die Fugen Gesagte gilt etwa für das Capriccio E-dur. Freilich ließe es sich auch beziehen auf die Schluß-Fuge in B-dur-Capriccio.

Wenig später erläutert Mattheson:

„Die Capricci lassen sich nicht wol [= nicht leicht] beschreiben. Der eine hat diese, der andre jene Einfälle. Je wunderlicher und ausserordentlicher sie sind, ie mehr verdienen sie ihren Nahmen". Er warnt: „Nur nicht zuviel davon angebracht, so sind sie auch gut". Gemeint ist offenbar: die „Einfälle" sollen sich nicht häufen.

Zusammen mit den Boutades, Toccaten und Präludien gehören die Capricci zur Gattung der ‚Fantasie‘, zum ‚fantastischen Styl‘, also zum freizügigsten Bezirk solistischer Instrumentalmusik. Denkwürdig ist Matthesons Hinweis: der „fantastische Styl" wiederum sei eine „Gattung der Theatralischen Schreib-Art"[43]. – Nun zu Bachs *Capriccio* mit seinen sechs ‚Szenen‘.

Der Titel des ersten Satzes: *Arioso*, dann: *Adagio. Ist eine Schmeichelung der Freunde, um denselben von seiner Reise abzuhalten.* Dieses B-dur-Stück umfaßt 17 $^4/_4$-Takte. Die Absicht des rhetorischen und affektuosen Sujets ist „Schmeichelung". Von jeher war der Versuch des Einschmeichelns ein probates Mittel, sein Gegenüber wohlwollend zu stimmen oder gar für die eigenen Absichten zu gewinnen. Mit psychologischem Feinsinn stellt Bach das „Schmeicheln" an den Anfang.

Seinem Typus nach ist dieser Satz – in groben Zügen wenigstens – geprägt von der italienischen Triosonate: zwei kantable Oberstimmen ergehen sich über einem etwas ruhigeren Stützbaß. Gelegentlich erklingt nur ein Sopran allein, während die zweite Stimme sich dem Baß zugesellt. Der Satz ist dreistimmig und homophon. Erst gegen Schluß steigert er sich zur Vierstimmigkeit. Dabei hat die Melodik ariosen und lieblichen Charakter. Ihre Abläufe sind von sanfter Zärtlichkeit erfüllt.

Auf mannigfache Weise vergegenwärtigt sich der affektuose Grundzug. Im wesentlichen bedient sich Bach der einschmiegsamen Sextparallelen. Oft führen sie in Endungen, bei denen der Sopran eine Quinte, Quarte oder Terz fällt[44]. Lauter kleingliedrige Melodiebögen entstehen mit immer ähnlichen, gleichwohl sorgfältig

41 S. de Brossard, *Dictionnaire de Musique*, Paris 1703.
42 J. G. Walther, *Musicalisches Lexicon*, Leipzig 1732.
43 Mattheson, *Capellmeister*, a.a.O., S. 478, S. 232, S. 87 ff. und Register. – Der „fantastische Styl" hat „seinen Sitz in den Schauspielen".
44 Quarte: T. 2, 6; Quinte: T. 3, 4; Terz: T. 8, 17.

modifizierten Gesten, – stets ‚insinuant' und von geradezu betörendem ‚Amabile'-Timbre. Es sind dieselben inständigen Bitten und Lyrismen, – nur jedesmal leicht verändert in ihrer Formulierung. Dabei wirkt die vorherrschende Figura corta (♫) wie eine Art instrumental deklamiertes „Bleibe doch!". Jedenfalls entsteht eine in Sirenentönen lockende, dringlich bittende oder gar beschwörende „Klang-Rede"[45]. Klein geschriebene Vorschläge sowie Schleifer[46] beleben die liebliche und zärtliche Diktion. Im Stilbereich des beginnenden Spätbarock ergeben sich schmelzende *dolcezza* und *soavità*. Die Gebärdensprache wirbt. Hinzu kommt ein graziöses, fast schon galantes Fluidum (Couperins „très tendrement"), verfeinert noch durch Ornamente, die des öfteren sogar simultan in zwei Stimmen parallelgehen. Nach französischem Vorbild sind sie im Notentext eingetragen, – eine Praxis, wie sie dem Lateinschüler Bach durch Georg Böhm in Lüneburg vermittelt wurde[47].

In den nur 17 Takten vernimmt man eine einfache Tonartenfolge:

B-dur – F-dur – c-moll – B-dur

Bach moduliert nur geringfügig: er will nicht ablenken vom Vorsatz der emotional angelegten Überredung (persuasio). Meist bleibt er in der Grundtonart B-dur und kostet sie aus mit dem Ziel, die „Schmeichelung" glücken zu lassen. Der musikalische Verlauf ist in hohem Maße emphatisch rhetorisiert. Indes herrscht Einheitlichkeit nicht nur in den melodisch ‚sprechenden' Gebärden, nicht bloß in der Sparsamkeit modulatorischer Mittel, sondern auch in den syntaktischen Verhältnissen. Denn der ganze Satz besteht aus metrisch überschaubaren Phrasen, nämlich aus gleichlangen (gleichkurzen) Gliedern von vier Viertelwerten. Ihnen liegt die Absicht zugrunde, mit einer ans Monomanische grenzenden Eindringlichkeit den geliebten Bruder „von seiner Reise abzuhalten". Gleichlange Satzglieder der Rhetorik (Isokola) entsprechen denen der Musik: ihre zwingende Stiltendenz dient der Sinnverstärkung. Die Hartnäckigkeit einschmeichelnder Überredung gelangt musikalisch zu starker Bildkraft und affektuoser Sprachmagie.

Innerhalb der Kurzperioden wechseln die Tonlagen, die Verteilung der Stimmen, die Disposition der Spielfiguren. Jedoch hält Bach fest an derselben rhythmischen Gestalt (♫, ♫), an der sinngemäß ähnlichen ab- oder auftaktigen Geste. Die Absicht einschmeichelnden Überredens erweist sich auch darin, daß die gleiche Wendung mehrmals wiederholt wird, und zwar unmittelbar nacheinander. Gemeint ist freilich nicht das im 17. Jahrhundert viel bemühte Echo, sondern dessen Gegenteil, nämlich Nachdruck und Intensität („Emphasis"[48]). Das gilt etwa Takt 12–13 oder gar 13–15, wo fünfmal dieselbe Spielfigur das „Einschmeichelnde" vergegenwärtigt, während der nur tupfende Baß absteigend fundamentiert. Bemerkenswert ist die ein wenig hilflos-rührende (oder raffinierte?)Stelle zuvor mit dem Wechsel von es^2 – e^2 – es^2 im Sopran. Grundzügig bleiben die behutsam drängenden

---

45 Wortbegriff bei Mattheson.
46 T. 4 und 9.
47 Die Notation hindert den Spieler nicht, hie und da eine weitere Manier – freilich „geschmackvoll" (con discrezione) – anzubringen.
48 Vgl. Mattheson, *Capellmeister*, zur „Emphatic".

‚General-Auftakte' mit unverkennbar rhetorischer Signifikanz[49]. Auch verwandte Periodenschlüsse gliedern den Satz[50].

Nichts in diesem Stück ist freies Spielwerk. Denn alle musikalischen Mittel dienen dem schmeichelnden Überreden. Jeder Impuls schöpferischer Erfindung wird — wie auch bei den französischen Clavecinisten — rational gesteuert vom programmatischen Vorwurf. Die offensichtlich von Anbeginn schon feststehende Erfolglosigkeit des ganzen Bemühens erweist sich (spätestens offenbar?)am Schluß, der einigermaßen hilflos in der Luft hängt. Da kommt es zu einem durch den Dreiklang aufwärts kletternden Solo mit jener seither dominierenden, von Ornamenten gespickten Figura corta, woraufhin, von oben her, zwei Terzen in den B-dur-Medius (d^2) kippen mit einem Mordent auf dem Grundton $(b^1)^{51}$. Sanft und lieblich, wie der Satz insgesamt wirkt, ist sein — vielleicht ein wenig resignierend gemeinter — Ausklang. Die lyrischen Potenzen sind erloschen. Offensichtlich mißlingt das Engagement der Freunde. Aber sie geben so schnell nicht auf. Sie unternehmen einen neuen Versuch. Es ist ein Vorstoß mit härteren Bandagen. Wenn das liebevolle Zureden in heimatlichen Gefilden nicht fruchten will, dann hilft vielleicht das Ausmalen (depingere) möglicher Gefahren in der Fremde[52].

Der Titel des zweiten Satzes: *Ist eine Vorstellung unterschiedlicher Casuum, die ihm in der Fremde könnten vorfallen*[53]. — Die Taktart bleibt, die Tonart ändert sich. Sie ist g-moll, wenigstens zu Beginn. Gegenüber dem Vorausgegangenen entsteht also eine Eintrübung. Der Satz ist vierstimmig und zählt 19 Takte. Sein ‚locus topicus', Kernwort der Überschrift, lautet „Casus"[54]. Im Lateinischen bedeutet ‚casus' = Fall, — zu unterscheiden von ‚lapsus', dem selbstverschuldeten Fall. Freilich werden dem geliebten Bruder nicht die verlockenden Abenteuer der Fremde ausgemalt. Vielmehr sind es Widrigkeiten, mit denen die Freunde den jungen Mann in Reisekleidern verunsichern wollen und die sie ihm musikalisch bildstark vor Augen stellen: Stürze, Gefahren, ‚gravamina'. Was alles vermag ihm zuzustoßen! Die „unterschiedlichen" Casus sind hier Unglücksfälle, Notfälle. Es ist das Unvorhersehbare verhängnisvoller Ereignisse, es sind zukünftige Unwägbarkeiten, die den Bruder weitab der Heimat bedrohen könnten. Mithin hat dieser zweite Satz — nachdem die „Schmeichelung" des ersten erfolglos blieb — noch immer das Ziel, den „fratello dilettissimo" zu überreden. Wie in der Rhetorik seit eh und je liegt die Argumentatons- und Wirkungsabsicht im ‚persuadere'. Genau besehen geht Bach sogar einen Schritt weiter: er will den Bruder abschrecken.

Ein imitierender Satz entsteht. Dabei handelt es sich um eine auf ihren bestimmten Zweck hin angelegte Fuge ohne Zwischenspiele. Allenfalls gibt es knappe Über-

---

49 Zusammenhang der Taktzeiten: 2 – 3 – 4 –/1.

50 Etwa b^1 (T.2), f^2 (T.3), c^2 (T.4), f^1 (T.6) usw.

51 Der Mordent ist melodisch weich zu exekutieren (ritardando), keineswegs rhythmisch scharf.

52 „exprimenda et pingenda": Joh. Nucius (1613); „depinxit": Mauritius Vogt (1719).

53 Der Begriff ‚Vorstellung' erinnert an Kuhnau: *Musicalische Vorstellung / Einiger / Biblischer Historien* (1700); vgl. S.161.

54 Genau: genitivus pluralis = Casuum.

leitungen. Das geschieht, um Dichte und Eindringlichkeit des Überredungsversuchs nicht zu verringern. Denn die „Vorstellung unterschiedlicher Casuum" kann gar nicht intensiv genug erfolgen. Zwischenspiele sind aus rhetorischen Gründen vermieden: sie würden vom Ernst möglicher Gefahren ablenken. Und das darf nicht sein. Es widerspräche dem Scopus. Die Malheurs ereignen sich Schlag auf Schlag. Sie verketten sich geradezu in eine Pechsträhne.

Bach bewältigt seine Aufgabe auf verschiedenen Ebenen:

1. Der Satz mit den „Unglücksfällen" steht nicht in der Haupttonart B—dur, sondern (zunächst) in g—moll[55].

2. Das „Fallen" („Fälle") erscheint bereits im Themakopf nachgeahmt durch eine Katabasis. (In ihrer Vorgeschichte war sie, streng genommen, keine rhetorische Figur, sondern ein literarischer Topos[56].) Die thematische Gestalt gerät bildhaft: kleine Sexte abwärts — Grundton — aufwärts zur Mollterz[57]. In den 19 Takten erklingt die signifikante Figur nicht weniger als 15mal.

3. Weiterhin prägt die Katabasis den Gesamtplan thematischer Einsätze. Denn diese erfolgen nicht, wie sonst bei Bach, abwechslungsreich und gemischt, sondern in allen vier Durchführungen stets abwärts, — von oben nach unten. Die Katabasis figuriert demnach als durchgreifendes Strukturprinzip, — mehr noch: sie wird zur mimetisch sinnsetzenden Instanz. Geradezu absolutistisch beherrscht eine Bildfigur das Satzgefüge im ganzen. Sie reguliert die rationale Ordnung dieser Fuge. Ihre Disposition ist höchst absonderlich, dabei von fast drastischer Sinnfälligkeit. Stets f a l l e n die Einsätze:

> Sopran – Alt – Tenor - Baß / Sopran – Alt – Tenor – Baß / Sopran – Alt – Tenor – Baß / Alt – Tenor (– Baß).

Rhetorische Bildhaftigkeit (Hypotyposis) bemächtigt sich des Fugenaufbaues. Alles geht abwärts, alles geht ‚schief'. Es gemahnt an Unglücksfälle, an Niedergang.

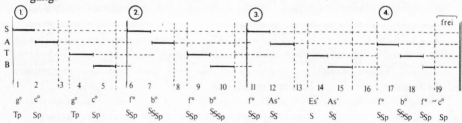

55 Aber nur zweimal klingt es auf. Danach wird das Thema in tiefere Regionen hinabgelassen.
56 Etwa Unterweltabstieg des Orpheus oder (Vergil, *Aeneis* VI) des Aeneas. — Katabasis und Anabasis (Descensus bzw. Ascensus) sind in der musikalischen Rhetorik des 17. und frühen 18. Jahrhunderts Spezialformen der Hypotyposis-Klasse.
57 d^2 –d^2 -fis^1 –g^1 ... Hinzu kommen einige „anstoßende" Vorhalte in klein geschriebenen ♪-Noten sowie drei (vielleicht nachträglich eingefügte) eng aufeinander folgende Manieren. — Über „veränderliche" und „unveränderliche kurze Vorschläge" (= klein geschriebene Noten): C. Ph. E. Bach, *Versuch über die wahre Art* ..., Teil I, Berlin 1753; NA von W. Niemann, S. 31 ff.

4. Aber nicht nur Molltonart, Themagestalt und Einsatzgefälle vereindringlichen die „Vorstellung unterschiedlicher Casuum". Musikalisch entsteht ein Syndrom bedrohlicher, unheimlicher Vorgänge. Denn auch die harmonischen Verhältnisse gehorchen bildhafter Präsentation. Man vernimmt keine reguläre Fuge, vielmehr eine recht ungewöhnliche und exzeptionelle Spezialform. Das Thema wird als Comes nicht etwa in der Ober-Quinte (Dominante) beantwortet, sondern – regelwidrig – in der S u b dominante. Solches Vorkommnis ist, vom Gesetz der Fuge her, ein Unglücksfall. Die Themaeinsätze ‚fallen' aber nicht nur in der Exposition. Ihr Fallen wird zur Regel. Der Unfall ist programmatisch und normativ[58].

Unweigerlich erzwingt das Destruktive als musikalisch-rhetorische Idee die Konstruktion des Ganzen. Gerade depravierende Geschehnisse sind in der Kunst des Barock eingebunden in strenge Rationalität. In den vier Durchführungen sinkt das Thema sogar bis in die Tiefe einer dreifachen Subdominante[59]. Die Unglücksfälle mit der Katabasis vergegenwärtigen sich also auch in der exorbitanten Modulationsordnung. Bei alldem erweist sich die Katabasis nicht nur als bildhafte, sondern gleichermaßen als affektive Figur[60].

Am Ende gelangt die Fuge nicht mehr an bei ihrer Ausgangstonart g–moll. Sie ‚findet' nicht mehr richtig zurück und schließt – eine Quinte tiefer – mit der Folge Dominantsept- / Grundakkord. Dabei wird das c–moll nach C–dur aufgelöst. Dieses ist zugleich V. Stufe von f–moll. Mithin ergibt sich die gleichsam portalartige Öffnung zum Lamento.

Der dritte Satz ist betitelt mit dem korrumpierten Superlativ *Adagiosissimo* und dann heißt es: *Ist ein allgemeines Lamento der Freunde*[61].

Die Anwesenden erkennen die Vergeblichkeit ihrer Versuche und geraten darüber in Trauer. In mehrfacher Hinsicht erweist sich dieser Teil als psychologischer Tiefpunkt des Ganzen. Stand die verklungene Fuge in g–moll, so steht das *Lamento* – zwei Quinten abwärts – in f–moll.

> Nannte doch Charpentier um 1695 diese Tonart „Obscur et Plaintif". Und Mattheson erklärt 1713: „F. moll [...] scheinet eine gelinde und gelassene / wiewol dabey tieffe und schwere / mit etwas Verzweiflung vergesellschaffte / tödliche Hertzens-Angst vorzustellen / und ist über die massen beweglich [= affettuoso]. Er [= der Ton] drücket eine

---

58 Fr. Müller, *Bachs Humor,* ZfM CII, 1935, S. 283, zum Fugenthema: „[...] das ich für eine Darstellung des Umkippens der Postkutsche halte [...]". – Freilich kann auch die Kutsche umkippen. Aber Bachs Intention ist weit grundsätzlicher.

59 b–moll ist die Tonikavariante der Haupttonart des *Capriccio.* Bei Mattheson 1713 kommt es nicht vor. Charpentier charakterisierte es um 1695: „B ♭ min. Obscur et terrible". – Indes ist b–moll hier nicht einfach als changierendes ‚Minore' zu verstehen (B–dur / b–moll), sondern als auslotendes Ziel der Katabasis. Konsequent beschreitet sie den Weg abwärts durch den Quintenzirkel: g–moll – c–moll – f–moll – b–moll. Die harmonische Katabasis wird wiederholt (musikalisch-rhetorische Figur der ‚Anaphora' oder ‚Repetitio'). Wiederholen bedeutet emphatische Sinnverstärkung. – Nur dreimal erfolgen die thematischen Einsätze in Dur-Tonarten (As+, Es+, As+). Aber auch diese Partien verweisen abwärts: Es-dur = Subdominante, As–dur = doppelte Subdominante. – B–dur bleibt ausgespart.

60 Vgl. Kircher, *Musurgia . . . ,* Rom 1650; Th. B. Janowka, *Clavis ad Thesaurum Magnae Artis Musicae,* Prag 1701; Walther, *Lexicon,* 1732.

61 Möllersche Handschrift. – Korrekt: Adagissimo.

schwartze / hülflose Melancholie[62] schön aus / und will dem Zuhörer bisweilen ein Grauen oder einen Schauder verursachen". – In f-moll wird Bach 1724 den Anfangs-chór (*Lento*) einer Kantate schreiben: *Weinen, Klagen, Sorgen, Zagen*, mit dem ostinaten Lamento-Baß. Wenige Jahre zuvor entstand die Sinfonia 9 f-moll mit dem Lamento-Sujet (*Passus duriusculus*). In f-moll beginnt das Rezitativ der Matthäuspassion *O Schmerz! hier zittert das gequälte Herz*. Händels *Messiah* enthält die f-moll-Partie: „Surely, he hath borne our griefs, and carried our sorrows! He was wounded for our transgressions; He was bruised [...]" (II. Teil CHORUS: *Largo e staccato*).

Im Verhältnis zum zweiten Satz entsteht harmonisch ein starkes Gefälle, mithin eine Katabasis[63]. Hinzu kommen melodisch abwärts gerichtete Spielfiguren. Ihr rhetorischer Sinngehalt läßt sich kennzeichnen mit Katabasis, Pathopoeia, Suspiratio[64].

Dieser Satz (im $^3/_4$) mit seinen drei ♭-Vorzeichen besteht aus 12 Viertaktperioden + Schlußtakt (12x4 = 48 + 1 = 49). Der Passus duriusculus im Baß ist nicht von Anfang an zugegen, und er bleibt dann auch keineswegs ununterbrochen präsent. Den Perioden 1, 2, 3 liegt ein diatonisches Sujet zugrunde[65], ebenso den Perioden 6, 7, 10, 11. Dazwischen fundamentiert der Passus duriusculus in den Perioden 4, 5, 8. In Periode 9 fällt das Chroma (Katabasis, Pathopoeia), in Periode 12 steigt und sinkt es in Achteln[66]. Zuweilen befindet sich das fallende Chroma oben (Periode 8), oder es wird dort aufwärts umgelenkt (Periode 6: Anabasis, Pathopoeia) und markiert damit gegenüber dem depressiven Grundzug des *Lamento* dessen drängenden Aspekt.

Sinngebendes Gewicht im Sopran hat eine affektive Spielfigur in Achteln, die „Anticipatio Notae"[67]. Oft wird sie verbunden mit Seufzern, also mit der rhetorischen Figur ‚Stenasmos' oder ‚Suspiratio' (Periode 2, 3, 10, 11). – Dort, wo keine Generalbaßziffern stehen – in den Perioden 1, 7, 12 erscheint der Baß *tasto solo* –, ist der zweistimmig aufgezeichnete Satz durch eine dritte, in der Mitte gelegene Stimme zu komplettieren. – Lückenlos jedoch, auch bei fehlendem Passus duriusculus im Fundament, bleibt der *affectus tristitiae* oder *plangentium* gegenwärtig.

---

62 Humoralpathologie und Viersäftelehre des Polybos (= Schwiegersohn des Hippokrates, um 460–377 v. Chr.): schwarze (dunkle) Galle = Melancholie.

63 Die Katabasis wird in der einschlägigen Kompositionslehre zwar nicht ‚harmonisch' (im Sinne des Quintenzirkels) ausgewiesen, aber ihre harmonische Signifikanz im Spätbarock ist folgerichtig.

64 ‚Suspiratio' = ‚Stenasmos'.

65 f . f|e . e|f . des . B|c . c.

66 Takt 45, 47 bzw. 46.

67 Oder „Anticipatione della Nota". Vgl. Chr. Bernhard, *Tract. compos. augm.*, 23. Cap., in: *Vom Stylo luxuriante communi* (Cap. 21 ff.), sowie Walther, *Lexicon*, hier auch „Praeceptio" und „Praesum(p)tio" genannt. – Vgl. etwa Bach, Matthäus-Passion, Nr. 27a: Aria *So ist mein Jesus* (NBA S. 99): „Mond und Licht i s t v o r S c h m e r z e n untergangen" (= das ‚pathos mundi'); ebenda Nr. 8: Aria *Blute nur*: Instrumentalfiguren; ebenda Nr. 29: Choral *O Mensch, bewein* (S. 119); ebenda Nr. 68: Chorus *Wir setzen uns mit T r ä n e n nieder* und die entsprechenden Instrumentalwendungen; *Orgel-Büchlein: O Mensch, bewein*; Kantate Nr. 56 (1726): Nr. 1 Aria *Ich will den Kreuzstab gerne tragen*; Kantate Nr. 64 (1723): Nr. 5 Aria *Was die Welt in sich hält, muß als wie ein Rauch vergehen*.

Allerdings ist dieses *Lamento* mehr als nur der allgemeine Ausdruck einer betrüb-
ten Gemütsverfassung. Es hat nicht nur pathetische Evidenz. Vielmehr hat es eine
bestimmte Funktion. Unmißverständlich ergibt sie sich aus seiner formalen Stellung
im Aufbau des *Capriccio*. Die Klageszene der Freunde verfolgt nämlich eine konkrete Absicht. Sie ist ein d r i t t e r Versuch, den Bruder umzustimmen, – diesmal
durch Erregen von Mitleid. Er soll sich der wehklagenden, weinenden Getreuen
erbarmen und seinen Entschluß aufgeben. Denn das *Lamento* steht nicht am
Ende, nicht direkt vor oder gar nach der Abreise. Es ist also keineswegs die Reaktion der Zurückbleibenden auf den beginnenden oder schon erfolgten Aufbruch. Erst n a c h dem Lamento erkennen die Freunde, daß „[...] es anders nicht
seyn kann und nehmen Abschied". Demnach ist diese – v o r der Endgültigkeit des
Abschieds eingeordnete – Plainte noch immer ein wirksames Mittel zum Zweck der
Überredung (persuasio). Ein Hoffnungsschimmer bleibt. Man versucht, den Bruder
durch Tränen zu erweichen. – Die drei Stufen der persuasio sind 1. „Schmeichelung" – 2. Argumentation: Vorstellen handfester Gefahren (Einschüchterung) –
3. Erregen von Mitleid. – Aber auch das Lamentieren ist umsonst.

Die Überschrift des vierten Satzes: *Allhier kommen die Freunde (weil sie doch
sehen, dass es anders nicht seyn kann) und nehmen Abschied.*

Das Lamento war vergeblich. Die Würfel sind gefallen. Nachdem die Freunde
gewehklagt haben, nehmen sie Abschied. Dieses „Lebewohl" verdichtet sich in
11 $^4/_4$-Takten. Der Satz hat vorwiegend modulierenden Charakter. Er beginnt in
Es-dur und schließt mit F-dur. Seine Tonartenfolge:

Es^+	– $As^+(- Es^+ - As^+)$	– B^+	– g^o	– d^o	– F^+
S	S_S	T	Tp	Dp	D
1–2	3–5	5–6	6–7	8	8–11

Der Abschied bleibt ohne Verzweiflung. Zwar setzt er harmonisch von ‚unten' an,
führt jedoch über zwei Mollbezirke in die Dominante. Nach der lastenden Plainte
erscheinen zusätzliche Kümmernisse unangebracht. Die Haupttonart des *Capriccio*
B–dur wird nur gestreift. Stilistisch unverkennbar ist der Einfluß des italienischen
Opern-Accompagnato.

Bach stellt den „Abschied" in zwei Phasen dar. Zunächst (1.) vernimmt man
einige energische Akkorde. Veranlaßt durch die Einsicht, daß all ihr Mühen und
Weinen nutzlos war, geben sich die Zurückbleibenden einen spürbaren Ruck, um
zum Adieu sich zögernd anzuschicken. Dieser Vorgang – eine Art Peripetie –
geschieht freilich nicht teilnahmslos oder gar unwirsch (nach dem Motto ‚dann eben
nicht'), sondern emphatisch und stark bewegt[68]. Das Schwergewicht liegt mehr im
inneren Zustand der Beteiligten[69]. Es folgt (2.), wie es scheinen will, jener ‚zeremo-

---

68 Unmißverständlich verraten es die Akkorde Es^{+6}_5 →I, dann – aufwärts gegriffen, aber
   harmonisch abwärts – As^{+6}_5.
69 Subdominante – doppelte Subdominante.

nielle' Teil des Abschieds, dessen – gleichwohl affektuoser – Sinngehalt sich eher auf den äußeren Gestus verschiebt. Dichte, terz- und sextgesättigte Euphonie vereindringlicht die Innigkeit dieser Szene. Eine pathetische Figur, die Katabasis, markiert mehrmals das ,Gehen', das ,Weggehen' der sich verabschiedenden Freunde. Möglicherweise ist auch der vergebliche Versuch intensiven Festhaltens im Spiel bei allerdings unerbittlicher Schrittfolge der Harmonik, – demnach vielleicht eine Hypotyposis?[70] Oder wird bildhaft die Standfestigkeit des Abreisenden rhetorisch figuriert? – Fermaten stehen über und unter dem Schlußklang.

Ein fünfter Satz heißt *Aria di Postiglione – Allegro poco*[71]. Im $^4/_4$-Takt stellt er die Grundtonart B–dur wieder her: mit der Abreise rundet sich der Verlauf des Geschehens. Dabei handelt es sich um eine ,forma bipartita' von 12 Takten. Jedoch wird sie nicht in 6 + 6 gegliedert, sondern |: 5 :|: 7 :|. Zwei kontrastierende Aufbauelemente sind wirksam, nämlich *a*: ein drei- (vier-)stimmiger liedhaft-,arioser' Satz im monodischen Stil – *b*: der einstimmige Signalruf des Posthörnchens[72]. Stets beginnt *a*, und *b* ist dessen Fortsetzung. Der Wechsel von *a* und *b* erfolgt regelmäßig (*a–b, a–b, a–b | a–b, a–b, a–b*). Indes sind die zwölf Partikel von unterschiedlicher Länge. – Einige Hinweise zum Aufbau:

a   Melodie aufwärts – abwärts mit Grundton am Anfang und Ende; Ambitus einer Sexte; B–dur: I – IV – V – I, Länge 9 ♪ [73];

b   Posthorn viermal: Töne b² –b¹, Länge 7♪;

a   modulierend nach F–dur (B–dur: V⁶ –I⁶ –I – F–dur: V –I); Ambitus: Quinte, Länge 7♪;

b   Posthorn zweimal: Töne f² –f¹, Länge 4♪;

a   wieder B–dur (V⁶ – I – IV – V – I), Sextambitus: Quinte + Leitton, Länge 6♪;

b   Posthorn dreimal: Töne b² –b¹, zum Schluß mit Klangstütze in der linken Hand; Mordent auf dem Endton des Posthorns (!), Länge 7♪;

a   g–moll (I–I⁶ – V–IV – V – I); die Melodie liegt unten (varietas), sie gleicht dem Anfang (Takt 1); Länge 9♪;

b   Posthorn viermal: Töne g¹ – g, beim vierten Mal aufwärts g – g¹ (varietas); Länge 7♪;

a   d–moll (V- I⁶ – I–II⁶ – I⁶ –VII⁶ – I#); Quintambitus wie im 2. *a* des 1. Abschnitts; Schluß in D–dur[74]; Länge 7♪;

b   Posthorn neunmal in verschiedenen Tonhöhen und Oktavlagen: 2 mal d¹ – d, dann f² –f¹, d – D, f² –f¹, b – B, b² –b¹, 2 mal b – B; Länge 18♪;

70 Takt 9–10: oben mit einer nachschlagenden, prolongierten Sopranklausel.

71 NBA nach der Möllerschen Handschrift; in der BGA XXXVI: *Adagio poco*, ebenso in manchen praktischen Ausgaben, etwa der von Alfred Kreutz (Schott 0862), Hans Bischoff (Breitkopf & Härtel) usw. – Tempovorschlag: etwa ♪= 104.

72 H. Keller, *Die Klavierwerke Bachs*, Leipzig (³1950), S. 61, versteht *a* als die vom Posthorn geblasene Melodie (,,bläst sein Liedchen") und *b* als ,,Peitschenknall". Entsprechend erfaßt er auch im 6. Satz der Fuge das Thema als Posthornmelodie und das Oktavmotiv als ,,Peitschenknall". Diese Interpretation mag bestechend sein, erscheint mir jedoch fragwürdig. Denn die Spielmöglichkeiten eines Posthorns Anno 1700 würden in ihrer clavieristischen Nachahmung nicht etwa nur überhöht, sondern abwegig überschätzt; vgl. Anm. 75. – Höchstwahrscheinlich verhält es sich anders: Zunächst trällert oder summt der Postillion eine Melodie, – dann bläst er auf seinem Horn.

73 Längenangaben ohne Überschneidung.

74 NBA: fis¹ ; andere Ausgaben (auch BGA XXXVI): f¹.

a   wieder B–dur (vgl. 3. *a* im 1. Abschnitt): VII⁶ – I⁶ –IV – V – I; Ambitus einer Sexte (Quinte + Leitton); vorgesetzt, als varietas, einmal das Posthornmotiv: b² – b¹; Länge 8♪;

b   Posthorn dreimal: Töne b² – b¹, b – B, b² – b¹, – letzter Ton mit Mordent wie am Ende des 1. Abschnitts; Schluß wieder von der linken Hand klanglich gestützt; Länge 7♪; Fermate unter und über dem Doppelstrich.

Die Modulationsordnung:

$$\left| \begin{array}{ccc} .B^+ & - F^+ & - B^+ \\ .T & D & T \end{array} \right. \left| \begin{array}{ccc} : g^0 & - d^0 & - B^+ \\ : Tp & Dp & T \end{array} \right. \left| \right.$$

Curt Sachs[75] hat das kurze Oktav-Motiv zutreffend bestimmt als das des 2-Fuß-Posthörnchens, wie es die Thurn und Taxisschen Posten nach 1500 von den schwäbischen Metzgerposten übernahmen und auf dem man nur zwei Töne im Oktababstand blasen kann. Auf dem C l a v i e r bringt Bach das Posthorn auf b, f, g, d, – sogar in verschiedenen Oktavlagen. Das entspricht den hier vorkommenden Tonarten (B–dur, F–dur, g–moll, d–moll).

Ihrer Häufigkeit nach erfolgen die Signale unregelmäßig: |:4x – 2x – 3x :| |:4x – 9x – 3x :|[76] = 9x / 16 (17)x, – unregelmäßig abgesehen von den Rahmenpartikeln: 4... 3/4 ... 3. Im zweiten Abschnitt vernimmt man das Posthorn fast doppelt so oft wie im ersten. Unregelmäßig geraten auch die Umfänge der insgesamt zwölf Partikel. Das deutet auf Zwanglosigkeit des Postillions, auf dessen musikalisch un-artifizielle, usuelle, naive Umgangsform. – Hier offenbart sich zugleich die ästhetische Interferenz zwischen dem, was der durchaus kunstreich und höchst rational gestaltete Satz vergegenwärtigt und demjenigen, was sein Aufgebot leisten soll und ‚meint‘: das Lässige, Usuelle, Freizügige.

Der Schlußsatz B–dur trägt die Überschrift *Fuga all'imitatione di Posta*[77]. Das Thema umspannt über vier Takte und hat den Ambitus einer None (g – a¹). Es lenkt von B–dur nach F–dur. Sein Aufbau ist mehrgliedrig:

75 C. Sachs, *Handbuch der Musikinstrumentenkunde*, Leipzig ² 1930, S. 255.

76 Dazu einmal zwischendurch: 2. Abschnitt, 3. Glied *a*.

77 Möllersche Hs.: *Fuga al imitatione di Posta*. – In einigen Ausgaben (u. a. in der BGA): *Fuga all' imitatione della cornetta di postiglione*. – Über kompositionstechnische ‚Mängel‘ vgl. Elke Krüger, *Stilistische Untersuchungen zu ausgewählten frühen Klavierfugen J. S. Bachs*, Diss. Hamburg 1970.

Am Anfang der einzeln stehende, deutlich markierte Grundton, – eine Art ‚Pes'[78]. Dann die Gerüsttöne b – f^1 – d^1 –b / b – g^1 – c^1 –a / f^1 – b–g / e^1 / f^1 – e^1 – f^1 – e^1 / f^1. Bemerkenswert ist der Einschwingungsvorgang: Viertel – Achtel – Sechzehntel. Das rhythmische Modell zu Beginn (♪♫) setzt sich gegen Schluß durch mit der viermaligen Figura corta (♫♫). Die harmonische Anlage exponiert Tonika – Dominante:

B–dur-Dreiklang – B–dur-Septakkord[79] – Übergangsglied nach F–dur – F–dur-Leitton (. . .) – Grundton. Dabei ist in Takt 4 die Folge Penultima – Ultima figurativ durch mehrfachen Wechsel emphatisch verstärkt. Schwerpunkte liegen auf B–dur-Grundton und -Quinte; diese wird durch Modulation zum ‚neuen' F–dur-Grundton. Das Thema ist scharf profiliert. Seine Gliederung bleibt in den Proportionen übersichtlich: Viertel / Pause / – dann Achtel: 8 – 8 – 4 – 10. Auffallend sind die Tonrepetitionen[80]. Seinem Charakter nach ist das Thema frisch, heiter, geprägt vom Affekt der Freude, vom Grundzug der Aktivität und programmgemäß bestimmt vom Aufbruch.

War die streng angelegte g–moll-Fuge mit ihrer „Vorstellung unterschiedlicher Casuum" geformt von einem bildhaften und affektiven Scopus, so gibt sich die Schlußfuge verhältnismäßig freizügig. In ihren 58 ^{4}/$_4$-Takten präsentiert Bach das Thema neun- (oder zehn-)mal. Ein Diagramm möge den Aufbau andeuten:

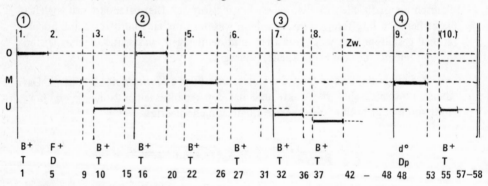

78 Vgl. aus späterer Zeit die Fuge A-dur im ^{9}/$_8$ (WCl. I); mit Quintton: Fuge g–moll im ^{3}/$_4$ (WCl. II).

79 Verkürzt um die Quinte es^1.

80 Fugenthemen mit Tonwiederholungen (Achtelwerte) im Incipit konnte Bach kennenlernen vor allem bei Buxtehude (1637–1707); vgl. etwa Fuge D-dur (NA von H. Keller: I 2, S. 7 f.), Fuge e–moll (I 5, S. 23 f.), Fuge F–dur (I 7, S. 34 ff.), Fuge a–moll (I 10, S. 52 f.), Canzonetta C–dur (NA von J. Heder: I, S. 43). – Bei Pachelbel (1653–1706)vgl. Fuge C–dur (NA von Matthaei, I, Nr. 10); bei Kuhnau (1660–1722) vgl. *Clavier-Übung* I (1689): *Gigve* in Partie I (DDT IV, S. 37 f.); *Frische Clavier-Früchte* (1696): in *Suonata Terza* (S. 84 f.), in *Suonata Quarta* (S. 90 f.); *Biblische Historien* (1700): *Il Concerto Musico delle Donne in honor di Davide* in Suonata prima (keine Fuge, S. 132 f.); *Saul malinconico*[...] in *Suonata seconda* (S. 136 f.); *Il suono delle trombe, overo dei tromboni*[...] in *Suonata qvinta* (keine Fuge, S. 167 f.). – Man vgl. bei Bach selbst: Fuge a–moll (echt ? BWV 895), Fuge a–moll (BWV 958), Schlußfuge der Sonate D–dur (BWV 963, Arnstadt 1704): 6/8 *Thema all' Imitatio Gallina Cucca*; Orgel: Fuge G-dur (echt ? BWV 577, Arnstadt 1705/06), Fuge

Die Disposition ist zunächst regelmäßig und überschaubar, wird jedoch mit der zweiten Hälfte irregulär. In einem Capriccio ist dergleichen üblich. Durchführung 1 und 2 läßt das Thema in Ober-, Mittel-, Unterstimme erklingen. Der weitere Vorgang bleibt problematisch, weil keine Stimmrunde mehr zustande kommt. Zweimal unterwandert ein ‚neuer' Baß den vorangegangenen mit dem Subjectum. Auch der Schluß (4.) ist inkomplett mit seinen beiden Einsätzen des Themas, dessen zweiter bloß torsohaft gerät.

Man könnte versucht sein, eine andere Gliederungsabsicht zu erwägen: ist nicht vielleicht der 7. Einsatz als ein überzähliger noch der 2. Durchführung zuzuordnen? Dann aber enthielte der 3. Trakt nur ein einziges Thema (= 8). Oder etwa: gehört dieser 8. Einsatz des Themas zusammen mit den beiden letzten? – Wohl kaum. Er wäre von diesen getrennt durch das relativ längste Zwischenspiel (Takt 42–48).

Mithin spricht das meiste für die in der Graphik skizzierte Disposition. Die Durchführungsumfänge scheinen diesen Sachverhalt zu bestätigen:

1.		2.		3.		4.
1–15 /		16–32	/	32–48 /		48–58
15		16 $^1/_2$		16		10 $^1/_2$

Hat demnach bereits der etwa Zwanzigjährige eine solche Ausgewogenheit der Durchführungslängen erstrebt? Vermutlich. – Bei den zehn Einsätzen des Themas entstehen einige Varianten: viermal erklingt es ‚real'[81], sechsmal wird es ‚tonal' repetiert[82], hier verschiedentlich mit Intervallabweichungen[83]. Zuweilen ist sein Umfang durch vier Achtel erweitert[84], am Schluß hingegen verkürzt.

Auffallend ist das viele B–dur. Es gibt nur einen einzigen Moll-Einsatz des Themas. Offenbar will Bach die Einheit des Affekts möglichst wenig stören. Die Abreise

G–dur (BWV 541), Toccata E–dur (C–dur): Fuge (BWV 566, Arnstadt, etwa 1707), Fuge e–moll (BWV 533, Weimar, etwa 1709 oder noch in Arnstadt?), Fuge g–moll (BWV 535, Weimar um 1709 oder noch in Arnstadt?), Fuge c–moll (Thema von Legrenzi, BWV 574, Weimar 1708/09 oder bereits in Lüneburg?), Fuge c–moll (BWV 537), Fuge d–moll (BWV 539; Vorlage = Sonate für Vl.-Solo: Fuge, BWV 1000 und 1001). – Prononcierte Tonwiederholungen gab es bereits in der Vokalpolyphonie des 15. und 16. Jahrhunderts, etwa in Kopfmotiven der Imitationstechnik eines Josquin. Bei ihm vor allem fielen sie von jeher als personalstilistisches Merkmal auf. In seinem Musiklied um 1530 kennzeichnet Ulrich Brätel Josquins Stilidiom gerade durch solche auftaktigen Tonwiederholungen. Ähnliches gilt von Motiven französischer Chansons dieses Zeitalters, wie sie dann in Canzonen-Themen des 17. Jahrhunderts fortleben (Brätels Musikerlied: gedruckt 1536, vgl. H. Zenck, *Sixtus Dietrich*, Leipzig 1928, S. 102 f.; vgl. v o r Josquin: Dufay, *Bon jour, bon mois* (= Rondeau-Refrain) oder *Vergine bella* (Petrarca, 1. Stanze der 49. Canzone).

81 1., 3., 4., 6.
82 2., 5., 7., 8., 9., (10).
83 T.8; T.24: es^1 statt e^1, b^1 statt h^1; T.25, T.34–36 usw.
84 8.: T.40; 9.: T.50.

mit der Postkutsche duldet keine Trübungen aus Zwängen einer sonst praktizierten Modulationsordnung. Ganz kurze Zwischenspiele sind eingefügt[85]. Das einzige längere Zwischenspiel umfaßt sechs Takte. Bemerkenswert immerhin bleibt, daß Bach hier schon die in seinen dreistimmigen Fugen später übliche Satztechnik anwendet: erster und zweiter Themaeinsatz folgen nahtlos, der dritte hingegen erst nach einem kleinen Binnenzwischenspiel.

Last non least: das aus der vorangegangenen *Aria di Postiglione* bekannte Posthornmotiv. Darauf verweist bereits der Satztitel. Ingeniös angebracht, folgt es in der Exposition unmittelbar dem Thema, – fällt gleichsam in dessen Ultima. Dann durchwirkt es die Fuge in allen Stimmen und in den unterschiedlichsten Lagen. Während das 2-Fuß-Posthörnchen freilich nur auf konstanter Tonhöhe zu blasen vermag, wird es auf dem nachahmenden Clavier transponibel[86]. Ungezählte Male ist das Motiv gegenwärtig, sogar in einer figurativ gesteigerten Form (Takt 44 ff.).

Die Tonwiederholungen im Thema vereindringlichen den Grundzug der Aktivität, das mit dem Fuhrwerk abrollende Geschehen. Gleichwohl handelt es sich um eine gemächliche Reise, keineswegs um eine eilige, rasende Fahrt. Denn Bach hätte auch ein Sujet jenes norddeutschen Typus mit quirlenden Spielfiguren erfinden können. Eine italienische Giga im $^6/_8$, $^{12}/_8$ oder $^{12}/_{16}$ wäre ebenfalls vorstellbar gewesen. Indes ist es kein Reitpferd, auf dem der Bruder davongaloppiert. Er sitzt im Postwagen.

Es ist eine heitere, frohe Abreise, ein Abschied ohne Wehmut. Der Vorgang ist unumkehrbar und findet Zustimmung. Nicht das geringste hat er gemein mit dem Weg des in die Winteröde hinausziehenden Wanderers oder des ‚Fahrenden Gesellen‘. Die Situation ist noch unberührt von romantischer Leidstimmung. Im übrigen gibt es für den Scheidenden ein festes Ziel. Alle Anwesenden kennen es. – Auch die zweifellos bestehenden Gefährdungen und möglichen Fallstricke der abenteuerlichen Zukunft wurden präsentiert. Die Phase argumentativer und emotionaler Art hat im Gesamtwerk ihren systematischen Ort und ist längst abgeschlossen[87].

Bachs frühes *Capriccio* kennt keine gleitenden Übergänge. Blockartig stehen die Sätze als Sinneinheiten hintereinander. Gleichwohl lenkt eine harmonische Katabasis in der Ereigniskette „unterschiedlicher Casuum" durch den Quintenzirkel[88] und verweist am Ende doppelpunktartig geöffnet auf das *Lamento* f-moll. Aber diese Prozedur ergibt keine organische oder dynamische Entwicklung, wie sie aufkommt

---

85 Ein bis höchstens zwei Takte.
86 Die Ansatztöne: f^2, d^2, g^2, b^2, c^3, es^3, a^2, c^2, e^2, b^1, g^1, a^1, f^1, d^1, es^1, c^1, a, b, d: also auf allen diatonischen Stufen von c^3 – a + d.
87 Zuweilen finden sich in der Literatur Hinweise auf ‚Humor‘, der im *Capriccio* vorhanden sei. Ungewiß bleibt, worin er sich konkretisiere. (Vgl. etwa Müller, *Bachs Humor*, a.a.O.) Zweifellos gibt es auch in Bachs Musik hin und wieder erkennbare Merkmale humoristischer Absicht. Sie jedoch in dem Werk des Zwanzig-Einundzwanzigjährigen wahrnehmen zu wollen, erscheint abwegig. Auch der heitere Ausklang ist noch kein Humor. Man sollte die Komposition ernst nehmen und auf Relativierungsversuche verzichten. Sie ist sowohl im ganzen wie in ihren Teilen von Humor weit entfernt.
88 g-moll – c-moll - f-moll – b-moll.

mit der geschichtlich weit späteren Klassik. Alles bleibt bildhafte Darstellung im Horizont der Rhetorik[89].

Entgegengesetzt erfolgt der Verlauf beim „Abschied" — auf Umwegen allerdings — aufwärts und gelangt dabei sogar in die Dominante F—dur, also über die Grundtonart hinaus. Wieder entsteht eine portalähnlich sich öffnende Kadenz[90]. Auch dieser verhältnismäßig kurze Satz bewegt sich im Rahmen der „musica pathetica" des Barock und vergegenwärtigt die dramatische Szenerie. Er schildert eine Situation. In ihr verdichtet sich bildkräftige und affektgeprägte Nachahmung seelischer sowie zeremonieller Abläufe. Erst mit der *Aria di Postiglione* wird die Ebene von B—dur zurückgewonnen.

Im ganzen zeichnet sich eine Kurve ab, die weit nach unten ausholt, um dann wieder zurückzuschwingen. Stark vereinfacht möge eine Skizze dies andeuten[91]:

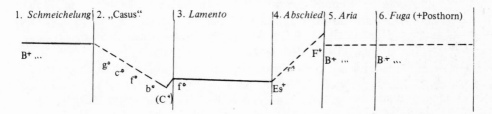

Ein düsterer Tiefgang beherrscht das *Lamento* als den langsamsten Satz (Adagissimo) mit seiner nahezu statischen und quälend verharrenden Gravitation. Er ist umgeben von den zuvor fallenden und danach steigenden Tendenzen, welche die programmatische Thematik sinnenfällig darstellen. —

Bach folgt Kuhnaus *Biblischen Historien*, die ihm bekannt sein mochten, und befindet sich auf der Bahn von Szenenfolgen Couperins, wie sie zehn oder zwanzig Jahre später gedruckt vorliegen werden. Beispiellos in seinem Instrumentalwerk bleibt dieses *Capriccio* als musikalische Nachahmung äußerer und innerer Vorgänge.

---

89 Als Hypotyposis.

90 „Clausula minus principalis" bei A. Herbst, *Musica Poetica*, Nürnberg 1643; „Cadence imparfaite oder attendante" bei Walther, *Lexicon*, a.a.O.

91 Taktzahlen oder gar ‚Dauern' der sechs Stücke lassen sich hier graphisch freilich nicht berücksichtigen.

„Where Grace, and Truth, and Love abound"
Zur Rezeption und Geschichte von Georg Friedrich Händels Oratorium „Theodora" (1749)

von
JÜRG STENZL

„*Theodora. An Oratorio. Set to Musick by Mr. Handel*"[1]. Begonnen am 28. Juni 1749, die Partitur entworfen bis zum 17. Juli; ausgearbeitet am 31. Juli, 33 Tage nach Beginn der Komposition[2]. – Erstaufführung (mit dem Orgelkonzert op. 7, Nr. 5, g-moll[3]) am Freitag, dem 16. März 1750 um halb sieben im Theatre Royal Covent Garden. Danach zwei weitere, nur schwach besuchte Aufführungen am 21. und 23. März[4]. – Wiederaufnahme durch Händel fünf Jahre später, am 5. März 1755. Eine für 1759 geplante Darbietung entfiel – vielleicht wegen Händels Tod am 14. April.

Im Hinchingbrooke House (Huntingsdonshire) des Grafen von Sandwich soll 1780 *Theodora* zum letzten Mal im 18. Jahrhundert erklungen sein[5]. Die nächste Aufführung, 92 Jahre nach Händels Tod, am 11. März 1841 in Berlin und wenig später in einem Dresdner Wohltätigkeitskonzert für ein K. M. von Weber-Denkmal

---

1 London, J. Watts 1750, 24 S., Exemplar des British Museum, Signatur: P. B. 162.1.3. Das Autograph des Librettos besaß Sir Newman Flower (vgl. N. Flower, *Georg Friedrich Händel. Der Mann und seine Zeit*, Leipzig 1925, S. 285, Anm.) und es befindet sich heute in der Flower-Collection der Central Public Library, Manchester, weicht aber vom gedruckten Libretto der Erstaufführung nur in unbedeutenden Details ab.

2 Die wichtigsten Quellen: *Autograph* in London, British Museum, Royal Music Library, 20.f.9. *Direktionspartitur* in Hamburg, Staats- und Universitätsbibliothek, $M \frac{A}{1056}$, geschrieben von Joh. Chr. Schmidt sen. Beiden Bibliotheken danke ich für die Herstellung von Mikrofilmen. – Hier nicht verwendete vollständige Abschriften in Cambridge, Fitzwilliam Museum (Lennard Collection) und in der Royal Music Library (Smith-Collection, Signatur 18.f.6).

3 R. Fiske (*Handel's Organ Concertos – Do they Belong to Particular Oratorios*? The Organ Yearbook III, 1972, S. 15–22) identifiziert das *Theodora*-Konzert mit op. 7, Nr. 4 d-moll, W. Dean dagegen, wie hier angenommen, mit op. 7, Nr. 5 vom 31. Januar 1750 (Art. *Handel* in: The New Grove, VIII, S. 100).

4 O. E. Deutsch, *Handel. A Documentary Biography*, New York 1955, Reprint ibid. 1974, S. 683 f. (im folgenden: Deutsch, *Handel*).

5 W. Dean, *Handel's Dramatic Oratorios and Masques*, London 1959, Reprint 1966, S. 572 (im folgenden: Dean, *Oratorios*) verweist auf einen entsprechenden Librettodruck.

(Frühjahr 1841)[6]. Vor 1844 fallen auch zwei Londoner *Theodora*-Konzerte der St. Cecilia Society und der Choral Harmonists Society. Am 2. Mai 1865 schließlich *Theodora* in der „residence of an amateur lady, Miss Frith, in Wimpole Street, London", dirigiert von Stendale Bennett. George Gassett (1834–1897) leitete eine weitere *Theodora*-Aufführung in Cambridge[7]. Dreißig Jahre nach Berlin und Dresden brachte Ferdinand Hiller seine Bearbeitung (ausgehend von der mittlerweile erschienenen [1860] Chrysander-Edition[8]) am 19. Dezember 1871 in Köln zu Gehör und wiederholte das erfolgreiche Konzert ein Jahr später (5. November 1872)[9]. Seine Fassung verwendete Joseph Barnby am 10. Juni und 30. Oktober 1873 in London. Am 7. Februar 1874 erklang *Theodora* unter August Manns Leitung in einem der „Chrystal Palace Saturday Concerts", und im selben Jahr veröffentlichte Novello seinen Klavierauszug. Aber wieder vergehen 17 Jahre, bis Paul Müller und der St. Galler „Frohsinn" Händels Werk am Palmsonntag (22. März) 1891 aufs Programm setzen[10].

Vier Aufführungen zu Händels Lebzeiten, sechs im deutschen, sieben im englischen Sprachgebiet im ganzen 19. Jahrhundert. So lautet die magere Bilanz für „das einzige Oratorium des Großmeisters, welches einen christlichen Stoff, nicht einen der biblischen oder griechischen Geschichte entnommenen behandelt"[11]. Keinem

6 Allgemeine Musicalische Zeitung [AMZ] XLIII, 1841, Sp. 362 f. (mit Rezension der Berliner Aufführung) und ibid., Sp. 448: „In Dresden fand (in der dasigen Frauenkirche) eine große Musikaufführung statt, deren Ertrag zu einem Denkmale für K. Maria von Weber bestimmt ist. Außer mehreren Tonstücken von Weber selbst ist Händel's Oratorium Theodora, bis jetzt in Deutschland noch ziemlich unbekannt, zur Aufführung gekommen." Dazu eine Rezension der offenbar gedruckten Chorstimmen, in: Iris [Berlin] XII, 1841, S. 175 f. (mir nicht zugänglich).

7 Diese Hinweise verdanke ich einer brieflichen Mitteilung von Winton Dean, der sie aus dem mir unzugänglichen Aufsatz von G. A. Macfarren, *The ‚Theodora' of Handel* (The Musical Times 1873, Juni, S. 103–106) und dem Vorwort zum Novello-Klavierauszug von 1874 ausgezogen hat. Auch an dieser Stelle möchte ich dem Doyen der Händel-Forschung für diese Hilfe freundlich danken.

8 Band 8 von G. F. Händels Werke, hrsg. v. F. W. Chrysander, Reprint in Kalmus Miniature Score Series, No. 1323 (s.d.).

9 Vgl. F. Hillers am 14. Dezember 1871 in der Nr. 346 der Kölnischen Zeitung erschienene Einführung: *Theodora. Oratorium von G. F. Händel*, nachgedruckt in F. Hiller, *Musikalisches und Persönliches*, Leipzig 1876, S. 252–248; sowie *Aus Ferdinand Hillers Briefwechsel* III (1870–1875), hrsg. v. R. Sietz (= Beiträge zur rheinischen Musikgeschichte, LVI) Köln 1964, S. 72 und VI, hrsg. v. R. Sietz (= Beiträge zur rheinischen Musikgeschichte, LXX) Köln 1968, S. 95. – Rezensionen: Anonym (L. Bischoff?) in: Kölnische Zeitung, fast vollständig nachgedruckt in: Neue Zeitschrift für Musik [NZfM] LXVIII, 1872, S. 30 f. und 43 f. – Anonym in: [Leipziger] AMZ VII, 1872, S. 110–115. – Anonym in: Signale für die musikalische Welt [Signale] XXX, 1872, S. 53 f.

10 Rezension: A. Beetschen in St. Galler Tagblatt Nr. 71 vom 25. März 1891, S. 4, auszugsweise in Schweizerische Musikzeitung [SMZ] XXXI, 1891, S. 63. Für eine Kopie der Zeitungsbesprechung danke ich der Vadiana, St. Gallen.
Die Angabe in: *Händel-Bibliographie*, zusammengestellt v. K. Sasse, Leipzig 1967, S. 154 „Neue Musik-Ztg., Jg. 12, Stuttgart 1891, S. 95" muß auf einem Irrtum beruhen, da an dieser Stelle kein Konzertbericht steht.

11 *St. Galler Tagblatt*/SMZ XXXI, 1891, S. 63.

anderen von Händels Oratorien ist der Mißerfolg bis heute dermaßen treu geblieben.
– *Theodora*, das ist schon beinahe ein Beispiel einer Nichtrezeption.

    Aber warum?

*

    „Die Juden werden nicht zu ihr kommen (wie zu Judas Maccabaeus), da es eine
christliche Geschichte ist; und die Damen werden nicht kommen, weil es eine
tugendhafte ist", meint der Komponist nach der zweiten Aufführung zu seinem
Librettisten Thomas Morell[12]. Und Winton Dean argumentiert, daß das Publikum
von Händels Oratorienaufführungen „im kriegerischen Getöse des *Judas Maccabaeus*
und im alttestamentarischen Donner des *Samson* schwelgte"[13] – krasse Gegensätze
zur leisen *Theodora*. In jenen erfolgreichen Werken konnte es sein Selbstverständnis
als „God's Own People" bestätigen[14]. Der Schlußchor der *Theodora* bestätigte,
nachdem die beiden Hauptpersonen Didymus und Theodora zum Märtyrertod
geführt worden sind, gerade nicht solch gegenwärtiges Selbstverständnis, sondern
ruft zur Nachfolge auf:

> „O Love divine, thou Source of Fame,
>   Of Glory, and all Joy;
> Let equal Fire our Souls inflame,
>   And equal Zeal employ:
> That we the glorious Spring may know,
> Whose Streams appear'd so bright below."

Märtyrertod als Voraussetzung für „Fame, Glory, and all Joy": darauf wollten sich
die Damen – verständlicherweise – lieber nicht einlassen.

    Die Gründe für den Mißerfolg zu Händels Lebzeiten können wir bloß vermuten
und indirekt zu erschließen suchen. Erst im 19. Jahrhundert bekommt das Unbehagen in den Konzertbesprechungen Stimme.

    Bereits 1781 hatte Daniel Gottlob Türk – im Hinblick auf den *Messias* allerdings
– festgestellt: „Für unser Zeitalter ist das kein Stück mehr". Selbst der Händel-
Enthusiast Hiller mußte 1786 einräumen, daß die Arienkoloraturen „ein wenig
einförmig und veraltet" seien, daß aber der kluge Sänger wisse, „die kleinen Rost-
flecken des Alterthums abzuwischen"[15]. Händels Stil war seit der zweiten Hälfte
des 18. Jahrhunderts dem Verdacht des V e r a l t e t e n ausgesetzt. Auch die
Theodora: „Ungeachtet des nicht immer zeitgemäßen Gewandes", heißt es 1841[16],
und 1871: „Daß eine vollständig getreue Wiedergabe dieser Oratorien in der Origi-
nalgestalt, wie Händel sie aufgeführt hat, ein Ding der absoluten, und in der überlie-

---

12 Deutsch, *Handel*, S. 852.
13 Dean, *Oratorios*, S. 572.
14 Dazu J. Stenzl, *Über den Großaufbau und die Bedeutung von Händels „Messiah"*, in: NZfM
   CXXXV, 1974, S. 732–740, bes. S. 739.
15 J. A. Hiller, *Nachricht von der Aufführung des Händelschen Messias in der Domkirche zu
   Berlin, den 19. May 1786*, Berlin 1786, S. 9.
16 Vorwort zum Textbuch der Berliner Aufführung, zit. in: AMZ XLIII, 1841, Sp. 363.

ferten Fassung ein Ding der praktischen Unmöglichkeit"[17] sei. Seit Mozarts Händel-Bearbeitungen[18] galt dem ganzen 19. und einigen Jahrzehnten des 20. eine mehr oder weniger weitgehende Modernisierung als unumgänglich: „Ungemein mild und lieblich ist Theodora's Arie: „Engel, ewig hold und mild", wozu der umsichtige Dirigent, Herr MD. Rungenhagen, sehr passend einen weiblichen Chor mit hinzutreten ließ, ohne das schöne Musikstück im Wesentlichen zu verändern", schrieb die *Allgemeine Musicalische Zeitung* zur Berliner Aufführung von 1841[19]. Und der Kritiker der *Signale für die musikalische Welt* lobt Ferdinand Hiller dafür, daß er 1871 dem Werk „mit discreter Hand die lebhaftere Färbung einer modernen Instrumentation gegeben" habe[20].

Nicht nur die Gefahr des Veraltens drohte der *Theodora*. Sie entsprach auch der Oratoriums-Erwartungshaltung des 19. Jahrhunderts zu wenig: Das Oratorium hatte, im Anschluß an den *Messias*, C h o r -Oratorium zu sein, in der Chorkomposition sah man Händels Bedeutung. Die *Theodora* weist 28 Solonummern und 11 Chöre auf, davon sind vier ausgesprochen knapp gehalten. Diese Relation konnte einem durch den *Messias* geprägten Erwartungshorizont nicht entsprechen:

„Der trefflich ausgeführten Chöre hätte man gern noch mehrere gehört"[21] (1841).

„Das Werk, dramatischer angelegt, als die meisten andern Oratorien Händel's, ist dafür ärmer an breit ausgearbeiteten Chören, dafür aber viel individueller in seinen Arien."[22] (1871)

„Dieser Mangel offenbart sich schon in dem auffälligen Überwuchern des ariosen über den Chorgesang, in welch' letzterem bekanntlich Händel's Hauptstärke liegt."(1891)[23]

Dieser ‚Chormangel' der *Theodora*, die enttäuschte Erwartung, die aus den Kritiken spricht, verweist auf ein Zentrales der kontinentalen bürgerlichen Händelrezep-

17 NZfM LXVIII, 1872, S. 31.
18 Dazu A. Holschneiders Einführungen zu W. A. Mozart, Bearbeitungen von Werken Georg Friedrich Händels, in: Neue Ausgabe sämtlicher Werke X, 28, Abt. 1/2, 1/3, 1/4 und Anhang zu II, 5, 13, Kassel 1961–1973.
19 AMZ XLIII, 1841, Sp. 363.
20 Signale XXX, 1872, S. 54. – Die heute nicht mehr auffindbare Bearbeitung wird vom Rezensenten der Kölnischen Zeitung/NZfM wie folgt beschrieben: „Den Recitativen hat er [sc. F. Hiller] das Streichquartett mitgegeben und vielfach statt der dem Sänger lästigen ausgehaltenen Accorde kurze Schläge der Saiten-Instrumente eintreten lassen. Die Orgel benutzt er zuweilen allein, wo die mystische Wirkung der Klangfarbe dem Charakter der Stelle angemessen erscheint. Zu den Arien hat H. Accorde und zuweilen einzelne Gänge der Orgel, aber mit großer Maßhaltung geschrieben, und in seltenen Fällen auch dem Vor- und Nachspiel durch Trompeten und Hörner hellere Lichter aufgesetzt. Wo Händel die Arien nur mit Blas-Instrumenten einleitet, hat auch Hiller die Streich-Instrumente weggelassen. Einleitung und Schluß der Arien läßt H., der Händel'schen Kraft gedenkend, vom ganzen Streichquartett spielen. Den reinen Instrumentalsätzen hat er an manchen Stellen das neue Klangelement der Orgel und Blech-Instrumente hinzugesetzt, den Violinen Oboen und Clarinetten, den Bässen Fagotte beigegeben. In ähnlicher Weise sind die Chöre behandelt. Mit eigenen melodischen Zuthaten ist die Bearbeitung äußerst sparsam gewesen, sie giebt wesentlich eine V e r s t ä r k u n g des Orchesters und neigt sich in dieser Beziehung der historischen Richtung zu."
21 AMZ XLIII, 1843, S. 363.
22 Signale XXX, 1872, S. 54.
23 St. Galler Tagblatt/SMZ XXXI, 1891, S. 63.

tion: Die Wirkungsgeschichte der Chorvereinigungen bis 1848 ist – mit Reinhold Brinkmanns Worten – „fast identisch mit der Wirkungsgeschichte von Händels (freilich dem Zeitgeschmack bearbeitend angepaßter) Oratorienkunst"[24]. „Händel's Musik trägt – so 1892 Philipp Spitta – einen demokratischen Zug: sie will alle zur Betheiligung heranziehen, sie verlangt nach Massen, die sie durch den Schwung der Begeisterung emportragen kann"[25]. Das Werk J. S. Bachs drängt nach 1850 dieses Händelverständnis zurück: Bachs Vokalmusik wird nun zunehmend gesungen und verstanden als ein Weg „nach Innen" (Franz Brendel), als Vergeistigung, wogegen jene Händels als Weg zum Außen gilt: „er gewährt der sinnlichen Seite der Kunst ihr Recht [. . .], ist objektiv, episch"[26].

Die längst zum Topos erstarrte Konfrontation von Bach und Händel, begriffen als subjektive Verinnerlichung und dramatische Entäußerung[27], führt uns unmittelbar zur *Theodora*-Aufführung Ferdinand Hillers in Köln von 1871 zurück. Denn hier wurde die *Theodora* bereits im Lichte jener Bachschen Innerlichkeit rezipiert, die man Händel eigentlich absprach: „Der Grundton des Ganzen ist tiefinnerlicher, seelischer Natur", heißt es in der *Neuen Zeitschrift für Musik*[28], und die *Signale* stellen fest[29]:

„Läßt sich im Allgemeinen eine gewisse Gleichartigkeit in der Stimmung nicht absprechen, so ist dafür die Empfindung eine außerordentlich vertiefte. Die feinsten Saiten eines von religiöser Begeisterung erfüllten, von edler Liebe entflammten Herzens werden angeschlagen. Angstvoll bewegter kann ein Mädchenmund nicht klagen, als wie Theodora beim ersten Urteilspruche des Römers in ihrer Arie: ‚O, mehr als Tod!‘[,] gläubiger nicht die christliche Begeisterung emporjubeln wie in Theodoras Arie: „Doch was bist du so sorgenschwer, mein Herz?‘."

Die Person von Theodoras Getreuer, der Irene, ist dem Korrespondenten der *Neuen Zeitschrift für Musik* „eigens dazu geschaffen [. . .], in Tönen und himmlischen Weisen aufzugehen", so daß sich ein Vergleich mit Bach aufdrängt[30]:

„Und wie die Choräle in den Bach'schen Passionen dient durch die ganze Handlung hindurch die Rolle einer Freundin Theodora's dazu, die allgemeine Stimmung zu lyrischem Ausdruck zu bringen."

*

24 R. Brinkmann, *Kleine Einleitung von außen*, in: *Bachforschung und Bachinterpretation heute*, Bericht über das Bachfest-Symposium 1978 der Philipps-Universität Marburg, Kassel 1981, S. 16.
25 Ph. Spitta, *Zur Musik*, Berlin 1892, hier zit. nach Brinkmann, a.a.O.
26 Fr. Brendel, *Geschichte der Musik in Italien, Deutschland und Frankreich*, Leipzig ⁴1867, hier zit. nach Brinkmann, a.a.O.
27 Dazu P. H. Lang, *George Frideric Handel*, London 1966, S. 650–697 (im folgenden: Lang, *Handel*).
28 NZfM LXVIII, 1872, S. 43.
29 *Signale* XXX, 1872, S. 54.
30 NZfM LXVIII, 1872, S. 43.

Thomas Morell schrieb das *Theodora*-Libretto, nachdem er 1746 für den *Judas Maccabaeus* erstmals für Händel gearbeitet hatte und diesem später auch das *Jeptha*-Textbuch lieferte[31]. Nach Morells Worten stellte Händel das *Theodora*-Libretto über alle andern Oratorientexte, während seine eigene Vorliebe dem *Jeptha* galt[32].

Formales Grundelement ist, im dramatischen Oratorium Händels nicht anders als in seinen Opern, die Doppeleinheit Rezitativ (respektive Rezitativdialog) plus Arie. Aus solchen Doppeleinheiten werden Szenen gebildet, wobei sich Beginn und Ende einer Szene auf herkömmliche Weise durch Auf- und Abtritte oder durch Szenenbildwechsel ergeben (selbst wenn die Oratorien ja nicht szenisch aufgeführt wurden)[33]. Im ersten Teil der *Theodora* – man vergleiche dazu die Übersicht am Ende dieses Aufsatzes – wechselt die Szenerie nur einmal, nach der zweiten Szene, während im zweiten Teil das (imaginäre) Bühnenbild nach jeder einzelnen der sechs unterschiedlich langen Szenen wechselt. Im dritten Teil schließlich finden zwei Ortswechsel, nach der dritten und sechsten Szene, statt. – Die Chöre stehen stets am Schluß einer Szene und jeder der drei Teile (oder Akte) endet mit einem längeren Chor.

Von diesem Grundmuster weicht Morell nur selten ab: In der Eröffnungsszene etwa tritt ein erster Chor mitten in der Szene an die Stelle des Da Capo einer Arie; den dritten Teil eröffnet, wie häufig in der Oper, eine Arie ohne einleitendes Rezitativ[34]. Die Szene III/4 enthält einen Rezitativdialog ohne anschließende Arie, und in der zentralen Szene des dritten Teils (III/5) steht die ungewöhnliche Folge: Rezitativ – Arie – Arie / Rezitativdialog – Chor / Rezitativdialog – Arie, also eine Arie ohne vorgängiges Rezitativ und ein – auch in anderer, nicht zuletzt musikalischer Hinsicht – ungewöhnlicher Chor inmitten einer langen Szene („How strange their Ends").

Den *Theodora*-Stoff entnahm Morell, wie er im Vorwort zum ersten Libretto-Druck ausführt, zu großen Teilen Robert Boyles *The Martyrdom of Theodora and*

---

31 Von Morell stammt überdies das Textbuch zu *Alexander Balus* (1748), möglicherweise jenes von *Joshua* (1748) und die englische Adaptation von B. Pamphiljs *Il trionfo del Tempo e del Disinganno* (1707) zu *The Triumph of Time and Truth* (1757).

32 Deutsch, *Handel*, S. 852.

33 Vgl. zu dieser Frage Dean, *Oratorios*, vor allem S. 122–127.

34 Zwischen dem ersten und zweiten oder dem zweiten und dritten Teil spielte Händel „a New Concerto on the Organ" (Deutsch, *Handel*, S. 683). Wie in Anm. 3 angeführt wahrscheinlich op. 7, Nr. 5, g-moll. Aus den Tonarten (I/II: d-moll/C-Dur; II/III: B-Dur/D-Dur) kann die Stellung dieses Konzerts in vier Sätzen (g-moll, B-Dur, g-moll, g-moll) nicht erschlossen werden. Auffällig ist, daß die beiden Schlußsätze (Menuet, Gavotte) das Soloinstrument nicht verwenden. Die Gavotte ist eine umgearbeitete Version des Schlußsatzes des Orgelkonzertes op. 4, Nr. 3, g-moll (dort aber mit solistischer Orgel). Die Eröffnungsszene des zweiten Teiles ist jene der Festvorbereitung der Römer. Menuet und Gavotte des op. 7, Nr. 5 würden an dieser Stelle nicht bloß eine Einleitungssinfonie ersetzen, sondern auch inhaltlich zur ersten Szene gehören.

Didymus[35] von 1687, einer moralisierenden romanhaften Erzählung. Aus Corneilles Drama *Théodore Vièrge et Martyre* (1645)[36] stammt kaum mehr als der Name des römischen Statthalters Valens. – Es ist dabei in unserem Zusammenhang belanglos, wie Boyle und Morell die in griechischer und lateinischer Überlieferung vorliegende *Passio* der Heiligen Didymus und Theodora verändert und erweitert haben[37]. Wichtiger ist die Art, wie Morell und ganz besonders Händel diese Märtyrergeschichte begriffen und darstellten.

Hier zunächst der Inhalt:

Der römische Stadthalter in Antiochien, Valens (Baß), kündet (im Jahre 304) ein feierliches Opfer zu Ehren Jupiters aus Anlaß des Geburtstages von Kaiser Diokletian an (I/1), und Septimius (Tenor) wird beauftragt, dieses Fest als Ausdruck der Staatsreligion in die Wege zu leiten. Der römische Offizier Didymus (Alt-Kastrat) weist den Herrscher auf Andersgläubige hin. Aber für Valens gilt: „Die sind nicht Cäsars Freunde / die nicht Cäsars Götter haben. – Ich mag nichts weiter hören." Dem römischen Prinzip unbedingten Gehorsams gegenüber einer Staatsreligion setzt Morell in der 2. Hälfte des 1. Teils Theodora (Sopran), ihre Begleiterin Irene (Mezzosopran) und die Christensekte entgegen. Ihr Glück ist nicht von dieser Welt: „Fond, flattring World, adieu!" singt Theodora zu Beginn ihrer ersten Arie, denn „nobler Joys we now persue"; Irene zeichnet eine Welt des Lichtes, des wahren Glücks als einziges Ziel:

> „True Happiness is only found,
> Where Grace, and Truth, and Love abound,
> And pure Religion feeds the Flame."

Der erste Akt exponiert diese zwei unvereinbaren Prinzipien: Der tätigen, durch Valens personifizierten Staatsreligion setzen die Christen ihr „Come, mighty Father, mighty Lord, / With Love our Souls inspire" entgegen. Dies nicht, wie Theodora ausführt, als Rebellion, sondern in Befolgung von Gottes Gebot. Ein Gebot, das ebenso unbedingten Gehorsam fordert wie Valens. Septimus verhaftet Theodora und führt sie ab. Im Venus-Tempel soll sie, sträubt sie sich weiterhin gegen Valens' Gebot, zur Prostitution gezwungen werden, dies ungeachtet ihrer vornehmen Herkunft und Haltung.

---

35 Publiziert als *The Martyrdom of Theodora, And Didymus. By a Person of Honour*, London, H. Clark for J. Taylor 1687 (Ex. im British Museum). Robert Boyle (1627–1691), einer der Söhne des Earl of Cook, gilt als ‚Father of English Chemistry'. Johnson charakterisierte dieses Buch treffend als ein „attempt to employ the ornaments of romance in the decoration of religion" (Dean, *Oratorios*, S. 558), worüber sich Boyle in aller Länge in seiner *Preface* äußert.

36 Ed. in Corneille, *Théâtre complet*, II, texte préfacé et annoté par P. Lièvre, Paris 1950 (Bibliothèque de la Pléiade, s.n.), S. 9–82.

37 Dazu F. de' Cavalieri, *Intorno alla „passio" di Teodora e Didimo*, in: Note Agiografiche 8 (Studi e Testi, LXV), Città del Vaticano 1935, S. 233–278. Die Vita ist in französischer Übersetzung zugänglich in J. Baudot/P. Chaussin, *Vies des Saints et des Bienheureux*, IV, Paris 1935, S. 690–694. – Im Zentrum der *Passio* steht Didymus; ob auch Theodora den Märtyrertod erlitten hat, wird offengelassen.

Der Beginn des zweiten Teils nimmt die Doppelexposition des ersten auf: Die Heiden preisen, lebensfreudig diesseitig, Flora und Venus, Valens gibt der gefangenen Theodora eine letzte Bedenkfrist (II/2). Didymus gesteht seinem Freund und Kampfgefährten Septimius, daß er von Theodora, die er liebe, zum Christentum bekehrt worden sei (II/3). Von Septimius erhält er Zugang zu Theodoras Zelle (II/5) und befreit sie durch Kleidertausch. Die Christen aber vertrauen auf jenen, der zum Jüngling von Nain gesprochen hatte: „Jüngling, ich sage dir: Steh auf" (Lukas 7, 14), der die Tochter des Jairus (Markus 5, 41) und Lazarus vom Tode auferweckt hatte.

Theodora kehrt befreit zu den Christen zurück (III/2) — da bringt ein Bote die Nachricht, daß Valens Didymus zum Tode verurteilt habe (III/3) und daß auch Theodora mit „terrors of a cruel death" gedroht würde. Sie versteht dies als himmlische Gnade: reine Jungfrau bleiben und den Märtyrertod erdulden. — Didymus verteidigt vor Valens sein Handeln (III/4); Theodora stellt sich Valens (III/5) und ist zum Tode bereit, dies zum maßlosen Erstaunen der anwesenden Heiden. Aber Valens kann keine Gnade kennen. „Ein kleiner Preis", meint Didymus, für das, was ihnen beiden verheißen sei (III/6). — Zurückgeblieben sind Irene und die Christen (III/7): Ihnen beweist Theodoras und Didymus' Martyrium, „that Love is stronger far than death". Und deren Tat wird zum Gleichnis: Forderung an die Zurückgebliebenen — und die Zuhörer: „Let equal Fire our Souls inflame, / And equal Zeal employ."

*

Eine Libretto eines Oratoriums, aber auch einer Oper, ist, inhaltlich wie formal, eine P r ä k o m p o s i t i o n. Wahrscheinlich brachte Morell den Theodora-Stoff in Vorschlag, Händel aber akzeptierte ihn ja nicht bloß, sondern „valued [it] more than any Performance of the kind", wie Morell später bezeugte[38]. Das heißt nun 1750 allerdings nicht, daß der Komponist durch die Musik hindurch von sich selber spricht, gar sein Ich unmittelbar musikalisch zum Ausdruck bringt. Händels Verfahren ist, seiner Zeit gemäß, rationalistisch, indem er die textliche Präkomposition des Librettos, dessen Bilder und Affektäußerungen, ins musikalische Medium überträgt, das Präkomponierte gleichsam nachkomponiert[39]. Des Musikers Subjektivität ist greifbar nur anhand der Art seines Vorgehens angesichts der textlichen Präkomposition: Welchen der im Text vorgegebenen Bildern und Affekten gibt er, und auf welche Weise, wie dicht auch, musikalische Gestalt, und welche übergeht er?

Für dieses musikalische ‚priëm', dieses musikalische ‚Kunstmittel' (wie man es im Anschluß an die russische Formale Schule nennen könnte)[40] gibt es in der *Theodora* zwei besonders auffallende Beispiele:

38 Deutsch, *Handel,* S. 852.
39 Dazu H. H. Eggebrechts Artikel *Ausdruck* im Sachteil des Riemann Musik-Lexikons, Mainz 1967, S. 65 f.
40 V. Erlich, *Russian Formalism*, s'Gravenhage 1955, deutsch München 1964, Frankfurt ² 1964, Kapitel X.

Die erste Szene des ersten Teils wird von einem Chor auf den folgenden Text beschlossen:

„For ever thus stand fix'd the Doom	So steht für immer das Urteil über
Of Rebels to the Gods and Rome:	Rebellen gegen die Götter und Rom fest:
While sweeter than the Trumpet's Sound,	Während rundum süßer als Trompetenklang
Their Grones and Cries are heard around."	Ihr Stöhnen und ihre Schreie zu hören sind.

Ins Musikalische übersetzbare Textobjekte sind dabei etwa:

for ever / fix'd / doom	*Dauer, festgelegtes*
sweeter / trumpet sound	*direkte Klangbeschreibung*
Grones / Cries	*akustisches Verhalten*
heard around	*Dauer, Kontinuität*

Händel setzt die ersten zwei Verse, im homophonen Satz, gegen die folgenden zwei ab und bringt sie innerhalb der 42 Takte dieses Chores bloß zwei Mal (auf Tonika und Dominante). Das Zentrale dieses Textes ist für ihn der W o h l l a u t des „trumpet sound": Verwendung von zwei Hörnern, durchgehender Pastorale-naher $^{12}/_8$-Takt[41], tänzerische Courante-Rhythmik. Er übergeht hingegen völlig, was Winton Dean das „sadistic gloating" genannt hat, das Wehklagen der gequälten christlichen Rebellen, die Rachegelüste, welche hinter Vers 3/4 stehen: „their Grones and Cries are heard around". Der Komponist zeichnet in der *Theodora* (wie auch anderswo) die Heiden − g e g e n den Textinhalt − gerade nicht als negatives Feindbild, sondern sieht in ihnen Personen wie jene der Pastoralliteratur: Hirten, Nymphen, diesseitige, lebensfreudige, klangselige Hedonisten[42].

Der in London lebende Giuseppe Riva hatte 1727 den Komponisten vorgeworfen, sie würden den „primo soggetto" zu wenig beachten und dafür einer „varieta affettata" den Vorzug geben[43]: Die Arien der Irene in Händels *Theodora* könnten − allerdings im Bereich nicht der Oper, den Riva meinte, sondern im Oratorium − geradezu als Muster für auf einem einzigen „soggetto" aufgebaute motivisch-affektive Geschlossenheit angeführt werden. Generell weist der B-Teil der Da-Capo-Arien in der Theodora meist sogar weniger als die Hälfte der Länge des A-Teils auf (im Durchschnitt: A : B = 72 : 28), und nur selten gestaltet Händel den B-Teil als musikalischen Kontrast (die Texte fordern eine Kontrastierung nur teilweise). Vielmehr sucht Händel im B-Teil zu neuem Text ein musikalisches Äquivalent. Das 19. Jahrhundert hat gerade darauf durchaus reagiert: Irene sei ein „fast unpersönliches Wesen und eigentlich nur eine allegorische Repräsentation des frommen Christenglaubens, eine Gestalt, die eigens dazu geschaffen scheint, in Tönen und himm-

41 Zur Frage des Pastorale bei Händel neuerdings E. T. Harris, *Handel and the Pastoral Tradition*, London 1980 (ausführliche Besprechung durch L. Lindgren in JAMS XXXIV, 1981, S. 352−357).

42 Dean, *Oratorios*, S. 560; Lang, *Handel*, S. 491.

43 Neuausgabe durch F. Degrada, *Giuseppe Riva e il suo Avviso ai compositori ed ai cantanti*, in: Analecta musicologica IV, 1967, 112−123. Vgl. auch R. Strohm, *Italienische Opernarien des frühen Settecento (1720−1730)*, 2 Bde (= Analecta musicologica, XVI) Köln 1976, I, S. 224−228.

líschen Weisen aufzugehen"[44]. Also nicht in erster Linie eine von wechselnden, oft konträren Affekten bestimmte Opernfigur, sondern Ausdruck einer bestimmten Befindlichkeit, gar Empfindung.

Der Text der Arie „Bane of virtue" (I/3) – dies mein zweites Beispiel – ist von Winton Dean seiner „eitlen Abstraktheit" wegen getadelt worden[45]:

> „Bane of Virtue, Nurse of Passions,
> Soother of vile Inclinations,
>   Such is, Prosperity, thy Name.
> True Happiness is only found
> Where Grace, and Truth, and Love abound,
>   And pure Religion feeds the Flame."

> Gift gegen Tugend, Nährerin der Leidenschaften,
> Besänftiger gemeiner Neigungen,
>   Das ist dein Name Wohlfahrt.
> Wahres Glück ist nur dort zu finden
> Wo Anmut, Wahrheit und Liebe überfließen,
>   Und wo reiner Glaube die Flamme nährt.

Die beiden dreiversigen Strophen bilden ein Gegensatzpaar im Hinblick auf die Da-Capo-Anlage. Händel wählt auch hier (wie in 13 weiteren der 25 *Theodora*-Arien) diese musikalische Disposition[46]. Die erste Strophe ist zwar bilderreich, allerdings sind die als Negativa gesetzten Bilder (eben: b a n e of Virtue, N u r s e of Passions) schwer unmittelbar ins Musikalische zu übersetzen. Dies ganz im Gegensatz zur zweiten Strophe: in Händels musikalischem Vokabular liegen Figurationen für „true happiness" und „love", für „pure" und „flame" durchaus bereit. Und genau diese bereitliegenden Figuren verwendet Händel, allerdings nicht bloß für den B-Teil, dessen Text sie enthält, sondern für die ganze Arie: „Larghetto e mezzo piano", dichter Streichersatz mit hochgelegten Celli, punktierte, wiegende Sechzehntelrhythmik, E-Dur/cis-moll. Händel reduziert den polarisierten Text auf nur e i n e n Affekt.

An solchen Beispielen wie „For ever thus" und „Bane of Virtue" zeigt sich, gerade weil es in gewisser Weise „Extremfälle" sind, am ehesten etwas wie eine subjektive Reaktion, eine persönliche Interpretation durch den Komponisten eines als Präkomposition vorgegebenen Textes.

44 NZfM LXVIII, 1872, S. 43.
45 Dean, *Oratorios*, S. 558. – Ältere Autoren haben an Morells Libretto keinen guten Faden gelassen. R. A. Streatfield, *Handel*, London 1909, ²1910, Reprint New York 1964, S. 320: „The weak point of *Theodora* is its dull libretto, one of Morell's most pedestrian productions, which all Handel's genius hardly sufficated to vitalise." N. Flower, a.a.O. (Anm. 1), S. 285: „Theodora" war vielleicht das schwächste Libretto, das Morell je geschrieben hat. Die Charaktere waren matt, die Verse fade und dilettantisch und müssen Händels Geduld, als er das Werk komponierte, auf eine harte Probe gestellt haben." – Es zeigt sich hier eine geläufige Denkfigur: Der Heros Händel, an den eigentlich keiner heranreicht; für den Mißerfolg wird der Libretto-Schreiberling schuldig gesprochen, der Komponist zu einer Art ‚Opfer' von dessen Unfähigkeit.
46 Zur „Dacapoanlage" grundlegend R. Strohm, a.a.O. (Anm. 43), I, S. 181–221.

Die angeführten Beispiele sind Indizien für eine Art ‚Gesamtkonzeption', die über
den bloßen Nachvollzug der Primärkomposition hinausreicht. Dieser Tendenz zum
einheitlichen Affekt einer Arie oder eines Chores entsprechen nämlich auffallende
Präferenzen im Bereich der T o n a r t e n und besonders im Bereich der T e m -
p i. Zwar ist bei der Interpretation der Tonarten bei Händel Vorsicht am Platze[47].
Dies nicht nur, weil Händel bei Wiederaufnahmen bedenkenlos transponiert hat und
scheinbare tonale Konzeptionen über den Haufen wirft[48]; bestimmte Tonarten
sind auch an gewisse Instrumente gebunden, und in der *Theodora* wird ohnehin nur
eine Tonart hervorgehoben: in g-moll stehen *Overtura* und Schlußchor, der Chri-
stenchor in I/4, eine Arie und ein Duett mit Theodora sowie wahrscheinlich das
zwischen zwei Akten gespielte Orgelkonzert. Ungleich deutlicher inhaltlich bestimmt sind die Tongeschlechter: Alle Römer, selbst Didymus (mit der Ausnahme
seiner beiden Duette mit Theodora) singen ausnahmslos in Dur. Von den fünf
Chören der Heiden steht nur einer, nämlich der bereits als ungewöhnlich genannte
„How strange their Ends", in Moll, während von den sechs Christen-Chören drei in
Moll und drei in Dur stehen. Von Theodoras sechs Soloarien stehen ganze fünf in
Moll, ebenso alle drei Duette, bei denen sie beteiligt ist. Irene unterscheidet sich
auch hier von ihrer Herrin: nur zwei ihrer fünf Arien stehen in Moll. Mit anderen
Worten: der Grundkonflikt, die dramatische Substanz des *Theodora*-Stoffes:
Römer/Staatsmacht/Staatsreligion versus Christen/Gesetz der transzendentalen
Religion, zwischen sinnlichem Erdenglück in Venus' Armen und lichterfülltem, end-
losem Himmelsglück, der Gegensatz zwischen zwei unvereinbaren Lebensanschau-
ungen wird im Bereich der Tongeschlechter, differenziert nach Personen, abgebildet. Zwischen den Polen Valens und Theodora gibt es Zwischenpositionen, die auf
die wechselnden dramatischen Konstellationen affektiv reagieren:

VALENS → Septimius → Didymus ← Irene ← THEODORA

Römer   Christen

Didymus steht im Zentrum der dramaturgischen Konzeption: er alleine ist, als
Römer und Christ, doppelt bestimmt. Daß er zudem Theodora liebt, ist nicht eine

---

47 Darauf, und daß diese Frage ein Lieblingskind der deutschen Händel-Forschung gewesen ist,
   wies jüngst J. M. Knapp in seiner Auseinandersetzung mit E. T. Harris hin (JAMS XXXIV,
   1981, S. 367).
48 Das Verhältnis zwischen Händels primärer Konzeption eines Werkes und seiner späteren, oft
   geradezu bestürzenden Bereitschaft, eine solche Konzeption angesichts veränderter Aufffüh-
   rungsgegebenheiten über den Haufen zu werfen, bedarf noch gründlichster Erörterung. Seit
   der sorgfältigen Inventarisierung der „Direktionspartituren" durch H. D. Clausen, *Händels
   Direktionspartituren („Handexemplare")*, (= Hamburger Beiträge zur Musikwissenschaft
   VII), Hamburg 1972, liegen die dazu nötigen Bestandesaufnahmen vor.

bloße Konvention ans „oratorio erotico"[49], ein Störfaktor, wie der St. Galler Kritiker A. Beetschen 1891 meinte. Diese dritte Bestimmung des Didymus schafft überhaupt erst die Voraussetzung für die Intrige (Befreiung aus dem Gefängnis durch Kleidertausch).

Intrigen führen zu Neuorientierungen des dramatischen Ablaufes, schaffen neuartige Situationen. Diese stets wechselnden Situationen sind aber Voraussetzung für eine musikalische Darstellung vielfältiger Affekte. Erst die V i e l f a l t d e r A f - f e k t e aber ermöglicht es, eine Person zu konstituieren; das ist besonders dann von Wichtigkeit, wenn, wie im Oratorium, die Person ja nicht als Handelnde sichtbar vor den Augen des Zuschauers erscheint. Theodora wird als Person, wie jede andere Figur, p u n k t u e l l vorgeführt: In sechs einzelnen Arien und drei Duetten erscheint sie als jeweilen von einem Affekt oder allenfalls einem Affektensemble bestimmte Figur. Als Person ist sie ein Mosaik, zusammengestellt aus punktuellen Affekt-Einzelsteinen (Arien) oder aus Einzelsteinen, deren Farbe sie in einem bestimmten Moment mit einer andern Figur teilt (Duette). Diese Konstituierung der Personen durch punktuelle Gefühle war die Konsequenz einer Polarisierung der Opernmusik in Rezitative einerseits, aus denen sich die Affektdarstellung verflüchtigte, und andrerseits der Arie als dem einzigen Ort affektiver musikalischer Äußerung[50]. (Das zeitliche Verhältnis zwischen Arien und Duetten zu Rezitativen und begleiteten Rezitativen beträgt in der *Theodora* etwa 85 : 15!)

Man muß sich der Punktualität Händelscher Opern- und auch Oratorienfiguren bewußt sein, um zu ermessen, was ‚Vereinheitlichungen', wie wir sie etwa in der *Theodora* vorfinden, bedeuten. Eas sich bei der Wahl der Modi Dur und Moll als einheitsstiftend andeutete, gilt für die Tempi in noch ungleich höherem Maße. Belebte und schnelle Grundtempi finden sich fast nur bei den Römern. Valens singt vier schnelle Arien, aber bereits Septimius hat bloß eine Allegro-Arie neben drei Andante-Arien — wie übrigens auch Theodora: Ihre einzige Allegro-Arie steht am Schluß der Gefängnisszene (II/2: „A, that I on wings cou'd rise"). Wenn auch die schnellen Tempi gleichsam auf der Römer-Seite zu finden sind, so zeigt sich dennoch ein Grundaffekt, der nun über die Zweiteilung Römer/Christen hinausreicht. Ohne Übertreibung kann die *Theodora* als *Larghetto-Andante*-Oratorium bezeichnet werden: Von 37 Tempovorschriften lauten je acht *Andante, Larghetto, Largo,* und zwei weitere *Andante-Larghetto.*

Demnach verlangen 70 % (26 von 37) der Tempovorschriften gehende bis breitere Grundzeitmaße. Nun sind Tempovorschriften in der Händelzeit nicht mehr nur Anweisungen im Hinblick auf die Schlagzeit, sondern auch Vortrags- und Affekthinweise. Wenn wir im Hinblick auf die einzelnen Arien von der Tendenz zur Affekt-

---

49 Den Begriff hat Arnold Schering, *Geschichte des Oratoriums*, Leipzig 1911, S. 84 f., für das lateinische Oratorium geprägt. U. Kirkendale, *Antonio Caldara. Sein Leben und seine venezianisch-römischen Oratorien* (= Wiener Musikwissenschaftliche Beiträge, VI), Graz 1966, S. 156f. und Anm. 37, plädierte angesichts des italienischen Oratoriums Ende des 17./Anfang des 18. Jahrhunderts für eine Ausweitung auch auf das Oratorio volgare – und für ein wertungsfreieres Erotik-Verständnis. . .

50 So R. Strohm, a.a.O. (Anm. 43), I, S. 197.

einheitlichkeit sprechen konnten, die über die einzelnen Teile der mehrteiligen Arie hinausreicht, so zeigen die Tempebezeichnungen auf der Ebene des Gesamtwerkes ein durchaus analoges Bild, jenes eines Grundaffekts oder wenigstens eines dominierenden Affekts über alle in der Dramaturgie angelegten unversöhnlichen Gegensätze hinweg. Wenn auch beiläufig, hat die dokumentierte Rezeption des 19. Jahrhunderts darauf durchaus reagiert:

„Der Grundton des Ganzen ist tiefinnerlicher, seelischer Natur"[51].

„Läßt sich im Allgemeinen eine gewisse Gleichartigkeit in der Stimmung nicht absprechen"[52].

„Der Hauptmangel [. . .] ist der an einer lebendigen, energisch fortschreitenden Handlung"[53].

*

Die *Theodora* gilt, zusammen mit dem *Messiah,* als das einzige Händel-Oratorium mit c h r i s t l i c h e r Thematik[54]. Aber um was für ein Christentum geht es hier? Der *Messiah* ist ein von den Zeitgenossen Händels gerade nicht als „Oratorium" eingestuftes Werk, das weitgehend auf alttestamentarischen Texten beruht: es heißt ja auch *Messiah* und nicht „Jesus Christ". Auf Christi Passion als zentralem Glaubensinhalt wird, zudem mit einem Jesaja-Text („He was despised", Jes. 53/3 und 50/6), nur verwiesen. Zentral ist im *Messiah* die anglikanische Glaubensgewißheit des „If God be for us, who can be against us" (Nr. 50), zentral ist das Identifizierungsangebot Volk Israel – Auserwähltes England, „God's Own People"[55].

Auch das Christentum der *Theodora* weist genau dieses quasi alttestamentarische Glaubensverständnis auf: Gott, das ist nicht die Dreieinigkeit, sondern der „mighty father", der „still the same, to day, for ever" bleibt, dem alle Macht gehört („All Pow'r to Thee"); er ist der „Triumphant Savior! Lord of Day!/ Thou art the Life, the Light, the Way". Kein Hinweis auf die Nachfolge dessen, der gekreuzigt und auferstanden ist, Martyrium steht nicht in bezug auf Christi Passion, sondern ist Erfüllung der „dread Commands" des allmächtigen Vatergottes.

Leben hier auf dieser Welt ist den Christen der *Theodora* ein Gang durch die „Shades of Night", ist Harren in der „dark, and dangerous Hour", mit der Gewißheit allerdings, daß es eine andere Welt geben wird: eine Welt des Lichts, „where Grace, and Truth, and Love abound". Der Tod ist Theodora ein Gang „to Life and Joy" in ein Reich von „boundless Love, and Joy ineffable". Das Leben erachtet

51 NZfM LXVIII, 1872, S. 71.
52 Signale XXX, 1872, S. 54.
53 St. Galler Tagblatt/SMZ XXXI, 1891, S. 63.
54 R. Rolland, *La vie de Haendel*, Paris 1906, ²1910, deutsch Zürich 1922, S. 147: „ein reines Meisterwerk, seine intimste musikalische, neben dem ‚Messias' seine einzige christliche Tragödie, die ‚Theodora' ". – N. Flower, a.a.O. (Anm. 1), S. 286: „Das einzige christliche Oratorium, das er außer dem „Messias" komponiert hatte." – P. H. Lang, *Handel*, S. 487: „*Theodora* has a Christian subject, the only English oratorio aside from *Messiah* of which this is so.", u.v.a.
55 Der berühmte Ausdruck von John Milton (1608–1675), vgl. meinen in Anm. 14 zitierten Aufsatz.

Didymus deswegen weder als hassens- noch verachtenswert, sondern als billigen Preis für ein Leben nach dem Tod in einem goldprangenden Elysium:

> „Streams of Pleasure ever flowing,
> Fruits ambrosial ever growing
> Golden Thrones,
> Starry Crowns,
> Are the Triumphs of the Blest."

Der Grundaffekt der *Theodora*, das *Andante-Larghetto*, ist jener des passiven Ausharrens dieser Christen, des Erduldens im Hinblick auf diese ganz andere Welt des verheißenen Lichts. Irenes Arie „As with rosy steps the morn" (I/4) faßt im Bild der die Nacht verdrängenden aufgehenden Sonne genau dieses Lebensverständnis:

„As with rosy Steps the Morn
    Advancing, drives the Shades of Night,
So from virtuous Toils well-borne,
    Raise Thou our Hopes of endless light.
– – Triumphant Saviour! Lord of Day!
Thou art the Life, the Light, the Way."
	Wie mit rosigen Schritten der dämmernde Morgen
	    die Schatten der Nacht vertreibt,
	so hebe von tugendhaften Mühen
	    unsere Hoffnung zum endlosen Licht.
	– – Triumphierender Retter! Herr des Tages.
	Du bist das Leben, das Licht, der Weg.

Vergessen wir nicht, daß der Hörer der Händel-Zeit das gedruckte Libretto in Händen hält. Das einleitende Ritornell dieser Arie bildet für ihn mit dem gelesenen Text eine untrennbare sinnliche Einheit. Und Händel macht nun diese einleitenden acht Takte Instrumentalmusik für Streichquartett auch in eindringlichster Weise ‚sprechend': aufsteigende Achtelbewegung, vom *mezzo piano* ausgehend über *più forte* zu einem nicht explizit notierten *forte* in den drei Oberstimmen, zugleich Exposition der Gesangsmelodie zu den ersten beiden Versen des Textes, die vom Sonnenaufgang reden. Dagegengesetzt eine absteigende, kurze, ostinat verwendete Sechzehntelfigur, zuerst noch durch zwei Viertel-, später (T. 5 ff.) bloß noch durch eine Sechzehntelpause getrennt, gleichsam drängend wiederholt, in den letzten zwei Takten zur sequenzierend aufsteigenden Figur verändert. Eine – über die ganze Arie beibehaltene – komplementäre Thematik ‚Licht – Dunkel', das Ganze in der ‚Lichttonart' C-Dur. Bestätigung schließlich im abschließenden Ritornell des A-Teils (damit auch des Da Capo): hohe Lage, *forte*, Bild des angesprochenen Ziels: „endless light".

Der Arientext beginnt mit „As": eine „simile Arie"[56], eine „Aria d'imitazione"[57], wie sie in den Opern und Oratorien Händels eine zentrale Rolle spielen. Irene braucht in den ersten beiden Versen den „as"-Vergleich, um in den folgenden direkt die Bitte auszusprechen: „*So* from virtuous Toils well-borne / Raise Thou our

56 W. Dean, *Handel and the Opera Seria*, Berkeley 1969, S. 9.
57 Die Begriffe ‚aria d'imitazione', resp. ‚Gleichnisarie' sind in der Terminologie des 18. Jahrhunderts nicht gebräuchlich. Ich verwende sie hier im engstmöglichen Sinne: musikalisches Objekt einer Arie ist ein konkretes, nichtsubjektives Bild, im Gegensatz zum Bild eines humanen Affekts, z. B. in einer ‚aria di sdegno' oder einer ‚aria d'amore'.

Hopes to endless light.". Die Musik Händels aber spricht überhaupt nur allegorisch durchs Vergleichsbild des Sonnenaufgangs, das in der g a n z e n Arie musikalisch durch- und ausgeführt wird. Weil Irenes Bild dermaßen Klang wird, Musikbild, von e i n e r Person gesungen, erscheint es als Bild der Irene, und zwar im Moment „Szene I/4". Durch Parallelen in anderen Stücken aber greift das eine Momentanbild über dieses Momentane hinaus, übergreift in der *Theodora* sogar die eine Person. Bereits in der folgenden Szene 1/5 nämlich wird Theodora selbst, wiederum *Larghetto*, ihr „Angels, ever bright and fair, / take, oh take me to your care" mit seinen aufsteigenden Achtelfiguren zum wiederholten „take me" singen.

Die grandioseste Analogie zu Irenes Licht-Dunkel-Arie ist zweifellos der Schlußchor des zweiten Teils: „He saw the lovely Youth". Händel hat ihn selbst über das schon damals berühmte *Messiah*-Allelujah gestellt[58]. − Vorausgehend haben Theodora und Didymus im Gefängnis ihr Duett der Glücksgewißheit („but sure shall meet in Heav'n") und ihrer Liebe gesungen[59]. Darauf Ortswechsel: „Irene with the Christians". Irene knüpft in ihrem Rezitativ unmittelbar an das Nacht- und Lichtbild ihrer Arie aus I/4 an[60]:

'Tis Night, but Night's sweet[1)] Bless-ing is deny'd to Grief like ours. How can we think of Sleep, While The-o-do-ra wakes to Misery;

1 Libretto: kind

58 Morell, c. 1764: „And when I once ask'd him, whether he did not look upon the Grand Chorus in the Messiah as his Master Piece? „No", says he, „*I think the Chorus at the end of the 2d part in Theodora far beyond it. He saw the lovely youth . . . .*" (Deutsch, *Handel*, S. 852).

59 Von der Liebe dieses „großen Paars" spricht im Libretto nur Didymus, nicht aber Theodora. In I/6: „− say where is my Love, / My kind Instructor in faire Virtue's Path, My Life, my Theodora?" und in II/3: „with virtuous Love inflam'd my Heart." − Das Duett ist dem Text nach ein A b s c h i e d s gesang; erst durch den Affekt von Händels Musik wird es zugleich auch zum Liebesgesang (vgl. die emphatische, imitierte Abwärtsbewergung in T. 19, „I hope again to meet on Earth", dem der Wohllaut des „But sure shall meet in Heav'n" als ‚Vorschein' erfüllten Glücks auch sinnlich entspricht).

60 Chrysanders Edition der *Theodora* ist unvollständig. Das vorliegende Rezitativ (zu verglichen mit GA 8, S. 151) ist nur eines von zahlreichen Beispielen, in welchen Chrysander die Bleistiftausstreichungen im Autograph und der Direktionspartitur als „Fassung letzter Hand" mißverstanden hat. Dieses und das andere hier abgedruckte Notenbeispiel beruhen auf der leicht rekonstruierbaren Fassung der Erstaufführung. In orthographischen Einzelheiten (z. B. Taktstrichsetzung und Balkensetzung) gebe ich dem Autograph den Vorrang, wo Unterschiede zur Direktionspartitur bestehen.

and threat - ning Death hangs | hov' ring[2] o'ver our Heads! Be

Pray'r our Re - fuge Pray'r to Him, who rais'd, And still can raise, the

Dead to Life and Joy.

2 Libretto: hovering

Er, „who rais'd /And still can raise, the Dead to Life and Joy", wird vom Chor nun
aber gerade nicht im Gebet angerufen, wie Irene selbst es gesagt hatte („Be Pray'r
our Refuge"), sondern an die Stelle eines solchen Gebets tritt ein Bibel-Tableau. Ins
Gedächtnis gerufen wird die Tat der Auferweckung eines Toten durch Christus —
wobei dieser selbst ungenannt bleibt:

> „He saw the lovely Youth, Death's early Prey;
>   Alas! too early snatch'd away!
> He heard his Mother's Funeral Cries:
> Rise, Youth, he said: The Youth begins to rise:
> Lowly the Matron bow'd, and bore away the Prize."

> Er sah den lieblichen Jüngling, Todes frühe Beute:
>   Ach! Zu früh hinweggerissen!
> Er hörte der Mutter Trauerklagen:
> Jüngling, steh auf! Sagte er: Der Jüngling beginnt sich aufzurichten:
> Tief beugte sich die Mutter, und trug den Preis davon.

Dieser Text paraphrasiert Lukas 7, 11—16 (Aufwerweckung des Jünglings von
Nain). Dort heißt es: „(15) Und er gab ihn seiner Mutter, (16) Schauder aber
ergriff alle; sie lobten Gott und sprachen: ,Ein großer Prophet ist unter uns aufge-
standen, und Gott hat sein Volk heimgesucht' ". Das Gotteslob, die Erkenntnis des
„propheta magnus", läßt Morell, Händels Textdichter, gerade beiseite. Nicht um
Christi Wundertat geht es hier, sondern um das Hoffnungsbild einer Auferweckung
vom Tode.

Händel gliedert den Text in drei Teile:

Lamento	(T. 1—25)	Verse	1—3	*Largo*	C	b-moll
Chorbericht	(T. 26—34)	Vers	4	*A tempo ordinario* C		B-Dur
Doppelbild	(T. 35—107)	Vers	5	*Allegro*	$^3/_4$	

Der erste Teil ist Klage: Absteigender Lamento-Baß im instrumentalen Vorspiel, dazu der Seufzer-Rhythmus ♪♪/♩, der aus dem Wort „Alas!" des zweiten (!) Verses gewonnen wurde. Unvorbereitet beginnen die Chorstimmen, vereinzelt, noch bevor der Ritornellschluß erreicht ist, mit recitativo-Melodik. Fast beiläufig, ganz am Schluß erst, im homophonen Satz der dritte Vers mit absteigendem Oktavgang im Sopran und liegendem Baß ein ‚Funeral'-Bild mit Kadenz in F-Dur. Der anschließende zweite Teil ist selbst zweiteilig: Christi Worte „Rise, Youth, he said" homophon mit Fanfarenthematik im Wechsel Chor-Instrumente; dann das berichtende „the Youth begins to rise", aufsteigender, dreimal wiederholter Achtelgang, gleichfalls im Wechsel Chor/Instrumente. Das ganze wird schließlich verkürzt (drei statt sechs Takte) wiederholt.

Die neun Takte dieses Mittelteils sind nichts anderes als eine Achse, um die sich alles dreht: der Wechsel vom b-moll-Lamento zum tänzerisch bewegten B-Dur-Schlußsatz als seinem Gegenpol. Doch bereits das erste der beiden polyphon durchgeführten Themen dieses dritten Teils vereinigt wieder z w e i inhaltliche Momente: über eine Oktave absteigend als Umsetzung von „ L o w l y the Matron bow'd" auf der einen Seite, die taktstrichfreie Courante-Rhythmik auf der anderen: $\frac{3}{4}$ | ♩. ♩ ♩ ♩ ♩ ♩. |. Im ersten Thema wird, zum Text des ersten Satzes, der Affekt des folgenden Satzes musikalisch gefaßt: das Freudige des „and bore away the Prize". Für diesen zweiten Satz verwendet Händel dann die affektiv ungleich weniger bestimmte auskolorierte aufsteigende Quarte, musikalisch ein Kontrasubjekt zum ersten Thema, mit dem es bereits vom siebten Takt an kombiniert wird.

Ein grandioses Auferweckungsbild, sicherlich; und doch fehlt ihm das Triumphale, wie es für viele von Händels Oratorien, ja für Händel überhaupt, als paradigmatisch gilt, gipfelnd im „Krönungsanthem" des Allelujah-Chores im *Messiah*. Solche Triumphtöne fehlen nicht bloß in der *Theodora*, sondern auch im folgenden, letzten Oratorium *Jeptha* (1751)[61]. Beide Spätwerke sind, wie die der *Theodora* vor-

---

61 Zu Händels „Spätstil" vgl. W. Dean, *Oratorios*, S. 556, 591 f., sowie, Dean bestätigend, P. H. Lang, *Handel*, S. 486, 507–511. – Sowohl Morell wie Händel schreiben konsequent Je*p*tha nicht Je*ph*tha oder Jephta.

angehende *Susanna* (1748), quasi Kammeroratorien. Sie werden gerade von jenen verfehlt, die das Oratorium vornehmlich auf den ‚Ausdruck von Volksmassen' – mit entsprechender großer Chorbesetzung – einschränken.

Aber nicht nur dieses ‚Intime' eines Kammeroratoriums verbindet den *Jeptha* mit der *Theodora*. Die inhaltlichen wie musikalischen Querverbindungen – das sei hier nur angedeutet – sind mit Händen zu greifen. Iphis, die Tochter Jepthas, ist eine Schwester Theodoras. Sie mag am Anfang als verliebtes, unbeschwertes Mädchen erscheinen, im zweiten Teil ihrer Arie im letzten Akt „Farewell, ye limpid springs and floods", nennt sie ihr wahres Ziel:

> „Brighter scenes I seek above,
> In the realms of peace and love."

Die Vermutung drängt sich auf, daß der dramaturgisch so hilflose Schluß des *Jeptha* auf das Trauma des *Theodora*-Mißerfolges zurückgehen könnte[62]. Hörte das letzte Oratorium nämlich mit dem an die erwähnte Iphis-Arie unmittelbar ange-schlossenen Chor „Theme sublime of endless praise" auf, so wäre der *Jeptha*-Schluß eine Reproduktion des tragischen Ausgangs der *Theodora*. Also rissen Morell und Händel das Steuer gewaltsam herum. Einmal durch den als ‚Deus ex machina' erscheinenden Engel, mehr aber noch durch die „fast austauschbaren" Arien[63] von Zebul, Storge, Hamor und gar von Iphis selbst. Die Resignation, das bloß Routinier-te, das aus dem dermaßen gestalteten Schluß des *Jeptha* zu sprechen scheint, erinnert an das zynische, von Burney übermittelte Wort des Komponisten angesichts des leeren *Theodora*-Auditoriums: „Never moind; de moosic vil sound de petter"[64].

*

„Theodora hatte die schlechteste Aufführungszahl aller Oratorien"[65], damals und auch heute. Ob eine ungekürzte konzertante Aufführung[66], selbst unter besten Voraussetzungen, in den heutigen musikalischen Institutionen eine veränderte Ein-schätzung zur Folge hätte, ist mehr als fraglich, und Skepsis ist selbst bei der sonst leicht unterschätzten „promotion"-Wirkung einer Schallplattenproduktion (mit „Originalinstrumenten" und – selbstverständlich – Countertenören) am Platze.

---

62 Ich bin mir bewußt, daß die bekannten Fakten eine Trauma-‚Diagnose' nicht hinreichend zu stützen vermögen. Auch, daß Happy Ends bei Händel sich auch schon früher wie Kraftakte für jene ausnehmen, die dramatische Konsequenz erwarten (etwa im *Hercules* von der Arie des Lichas an, GA 4, S. 240). Man muß diese Problematik auch im Lichte jenes Händel zu sehen trachten, der, wie in Anm. 48 erwähnt, rücksichtslos in seine eigenen primären, konse-quenten Konzeptionen eingreifen kann.

63 So L. Finscher 1979 in seiner Einführung zur Schallplattenaufnahme durch N. Harnoncourt (Telefunken 6.35499), S. 5.

64 Ch. Burney, *An Account of the Musical Performances in Westminster-Abbey* [...] in: *Commemoration of Handel*, London 1785, S. 29, Anm. (a).

65 Dean, *Oratorios*, S. 572.

66 *Theodora* ist, ungekürzt gespielt, für unsere Begriffe ein langes Oratorium. Meinen Berech-nungen nach dauerte die Fassung der Erstaufführung ohne das Orgelkonzert etwa 3½ Stun-

Eine kritische Ausgabe fehlt ohnehin, und die *Hallische Händel-Ausgabe* ediert, commerce oblige, vor allem die leichter verkäuflichen Instrumentalwerke. Vielleicht ist die Bühne der Ort, wo die Essenz von Händels dramatischen Oratorien am ehsten zu vermitteln wäre. Für den *Hercules* (1744), von dem Dean meinte, „dieses große Meiserwerk sollte im Repertoire der Hälfte der europäischen Opernhäuser stehen"[67], steht das außer Frage. Aber die *Theodora* so auf die Bühne zu bringen, wie es 1926 in Münster/Westfalen geschah, ersetzt nur alte Mißverständnisse durch neue. Dort hatte man die Christensekte in Nonnen- und Mönchsgewänder gesteckt, Theodora und Didymus auf offener Bühne gekreuzigt, was, wie die *Zeitschrift für Musik* berichtete[68], „auf empfindliche Gemüter mehr als befremdlich" wirkte. Und: „Natürlich wurden die von der religiösen Seite der Sache Vollbefriedigten ihrerseits durch die Ungezwungenheit der Venustänze um alle Unbefangenheit gebracht."

Würde man aber die Christen als das, was sie in Libretto und Partitur sind, auf die heutige Bühne bringen, als solche nämlich, die sich der Staatsmacht und ihrem Heilsweg in gewaltlosem Widerstand entziehen, als „Alternative" sich abmelden, Händels *Theodora* wäre dann leicht z u aktuell. Auch solches wirkt auf die „empfindlichen Gemüter" mehr als befremdlich.

---

den (Overtura und 1. Teil: 1 h 27'; 2. Teil: 1 h 10'; 3. Teil: 53'). In einer Schallplattenaufnahme durch J. Somary (Vanguard Cardinal VCS 10050/1/2) wurden ca. 45' gestrichen, um die medienbedingte Norm von 3 LPs einhalten zu können. Das Orgelkonzert op. 7, Nr. 5 dauert ca. 12'. Die reine Spielzeit der Erstaufführung betrug also an die 3 $^3/_4$ Stunden; bei einem Beginn um halb sieben kann sie also nicht vor 22.15 Uhr beendet gewesen sein. — Diese Spielzeit der Erstaufführung entspricht sowohl jener der ungekürzten *Incoronazione* Monteverdis wie jener — einer mittleren Wagner-Oper. — Die Kölner Aufführung Hillers 1871 dauerte, trotz sehr starker Striche (weitgehende Eliminierung des Septimius) über drei Stunden, was Rückschlüsse auf die Tempi erlaubt.

67 Dean, *Oratorios*, S. 432.
68 Sm. in: Zeitschrift für Musik XCIII, 1926, S. 363. — Vgl. zu dieser Inszenierung H. Graf, *Händel als Wegbereiter für die Opernregie der Zukunft. Zur szenischen Uraufführung des Oratoriums „Theodora" in Münster i. W.*, Musikblätter des Anbruch VIII, 1926, S. 210–213.

ANHANG

Theodora. An Oratorio

V	VALENS, President of Antioch		Baß	H. T. Reinhold
D	DIDYMUS, A Roman Officier, converted by, and in in Love with Theodora		Alt-Kastrat	G. Guadagni
S	SEPTIMIUS, A Roman Officier, his Friend		Tenor	Th. Lowe
T	THEODORA, A Christian of Noble Birth		Sopran	G. Frasi
I	IRENE, A Christian		Mezzosopran	C. Galli
Ch	Chorus of Christians – Corus of Heathens			
M	MESSENGER		Tenor - -·	

A Air; R Recitative; Rac R accompagnato; Rd Recitative dialogue; Ch Chorus
*

OVERTURA ([———/Allegro/ Trio: Larghetto e piano (von Muffat) / Courante (von Muffat)]

g / g / Es / g

PART I
Scene I

R	V	'Tis Dioclesian's Natal Day		
A	V	Go, my faithful Soldier, go	D	* (ersetzt durch R)
Ch		And draw a Blessing down	D	
Rd	D–V	Vouchsafe, dread Sir, a gracious Ear		
A	V	Racks, Gibbets, Sword and Fire	F	
Ch		For ever thus stand fix'd the Doom	F	

Scene II

R	D	Most cruel Edict! Sure, thy gen'rous Soul		
A	D	The raptur'd Soul defies the Sword	Es	* o (5 T.)
R	S	I know thy Virtues and ask not thy Faith		o (2 T.)
A	S	Descend, kind Pity, heav'nly Guest	G	

Scene III: Theodora, with the Christians

R	T	Tho' hard, my Friends, yet wholsom are the Truths		
A	T	Fond, flatt'ring World, adieu!	c	
R	I	O bright example of all Goodness!		
A	I	Bane of Virtue, Nurse of Passions	E	*
Ch		Come, mighty Father, mighty Lord	A	

Scene IV

Rd	M–I	- - -Fly, fly, my Brethren, Heathen Rage		
A	I	As with rosy Steps the Morn	C	
Ch		All Pow'r in Heav'n above, or Earth beneath	g	

Scene V: Enter Septimus

R	S	Mistaken Wretches! why thus blind to Fate		
A	S	Dread the Fruits of Christian Folly	G	*
Rd	T–S	Deluded Mortal! Call it not Rebellion		o (4 T.)
Rac	T	O worse than Death indeed! - - - Lead me, ye Guards		
A	T	Angels, ever bright, and fair	F	

Scene VI: Enter Didymus

Rd	D–I	Unhappy Crew! --- why stand you thus		o (7 1/2 T.)
A	D	Kind Heav'n, if Virtue be thy Care	F	
R	I	O Love! how great thy Pow'r! but greater still		nachgetragen
Ch		Go, gen'rous, pious Youth	d	

PART II
Scene I

R	V	Ye Men of Antioch, with solemn Pomp		
Ch		Queen of Summer, Queen of Love	C	
A	V	Wide spread his Name	C	
R	V	Return, Septimus, to the stubborn Maid		o (2 T.)
Ch		Venus laughing from the Skies	F	

Scene II;   Theodora, in her Place of Confinement

R	T	O thou bright Sun! now sweet thy Rays		
A	T	With Darkness deep as is my Woe	fis	*
		Symphony of soft Musick	h	ersetzt durch *Symphony* e
R	T	But why art thou disquieted, my Soul? ---		
A	T	O that I on Wings cou'd rise	e	

Scene III

Rd	D–S	Long have I known thy friendly social Soul		
A	S	Tho' the Honours, that Venus, and Flora receive	A	
Rd	D–S	O save her then, or give me Pow'r to save		
A	D	Deeds of Kidness to display	E	* o

Scene IV: Irene with the Christians

R	I	The Clouds begin to veil the Hemisphere		
A	I	Defend her, Heav'n, – Let Angels spread	e	

Scene V: Theodora's Place of Confinement

R	D	Or lull'd with Grief, or, rapt her Soul to Heav'n		o (4 T.)
A	D	Sweet Rose, and Lily, flow'ry Form	Es	
Rd	T–D	O save me, Heav'n, in this my perilous Hour!		o (7 1/2 T.)
A	T	The Pilgrim's Home, the sick Man's Health	d	
Rac	D	---Forbid it, Heav'n!		o (20 T.)
Rd	D–T	---Or say, what Right have I		
Duet	D/T	To thee, thou glorious Son of Worth	f	

Scene VI: Irene with the Christians

R	I	'Tis Night, but Night's kind Blessing is deny'd		o (5 T.)
Ch		He saw the lovely Youth, Death's early Prey	b/B	

PART III:
Scene I: Irene with the Christians

A	I	Lord to thee, each Night, and Day	D	

Scene II: Enter Theodora, in the Habit of Didymus

Rd	I–T	But see, the good, the virtuous Didymus!		o (4 T.)
A	T	When sunk in Anguish, and Despair	g	*
Ch mit		Blest be the Hand, and blest the Pow'r		
Solo T			Es	

Scene III

Rd	M–I	Undaunted in the Court stands Didymus		
Rac	T	...O my Irene, Heav'n is kind		
Duet	I/T	Whither, Princess, do you fly	g	
R	I	She's gone, disdaining Liberty and Life		
A	I	New Scenes of Joy come crowding on	c	*

Scene IV: Valens to Didymus

Rd	V–D	...Is it a Christian Virtue then	o	

(33 1/2 T. [von 50])

Scene V: Enter Theodora

Rd	T–S	Be That my Doom. ...You may inflict it here	o	
A	S	From Virtue springs each generous Deed	D	o (34 T.)
A	V	Cease, ye Slaves, your fruitless Pray'r	B	o (48 T., incl. Da Capo)
Rd	D–T	'Tis kind, my Friends, but kinder still		
Ch		How strange their Ends	a	
Rd	D–T–V	On me your Frowns, your utmost Rage exert		
A	V	Ye Minister of Justice, lead them hence	C	* (ersetzt durch R)

Scene VI

Rd	D–T–S	...And must such Beauty suffer!		
A	D	Streams of Pleasure ever flowing	G	
Duet	D/T	Thither let our Hearts aspire	e	

Scene VII: Irene with the Christians

R	I	Ere This their Doom is past, and they are gone		
Ch		O Love divine, thou Source of Fame	g	

In der ersten Spalte wird die Form, in der zweiten die beteiligte(n) Person(en) und in der dritten der erste Vers des betreffenden Stücks zitiert. Außer bei Rezitativen erscheint in der nächsten Kolonne die Tonart (Großbuchstaben für Dur, kleine für Moll).

Die letzte Spalte zeigt durch * jene Teile an, die im Autograph gestrichen sind, ebenso in der Dirigierpartitur, die aber, nach Ausweis des Erstaufführungslibrettos, gesungen worden sind. Der *Theodora*-Band der Gesamtausgabe hat eine ganze Reihe dieser Streichungen berücksichtigt und die g e k ü r z t e n Fassungen kommentarlos abgedruckt; in solchen Fällen steht in der letzten Kolonne ein o (mit Angabe der Länge der Auslassung in Anzahl Takten).

Der Fall der Szene II/2, Theodoras Gefängnisszene, ist komplizierter, und ich werde an anderer Stelle diese Szene separat analysieren.

Maßgebend für die Orthographie ist durchgehend das Libretto der Erstaufführung.

Die zu Beginn des Personenverzeichnisses genannten Sängernamen sind jene der Erstaufführung. Über jeden von ihnen gibt *The New Grove*, London 1980, unter dem jeweiligen Namen detailliertere Angaben.

Für die Beschreibung der Dirigierpartitur vgl. den in Anm. 48 zitierten Katalog von H. D. Clausen, S. 239 f.

Zum Strukturwandel des Konzertsatzes im 18. Jahrhundert

von
ERICH REIMER

I

Nach heute weitverbreiteter Lehrmeinung vollzieht sich in der Geschichte des Instrumentalkonzerts um 1750 ein musikgeschichtlich bedeutsamer Wandel: der Übergang vom barocken Ritornellkonzert zum Sonatenkonzert der Vorklassik und Klassik und damit der Übergang von einer Formkonzeption des ersten Satzes, die auf einem mehrmaligen Tutti-Solo-Wechsel beruht, zu einer Form, die durch die Begriffe Exposition, Durchführung und Reprise definiert ist. Als wesentliche Abweichung des klassischen Konzertsatzes vom normalen Sonatensatz gilt die zweifach auskomponierte Exposition, bestehend aus einer Orchester-Exposition, die in der Tonika schließt, und einer in die Dominante modulierenden Solo-Exposition. Im MGG-Artikel *Konzert* heißt es mit Bezug auf die Instrumentalkonzerte nach 1750[1]:

„All diese Konzerte haben als Grundlage die neue zweithemige Sonatenform, die im Konzert modifiziert wird. Die Exposition des Sonatensatzes wird in zwei Teile zerlegt, deren erster (das einleitende Tutti) ganz dem Orchester überlassen wird. Er schließt im Gegensatz zum Sonatensatz in die Tonika."

Der Sachteil des *Riemann-Musiklexikons* trägt der vorausgesetzten formgeschichtlichen Zäsur Rechnung, indem die Geschichte des Instrumentalkonzerts bis 1750 unter dem Stichwort *Concerto*, die spätere Gattungsgeschichte dagegen unter *Konzert* behandelt wird. Und im einschlägigen Studienbegleitbrief zum *Funkkolleg Musik* stellte Christian Möllers noch 1977 fest[2]:

„Um die Mitte des 18. Jahrhunderts verlor die Form des barocken Konzertsatzes immer mehr an Bedeutung und wich schließlich ganz dem modernen Sonatensatz. Da die Gattung des Instrumentalkonzerts aber weiterhin gepflegt wurde, bot sich die neue Form auch für dessen ersten Satz an. Sie wurde allerdings nicht einfach übernommen, sondern den besonderen Bedingungen des Konzerts entsprechend abgewandelt."

In Analysen von Konzerten der Wiener Klassik wird dementsprechend die skizzierte formgeschichtliche Entwicklung vorausgesetzt. So weist Wolfgang Osthoff in seiner Analyse von Beethovens c-moll-Klavierkonzert einleitend darauf hin, daß

---

1 H. Engel, Art. *Konzert, C. Das Instrumentalkonzert*, in: MGG VII, 1958, Sp. 1572.
2 Chr. Möllers, *Musikalische Formen*, in: *Funkkolleg Musik*, Studienbegleitbrief 2, hg. vom Deutschen Institut für Fernstudien an der Universität Tübingen, Weinheim, Basel u. Mainz 1977, S. 60.

Bachs Söhne Carl Philipp Emanuel und Johann Christian als erste „das italienische Alternieren von Tutti und Solo mit der seit dieser Zeit üblichen Sonatenanlage (Exposition, Durchführung, Reprise)" verbunden hätten, die Verbindung der beiden Formkonzeptionen jedoch nicht zu einem festen, jederzeit anwendbaren Schema geführt habe. Vielmehr sieht er in der „Verschmelzung des Concerto-Prinzips (Alternieren von Tutti und Solo) mit der Sonatenform" ein „Problem, das die Reihe der Konzerte Mozarts und Beethovens ständig begleitet"[3]. Demgegenüber geht Eva Badura-Skoda in ihrer Analyse von Mozarts c-moll-Klavierkonzert von einem festen Schema des klassischen Konzertsatzes aus, wenn sie erkärt[4]:

„Formal fußen Mozarts Konzerte auf dem[...] Grundschema der klassischen Konzertform vor 1800", in dem die „Stirnsätze der Konzerte[...] eine Umformung durch die Fusion der sogenannten ‚Vivaldischen Konzertform' (Orchester-Ritornelle umschließen Solo-Episoden) mit der Sonatensatzform erfahren [hatten]. Sie beginnen nun meist mit je einer Exposition des Orchesters und des Solisten, von denen erst die zweite in die Dominante[...] moduliert. Einem ‚Mittel-Tutti' in der Dominante folgen eine häufig nur kurze Durchführung und eine Reprise, die von zwei in der Grundtonart stehenden Orchester-Tutti eingerahmt ist."

Im Hinblick auf diese formale Konzeption räumt Eva Badura-Skoda ein, daß man „für die Analyse die Terminologie des barocken Konzerts verwenden und von einem 1. Orchester-Ritornell, der 1. Episode etc. sprechen [könnte], da Mozart selbst die theoretischen Bezeichnungen wie *Exposition* und *Durchführung* noch unbekannt" gewesen seien. Doch hält sie diese terminologische Frage für unerheblich. „Vom musikalischen (und nicht vom historischen) Standpunkt aus betrachtet", so stellt sie fest, „erweist sich diese Terminologie-Frage jedoch als relativ nebensächlich"[5].

Sieht man von kleineren Differenzen ab, so stimmen die zitierten Autoren darin überein, daß die Ritornellform – nach Wilhelm Fischer „die Leitform der hochbarocken Instrumentalmusik"[6] – um 1750 im Instrumentalkonzert vom Sonatensatz, der Leitform des klassischen Stils, abgelöst wird, d. h. von einer Formkonzeption, die durch den Themendualismus der Exposition und die thematisch-motivische Arbeit der Durchführung gekennzeichnet ist. Diese Vorstellung vom Wandel des Konzertsatzes erweist sich jedoch als problematisch, seitdem Untersuchungen zur Sonatentheorie des 18. Jahrhunderts gezeigt haben, daß der Sonatensatz im vorausgesetzten Sinn um 1750 als normatives Schema für das Komponieren noch

---

3 W. Osthoff, *L. van Beethoven. Klavierkonzert Nr. 3 c-moll, op. 37* (= Meisterwerke der Musik, Heft 2), München 1965, S. 4; ähnlich bereits Fr. Blume, *Die formgeschichtliche Stellung der Klavierkonzerte Mozarts*, Mozart-Jb. II, 1924, S. 87: „Diese fortwährende gegenseitige Durchkreuzung [von Konzertsatz und Sonatensatz] hat zu einer Anzahl Formproblemen geführt[...]. Mozart[...] hat die Form immer wieder variiert; es war ihm offenbar nicht darum zu tun, zu einer ganz festen Satzgestaltung zu gelangen".

4 Eva Badura-Skoda, *W. A. Mozart. Klavierkonzert c-moll, KV 491* (= Meisterwerke der Musik, Heft 10), München 1972, S. 3.

5 Ebenda S. 13.

6 W. Fischer, *Instrumentalmusik von 1600–1750*, in: *Handbuch der Musikgeschichte*, hg. von G. Adler, Bd. II, Berlin ²1930, Nachdruck Taschenbuchausgabe (= dtv, Wiss. Reihe 4040), München 1975, S. 558.

gar nicht existierte. Eine Umformung des seit dem zweiten Jahrzehnt des 18. Jahrhunderts verbreiteten Vivaldischen Konzertsatzes durch den um 1750 noch wenig fixierten Sonatensatz erscheint deshalb als kaum wahrscheinlich. Dies umso weniger, als Quellentexte zur Konzerttheorie des 18. Jahrhunderts überliefert sind, die eine andere formgeschichtliche Entwicklung und einen anderen Zusammenhang zwischen Konzert- und Sonatensatz erkennen lassen. So ist der Konzerttheorie Heinrich Christoph Kochs (1793) zu entnehmen, daß der Konzertsatz im späten 18. Jahrhundert noch nicht im Sonatensatz aufgegangen war, sondern nach wie vor als „Ritornellform" begriffen wurde[8]. Es stellt sich deshalb die Aufgabe, den Wandel des Konzertsatzes im 18. Jahrhundert anhand überlieferter Quellentexte zu rekonstruieren. Dabei geht es insbesondere darum, Kochs Theorie des Konzertsatzes sowohl zu den ihr voraufgehenden theoretischen Konzeptionen in Beziehung zu setzen als auch zur zeitgenössischen kompositorischen Praxis, für die im folgenden der erste Satz von Mozarts A-dur-Violinkonzert KV 219 (1775) als Beispiel herangezogen wird. Ein Beispiel aus Mozarts frühen Konzerten zu wählen, bietet sich insofern an, als zu zeigen ist, daß die gattungsgeschichtlich bedeutsame Konzertproduktion Mozarts nicht von einer individuellen Kombination von Concerto-Prinzip und Sonatensatz ausging, sondern vom normativen Schema des zeitgenössischen Konzertsatzes.

Den Strukturwandel des Konzertsatzes anhand der gattungstheoretischen Überlieferung zu rekonstruieren erscheint im Hinblick auf ein historisches Verständnis der kompositorischen Entwicklung im 18. Jahrhundert umso notwendiger, wenn man sich im Anschluß an die neueren Untersuchungen zur Sonatentheorie des 18. Jahrhunderts vergegenwärtigt, daß die Vorstellung eines unmittelbaren, voraussetzungslosen Verständnisses der Instrumentalmusik der zweiten Hälfte des 18. Jahrhunderts sich als illusorisch erwiesen hat, die historische Analyse vielmehr auf die Einbeziehung der zeitgenössischen Theorie angewiesen ist[9]. Und macht man

---

7 Vgl. Fr. Ritzel, *Die Entwicklung der „Sonatenform" im musiktheoretischen Schrifttum des 18. und 19. Jahrhunderts* (= Neue musikgeschichtliche Forschungen I), Wiesbaden ³1974; sowie C. Dahlhaus, *Der rhetorische Formbegriff H. Chr. Kochs und die Theorie der Sonatenform*, AfMw XXXV, 1978, S. 155–177. – Die gängige Vorstellung vom Wandel des Konzertsatzes wurde bereits 1957 von E. J. Simon kritisiert. In seinem Aufsatz *The Double Exposition in the Classic Concerto*, JAMS X, 1957, S. 111–118, kam Simon aufgrund analytischer Untersuchungen an zwei Konzertsätzen von J. Chr. Bach zu dem Ergebnis, daß die „doppelte Exposition" des klassischen Konzertsatzes während der 1750er Jahre aus der Ritornellform – ohne Anlehnung an die Sonatenform – hervorgeht: „The concerto first-movement form with double exposition is a heritage from the earlier concerto form, modified by the Classic style" (S. 118). Diesem Untersuchungsergebnis ist insoweit zuzustimmen, als in ihm die Vorstellung abgewiesen wird, die Sonatenform sei in den Konzertsatz übernommen worden. Ihm ist zu widersprechen, da der Begriff der „doppelten Exposition" der Konzerttheorie des 18. Jahrhunderts fremd ist.

8 H. Chr. Koch, *Versuch einer Anleitung zur Composition*, Bd. III, Leipzig u. Rudolstadt 1793, Nachdruck Hildesheim 1969, S. 327 ff.; zu Kochs Konzerttheorie vgl. Ritzel, a.a.O., S. 189–192, und J. R. Stevens, *An 18th-Century Description of Concerto First-Movement Form*, JAMS XXIV, 1971, S. 85–95.

9 Vgl. Dahlhaus, a.a.O., S. 155 f. u. 157 f.

sich klar, zu welchen Verzerrungen der kompositionsgeschichtlichen Realität die Anwendung der Sonatentheorie des 19. Jahrhunderts in Analysen von Haydn- und Mozart-Sonaten geführt hat, so erscheint eine Trennung zwischen einem „musikalischen" und einem „historischen" Standpunkt, wie sie von Eva Badura-Skoda in der genannten Analyse vertreten wird, als nicht weniger fragwürdig. Denn in Wirklichkeit dispensiert sich die Analyse nicht vom historischen Ansatz zugunsten eines „musikalischen" Standpunkts, sondern zugunsten einer Untersuchung, die die bekannten Kategorien der Sonatentheorie des 19. Jahrhunderts voraussetzt und damit Mozarts Konzert aus dem Blickwinkel des 19. Jahrhunderts analysiert.

II

Der Versuch, den Wandel des Konzertsatzes im 18. Jahrhundert aufgrund der gattungstheoretischen Überlieferung zu rekonstruieren, hat auszugehen von Scheibes *Critischem Musikus*, in dem die „Verfertigung von Instrumentalconcerten" 1739 erstmals ausführlich behandelt wird[10]. Nach Scheibe beruht die Formkonzeption des Konzertsatzes auf dem mehrmaligen Alternieren zwischen dem auf verschiedenen Tonstufen erscheinenden „Hauptsatz", dem sog. Ritornell, und den aus „Concertstimme" und Begleitung bestehenden Solopartien: „Die Instrumente, welche der Concertstimme zur Begleitung zugegeben werden[...], gehen insgemein mit dem Hauptsatze des Concerts voraus", der — wie Scheibe in Anlehnung an die Arien-Terminologie feststellt — „gleichsam das Rittornell" ist[11]. Und „nachdem der Hauptsatz[...] durch eine Cadenz geschlossen" ist, sollen „besondere neue Sätze eintreten, und[...] diese wieder durch die Haupterfindung in veränderten Tonarten abgelöst werden"[12]. Der Komponist hat demnach „auf die Ausführung seines zum Grunde gelegten Hauptsatzes zu sehen"[13]. Neben dem nicht näher erläuterten Modulationsplan ist nach Scheibe die Ausprägung eines Kontrastes zwischen Ritornellen und Solopartien formal konstitutiv. Zwar kann die Solostimme „entweder mit dem wiederholten Hauptsatze[...] oder auch mit einem ganz neuen Satze anfangen", doch sollen „ihre Sätze und Gedanken von den andern [Stimmen] abgehen, und allemal etwas Fremdes und Unerwartetes darstellen"[14]. Bachs Italienisches Konzert, das Scheibe als „ein vollkommenes Muster eines wohleingerichteten einstimmigen [d. h. für ein Instrument allein bestimmten] Concerts" anführt[15], entspricht im ersten und dritten Satz mit den prägnanten, auf verschiedenen Tonstufen erscheinenden Ritornellen und den hiervon thematisch unabhängigen Soloepisoden exakt dieser Vorstellung vom Konzertsatz.

10 J. A. Scheibe, *Der Critische Musikus* (69. Stück, Hamburg 22.12.1739), Leipzig ²1745, Nachdruck Hildesheim 1970, S. 630 ff.
11 Ebenda S. 631. Scheibe verweist S. 632 u. 636 auf die Ähnlichkeit des Konzertsatzes mit der Arie.
12 Ebenda S. 637.
13 Ebenda S. 632.
14 Ebenda S. 631 f.
15 Ebenda S. 637.

Die noch wenig fixierte Formkonzeption Scheibes erfährt in der zweiten Hälfte des 18. Jahrhunderts eine grundlegende Veränderung, indem sich nach Ausweis der gattungstheoretischen Überlieferung sowohl für die harmonische Disposition des Konzertsatzes als auch für die Differenzierung und Integration seiner Einzelteile bestimmte Normen durchsetzen. Die wesentlichen Strukturveränderungen sind in drei Punkten zu skizzieren.

1. Zur Fixierung der harmonischen Disposition

Während der Modulationsplan und die Anzahl der Ritornelle und Soloteile von Scheibe wie auch von Quantz (1752)[16] noch nicht fixiert werden, geht Joseph Riepel in seinen *Grundregeln zur Tonordnung insgemein* (1755) von einem festen Modulationsschema und — damit zusammenhängend — von einer bestimmten Anzahl und einer bestimmten harmonischen Funktion der Einzelteile aus. Unter Berufung auf die zeitgenössische Kompositionspraxis setzt er als Norm vier Ritornelle („Tutti") in der „concertmäßigen Ordnung" T–D–Tp–T[17] voraus sowie drei Solopartien („Haupt-Solo"), von denen die beiden ersten stets modulierend (T–D, D–Tp), die dritte modulierend oder nichtmodulierend (Tp–T oder T–T) angelegt sind. Diese Normalform des Konzertsatzes ist bei Riepel nur aus der folgenden Beschreibung einer erweiterten Variante zu erschließen[18]:

„Dafern ich ein Allegro eines Concerts überaus lang ausführen, sage gar vier Haupt-Solo (weil es deren insgemein nur drey hat) hinein machen wollte, so wäre mein erstes Solo anzufangen in C, und zu moduliren ins G, wo hierauf das erste Mittel-Tutti oder Mittel-forte zu stehen käme. Das zweyte Solo fienge eben in G wieder an, und modulirte ins A, wo das zweyte Mittel-Tutti zu stehen kömmt. Das dritte Solo müßte eben hierauf in A anfangen, und sich zum E, nämlich zum dritten Mittel-Tutti wenden, worauf ich das vierte oder letzte Solo in diesem E anfangen, und mich damit zum Hauptschluß in C wenden, oder aber auch nach dem erstbemeldt letzten Mittel-Tutti auf einmal gleich das letzte Solo in C anfangen könnte."

Im letzteren Fall hat das in der Tonikaparallele einsetzende zweite „Mittel-Tutti" der Normalform den Einsatz der Tonika vorzubereiten[19]. Da Riepel nach eigener

16 J. J. Quantz, *Versuch einer Anweisung die Flöte traversiere zu spielen*, Berlin 1752, Breslau ³1789, Nachdruck, hg. von H. P. Schmitz (= Documenta musicologica I/2), Kassel u. Basel ⁴1968, S. 294 ff.
17 J. Riepel, *Grundregeln zur Tonordnung insgemein*, Frankfurt/M. u. Leipzig 1755, S. 93: „Allein unter 100 Simpfonien wirst du kaum eine so mit der Terz [d. h. mit der Tonordnung C-G-E-C] sehen. Auch wirst du eher 40 Concerten und Violin-Solo mit der Sext [Tp] als eines mit der Terz [Dp] hören. Denn die Concertmässige Ordnung ist sonst diese, z. Ex. C – G · A – C"; und S. 97: „Ein Violin-Solo hat eben die Tonordnung, die ein Concert hat, nämlich insgemein C · G – A – C". Riepels „konzertmäßige Tonordnung" entspricht dem bereits von Vivaldi bevorzugten Modulationsschema; vgl. W. Kolneder, *Die Solokonzertform bei Vivaldi* (= Sammlung musikwissenschaftlicher Abhandlungen XLII), Straßburg 1961, S. 38.
18 Riepel, a.a.O., S. 94.
19 Vgl. ebenda S. 107: „Inzwischen habe ich schon wahrgenommen, daß das zweyte Mittel-Tutti z. Ex. in der Sext [Tp], nicht allezeit eine Cadenz haben, auch nicht allezeit just in der

Aussage nur fixiert, was sich in der Praxis bereits als Norm durchgesetzt hatte, läßt seine Kodifizierung eine entscheidende Veränderung der Konzertproduktion erkennen: das auf Vivaldi zurückgehende, auf mehrmaligem Tutti-Solo-Wechsel beruhende, äußerst variationsfähige Formprinzip ist zum festen Formschema geworden. Aufschlußreich ist dabei, daß Riepel die Folge T–D–Tp–T nicht nur als „konzertmäßige Tonordnung" bezeichnet, sondern auch darauf hinweist, daß diese harmonische Disposition auch in Sinfonien und Violinsoli angewendet werde. Die Entwicklung des Sonatensatzes vom zweiteiligen Schema (‖: T–D :‖: D–T :‖) zur dreiteiligen Konzeption, d. h. zur Unterteilung des zweiten Sonatenteils (z. B. ‖: T–D :‖ ‖:D–Tp|T–T :‖) könnte sich demnach unter dem Einfluß der drei Solopartien des Konzertsatzes (T–D, D–Tp, T–T) vollzogen haben.

Das aus vier Ritornellen und drei Solopartien bestehende, auf der Modulationsordnung T–D–Tp–T basierende Schema des Konzertsatzes bleibt in der zweiten Hälfte des 18. Jahrhunderts weitgehend verbindlich. Ihm entspricht noch Kochs Konzerttheorie von 1793, wie die folgende Zusammenfassung ihrer einschlägigen Bestimmungen erkennen läßt: So soll das erste Ritornell sich entweder durchgehend „in der Haupttonart" aufhalten oder nach einer Modulation „in die Tonart der Quinte", wofür von Koch zwei Arten behandelt werden, „in den Hauptton zurückgeführt" werden[20]. Und nach dem ersten Solo, das „in der Tonart der Quinte schließt, tritt das zweite Ritornell... wieder ein[...] und schließt ebenfalls in der Tonart der Quinte mit einer förmlichen Cadenz. Mit dem Schlußtone dieser Cadenz hebt das zweite Solo der Concertstimme wieder in dieser Tonart an [... und wird] in der weichen Tonart der Sexte, zuweilen auch in der weichen Tonart der Secunde oder Terz geschlossen. Mit dem Schlußtone tritt wieder ein kurzes Ritornell ein, welches[...] die Modulation wieder in den Haupton zurückführt, in welcher dieses Ritornell mit dem Quintabsatze schließt, damit das dritte Solo der Hauptstimme wieder im Haupttone anfangen kann[...]. Mit dem Schlußtone[...der auf das dritte Solo folgenden] sogenannten Cadenz, welche sich jederzeit mit einem förmlichen Tonschlusse endiget, fängt das letzte Ritornell an"[21]. Was von Riepel als Alternative für die Ausführung des letzten Solos angegeben wird, bildet demnach für Koch die Norm: die Rückkehr zur Tonika erfolgt mit dem Einsatz des letzten Solos, vorbereitet durch den Halbschluß des voraufgehenden dritten Ritornells. Schematische Darstellung von Kochs Bestimmungen:

1. Ritornell T	1. Solo T–D
2. Ritornell D	
	2. Solo D–Tp (oder –Sp, oder –Dp)
3. Ritornell Tp–T (Halbschluß)	
	3. Solo T
4. Ritornell T	Solokadenz

Sext bleiben darf, weil das darauf folgende Solo nach Belieben wieder in dem Haupton anfangen kann".

20 Koch, a.a.O., S. 334 f.
21 Ebenda S. 338 f.

2. Zur Umkehrung des Ritornell-Solo-Verhältnisses

Liegt in Riepels und Kochs Regeln zur Modulationsordnung des Konzertsatzes eine Fixierung dessen vor, was sich — ausgehend von den Konzerten Vivaldis — während der ersten Hälfte des 18. Jahrhunderts in der Kompositionspraxis als Norm durchsetzte, ohne daß es allerdings von Scheibe bereits fixiert wurde, so lassen Kochs Vorstellungen über das Verhältnis von Ritornellen und Solopartien demgegenüber eine grundlegende Änderung von Scheibes Formkonzeption erkennen. Denn während bei Scheibe die thematisch fixierten Solopartien auf das feste Gerüst des in den Ritornellen auf verschiedenen Tonstufen erscheinenden Hauptsatzes bezogen sind, werden von Koch umgekehrt die Solopartien als „Hauptperioden" und die Ritornelle als „Nebenperioden", d. h. als sekundäre Rahmenteile, aufgefaßt. „Das erste Allegro des Concerts", so eröffnet Koch die Beschreibung des Konzertsatzes, „enthält drey Hauptperioden, welche der Concertspieler vorträgt, und die von vier Nebenperioden eingeschlossen sind, die von dem Orchester als Ritornelle vorgetragen werden"[22]. Darüber hinaus erklärt er, daß die drei Hauptperioden des Konzertsatzes hinsichtlich ihrer harmonischen Disposition (T–D, D–Tp, T–T) den drei Hauptperioden des Sinfonie- bzw. Sonatensatzes entsprechen: „Bey den drey Hauptperioden der Concertstimme bleibt uns hier nichts zu bemerken übrig; denn sie haben die nemliche äußerliche Einrichtung, und den nemlichen Gang der Modulation wie die drey Hauptperioden in dem ersten Allegro der Sinfonie. Die Art der Melodie hingegen ist der Melodie der Sonate sehr ähnlich"[23]. Daß Kochs Hinweis auf die Entsprechung zum — bereits vorher behandelten — Sinfoniesatz nichts über den entwicklungsgeschichtlichen Zusammenhang der beiden Formen aussagt, sondern didaktisch motiviert ist, zeigt die Parallelstelle in den Ausführungen zum Sinfoniesatz, an der umgekehrt auf die Ähnlichkeit mit dem Konzertsatz verwiesen wird[24].

Versucht man die auffällige Umkehrung des ursprünglichen Ritornell-Solo-Verhältnisses und den in ihr vorausgesetzten Primat der Solopartien historisch zu erklären, so ist zunächst auf die Virtuosenpraxis als möglichen Ausgangspunkt hinzuweisen, und zwar insofern, als im Rahmen dieser Praxis offenbar schon während der ersten Hälfte des 18. Jahrhunderts vorgefertigte Solopartien nachträglich mit Ritornellen verbunden wurden. Bereits Scheibe verweist auf Violinvirtuosen, die sich ihre „Einfälle" von befreundeten Komponisten zu Konzerten hätten ausarbeiten lassen, und noch Koch polemisiert gegen das Verfahren der Virtuosen, selbstverfertigte Solostimmen nachträglich von einem Komponisten „mit Ritornellen und Begleitung versehen" zu lassen[25]. Darüber hinaus ist auf eine andere Art der Konzertproduk-

22 Ebenda S. 333.
23 Ebenda S. 336.
24 Ebenda S. 305: „Der Bau dieses [ersten] Perioden, (so wie auch der übrigen Perioden der Sinfonie) unterscheidet sich von dem Periodenbaue der Sonate und des Concerts nicht durch andere Tonarten, in welche man dabey modulirt".
25 Scheibe, a.a.O., S. 638; H. Chr. Koch, *Musikalisches Lexikon*, Frankfurt/M. 1802, Heidelberg ²1817, Nachdruck Hildesheim 1964, Sp. 352 (Art. *Concert*). Vgl. hierzu vom Verf. *Die Polemik gegen das Virtuosenkonzert im 18. Jahrhundert*, AfMw XXX, 1973, S. 235–244.

tion hinzuweisen, die nicht nur vom kompositionstechnischen Primat der Solostimme, sondern auch vom Zusammenhang zwischen Solopartien und Sonatensatz ausging: die Umarbeitung von Klaviersonaten zu Klavierkonzerten. Früheste Belege für diese Praxis sind Mozarts sieben Klavierkonzerte von 1765 und 1767, die aus der Bearbeitung von Klaviersonaten und einzelnen Sonatensätzen anderer Komponisten hervorgingen. Das diesen Konzerten zugrunde liegende Bearbeitungsverfahren beruht darauf, daß ein Sonatensatz in seine drei Abschnitte zerlegt (z. B. T–D, D–Tp, T–T) und mit vier Ritornellen und Orchesterbegleitung versehen wurde, wobei die Ritornellthematik teilweise aus dem ersten Teil der Sonate abgeleitet wurde[26]. Daß es sich hierbei nicht um ein singuläres Verfahren handelt, sondern um eine Praxis, die auch bei der Neuproduktion von Konzerten angewendet wurde, ist einem Hinweis Georg Joseph Voglers zu entnehmen, in dem demjenigen, der ein Konzert komponieren will, empfohlen wird, ,,zuerst eine gewöhnliche Sonate" zu machen (die für Vogler zweiteilig ist) und diese anschließend zum Konzertsatz auszubauen. ,,Der erste Theil hievon", so Voglers Anweisung, ,,giebt das erste, der andere Theil das zweite Solo. Vor dem ersten, nach dem zweiten, zwischen dem ersten und zweiten Theile wird ein Vor- Nach- und Zwischenspiel von Instrumenten vorgetragen"[27]. – Vor dem kompositionsgeschichtlichen Hintergrund wird deutlich, daß in Kochs Theorie des Konzertsatzes sowohl formtheoretische als auch kompositionstechnische Konsequenzen aus den verschiedenen, vom Primat der Solopartien ausgehenden Praktiken gezogen worden sind: formtheoretische Konsequenzen insofern, als die Solopartien als ,,Hauptperioden" figurieren, kompositionstechnische Konsequenzen, da die Komposition eines Konzertsatzes – wie im folgenden zu zeigen ist – vom ersten Solo ausgehen soll.

3. Zur Differenzierung und Integration der Formelemente

Folgt man Kochs Konzerttheorie, so stellt der Konzertsatz eine komplexere Formkonzeption dar als der Sonatensatz, da in ihm drei – auch im Sonatensatz vorhandene – Hauptperioden durch vier Nebenperioden ergänzt werden. Einen Konzertsatz aus der zweiten Hälfte des 18. Jahrhunderts mit den Kategorien des Sonatensatzes analytisch erfassen zu wollen, erscheint schon deshalb als historisch unangemessen. Dies aber auch wegen der Normen, die sich im Zusammenhang mit der Fixierung einer harmonischen Disposition sowohl für die funktionale Differenzierung der Solopartien und Ritornelle als auch für deren kompositorische Integration um und nach 1750 herausbildeten.

---

26 Vgl. E. J. Simon, *Sonata into Concerto. A study of Mozart's first seven concertos*, AMl XXXI, 1959, S. 170–185.

27 G. J. Vogler, *Zergliederung der sechs leichten im ersten Jahrgange enthaltenen Clavier Concerten*, in: *Betrachtungen der Mannheimer Tonschule*, Bd. II, Mannheim 1779, Nachdruck Hildesheim 1974, S. 36.

Anfangsritornell und erstes Solo

Grundlegende Abweichungen von dem, was sich heute mit dem Begriff des „Sonatenkonzerts" verbindet, lassen insbesondere die Normen erkennen, die nach Koch das Verhältnis von Anfangsritornell und erstem Solo regeln. Während der in heutigen Analysen verwendete Begriff der „doppelten Exposition" von einer expositionellen Funktion beider Formteile ausgeht, hat nach Koch nur das erste Ritornell eine einleitende, und zwar auf die Solostimme vorbereitende Funktion. Im Unterschied zu Scheibes Konzeption wird damit die thematische Verknüpfung von erstem Ritornell und erstem Solo generell vorausgesetzt – eine Norm, die sich offensichtlich nach 1750 durchsetzte. So heißt es im *Concert*-Artikel in Sulzers *Theorie der Schönen Künste* (1771), im Ritornell werde der „Hauptsatz" vorgetragen, „den die concertirende Stimme hernach ausarbeitet und verziert"[28]. Dementsprechend besteht das erste Ritornell nach Koch „aus den vorzüglichsten melodischen Theilen, die zur Anlage des Allegro gehören"[29]. Doch soll es, wie Koch in Abweichung zu dem noch bei Sulzer vorausgesetzten kompositionstechnischen Primat des ersten Ritornells erklärt, als Introduktion zum Solovortrag aus dem melodischen Material des zuvor komponierten ersten Solos abgeleitet werden: „Daß es der Natur der Sache gemäß sey, zuerst den ersten Hauptperioden der Concertstimme auszuführen, ehe man das Ritornell, als die Einleitung zum Vortrage der Concertstimme bearbeitet, ist schon[...] weitläuftig gezeigt worden"[30]. Somit enthält nicht das erste Ritornell, sondern das erste Solo die „Anlage" der gesamten Komposition, d. h. „die melodischen Hauptsätze in ihrer ursprünglichen Folge"[31].

Bei der von Koch geforderten Ableitung des ersten Ritornells aus dem ersten Solo handelt es sich um ein kompositorisches Verfahren, das – wie Mozarts Bearbeitungen von 1765/67 und Voglers Anweisung erkennen lassen – in der zweiten Hälfte des 18. Jahrhunderts durchaus praktiziert wurde. Daß Mozart das in seinen frühen Konzertbearbeitungen verwendete Ableitungsverfahren auch bei der Komposition eigener Konzerte anwandte, ist durchaus möglich. So handelt es sich im

---

28 J. G. Sulzer, *Allgemeine Theorie der Schönen Künste*, Leipzig ²1792, Nachdruck Hildesheim 1967, Bd. I, S. 573.

29 Koch, *Versuch*, S. 333.

30 Ebenda S. 333 f., Anmerkung. Koch verweist auf seinen *Versuch einer Anleitung zur Composition*, Bd. II, Leipzig 1787, Nachdruck Hildesheim 1969, S. 67 ff. Dort heißt es S. 68 f.: „Viele, die nur Concertcomponisten für ihr Instrument sind, erschweren sich die Bearbeitung dieser Tonstücke dadurch gar sehr, daß sie dabey den Anfang mit der Erfindung des Ritornells machen, welches doch eben so wie bey der Arie nichts als die Einleitung zum Hauptvorträge, oder zu demjenigen ist, was die Solostimme enthalten soll[...]. Will daher der angehende Tonsetzer bey der Bearbeitung eines Concerts nicht der Natur der Sache zuwider handeln, und sich noch überdies dabey die Arbeit erschweren, so vollende er erst die Anlage und sogar die Ausführung des ersten Solo seines Satzes, alsdenn wird es ihm nicht am Stoffe zu seinem Ritornell fehlen, und er wird sich bey dieser Behandlungsart nicht der Gefahr aussetzen, sein Erfindungsvermögen schon bey dem Ritornell zu ermatten, ehe er noch zur Erfindung der Hauptsache selbst, nemlich zum Solo kommt".

31 Koch. *Versuch*. Bd. III, S. 304; zum Begriff der „Anlage" vgl. Dahlhaus, a.a.O., S. 173 f.

ersten Satz des A-dur-Violinkonzerts bei der am Anfang des ersten Solos stehenden Kombination von Solothema und Tuttithema (T. 46 ff.) offensichtlich um den originären Einfall, beim Anfang des ersten Ritornells (T. 1 ff.), der nur das Tuttithema enthält, dagegen um die Ableitung:

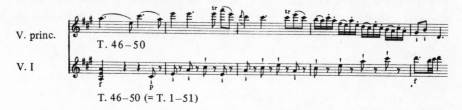

Aber unabhängig davon, ob Mozart das von Koch geforderte Ableitungsverfahren hier oder in anderen Konzerten anwendete oder nicht, entspricht das Verhältnis von erstem Ritornell und erstem Solo in seinen Konzerten insofern Kochs Formkonzeption, als vom thematischen Material des ersten Solos in der Regel im ersten Ritornell nur ein Teil erscheint. So enthält das erste Ritornell im A-dur-Violinkonzert von den vier melodischen Hauptteilen des ersten Solos (I: T. 46 ff., II: T. 62 ff., III: T. 74 ff., IV: 80 ff.) nur zwei, nämlich I und IV (T. 1 ff.; T. 19 ff.), und diese werden, um Kochs Formulierung aufzugreifen, „in eine andere Verbindung gebracht, und durch andere Hülfsmittel erweitert[...], als es im Solo der Concertstimme geschieht" sowie durch „einige passende Nebengedanken verbunden"[32].

Zweites und drittes Solo

Daß das dem zweiten „Hauptperioden" des Sonatensatzes entsprechende zweite Solo des Konzertsatzes so wenig eine Durchführung darstellt wie das erste Solo eine Exposition, ist aus den Untersuchungen zur Sonatentheorie des 18. Jahrhunderts bekannt und bedarf keiner besonderen Erläuterung. Hinzuweisen ist aber darauf, daß das durch die Modulation in den Mollbereich (Tp, Sp oder Dp) harmonisch kontrastierende zweite Solo nach Koch auch melodisch als kontrastierende Episode anzulegen ist, indem „der Anfang dieses zweyten Solo gemeiniglich vermittelst eines solchen melodischen Theils [erfolgt], der nicht in dem ersten Perioden [d. h. im ersten Solo] enthalten war, sondern der ein stark hervorstechender, aber passender Nebengedanke ist, der aber wieder sehr schicklich auf einen Hauptgedanken leitet"[33]. Dieser Kontrast kann dadurch verstärkt werden, daß der zweite „Hauptperioden" — wie es in Kochs Ausführungen zur Sinfonie heißt — „in einer ganz unerwarteten Tonart[...] ohne alle Vorbereitung" einsetzt[34]. Beide Momente — den harmonischen und den melodischen Kontrast — läßt das vom ersten Solo thematisch völlig unabhängige zweite Solo im ersten Satz von Mozarts A-dur-Violinkonzert

32 *Versuch*, Bd. III, S. 333 f.
33 Ebenda S. 338.
34 Ebenda S. 310.

(T. 118–139) erkennen, das überraschend mit einem Gis-dur-Sextakkord (als Zwischendominante zur Dominantparallele cis-moll) einsetzt, bevor das Tutti-Dreiklangsmotiv (E-dur) mit der nach oben gerichteten Akkordbrechung (♩.♫♩; vgl. T. 39 u. 62) abgeschlossen ist. Ein derartiges zweites Solo ist demnach nicht als rudimentäre Vorform einer Durchführung zu interpretieren[35], sondern — im Sinne des von Scheibe noch sämtlichen Soloepisoden zugesprochenen Überraschungsmoments — als harmonisch und melodisch kontrastierende Episode:

Beginn des 2. Solos

Im Hinblick auf das dritte Solo begnügt sich Koch mit einem Hinweis auf den formal entsprechenden dritten „Hauptperioden" des Sinfoniesatzes[36]. Demzufolge ist diese Solopartie sowohl harmonisch als auch thematisch bereits im Sinne des späteren Reprisenbegriffs definiert. „Der letzte Periode[...], der vorzüglich der Modulation in der Haupttonart gewidmet ist", so heißt es in Kochs Ausführungen zur Sinfonie, „fängt am gewöhnlichsten wieder mit dem Thema, zuweilen aber auch mit einem andern melodischen Haupttheile in dieser Tonart an; die vorzüglichsten Sätze werden nun gleichsam zusammen gedrängt[...]. Endlich wird die zweyte Hälfte des ersten Perioden, oder diejenigen melodischen Theile des ersten Perioden, die dem Quintabsatze in der Quinte folgten, [d. h. der Seitensatz] in dieser Haupttonart wiederholt"[37]. Daß die reprisenartige Anlage des letzten Solos nicht — wie man aus Kochs Text schließen könnte — durch Anlehnung an den Sinfonie- bzw. Sonatensatz zustande gekommen ist, sondern schon um 1750 im Konzertsatz vorgebildet war, läßt die Konzerttheorie der 1750er Jahre erkennen, in der beide Momente des späteren Reprisenbegriffs, der Wiedereintritt der Tonika und die Rekapitulation der Thematik, wenn auch noch separat, als Merkmale des letzten

35 Vgl. Chr. Möllers' Beschreibung des zweiten Solos vom ersten Satz des G-dur-Violinkonzerts KV 216, a.a.O., S. 70: „Mit einer schroffen Wendung nach g-moll beginnt in Takt 104 die *Durchführung*[...]. Bis hierher [d. h. bis zum Ende] wurde in der Durchführung nur neues Material exponiert und kein Motiv der Expositionen verarbeitet — der konsequente Ernst späterer Durchführungen ist in diesem frühklassischen Satz noch kaum zu spüren. Der spielfreudige Erfindungsreichtum läßt diese Durchführung fast wie einen coupletähnlichen Mittelteil wirken; lediglich die modulatorische Anlage weist sie schon als Mittelpunkt eines Sonatensatzes aus".

36 Koch, *Versuch*, Bd. III, S. 339.

37 Ebenda S. 311.

Solos genannt werden. Während bei Riepel, wie erwähnt, der Einsatz des letzten Solos in der Tonika bereits als Möglichkeit vorgesehen ist, wird in Quantz' Konzerttheorie dem letzten Solo die Funktion zugewiesen, das thematische Material des Satzes zu resümieren. „Man darf nicht", so heißt es hier, „mit lauter neuen Gedanken schließen: man muß vielmehr die gefälligsten Gedanken von dem, was vorher gehöret worden, im letzten Solosatze wiederholen"[38].

Die übrigen Ritornelle

In Entsprechung zur funktionalen Differenzierung der Solopartien sind in Kochs Konzerttheorie die zu Nebenperioden abgewerteten Ritornelle einer normierten Differenzierung unterworfen. Die hierfür maßgeblichen Regeln lassen insofern eine grundlegende Modifikation des Vivaldischen Ritornellprinzips erkennen, als sie nicht mehr generell von der Wiederholung eines Hauptsatzes ausgehen, sondern im dritten und vierten Ritornell auf den Einsatz des Hauptthemas verzichten. In dem Maße, in dem die Solopartien als Hauptperioden profiliert worden sind, haben somit die Ritornelle ihre ursprüngliche Funktion des thematischen Gerüstes eingebüßt. Dieser Funktionswandel zeichnet sich bereits um 1750 ab. Denn Kochs Regeln zur Ritornellgestaltung greifen im wesentlichen auf Normen zurück, die bereits von Riepel bzw. Quantz formuliert worden waren.

Lediglich für das zweite Ritornell bleibt das traditionelle Ableitungsverfahren verbindlich. Nach Koch tritt es „mit dem Hauptsatze wieder ein [und] trägt einige melodische Theile wieder vor, die schon im ersten Ritornell enthalten waren"[39] — eine Regel, die sich sinngemäß bereits in Riepels Unterrichtsdialog findet, in dem der Praeceptor erklärt: „Das erste Mittel-Tutti fange ich gemeiniglich so an, als wie das Thema-Tutti; nur daß es abgekürzet wird"[40]. Demgegenüber soll im dritten Ritornell nach Riepel auf das Hauptthema verzichtet werden. „Das zweyte Mittel-Tutti [...]", so läßt er den Praeceptor ausführen, „fange ich aber selten so an; sondern ich bediene mich zu solchem Anfange etwan eines Gegensatzes vom Thema [...], damit der Anfang des Thema nicht gar so oft angehört dörffe werden"[41]. Auch Koch geht vom nichtthematischen Einsatz dieses Ritornells aus und definiert es als kurze sequenzierende Rückleitung zum dritten Solo. „Mit dem Schlußtone [des zweiten Solos]", so stellt er fest, „tritt wieder ein kurzes Ritornell ein, welches den, schon bey der Sinfonie beschriebenen Nebenperioden macht, welcher vermittelst eines melodischen Theils, der durch die Progression [d. h. durch Sequenzierung], oder durch die Fortsetzung einer in demselben enthaltenen metrischen Formel erweitert wird, die Modulation wieder in den Haupton zurückführt, in welcher dieses Ritornell mit dem Quintabsatze schließt, damit das dritte Solo der Hauptstimme wieder

38 Quantz, a.a.O., S. 297.
39 Koch, *Versuch*, Bd. III, S. 338.
40 Riepel, a.a.O., S. 105.
41 Ebenda S. 105.

im Haupttone anfangen kann"[42]. Die von Koch beschriebene Ritornellgestaltung
mittels Sequenzierung eines Motivs bildet im ersten Satz von Mozarts A-dur-Violinkonzert offensichtlich den normativen Hintergrund, von dem sich die kurze modu-
lierende Rückleitung vom zweiten zum dritten Solo (T. 139–143) durch den vorzei-
tigen Einsatz der Solovioline (T. 142) abhebt:

Schluß des   Beginn des
2. Solos   3. Solos

V. I   aus dem 1. Ritornell (T. 6–18)

Eine ebenso tiefgreifende Veränderung ist beim letzten Ritornell festzustellen.
Bestand dies im Vivaldischen Konzertsatz in der Regel aus einer vollständigen Wiederholung des Anfangsritornells, so hatte sich – wie Quantz' und Riepels Ausführungen erkennen lassen – um 1750 ein kurzes Schlußritornell durchgesetzt. Während das „Schluß-Tutti" nach Riepel die Aufgabe hat, „in Kürze den Kehraus
zu machen", und deshalb manchmal nur aus zwei oder drei Takten besteht[43],
erklärt Quantz: „Endlich muß man im letzten Tutti, mit dem zweyten Theile vom
ersten Ritornell, das Allegro, so kurz als möglich ist, beschließen"[44]. Im Sinne
dieser Regelung, d. h. durch Rückgriff auf den Schlußteil des ersten Ritornells, ist
auch nach Koch die schlußbildende Funktion des letzten Ritornells auszuprägen.
„Mit dem Schlußtone dieser sogenannten Cadenz[...]", so führt er aus, „fängt das
lezte Ritornell an, welches aus den lezten melodischen Theilen des ersten Ritornells zu bestehen pflegt, und mit welchem das ganze erste Allegro geschlossen
wird"[45]. Diese Art der Ritornell-Ableitung wird von Mozart im ersten Satz des
A-dur-Violinkonzerts – wie auch in anderen Konzerten – nicht nur für das Schlußritornell angewendet (vgl. T. 220–226 mit T. 33–39), sondern auch für das zweite
Ritornell (T. 112–117), das damit eine entsprechende – allerdings auf die Dominante bezogene – schlußbildende Funktion erhält.

III

Wie die gattungstheoretische Überlieferung erkennen läßt, kommt der Strukturwandel des Konzertsatzes nicht dadurch zustande, daß die Ritornellform um 1750

42 Koch, *Versuch*, Bd. III, S. 338 f.
43 Riepel, a.a.O., S. 105.
44 Quantz, a.a.O., S. 297. Diese Ableitung ist nach Quantz bereits bei der Konzeption des
   Anfangsritornells zu berücksichtigen; S. 296 heißt es: „Im Ritornell muß man eine propor-
   tionirliche Länge beobachten. Es muß dasselbe wenigstens aus zweenen Haupttheilen bestehen. Der zweyte Theil davon, muß, weil man ihn am Ende des Satzes wiederholet, und
   damit schließet, mit den schönsten und prächtigsten Gedanken ausgekleidet werden".
45 *Versuch*, Bd. III, S. 339.

durch die Sonatenform verdrängt wird oder daß Prinzipien des Sonatensatzes auf den Konzertsatz übertragen werden. Alle Einzelbeobachtungen weisen vielmehr darauf hin, daß die Ritornellform in der kompositorischen Praxis schrittweise verändert wird und daß die zeitlich aufeinanderfolgenden Veränderungen das Resultat einer Selektion sind. Denn was in der Konzerttheorie jeweils unter Hinweis auf die zeitgenössische Konzertproduktion an neuen Normen fixiert wird, beruht in der Regel auf der Auswahl aus mehreren in der kompositorischen Praxis bereits vorhandenen Möglichkeiten. Das gilt sowohl für die Fixierung einer bestimmten Modulationsordnung als auch für die Festlegung einer bestimmten funktionalen Differenzierung der Einzelteile. Auch die Umkehrung des ursprünglichen Ritornell-Solo-Verhältnisses geht offensichtlich nicht aus einer neuen Formidee hervor, sondern entsteht im Rahmen der Konzertproduktion aufgrund praktischer Bedürfnisse.

Mit der harmonischen Fixierung des Gesamtaufbaus und der damit verbundenen funktionalen Differenzierung der Einzelteile zeichnen sich im Strukturwandel des Konzertsatzes Tendenzen ab, die auch die zeitlich parallele Entwicklung des Sonatensatzes bestimmen. Gewisse Anzeichen deuten allerdings darauf hin, daß der Konzertsatz bei der Herausbildung einer sowohl harmonisch als auch thematisch bestimmten Formkonzeption eine führende Rolle gespielt hat. So geht aus Riepels Bemerkungen hervor, daß die „konzertmäßige Tonordnung" auf Sinfonien und Violinsoli übertragen wurde[46]. Und Quantz' Konzerttheorie läßt erkennen, daß die reprisenartige Anlage des letzten Solos nicht vom Sonatensatz übernommen wurde, sondern bereits um 1750 als normativ galt, d. h. zu einer Zeit, als für den Sonatensatz noch keine entsprechenden Festlegungen verbindlich waren[47]. Erst die seit den 1760er Jahren in der Praxis nachweisbare Annäherung von Konzert- und Sonatensatz durch Angleichung ihrer „Hauptperioden" dürfte dazu geführt haben, daß sich die weitere Entwicklung beider Formen — etwa die Umbildung des zweiten „Hauptperioden" zu einem Durchführungsteil — in Wechselwirkung zueinander vollzog. Die herkömmliche Vorstellung vom Wechsel der instrumentalmusikalischen Leitform um 1750 und von der Auswirkung dieses Wechsels auf das Instrumentalkonzert ist somit zu revidieren. Sie verdeckt die Tatsache, daß der Konzertsatz um 1750 seine Eigenständigkeit keineswegs zugunsten des Sonatensatzes einbüßte, sondern neben dem Sonatensatz als Experimentierfeld für eine sowohl harmonisch als auch zunehmend thematisch-motivisch orientierte Formkonzeption erhalten blieb.

Eine weitergehende Annäherung des Konzertsatzes an den Sonatensatz erfolgte offensichtlich erst im späten 18. Jahrhundert mit der fortschreitenden Aushöhlung des Ritornellprinzips. Kennzeichnend für diese Tendenz ist u. a., daß Koch in seinem *Concert*-Artikel von 1802 die 1793 noch als „drittes Ritornell" bezeichnete Rückleitung zum dritten Solo nicht mehr als Ritornell erwähnt. Modulierendes zweites und in der Tonika stehendes drittes Solo (im Sinne des Schemas von 1793)

46 Vgl. oben Anm. 17.
47 Vgl. oben S. 213.

sind nunmehr zusammengefaßt[48]. Doch erst Czerny, der die von Beethoven voll-
zogene kompositionsgeschichtliche Entwicklung theoretisch reflektiert, bespricht
den Konzertsatz 1834 ausdrücklich als modifizierten Sonatensatz und erwähnt
neben dem einleitenden „Ritornell" als formale Abweichung lediglich einen im
Anschluß an das erste Solo vom Orchester auszuführenden „nicht langen Zwischen-
satz", dem das „zweite Hauptsolo" folgt[49]. Die Relikte des Ritornellprinzips sind
somit zu einer unwesentlichen Modifikation des Sonatensatzes geworden. Das Konzert hat nach Czerny prinzipiell „keinen andern Bau, als jenen der regelmäßigen
Sonate"[50].

---

48 Koch, *Musikalisches Lexikon*, Sp. 355: „Das zweyte Solo. . . hat die Freyheit sich unter den
   übrigen verwandten Tonarten hinzuwenden, in welche es will; die letzte Hälfte desselben
   wird jedoch in der Haupttonart durchgeführt, in welcher die melodischen Haupttheile des
   ganzen Satzes kürzlich wiederholt werden".
49 A. Reicha, *Vollständiges Lehrbuch der musikalischen Composition*, aus dem Französischen
   ins Deutsche übersetzt und mit Anmerkungen versehen von C. Czerny, Bd. I, Wien 1834,
   S. 334.
50 Ebenda S. 317.

Kantabilität als Konstruktion
Zum langsamen Satz aus Mozarts Streichquartett KV 465

von

FRIEDHELM KRUMMACHER

Daß die Zeitgenossen „vor dem ‚Romantiker' Mozart" eine „geheime Angst" empfanden, vermutete Hermann Abert. Und ein Anlaß für diese Annahme war das Andante aus dem C–Dur-Quartett KV 465[1]. Eine ähnliche Scheu dürfte indes auch das Verhältnis der Wissenschaft zur „klassischen" Kunst Mozarts bestimmen. Zwar gilt es als selbstverständlich, daß Mozarts Streichquartette zum Fundus der Gattung gehören. So oft man aber seit Heinrich Christoph Koch ihre „Vermischung des gebundenen und freyen Stils" bewunderte, so selten blieben die Versuche einer analytischen Interpretation[2]. Man könnte meinen, die Werke seien zu vertraut, um eine Analyse herauszufordern. Die Schwierigkeiten jedoch, die Mozarts Musik dem Analytiker entgegensetzt, scheinen sich in den Streichquartetten keineswegs zu verringern.

Mozarts Kammermusik kommt kaum einer Deutung entgegen, die auf die sprachliche Auslegung verborgener Gehalte zielt. Und einer Analyse, die sich am Maß thematischer Konzentration orientiert, entziehen sich Mozarts Verfahren in ihrer unvorhersehbaren Vielfalt. Für eine Methode aber, die ihre Sicherung in der zeitgenössischen Theorie sucht, bleibt es fraglich, welche theoretische Normen als angemessen gelten sollen. Schon für Mozarts Sonatensätze ist es offen, wieweit ihrer Subtilität die Lehre von Koch gerecht werden kann[3]. Erst recht stellt sich diese

---

1 H. Abert: *W. A. Mozart*, Leipzig [7]1956, Bd. II, S. 144. Der Hinweis zielt auf den Abschnitt T. 13 ff., meint aber weiter die motivische Verarbeitung in den Haydn gewidmeten Quartetten.

2 H. Chr. Koch: *Versuch einer Anleitung zur Composition*, Bd. III, Leipzig 1793, S. 327; Kochs Bemerkung steht innerhalb der Gattungslehre am Ende des Abschnitts XI „Von dem Quatuor". – Unter den analytischen Studien zu Mozarts Quartetten wären folgende Arbeiten zu nennen: R. Gerber, *Harmonische Probleme in Mozarts Streichquartetten*, Mozart-Jb. II, 1924, S. 55–77; E. Klockow, *Mozarts Streichquartett in A-Dur (KV 464)*, Mozart-Jb. III, 1929, S. 209–241; E. Koher, *Die Polyphonie in den Streichquartetten Mozarts und Haydns*, Wiss. Zeitschrift der Universität Leipzig, Ges.- und Sprachwiss. Reihe V, 1955–56, S. 369–387. Kaum hilfreich ist die Arbeit von W. Hümmeke, *Versuch einer strukturwissenschaftlichen Darstellung der ersten und vierten Sätze der zehn letzten Streichquartette von W. A. Mozart* (= Veröffentlichungen zur theoretischen Musikwissenschaft II), Münster 1970.

3 Vgl. dazu A. Feil, *Satztechnische Fragen in den Kompositionslehren von F. E. Niedt, J. Riepel und H. Chr. Koch*, Diss. Heidelberg 1955, masch., sowie C. Dahlhaus, *Der rhetorische Formbegriff H. Chr. Kochs und die Theorie der Sonatenform*, AfMw XXV, 1978, S. 155–177. Die Formtheorie Kochs fußt nicht nur auf älteren Traditionen, sondern sie ist der Intention einer Lehre verpflichtet, die eine Anwendung auf Mozart fragwürdig macht.

Frage für die anderen Sätze in ihrer wechselnden Kreuzung formaler Aspekte. Zwar bietet die spätere Kompositionslehre, wie sie durch A. B. Marx formuliert wurde, für Rondo- und Sonatenformen weitere Kriterien. Sie beschränkt sich jedoch auf generelle Angaben zur „Liedform", wo von langsamen Sätzen die Rede ist[4]. Und dem entspricht es nur, daß kein Satztyp der Wiener Klassik so wenig untersucht wurde wie das kantable Adagio, dessen zentralen Rang gleichwohl niemand bestreitet.

Wer sich über Mozarts Quartette – und zumal über ihre langsamen Sätze – zu informieren sucht, stößt oft auf knappe und mitunter auch verwirrende Hinweise. So unablässig ihre kontrastreiche Expressivität gerühmt wird, so einhellig findet ihre melodische Vielfalt Hervorhebung. Fragt man aber, wie sich so verschiedene Momente in einem Satz verbinden, so sieht man sich auf Paraphrasen des Ausdrucks oder Schemata der Formen angewiesen. Seit Aberts Beobachtungen wurde zwar mehrfach auf Ansätze zu motivischer Arbeit oder auf Analogien zu Sonatensätzen aufmerksam gemacht[5]. Welche Verfahren es aber sind, die über den Wechsel der Formteile hinweg den Zusammenhalt eines Satzes begründen, wäre am Paradigma der langsamen Sätze zu ermitteln. Als ihr Kennzeichen gilt eine kantable Thematik, die für den Satzcharakter konstitutiv wäre. Wieweit sie aber den Verlauf bestimmt, wäre zunächst zu prüfen. Und danach läßt sich fragen, wie sich Material und Struktur der Satzglieder zueinander verhalten. Auf welche Weise Mozart aus solchen Ansätzen den Satzverlauf entfaltet, kann dann erst einsichtig werden.

I.

Als letztes der sechs Werke, die Haydn gewidmet wurden, faßt das Quartett C–Dur KV 465 in neuer Konstellation die Probleme zusammen, die seit dem Quartett G–Dur KV 387 als erstem der Serie exponiert wurden. In beiden Werken ist die Vielzahl der Möglichkeiten weiter noch gesteigert als sonst. Während der scheinbar spielerische Kopfsatz im G–Dur-Quartett durch die Fülle motivischer Bildungen geprägt ist, die durch verdeckte Anknüpfungen subtil verkettet werden, wirkt der Eingangssatz im C–Dur-Quartett zwar konzentrierter, doch wird er durch die gespannte Beziehung zur langsamen Einleitung ausgezeichnet, der das Werk seinen Beinamen dankt. Ist das Finale in KV 387 von extremer Polarität strengen und

---

4 A. B. Marx, *Die Lehre von der musikalischen Komposition*, Bd. II, Leipzig [4] 1855, S. 18 ff.; im weiteren behandelt Marx nicht eigens den langsamen Satz, sondern als eine Übertragung „Die Sonatenform in langsamer Bewegung", vgl. ebd. Bd. III, Leipzig [2] 1848, S. 251 ff. Zum langsamen Satz bei Beethoven vgl. C. Dahlhaus, *Cantabile und thematischer Prozeß* [...], in: AfMw XXVII, 1980, S. 81–98, sowie P. Gülke, *Kantabilität und thematische Abhandlung* . . ., in: BzMw XII, 1970, S. 252–273.

5 Vgl. Abert, a.a.O., S. 142 ff. – Wichtige Ergänzungen zu den früheren Analysen bedeuten die Beiträge von L. Finscher, M. Flothius, A. Tyson und Chr. Wolff in dem Sammelband *The String Quartets of Haydn, Mozart, and Beethoven, Studies of the Autograph Manuscripts*, hg. von Chr. Wolff, Cambridge, Mass., 1980.

galanten Stils beherrscht, die sich in fugierten Partien und rondohaften Kontrasten bis hin zur Coda ausdrückt, so beginnt der Schlußsatz in KV 465 umgekehrt mit einem rondomäßigen Themenkomplex, um dann zur ungewöhnlich dichten Arbeit eines Sonatensatzes mit konzentrierter Durchführung zu gelangen. Dem G–Dur-Menuett, das die Ausweitung der Form bis zum Anschein eines Sonatensatzes vorantreibt, steht im C–Dur-Menuett eine enge Verzahnung konträrer Gruppen gegenüber, die fast an spätere Scherzotypen gemahnen kann.

Zwischen derart vielseitigen Ecksätzen scheinen die langsamen Sätze zurückzutreten, die gleichermaßen als „Andante cantabile" bezeichnet sind und kaum markante Kontraste in ihrem internen Verlauf kennen. Zudem gleichen sie sich nicht nur im 3/4-Taktmaß, im Tempo und im Charakter, sondern sie ähneln sich – wie es den Anschein hat – auch in der Gliederung. Beiden Sätzen ist es gemeinsam, daß sich ein mehrgliedriger Formkomplex mit harmonischen und figurativen Varianten wiederholt, ohne daß dazwischen ein verarbeitender Mittelteil stünde. Auch wenn die Folge der Themen und die tonale Disposition an einen Sonatensatz erinnern könnte, widerspricht einer solchen Analogie das Fehlen einer Durchführung. Freilich zeigen sich bei näherem Vergleich auch manche Unterschiede. Der Satz aus KV 387 weist eine recht genaue Wiederholung seines ersten Komplexes auf, die freilich durch einen bedeutsamen Einschub erweitert wird (T. 62–70). Dagegen bricht die entsprechende Wiederholung in KV 465 mit einer Zäsur ab (T. 84/85), an die sich ein weithin neu anmutender Satzteil anschließt (T. 85–114). Andererseits wird in KV 387 – wie in allen Sätzen dieses Werkes – die konträre Charakteristik der Teile noch schärfer akzentuiert. Deutlich wird das, wenn man den Anfang in klangvoll akkordischem Satz mit der wachsenden figurativen Auflösung vergleicht, in der beide Formteile am Ende münden. Hingegen zeichnen sich zwar auch im Andante aus KV 465 Tendenzen der zunehmenden Ornamentierung oder rhythmischen Differenzierung ab, doch kommt es nicht zu ebenso markanten Unterschieden der Struktur zwischen Eröffnung und Ausgang des Satzes.

So sehr sich die beiden Sätze – bei aller Analogie – im einzelnen unterscheiden, so sehr verbindet es sie, daß jene melodischen Gebilde, die anfangs den Charakter des kantablen Andante ausprägen, am Ende nicht wiederkehren. Die scheinbar thematischen Perioden, mit denen beide Sätze beginnen, begegnen also jeweils nur noch einmal – bei Beginn der Wiederholung des ganzen Formkomplexes. Der Satzcharakter, von dem ausgegangen wird, wird am Schluß nicht restituiert. Die Unterschiede zwischen Beginn und Ende verweisen zunächst darauf, daß beide Sätze keinen statisch fixierten Duktus ausbilden. Zwischen Eröffnung und Abschluß vollzieht sich offenbar eine Veränderung.Dabei haben die eröffnenden Phasen zunächst nur die Funktion einer einleitenden Definition des Satzcharakters. Denn sie werden weder konsequent verarbeitet noch einer zentralen Durchführung unterworfen. Zugleich wird damit aber fraglich, wieweit man sie als „Themen" apostrophieren kann, falls der Begriff des Themas eine Konfiguration meint, die gleichsam Gegenstand eines Satzverlaufs zu sein hätte.

Anders als das Andante in KV 387 weist der Satz aus KV 465 keine klare Zweiteilung mit schematischer Wiederholung eines Formkomplexes auf. Neben kleineren

Varianten bei der Wiederholung, die beide Sätze zeigen, fällt in KV 465 eine markante Differenz auf: Gegenüber dem analogen Passus T. 35 bricht der Satz in der Reprise T. 84 ab. Der Eingriff ist um so schärfer, als er bei einem Trugschluß ansetzt, der zuvor (T. 35) eine enge Verzahnung bewirkte. An diese Zäsur aber (T. 84) – markiert durch drei Viertelpausen – schließt eine Satzgruppe an, die zuvor kein genaues Pendant hatte, auch wenn in ihr Bezüge zum bisherigen Verlauf hervortreten. Wollte man von einer nachträglichen Durchführung sprechen, so ginge man von der Norm des Sonatensatzes aus, um dann eine bewußte Abweichung zu unterstellen. Eine solche Erklärung wäre aber nicht nur historisch fragwürdig, sondern auch sachlich haltlos, weil sie eine thematische Verarbeitung voraussetzt, wie sie hier auch weiterhin fehlt. So bliebe allenfalls die Möglichkeit, den letzten Teil (T. 85–114) entweder als Erweiterung oder als bloßen Anhang einer „Reprise" anzusehen. Wenn einerseits aber melodische Elemente dieser Satzphase aus dem vorangehenden Verlauf bekannt sind, so treten sie hier andererseits doch in einen neuen Zusammenhang. Ein Hörer also, der den formalen Ablauf zu erfassen sucht, hätte zwischen mehreren Auffassungen zu wählen. Entscheidet er sich dafür, den Satz als erweiterte Wiederholungsform anzusehen (A A' mit Zusatz), so wirkt die Schlußphase doch zu selbständig, um als bloße Ausweitung zu gelten. Denn sie ist mit rund 30 Takten fast so lang wie die wiederholte Gruppe selbst (T. 1–35 analog T. 45–84). Will man aber die letzte Satzgruppe als Anhang verstehen (A A' und Coda), so nimmt sie sich fast als zu gewichtig aus. Während eine Durchführung fehlt, hätte die Coda etwa gleiches Gewicht wie die früheren Teile. Nähme man schließlich aber eine dreiteilige Anlage an (A A' A''), so unterschiede sich der dritte Teil vom vorangehenden weit mehr als die beiden ersten Teile voneinander. Und faßt man den Schlußteil als selbständig auf, so fehlt gerade ihm die eröffnende Kantilene als Kennzeichen des Satzcharakters. Wie auch immer: die formale Orientierung wird zwar durch die Zäsuren der Formteile erleichtert, sie wird aber auch erschwert, sobald man das Verhältnis der Satzglieder bestimmen will, das keinem konventionellen Formschema verpflichtet ist.

So vieldeutig die Formanlage anmutet, so sehr verweist sie auf die Problematik des Satzes. Zum einen ist die funktionale Gliederung offenbar nicht so klar, wie es der erste Eindruck nahelegt. Denn das Schema der Zweiteilung wird dem Verlauf so wenig gerecht wie die Alternative einer Dreiteilung. Zum anderen ist nach der Bedeutung dieser Ambivalenz zu fragen, falls man sich nicht damit begnügt, eine Mehrdeutigkeit der Form zu konstatieren. Die Antwort auf diese Frage setzt aber schon eine Verständigung über die Funktion der Teile voraus. Und sie ist nur zu erreichen, wenn man die interne Struktur der Phrasen verfolgt. Die Form des Satzes ist nicht als ein Gehäuse zu verstehen, das unabhängig von seiner Ausfüllung bestünde. Offenbar ergibt sich der eigene Verlauf des Satzes erst aus dem Verhältnis seiner Gruppen. Wenig besagt dafür der Rekurs auf einen konventionellen Typus, dem sich der Satz eher entzieht. Dennoch wird damit die Frage nach der Formstruktur nicht hinfällig. Gewiß deckt sich die Substanz des Satzes mit keinem Schema, doch ist die Form nicht peripher, falls der Satz nicht formlos ist. Folgt die Anlage kaum geläufigen Modellen, so weist sie auf die strukturellen Momente hin, die den Verlauf der

Form tragen. Die weitere Analyse läßt sich durch eine vorläufige Übersicht erleichtern, die sich auf neutrale Bezeichnungen beschränkt, um einer näheren Bestimmung der Teile und ihrer Funktionen nicht vorzugreifen.

A   T. 1–45

1 – 8 – 12	13 – 25	26 – 35	35 – 45
a	b	c	b
T_____T	T_____D^D	T_____Dp	Dp_____D

A′   T. 45–84

45 – 52 – 57	58 – 74	75 – 84	drei
a′	b′	c′	Viertel-
T_____S	S_____D	T_____Tp	pausen

A″   T. 85–114

85 – 101	102 – 114
aus c	aus b
T_____T	D_____T

Zu prüfen wäre zunächst, welche thematischen oder motivischen Gebilde den Satzverlauf bestimmen. Über ihr Gewicht läßt sich – wie es scheint – am ehesten nach ihrem Umfang oder ihrer Wiederholung entscheiden. Im wiederholten Komplex A handelt es sich zunächst um drei Phasen, die sich deutlich unterscheiden lassen (a, b, c). Auch die harmonische Disposition ist klar genug; während der erste Komplex (A) zur Dominante führt, bleibt seine Wiederholung (A′) mit subdominantischer Ausweitung in der Tonika, in der auch der Schlußteil (A″) verharrt. In der Wiederholung (A′) erfolgt nach der Gruppe c′ jener Einschnitt (T. 84/85), der die Grenze zum dritten Teil (A″) markiert, dessen Funktion zugleich offen erscheint. Zwar tritt im Schlußteil (A″) der Rückgriff auf frühere Gruppen (aus A und A′) hervor, doch betrifft er nicht die eröffnende Phase a, sondern die nachfolgenden Gruppen b und c. Ebenso ließe sich aber A″ als Vertretung der Gruppe b auffassen, die zwar nochmals in A erscheint (T. 35–45), dann aber in A′ ausfällt (nach T. 84). Schon ein flüchtiger Blick zeigt aber, wie sich die Gruppen b und c von der Gruppe a unterscheiden. Definiert a gleichsam als Hauptthema den Charakter des Andante, so verschiebt sich im weiteren die interne Bewegung des Satzes. Dem entspräche es nur, daß dieser Satzcharakter am Schluß nicht wiederhergestellt wird. Festzuhalten ist jedenfalls, daß sich alle Teile zunehmend von der kantablen Thematik entfernen, die den Ausgangspunkt bildete. Wie aber vollzieht sich der Wechsel der Gruppen und ihrer Charaktere, ohne den Fluß des ganzen Verlaufs zu durchbrechen?

II.

Den Beginn des Andante aus KV 387 bestimmt eine in sich ruhende Klanggruppe, die auf der Tonika C–Dur basiert und nur rhythmisch differenziert wird. Über

repetierten Achteln im Violoncello und synkopischer Ausfüllung durch die Mittelstimmen schreitet die erste Violine in auftaktigen Gesten der Akkordraum aus.

Beispiel 1: KV 387, T. 1–7

Erst die Kadenzierung (T. 4) bringt eine von der Oberquint absteigende Ausweitung, und die absteigende Kadenzformel durchzieht mit Tonrepetitionen alle Stimmen von oben bis unten (T. 5–6). Es ist gerade diese Formel am Ende der ersten
Taktgruppe, die mit ihren auftaktigen Tonrepetitionen die anschließende Periode in
ihrer harmonischen Öffnung prägt (T. 7–14). Sie bestimmt mit weiteren Varianten
aber auch die folgenden Gruppen (T. 15 ff., 26 ff.), die sich harmonisch wie
rhythmisch entwickeln, bis erst in T. 31 ein neues Thema eintritt, das seinerseits
aber ebenso durch auftaktige Gesten geprägt wird. Was zunächst als fortschreitende
Ornamentierung wirkt, bedeutet zugleich eine gesteigerte Differenzierung, die noch
in der durchbrochenen Faktur der Schlußgruppe (T. 43 ff.) von Derivaten der auftaktigen Gebilde durchsetzt ist. Die Einheit des Verlaufs wird also – über die
vielfältige Gliederung hinweg – durch das unauffällige Scharnier jener Auftakte
bewirkt, die schon zu Beginn, klarer aber noch am Ende der eröffnenden Periode
begegnen. Und es bezeichnet Mozarts freie Verfahren in diesen Quartetten, daß auf
ostentative Verarbeitung verzichtet werden kann, um dafür den verdeckten Schar-
nieren zwischen den Gruppen desto größere Bedeutung zu verleihen.
      Prägnanter als im Andante des G–Dur-Quartetts ist die melodische Linie der
Oberstimme im Pendant aus KV 465 formuliert.

Beispiel 2: KV 465, Gruppe a, T. 1–12

Der Satz in F–Dur beginnt volltaktig, dem betonten Quintfall in T. 1 folgt der kadenzierende Vorhalt in T. 2, und dieser melodische Impuls wird vom synkopierten Aufstieg der drei Oberstimmen im subdominantischen Klang mit erneuter Kadenzierung beantwortet (T. 3–4). Dagegen führt im Nachsatz (T. 5–8) ein durchgehender Melodiezug von der Quinte der Dominante aufwärts und wieder abwärts zur Kadenzierung auf der Tonika. Die ausgewogene Gliederung der Melodik, in der zwei Zweitaktern als Vordersatz ein viertaktiger Nachsatz entspricht, wird durch die Kadenzen in T. 2 und 4 verdeutlicht. Zugleich werden diese Zäsuren abgeschwächt, da der Zielton der Kadenzen auf der unbetonten zweiten Viertel erscheint, während auf dem ersten Viertel die Oberstimmen über der Tonika im Fundament dominantische Vorhalte andeuten. Erst die Kadenz T. 8 bringt die Tonika auf betonter Zählzeit, doch wird die Melodik der Oberstimmen wieder zur zweiten Viertel fortgeführt. Anders als in KV 387 entspricht aber nicht nur in der Melodiestimme, sondern erst recht im Akkompagnement kaum noch ein Takt genau einem anderen. Die Mittelstimmen folgen zwar in den Zweitaktern des Vordersatzes

der Oberstimme, überspielen ihre Zäsur aber durch auftaktige Achtel, während das
Cello in gebundenen Vierteln oder betonten Achteln die Zählzeiten und zugleich
die harmonischen Funktionen markiert (T. 1–4). Im Nachsatz dagegen verbürgt
das Cello in repetierten Achteln ein Gleichmaß, das die Basis für die Melodiestimme
wie die Mittelstimmen abgibt (T. 5–8).

So klar die erste Periode also gegliedert ist, so genau ist ihre melodische,
rhythmische und harmonische Faktur balanciert. Dennoch sind alle Elemente derart
ineinander verschränkt, daß sie den Charakter des strömenden Andante cantabile
keineswegs aufheben, sondern ihn gerade in aller Nuancierung um so entschiedener
behaupten. Auffällig sind darum aber zwei Momente, die im melodischen Fluß
zunächst freilich kaum hervortreten. Zum einen werden die Nahtstellen der Kadenzen – so deutlich sie durch Pausen der Oberstimme werden – jeweils analog durch
drei auftaktige Achtel überbrückt (T. 2 in Viola und Violine II, T. 4 und 8 im
Violoncello). Zum anderen paart sich mit der Einführung dieser Auftaktformel eine
erste chromatische Färbung (Violine II T. 2: e′ es′). Sie erscheint wieder – nun
nachdrücklicher in Vierteln – in T. 5 und erhält nun harmonische Bedeutung. Gerade in den regelmäßigen Achteln des Celloparts (T. 5) erscheinen die Terzen der
Doppeldominante sowie der Zwischendominante zur II. Stufe. Wo also die Oberstimme ihren geschlossenen Melodiebogen ansetzt, der vom Gleichmaß des Funda-
ments getragen wird, erweitert sich der harmonische Ambitus, um zugleich durch
Dissonanzen gefärbt zu werden (h–f und es–fis T. 5, es–fis zu g T. 6). All das gibt
der Periode ihre subtile Spannung, ohne doch ihre kantable Geschlossenheit zu
verringern.

Der harmonische Zusammenhang der ersten Takte ist derart ausgeprägt, daß er
sich auch auf die folgenden Takte auswirkt, die erneut auf der Tonika kadenzieren
(T. 9–12). Sie erscheinen als erweiternder Anhang, obwohl sie kaum die Melodik
des Achttakters aufnehmen. Während die Oberstimme eher figurativ anmutet, bewirken die Kadenzen eine zweitaktige Gliederung. Im erneuten Kadenzieren könnte
das Risiko wachsen, weniger den Fortgang des Satzes als seine Auftrennung in
Gruppen zu erreichen. Doch stellt sich der Zusammenhang nicht durch eine motivische Entwicklung her, sondern gerade durch die Zäsuren und ihre Überbrückung.
Die auftaktigen Formeln überbrücken nicht nur die kadenzierenden Nahtstellen,
sondern sie begründen in variabler Formulierung auch eine Affinität zwischen den
Taktgruppen. Der dritte Auftakt im Violoncello (T. 8) wird von den drei Oberstimmen aufgegriffen (T. 9), und wird dann gleich auf der Dominante kadenziert
(T. 10), so übernehmen nun die Unterstimmen den auftaktigen Fortgang. Er führt
über die Ausspinnung (T. 11) zur Kadenz hin (T. 12), die wieder erst auf der zweiten Viertel ihr Ziel erreicht. Die Struktur ist in der Melodik wie in der Begleitung
volltaktig, doch werden die Glieder durch die Auftakte verkettet. Dieses Scharnier
verbindet die Gruppen, so klar sie ihre Melodiezüge durch Kadenzen abgrenzen.

Was nach T. 12 ansetzt, ist wiederum eine geschlossene Phase (b), die mit ihrer
Erweiterung bis hin zu T. 25 reicht (Bsp. 3). Ihre Geschlossenheit ist weit größer
als die der eröffnenden Periode (a), obwohl sie sich weniger durch melodische
Prägnanz oder profilierte Motivik auszeichnet. Sieben Takte hindurch (T. 13–19)

Beispiel 3: Gruppe b, T. 13—25

erscheinen in beiden Mittelstimmen ständig Achtel, zudem meist in Tonrepetitionen. Dazu lösen sich die Außenstimmen mit einem kargen Motivfragment ab, das jeweils durch Pausen isoliert wird. Es umschreibt in der Oberstimme nur den Zentralton c′ (T.13—14), danach spielt die zweite Violine (T.15—19) konstant denselben Ton (außer T.15/3), der also die ganze Taktgruppe wie eine Liegestimme durchzieht. Noch die folgenden Takte (T. 20—22) entsprechen diesem Satzbild, wobei nun die erste Violine den Ton g′ oder g″ markiert, während ihn das Cello mit dem Motivfragment umspielt, das nun aber auch beide Mittelstimmen übernehmen. Das Material scheint sich auf ein Minimum zu reduzieren — und gerade daraus bezieht diese Phase ihre Spannung. Pendeln die ersten sieben Takte um den Ton c, so wird er dabei von der Tonkaquint zum Grundton der Dominante, um dann analog von g in doppeldominantischer und dominantischer Funktion abgelöst zu werden. In motivischer Reduktion und einheitlicher Rhythmik vollzieht sich steigernd die harmonische Öffnung. Zu diesem Vorgang trägt zunächst die freie Sequenzierung des kurzen Motivs zwischen den komplementären Außenstimmen bei (T. 15—19). Wird dann die Dominante befestigt, so tauschen die Stimmpaare ihre Funktionen (T. 20–22). Zur motivischen Sequenz der Mittelstimmen tritt nun die klangliche Fixierung der Außenstimmen. Doch schließen sich noch drei Takte an, die als ornamentale Dehnung der Kadenz wirken (T. 23–25). Der zweifache Abstieg der Oberstimme mündet in wiederholten Sechzehntelfiguren, abgefangen wird er jedoch von repetierten Achteln der Unterstimmen, die damit – wieder in der ersten Takthälfte – die dominantische Öffnung markieren.

Die zweite Satzgruppe (b) unterscheidet sich von der ersten (a) nicht zuletzt durch ihre interne Geschlossenheit. Ihr Material beschränkt sich zwar auf einen Motivsplitter, der aber durch stete Präsenz seine Bedeutung erhält. Gleichwohl wäre es heikel, ihn aus dem Vorrat der ersten Periode abzuleiten. So weit der Ambitus von a ist, so eng ist der des Motivs b. Gewiß läßt sich die Paarung zweier Sekunden im Terzrahmen schon in den ersten Takten nachweisen (T. 1/2 oder T. 4), doch muß man sich dann auf Formeln beziehen, die in wechselndem Kontext erscheinen. Freilich mag eine latente Affinität zwischen den Motivsplittern in b und den Kadenzvorhalten in a bestehen. Ein anderes Verfahren verbindet jedoch die scheinbar unterschiedlichen Satzgruppen. Es wird nicht deutlich, wenn man sich allein an der Oberstimme orientiert, die Motiv b einführt und auch weiterhin zu dominieren vorgibt. Zwischen die Motivgruppen sind zusätzliche Töne eingefügt, die in der ersten Violine als unbetonte Achtel nach Achtelpause die labile Charakteristik der Stimmführung betont. Eindeutiger gerät das Pendant im Cellopart, wo Motiv b stets auftaktig auf eine betonte Viertel hinführt. Indes geht ihm jene Auftaktfigur voran (T. 12), die als Scharnier die Satzglieder verkettete. Achtet man auf ihre Funktion, so erweist sich, daß Motiv b als Variante der Auftaktformel aus a eingeführt wird. In Wahrheit bildet die ganze Phase b eine Kette solcher Auftakte, die nur durch die komplementäre Variante der Oberstimme verschleiert wird. Wie bewußt diese Ambivalenz genutzt wird, zeigt die intrikate Überlagerung dreier Stimmen (T. 20 ff.) ebenso wie der kadenzierende Auslauf (T. 23 f.), wo beide Violinfiguren auftaktig in die Kadenzen lenken. Wieder sind es die verdeckten Scharniere, die über den Wechsel der Satzgruppen hin ihren Zusammenhalt wahren.

Neu und anders jedoch setzt T.26 die dritte Gruppe (c) an (Bsp. 4). Während des Violoncello nun in konstanten Sechzehnteln die harmonischen Stütztöne umspielt, führt die erste Violine ein noch unscheinbareres Motiv ein. Einer Viertel samt vier Achteln auf gleicher Tonhöhe folgt ein Halbtonschritt abwärts in zwei Vierteln. Im Violoncello werden zudem Töne umspielt, die auch in den Oberstimmen erscheinen: weiter kann die Reduktion kaum gehen. Allerdings wird das Motiv – falls man es so benennen darf – gleichsam imitatorisch bestätigt. Die Termini Motiv und Imitation wiegen aber fast zu schwer für den durchsichtigen Satz. Das knappe Gebilde erscheint nur viermal und wird – wechselnd von c und f aus – auf Tonika und Dominante bezogen, wozu im Fundament konstant der Ton G anklingt. Erst in T. 30 vollzieht sich abrupt die subdominantische Rückwendung. Wo aber die harmonische Richtung wechselt, bleibt der motivische Bezug um so enger. Die drei Oberstimmen übernehmen gemeinsam Motiv c, während das Violoncello seine Figuration fortsetzt. Es tritt erst aus, wenn nach zwei markanten

Beispiel 4: Gruppe c, T. 26–35

Akkordschlägen (T. 31) Motiv c allein in den Oberstimmen übrig bleibt (T. 32–33). Im erstmals homorhythmischen Satz wird aber zugleich die subdominantische Position durch die Mollvariante gefärbt (T. 33). Wo endlich die vollstimmige Kadenz eindeutig C–Dur über Zwischendominanten anstrebt (T. 34–35), tritt unerwartet der Trugschluß ein (T. 35). Um so zwingender zieht er freilich die Auflösung in der figurativ umspielten Schlußkadenz nach sich (T. 38–39). Es ist der hier integrierte Trugschluß, an dem dann in der „Reprise" (T. 84/85) die plötzliche Unterbrechung ansetzt.

So wie das Motiv aus b ist auch das aus c nicht einfach abzuleiten. Zwar tragen beide Gestalten den Satzverlauf weit mehr als die eröffnende Periode, deren thematischer Rang daher um so fraglicher ist. Dennoch würde der Versuch einer Ableitung ihrer Substanz zu viel zumuten. Erwiesen sich aber zuvor die auftaktigen Formeln als Scharniere zwischen den Gruppen, so wahren sie diese Funktion der Verklammerung noch hier. Denn Motiv c ist insgesamt auch als Verlängerung solcher Auftakte aufzufassen, die hier zum betonten Halbtonschritt im jeweils folgenden Takt führen. Die rhythmische Differenzierung steigert sich, indem die bislang nur ornamentalen Sechzehntel konstant im Violoncello erscheinen. Zugleich wird der Auftakt selbst verlängert und imitatorisch so potenziert, daß er die ganze Gruppe motivisch prägt. Was sich in der Variante der Auftakte in b andeutete, wird in c auf eine neue Stufe gebracht. Und so kann die Rückleitung zur „Reprise" erneut auf b zurückgreifen (T. 39–44), um über Liegetönen der Mittelstimmen zur Tonika zu lenken. Allerdings übernimmt das Cello nun die frühere Version der ersten Violine, die ihrerseits das Motiv durch Sequenzierung seines Schlusses erweitert.

Im Vergleich wird rückblickend nun klar, daß sich die Motive b und c als Kette variierter Auftaktformeln mit Kadenz dem Initium der Gruppe a annähern. Das ist

aber keine Folge melodischer Ableitung oder motivischer Arbeit. Bezeichnend für
Mozarts Kunst ist vielmehr der Schein des Spontanen im Wechsel der Satzgruppen,
wohinter sich der subtile Umgang mit Formeln verbirgt.

III.

Die kantable Melodik, von der das Andante ausgeht, bleibt im weiteren Verlauf
kaum bewahrt. Zwar schwingt sie im Taktmaß nach, dessen konkrete rhythmische
Ausfüllung jedoch wechselt. Und so kehrt die melodische Linie keinmal so unver-
stellt wieder, wie sie den Satz eröffnete. Denn die Varianten (T. 45–52) sind weit
mehr als eine austauschbare Verzierung.

Beispiel 5: Gruppe a'; T.45–48, T. 53–57

Sie verändern den Kern des Bewegungsmaßes, das in schreitenden Vierteln definiert
war. Konstant bleiben nur das Fundament im Cello, der harmonische Rahmen und
– bemerkenswert genug – die Auftakte an den Nahtstellen. Die ornamentalen
Varianten der Melodiestimme werden aber betont, indem sich an ihnen austerzend
die zweite Violine beteiligt (T. 45 und 48). Ferner wird die Synkopierung in dem
zweiten Zweitakter auf doppelte Notenwerte beschleunigt (T. 47), während die Mittelstimmen an der ursprünglichen Fassung festhalten. Schließlich dringt die akziden-
telle Chromatik der Mittelstimmen nun in die Melodiestimme selbst ein (T. 48, 50,
51), deren Dominanz gegenüber den anderen Stimmen damit zurücktritt.
      Zwar läßt sich für den folgenden Formkomplex (A') von einer Reprise der
Gruppen a, b und c sprechen, sofern man dabei nicht den Plan eines Sonatensatzes
voraussetzt. Ihm gegenüber fehlt nämlich eine Durchführung, die erst den inneren

Grund für die Reprise eines thematisch exponierenden Teils abgäbe. Freilich könnte der Verdacht aufkommen, ein Satz mit leicht veränderter Reprise eines ersten Teils gerate in die Gefahr der Schematik. Denn wie wäre eine Reprise zu rechtfertigen, der keine Durchführung voranginge? Historisch fragwürdig ist aber nicht nur die Vorstellung, die Wiederholung eines Formteils bedürfe erst der Legitimierung durch eine vorangehende Durchführung. Hinter diesem Mißtrauen wirkt die Norm Beethovenscher Sonatensätze ebenso nach wie die klassizistische Einengung seit der Formtheorie von A. B. Marx. Was daran gemessen illegitim oder schematisch wäre, ist für Mozart noch ein freier Raum eigenen Ermessens. Eine Reprise ohne Durchführung, die sich nicht dem Zwang der Legitimierung aussetzt, ist nicht nur möglich, weil die vorausgesetzte Norm fehlt. Vielmehr ist auch der wiederholte Komplex A keineswegs auf die Exponierung von Themen zum Zweck ihrer Verarbeitung angelegt. Maßgeblich ist eher die charakteristische Kontrastierung und latente Verkettung der Gruppen. Und die „Reprise" rechtfertigt sich, weil bereits in den ersten Komplex jene variativen Verfahren eingingen, die nun in der Wiederholung noch weiter entfaltet werden.

Zu ändern hat sich zunächst der harmonische Gang, sofern die Gruppe c′ nun in der Tonika erscheint (T. 75 ff.), während die Gruppe b′ mit ihrer dominantischen Richtung von der Subdominante zur Dominante führt (T. 58 ff.). Um die Subdominante zu erreichen, wird der Anhang an Gruppe a′ von vier auf fünf Takte erweitert (T. 53–57), der eingefügte Takt (T. 57) führt die abwärts gerichteten Skalengänge fort, die sich (ab T. 55) als ornamentale Variante (gegenüber T. 11) ergaben. Zu ihrer Fortsetzung in der Oberstimme werden aber schon die begleitenden Achtel aus Gruppe b′ vorweggenommen (T. 57). Beide Satzgruppen werden also in dem Einschub zugleich enger verzahnt.

In Gruppe b′ behalten die Mittelstimmen ihre begleitende Funktion, ohne aber so gleichmäßig eine latente Liegestimme zu bilden. Entsprechend weiter reicht die harmonische Differenzierung unter Führung der Außenstimmen, die so wie in der Rückleitung (T. 39 ff.) die Rollen tauschen. Die auftaktige Fassung liegt jetzt – verlängert um je zwei Achtel – in der Violine I, wogegen das Violoncello die komplementäre Version übernimmt, in der die nachschlagenden Achtel erst später begegnen (T. 64 ff.). Analog zum ersten Komplex folgt die Überleitung zur Gruppe c′, deren erste zehn Takte – versetzt auf die Tonika – fast notengetreu wiederkehren. In diese Phase aber, die die genaueste Wiederholung bietet, tritt mit dem Trugschluß (T. 84) dann der unerwartete Einschnitt mit drei Viertelpausen ein.

Die Varianten, die vorab die Gruppen a′ und b′ betreffen, sind zwar deutlich genug, doch beeinträchtigen sie nicht das Recht, von einer variierten Reprise zu reden. Sie beschränken sich weder auf Ornamentierung noch auf Transposition, sondern sie treiben die rhythmische Differenzierung ebenso voran wie die chromatische Färbung des Satzes. Beides deutet an, daß die Reprise aus dem vorangegangenen Satzprozeß Konsequenzen zieht. Dem mag es widersprechen, daß allein das letzte Glied (c′) fast unverändert wiederkehrt. Mit seinem unscheinbaren Material jedoch setzt zugleich der letzte Formkomplex an (A″).

Die Takte 85–101 folgen – als erste Gruppe der „Coda" – im ganzen deutlich

dem Muster der Gruppe c (T. 26 ff.), die in der Reprise unverändert blieb
(T. 75 ff.), um erst jetzt umgeformt zu werden. Wie im kleinen die verdeckten
Scharniere wachsend Bedeutung gewannen, so erhält nun die bisher unauffällige
Schlußgruppe neues Gewicht.

Beispiel 6: Coda (aus c), T. 88—94

Die ersten vier Takte wirken zunächst nur als Wiederholung der entsprechenden
Takte (T. 85—88 analog T. 75—78) mit Stimmtausch. Desto mehr tritt ihre Eintrübung durch die Mollvariante hervor (T. 86 Violine II, T. 89 Viola). Sodann gibt das
Violoncello — bei gleicher Sechzehntelbewegung — die taktweise Umspielung der
Fundamenttöne auf (ab T. 89). Einerseits wechseln die Bezugstöne mit jedem Vier-
tel, andererseits folgen sie den sequenzierenden Oberstimmen. Demgemäß wird die
transparente Imitatorik von vollstimmigem Satz abgelöst, in dem die scharfen Dissonanzen zwischen beiden Violinen hervortreten (T. 90 und 91). Durch chromatische
Durchgänge wird nicht nur die zum Halbschluß fallende Kadenz gefärbt
(T. 92—94), sondern ebenso die veränderte Aufnahme der zuvor zum Trugschluß
unterbrochenen Gruppe (T. 95—101). Damit wird der Rahmen hergestellt, der diese
Ausweitung an die vorher abgebrochene Gruppe c′ anbindet. Zugleich wird das
bisher am wenigsten verarbeitete Glied nun wie kein anderes transformiert. Und
damit wird die Bedeutung der eröffnenden Gruppe, die zuerst als Thema erschien,
weiter reduziert. Der Charakter des Satzes erweitert sich, um sich vom Schein des
kantablen Andante zu distanzieren.

Die letzte Folgerung aus dem variativen Verlauf zieht dann die zweite Gruppe
der „Coda" als letzte Phase des ganzen Satzes (T. 101—114). Zwar schließt sie
insofern an die vorangehende Erweiterung der Gruppe c′ an, als ebenso wie dort
auch hier das Motiv b erscheint (analog zur Rückleitung T. 39 ff.). Nicht nur die

größere Ausdehnung gibt der Gruppe ein anderes Gewicht. Sie zeigt vielmehr eine Struktur, die in keiner früheren Phase begegnete.

Beispiel 7: Coda (aus b), T. 102–110

Während Motiv b nur in einer Stimme erscheint (Violine II T. 101–108), bildet allein die Viola ein durchlaufendes Begleitmuster in repetierten Sechzehnteln aus (T. 101–113). Daran schließt sich auch die zweite Violine an (T. 109–113), nachdem sie Motiv b dem Violoncello überließ, das sich zuvor auf die Markierung der Zählzeiten in Achtelnoten beschränkte. So klar sich die Funktionen der Stimmen verteilen, so sehr beschränkt sich die motivische Verbindung auf das Motiv b, das aber nur noch in einer Stimme übrig bleibt. Weder von kunstvoller Polyphonie noch von motivischer Konzentration läßt sich für diese lange Phase reden, die nichts als eine ausgedehnte Schlußkadenz zu sein scheint. Überdies tritt die Oberstimme mit einer Kantilene hervor (T. 102–109), die sich in ihrer gleichmäßigen Kantabilität vom ganzen Satzverband abhebt.

Erinnert man sich an den bisherigen Verlauf, so zeigt sich dennoch, daß die
Schlußphase in ihrer auffälligen Struktur keinen bloßen Annex bildet. Am wenigsten müßte es besagen, daß zwischen dem Melodiebogen der ersten Violine und dem
Anfang des Satzes melodische Analogien bestehen könnten (die Töne c″ [d″] f′ g′ b′
a′ in T. 103–105 wären auf das Initium c″ f′ g′ b′ a′ in T. 1–2 zu beziehen).
Wichtiger als diese vagen Anklänge sind andere Kennzeichen. Zunächst bildet die
Oberstimme in zwei analogen Viertaktern einen so geschlossenen Melodiezug, wie
ihn der Satz zuvor nicht kannte. Damit wird ein Kriterium der Eröffnung pointiert,
ohne an sie notengetreu anzuknüpfen. Einerseits wird die kantable Melodik in ihrem
Ebenmaß – mit längeren Notenwerten auf betonter Zählzeit – von gleichmäßigen
Achteln im Violoncello gestützt. Dazu tritt andererseits aber Motiv b mit seinen
durchbrochenen Gesten in der zweiten Violine. Schließlich bewirken die repetierten
Sechzehntel der Viola nicht nur eine klangliche Ausfüllung, sondern sie bringen ein
Moment der Unruhe und dann auch der chromatischen Färbung ein (T. 107 ff.).
Und diese Chromatik erfaßt selbst die Oberstimme nach Auslauf ihrer Kantilene
(T. 109 ff.). Wenn zugleich die Mittelstimmen in Sechzehnteln zusammenkommen,
so tragen sie die chromatischen Nuancen bis in die Kadenzierung hinein
(T. 110–112). Und daß im vorletzten Takt die Sechzehntelfigur (aus c) nochmals
im Cellopart anklingt (T. 113), deutet die Affinität der Varianten an.

In der Schlußphase des Satzes treten also die Relikte seiner Gruppen zusammen.
Es wäre freilich zuviel, von einer thematischen Synthese zu sprechen. Denn nicht
von Themen geht der Satz aus, deren Verarbeitung ihn bestimmte. Und nicht ein-
mal der Ausgleich seiner Kontraste ist das Ziel des Verlaufs. Vielmehr handelt der
Satz von der Überlagerung struktureller Prinzipien, die sich – ausgehend vom kantablen Beginn – stufenweise weiter entfalten. Die Paarung konträrer Momente legt
am Schluß zwar keine semantische, wohl aber eine strukturelle Bedeutung klar.
Jene Kantabilität, von der der Satz ausging, ist der Beginn des variablen Prozesses.
Sie ist nicht Thema im geläufigen Sinn, doch bestimmt sie trotzdem das Material.
Und kehrt sie am Ende wieder, so wird sie nicht bestätigt. Sie unterliegt vielmehr
den Folgen jenes Vorgangs, den sie selbst eröffnete. Nichts bleibt genau, was es
zuvor war, und nichts wiederholt sich als das, was es zuerst zu sein schien.

*

So zugänglich Mozarts Musik für den Hörer sein mag, so schwer ist sie für den
Analytiker zu fassen. Kriterien der zeitgenössischen Theorie versagt sie sich ebenso
wie den Normen konventioneller Formenlehre. Das Andante aus KV 465 bildet –
wie sein Gegenstück in KV 387 – kein sonderlich kompliziertes Werk. Sein Kunstrang ist nicht an der Konsequenz motivischer Arbeit, an Komplikationen der Harmonik oder an der Intensität des Kontrapunkts darzulegen. Eher unscheinbar, wo
nicht formelhaft muten die melodischen oder motivischen Impulse zumal dann an,
wenn man sie aus ihrem Kontext herauslöst. Gerade eine Phase wie die zweite
Satzgruppe, die von einer solchen Formel durchzogen wird, veranlaßte Aberts Vermutung, die Zeitgenossen hätten den „romantischen" Mozart insgeheim gescheut.

Das mag wohl für den gespannten Ausdruck des Satzes gelten, der sich dem Hörer zwingend mitteilt. Er wird aber erst durch eine Struktur vermittelt, die von dem ständig wechselnden Verhältnis ihrer Elemente bestimmt wird. Diese Vielfalt der Satzgruppen unterscheidet sich denkbar weit vom lyrischen Charakterstück oder vom geschlossenen Liedsatz der Romantik. Die Beschränkung auf einen Vorrat von Formeln oder Splittern ist es, die in der sublimen Balance der Kontraste Mozarts klassische Kunst ausmacht. Und ihr Wunder, das eine Analyse kaum nur umschreiben kann, liegt in ihrem Vermögen, durch die konstruktive Klarheit des Satzes dennoch solche Expressivität zu gewinnen. Ist es da verwunderlich, daß der Gehalt dieser Musik die Kompetenz sprachlicher Analyse überschreitet?

„O ew'ge Nacht! wann wirst zu schwinden?"
Zum Verständnis der Sprecherszene im ersten Finale von Mozarts „Zauberflöte"

von
CHRISTOPH WOLFF

In seinem späten Essay *Das Publikum in Raum und Zeit* (1878) erörtert Richard Wagner einige der Aspekte, welche Mozarts späte Opern gewissermaßen „über ihre Zeit erhob". Er kommt dabei insbesondere auch auf die *Zauberflöte* als eines seiner schon früh erkorenen Lieblingswerke zu sprechen[1]:

> „Die Umstände, unter denen dieses Werk zutage kam, waren diesmal kleinlicher und dürftiger Art; hier galt es nicht, für ein vortreffliches italienisches Sängerpersonal das Schönste, was diesem irgendwie vorzulegen war, zu schreiben, sondern aus der Sphäre eines meisterlich ausgebildeten und üppig gepflegten Kunstgenres auf den Boden eines, bisher musikalisch durchaus niedrig behandelten Schauplatzes für Wiener Spaßmacher sich zu begeben. Daß Mozarts Schöpfung die an seine Arbeit gestellten Anforderungen so unverhältnismäßig übertraf, daß hier nicht ein I n d i v i d u u m sondern ein ganzes G e n u s von überraschendster Neuheit geboren schien, müssen wir als den Grund davon betrachten, daß dieses Werk einsam dasteht und keiner Zeit recht angeeignet werden kann. Hier ist das Ewige, für alle Zeit und Menschheit Giltige (ich verweise nur auf den Dialog des S p r e c h e r s mit T a m i n o !) auf eine so unlösbare Weise mit der eigentlichen trivialen Tendenz des vom Dichter absichtlich auf gemeines Gefallen seitens eines Wiener Vorstadtpublikums berechneten Theaterstückes verbunden, daß es einer erklärenden und vermittelnden historischen Kritik bedarf, um das Ganze in seiner zufällig gestalteten Eigenart zu verstehen und gutzuheißen. "

Auch aus dem weiteren Zusammenhang gelöst erscheint diese Passage für Wagners Verständnis der *Zauberflöte* als Grundstein der ‚deutschen Oper' überaus bezeichnend. Mit großer Treffsicherheit fixiert er einige der entscheidenden Punkte, die in besonderem Maße zum Stellenwert dieses Mozartschen Spätwerkes im Rahmen der Operngeschichte beigetragen haben. Daß Mozart mit der *Zauberflöte* in der Tat „ein ganzes Genus von überraschendster Neuheit" entworfen und damit souverän die Gattung der ‚deutschen Oper' recht eigentlich ins Leben rief, bedarf zwar einer gewissen Relativierung, entspricht jedoch letztlich den historischen Tatsachen. Der Erfolg und damit das Gewicht dieser Oper waren von Anfang an einzigartig. Daß sie es allein in ihrem Uraufführungstheater an der Wien bis zum Jahre 1800 auf über 200 Aufführungen brachte, verschaffte ihr nicht nur absolute Rekordziffern der Operngeschichte, sondern insgesamt sicherte ihr der Popularitätsrang von Werk und Komponist eine geradezu beispiellose Rezeption.

---

1 *Gesammelte Schriften und Dichtungen*, X, S. 99.

Nun hieße es, Mozarts Absichten verkennen, würde man die *Zauberflöte* als Singspiel etwa im Sinne der um neun Jahre älteren *Entführung aus dem Serail* verstehen. Denn während dieses Werk tatsächlich unumwunden von Mozart als Singspiel bezeichnet wurde, geht es ihm bei der *Zauberflöte* um ein sorgfältiges Differenzieren. In seinem eigenhändigen Werkverzeichnis trägt er die *Zauberflöte* als „eine teutsche Oper"[2] ein, und der orginale Theaterzettel der Uraufführung von 1791 reklamiert das Werk gar als „eine grosse Oper"[3]. Nun wollte es das Schicksal, daß die *Zauberflöte* in Mozarts Opernschaffen den Endpunkt bilden sollte, doch hat es den Anschein, als ob dieses Werk für Mozart vielmehr einen Neuanfang bedeutete. Dies wird umso deutlicher im Verhältnis zu der nahezu gleichzeitig entstandenen Oper *La Clemenza di Tito*, welche — „ridotta à vera opera" — gleichsam einen Schlußstrich unter Mozarts Umgang mit der traditionellen Opera seria zog. Die Konsequenzen aus diesem Neuanfang zu ziehen, blieb anderen überlassen, zumal Beethoven und Weber; — nicht auszudenken, welchen Weg Mozart selbst eingeschlagen hätte. Innerhalb seines œuvre kann die *Zauberflöte* darum eben nur als Neuansatz ohne Fortsetzung, d. h. als ein abgeschlossenes Ereignis betrachtet werden.

Nicht von ungefähr weist Wagner im Zusammenhang mit dem gattungsgeschichtlich Neuen der *Zauberflöte* eigens auf den Dialog des Sprechers mit Tamino, die sogenannte Sprecherszene gegen Anfang des ersten Finales, hin. Dieses überaus dramatisch konzipierte Rezitativ erscheint denn auch als in besonderer Weise symptomatisch für den kompositionsgeschichtlich neuen Weg, den Mozart in der *Zauberflöte* einschlägt. Zwar läßt sich nicht übersehen, daß Mozart auch in vielen anderen Bereichen dieses Werkes einen durchaus neuartigen Ton anschlägt; dies gilt sowohl für die Arien (insbesondere die Nummern Sarastros, Taminos und Paminas) wie für die Ensembles. Doch tut dies der Einzigartigkeit der musikalischen Gestaltung der Sprecherszene innerhalb der *Zauberflöte* wie der späten Opern Mozarts insgesamt keinerlei Abbruch. Wagners Hinweis auf das „für alle Zeit und Menschheit Giltige" gerade im Zusammenhang mit dieser Szene und ihrer Gestaltung durch Mozart bezieht sich überdies gewiß nicht nur auf die philosophisch-moralische Botschaft der *Zauberflöte*, sondern gerade auch auf die zukunftweisende Behandlung des Rezitativstils, dessen Analyse die vorliegende Studie gewidmet ist.

I.

Um die dramaturgische Bedeutung der Sprecherszene recht einschätzen zu können, erscheint es notwendig, ihre Schlüsselfunktion im Blick auf den Gesamtinhalt der Oper zu erkennen. Wagner, der für das Libretto Schikaneders wenig mehr

---

2 *Verzeichnüß aller meiner Werke*, Faksimile-Ausgabe, hg. von O. E. Deutsch, New York, o.J., Bl. 28^V.

3 Neue Mozart-Ausgabe, X/32 (1961), S. 257.

4 *Verzeichnüß aller meiner Werke*, Bl. 28^V.

als beißenden Hohn übrig hatte und nicht zuletzt darum nach „einer erklärenden und vermittelnden historischen Kritik" verlangt, hat den zentralen Sinn der Sprecherszene kaum recht verstehen können, da er einer musikwissenschaftlichen Legende Glauben schenkte, die seit Otto Jahn[5] fast ausnahmslos von der Mozart-Forschung bis in die jüngste Zeit[6] übernommen wurde und geradezu den Rang einer feststehenden Tatsache erhielt. Laut Wagner war auf den „eigentlichen ‚Sinn und Verstand' des Ganzen. . . kein Gewicht zu legen: hatte es doch selbst der. . . *Zauberflöte* keineswegs geschadet, daß der zuerst als bös angelegte Mann unversehens in einen guten, die ursprünglich gute Frau aber in eine böse umgewandelt wurde, wodurch die Vorgänge des ersten Aktes nachträglich in vollkommene Unverständlichkeit versetzt sind"[7]. Die „vermittelnde historische Kritik", die um Verständnishilfe für eine derartige handlungsmäßige Unlogik bemüht werden mußte, fand Wagner gleich vielen anderen in der von Jahn diskutierten Planänderung während der Entstehung des Zauberflöten-Librettos. Angeblich durch inhaltliche Parallelen des erfolgreichen und im Frühjahr 1791 in Wien aufgeführten Singspiels *Kaspar der Fagottist* soll sich Schikaneder dazu gezwungen gesehen haben, „die Pointe umzukehren" und „aus dem bösen Zauberer einen edlen Weisen zu machen"[8].

Die Genese des Schikanederschen Librettos hat seither zu vielerlei Spekulationen herausgefordert. Nicht nur wurden die Implikationen der angeblichen Planänderung weiter vertieft, auch wurden die Mitwirkung des Mineralogen Karl Ludwig Gieseke an der inhaltlichen Gestaltung der *Zauberflöte* erwogen[9] sowie Überlegungen angestellt hinsichtlich des allumfassenden Einflusses freimaurerischer Ideen und Symbolik[10]. Nun jedoch lassen sich weder die Planänderung, noch die Beteiligung Giesekes, noch ein Übermaß an freimaurerischem Gedankengut dokumentarisch belegen, und es hat eher den Anschein, als habe die auf rationale Logik des dramatischen Ablaufs zielende Opernästhetik des 19. Jahrhunderts zu einer folgenschweren Fehleinschätzung der Qualität und des Sinngehaltes von Schikaneders Libretto geführt. Vereinzelte und merkwürdigerweise wenig beachtete Analysen des *Zauberflöten*librettos aus jüngerer Zeit, vor allem von Walter Felsenstein[11], E. M. Batley[12], Peter

5 *W. A. Mozart*, Leipzig 1859, IV, S. 600 ff. – Wagner besaß ein Exemplar von Jahns Mozart-Biographie in seiner Bibliothek; vgl. M. Geck, *Richard Wagner und die ältere Musik*, in: *Die Ausbreitung des Historismus über die Musik*, hg. von W. Wiora, Regensburg 1969, S. 133.

6 So noch bei A. A. Abert, *Die Opern Mozarts*, Wolfenbüttel 1970, S. 103.

7 *Über das Opern-Dichten und Komponieren im besonderen* (1879), in: *Gesammelte Schriften und Dichtungen*, X, S. 156.

8 Jahn, a.a.O., S. 602.

9 Vgl. Abert, a.a.O., S. 103.

10 Insbesondere J. Chailley, *La flûte enchantée, opéra maçonnic*, Paris 1968.

11 *Warum flieht Pamina* (1960) und *Die Königin der Nacht und ihr Kampf um den Sonnenkreis* (1963), in: W. Felsenstein/J. Herz, *Musik-Theater*, Leipzig 1976, S. 183–196.

12 *A Preface to the Magic Flute*, London 1969.

Branscombe[13], Andrew Porter[14] und Daniel Heartz[15] bekräftigen denn auch die schon 1937 von Paul Stefan geäußerte Meinung über die Einheit des Librettos[16]. „Wir sind nicht nur im Märchen, sondern... auf der Wiener Vorstadtbühne. Ihre Geister halten sich nicht an die Gesetze der Menschen, auch nicht an die logischen einer Generation von prosaischen Nachfahren, so wenig wie sie etwa juristische anerkennen würden." Die Konfiguration der „Theaterfiguren... entspricht dem Zauber der Vorstadt: die hat kaum je einen ‚Plan' gehabt, sie hat auch hier keinen — das Märchen, die Volksbühne dichtet drauf los, immer weiter fort, ohne sich um die eigenen Voraussetzungen zu bekümmern."

Es ist keine Frage, daß Schikaneder in virtuoser Weise mit den Resourcen der Vorstadtbühne spielt und in der Tat, wie Wagner es ausdrückt, „absichtlich auf gemeines Gefallen seitens eines Wiener Vorstadtpublikums" zielt. Der eklektische Märchenstoff birgt unzählige Ungereimtheiten, die ihre Legitimation vornehmlich aus ihrer Bühnenwirksamkeit beziehen. Freilich bedeutet dies weder, daß Mozart kein Mitspracherecht an der Gestaltung des Librettos hatte, noch dessen Stoff keine verbindende und vereinheitlichende Idee. Beides wäre für Mozart schon aufgrund der aus der Zusammenarbeit mit da Ponte gewonnenen Erfahrungen eine conditio sine qua non gewesen.

Der Textdruck der Uraufführung dokumentiert denn auch eindeutig, wie verschiedene Einzelheiten der Textgestaltung nur auf die Mitwirkung des Komponisten zurückgehen können[17]. Dies beginnt bei den Regieanweisungen, die genauestens mit der Anlage von Mozarts Partitur übereinstimmen (etwa die melodramatische Passage am Ende des 1. Auftritts: „man hört von fern ein Waldflötchen, worunter das Orchester piano accompagniert. Tamino spricht unter dem Ritornel."). Auch die Gliederung des 6. Auftritts — das erste Erscheinen der Königin der Nacht — zeigt im Textdruck mit der genauen Wiedergabe der Zwischentitel „Recitativ-Arie-Allegro" die Disposition des Komponisten. Daß die instrumentale Einleitung des Rezitativs auch wiederum melodramatisch ins Libretto integriert ist, zeigt die Anweisung am Schluß des 5. Auftritts: „sogleich wird ein heftig erschütternder Accord mit Musik gehört." Dieser von der neueren Theaterpraxis nicht zur Kenntnis genommene, geschweige denn berücksichtigte Akkord wurde von Mozart in den Takten 1–10 der Nr. 4 auskomponiert und dient offensichtlich der Untermalung der Schlußworte der drei Damen: „Ihr Götter! Was ist das?..." Läßt sich also das dichte Ineinanderwirken von Libretto und Musik ziemlich genau verfolgen, wie steht es dann um die den heterogenen Märchenstoff zusammenbindende Grundidee?

Walter Felsenstein etwa sieht sie in dem Sieg der Liebe über den Haß auf dem Hintergrund des vergeblichen Kampfes der Königin der Nacht um den Sonnenkreis.

13 *„Die Zauberflöte": some textual and interpretative problems*, in: Proceedings of the Royal Musical Association, 92 (1965–66), S. 45–66.

14 *Mozart's Magic Flute.* Introduction to the English translation of the libretto, London 1980.

15 *La clemenza di Sarastro. Masonic benevolence in Mozart's last operas*, in: The Musical Times, 1983, S. 152–157.

16 *„Die Zauberflöte". Herkunft-Bedeutung-Geheimnis*, Wien 1937, S. 37.

17 Schikaneder redet 1795 von der Zauberflöte als einer „Oper, die ich mit dem seligen Mozart fleißig durchdachte". Vgl. NMA II/5: S. 19, XIII.

Daniel Heartz wiederum betont das alles überstrahlende Konzept von der „clemenza di Sarastro" und freimaurerischer Mildtätigkeit. Und es ist gewiß möglich und auch sinnvoll, einzelne Aspekte des Märchens, seien es Neben- und Hauptthemen der Handlung, auf ihre Widerspiegelungen des Gesamtsinnes hin zu befragen. Die Kernidee des Opernstoffes wird jedoch expressis verbis in der Sprecherszene enthüllt, und zwar unmittelbar nach dem Abgang des Sprechers auf dem dramatischen Höhepunkt des Geschehens. Tamino (allein) stellt die Doppelfrage:

> „O ew'ge Nacht! wann wirst du schwinden?
> Wann wird das Licht mein Auge finden?"

Die Vertreter der Macht des Dunkels und der Macht des Lichts sind in der *Zauberflöte* personifiziert in der Königin der Nacht und in Sarastro als den vorherrschenden dramatischen Polen der Oper. Die Vorstellung des Lichts, das in das Dunkel scheint und es aufhellt, gehört zu den wichtigsten Metaphern der Gedankenwelt der Aufklärung. Schon die historischen Termini des 18. Jahrhunderts wie ‚Aufklärung', ‚les lumières' und ‚enlightenment' bringen dies greifbar zum Ausdruck. Die Lichtmetaphorik spielt insbesondere in den Schriften von Christoph Martin Wieland eine besondere Rolle. Dessen Feen- und Geistermärchen *Dschinnistan* gehört ja unbestreitbar zu den wesentlichen Quellen für Schikaneders Libretto. In Wielands Schrift *Moralische Briefe in Versen* (1752) findet sich der Zweizeiler „Dem Weisen gnügt an sich ein aufgeklärter Geist / Dem sich der Dinge Werth in wahrem Lichte weist", der sich geradezu als Motto für den *Zauberflöten*-Stoff anbietet[18]. Denn das Dunkel, das anfangs über den verschiedenen Bühnencharaktern der *Zauberflöte* liegt, wird im Laufe der Handlung aufgehoben.

Im wahren Lichte gesehen verkörpert die Königin der Nacht nicht trauernde Liebe, sondern Rachsucht und Machtgier; Sarastro ist nicht der ruchlose Räuber, sondern der mildtätige Weise. Gleichfalls entpuppen sich die Nebenfiguren wie Monostatos als Halunke, Papagena als junges Mädchen, die drei Damen als durchaus nicht uneigennützige Helferinnen. Die drei Knaben erscheinen von Anfang an in ihrem wahren Licht als Repräsentanten des Übernatürlichen und Symbol der Klugheit und des moralisch Reinen. Auch Tamino, Pamina und Pagageno erscheinen in ihrer Funktion unzweideutig; doch für sie entwickelt sich die Wanderung und Suche als ein Lernprozeß höherer Art. Somit stellt sich der *Zauberflöten*-Stoff als eine Allegorie der Idee der Aufklärung dar, oder vielmehr eine Konfiguration derartiger Allegorien und Metaphern auf verschiedenen Ebenen, alle Bereiche des höheren und niederen Lebens umfassend. Und die freimaurerische Gedankenwelt ist hier durchaus eingegliedert, freilich ohne daß man ihr eine dominierende Rolle einräumen sollte.

Die Protagonisten des Dunkels und des Lichts spielen im Blick auf die allegorische Konzeption der *Zauberflöte* eine entscheidende Rolle, und es ist der mißverstandene Rollenwandel, der die Hypothese der Planänderung provozierte. Doch

---

18 Zu Wieland vgl. insbesondere Art. „Aufklärung", *Historisches Wörterbuch der Philosophie*, I (1971), S. 620 f.

noch für Georg Nikolaus von Nissen, den Gatten von Mozarts Witwe und Autor der ersten umfangreichen Mozart-Biographie, bestand kein Zweifel etwa daran, daß Mozart die Königin der Nacht wie die übrigen Personen von Anfang an ihrem eigentlichen Charakter entsprechend porträtierte. Seine Analyse dieser von Mozart musikdramatisch besonders sorgfältig kalkulierten Rolle ist auch heute noch kaum zu überbieten und relativiert damit die auf Jahn fußenden späteren Darstellungen[19]:

> „Die sternflammende Königin – ein leidenschaftliches, ränkevolles Weib – Rachsucht in ihrer finstern Seele – wie sehr verschieden von dem Charakter ihrer schuldlosen Pamina! – Wer verkennt gleich in der ersten Arie die listige Verführerin, die erst Schrecken, dann Seufzer und Thränen, und endlich die dringendste Aufforderung mit schmeichelnden Versprechungen anwendet, den unerfahrnen Jüngling für ihren Plan zu interessieren. – Das Ritornell mit seinen majestätisch aufsteigenden Noten feyerlich in die Höhe wogend, malt ihr Aufsteigen von dem unterirdischen Reiche und bereitet auf was Großes vor. Tamino wird gespannt – und nun das Sirenen-Rezitativ: ‚O! zitt're nicht, mein lieber Sohn, Du bist unschuldig, weise, fromm.' Jetzt hat sie ihn gewonnen und fällt in die klagende Melodie ein, begleitet von dem schwermüthigen Fagotte. Wie malerisch beredt ist ihre Erzählung des Raubes ihrer Tochter, wie lebhaft die Unterbrechung: „Ach helft!' um dem Zuhörer neue Spannung zu geben. Und nun wieder der Rückfall in die Erzählung u n i s o n o mit dem Fagotte: ‚War alles, was sie sprach.' – Jetzt hat sie den Prinzen auf dem Puncte, wohin sie ihn haben wollte; jetzt wird sie dringender, sie stürmt mit aller Macht auf ihn ein, verspricht ihm den Besitz der reizenden Pamina und verschwindet unter einem tobenden, prächtigen Orcan aller Instrumente, die, nachdem sie in der Begleitung einzelner Stellen, jedes besonders, ihre Beredsamkeit aufgeboten haben, jetzt mit vereinten Kräften hereinstürmen und den betäubten Jüngling zum festen Entschlusse fortzureissen suchen."

An anderer Stelle bemerkt Nissen[20]: „Die Königin der Nacht ist ein Probierstein für hohe Kopfstimmen; den melodischen Gesang und sanftes Tragen der Töne fand Mozart's Weisheit dieser racheschnaubenden Königin zu ertheilen nicht für gut." Die virtuose Bravura-Arie Mozarts porträtiert falsche Leidenschaft, die in der Sprecherszene entlarvt wird: „du, Jüngling glaubst dem Zungenspiel?" Nissens Darstellung bestätigt indirekt das später überlieferte Zeugnis Konstanzes[21], daß Mozart in der musikalischen Gestaltung der Rolle der Königin der Nacht eine bewußte Satire von ästhetisch unechtem Ausdruck geschaffen habe. Tamino fällt es während des Aufklärungsprozesses im Verlauf der Sprecherszene wie Schuppen von den Augen, wenn er in Takt 141 das Inzipit des Rezitativs Nr. 4 (Takt 11) zitiert und die Wahrheit wissen will. Sarastro verdeutlicht diesen Aspekt noch einmal zu Beginn des 1. Auftritts im zweiten Akt: „Kurz, dieser Jüngling will seinen nächtlichen Schleier von sich reißen, und in's Heiligtum des größten Lichtes blicken."

Die Textstelle „O ew'ge Nacht! wann wirst du schwinden?" im Dialog Taminos mit dem Sprecher bietet den Schlüssel zum Verständnis der inhaltlichen Konzeption des Librettos. Von nun an kreist Taminos Bemühen vornehmlich um Erleuchtung des Dunkels, Erkenntnis, Wissen und Wahrheit. Dem zur Seite tritt das Nebenziel der Suche nach der reinen Liebe, die nicht mehr mit den Rachezielen der Königin

---

19 *Biographie W. A. Mozarts*, Leipzig 1828, S. 126 f.
20 A.a.O., S. 551.
21 Zitiert bei J. Cornet, *Die Oper in Deutschland*, Hamburg 1849, S. 20 f.

der Nacht verbunden ist. Mit der Sprecherszene setzt der vielschichtige Aufklärungs-
prozeß ein, der die Exposition des *Zauberflöten*-Dramas nunmehr in einer neuen
Perspektive erscheinen läßt. Aus diesem Grund beansprucht diese Szene dramaturgisch wie musikalisch besondere Aufmerksamkeit, die denn auch den Komponisten
zum Einsatz von Mitteln besonderer Art veranlaßt.

Die Sprecherszene als solche ist kein geschlossener Auftritt, sie findet sich vielmehr integriert in den 15. Auftritt, freilich als dessen gewichtigster Teil. Der Ge-
samtaufbau des 15. Auftritts erscheint dreiteilig, und zwar als Einleitung
(Takt 1–38), eigentliche Szene (Takt 39–159) und Nachspiel (Takt 160–225).
Somit erhält das erste Finale der Oper zu Beginn einen ungleich stärkeren formalen
Akzent als später das zweite Finale mit dem 26. Auftritt. Doch hängt dies zusammen mit der ungleichen Funktion der beiden Finali, die sich auch in der harmonischen Planung niederschlägt. Während das zweite Finale zur Ausgangstonart der
Oper (Es-Dur) zurückführt, exponiert das erste Finale ein kontrastierendes C-Dur,
das sich um der dramatischen Zuspitzung willen nicht nur zur Grundtonart insge-
samt, sondern auch speziell zum vorangehenden Duett Nr. 7 („Bei Männern, welche
Liebe fühlen") querständig verhält. Die Rahmenteile des 15. Auftritts sind als in
sich geschlossene Abschnitte angelegt. Das Knaben-Terzett unterstreicht mit seinem
Bassettchen-Effekt den Charakter des Überirdisch-Unschuldigen dieser guten Geister im Sinne des barocken Unschuldigkeits-Topos[22]; lediglich für die Einwürfe
Taminos (Takt 19–22) setzt Mozart den 16-füßigen Kontrabaß ein. Da auch die
Sprecherszene 16-füßig begleitet wird, wirkt der Kontrast zum Einleitungsteil im
Sinne der Scheidung zweier Sphären (ein Prinzip, das Mozart auch zu Beginn des
zweiten Finales verwirklicht). Das Nachspiel (Takt 160 ff.) ist demgegenüber eher
eine Intensivierung der irdisch-kreatürlichen Umwelt Taminos: sein Flötensolo lockt
„wilde Tiere von allen Arten" hervor. Es führt Tamino von der abstrakten Idee der
Wahrheitssuche zurück auf die konkrete Bahn der Suche nach Pamina. Das Wetteifern instrumentaler wie vokaler (Takt 194 ff.: „Pamina! höre mich!") Kräfte
erwirkt schließlich das erste Beinahe-Treffen des späteren Paares, ein ausgesprochen
geschickt eingesetztes dramatisches Spannungsmoment beim Übergang vom 15.
zum 16. Auftritt.

Während Einleitung und Nachspiel nicht nur als geschlossene Komplexe und
C-Dur-zentriert erscheinen, beginnt und endet die Sprecherszene zwar auch in
C-Dur, verläuft jedoch in geradezu extremer modulatorischer Konsequenz[23], und
dies im Verein mit einer ungewöhnlich variablen Satzgliederung. Der Text der langen Sprecherszene ist im Unterschied zu den übrigen Dialogen der *Zauberflöte*
keine Prosa, sondern gereimte Dichtung und damit offensichtlich vom Librettisten
schon als zu vertonender Text konzipiert. Für die musikalische Behandlung wählt
Mozart den Typus des Recitativo accompagnato (oder, in Mozartscher Terminologie, des ,obligaten' Rezitativs). Er gelangt jedoch in dieser Szene zu einer durchkom-

---

22 Vgl. etwa die Arie „Aus Liebe will mein Heiland sterben" in Bachs Matthäus-Passion.
23 Hauptstufen: C – a – h – G – D – B – Es – As – Es – c – G – g – Es – b – f – b – D –
   g – Es – D g – C – d – a – H – e – C – F – E – a – E – G – C.

ponierten Großform, die ohne Vorbild ist. Die obligaten Rezitative in Mozarts Opern sind entweder rein akkordisch angelegt (vgl. scena VII in *La clemenza di Tito*) oder als Sätze mit motivisch durchgebildeter Begleitung (vgl. Nr. 11, 22 und 25 in *La clemenza di Tito*).

II.

In Anbetracht der außergewöhnlichen Länge und dramaturgischen Funktion der Sprecherszene sucht Mozart nach einer musikalischen Lösung, die ihm offenbar nicht leicht von der Hand ging, denn er sieht sich zu ausgedehntem Skizzieren gezwungen. In Mozarts Praxis beschränkt sich das Skizzieren nahezu ausschließlich auf kompositorische Problemfälle, und somit überrascht es kaum, wenn gerade zu den beiden Finali der *Zauberflöte* Skizzen nachweisbar sind. Das umfangreichste Material bezieht sich auf die Sprecherszene, für die eine 47-taktige Verlaufsskizze erhalten ist[24], und es läßt sich annehmen, daß das ursprünglich vorhandene Material noch umfangreicher war. Die Verlaufsskizze diente Mozart dazu, den Zusammenhang der ganzen Szene zu fixieren, und er kommt beim ersten Entwurf der Endfassung bereits erstaunlich nahe.

Zu den wesentlichen kompositorischen Mitteln, die Mozart für die Gestaltung der Sprecherszene einsetzt, gehört insbesondere eine sorgfältige Differenzierung von melodischer und deklamatorischer Sprachgestik, wie sie sich in dieser Form bei ihm sonst nicht findet. Mozart gelingt es damit, den langen und vorwiegend aus Zweizeilern bestehenden Text musikalisch-prosodisch in Abschnitte unterschiedlichen Gewichtes einzuteilen. Herausgehoben werden auf diese Weise Sentenzen wie „Wo Tätigkeit thronet und Müßiggang weicht, / erhält seine Herrschaft das Lager nicht leicht" oder „Die Absicht ist edel und lauter und rein."

Freilich, um den Übergang von melodisch ausgeprägten und bloß deklamatorischen Passagen bruchlos zu erreichen, erstrebt Mozart in der gesamten Sprecherszene eine quasi-prosaische und damit der Verslyrik Schikaneders durchweg zuwiderlaufende musikalische Prosodie an. Diese durchaus aperiodische Tendenz zeigt sich schon in dem ersten Zeilenpaar des Rezitativs:

Mozart hebt die rhythmische Korrespondenz der beiden Zeilen durch das Setzen einer Fermate zur Betonung des Wortes „mir" auf. Noch deutlicher zeigt sich die Absicht des Komponisten im Vergleich der Entwurfsfassung (A) des Zeilenpaares „Wo Tätigkeit thronet. . ." mit seiner endgültigen Fassung (B):

---

24 Uppsala, Universitätsbibliothek; Faksimile und Übertragung in NMA II/5: 19, S. 374 f.

Durch Raffung der Deklamation der 1. Zeile und Dehnung der 2. Zeile hebt Mozart den Parallelismus der dichterischen Vorlage auf. Die ursprüngliche Periodik von A (2 + 2 + 4; motivisch: a + b + c) wird in B ersetzt durch eine neue Gliederung 2 + 2 + 2 (motivisch: x + x′ + y). Eine ähnliche Umgestaltung mit asymmetrischer Zielsetzung zeigt sich in dem Textabschnitt Takt 59 ff.:

Hieran wird zweierlei deutlich. Einerseits erreicht Mozart mit dieser prosamäßigen Tendenz in der Versvertonung lückenlose Übergänge von emphatischen Textteilen zu einfachen Dialogpartien. Er gewinnt ein Höchstmaß an variablem Tempo, das die vorgeschriebenen „Allegro" (Takt 50), „Allegro assai" (Takt 56), "Adagio" (Takt 85), „Andante" (Takt 89) um weitere und subtilere Abstufungen ergänzt. Zum andern verdeutlicht diese Art der musikalischen Textbehandlung Mozarts Absicht, einen neuen Rezitativstil zu entwerfen[25].

25 In diesem Zusammenhang sei verwiesen auf Wagner, *Über die Aufführung des „Tannhäuser"* (1852), in: *Gesammelte Schriften und Dichtungen*, V, S. 128: „In meiner Oper besteht kein Unterschied zwischen sogenannten ,deklamirten' und ,gesungenen' Phrasen, sondern meine Deklamation ist zugleich Gesang, und mein Gesang Deklamation."

Die Eigenart dieses Rezitativstils zeigt sich auch in dem Einsetzen der instrumentalen Begleitung sowie, damit verbunden, in der Instrumentation. Mozart wechselt von akkordischen Partien zu motivisch durchgebildeten Abschnitten, und dies unter strenger Rücksichtnahme auf textlich-inhaltliche Belange. Dabei dient ihm das flexibel eingesetzte Instrumentarium von Streichern und Bläsern zur Unterstreichung inhaltlicher Aspekte. Gleichsam parallel zur Sprachbehandlung im prosodischen Sinn schafft sich Mozart damit einen Klangfarbenapparat größter Variabilität. Die nachfolgende Übersicht bietet eine Zusammenstellung der von Mozart gewählten Kombinationen:

Takt	Instrumentarium
39–50	Streicher
51–65	Streicher, 2 Fagotte
56–61	Streicher, 1 Flöte, 2 Oboen, 2 Fagotte
62–82	Streicher, 2 Flöten, 2 Oboen, 2 Fagotte
83–87	Streicher, 2 Fagotte
88–90	Violoncello, 2 Clarinetten, 2 Fagotte
91–107	Streicher
108–112	Streicher, 2 Oboen, 2 Fagotte
113–116	Streicher, 2 Flöten, 2 Oboen
117–139	Streicher
140–142	Streicher, 1 Oboe
143–151	Streicher, 3 Posaunen
152–159	Streicher

Diese Übersicht läßt unberücksichtigt, daß Mozart weitere Differenzierungsmöglichkeiten durch divisi-Behandlung der Streicher oder unisono-Führung der Fagotte ergreift.

Die Instrumentationsabsichten des Komponisten sind aufs Engste verknüpft mit der motivischen Organisation der gesamten Sprecherszene. Mozart nimmt hier keinerlei formale Rücksichten, etwa im Sinne einer einheitlichen Ausrichtung der motivischen Durchbildung, wie er es häufiger in obligaten Rezitativen (z. B. in den entsprechenden Sätzen aus *La clemenza di Tito*) realisiert. In der Sprecherszene läßt er sich ausschließlich von inhaltlichen und dramatischen Gesichtspunkten leiten. Dabei lassen sich drei Arten des motivischen Einsatzes unterscheiden: (1) singuläre, (2) korrespondierende und (3) reminiszierende Motive.

Die singulären Motive dienen der emphatischen Unterstreichung wesentlicher Textstellen (Takt 50: „Wo Tätigkeit thronet..."; Takt 59: „Die Absicht ist edel..."; Takt 93: „weil Tod und Rache...") oder auch der expressiven Untermalung dramatischer Gestik (Takt 56: „Ich wage mich mutig..."). Von größerer Bedeutung hinsichtlich der Gesamtgestaltung der Szene sind die korrespondierenden Motive. Das erste derartige Motiv begegnet in der wiederholten Drohgeste (Takt 58 und 64: „Erzittre feiger Bösewicht!"). Derartige Motivkorrespondenzen gehören traditionellerweise zum Typus des Accompagnato und dienen der Intensivierung des Affektausdruckes durch wiederholtes oder gar gehäuftes Auftreten. Doch während etwa die obligaten Rezitative in *La clemenza di Tito* ganz in diesem

Sinne konzipiert sind, löst sich Mozart in der Sprecherszene von diesem Modell und integriert, bezogen auf den beständigen Wandel des dialogischen Inhalts, eine Reihe verschiedener korrespondierender Motive.

So erreicht Mozart bei dem Versuch Taminos, nacheinander die drei Tempelpforten zu durchschreiten, einen Spannungseffekt besonderer Art, der zudem durch abrupte Modulation von B-Dur über Es- nach As-Dur noch verstärkt wird.

Nach dem entrüsteten Ausruf „So ist denn alles Heuchelei!" will Tamino gehen; der Priester fragt ihn direkt „Willst du schon wieder gehn?" und Tamino antwortet „Ja, ich will gehen. . ." Die begleitende Orchestermusik widerspricht jedoch ausdrucksmäßig der verbalen Äußerung Taminos und deutet einen sich von Takt 102–107 verstärkenden Hauch von Frage und Zweifel an.

In einer neuen, erweiterten Version erscheint dieses Motiv schließlich zwei weitere Male in Takt 139 f., und zwar als Einleitung zu dem entscheidenden Ausspruch „O ew'ge Nacht!".

Dem unmittelbar vorangehend und dann noch zweimal folgend steht der in a-moll erklingende Orakelspruch, ebenso in die Kategorie der korrespondierenden Motive gehörend, obgleich es sich hier eher um ein cantus-firmus-artiges Gebilde handelt.

Die hymnische Qualität dieser melodisch besonders ausgeprägten Passage ergibt sich aus der Kombination von psalmodischer Formel

mit einer akkordisch überaus klaren und rhythmisch stabilen Harmonisierung in der Mollparallele zur Grundtonart des 15. Auftritts.

Zur Funktion der korrespondierenden Motive gehört es, kleinere wie größere abschnittmäßige Einheiten zu schaffen. Sie unterstreichen damit eine Tendenz zur motivischen Konzentration, die sich allenthalben auch im Bereich der Vokaldeklamation abzeichnet. Denn auch hier gewinnt Mozart aus der Angleichung gewisser melodischer Formeln deutliche Korrespondenzen, so etwa mit den aufsteigenden Terzen in Takt 48 ff. bzw. 59 ff.:

Als weniger einheitsstiftende Momente, sondern vermittelnde und übergreifende Bezüge herstellend muß die Rolle der reminiszierenden Motive verstanden werden. An drei Stellen setzt Mozart in der Sprecherszene diese Mittel ein. Da ist zunächst die „Zurück"-Figur, die in der gleichen rhythmischen und dynamischen Formation das Quintett Nr. 5 eröffnet:

Auch die Situationen sind vergleichbar, denn Tamino wendet sich dort beschwörend an die Götter: „er will gehen, Papageno tritt ihm in den Weg". Die musikalische Figur impliziert eine Einhalt-gebietende Geste, wie auch an den Tempelpforten.

Inhaltlich gravierender erscheint der unvermittelt einsetzende Bläserchor (erst-
maliges Auftreten von B-Klarinetten im Finale) in Takt 88, und zwar deutlich in
Anlehnung an die Andante-Bläserpartie (ebenfalls mit B-Klarinetten) am Schluß des
Quintetts Nr. 5 bei der Ankündigung der drei Knaben durch die drei Damen. In der
Sprecherszene ist dies die einzige Stelle, an der auf das 16-Fuß-Fundament verzich-
tet wird; Tamino bezieht sich hier auf die Lehre der Knaben.

Die wohl bedeutsamste Reminiszenz (auf sie wurde bereits oben hingewiesen)
begegnet in Takt 114. Das B-Dur-Inzipit der Königin der Nacht (Nr. 4) wird dort
um einen Halbton abwärts transponiert geboten: Tamino, vordem als „lieber Sohn"
sich verstehend, erkennt die Täuschung und strebt von diesem Augenblick an aus
dem Bereich der Nacht in die Welt des Lichts (vgl. das Beispiel S. 247).

Man hat bei den späten Opern Mozarts und gerade auch bei der *Zauberflöte*
verschiedentlich das Stichwort ‚Leitmotivik' ins Spiel gebracht[26] — eine eher gewag-
te und opernästhetisch kaum zu rechtfertigende Wagnerianische Retrospektive. Der

26 Vgl. die Symposia „Tonartenplan und Motivstruktur (‚Leitmotivtechnik?') in Mozarts Musik" und „Das Problem der Leitmotivtechnik in den Opern", in: Mozart-Jahrbuch 1973–74,
   S. 82–96, S. 130–144.

Zusammenhang unserer analytischen Betrachtung der Sprecherszene zeigt freilich unmißverständlich, daß Mozart in diesem Rezitativ mit motivischen Kombinationen arbeitet, die in ihrer planmäßigen Anwendung und Häufung ein wirkliches Novum darstellen. Doch darf die vielschichtige motivische Durchgestaltung dieses Satzes nicht getrennt gesehen werden von der differenzierten prosamäßigen Behandlung der Verse des Librettos sowie dem variablen Einsatz des begleitenden Instrumentariums. Mozart erreicht damit für die ausgedehnte Szene von 120 Takten ein Maximum an dramatischer Spannung, inhaltsmäßiger Differenzierung und musikalischer Kohärenz. Weniger in den Einzelphänomenen als vielmehr in der Gesamtheit der eingesetzten Mittel scheint hier in der Tat ein Stück Zukunftsmusik anzuklingen, möglicherweise Mozarts bedeutsamstes kompositionstechnisches Vermächtnis an die Operngeschichte des 19. Jahrhunderts.

Eine wenig beachtete Formidee
Zur Interpretation einiger Beethoven-Sonaten

von

CARL DAHLHAUS

I.

Daß die Analyse von Musik nicht darin besteht, ‚Tatsachen' zu registrieren, die ‚in den Noten stehen', ist spätestens seit dem Scheitern informationsästhetischer Ansätze (— deren Verfechter sich, wenn sie die Intervallbestände von Streichquartettstimmen zählten, über die Differenz zwischen Haupt- und Nebenstimmen ebenso hinwegsetzten wie über den Unterschied zwischen toten und motivischen Intervallen —) ein Gemeinplatz, an dem im Ernst niemand zweifelt. Was eine musikalische Tatsache ist, steht nicht am Anfang der Analyse fest, sondern gehört zu deren Resultaten. Denn Musik ist nicht als Objekt gegeben, das sich — wie manche Phänomenologen glauben — von sich aus so zeigt, wie es ist, sondern konstituiert sich durch ‚kategoriale Formung' aus einer ‚Empfindungsmaterie', die nicht die Sache selbst, sondern lediglich deren akustisches Substrat ist.

Die kategoriale Formung aber ist von der Bewußtseinsstruktur des Subjekts abhängig, das Musik wahrnimmt: eines Subjekts, das man wiederum als ‚Bewußtsein überhaupt', als autonom reagierendes Individuum oder als Repräsentanten einer Gruppe auffassen kann. (Das erste liegt bei der Erkenntnis mathematischer Strukturen des Tonsystems, das zweite beim Verstehen esoterisch-artifizieller Musik und das dritte bei der Rezeption von Schlagern nahe).

Daß sich musikalische Beobachtungstatsachen von Interpretationen nicht trennen lassen und daß Interpretationen ihrerseits — latent oder explizit — Werturteile einschließen, ist kaum noch strittig und kann in die — sogar für Positivisten akzeptable — Formel gefaßt werden, daß eine Analyse ohne Selektion aus der unabsehbaren Menge möglicher Feststellungen nicht denkbar ist, daß aber eine Auswahl, wenn sie nicht willkürlich bleiben soll, durch ein Interpretationsmodell begründet werden muß. Wer der Analyse eines Sonatensatzes aus dem späten 18. Jahrhundert das Prinzip der ‚kontrastierenden Ableitung' (Arnold Schmitz) oder der ‚entwickelnden Variation' (Arnold Schönberg) zugrundelegt, akzentuiert nahezu zwangsläufig andere Momente des Notentextes als ein Theoretiker, der primär von einer ‚rhetorischen' Gliederung in harmonisch geschlossene, durch authentische Kadenzen begrenzte Perioden (Heinrich Christoph Koch) oder von dem Schema einer ‚dramatischen' Entwicklung mit Exposition, ‚Schürzung des Knotens', Peripetie und Katastrophe ausgeht (Anton Reicha).

Strittig ist, ob ein Interpretationsmodell, das die kategoriale Formung des akustischen Substrats in bestimmte Bahnen lenkt, ‚axiomatisch' festgesetzt werden darf — so daß über die Triftigkeit ausschließlich das Kriterium entscheidet, ob der analytische Ansatz zu reichen oder dürftigen, in sich stimmigen oder unstimmigen Resultaten führt —, oder ob das Modell einer ästhetisch-geschichtstheoretischen Begründung — durch die Intention des Autors, die Denkform der Zeitgenossen oder die spätere geschichtliche Entfaltung des Sach- und Wahrheitsgehalts der Werke (Theodor W. Adorno) — bedarf.

Der Rekurs auf die Absicht des Komponisten setzt sich dem Vorwurf der ‚intentional fallacy' aus: dem Einwand, daß wir über Autorenintentionen — abgesehen vom Werktext selbst, der aber nur durch eine Argumentation mit Zirkelstruktur als Ausdruck einer Absicht erschließbar ist — in der Regel wenig oder nichts wissen und daß sprachliche Zeugnisse, wenn sie überhaupt vorliegen, nicht die Prämisse einer Interpretation bilden dürfen, sondern zu deren Material gehören.

Geht man andererseits von dem aus, was von Rezeptionsästhetikern als ‚Erwartungshorizont' der Zeitgenossen bezeichnet wurde (Hans Robert Jauß), so ist man — abgesehen davon, daß ‚der' Erwartungshorizont (im Singular) eine Fiktion ist — mit dem Problem konfrontiert, daß für die Individualität des Werkes, deren Bestimmung das — niemals restlos erreichbare — Ziel einer Analyse darstellt, das generell ‚Vorgegebene' (der Zeitstil) lediglich als Hintergrund dient, den eine Analyse berücksichtigen muß, der aber nicht ihr eigentliches Thema bildet. Vor allem aber ist die zentrale methodologische Schwierigkeit einer Analyse, in einem musikalischen Werk zwischen bedeutsamen — formal konstitutiven — und zufälligen Tatsachen und Zusammenhängen begründet zu unterscheiden, durch einen Rekurs auf den Zeitstil selten lösbar. Daß eine Tonfolge zu den generellen Formeln einer Epoche gehört, schließt nämlich keineswegs aus, daß sie im besonderen Kontext des einzelnen Werkes eine Beziehung herstellt, die durch den Hinweis, es handle sich um einen Gemeinplatz, nicht als irrelevant erweisbar ist.

Mit dem Versuch schließlich, ein Interpretationsmodell durch den ‚Bewußtseinsstand' der jeweiligen Gegenwart des Analysierenden zu fundieren, verstrickt man sich in die geradezu labyrinthischen Probleme der Rezeptionsgeschichte und -ästhetik. Ob etwa der analytische Ansatz Rudolph Retis — die These, daß in Sonaten von Beethoven der ‚thematische Prozeß' aus ‚motivischen Zellen' deduziert werden kann, die aus rhythmisch unbestimmten diastematischen Strukturen von wenigen Tönen bestehen — eine ‚Rückprojektion' von musikalischen Erfahrungen mit Schönbergs oeuvre darstellt — und zwar eine ästhetisch entweder legitime oder illegitime Rückprojektion —, ob er eine latente (unbewußte) Intention des Komponisten, die den Zeitgenossen verborgen blieb, zutage treten läßt oder ob er eine Station im geschichtlichen Entfaltungsprozeß des Werkes selbst — losgelöst von der Autorenintention — kenntlich und analytisch dingfest macht, ist ohne geschichtsphilosophische Prämissen, zu deren Aneignung niemand gezwungen werden kann, schlechterdings nicht entscheidbar, so daß, wenn der Rekurs von der ‚musikalischen Tatsache' zur ‚kategorialen Formung', von der ‚kategorialen Formung' zum ‚Interpretationsmodell' und vom ‚Interpretationsmodell' zu dessen geschichtstheoretischen Implikationen nicht ins Unendliche führen soll – was einem Philosophen, aber schwerlich einem Musikhistoriker anstehen mag –, nichts anderes übrig bleibt, als die Reflexion einstweilen abzubrechen und im Bewußtsein, daß sie unabschließbar ist und dennoch ständig weitergeführt werden muß, einen Notentext zu analysieren (ohne ihn zum Exempel einer Problematik harabzusetzen, deren Erörterung vielmehr umgekehrt dazu dient, begreiflich zu machen, was es heißt, einen Notentext als Chiffre eines ,ästhetischen Gegenstands' zu erschließen).

II.

Beethovens C–Dur-Klaviersonate opus 2, 3 war selten – im Unterschied zu opus 2, 1, dem exemplum classicum fast jeder Theorie der Sonatensatzform – Gegenstand einer Analyse, zumal das Werk eher den Typus der virtuosen, nach außen gewandten als den der esoterischen, um Diffizilitäten der ,musikalischen Logik' kreisenden Sonate auszuprägen scheint. Die Reprise des Hauptthemas im ersten Satz von opus 2, 3 wirft jedoch Probleme auf, die mit der einfachen, in jeder Formenlehre bereitliegenden Erklärung, daß Veränderungen bei der Wiederkehr eines Themas als Konsequenzen aus dessen ,Geschichte' in der Durchführung zu verstehen seien, nicht lösbar sind.

Die ersten acht Takte des Themas sind in der Exposition und der Reprise nahezu identisch. Die Fortsetzungen (T. 9–20 und T. 147–54) aber differieren tiefgreifend, ohne daß der Unterschied durch die Veränderung des Modulationsgangs verständlich zu machen wäre. (Die Takte 21–26 und 155–60 stimmen – ohne Transposition – wörtlich überein.)

Die Herkunft der Teilmomente in den Takten 147–54 läßt sich unschwer bestimmen: Der Baß greift zunächst (T. 147–48, transponiert T. 149–50) die Oberstimme der Takte 145–46 auf. Der Kontrapunkt dazu (Oberstimme T. 147–48 und 149–50) stammt aus Takt 20 der Exposition, und zwar sind ein diastematisches und ein rhythmisches Moment des ,Herkunftsortes', die Chromatik der Unterstimme und die Synkopierung der Oberstimme, in Takt 147 gewissermaßen zu einer einzigen Stimme zusammengezogen. Die Oberstimme der Takte 147–48 (und 149–50) wird dann (T. 151–52, mit Abspaltungen in T. 153–54) in den Baß versetzt. Der Kontrapunkt dazu (Oberstimme T. 151–54) besteht aus einer Kette von Sextsprüngen, deren Intervall – wegen der zeitlichen Nähe noch als Assoziation erkennbar – aus Takt 148 stammt, während die Gerüsttöne, von denen die Sextsprünge ausgehen, ein chromatisches Tetrachord bilden (d-cis-c-h-b-a), das mit dem Gerüst des Seitenthemas der Exposition (T. 27–32) übereinstimmt. Außerdem erinnert die Folge von Sextsprüngen aufwärts an die Sextsprünge abwärts in der ,Spielepisode' des Seitensatzes der Exposition (T. 69–71).

Die Analyse enthält, so unverfänglich ,empirisch' sie erscheinen mag, einige Prämissen, die nichts weniger als selbstverständlich sind. Erstens widerspricht die Behauptung, daß in Takt 147 die Chromatik der einen und die Synkopierung der anderen Stimme aus Takt 20 ‚zusammengezogen' wurden, dem gewöhnlichen Begriff von motivischer Entwicklung, der zwar die Zerlegung einer ursprünglichen diastematisch-rhythmischen Einheit in Teilmomente, aber nicht umgekehrt die Entstehung einer sekundären Einheit aus zunächst getrennten Merkmalen impliziert. Zweitens begründet, wie es scheint, die Gerüstfunktion des chromatischen Quartgangs eine allzu vage Assoziation zwischen einem kantablen Seitenthema und einer im Ton eher martialischen Fortsetzung des Hauptthemas. Und drittens stimmt die Hypothese, daß in der Reprise des Hauptthemas verstreute Teilmomente der Exposition gebündelt und miteinander vermittelt werden, ohne daß die Verknüpfung durch Vorgänge in der Durchführung motiviert würde, mit dem Begriff der ‚Entwicklungsform', den sämtliche Formenlehren bei Beethoven voraussetzen, als wäre er selbstverständlich, schlecht zusammen. Der geschilderte Konnex ist, sofern er überhaupt besteht — sofern er sich also durch ein ‚Interpretationsmodell' legitimieren läßt, das ‚musikalische Tatsachen' konstituiert —, weder als ‚entwickelnde Variation' (Arnold Schönberg) noch als ‚kontrastierende Ableitung' (Arnold Schmitz), weder als Entfaltung einer ‚motivischen Zelle' (Rudolph Reti) noch als Station in einer von der Exposition über die Durchführung zur Reprise reichenden ‚Geschichte eines Themas' (August Halm) ohne Gewaltsamkeit interpretierbar.

Es handelt sich vielmehr darum, daß heterogene und verstreut exponierte Motive und Teilmomente nachträglich aufeinander bezogen und miteinander vermittelt werden, und zwar besteht die Substanz der Vermittlung — das also, was über bloße Kombinatorik hinausreicht — in der Chromatik, die das aus Takt 20 abgeleitete Motiv und das aus den Takten 27–32 stammende Gerüst als gemeinsames Merkmal miteinander teilen.

Entscheidend ist allerdings weniger das Substrat der Vermittlung — die Chromatik — als vielmehr die Formidee, die dem geschilderten Verfahren zugrundeliegt: die Idee, ursprünglich Heterogenes sekundär miteinander zu verknüpfen und sich durchdringen zu lassen, und zwar nicht in einer Durchführung, sondern in einer Reprise (ohne Begründung durch den Verlauf der Durchführung).

An der tragenden Prämisse von Beethovens musikalischem Denken, daß Form — sofern sie, wie Eduard Hanslick es ausdrückte, ‚Geist' ist — als ‚Konsequenz' und als zielgerichteter — teleologischer — Vorgang erscheinen soll, ändert die beschriebene Motivtechnik, die aus der Reprise des Hauptthemas in opus 2, 3 ein formtheoretisches Rätselbild werden läßt, wenig oder nichts. Der Begriff des ‚Prozesses' aber, den man mit der von Johann Nicolaus Forkel bis zu Arnold Schönberg und Boris Assafjew mit wachsendem Inhalt gefüllten Kategorie der ‚musikalischen Logik' unwillkürlich assoziiert, muß, wie es scheint, in seinem Geltungsbereich eingeschränkt werden. Denn die nachträgliche, sekundäre Kombination und Vermittlung von Motiven und Teilmomenten läßt sich — gleichgültig, wie eng oder weit man den Terminus faßt — schwerlich als Prozeß interpretieren, weil der Begriff die Vorstellung einer ursprünglichen Substanz enthält oder suggeriert, die sich als ‚Subjekt' des Verlaufs — als ‚Zugrundeliegendes' — in sämtlichen Veränderungen und Modifikationen durchhält. Von einer ursprünglichen Substanz, aus der sich — als Konstituens musikalischer Form — ‚Konsequenzen entwickeln', kann jedoch in den beschriebe-

nen Teilen von opus 2, 3 gerade nicht die Rede sein. Und nachdem durch eine
zweite, ergänzende Analyse eines Sonatensatzes gezeigt worden ist, daß es sich um
ein — neben dem Ursprungs- und Entwicklungsdenken — für Beethoven durchaus
charakteristisches Prinzip handelt, soll abschließend versucht werden, das Interpretationsmodell, das den Analysen zugrundeliegt, durch einen Rekurs auf die aus der
Theorie der Historiographie stammende Unterscheidung zwischen Prozeß- und Ereignisgeschichte zu illustrieren und plausibel zu machen.

III.

Beethovens G—Dur-Klaviersonate opus 14, 2 war im Zusammenhang mit der —
inzwischen philologisch ins Zwielicht geratenen — Formel von den ‚zwei Prinzipen‘,
die dem ersten Satz zugrundeliegen, Gegenstand zahlreicher Interpretationen, die
allerdings weniger dem Werk selbst als dem von Anton Schindler überlieferten Ausspruch galten, in dem man den authentischen Ausdruck einer Beethovenschen
Formidee zu erfassen glaubte. Daß der Satz ein Strukturproblem enthält, dessen
Lösung schwieriger erscheint als die Dechiffrierung der zitierten Formel, blieb demgegenüber im Verborgenen, zumal es sich um eine Stelle der Sonatenform handelt —
die Schlußgruppe der Exposition des ersten Satzes —, die auch in anderen Werken
selten die Aufmerksamkeit der Analytiker auf sich zieht.

Die ersten sieben Takte der Schlußgruppe (T. 47—53) enthalten, zunächst in der
Ober- und dann in der Unterstimme, fünf Motive (a^1 b^1 b^2 c a^2), von denen das
dritte, mit verändertem Anfangston, eine Sequenz des zweiten und das fünfte, trotz
der Verschränkung mit dem vierten, eine als solche erkennbare Wiederkehr des
ersten ist.

Das Verfahren, von dem Beethoven bei der Konstruktion der Schlußgruppe
ausging: die Technik, Motive aus verstreuten Teilmomenten der Exposition abzuleiten und überraschend zu kombinieren und miteinander zu vermitteln, erinnert an
opus 2, 3. Und wie bei der früheren, drei Jahre zurückliegenden Sonate ist der
Versuch einer Analyse, die sich nicht auf das Registrieren von ‚Fakten‘ beschränken
möchte — die streng genommen ohne hermeneutisches Bezugsystem den Status
‚musikalischer Tatsachen‘ nicht einmal erreichen —, mit dem Problem konfrontiert,
das Interpretationsmodell zu rechtfertigen, aufgrund dessen die Zusammenhänge,
die der Analysierende zu erkennen glaubt, überhaupt erst zu einem Stück ‚musikalische Wirklichkeit‘ werden.

Die bloße Beschreibung ist wiederum, wie bei opus 2, 3, nicht schwierig. Die
Chromatik des Motivs a stammt aus dem Baß der unmittelbar vorausgegangenen

Takte 40–43 (fis-g-gis-a). Dagegen erscheint die rhythmische Figur, der 3/8-Auf-
takt, als Resultat einer längeren ‚Vorgeschichte‘, die bis zum Anfang des Satzes
zurückreicht. Die Sonate beginnt mit einem Motiv, das sich wegen der Diskrepanz
zwischen dem notierten Takt und dem Akkordeinsatz in der Schwebe zwischen
einem 3/16- und einem 5/16-Auftakt hält.

In Takt 5 ist die Taktordnung – mit 3/16-Auftakt – unmißverständlich ausgeprägt. In Takt 9 aber wird der 5/16-Auftakt – augmentiert zur 5/8-Figur – wieder
aufgegriffen und erscheint durch die Tonwiederholung als verselbständigtes
rhythmisches Motiv. (Daß die Augmentation als solche gemeint ist, zeigt Takt 11, in
dem durch Diminution der Tonwiederholung zum 5/16-Auftakt die ursprüngliche
rhythmische Größenordnung wiederhergestellt, der behauptete Konnex also gewissermaßen nachträglich bestätigt wird.)

Die andere Möglichkeit, Takt 1 zu verstehen, wird jedoch keineswegs fallen gelassen: Sie manifestiert sich deutlich genug in einigen – gleichfalls durch Tonwiederholung zum rhythmischen Motiv verselbständigten – 3/8-Auftakten (T. 25, 29 und
40). Und der 3/8-Auftakt ist dann das Moment, das in der Schlußgruppe der Exposition die verschiedenen Motive miteinander vermittelt; er bildet – in genauer Analogie zur Chromatik in der Reprise des Hauptthemas aus opus 2, 3 – den ‚gemeinsamen Nenner‘ der heterogenen Bestandteile: das Substrat des Ausgleichs zwischen
Teilmomenten verstreuten Ursprungs.

Motiv b der Schlußgruppe stammt aus der Fortsetzung des Seitenthemas
(T. 33–34), ist allerdings um ein Achtel im Takt verschoben, so daß die Erkennbar-
keit gefährdet erscheint, ohne ausgelöscht zu sein. (Sie wird, wie noch gezeigt
werden soll, durch die Analogie zu den Ableitungen der übrigen Motive unterstützt.)
Motiv c schließlich kann als Augmentation der Töne 3–6 aus Takt 1, also als Seg-
ment des Hauptgedankens, aufgefaßt werden. (Der Konnex ist wegen der charakteristischen, auffälligen Intervallfolge und wegen der Identität der Tonhöhe trotz des
weiten äußeren Abstands keineswegs im schlechten Sinne ‚abstrakt‘.)

Wie bei der Analyse von opus 2, 3 kann allerdings niemand durch bloßes ‚Zeigen
auf den Notentext‘ gezwungen werden, die beschriebenen Motivzusammenhänge als
‚musikalische Tatsachen‘ gelten zu lassen. Und wiederum besteht das Problem nicht
darin, Beziehungen zu entdecken – worin manche Analytiker einen Selbstzweck zu
sehen scheinen, so daß die Gefahr des ‚Beziehungswahns‘ nicht fern liegt –, sondern zwischen ‚realen‘ und ‚fiktiven‘ Ableitungen begründet zu unterscheiden. (Die
Behauptung etwa, Motiv c in Takt 52 sei ein ‚Krebs‘ von Motiv b in Takt 49, wäre
zwar offenkundig absurd, läßt sich aber nicht ‚am Notentext‘, sondern nur dadurch widerlegen, daß sie aus einem Interpretationsmodell, das den gesamten Kon-

text der Schlußgruppe verständlich macht und sich somit als triftig erweist, herausfällt.)

Der einfachste Rechtfertigungsgrund der Analyse, die zunächst und in erster Instanz eine bloße Hypothese ist, liegt in der Häufung analoger Ereignisse: Nicht bloß ein einziges, sondern drei verschiedene Teilmomente werden aus früheren Zusammenhängen herausgerissen und in der Schlußgruppe überraschend aufeinander bezogen, und zwar werden sämtliche Motive demselben Verfahren der rhythmischen Veränderung unterworfen: Motiv a durch Diminution, b durch Verschiebung im Takt und c durch Augmentation. Und das Resultat der Modifikationen ist eine rhythmische Angleichung: Der 3/8-Auftakt, dessen ‚Vorgeschichte‘ geschildert wurde, erweist sich als integrierendes Merkmal, als gemeinsamer Zug, der die Bestandteile der Schlußgruppe trotz heterogener Herkunft zusammenhält.

Die Methode aber, selbständige und verstreute Momente einer Exposition nachträglich zu integrieren — und zwar nicht in der Durchführung, sondern in der Schlußgruppe —, ist Ausdruck eines musikalischen Denkens, dessen ‚Grundmuster‘ — wie in opus 2, 3 — im Begriff der ‚Entwicklungsform‘, den man bei Beethoven allzu generell unterstellt, nicht aufgeht.

IV.

Die Vorstellung, musikalische Form sei ein ‚Prozeß‘, ist in der Musiktheorie und in der von ihr beeinflußten musikalischen Wahrnehmung so fest eingewurzelt, daß es einer gewissen Anstrengung bedarf, sich bewußt zu machen, daß es sich nicht um einen Sachverhalt handelt, der ‚evident‘ ist — und das heißt: der sich von sich aus so zeigt, wie er ist —, sondern um die Interpretation eines Sachverhalts, und zwar um eine Interpretation, die nichts weniger als selbstverständlich ist. Zweifellos ist Musik — als Ereignis in der Zeit oder als eines, das Zeit ‚in sich enthält‘ — ein ‚Vorgang‘, aber nicht jeder Vorgang ist ein Prozeß.

Der Begriff des Prozesses ist in der Musiktheorie mit dem ‚Organismus-Modell‘, das zu den charakteristischen Denkmustern des 19. Jahrhunderts gehört, assoziiert: Gemeint ist, daß aus einer ursprünglichen, zu Anfang gegebenen Substanz — einem Thema, einer ‚motivischen Zelle‘ oder einer ‚Grundgestalt‘ — eine Form, deren Zeitverlauf als ‚Entwicklung‘ nachvollziehbar ist, gleichsam ‚herauswächst‘, determiniert durch das, was Aristoteles ‚Entelechie‘ (‚Werdeziel‘) nannte. (Durch die Übersetzung der biologischen in eine dialektische Terminologie, die nicht schwer fällt, ändert sich weniger der Sinn als die Form der Beschreibungssprache.) Die Kategorie ‚Prozeß‘ impliziert also — unausgesprochen, aber um so wirksamer und zwingender für das musikalische Bewußtsein und dessen Reaktionsformen — einerseits die Vorstellung eines ‚Bezugssubjekts‘, das als Träger der musikalischen Entwicklung erscheint, und andererseits die Idee einer ‚zielgerichteten Gesetzmäßigkeit‘ — man kann auch in Anlehnung an ein Kantsches Paradox von einer ‚Gesetzmäßigkeit ohne Gesetz‘ sprechen —, die dem Verlauf zugrundeliegt.

Der Versuch, ein davon abweichendes Interpretationsmodell verständlich und plausibel zu machen, ist als Ergänzung, nicht als Verdrängung gemeint: Was bestritten werden soll, ist nicht die Dominanz der Entwicklungsform bei Beethoven — sogar in den zitierten Sonatensätzen, und zwar in deren Durchführungen —, sondern lediglich die ausschließliche Geltung des von Adolf Bernhard Marx aus der Goetheschen Morphologie entlehnten Musters.

Daß die Beschreibung des abweichenden Modells metaphorisch ausfällt, ist ebenso unbestreitbar wie unvermeidlich (ohne daß zur Rechtfertigung auf das Argument zurückgegriffen werden müßte, daß die benennenden Wörter von heute die Metaphern von gestern und die Metaphern von heute die benennenden Wörter von morgen sind). Die sprachliche Orientierung an der Anschauungsform, die in der Historiographie ‚Ereignisgeschichte‘ heißt, besagt — ebenso wie die Anlehnung der musikalischen Formenlehre an die Organismusidee (Adolf Bernhard Marx), die Übernahme einer Nomenklatur aus der Dramentheorie (Anton Reicha) oder die Ableitung einer Beschreibungssprache von der Architekturmetapher (Alfred Lorenz) — keineswegs, daß der Analysierende die Sprache zu rekonstruieren glaubt, in der Beethoven ‚über‘ Musik dachte, sondern lediglich, daß er sich dazu vortastet, für Beethovens Denken ‚in‘ Musik eine Ausdrucksweise zu finden, die mehr erschließt, als sie verstellt. (Daß eine Beschreibungssprache das eine nicht vermeiden kann, wenn sie das andere versucht, ist ein Dilemma, dem kein Analysierender — es sei denn, er suche Zuflucht bei Hans Kellers ‚wordless analysis‘ — auszuweichen vermag.)

Geschichtstheoretisch unterscheidet sich die ‚Ereignisgeschichte‘ von der ‚Prozeßgeschichte‘ vor allem dadurch, daß sie einerseits von einer Mehrzahl relativ unabhängig voneinander agierender Subjekte ausgeht und andererseits ein geschichtliches Ereignis nicht als Resultat einer zielgerichteten Entwicklung, sondern als Ergebnis eines Mit- und Gegeneinander-Handelns auffaßt, das in der Regel von keinem der Akteure vorausgesehen wurde.

Die Behauptung, daß eine Übertragung auf musikalische Sachverhalte möglich und sinnvoll sei — die Annahme einer Analogie also, die natürlich ebenso wenig wie die anderen Interpretationsmodelle der musikalischen Formenlehre ‚gepreßt‘ werden darf —, besagt zunächst einmal, daß man nicht gezwungen ist, einen musikalischen Satz, den man als in sich geschlossenen und zusammenhängenden Vorgang verständlich machen möchte, als ‚Entwicklung‘ zu interpretieren, sondern daß es auch möglich ist, den inneren Konnex vom Ende her zu begreifen: einem Ende, in dem gewissermaßen die zurückliegenden Motive und Teilmomente aufeinandertreffen zu einer musikalischen Konfiguration, die insofern ein ‚Ereignis‘ darstellt, als in dem Licht, das sie zurückwirft, frühere Vorgänge als Bestandteile einer ‚Geschichte‘ sichtbar werden.

Versucht man schließlich, das Interpretationsmodell musikhistorisch zu fundieren und zu rechtfertigen — statt es lediglich ‚axiomatisch‘ festzusetzen und durch die Resultate, zu denen es führt, zu legitimieren —, so liegt es nahe, an die Trivialität zu erinnern, daß zu den Prämissen, von denen Beethoven in den 1790er Jahren ausging, nicht nur die Haydnsche, sondern auch die Mozartsche Sonatenform gehör-

te. Die sekundäre, nachträgliche Kombination und Vermittlung heterogener und
verstreut exponierter Motive läßt sich nämlich als Verfahren auffassen, die – von
August Halm an Mozarts Sonatensätzen als Mangel empfundene – thematisch-motivische Vielfalt und ‚Buntheit‘ zu legitimieren und einem strikteren Formdenken,
wie es für Beethoven charakteristisch war, zu unterwerfen. Setzt man voraus, daß
Beethoven nicht allein die von Haydn begründete Entwicklungsform übernahm –
und in opus 2, 1 gewissermaßen auf ihre prägnanteste Formel brachte –, sondern
auch das von Mozart bevorzugte Reihungsprinzip als Möglichkeit gelten ließ – den
Widerpart zur Reihung bildete ein untrügliches Gefühl für Balance –, daß er aber
zugleich in der Heterogeneität der Teile ein Problem sah, das zu einer Lösung
herausforderte, so erscheint die an opus 2, 3 und opus 14, 2 exemplifizierte Methode, eine Vielzahl relativ unabhängiger Motive sekundär aufeinandertreffen zu lassen
und miteinander zu vermitteln, als ‚Weiterdenken‘ – oder sogar ‚Rettung‘ – einer
Form, die für Beethoven in der Tradition, von der er ausging, bereit lag. Haydns
Prinzip, Kompositionsgeschichte als Problemgeschichte zu begreifen – und die
Reihe der Haydnschen Streichquartette läßt sich ohne Gewaltsamkeit als Entwick-
lung interpretieren, in der aus den Schwierigkeiten, die das eine Werk hinterließ, der
Ansatz des nächsten hervorging –, wurde von Beethoven gewissermaßen auf die
Mozart-Überlieferung übertragen.

Lied als individuelle Struktur
Ausgewählte Kommentare zu Schumanns „Zwielicht"[1]

von

REINHOLD BRINKMANN

> „So viel will ich gestehen, daß in lyrischer
> Sphäre das Romantische mich am tiefsten an-
> zieht. Eichendorffs *Zwielicht*: ,Dämmrung will
> die Flügel spreiten' – darüber, in Schumanns
> genialer Vertonung gar, geht mir ,im Grunde
> nichts'."
>   Thomas Mann

Robert Schumann komponierte den „*Liederkreis* von Joseph Freiherr von Eichendorff mit Begleitung des Pianoforte, 39. Werk" in den Monaten Mai und Juni 1840. Der Erstdruck (B) erschien 1842 bei Haslinger in Wien; eine revidierte zweite Ausgabe (C), die endgültige Fassung des Zyklus wie der einzelnen Lieder, wurde 1850 bei Whistling in Leipzig verlegt. *Zwielicht* entstand am 19. Mai 1840.

Das Autograph des Liederkreises ist im Besitz der Deutschen Staatsbibliothek Berlin (DDR)[2]; Schumanns Teil-Stichvorlage für C, ein Exemplar von B mit eigenhändigen Korrekturen, liegt in der Sibley Music Library der Eastman School of Music, Rochester (N.Y.). *Zwielicht* erreicht erst in C die endgültige Ausformung.

Eichendorffs Gedicht steht titellos im 17. Kapitel des 1815 erschienenen Romans *Ahnung und Gegenwart*; mit Titel erscheint es in der Abteilung *Wanderlieder* des ersten Drucks der gesammelten Gedichte von 1837. Schumann vertonte die Eichendorff-schen Gedichte nach einer Abschrift, die Clara Wieck für ihn aus dem Gedichtband von 1837 angefertigt hatte. In *Zwielicht* hat Schumann, vor allem in der letzten Strophe, Eichendorffs Text mehrfach verändert.

Erster Kommentar: Bild und Struktur[3]

Ein außerordentlicher Beginn. Zunächst, als erste Beobachtung: ein polyphoner Satz – so scheint es. Eine Stimme beginnt, aus zwei Elementen gebildet; eine

---

1 Der Beitrag führt Teile eines Vortrags mit Interpretationen zu *Zwielicht* und *Mondnacht* aus, den der Verfasser zuerst im Wintersemester 1978/79 an der Albert-Ludwigs-Universität Freiburg hielt.

2 Im Schumannschen ,Notenbuch', Autograph Nm. 16. Vgl. das Faksimile (leider ohne die Nr. 1, *Der frohe Wandersmann*, des Erstdrucks) in: H. Knaus, *Musiksprache und Werkstruktur in Robert Schumanns „Liederkreis"* (= Schriften zur Musik XXVII), München Salzburg 1974.

3 Als Grundlage der Interpretation dient der von M. Friedländer in der Edition Peters herausgegebene Notentext: R. Schumann, *Sämtliche Lieder für eine Singstimme mit Klavierbegleitung.* Originalausgabe (hohe Stimme), Leipzig o. J., Bd. I, S. 78–79. – Zu *Zwielicht* liegen einige ausführliche Einzelanalysen vor, auf die zur Entlastung des Anmerkungsapparates hier eingangs generell als Hintergrund der Studie verwiesen sei: H. Wißkirchen, *Zwielicht*, in:

zweite, nur mit dem abwärts gerichteten zweiten Element, tritt darunter hinzu. Beide verlaufen bei komplementärer Rhythmik als zweistimmiger Satz eineinhalb Takte lang, kanonisch im Quintabstand. Dann ab dem 3. Takt Wiederholung desselben, bei gleicher Stellung im metrischen Gefüge einen Ganzton tiefer sequenziert. Mit Takt 5 schließlich erscheint im Baß, ganz analog der ersten beginnend, eine dritte Stimme, gegen die beiden exponierten, die jetzt parallel verlaufen, komplementär gesetzt. Eine neapolitanisch eingefärbte Kadenz endlich beschließt die kleine dreiteilige Eröffnungspartie mit festen Baßschritten.

Begriffe, Zuordnungen, Interpretationen stellen sich ein für ein solches Verfahren um die Mitte des 19. Jahrhunderts: kontrapunktische Techniken – alter Stil – Bach-Renaissance – romantischer Historismus – versuchte Rückbindung an gesicherte Tradition – fester Halt in einem problematisierten künstlerischen wie historischen Kontext. So scheint es – im Wortverstand. Denn das für Nuancen geschärfte Ohr verweigert sich solcher klärend erklärenden Zuordnung. Und der zweite, der genaue Blick in die Noten entlarvt das Historisieren als Schein: ein Kunstgebilde, das im vieldeutigen Spiel mit dem Vergangenen Gegenwart deutet.

1. Die eröffnende Stimme ist als solche durchaus ambivalent. Ohne distinkten Anfang spart ihr beiläufiges Erscheinen mit dem Ton g′ den Taktschwerpunkt aus; gleichmäßige Achtel figurieren, konturlos scheinend, mehr harmonisch denn linear selbständig, einen verminderten Dreiklang mit leicht akzentuiertem, halbtönig eingeführtem Tiefton cis′ als Wendepunkt, von dem aus die Linie aufwärts zurückpendelt und sich im Tritonus g′-cis″ sprunghaft zum ersten Taktschwerpunkt auf d″ spannt, um sich erst jetzt zur rhythmisch konturierten Gestalt zu verdichten. Und doch ist diese Figuration intern abgestuft. Die ersten drei Achtel sind wie ein relativer Auftakt zum cis′ in der Taktmitte, der gesamte Anfangsbogen erscheint als Großauftakt zum Hochton d″ auf dem beschwerten Beginn von Takt 2. Das cis″→d″ ist dabei leittönig umgekehrt komplementär zum d′→cis′ in der Mitte von Takt 1. Die gesamte Achtelpassage dieses 1. Taktes aber ist eingespannt in den doppelten Tritonusrahmen um g′ als Zentrum, wobei der erste Tritonus, g′-cis′, abwärts ausgefüllt wird, der zweite, g′-cis″, aufwärts in direktem Sprung betont erklingt. Aus letzterem aber geht unmittelbar der zweistimmige Satz hervor. Der Ton g′ (als erster

MiU LVIII, 1967, S. 370 ff.; H. J. Moser, *Zu Robert Schumanns Lied „Zwielicht" op. 39 Nr. X*, in: MiU LIX, 1968, S. 5 ff.; D. Schnebel, *Vokalkomposition bei Schumann – und nachher*, in: ders., *Denkbare Musik*, Köln 1972, S. 102 ff.; Knaus, a.a.O., S. 76 ff. – Aus der Vielzahl größerer Arbeiten zu Schumanns Liedern seien einige neuere genannt: E. Sams, *The Songs of Robert Schumann*, London ²1975; J. Thym, *The Solo Settings in Eichendorff's Poems by Schumann and Wolf*, Diss. Case Western Reserve University Cleveland 1974; E. Busse, *Die Eichendorff-Rezeption im Kunstlied* (= Aurora-Buchreihe II), Würzburg 1975; D. Fischer-Dieskau, *Robert Schumann – Wort und Musik. Das Vokalwerk*, Stuttgart 1981; die noch unpublizierte Dissertation von A. Gerstmeier, *Die Lieder Schumanns* (München 1975) habe ich nicht einsehen können. – Eichendorffs Gedicht *Zwielicht* ist vor allem durch O. Seidlins Interpretationskunst erschlossen worden (*Versuche über Eichendorff*, Göttingen 1965, S. 238 ff.). Nachdrücklich sei schließlich Th. W. Adornos Eichendorff-Essay (in: *Noten zur Literatur*, Berlin Frankfurt/Main 1958 u. ö.) mit der „Coda" über den Liederkreis vermerkt.

erklingender noch ganz beiläufig, als sechster, wiederholter, an sich in der Figuration verschwindend, jetzt als Basis des Tritonussprungs leicht heraustretend) erhält unvermittelt erhebliches Gewicht durch sein Fortdauern über drei Achtel: die Stimme wird zum Klang, aus dem dann eine zweite Stimme hervorgeht. Oder: für einen Moment ist nicht klar, ob die eröffnende Stimme mit dem cis″ oder im g′ ihre Fortsetzung findet, mit cis″-d″ also eine neue Stimme einsetzt.

Mit dem Beginn von Takt 2 gewinnt die gleitende Oberstimme thematische Kontur, in klar den Takt ausprägendem punktierten Viertelrhythmus senkt sich die gestufte Linie abwärts. Doch schon auf dem ersten Achtel des 3. Takts bricht der kaum entwickelte Melodiebogen im plötzlichen chromatischen Schritt nach gis′ ab. Ohne daß die Phrase zur gerundeten Periode ergänzt würde, verharrt sie im eröffnenden Gestus.

Eine exakte Wiederholung setzt von f′ an. Auch hier das mehrdeutige Changieren zwischen Figuration und Gestalt, die Indifferenz von Stimme und Klang, das Abbrechen der linearen Führung, schließlich von Takt 5 an das sukzessive Aufgeben polyphoner Selbständigkeit überhaupt (als vertikaler Teil einer Sextenfolge) und endlich die Zurücknahme in reine Begleitfunktion des nachschlagenden Terzen-Elements in der baßbestimmten Kadenz (T. 7). Unmerklich, wie sie erschien, verschwindet die Stimme im homophonen Satz, gibt eine nie eindeutig gewonnene Identität endgültig auf.

2. Noch weniger als die Oberstimme kennt die zweite einen merklichen Einsatz. Sie wächst aus der ersten, deren Indifferenz zum Klang heraus. Weder ist klar, woher sie kommt, noch wogegen sie anfangs gesetzt ist[4]. ‚Irgendwo‘ bleibt ein Ton liegen, aus dem sie hervorgeht; auch sie bricht schließlich ab, noch stärker ‚zufällig‘ als ihre Partnerin (T. 3), deren zweites Element sie, um ein Viertel verschoben, vorwegnimmt. Mit dem Ende von Takt 5 schließlich fällt sie unterschiedslos mit der hinzutretenden dritten Stimme zusammen: das letzte Achtel fis ist sowohl ihre Fortsetzung (als Untersexte zur Oberstimme) wie Teil des Tritonussprungs c-fis und Leitton zum g der sich teilenden Tiefstimme.

Dem kaum herleitbaren Sich-Auseinanderfalten der einen Stimme zur Zweistimmigkeit steht das nicht minder merkwürdige Verschwinden zweier Stimmen in einer gegenüber: Identität weder des Ein- noch des Ausgangs.

3. Das Verhältnis der Stimmen zueinander ist ferner satztechnisch mehrdeutig. Die Frage, welche der beiden Stimmen im polyphonen Satz führe, ist kaum schlüssig zu beantworten. Vom angenommenen Quintkanon her ist es die zweite als satztechnisch erste (T. 1, 4. Viertel), der die Oberstimme ab Takt 2 melodisch und rhythmisch folgt. Doch dem verschleierten Einsatz der zweiten, die zudem taktverschoben ist, steht der durch die Achtelpassage vorbereitete, durch den Tritonus-Sekund-

---

4 Vgl. G. von Dadelsens Kennzeichnung: „In Schumanns freistimmiger Polyphonie wird der Kontrapunkt so als ein Mittel genutzt, in jedem Augenblick aus jeder beliebigen Stimme und in jeder beliebigen Lage des Tonraums neue Melodien erblühen zu lassen. Oftmals dient die Vielstimmigkeit jedoch auch dazu, die Melodie zu verschleiern. In das Rankenwerk der sich verschlingenden Stimmen soll die Phantasie des Aufnehmenden die melodische Linie hineinhören" (*Robert Schumann und die Musik Bachs*, in: AfMw XIV, 1957, S. 52).

Sprung herausgehobene, durch Lagendominanz und Taktakzentuierung unterstützte Primat der Oberstimme gegenüber. Und beim abbrechenden Ende der ersten Phrase ist die Oberstimme in der Tat dominant: die Sextenfolge verdrängt die Quintrelation, die Quinten erscheinen von daher insgesamt auflösungsbedürftig in die Sexten. Ohnehin merkwürdig genug, daß auf den betonten Taktteilen leere Quinten stehen — eine verkehrte polyphone Welt. Und diese seltsame Polyphonie der ersten Takte verliert sich zunehmend. Ab Takt 5 treten die Oberstimmen zu bloßen parallelen Sextfortschreitungen zusammen, rhythmisch noch (mit dem Motiv von Takt 2) führend, jedoch klanglich bereits homogen gegen den Baß gesetzt; vom Ende des 6. Takts dann sinken sie synkopisch in die Kadenzbegleitung zurück, rhythmisch vollends beruhigt in Takt 7.

Der gesamte Satz ist so charakterisiert durch ein ständiges Changieren der satztechnischen Bedeutungen seiner Elemente.

4. Mit dem Ende des 5. Taktes müßte der Satz konsequenterweise vierstimmig werden. Zur im Klang liegenden Zweistimmigkeit tritt hier von c aus ein neuer Stimm-Einsatz, der wiederum auf c sich analog dem Beginn zur Zweistimmigkeit spaltet. Doch von den virtuell vier Stimmen erklingen real nur drei. Daß im gleichen Moment, da eine Stimme sich spurlos verabschiedet, nämlich am Beginn von Takt 6 (wo die vertikale Quinte c-g noch auf das alte Stimmenverhältnis deutet), die wörtliche Imitation mit dem wiederholten c (zweites Achtel) sich im Baß verliert und daß in eben diesem 6. Takt bei Festhalten an der komplementären Rhythmik analog Takt 2 die chromatisch vermittelte Umdeutung des polyphonen Satzes in einen homophonen beginnt, deutet auf einen prägnanten Punkt, der als solcher jedoch kaum wahrgenommen wird.

5. Schweifend ist zunächst auch die Harmonik. Mehrdeutige verminderte Septakkorde, trugschlüssige Wirkungen durch plötzliche Chromatik, suspendierte Auflösungen, Querstände verschleiern die Tonalität, lassen den Fortgang als zielloses Umherkreisen erscheinen. Zunächst scheint die Kleinterz-Tritonus-Bildung des 1. Takts auf D als Tonart zu zielen (gegenüber Takt 3 ‚fehlt‘ das b' zum verminderten Septakkord), die als d''-fis' in Takt 2 auch steht (allerdings in ihrer Bedeutung durch die Quinte g'-d'' des ‚Kanons‘ verunklart), mit dem ‚querständigen‘ c' der zweiten Stimme aber wird sie sofort wieder verlassen. Der chromatisch eingeführte Klang h-gis' von Takt 3 könnte zu a-moll führen (so ist er auch notiert), das jedoch nicht erscheint; vielmehr wird der Klang selbst mit Terzen ausgefüllt, als verminderter Septakkord mit as' bestimmt und (Beginn von Takt 4) nach C geführt (wiederum durch die Quinte verunklart). Gegenüber dem Modell der Takte 2/3 wird dann in Takt 4 die chromatische Schärfung in der Unterstimme mit h statt b vermieden und am Beginn von Takt 5 das fis' nicht analog zu Takt 3 als ges' aufgefaßt (und entsprechend mit es'-c'-b aufgefüllt), sondern als solches mit dem Baßeinsatz c-A-G-Fis bestätigt. Die Umdeutung des gegenüber Takt 3 formanalogen verminderten Klangs, jenes „heimatlosen Gesellen"[5], ist so einerseits ein Element zur Herstellung

---

5 A. Schönbergs Charakterisierung der von ihm so genannten „vagierenden Akkorde" (*Harmonielehre*, Wien Leipzig 1912, S. 284).

tonalen Vagierens, zu Doppeldeutigkeit und Ungesichertheit der Faktur, leitet aber andererseits durch den erneuten Bezug auf D den Prozeß der tonalen Verfestigung ein, der über die Chromatik von Takt 6 (dessen Anfang mit ais-c-e-g doppeldominantisch auf e beziehbar ist, vgl. T. 14/15) im e-moll von Takt 8 sein Ziel findet.

6. Unklar ist schließlich die Taktgruppenordnung. Zwar ist Takt 1 mit der eröffnenden Achtelpause voll notiert, doch erscheint er (inhaltlich und metrisch ‚leicht‘) als Generalauftakt zum ‚schweren‘ 2., ebenso Takt 3 in bezug auf 4. So wäre der Abschnitt als ein Siebentakter mit Generalauftakt zu begreifen (zwei Zweitakter: 2/3 und 4/5, verschränkt mit einem Viertakter 5–8). Doch in Takt 5 deutet schon die abtaktige Phrasierung trotz der analogen Baßstimme auf eine andere Abstufung. Die Takte 8 ff. werden dieselbe Partie, geringfügig variiert, in bezug auf die Taktgruppierung umdeuten: der ‚Generalauftakt‘ des Beginns wird dort durch den Singstimmeneinsatz volltaktig, so metrisch schwer, die Verhältnisse kehren sich um. (Dem entspricht wieder der offene Strophenschluß.) Auch taktmetrisch ist demnach keine Eindeutigkeit; die Eröffnungspartie bleibt auch in dieser Hinsicht in der Schwebe.

So ist denn eingangs alles unsicher, die gesamte Faktur vieldeutig; nichts gilt so, wie es erscheint. Stimme, thematische Kontur, kanonische Relation, Kontrapunkt, Klang, Klangfolge, Tonalität, Phrase, Taktgruppenmetrik, Periodik – Sachen und Begriffe verlieren ihre Eindeutigkeit, ihre klare Bestimmtheit, feste Zuordnungen verschwimmen, Zusammenhänge brechen ab. Das Changieren von Bedeutungen wird zum kompositorischen Prinzip. Gestaltet wird ein immens artifizielles Spiel mit vertrauten, überlieferten Topoi des musikalischen Satzes. Die zitierten alten Techniken verbürgen gerade nicht Sicherheit und festen Halt, sondern werden im Gegenteil dazu genutzt, durch Umdeutung und Verkehrung ihrer tradierten Bedeutungen Doppelgesichtigkeit, Ungesicherheit, Bodenlosigkeit des Satzes darzustellen.

Und dies nicht äußerlich abbildend, sondern als innere Form. So entsteht S c h e i n a l s i n n e r e S t r u k t u r des Tonsatzes. Das definiert den Kunstcharakter dieser Musik, hebt die kleine Gattung Lied aus der umgänglichen Sphäre der hausmusikalischen Geselligkeit in die reflexive der hohen Kunst. Ihr Erkennen und Verstehen setzt Einsicht, Bildung, Kultur des Kenners voraus.

Mehrdeutigkeit, Schein, Nicht-Identität als Struktur aber formuliert einen Gehalt, in Töne sublimiert und als solcher erfahrbar, benennbar und historisch verstehbar. *Zwielicht* ist das kleine Artefakt überschrieben, das diese Takte prägend beginnen. Der Titel ist ein Fingerzeig, deutet die Satzstruktur metaphorisch durch ein Natur-Gleichnis. Der Sinn der Struktur jedoch geht, was zu zeigen sein wird, im bloß naturalen Abbild, im Natureingang nicht auf.

Doch der außerordentliche Beginn hat auch seine konventionellen Momente – keinesfalls weniger einprägsam.

7. Der Formverlauf dieses Eingangs ist deutlich abwärts gerichtet, hat einen über zwei Oktaven gestreckten Zug nach unten. Zunächst der aus dem Hin und Her der wandernden Stimme sich emporreckende Gestus an der Wende zu Takt 2, dann das kleinschrittige Abwärtsgleiten vom höchsten Ton d″, sekundtiefere Wiederholung

des gleichen Bogens und Absinken in die Baßregion des Klaviers – eine konkret bildhafte, eindringlich sprechende Formkurve im modellhaften Detail wie im Ganzen, dieses kurz ausgreifende, konzentriert angespannte Sich-Aufschwingen und das lange, tiefe Abwärtsgleiten der Linien und Klänge.

Der bildhaften Formkurve korrespondiert die (in ihren Elementen bereits separat beschriebene) Entwicklung zur inneren Konsistenz des Satzes. Die mehrdeutigen ‚polyphonen' Verhältnisse treten allmählich in fester werdende homophone Konturen; das Schweifen der Stimmen kommt in einfachen Klangfolgen zur Ruhe; die Tonalität festigt sich, ein Grundton erscheint endlich, kräftig befestigt: e-moll. Darf man kritisch sagen, der außerordentliche Anfang finde sein ordentliches Ende, die zu deutende Struktur des Scheinhaften entpuppe sich schließlich doch als normales Klaviervorspiel?

Mit eindeutigem e-moll, im Klavierbaß zumal und in den beiden Oberstimmen bekräftigt, hebt die Liedstrophe an. In der rechten Hand des Klavierparts erscheint notengetreu der Eingangssatz (T. 1–3), im Baß liegt ein tiefoktaviertes E als Fundament. Doch dieses E dauert, während die Oberstimmen seinem Fundamentbereich entwachsen, wird überfällig zum d''-fis' im 9. Takt, wo es dann aus dem dissonanten Gesamtklang unvermittelt zur Unterquart H abspringt. Und weil oben zugleich sich (die auf E bezogene) Sekunddissonanz fis' zu e' löst, produziert der ‚voreilige' Baßwechsel eine neue Dissonanz. Diese Quarte e' aber ‚löst' sich erst zur Terz d', wenn das H bereits ohne Konsequenz verklungen ist. Der dominantische Baßschritt erscheint als sinnlos: entweder kommt das H im Sinne einer Auflösungsmechanik ein Viertel zu spät oder es verschwindet ein Viertel zu früh. Das Auseinandertreten der Kadenzmomente spaltet die Tonalität.

Die extreme Festigkeit der gegenüber dem schweifenden Beginn betont eingeführten Tonika produziert so den erneuten Zerfall des Satzgefüges. Die konventionelle Kadenz wird nachträglich zu einem Störfaktor kompensiert.

Zweiter Kommentar: ‚Zwielicht' als historische Signatur

Hinzu tritt ein Text, deklamiert, gesungen zu jener steigend-fallenden Linie, die im Eingang changierende Oberstimme ist und die jetzt zugleich im Klavier verdoppelt erklingt. Text und Musik stehen so in wechselseitigem Deutungsbezug.

„Dämmrung will die Flügel spreiten" – unzweifelhaft übersetzt die Melodie diese Zeile in einen musikalischen Bildgedanken, dabei die Bildhaftigkeit der Eingangsstimme konkretisierend. Der Ton g' wird aus der schweifenden Achtelbewegung (Takt 1) selektiert; er definiert bei volltaktigem Einsatz und zweifacher Wiederholung als Halteton die Ausgangsebene für die Spreizung zum Tritonussprung und das Abwärtsgleiten: wie ein großer dunkler Vogel setzt die Dämmerung bedrohlich zum Fluge an.

Dies benennt und gestaltet der Text metaphorisch durch Naturbilder: die Existenzgefährdung des Menschen, des Ich in einer Welt, die ihm entgleitet, die undurchschaubar, verstörend wirkt, ihm als fremde Macht entgegentritt, nicht begreifbar, nicht zu erkennen. Verkehrung der Realität (Strophe 1), Bedrohung des Part-

ners (Strophe 2), Verrat des Freundes (Strophe 3), Selbstgefährdung (Strophe 4) —
das Ich verliert seine Beziehungen zu Dingwelt und Mitwelt, jeden äußeren und
inneren Halt, droht sich selbst zu verlieren, an sich selbst irre zu werden. Oskar
Seidlin hat das für Aussage wie Komposition des Gedichts samt seiner Stellung im
Romankontext beschrieben[6]. Seidlin hat darauf aufmerksam gemacht, daß die Bil-
derwelt der 1. Strophe eine verkehrte ist, eine offenbar absichtsvoll verkehrte. Daß
Wolken wie Träume ziehen, ist eine Umkehrung des normalen Gleichnisses, wie
auch das eröffnende Bild verfremdet erscheint: „Dämmerung, so ist es in unserer
Vorstellung befestigt, sinkt hernieder, hüllt ein, deckt zu"[7]. Diese systematisch
generalisierende Beobachtung läßt sich — über Seidlin hinaus — historisch entfalten,
gewinnt erst so ihre deutende Perspektive. Das sei an zwei Belegen versucht.

1. Zwielicht, Dämmerung konnte auch eine andere Welt- und Ich-Erfahrung spiegeln. Es gibt ein ‚Dämmerung'-Gedicht, das diese Stunde symbolhaft als befriedete
Natur versteht.

„Dämmrung senkte sich von oben,
Schon ist alle Nähe fern;
Doch zuerst emporgehoben,
Holden Lichts der Abendstern!
Alles schwankt ins Ungewisse,
Nebel schleichen in die Höh';
Schwarzvertiefte Finsternisse
Widerspiegelnd ruht der See.

Nun am östlichen Bereiche
Ahn' ich Mondenglanz und -glut,
Schlanker Weiden Haargezweige
Scherzen auf der nächsten Flut.
Durch bewegter Schatten Spiele
Zittert Lunas Zauberschein.
Und durchs Auge schleicht die Kühle
Sänftigend ins Herz hinein."

1827 dichtete Goethe diese Verse, die in den *Chinesisch-deutschen Jahres- und
Tageszeiten* 1830 gedruckt wurden, eines der großen Dokumente seiner späten
Lyrik. Auch in diesem Gedicht durchaus die Gefährdung des lyrischen Ich, das
„Schwanken" ins „Ungewisse", schleichende Nebel — doch die „Finsternisse" sind
nicht eigenmächtig, sondern werden gebändigt, als Spiegelungen im „ruhenden"
See, aufgehoben in der befriedeten Natur erfahren. Und ein Ich, das Nähe und
Ferne gelassen ineins denken kann, sieht so durch alle Zwielichtigkeiten hindurch
bereits die klare Helle des Lichts: Abendstern und geahnter Mondesglanz machen
die Zwitterstunde durchschaubar; das kühl erkennende Auge — für Goethe unbe-
stechliches Organ des Schauens — beruhigt das bewegte Innere. Auf diese Weise ist
denn auch Dämmerung letztlich eine Stunde der Sänftigung und enthüllt, „von
oben" sich senkend, die insgeheime Theodizee aller Natur. Welt und Ich sind nicht
im Widerspruch.

6 „Es ist der schreckliche und schreckhafte Augenblick, wo alles zweifelhaft und unsicher
    wird, das vertraute Gesicht der Welt sich entstellt und die Dinge, die dem Menschen zugehö-
    ren, verwischt und unbestimmt im Raum stehen, sie selbst gefährdet in ihrem Dasein und
    voller Gefahr für den, der sich eins mit ihnen glaubte. . . diese Selbstverfremdung des eigenen
    Ich. . . das Abgleiten in die Diskontinuität bis zu dem Punkt, wo jedes in sich Geeinte in eine
    Zweiheit zerfällt und die Identität mit sich selbst verliert" (a.a.O., S. 240 f.).
7 Ebenda, S. 244.

Der alte Goethe, der junge Eichendorff beziehen sich auf die dieselbe Realität, dieselbe historische Situation; sie benutzen sinnverschlüsselnd dieselbe Naturmetapher. Ihre Interpretationen sind jedoch konträr. Wo der Ältere die Ich-Welt-Relation als intakt behauptet, ist der jüngeren Generation der Weltlauf nicht mehr kommensurabel[8].

2. Derselbe Paradigmenwechsel kann an der Bedeutungsgeschichte des Wortes Zwielicht aufgezeigt werden[9]. Vor und um 1800 wurden Naturerscheinung und Begriff noch gemütvoll-positiv gedeutet, so wenn Bürger 1776 an Wieland schreibt: „Der durchsichtige mystische Schleyer... kleidet alle Gegenstände in ein unerklärlich behagliches Zwielicht. Kennen Sie dies Provinzial-Wort? Es bedeutet die Lichtmasse, wenn Tag und Nacht sich scheiden und geht vor der Dämmerung vorher". (Nebenbei: hier wird deutlich, daß das Wort Zwielicht erst gegen Ende des 18. Jahrhunderts in die Schriftsprache aufgenommen und noch nicht vollständig synonym mit Dämmerung gebraucht wurde.) Und noch Novalis formulierte: „Wer wandelt nicht gern im Zwielichte, wenn die Nacht am Lichte und das Licht an der Nacht in höhere Farben und Schatten zerbricht." Ins Problematische gewendet erscheint der Wortsinn bereits bei Jean Paul: „Mich drückte eine Stockung der Empfindung, ein banges Zwielicht zwischen heller Freude und dunkler Trauer." Vollends durchgesetzt ist der Bedeutungswandel dann im metaphorischen Gebrauch des Worts bei Theodor Körner („Jeder Mensch hat... Lichtmomente in dem lieblosen Zwielicht seines Schicksals") und 1846 bei Friedrich Schlegel: „... die Zukunft aber in trüber Dämmerung und im täuschenden Zwielicht, ängstlich und ungewiß wie ein Schatten". Dies ist – auch in den vokabularen Bestimmungen – der Horizont des Titels in Eichendorffs Gedicht.

Die Wortgeschichte spiegelt Menschengeschichte. Der tiefgreifende Bewußtseinswandel, der in beiden Belegen deutlich wird, muß im Kontext der ökonomischen, gesellschaftlichen und politischen Entwicklungen in der ersten Hälfte des 19. Jahrhunderts gesehen werden – als Reflex einer veränderten Welterfahrung. Arnfried Edler hat dies in seinem Schumann-Buch knapp und treffend zusammengefaßt[10]; im Rahmen dieser Studie ist dem nichts mehr hinzuzufügen.

---

8 Das „Ende der Kunstperiode", das erweist die zeitliche Verschränkung beider Gedichte, ist nicht als absolutes Datum 1830 zu verstehen, sondern als Generationenwechsel.

9 Die folgenden Belegstellen sind dem Artikel *Zwielicht* im 16. Band des Grimmschen Wörterbuchs (Leipzig 1954, Sp. 1156 ff.) entnommen.

10 „Das Leben in der neuen hochkapitalistischen Gesellschaft bedeutet eine einschneidende Veränderung des Lebensstils und dementsprechend des Lebensgefühls jedes Individuums. Die sich überstürzende technische und ökonomische Entwicklung vermittelt dem Einzelnen das Bewußtsein, in einer permanenten Konkurrenzsituation sich zu befinden, in der die ökonomische und gesellschaftliche Position täglich gegen schnell wechselnde und unberechenbare Konstellationen verteidigt oder aber schwer errungen werden mußte. Das Gefühl der Auflösung beinahe aller Traditionen als Sicherungen der stabilen Existenzbasis förderte einen kollektiven Gemütszustand der Negativität und des Pessimismus. Zum ersten Mal bemerkten breite Gesellschaftsschichten die Machtlosigkeit des menschlichen Individuums gegenüber der als Fortschritt etikettierten Eigendynamik eines immer riesiger und unüberschaubarer werdenden ökonomisch-technischen Apparats, hinter dessen Belangen alle übrigen Lebensansprüche und Bedürfnisse zurückzustehen hatten" (A. Edler, *Robert Schumann*

Die Naturmetapher Zwielicht wird in solcher Analogie zur historischen Signatur. Sie wird im Lied Gestalt und schafft sich ein eigenes, ein Kunstreich.

Dritter Kommentar: Verinnerlichung

Das Lied formuliert ‚Zwielicht' nach dem Paradigmenwechsel, als dämonisierte Metapher.

Bevor der Text erklingt, im Eingang, und zum Text wiederholt: Scheinhaftigkeit als Struktur. Mit der ersten Text-Melodie-Zeile: als musikalisches Bild des Auffliegens. Mit dem verstörten harmonischen Fundament in den Takten 8/9: als Zeichen des Auseinanderfallens der Dinge in der Wahrnehmung. Mit dem verstärkten Wuchern der Stimmen zum Klang in Takt 10: als Identitätsverlust der instrumentalen Stimme. Vor allem aber auch im wechselnden Sprachcharakter, der dem Bewegungsverlauf und dem Melodieduktus korreliert ist:

— die Entbindung des strömenden Gesangs aus dem einen Rezitationston (Takt 9); wie zurückgehalten setzt die Stimme an, schwingt sich dann zum größten Ambitus einer Quinte über dem Ausgangspunkt g' auf;

— das Engerwerden der melodischen Schritte zur zweiten Zeile (jetzt ohne den Tritonus von Takt 3, kein erneutes Sich-Abheben mehr), mit dem einzigen Melisma vom halbtönig umspielten h' als Ausdrucksmoment (Takt 11); die Gesten werden kleiner, ziehen sich gleichsam in sich zusammen;

— das erste Absinken unter den Grenzton g' in der 3. Zeile, zugleich mit der weiteren Schrumpfung der melodischen Bewegung, dem Annähern an den Sprechgesang bei ausgedünntem Klaviersatz (liegende Klänge rechts, Ausbleiben der Liegetöne links, einlinige Figuration im Baß), dazu das erste ritardando, der Gesang verebbt diastematisch wie zeitlich;

— am Beginn von Takt 14 schließlich, wo alle Töne der Stimmen zum Klang werden, der momentane Stillstand der Musik, Erstarren der Bewegung, Abbrechen der Achtelfiguration des Basses, die einzige Pause in der Gesangstimme, das zurückgenommene Sprechen in unterschiedslos repetierten Achteln auf einem einzigen Ton, ins pianissimo des dissonanten Klangs hinein, das sich erst am Taktende aus dem fast Verstummen mit der kleinen melodischen Geste als Frage löst und offen verklingt . . .

Ein Formprozeß, der bei äußerster Intensivierung extreme Verinnerlichung von Erfahrung im tiefsten Kern des Ich begreifbar macht — als musikalische Lyrik.

Eine Krisenerfahrung erscheint transformiert in ein Kunstwerk, gebannt in ein Lied, ein sehr kurzes, außerordentlich fragiles Gebilde, das zudem von Zurück-

und seine Zeit, Laaber 1982, S. 102 f.). — Das gilt zunehmend für die mittleren Jahrzehnte des Jahrhunderts. Wie oft in der Historie aber zeigt sich — etwa im Falle Eichendorffs — auch hier die ‚Vorläufer'-Funktion (Martin Warnke) von Kunst: im künstlerischen Medium werden menschliche Erfahrungen transparent und ablesbar, deren Tragweite für die Erkenntnis von Realität erst sehr viel später durch diese Realität Evidenz erhält. Für Schumann — das äußere wie das innere Leben — hat wiederum Edler (ebenda S. 102 ff.) diese Wirklichkeitserfahrung mit ihren menschlichen und künstlerischen Konsequenzen dargestellt.

nahme, lyrischer Verinnerlichung als Formprinzip bestimmt ist. Solche Wendung ‚nach Innen', ins innere Reich der Subjektivität, erscheint angesichts der auslösenden (offenbar nicht zu bewältigenden) Realität als Resignation, wie ein Rückzug. Zu bedenken ist jedoch, daß durch die Gestaltung im künstlerischen Medium ein hohes Maß an Reflexion eingesetzt ist. Die Transposition der Erfahrung setzt deren Erkenntnis voraus. Und so war es stets mit den — in der Geschichte der bürgerlichen Kunst nach der Französischen Revolution durchaus häufigen — Verinnerlichungsprozessen als Reaktion auf historische Krisen (in der Wende Wagners nach 1848/49 mit dem *Tristan* als Resultat; vor dem ersten Weltkrieg in der Begründung der Atonalität durch expressive Kammermusik bei Schönberg, in Weberns gleichzeitiger instrumentaler Lyrik — um nur einige musikalische Belege zu geben): die reflektierende Vereinzelung, die Sublimierung ins erhöht Artifizielle hat neue künstlerische Einsichten ermöglicht, neue Sensibilität gestiftet, die dann auch den außerkünstlerischen Bereich — ‚Ich und Welt' — neu sehen lehrten. Der scheinbare bloße Rückzug in Innerlichkeit enthält Momente der bewußten Konzentration, des intensiveren Nach- und Weiterdenkens, die auf die fernere Erfahrung und Beurteilung von Realität wieder zurückwirken konnten — sofern sie wahrgenommen wurden.

Im Werk selbst bestimmt sich dieses „Nach- und Weiterdenken" (nach Hans Werner Henzes schönem Wort das Signum von Kammermusik) durch das Maß der künstlerischen Selbstreflexion, durch die Einbindung der Subjektivität in distanzierende Form. So geschieht in *Zwielicht* der Prozeß des Sich-Zusammenziehens in der ersten Strophe auf dem Hintergrund einer sehr genau durchdachten Tonraumdisposition. Der erste Ton des Liedes überhaupt, der Basiston des ersten Tritonussprungs, der Ausgangspunkt der Stimmspaltung in Takt 1: g′ wird ab Takt 8 zur zentralen Tonachse des Melodiegerüsts der Strophen 1, 2 und 4. Die rhythmisch betonte Selektion am Strophenbeginn aus der Klavierfiguration setzt die Achse maßgebend. Die erste Strophenhälfte hat g′ als untere Grenze und ersten wie letzten Ton; die zweite Strophenhälfte hat g′ als obere Grenze, und auch der offene Strophenschluß wird von diesem g′ aus erreicht: als Sextvorhalt (Takt 15) ist er die letzte Fremddissonanz im dominantischen H—Dur. Der Prozeß der Verinnerlichung ist eingespannt in einen fixierten Rahmen.

Vierter Kommentar (in Parenthese): Privates

Daß in der zweiten Strophe die lyrische Befindlichkeit eine Wendung ins Private erhält, ist offensichtlich. Die — auch aus anderen Werken dieser Zeit (zum Beispiel *Mondnacht*) — bekannte Ton-Buchstaben-Metapher E—H—E im Baß der Takte 16—19 ist in Verbindung zum Gedichttext ein Reflex der Probleme Schumanns um Clara Wieck in der Auseinandersetzung mit ihrem Vater um die Eheschließung. Schumanns briefliche Äußerung gegenüber Clara, ‚Ehe' sei ein „sehr musikalisches Wort"; liefert den Interpretationsbeweis. Und bekanntlich muß die biographische Dimension als ein integrales Moment des Schumannschen Eichendorff-Zugangs im

Frühsommer 1840 gelten. Sowohl Claras Gedicht-Abschriften zum Zwecke der Komposition wie der besonders glückhafte gemeinsame Aufenthalt in Berlin im April, dem die Eichendorff-Lieder unmittelbar folgten (Schumann sandte noch während der Arbeit Marianne Bargiel, der Mutter Clara Wiecks, eine eigenhändige Reinschrift des Liedes *Mondnacht* nach Berlin), verbinden sich als äußere Faktoren mit jener Einschätzung, die Schumann selbst im Brief vom 22.5.1840 an Clara in die Worte faßte (die sich allerdings ähnlich auch für andere Werke, zum Beispiel die Klavierfantasie op. 17, finden): „Der Eichendorff-Zyklus ist wohl mein Romantischstes und es steht viel von Dir darin. . . Geschwärmt hab ich in diesen Gedichten – und nun auch Deine Schrift machts. . ." Doch zeigt der musikalische Kontext, die Integration des Kryptogramms in den übergeordneten formal-strukturellen Aspekt, daß dies Privat-Biographische ästhetisch nebensächlich bleibt. So sehr das Konfessionsmoment in den Begründungszusammenhang des neuzeitlichen lyrischen Bereichs per definitionem gehört, so wenig vermag es die Struktur der Werke selbst zu bestimmen.

Die oktavenbetonte Baßfolge E-H-E-A der Takte 16–19 setzt zum einen die beschriebene harmonische Komplikation am Beginn der ersten Strophe erweitert und verstärkt fort. Gegenüber dieser nun auch die zweite Zeile ergreifenden Verstörung des Satzes durch dissonante ,Fundamente' und ausbleibende Auflösungen ist die Buchstabenerklärung beiläufig; den wichtigen letzten Schritt zur abspringenden Quarte A vermag sie ohnehin nicht mehr zu umgreifen. Zum andern baut die dritte Strophe die Fremdheit ihres Baßanfangs (wieder von E-H ausgehend) zu einer abermals gesteigerten selbständigen, nicht integrierten Gegenstimme aus. Die Baßgestaltung der Takte 16–19 ist somit primär Teil eines übergreifenden Formgedankens, erhält von daher ihren Sinn – einen strukturellen.

Fünfter Kommentar: Das ungenaue Unisono

Die zentrale satztechnische Idee des Liedes entfaltet für die Strophen 1–3 und den Schluß ein Strukturprinzip des Eingangs. Singstimme und obere Klavierstimme sind identisch und nicht identisch zugleich. Sie laufen parallel im Einklang (beziehungsweise in Oktaven, je nach Stimmlage der Interpretation) und sind doch durch minimale Differenzen, die sich in Reibungen und – an einigen Stellen – in betonten Dissonanzen artikulieren, unterschieden. Entscheidend ist aber, daß diese Differenzen nie so weit gehen, daß von zwei selbständigen Stimmen die Rede sein könnte; sondern: es bleibt satztechnisch eine Stimme, deren Verdopplung Interferenzen zeigt. Dies wird durch wechselseitige zeitliche Verschiebung beider Stimmpartner erreicht; mal ist der eine, mal der andere voraus, respektive zurück. Dabei stellen Selektionen von Einzeltönen (Takte 8 und 10), Zeitverschiebungen auf unbetontem Taktteil (Takte 9, 10, 11, je viertes Viertel) und taktakzentuiertes Auseinandertreten (melismatisch vorhaltsbildend in Takt 11) sowie Mischformen (Takt 15) unterschiedliche Grade von Diversität dar, die jedoch stets in den synchronen Verlauf zurückkehren. Takt 11 hat die größte Spaltungsintensität (der ersten Strophe), in Takt 15 ist durch Wiederanschlag des g' fast eine Motiv-Imitation komponiert, die allerdings von rhythmischer Ungleichheit wieder durchkreuzt wird.

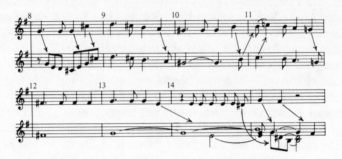

Dieses Verfahren sei mit einem Begriff Theodor W. Adornos als ‚u n g e n a u -
e s   U n i s o n o‘ bezeichnet: „Begleitung und Singstimme sind an solchen Stellen
zwar in ihren charakteristischen Tönen identisch, weichen aber in ihren rhythmischen Werten um ein Geringes von einander ab, fallen nicht zusammen. . .“[11]

Die Formbewegung des Liedes, der Gang der Strophen, entwickelt diesen Struk-
turgedanken zu einer Peripetie. In der zweiten Strophe zunächst wird das Modell
generell beibehalten, in Takt 19 gegenüber Takt 11 sogar etwas entschärft; dafür
wird der Quint-Quart-Baß in der beschriebenen Weise sprengend prolongiert. Die
dritte Strophe verschärft beides. Der Baß wird zur synkopisch-dissonanten Gegenstimme und das ungenaue Unisono erhält eine äußerste Zuspitzung. In den Takten
26/27 wird beim dynamischen Höhepunkt des Liedes der melodische Duktus rigo-
ros zum dis''-e'' hin expressiv geweitet (der Umschlagspunkt gegenüber den analogen
Takten 2 und 9 ist das cis' statt c' der zweiten Stimme in Takt 25); die melismatische Emphase des Beginns von Takt 11 wird überhöht, sodaß die Gesangsstimme
jetzt mit dem eckigen Sprung e''-gis'-dis'' ihre eigene Kontinuität aufgibt und in
einem äußersten Moment von Anspannung zwei Stimmen des Klavierparts umgreift.
Dann fixiert sich der Gegenlauf von Ober- und Baßstimmen ab Takt 28 auf einem
wiederholten und gruppensequenzierten Taktmodell, wie festgebannt. Und hier hat
Schumann – im Autograph noch – sehr bezeichnend für die Intention des Ganzen
einen zunächst niedergeschriebenen Gleichlauf von Gesang- und Klavierstimme kor-
rigierend aufgebrochen. In den Takten 28/29 ist der jeweils zweite Ton der Gesangstimme aus einem ursprünglich repetierenden Achtel a' zu h', in den Takten 30/31
analog von fis' zu gis' nachträglich verändert worden. So entstehen auf den unbetonten Achteln harte Reibungen zwischen Gesang- und Klaveroberstimme, disso-

11 Th. W. Adorno, *Der getreue Korrepetitor*, Frankfurt/Main 1963, S. 105; hier bezogen auf
   Anton Weberns George-Lied op. 3, Nr. 1, Takt 6. Wichtig ist Adornos ebenda gegebener
   Hinweis auf die Anforderungen an die Interpreten (prominente Platteneinspielungen erweisen seine Notwendigkeit): „Solche intendierte Ungenauigkeit erheischt selbstverständlich
   besondere Genauigkeit der Wiedergabe; nur wenn die rhythmischen Längen derselben Töne
   deutlich in Gesang und Klavier verschieden sind, werden die rhythmischen Schwebungen
   fühlbar“.

nante Flecken als verstörende Male eines verstörten Sinnzusammenhangs. Das ungenaue Unisono wird bis vor die Aufspaltung des Stimmkörpers getrieben. (Und wieder besticht die Genauigkeit des kompositorischen Kalküls: eine solche Technik auf betonten Taktteilen durchgehalten hätte die Stimmspaltung real werden lassen. Das aber wird musikalisch und damit auch gehaltlich nicht vollzogen.)

Die dritte Strophe tritt mit dieser katastrophischen Entwicklung zur Peripetie aus der Gestaltparallelität mit den beiden ersten zunehmend heraus. Entgegen dem dort festgestellten Verinnerlichungsprozeß treibt hier der Ausbruch über das Strophenende hinaus; keine Zurücknahme durch Differenzierung der Sprachcharaktere, kein Auslaufen zum offenen Dominantschluß hin, sondern ein bohrend stehender Klangwechsel um cis-moll, der mit den Worten abbricht.

In der Satztechnik des ungenauen Unisono wird erneut — und konkreter noch als in der Eingangsstruktur — der zentrale Gehalt der Komposition greifbar, ‚Zwielicht' als Signatur, hier deutlich als Moment subjektiver Erfahrung gefaßt: die Entzweiung, das Verlieren der Identität als Problem eines lyrischen Ich, als Gegenstand musikalischer Lyrik. Mit dem romantischen Begriff: das Doppelgängerische der krisenhaften Verfassung des lyrischen Subjekts, und dies wiederum nicht im bloß äußeren Abbilden eines Textes, sondern durch Umsetzen in die innere Verfassung des anderen Mediums, als Konstitution der Musik, das heißt: als individuelle musikalische Struktur eines einmaligen Kunst-Gebildes.

Robert Schumann war der Überzeugung, das Lied sei „vielleicht. . . die einzige Gattung, in der seit Beethoven ein wirklich bedeutender Fortschritt geschehen" sei; der „neue Dichtergeist" der Rückert, Eichendorff, Heine und Uhland, „der sich in der Musik widerspiegelte", habe „jene kunstvollere und tiefsinnigere Art des Liedes, von der natürlich die Früheren nichts wissen konnten", entstehen lassen[12]. Seine eigenen Beiträge zu dieser neuen Art „lyrischer Klavier-Gesangsstücke"[13], deren innovatorische Bedeutung mit Schumann im „Umsetzen der feineren Züge des Gedichts"[14] durch Herausarbeiten der „subtilen psychologischen und stimmungsmäßigen Valeurs und deren Nuancierungen"[15] auf der Grundlage einer neuen kompositorischen Relation von Singstimme und poetischem Klaviersatz gesehen wird, begriff Schumann selbst als eine Leistung von musikhistorischem Rang[16].

Die Triftigkeit dieser Selbstanalyse und ihrer musikwissenschaftlichen Begründung anerkennend, ist ein Ergebnis der hier vorgelegten Interpretation, daß Schumanns neue Fundierung der Gattung Lied — über Kategorien wie psychologische Durchdringung und stimmungshafte Poetisierung des Satzes hinaus — in der Definition von Lyrik als individueller musikalischer Struktur begründet ist. Erst diese Position läßt das Lied an jenem Kunstrang teilhaben, den das 19. Jahrhundert der

12 R. Schumann, *Gesammelte Schriften über Musik und Musiker*, hg. v. M. Kreisig, Leipzig ⁵1914, Bd. II, S. 147.
13 Edler, a.a.O., S. 219.
14 Schumann, a.a.O., S. 123.
15 Edler, a.a.O., S. 222.
16 Vgl. die Darstellung bei Edler, ebenda S. 212 ff.

Musik im System der Künste zusprach: paradigmatisch in Repräsentanz und Darstellung von Wahrheit zu sein. Daß umgekehrt Schumann diesen Anspruch gerade in musikalischer Lyrik realisierte, reiht seine Kunst in die Frühgeschichte der europäischen ‚Moderne‘ ein.

Exkurs

Das ungenaue Unisono kann in einer satztechnischen Systematik als ein Sonderfall verdoppelter Melodien in verschiedenen Tonlagen betrachtet werden, wie sie Schumann in seiner Klaviermusik vor 1840, etwa im 3. Satz der Klavierfantasie op. 17, aber auch als Oktavführungen von Stimmen in späteren Chorsätzen, in der Art „paralleler Kantilenen“[17] komponiert hat. Das Einstehen dieser spezifischen und singulären Satztechnik für die Bedeutung des doppelgängerisch Zerrissenen im Sinne der romantischen Figur und Ästhetik hat Schumann kurz nach *Zwielicht*, in „Hör ich das Liedchen klingen“ aus der *Dichterliebe* bestätigt, wenn auch mehr marginal. In dieser Miniatur der Erinnerung verbreitet sich die – der Singstimme imitatorisch beiläufig folgende – Klavierbegleitung an einem prägnanten Punkt zur gebundenen Melodie, zum Lied im Liede, das den Anfang herbeizitiert. Bei den Worten [„Will mir die Brust zer]springen / von wildem Schmerzendrang“ ergibt sich für einen knappen, charakteristischen Moment das Phänomen des ungenauen Unisono. Die Semantik der Satztechnik ist evident. (Die verwandte Passage am Textschluß, [„Mein] übergroßes Weh“, ist wohl eher, da das Klavier nur nachklingt, allein imitatorisch als Rekurs auf den Beginn zu begreifen.)

Das ungenaue Unisono hat offenbar keine Geschichte vor, wohl aber eine nach Schumann. Es gibt Hinweise dafür, daß hierbei von einer Nachfolge gesprochen werden kann. Der historische Verlauf macht die Technik unabhängig von der Semantik ihrer Herkunft; sie wird als Material zur Satzdisposition verfügbar.

1. Hugo Wolfs Eichendorff-Vertonungen stehen nachdrücklich unter dem Signum Schumanns, die der reifen Zeit gewissermaßen negativ, durch möglichstes Umgehen jener Sphären Eichendorffscher Lyrik, die Schumann bevorzugte. Der junge Wolf allerdings komponierte nicht allein textlich – wie der junge Brahms – sondern auch musikalisch Eichendorff nach Schumann, so etwa im Jahre 1880 *Die Nacht*. Im eröffnenden Vierzeiler „Nacht ist wie ein stilles Meer / Lust und Leid und Liebesklagen / kommen so verworren her / in dem linden Wellenschlagen“ setzt Wolf folgende Relation von Gesang und Klavierpart.

17 Vgl. E. Leipold, *Vom Melodieklang in Schumanns Klaviermusik*, in: NZfM 117, 1957, S. 415 ff.

Ganz offensichtlich ist hier die Schumannsche Technik des ungenauen Unisono adaptiert, und zwar für die aus der friedvollen Nachtstimmung leicht heraustretenden, in sie eingebetteten Mittelverse „°...Leid und Liebesklagen / kommen so verworren her" — eine ferne Reminiszenz an die Schumannsche Semantik. Interessant ist besonders die ausgefeilte rhythmische Nuancierung der Parallelführungen durch Anbindung kurzer Werte (etwa Klavier, Takte 5/6) oder Wiederanschlag eines Haltetons auf Nebenzeiten (Taktanfänge 6, 7, 8 im Klavier); ähnlich sind deklamatorische Tonrepetitionen im Gesangspart zu bewerten. Der Mittelteil des Liedes verzichtet auf die Unisono-Technik, der Schlußteil greift sie wieder auf, wobei die Tendenz der Takte 8/9 zur motivisch vermittelten Zweistimmigkeit hier verstärkt ist.

2. In Hans Pfitzners Eichendorff-Lied *Im Herbst* (op. 9, 3) divergieren zum Textabschnitt „Was wollt ihr mich so wild verlocken..." unison geführte Singstimme und Klaviermelodie, was auf einen auch inhaltlichen Anschluß an den Schumann-Topos deutet. Doch überwiegt hier wohl die durch ein hervorstechendes rhythmisches Motiv betonte gestische Selbständigkeit der Klaviermelodie gegenüber der planeren Gesangsstimme; die unisone Parallelität tritt zurück. Immerhin ist die Stelle innerhalb der Pfitznerschen Eichendorff-Lieder singulär.

3. Eindeutig als solche bestimmbare ungenaue Unisoni komponierte Gustav Mahler im *Lied von der Erde*. Im folgenden Beispiel aus dem Schlußsatz könnte auch vom Text her auf eine romantische Rezeptionstradition geschlossen werden.

Doch steht bei Mahler insgesamt der Topos im Kontext einer sukzessiven wie simultanen Variantentechnik. Das ist auch hier an den Zusatztönen der Flöte zu bemerken; sie füllt bei der Wiederholung in den Takten 79/80 die pentatonische Floskel im Rückgriff auf das b′ von Takt 76 auf.

Noch beziehungsreicher erscheint das vieldeutige Spiel mit Varianten durch Umstellungen und Erweiterungen in den Takten 295 ff. des ersten Satzes.

Auch hier wird eine Differenzierung des Unisono durch unterschiedliche Phrasierung und Betonung in der instrumentalen gegenüber der vokalen Linie und mittels
instrumentaler Tonlängung bei pausierender Gesangsstimme (vgl. auch die Takte
78/79 im vorigen Beispiel) erreicht.

Solche Passagen bei Mahler dürften Theodor W. Adorno zu der These veranlaßt
haben, im ungenauen Unisono sei ,,eine Praxis der östlichen Musik. . . wohl über
den Exotismus in die europäische Kunstmusik" gedrungen[18]. Mag bei Mahlers *Lied
von der Erde* eine Chinoiserie-Intention mit im Spiele sein, so ist doch gegen Adornos Herleitung die dargestellte europäische Tradition aus romantischem Geist
und Gehalt zu betonen. Adornos kompositorische Wertung des ungenauen Unisono
jedoch trifft bei Mahler bereits voll zu: ,,Die Funktion dieses Verfahrens ist es, noch
da, wo die Stimmen einander am nächsten kommen, eine gewisse improvisatorische
Lockerheit, prosahafte Unverbindlichkeit zu bewahren"[19]. Das allerdings war bei
Schumann nicht die satztechnische Funktion.

4. Mag bei Mahler wenigstens teilweise noch eine Topos-Tradition auch inhaltlich
durchschimmern, so ist für die jüngere Wiener Komponisten-Generation das ungenaue Unisono als Material frei verfügbar geworden. Die Parallelität zur ,Emanzipa-
tion der Dissonanz' von ihrem Charakter als Ausdrucks-Lizenz im tonalen Satz ist
greifbar. In dem von Adorno herangezogenen Webern-Beispiel Opus 3, 1 wie in
Schönbergs George-Liedern op. 15 ist das ungenaue Unisono eine Technik zur Differenzierung eines frei-atonalen Satzes. Im folgenden Beispiel aus dem sechsten Lied
von Schönbergs *Hängenden Gärten* ist die Stimmdiversität sowohl durch die typischen wechselseitigen rhythmischen Verschiebungen wie — in gleichsam Mahler-
scher Art — durch abweichende Zwischen-Töne ($d''–c''$ im Gesang, fis'' im Klavier)
und motivisch zu verstehende Erweiterungen (auftaktiges cis' im Klavier) realisiert
und variiert.

18 Adorno, a.a.O., S. 105 f.
19 Ebenda.

Eine außerordentlich komplizierte Verschachtelung von Linie und Klang im Rahmen einer Unisono-Führung von Gesang und Klavierpart komponiert Alban Berg im zweiten Lied seines Opus 4, „Schlafend trägt man mich in mein Heimatland" nach einem Text von Mombert. Stimmidentität und -diversität wechseln, manchmal hervortretend, manchmal bis zur Unkenntlichkeit in der Klangosmose verschwindend, durch motivische Varianten und chromatische Zwischentöne erweitert und verschleiert, auf mehrere ‚Stimmen' des vollgriffigen Klaviersatzes wechselnd verteilt, mal oben, mal in der Klangmitte, mal im Baß — so tritt die Satztechnik in den Takten 9 ff. dieses Liedes in vielbezüglichen Zusammenhang, Fülle, Reichtum an innerkompositorischen Assoziationen des Satzes erzielend. Die Schumannsche Semantik aber ist ebenfalls dahin.

5. Als letztes Glied in diese Traditionskette — die keineswegs vollständig dargestellt ist — gehört meines Erachtens eine Werkgruppe der neuesten Musik, deren Klang- und Farbenkomplexe gemeinhin nur als Resultat verwickelter Kontrapunktik begriffen werden (also aus barocker Tradition): Klangkompositionen György Ligetis aus der Mitte der sechziger Jahre. Als Beispiel kann das *Lux aeterna* für sechzehnstimmigen gemischten Chor a cappella dienen. Das Formprinzip des — diastematisch als virtuell sechzehnstimmiger Kanon auffaßbaren — Werks ist „die Alternation von mehr oder weniger chromatisch ‚getrübten' Klangflächen und eindeutig ‚harmonischen' ... vertikalen Klangkomplexen", und zwar so, „daß aus einer zunächst deutlich wahrnehmbaren und dann mehr und mehr getrübten harmonischen Fläche allmählich eine andere, neue harmonische Fläche herauswächst, indem die Trübung nach und nach verschwindet"[20]. Das ist strukturell ein in Klangflächen-Dimensionen potenziertes ungenaues Unisono. Und die Eintrübungsvorgänge (z. B. Takte 1 ff., 39 ff., 89 ff.) respektive deren allmähliche Rücknahmen (z. B. Takte 25 ff., 71 ff.) zeigen eine Vermittlung von ‚Kanonik' in den einzelnen Stimmpaaren mit der Technik des ungenauen Unisono in den größeren Verhältnissen. Vor allem das Verfahren des Auseinandertretens und Wieder-Zusammenwachsens eines Klangkörpers durch minimale zeitliche Verschiebungen und deren Aufhebung ist analog, nur eben auf vielstimmige Dimensionen ausgedehnt. Die „Kontrapunktik", auf die sich Ligeti selbst bezieht, ist durch romantische Allusionen (z. B. die Vorstellung einer „Trübung" eines Verlaufs) affiziert und überformt[21]; die Formidee und ihre satztechnisch-strukturellen Grundlagen stehen in dem hier dargestellten geschichtlichen Wirkungszusammenhang.

Schumanns ingeniös erfundenes Strukturprinzip, als künstlerische Umsetzung historischer Befindlichkeit in musikalische Lyrik in der Mitte des 19. Jahrhunderts

20 G. Ligeti, *Auf dem Weg zu „Lux aeterna"*, in: ÖMZ XXIV, 1969, S. 83. Vgl. auch die Analyse von P. Op de Coul, *Sprachkomposition bei Ligeti: „Lux aeterna"*, in: *Über Musik und Sprache*, hg. v. R. Stephan (= Veröffentlichungen des Instituts für Neue Musik und Musikerziehung Darmstadt XIV), Mainz 1974, S. 59 ff.

21 Keineswegs zufällig hat Ligeti auch für andere Opera dieser Zeit romantische Klangvorbilder (z. B. Liszt und Reger für die Orgelkomposition *Volumina*) genannt und die Klangfarbenkomposition bei Mahler und Schönberg (Opus 16, 3, das ebenfalls in dieser Kette zu nennen wäre) analysiert.

sublimierter Gehalt, wird geschichtlich. Zunächst in analogem Sinn aufgegriffen, verliert der Satztopos seinen konkreten inhaltlichen Bezug. Er kann so als rein kompositionstechnisches Mittel verstanden und eingesetzt werden, um eine neue, rein strukturell begründete Klangqualität eines komplexen musikalischen Satzes zu ermöglichen. Dieser neu differenzierte Satztyp kann dann – wiederum als Material verfügbar – historisierend genutzt werden, um Allusionen an Klangvorstellungen des 19. Jahrhunderts herzustellen – eine durch die Ästhetik der späten ‚Moderne‘ gebrochene Reminiszenz an deren Ursprung.

Sechster Kommentar (als Epilog): Ende vom Lied

Von der Peripetie zur vierten Strophe zu vermitteln, ist ein ‚überzähliger‘ Takt (32) nötig[22]. Noch der Beginn der vierten Strophe selbst wird in diese Rückleitung hineingezogen; der mit den drei anderen Stropheneinsätzen (Takte 8, 16, 24) identische Singstimmenbeginn auf g′ (jetzt charakteristisch zu Vierteln geebnet) wird harmonisch von der Tonikaterz zur kleinen None der Doppeldominante umgedeutet. Entscheidend jedoch ist die Fakturänderung, der Übergang zum homophonen Satz in repetierten Achtelakkorden bei festgehaltener Singstimmen-Melodie – also Wegfall des ungenauen Unisono. Damit wiederholt das Lied im Ganzen die Fakturbewegung der instrumentalen Eröffnung (oder umgekehrt: von dieser Gesamtdisposition her fällt ein weiteres erhellendes Licht auf den ‚konventionellen‘ Schluß der Anfangspassage). Das bedeutet Vereinfachung der komplizierten Faktur, könnte Aufhellung sein, die Anbahnung eines versöhnenden Schlusses. Doch auch diese Erwartung wird nicht eingelöst. Schon das „neugeboren" wird keineswegs positiv herauskomponiert, ist sekundtiefere Sequenzierung von [„gehet] müde unter" in a-moll mit abfallender Dynamik zum Phrasenhöhepunkt – also auffällig zurückgenommen. Und nachdem Takt 37 mit der auch im Sprachcharakter wieder abgesetzten vierten Zeile auf dem einen Ton fis′ zurückgekehrt ist, folgt mit Takt 38 die betonte Wiederaufnahme der Stimmdiversität des ungenauen Unisono, und dann (über die Enden der beiden ersten Strophen hinausgehend) ein wirkliches Secco-Rezitativ – nach der Homophonie der zweite (wenngleich vermittelte) Bruch mit der Stillage des Liedes. Absprung in die tiefste Stimmregion, das Abbrechen der isolierten Singstimme auf dem Dominantton h, und (erneut ein ‚überzähliger‘ Takt) die drei Stakkato-Akkorde im Klavier (die im Erstdruck noch „marcato" erklingen sollten): nominell eine Kadenz mit der ersten vollen Dominante und der einzigen Tonika der vierten Strophe, doch ohne die Formbewegung und die gesungene Ekstase des Liedes rundend auffangen zu können. Ein Enden zwar, doch kein Schließen – dem außerordentlichen Beginn ebenbürtig.

In größerem Zusammenhang mag gezeigt werden, daß dieses Enden für Schumann (im Gefolge Eichendorffs offenbar) eine äußerste Möglichkeit von Offenheit,

---

22 Die Setzung des Pedalaufhebung-Zeichens durch Friedländer an das Ende von Takt 33 erscheint problematisch. Da das Zeichen in den Quellen fehlt, könnte ein analytisches Argument auch für Takt 33, erstes Achtel plädieren.

und das heißt in diesem Kontext: von Selbstgefährdung des lyrischen Subjekts, bedeutet. Doch steht *Zwielicht* im Zyklus und dort nicht an letzter Stelle. Sondern es markiert als drittletztes Lied formal (als letztes moll-Lied) wie emotional den extremen Tiefpunkt der Reihe; zugleich leitet es in der Tonartendisposition des Zyklus mit dem Krebs der Folge der drei ersten Lieder (fis – A – E . . . e – A – Fis) die den Ausgangspunkt spiralisch überhöhende Wendung zur Schlußekstase des letzten Liedes, einen für Schumann singulären lyrischen Aufschwung ein.

Franz Liszts „Réminiscences de Don Juan"

von
ALBRECHT RIETHMÜLLER

I.

Während seiner ausgedehnten pianistischen Tourneen, während der seinen Ruhm festigenden ‚Reisejahre' schreibt Franz Liszt am 20. Mai 1841 aus London an Simon Löwy nach Wien: „Je viens de trouver une nouvelle veine de Fantaisies – et l'exploite à force"[1]. Das Finden und Ausbeuten einer Mine läßt an einen vom Goldrausch besessenen Erzgräber denken und ist ein besonders schönes Sinnbild für das kompositorische Schaffen bzw. Schöpfen, selbst wenn es nicht ganz mit den Vorstellungen von einem Komponisten übereinstimmen sollte, wie sie seinerzeit unter der Ägide des Kultus des original schaffenden Genies gehegt worden sind. Schließlich geht es auch nicht um sogenannte Originalwerke, sondern ‚nur' um Bearbeitungen, um Opern-Paraphrasen, und Liszt nennt die Funde seiner Ader: *Norma, Sonnambula, Maometto, Moise* und *Don Juan*.

Die *Don Juan-Fantasie* des Jahres 1841 soll, wie Lina Ramann berichtet, ein „beispielloser Erfolg" gewesen sein; Schlesinger, der sie in sein Verlagsprogramm aufnehmen wollte, habe Liszt von Stadt zu Stadt „belagert", bis er im Besitz des Manuskripts gewesen sei[2]. Die Fantasie ist denn auch mit einer Widmung an König Christian VIII. von Dänemark, der von dem Stück begeistert gewesen sein soll, 1843 bei Schlesinger erschienen. Gegen alle Gewohnheit im Umgang mit seinen Klavierwerken hat Liszt sie nicht wieder gründlich umgearbeitet oder ihr wie in anderen Fällen eine weitere Fantasie über denselben Stoff folgen lassen; nur eine Ausgabe für zwei Klaviere besorgte er später noch (1877 ebenfalls bei Schlesinger).

Robert Schumann hörte die Fantasie in ihrem Entstehungsjahr im Leipziger Gewandhaus und notiert über sie in einer Konzertbesprechung vom 13. Dezember 1841: „Die Komposition ist, soweit ein einmaliges Hören und der fesselnde, bestechende Vortrag des Meisters ein Urteil zulassen, in Erfindung und formeller Ausbildung eine der gerundetsten, abgeschlossensten Liszts"[3]. Schumann gibt seine sonstige Reserviertheit gegenüber Opern-Fantasien, denen er sich selbst nicht verschrieb, auch hier nicht ganz auf, sofern er sein Urteil restringiert („soweit... zulassen"), – eine Restriktion, die zugleich das Geblendetsein von dem Virtuosen Liszt vor Augen stellt. Trotzdem anerkennt Schumann die Vorzüge eines Werkes,

1 *Franz Liszt's Briefe*, hg. von La Mara, Bd. I, Leipzig 1893, S. 43.
2 L. Ramann, *Franz Liszt*, Leipzig 1880–1894, Bd. II₁, S. 121.
3 R. Schumann, Gesammelte Schriften, hg. von M. Kreisig, Bd. II, Leipzig 1914, S. 361.

das sowohl durch das Genre, dem es zugehört, als auch durch die pianistischen Anforderungen, die es an den Ausführenden stellt, zu den repräsentativen Klavierwerken des 19. Jahrhunderts zu zählen ist. Trotz aller ästhetischen Bedenken, die sich im allgemeinen gegen die Oper-Fantasie erhoben haben, galt (und gilt) Liszts *Don Juan-Fantasie* als ein Gipfelpunkt der Klavierliteratur jenes Jahrhunderts, in das zwar die Nobilitierung der Sonaten-Form zur musikalischen Form schlechthin fällt (nach und nach freilich verstärkt im Blick auf die Symphonie), in dem aber das Paradigma einer Sonate, nämlich die Klaviersonate, nicht mehr als repräsentativ bezeichnet werden kann (wenigstens nicht mehr in der nachbeethovenschen Musik).

Das Thema der Opern-Paraphrasen bzw. -Fantasien Liszts lenkt den Blick auf Fragen des Verhältnisses von Popularität und Esoterik, von Salon- und Konzertsaalmusik, auf die Frage der Hoch- oder Geringschätzung der Virtuosität, der Verachtung einer musikalischen Form, die im Verdacht steht, nichts weiter als ein Potpourri zu sein. Sofern die Opern-Fantasien musikalische Bearbeitungen sind, lastet auf ihnen der Makel, kompositorisch weder neu noch originell zu sein, und selbst als Bearbeitungen werden sie oft auf deren niederste Stufe, das bloße Arrangement, gestellt. Sofern es in den Fantasien um die Verwendung von ,schönen', bekannten und gefälligen Opern-Melodien geht, stellt sich — kompositionstechnisch — die Frage nach dem Verhältnis von Substanz und Ornament, das hier eingeklemmt erscheint zwischen die artifizielle Forderung nach thematisch-motivischer Verarbeitung (Innovation bzw. Originalität) und die nichtartifizielle Forderung nach Eingängigkeit des Bekannten (Redundanz bzw. Banalität). Damit, daß auf diese Kompositions- bzw. Bearbeitungsform herabgeblickt wird als auf einen formal primitiven, technisch leeren und im Geschmack verirrten musikalischen Auswuchs des 19. Jahrhunderts, werden die aufgeworfenen Fragen nicht gelöst, sondern eher verdeckt. Warum, so läßt sich doch fragen, wird das Reihungsprinzip im Falle einer Suite geschätzt, im Falle eines Potpourris aber verachtet? Wie reimt es sich zusammen, daß die Fantasie in der Regel als ,formlose Form', mithin als formal un- bzw. unterbestimmt aufgefaßt wird, im Falle der Opern-Fantasie hingegen als banale Potpourri-Form, mithin als formal überbestimmt? Welches sind die — oft genug verwirrend erscheinenden — Kriterien der Bewertung, die mit sogenannten musikalischen Sachurteilen impliziert wird?

Instruktiv hierfür sind Argumente, die z. B. von Diether Presser zum Nachweis der gängigen These angeführt werden, die Paraphrasen seien zwar eine verwerfliche, primitive „Gattung", aber im Falle Liszts — und nur in seinem Falle — erhebe sich dieses an sich Primitive zu einiger Kunst-Höhe[4]. Wie konnte allein Liszt, der sich nicht der „primitivsten Abwandlungsprinzipien" und der „einfachsten Variationsfolge" bedient habe, auch die „potpourriearartige Anlage" überwinden[5]? Statt Flickwerk, d. h. Potpourri, gebe es bei Liszt eine „organische Gesamtlage"[6]. Die Struk-

---

4 D. Presser, *Die Opernbearbeitung des 19. Jahrhunderts*, AfMw XII, 1955, S. 228–238; vgl. ders., *Studien zu den Opern- und Liedbearbeitungen Fr. Liszts*, Diss. phil. Köln 1953 (mschr.).

5 Presser, a.a.O., S. 229.

6 Ebenda S. 231, vermutlich verdruckt für „Gesamtanlage".

tur des Arguments ist die, die in der Musikliteratur, insbesondere gelegentlich der Formbetrachtung, mehr oder weniger unbemerkt häufig wiederkehrt: Ein ungefragt-fragloses Wort – hier ‚organisch' – schafft Dignität. Ob man aber von zwei Formteilen behauptet, sie seien kombiniert, oder ob man denselben zuspricht, sie seien organisch verbunden, ändert zwar nichts an dem Sachverhalt, aber durch den Wechsel des suggerierten Anschauungsmodells vom Zufälligen (mit mathematischer Allusion), das im Kombinieren liegt, zum Notwendigen (mit natürlicher Allusion), das in der organischen Verbindung liegt, wird ein axiologischer Wandel vollzogen. Es sind vielfach die undiskutierten Werte, die das Denken und Sprechen über Musik beherrschen und bestimmen.

Wird wie im 19. Jahrhundert (und in seinen Ausläufern bis heute) die musikalische Form unter der Idee der organischen Verbindung (als Entwicklung und Wachstum) begriffen und diese Idee als höchster Wert gesetzt, dann muß ein Potpourri tatsächlich als unförmig erscheinen und die Opernbearbeitung schon aus diesem Grund unter ein ästhetisches Verdikt fallen. (Ein ‚organisches Potpourri' erwiese sich dann freilich erst recht als ein hölzernes Eisen bzw. als eine contradictio in adjecto.)

Der weit ins 19. Jahrhundert zurückreichenden ästhetischen und formalen Geringschätzung der Opernbearbeitung korrespondiert die Tatsache, daß sie schon seit dem späten 19. Jahrhunderts nicht mehr besonders gepflegt wurde. Sie kam ‚außer Mode'; heute werden neue Opern-Paraphrasen nicht geschrieben und die vorhandenen nur höchst selten gespielt oder gehört. Sie passen nicht ins Schallplattenzeitalter, in dem die Originale der Opern ständig verfügbar sind. Sie passen nicht mehr in die Hörerwartung der Klavierabendprogramme, und ein Liszt stünde wohl vor einer nicht geringen Schwierigkeit, wenn er mit einer *Moses und Aron-Fantasie* oder einer *König Lear-Paraphrase* vor vollen Sälen brillieren und das Publikum verzaubern und begeistern sollte. Die Bedingungen des Geschmacks und der musikalischen Ausdrucksmittel haben sich zu sehr an der Opernbearbeitung vorbei verändert, obwohl die instrumentale Voraussetzung, nämlich der moderne Konzertflügel, noch immer nahezu unverändert auf den Konzertpodien steht.

Die Nomenklatur der Opernbearbeitungen für Klavier ist vielfältig und nicht distinkt. Es wäre gewaltsam, sie systematisieren zu wollen. Ob es sich um die bloße Übertragung eines Stücks einer Oper handelt, um die Zusammenstellung mehrerer Stücke aus einer oder auch aus verschiedenen Opern, um die Bearbeitung einzelner ‚Melodien' oder ganzer Passagen (Arien, Nummern), ob nur zusammengestellt (arrangiert) oder ob in die musikalische Substanz variierend bzw. bearbeitend eingegriffen wird: Für eine Typisierung unter dem Blickwinkel des jeweiligen Bearbeitungsverfahrens und der jeweils gewählten Form sind die im 19. Jahrhundert verwendeten Bezeichnungen wie Paraphrase, Transkription, Réminiscences, Improvisation, Caprice, Fantaisie usw.[7] kaum geeignet, und der Versuch, diese uneinheitlich gebrauchten und sich überlappenden Bezeichnungen durch einen Katalog von distinkten Neologismen zu ersetzen, erschiene unangemessen (weil die Durchlässigkeit

---

7 Vgl. Presser, a.a.O., S. 228.

bei Bearbeitungsformen wesentlich ist), überflüssig (weil die Bezeichnungen multipliziert würden) und aussichtslos (weil ein solcher Versuch sich nicht durchsetzen würde). Auch im Falle von Liszts *Don Juan-Fantasie* gehen die Titel auseinander; sie heißt ebenso *Grande Fantaisie de Don Juan* wie (im Erstdruck) *Réminiscences de Don Juan*, und Ferruccio Busoni, dem die einzige kritische Ausgabe dieses (in der alten Liszt-Gesamtausgabe nicht und in der neuen noch nicht erschienenen) Stückes zu danken ist, betitelt 1917 zusammenfassend: „*Réminiscences de Don Juan.*" *KONZERT-FANTASIE über Motive aus MOZARTS „DON GIOVANNI" für das Pianoforte*[8].

II.

Statt also angesichts der vielfältigen Bezeichnungsmöglichkeiten in unnötige Ratlosigkeit zu geraten und statt die *Don Juan-Fantasie* einem bestimmten Typus der Opernbearbeitung zuzuordnen, ist es vorteilhafter, die einzelne Fantasie daraufhin zu befragen, welche Partien Liszt Mozarts *Don Giovanni* entnommen, wie er sie zusammengestellt hat und welche Sicht dieser Oper und ihrer schillernden Titelfigur daraus spricht. Liszt beschränkt sich für die drei Teile der *Don Juan-Fantasie* im wesentlichen auf drei Sektoren von Mozarts „Dramma giocoso". Eine langsame Einleitung bezieht sich auf den Komtur bzw. den ‚steinernen Gast' mit Übernahmen aus dem II. Akt; auch Mozart führt, zu Beginn seiner Ouvertüre, in die Sphäre des Komturs. Der zweite, mittlere Teil wird mit dem Vortrag des verhaltenen Duettino Don Giovannis und Zerlines „Là ci darem la mano" (I. Akt, Nr. 7) und zwei sich anschließenden Variationen darüber bestritten. Der Vivace- bzw. Presto-Schlußteil befaßt sich mit Don Giovannis Arie „Fin ch'han dal vino" (I. Akt, Nr. 11), die schon Schumann unter dem offenbar biederer Gesinnung entsprungenem mißverständlichen Beinamen ‚Champagnerarie' bekannt war.

Soweit diese Partien – ganze Nummern und einzelne Abschnitte – auf Mozart fußen, richtet sich das Augenmerk hauptsächlich auf die klavieristische Einrichtung zum virtuosen Vortrag (‚Transkription' als Klang-Transformation) – eine Dimension, die hier nicht weiter gewürdigt werden kann, obwohl sie bei genauem Hinsehen durchaus kompositorisch relevant ist, wenn man zwischen ‚Arrangement', ‚Bearbeitung' und ‚Komposition' nicht unüberwindliche Barrieren setzt. Soweit Liszt (wie im Falle des Duettinos im Mittelteil) Variationen schreibt, greift er zu

---

8 Erschienen Leipzig 1918 als Nr. 4960 der Edition Breitkopf. Diese „große kritisch-instruktive Ausgabe", die im folgenden zugrundegelegt wird, enthält sowohl „Liszts *unveränderten* Originaltext" (Vorwort) als auch darunter eine Busonische Fassung sowie zahlreiche fortlaufende Anmerkungen, mit denen der Herausgeber u. a. dem Erfordernis nachkommen will, daß das Werk nicht nur seiner pianistischen Qualitäten wegen betrachtet werde, sondern „daß man sich auch einmal ästhetisch damit befasse" (Vorwort). Busoni kollationierte hierfür auch Liszts spätere Ausgabe für zwei Klaviere. – Literatur zu Liszts *Don Juan-Fantasie* ist rar; um so nachdrücklicher sei verwiesen auf die in der Fs. für H. Becker (Laaber 1982, S. 131–151) erschienene, dem Verf. erst nach Abschluß des Ms. zugänglich gewordene Studie von S. Döhring: „*Réminiscenses.*" *Liszts Konzeption der Klavierparaphrase.*

einem approbierten Mittel, das in Opernbearbeitungen gewöhnlich Anwendung findet, wenn der gewählte Text mit eigenen Worten wiederholt werden soll; kompositionstechnisch rückt die Frage der Motiv-Transformation ins Zentrum, wobei das komplizierte Verhältnis von Fantasie (als Form) und Variation (als zugleich Form und Kompositions-Verfahren) den Hintergrund bildet, in Opernbearbeitungen jedoch nicht so gravierend erscheint, weil der Absicht zu variieren dadurch engere Grenzen gesteckt sind, daß das Variieren hier letztlich nicht um der Kunst des Variierens willen, sondern um des gewählten Opernausschnitts willen (sei dieser nun ein Motiv, ein Thema, ein Abschnitt oder eine ganze Nummer) geschieht.

Anders als die erste Variation, der das gesamte Duettino zugrundeliegt, bezieht sich die zweite Variation nur auf dessen Beginn („Là ci darem la mano"); dort, wo Liszt zur anderen Hälfte des Duettino („Andiam, andiam, mio bene") hätte übergehen können, bricht er ab und läßt wieder den ,steinernen Gast' zu Wort kommen: „Tu m'invitasti a cena"[9]. Damit schafft er Raum für eine Überleitung vom mittleren Teil zum Schlußteil der Don Juan-Fantasie. Diese Überleitung, in der Liszt kompositorisch am selbsttätigsten in diesem Werk hervortritt, hat verschiedene zentrale Aufgaben: Einerseits soll sie die Brücke schlagen vom ,lyrischen' Duettino zum Kehraus der ,Champagnerarie' bzw. eine Verdichtung, eine Art Doppelpunktwirkung vor dieser Arie erzielen. Andererseits soll sie durch Wiederaufgreifen der Komtur-Sphäre auf die Einleitung zurückverweisen. Das über 12 Takte währende Mozart-Zitat „Tu m'invitasti a cena" ist besonders auffällig dadurch, daß es bei Mozart ein chromatisches Harmonisierungsmodell enthält[10], das Liszt wohl auch deshalb besonders dankbar aufgreift, weil es — ohne daß es in Wirklichkeit so wäre — der Tonsprache um 1840 näher, moderner scheint. Indem der ,sinnlichen' (und erotischen) Sphäre des Duettino erneut die ,übersinnliche', ,dämonische' (und an Tod gemahnende) Sphäre des Komturs folgt, tritt außerdem nach Busoni „wieder das ,Drama' in seine Rechte, das nun zu seinem Höhepunkt gediehen ist", und Liszt schließt an die 12 Takte Zitat „eine freie symphonische Durchführung [an], die zugleich eine dramatische Steigerung bedeutet"[11].

Nun kann man allerdings in Zweifel geraten, ob diese Gliederung der Überleitung zur Champagnerarie nicht etwas zu eigenwillig ist:

---

9 Busoni-Ausgabe, S. 36. Liszt schöpft aus dem Finale des II. Akts (T. 487 ff.) die Stelle, an der der Komtur dem Don Giovanni die todbringende Gegeneinladung macht. – Busoni schlägt vor, die „Var. II" bis zu dieser Stelle ganz zu übergehen.

10 Vgl. die Erwähnung der Don Giovanni-Stelle in: E. Seidel, Ein chromatisches Harmonisierungs-Modell in Schuberts „Winterreise", AfMw XXVI, 1969, S. 288 und S. 295.

11 Busoni-Ausgabe, S. 36, Anm. 39; „Höhepunkt des ,Dramas' " bezieht sich dabei natürlich auf Mozart, nicht auf Liszt.

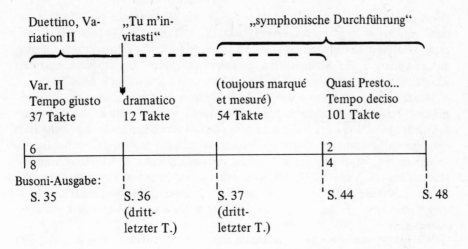

Duettino, Variation II	„Tu m'invitasti"	„symphonische Durchführung"	
Var. II		(toujours marqué	Quasi Presto...
Tempo giusto	dramatico	et mesuré)	Tempo deciso
37 Takte	12 Takte	54 Takte	101 Takte
$\frac{6}{8}$			$\frac{2}{4}$
Busoni-Ausgabe:			
S. 35	S. 36	S. 37	S. 44 S. 48
	(drittletzter T.)	(drittletzter T.)	

Denn die von Liszt ausdrücklich als „Var. II" überschriebenen 37 Takte sind zunächst einmal im Vergleich zur ersten Variation auffällig kurz; unberücksichtigt bleibt, wie erwähnt, die zweite Hälfte des Duettino („Andiam, andiam"). Nicht von ungefähr will Busoni diese 37 Takte eliminieren (vgl. oben Anm. 9), da er ganz auf den ‚durchführenden' Charakter der Überleitung als einer auf den Schlußteil „zueilenden Episode" abhebt (vgl. Vorwort). Es wäre freilich eine Übertreibung, um die Mitte des 19. Jahrhunderts zwischen ‚Variation' und ‚Durchführung' noch zu strikt unterscheiden zu wollen. Jedoch spricht einiges dafür, die Variation II erst unmittelbar vor „Quasi Presto. Tempo deciso" (Busoni-Ausgabe, S. 44) enden und die Überleitung zum Schlußteil erst dort beginnen zu lassen: Dafür spricht die Beibehaltung des Taktes (6/8), die Beibehaltung des Grundrhythmus (♪♪♪ ♪♪♪ ♪) an der Stelle „Tu m'invitasti" und darüber hinaus die Tatsache, daß nach dem „Tu m'invitasti"-Zitat die in Variation II zuvor fehlende andere Hälfte des Duettino („Andiam, andiam, mio bene") angedeutet wird. Die ersten Takte nach dem zwölftaktigen „Tu m'invitasti"-Zitat, laut Busoni der Beginn jener „symphonischen Durchführung", lauten (Busoni-Ausgabe, S. 37, die drei letzten Takte):

Beispiel 1

Der Terzengang der linken Hand ist leicht als der Terzengesang des „Andiam, andiam, mio bene" wiederzuerkennen (I. Akt, Nr. 7, T. 50 ff.). Die rechte Hand hingegen setzt den Grundrhythmus der Variation II fort: Mit ihm wurde zu Beginn
dieser Variation die Melodie „Là ci darem la mano" rhythmisiert; aber der
Rhythmus selbst stammt vom Schluß des Mozartschen Duettino (T. 64 ff.).

Wenngleich Liszt im Anschluß an die in Beispiel 1 zitierte Stelle den „Andiam,
andiam"-Terzengesang allmählich aus den Augen verliert, hält er doch an dem
Grundrhythmus ♪ ♩♩ ♩♩ ♩ bis zu dem „Quasi Presto. Tempo deciso" beharrlich
fest. Und da, wie genannt, dieser Rhythmus ebenfalls der Andiam-Hälfte des Duettino entstammt, wird man die Auffassung vertreten können, es handle sich um die
Fortsetzung von Variation II. Andererseits ist es wohl nur eine Frage der Perspektive, ob man diese Beharrlichkeit als den Impuls einer „symphonischen Durchführung" oder aber als das Festhalten an einer zuvor schon begonnenen Variation
interpretiert.

Wie Fantasien überhaupt, so zeichnen sich auch Opernfantasien gerade dadurch
aus, daß ihre Gliederung stets wieder Schwierigkeiten bereitet. Der gewöhnlich (und
auch oben) beschrittene Weg, Gliederungen durch den Hinweis auf Motivbeziehungen vorzunehmen, Formteile mithin motivisch begründen zu wollen, wird in einer
Musik wie der Liszts, die die Quadratur aufzukündigen beginnt und sich von den
anderen traditionellen Einheiten (des Tempos, der Taktart, der Tonart) immer deutlicher löst, unabweisbar. Dadurch allerdings wächst die Mehrdeutigkeit bzw. der
interpretatorische Spielraum. Hier auch ragt die Semantik in die Syntax hinein. Was
bedeutet es des näheren für Liszts Fantasie, daß mit dem „Tu m'invitasti"-Zitat der
Komtur wieder eingeschaltet wird? Er bleibt von da an bis zum Anfang des Schluß-
teils (‚Champagnerarie') präsent, auch wenn gleichzeitig der auf den Schluß des
Duettinos verweisende Grundrhythmus der Variation II bis zum „Quasi Presto.
Tempo deciso" erhalten bleibt. Liszt kombiniert folgendermaßen: Bis zum „Quasi
Presto" verbindet er Motive, die zur Komtur-Sphäre gehören, mit Partikeln des zu
Ende gehenden Duettino, vom „Quasi Presto" an verbindet er (andere) Motive der
Komtur-Sphäre mit Motiven der später folgenden ‚Champagnerarie'. Letzteres ist
insofern nicht ganz einfach, als Liszt aus der ‚Champagnerarie' etwas nehmen muß,
das deren anschließenden Vortrag nicht antizipiert, d. h. die Doppelpunkt-Funktion
der Passage nicht beeinträchtigt. Um die Überraschung der ‚Champagnerarie' aufzu-
sparen, entnimmt ihr Liszt für die „Quasi Presto. Tempo deciso"-Überleitung die
einzige Moll-Wendung dieser besonders einheitlichen, nicht so sehr kontrastreichen
B dur-Arie:

Beispiel 2

Die linke Hand trägt den Moll-Gedanken in Mozarts Form (und vom selben Ton f aus) vor[12], während die rechte Hand als Baßstimme eine Figur zusetzt, die in dem ‚Komtur'-Einleitungsteil der *Don Juan-Fantasie* (T. 13 ff.) eine Rolle spielt[13]. Bei Mozart begegnet sie zwar nicht in unmittelbarem Zusammenhang mit dem Erscheinen des Komturs, wohl aber als Begleitfigur der zweiten Geigen in der Andante-Einleitung der Ouvertüre (T. 13 ff.), deren Zusammenhang mit der Komtur-Sphäre evident ist.

Wie planmäßig Liszt beim Kombinieren der Motive vorgeht, kann gerade an dem Beispiel gezeigt werden, daß diese Begleitfigur erstmals T. 13 sowohl von Mozarts Ouvertüre als auch von Liszts Fantasie auftritt, obwohl Liszt die Takte 1–12 nicht aus der Ouvertüre bezieht. Vielmehr beginnt Liszts Fantasie mit den beiden Recitativo accompagnato-Stellen der Statue des Komturs „Di rider finirai" und „Ribaldo, audace"[14]. Diese beiden im Charakter dem Ouvertüren-Beginn (T. 5 ff.) auffallend ähnlichen Stellen ergeben zusammen nur 9 Takte. Liszt schließt die Lücke bis zum 13. Takt mit Figurationen über zwei Akkorde, die ohne Zweifel die beiden Einleitungsakkorde der Ouvertüre (T. 1–4) imitieren; lediglich die Harmonisierung ist etwas anders[15]. Das subtile Spiel, das Liszt mit der Kombination aus dem Ouvertürenbeginn und den Accompagnato-Stellen aus dem II. Akt treibt, wird auch den Hörer, der Mozarts Oper gut kennt, gleich hier am Anfang einigermaßen überraschen, wenn nicht verwirren, weil das Bekannte erkennbar (hörbar) anders arrangiert ist, als erwartet und doch so arrangiert ist, daß es sich aufs sinnvollste ineinander fügt. Die Beziehungen, die Liszt innerhalb von Mozarts Oper freilegt und die er durch die Beziehungen zu seiner eigenen Fantasie, die in sich wieder neue Beziehungen schafft, bereichert, weisen an solchen Beispielen einen durchaus modernen, montagehaften Zug auf. Es zeigt sich ein Vorschein dessen, daß Arrangieren nicht bloß eine niedere Kunsttätigkeit zu sein braucht, sondern — wie die Erfahrung des 20. Jahrhunderts gelehrt hat — als ein zentrales Schaffensprinzip überhaupt anzusehen ist. Eine solche Art der zitierenden und arrangierenden Verknüpfung (Assoziation) von Motiven, Partikeln, Abschnitten usw. hat zwar ein syntaktisches Fundament, wirklich erklärbar ist sie jedoch nur semantisch, genauso wie das in der musikalischen Analyse gebräuchlichste Verfahren, kompositorischen Beziehungsreichtum und Zusammenhang durch Motivverknüpfungen zu erweisen, nicht nur

---

12 I. Akt, Nr. 11 („Fin ch'han dal vino"), T. 57–69 („Ed io frattanto...").
13 Busoni-Ausgabe, S. 3, 2. Akkolade.
14 II. Akt, zwischen Nr. 8 und 9.
15 Bei Liszt (T. 10 ff.) $E_7^{9\,\flat}$ und A^7, bei Mozart (T. 1–4 und damit in der Position des ersten Anfangs) d und A.

syntaktisch bzw. strukturell und formal, sondern ineins damit – wie alle nicht-
mechanische Assoziationstätigkeit – semantisch und inhaltlich kausiert ist.

III.

Kehren wir zu der Überleitung zurück: Indem Liszt seine Fantasie mit der
‚Champagnerarie‘ „bejahend" und mit „sprühender Lebenslust" beschließt, liegt es
nahe, in der Überleitung zuvor eine Art Kampf mit der todbringenden Vergeltung
des Komturs oder eine „Erinnerung an des Komturs furchtbare Drohung" zu sehen,
– eine Erinnerung, die Liszts Don Juan im Weiterschreiten von sich abschüttelt,
„um schließlich in betäubendem Vergnügen seine Unerschütterlichkeit wiederzufin-
den"[16]. Die auf diese Weise versuchte inhaltliche Konturierung impliziert, daß es
sich bei Liszts *Don Juan-Fantasie* um „ein für das Klavier umgedichtetes Drama"
handelt[17], das aus Episoden besteht und nach dramatischen Regeln voranschreitet.
Dem „Quasi Presto, Tempo deciso"-Abschnitt käme damit die zum fine lieto führende Funktion der Peripetie zu, – anders als bei da Ponte und Mozart, die es zur
Katastrophe kommen lassen, ja kommen lassen müssen, weil der Titelheld ein
Mörder ist[18]; erst danach können sie im Schluß-Presto durch eine moralisierende
Betrachtung des Bösen bzw. des Bösewichts („Questo è il fin di chi fà mal") doch
noch zum guten Schluß im Rahmen eines Dramma giocoso kommen, obwohl der
Titelheld tot ist.

Doch der Dramenschluß, den sich Busoni bei Liszt vorstellt, stimmt nicht ganz
mit Liszts Absicht überein. Zehn Takte vor Schluß nimmt Liszt das Tempo vom
„Prestissimo" zum „Andante" zurück, um für vier Takte ein letztes Mal den Komtur in Erinnerung zu rufen. Auf das Herstellen von Bezügen bedachte Formbetrach-
ter schätzen eine solche Stelle, weil sie einen Bogen zum Anfang des Werkes spannt,
mithin einen Zuwachs an Zusammenhang zu bedeuten scheint; wenn ein Stück so
endet, wie es begonnen hat, dann gilt das gemeinhin als Ausdruck gesteigerten
Formbewußtseins. Liszt, der Bögen und Bogenformen schätzte, dürfte im Falle der
Don Juan-Fantasie zu dem Symmetrie garantierenden Mittel zwar auch aus eben
diesem formalen Grund gegriffen haben, aber ebenso aus inhaltlicher Verlegenheit.
Der von Busoni unterstellte optimistische Schluß, nämlich Don Giovannis Triumph,
scheint Liszt nicht geheuer vorgekommen zu sein; vielleicht lag ein solcher Triumph
auch noch nicht im Horizont der Zeit um 1840. Busoni, der selbst ein außerordent-
liches Gespür für formale Korrespondenzen und Symmetrien hatte, rettet seine
Auffassung des optimistischen Schlusses konsequent dadurch, daß er diese Reminiszenz des Beginns bzw. des Komturs am Schluß ersetzt (und im Prestissimo verbleibt). Er opfert die formale Sinnstiftung jedoch nicht nur, um seine Sicht der *Don-*

16 Busoni, Anm. 47 und Anm. 46.
17 Ebenda, Anm. 47.
18 Busoni moniert an dem „trefflich gebauten" Textbuch übrigens (im Vorwort zu seiner
   Ausgabe der Fantasie), daß Don Giovanni „nicht sieghaft genug dargestellt ist, daß seine
   galanten Erfolge in dem Stücke nicht eben brillant sind".

Juan-Fantasie als Drama in eine bestimmte Richtung zu verdeutlichen[19], sondern auch um der Schlußwirkung willen. Liszt schreibt nach den vier Takten Reminiszenz für die letzten sechs Takte ein Accelerando vor, das jedoch die durch das Andante unterbrochene Stretta nicht mehr erreichen kann, so daß — wie die Einspielungen der Fantasie erhärten — leicht der ungünstige Eindruck entsteht, der Pianist habe sich in der bis zum Prestissimo gediehenen ‚Champagnerarie' so verausgabt und erschöpft, daß er den Schlußpunkt nur noch ermattet zu setzen vermag.

Das Mittel, einem Stück Instrumentalmusik, zumal einem formal freien wie einer Fantasie, dadurch inhaltlichen Halt zu geben, daß man es als Drama versteht, hat hier noch einen besonderen Sinn: Busoni, der vielleicht letzte Streiter für die Opernbearbeitungen für Klavier, blieb zum einen darauf bedacht, Liszts Opern-Fantasie vom, wie er es im Vorwort nennt, „plebejischen Potpourri" und damit auch vom sumpfigen Boden der Salonmusik abzuheben, den immer wieder zu betreten weder ein Thalberg noch ein Liszt gefeit waren. Zum anderen aber ermöglicht die Fürsprache ausgerechnet für die Opernbearbeitung (und nicht nur für das Bearbeiten von Musik im allgemeinen) etwas, das angesichts der Chefs d'œuvre der Klaviermusik im 19. Jahrhundert schon zur Zeit Liszts schwierig und zur Zeit Busonis nahezu unmöglich geworden war: das Recht vor allen Dingen des Ausführenden, in die kompositorische Substanz, d. h. in den Text der Originale einzugreifen.

Bei allen Freiheiten, die man sich im Vortrag hat nehmen können, wäre es doch schon für Liszt und erst recht für Busoni ein Vergehen gewesen, die Substanz etwa einer späten Beethoven-Sonate, deren Text selbst anzutasten, Striche zu machen oder Erweiterungen anzubringen usw. Bei den ‚niederen' Opernbearbeitungen hingegen, die nicht den Status sakrosankter Meisterwerke erhielten, konnte niemand Texttreue verlangen; im Gegenteil, sie nötigten geradezu zur Textuntreue, und dies aus mehreren Gründen: Erstens handelt es sich per se um Bearbeitungen, die ihrerseits einem Gebiet entstammen — der Oper —, auf dem im Gegensatz zu den Werken für den Konzertsaal selbst bei unantastbarsten Meisterwerken aus praktischer Not Textverstöße — in Form etwa von Opern-Strichen — bis heute toleriert werden. Zweitens sind in die Opern-Fantasien Reste des Improvisatorischen eingelassen. Dies bezieht sich nicht so sehr darauf, daß ein Virtuose wie Liszt in der Lage war, seine Opern-Fantasien auch am Klavier zu extemporieren (und vermutlich nicht immer gleich spielte); denn schließlich sind sie, wie gezeigt, ausgeklügelt und von ihm als Notentexte publiziert worden. Es bezieht sich vielmehr darauf, daß der Vortragende die Möglichkeit hat, sich selbst eine Fassung zurechtzulegen. Ein Pianist, der mit dem heute geschärften „Urtext"-Bewußtsein den Erstdruck der *Don Juan-Fantasie* wiedergibt, ohne eine Note zu ändern, dürfte aus Korrektheit unkorrekt verfahren. In einer von Busoni eingespielten Welte-Mignon-Aufnahme der *Don Juan-Fantasie* ist es sehr schön zu beobachten, wie er zwischen Liszts Originalfassung und der von ihm vorgeschlagenen eigenen Fassung hin- und herpendelt.

---

19 Ein Musikstück, das éndet, wie es begonnen hat, besitzt einen konstruktiven Vorzug, ein Drama weist im selben Falle eine Mißkonstruktion auf.

Das Improvisatorische, das in der Konzertsaalmusik des 19. Jahrhunderts mehr und mehr aus dem Blick geriet, konnte auf dem Nebengeleis der Opernbearbeitung am ehesten überleben. Das Moment der Improvisation, das das Ideal der Textlosigkeit im Rücken hat, verbindet sich mit dem Moment der Fantasie, das vom Ideal einer freien Form bzw. Formlosigkeit herkommt. Die Gefahr, der die Opernbearbeitung jedoch nur schwer entkommen kann, ist die der Charakterlosigkeit; die Vorwürfe eines Mischmaschs (Potpourri) reagieren darauf. In der *Don Juan-Fantasie* begegnet Liszt dieser Gefahr durch eine strikte Beschränkung in der Auswahl der Bühnencharaktere: die Konfrontation des Komturs mit Don Giovanni steht so im Zentrum, daß es die Nebenrolle der Zerline kaum gestattet, von einem ,Dreipersonenstück' zu sprechen. Der Reduktion der Charaktere entsprechen die Verringerung der Szenen (Episoden) und die notwendige drastische Vereinfachung des Geschehens, sofern einem Klavierwerk Gewalt angetan und es, wie Liszt genau wußte, um seine Wirkung gebracht wäre, wenn mehr Details geschildert oder wiedergegeben werden sollten.

Wenn man den Gedanken ernst nimmt, Liszt habe Mozarts *Don Giovanni* in ein Drama für Klavier verwandelt, dann erscheint (trotz aller erforderlichen Verkürzung und Umakzentuierung in der Auffassung) das Sujet der Oper als Programm der Fantasie, – ein Programm, das nicht eigens mitgeteilt zu werden braucht, da vom Hörer erwartet werden darf, daß er das Geschehen der Mozart-Oper in groben Zügen kennt. Ist es dabei zu hoch gegriffen, in einer Opernbearbeitung wie der *Don Juan-Fantasie* um 1841 den Vorschein einer Symphonischen Dichtung zu sehen, wie sie Liszt bald danach zu komponieren begann, und des weiteren zu vermuten, daß eine solche Fantasie mit demselben Recht als eine Quelle der Symphonischen Dichtung anzusehen ist wie die dafür stets (und auch von Liszt selbst) namhaft gemachte (Opern-)Ouvertüre, zumal da das Wesen der Symphonischen Dichtung (durchaus auch im zeiteigenen Verstande) darin gründet, musikalisch eine Fantasie zu sein?

Mit dem Hinweis auf da Pontes und Mozarts *Don Giovanni* als Programm der *Don Juan-Fantasie* ist Liszts Sicht des Don Juan noch nicht scharf genug umrissen. Zwar benötigt Liszt die Sphäre des Komturs – das Dämonische – als ein dramatisches Ferment seiner Fantasie und diese übersinnliche Sphäre als belebenden Kontrast zu der rein sinnlichen des Don Juan. Aber dieser Don Juan wird durch das Duettino und die ,Champagnerarie' vorgestellt, durch zwei Nummern also, die der Gedanke der Verführung in besonderem Maße eint: einmal die gelungene Verführung des Bauernmädchens (contadina) Zerline, das andere Mal die Vorfreude auf den Hauptzweck des erwarteten großen Festes, nämlich nicht Champagner zu trinken, sondern sich bald dieses, bald jenes Bauerndirnchen (contadinotta) vorzunehmen[20]. So gesehen fixiert Liszts Fantasie den Schürzenjäger Don Juan, und es nimmt nicht wunder, daß der Abbé Liszt 1880, d. h. wenige Jahre nach Erscheinen

---

20 ,,Ed io... con questa e quella [sc. contadinotta] vò amoreggiar'', heißt es in der ,Champagnerarie' (das Substantiv ist aus dem unmittelbar vorangehenden Rezitativ zu ergänzen; die Übersetzung ist an Busoni, Anm. 47, angelehnt).

der Ausgabe der Fantasie für zwei Klaviere, den Don Juan rückblickend einen „Taugenichts" nennt[21]. Wir wissen nicht, ob sich Liszt vierzig Jahre früher (1841) vom Charakter der schillernden Figur des Don Juan dasselbe Bild gemacht hat. Ein Aspekt, der in der Würdigung von Variationen, Bearbeitungen, Paraphrasen usw. meist unterbelichtet bleibt, sollte indessen nicht übersehen werden: Indem Liszt 1841 Mozart paraphrasiert, hat er teil an ihm und seinem Namen; indem Liszt Mozarts *Don Giovanni* paraphrasiert, hat er überdies teil an Don Juan. Und selbst wenn Liszt diesen verachtet hätte, so fiele es doch seinem Publikum (und seinen Rezipienten in späterer Zeit) nicht schwer, eine Verknüpfung beider herzustellen, und sei es – unter Berücksichtigung nur der gängigsten Klischees des Lisztbildes – insofern, als man sagte, Liszt handhabe das Klavier so virtuos wie Don Juan die Frauen[22].

Es ist naheliegend zu vermuten, in der *Don Juan-Fantasie* sei ein Stück Identifikation Liszts mit dem omnipotenten Verführer enthalten. Doch das starke Abheben auf das Duettino hier und die ‚Champagnerarie' dort kann zuvörderst einen einfachen Grund haben: beide Nummern sind die vielleicht stärksten ‚Zugnummern' der Oper, bei denen Liszt 1841 davon ausgehen konnte, daß ein jeder sie kennt. (Daß die ‚Champagnerarie' auf dem Klavier ein Furioso zu entfachen und das Duettino, im Kontrast dazu, auf dem Klavier einen höchst delikaten, zudem noch dialogischen, ‚singenden' oder ‚sprechenden' Vortrag gestattet, kommt als zusätzlicher Gewinn hinzu.) Schumann nennt sie die „beiden Hauptbestandteile" der Komposition, ohne die umfänglichen Komtur-Partien überhaupt eines Worts zu würdigen[23]. Er erweist sich damit als ein Hörer, wie ihn sich Liszt wohl gewünscht hat, nämlich als einer, für den das zugkräftig Bekannte auch das Hauptsächliche ist.

IV.

„Darin hat Liszt nie geirrt: er wußte das ‚Schlagwort' für den beabsichtigten Eindruck zu wählen und dem Publikum zuzurufen. Er kennt die Kraft des schlagenden Zitates." Wie sollte man bei dieser Feststellung Busonis im Vorwort zu seiner Ausgabe der *Don Juan-Fantasie* nicht an den eigenartigen, schwerverständlichen Untertitel von Nietzsches Spätschrift *Götzen-Dämmerung* (1889) denken: „Wie man mit dem Hammer philosophiert", und diese selbst meisterlich schlagwortartige

21 Am 10.6.1880 schreibt er an Marie Lipsius (*Franz Liszts Briefe*, a.a.O., Bd. II, S. 294), Mozart und Byron hätten Don Juan „verunsterblicht" und „Krabbe" (d. h. Christian Dietrich Grabbe in seinem Drama *Don Juan und Faust* von 1829) habe „diesem Taugenichts dichterische Aufmerksamkeit geschenkt und ihn Faust zugesellt, was vielleicht Excellenz von Goethe verblüffen dürfte". Die seitdem stets wieder versuchte Verbindung bzw. Gegenüberstellung von Faust und Don Juan, den beiden am meisten beachteten männlichen Protagonisten seit Goethe und Mozart, blieb ebenso umstritten, wie die Auslegungen Don Juans selbst unerschöpflich blieben.
22 Vgl. Nietzsches Bemerkung: „*Liszt*: oder die Schule der Geläufigkeit – nach Weibern" (*Götzen-Dämmerung*, 1889, Abschn. „Streifzüge eines Unzeitgemäßen", § 1).
23 Schumann, a.a.O., S. 361.

Formulierung nicht auf den Meister des Hammer-Klaviers Liszt ummünzen (Nietzsche weist auf die auditive Dimension hin, wenn er diesen Hammer mit der Stimmgabel vergleicht): „Liszts *Don Juan-Fantasie*. Oder wie man mit dem Hammer musiziert"?

Anders als für Schumann gehört für Busoni neben dem Duettino und der ‚Champagnerarie' auch der Komtur als drittes Moment der Fantasie zu diesen „Schlagworten" hinzu, sofern sich für Busoni, wie es scheint, der Schlagwort-Charakter nicht auf die gewöhnlich damit verbundenen Kriterien der Verständlichkeit und Deutlichkeit, Einfachheit und Eingängigkeit bzw. auf die Bekanntheit ‚schöner Stellen' (Themen, Melodien usf.) beschränkt. Und anders als heute, da ‚Schlagwort' fast nur noch pejorativ verwendet wird[24] und da das tönende ‚Schlagwort' (beginnend noch zu Lebzeiten Liszts) zum ‚Schlager' geworden oder, wenn man so will, verkommen ist[25], bezieht sich das Stichwort ‚Schlagwort' bei Busoni in Übereinstimmung mit dem damaligen Sprachgebrauch wenigstens auf drei, nicht rundum pejorativ gemeinte Ebenen: erstens wörtlich auf das Durchschlagende, auf das scharf, treffsicher und wirkungsvoll Formulierte (vgl. ital. parola ad effetto, frz. mot à l'emporte-pièce), zweitens jedoch auf das Gemeinplätzliche (vgl. engl. commonplace saying) und schließlich drittens auf den Schimmer eines großen bzw. hohen Gestus (vgl. frz. grand mot, engl. high-sounding phrase). Das inzwischen auf den ‚Slogan' eingeengte ‚Schlagwort' läßt diese zu Beginn des Jahrhunderts gebräuchliche Bedeutungsvielfalt, die dem polyglotten Busoni vertraut gewesen sein dürfte, nicht mehr zu; sie dürfte jedoch in allen Ebenen auf Liszt besonders gut zu beziehen sein.

Doch gerade in dem ihr eigenen Schlagwort-Charakter konnte Liszts *Don Juan-Fantasie* (und die Opernbearbeitung überhaupt) nicht bestehen vor einem Bewußtsein, das aus ihr eben nur noch das Schlagwortartige – *„Don Giovanni's* greatest hits"* – herauszuhören vermochte und dabei das überhören mußte, was sie auch noch ist: als Drama für Klavier ein Vorschein Symphonischer Dichtung. Mehr als der Vorwurf, ein Potpourri und damit eine, wie Arnold Schönberg sagt, „niedrigste Organisationsform" zu sein[26], hat den Opern-Fantasien ihr Schlagwort-, d. h. Hit-Charakter geschadet. Schönberg hat zwar den „potpourriartigen Fantasien und Paraphrasen" eine „gewisse Dankbarkeit" bewahrt, weil sie „einen in meiner Jugend mit guter Musik vertraut machten – z. B. mit Melodien aus Mozarts *Don Juan* und *Zauberflöte*"[27]. Aber so wenig dieser pädagogische Vorzug noch gelten kann, so wenig gilt noch der genau entgegengesetzte ästhetische, daß die Opern-Fantasien dem Hörer gerade nichts Neues, sondern das Vertraute noch einmal haben sagen

---

24 Eine Ausnahme bildet das Bibliothekswesen, sofern neuerdings nicht Stichwort-, sondern ‚Schlagwortkataloge' Einzug in das Instrumentarium des wissenschaftlichen Arbeitens halten und damit in gewisser Weise die Rede widerlegen, die Wissenschaft habe es nur mit Begriffen und nicht mit vorterminologischen Schlagworten zu tun.

25 Zu den Termini ‚Schlager' und ‚Hit' vgl. R. Brinkmann, Kgr.-Ber. Berkeley, California 1977, Kassel 1981, S. 790 ff.

26 A. Schönberg, *Die formbildenden Tendenzen der Harmonie*, übers. von E. Stein, Mainz 1957, S. 176; vgl. dazu P. Schleuning, *Die Fantasie II* (= Das Musikwerk XLIII), Köln 1971, S. 18.

27 A. Schönberg, ebenda.

wollen und damit eine der wichtigsten ästhetischen Funktionen erfüllten: die Freude des Wiedererkennens zu gewähren.

Schon um 1915, als Busoni Liszt ob seines gekonnten Umgangs mit musikalischen Schlagworten bewunderndes Lob zollte, mußte dieses Lob zugleich im Zwielicht stehen, sofern die Ungezwungenheit und Unbefangenheit gegenüber musikalischen Schlagworten von der musikalischen Wirklichkeit überholt, eine naive Freude am Wiedererkennen (solcher „schlagenden Zitate") nicht mehr ungetrübt und das Schlagende nicht mehr — neutral — auf „das sichere Erfassen des Wichtigen aus der Fülle des Gesamtwerkes" beschränkt war[28]. Im Stadium der freien Atonalität — zugleich der Zeit des Ersten Weltkriegs — war es einem Musiker, der auf der Höhe seiner Zeit zu sein beanspruchte, kaum mehr möglich, noch so ungeniert mit den Schlagworten gefälliger Motive und Melodien, zumal aus bekannten Opern, zu jonglieren. Wo sind, wenige Ausnahmen abgezogen, die musikalischen Schlagworte geblieben, die aus um 1915 komponierten, wirklich fortgeschrittenen Kompositionen stammen? Welches sind die musikalischen Schlagworte, die Schönberg oder Strawinsky dem Publikum damals so zugerufen haben, daß es sie, wie es sich gehörte, im Gedächtnis hätte behalten können? Busonis auch sonst wiederholter Hinweis auf die musikalischen Schlagworte — er reklamierte sie, wohl im Ausgang von Verdis ‚parola scenica', vor allen Dingen für das musikdramatische Geschehen in der Oper — läßt den Zwiespalt spüren zwischen der Trauer über den Verlust einer bequemen Brücke zum Publikum (qua eingängiger Melodien)[29] und der Zufriedenheit darüber, daß die Zeit solchen Buhlens, Gaukelns usw. vorüber ist.

Dem Umstand, daß die Verfassung der modernen Musik um 1915 keine Schlagworte oder Schlagzeilen, wenigstens im gefälligen Sinne, mehr zuließ, korrespondiert die Tatsache, daß ungefähr gleichzeitig — vor allem dann in den 1920er Jahren — die Empfindlichkeit gegen Schlagworte im allgemeinen stark anwuchs. Das Mißtrauen gegen Schlagworte im allgemeinen, das sich in der objektiven Unfähigkeit, musikalisch noch in Schlagworten zu sprechen, spiegelt, kommt nicht von ungefähr. Schönbergs Reserviertheit gegen schlagwortartige Ausdrücke wie ‚Atonalität' und ‚neue Musik', aus denen er das Polemische und Diffamierende glaubte heraushören zu müssen[30], fällt ungefähr in eine Zeit, in die eine der (gesellschaftlich, aber auch politisch und sogar ästhetisch) schwerwiegendsten umweltverändernden Entwicklungen oder Verirrungen des 20. Jahrhunderts fällt: Mit einer der römischen Kurie entlehnten Vokabel wurde ‚Propaganda' zum Schlagwort der Zeit, und die Schlagworte wurden in deren Dienst gestellt, um zuvörderst die Methode einer ‚Sprach-Regelung' zu betreiben, wofür eigens ein ‚Propaganda-Minister' eingesetzt wurde. Damit wurde nicht nur der Grund gelegt für einen angewandten Wissenschaftszweig,

---

28 Busoni-Ausgabe, Vorwort.

29 Busonis oben zitierte, durchaus auch etwas neidische Formulierung „Er (Liszt) kennt. . ." kann nach dem vorausgegangenen „er wußte. . ." auch als „Er kannte noch. . ." (mit starker Betonung des Subjekts „er") gelesen werden.

30 Vgl. A. Schönberg, Gesammelte Schriften I, Frankfurt a. M., S. 466 (um 1930), und dazu Chr. v. Blumröder, *Der Begriff „neue Musik" im 20. Jahrhundert* (= Freiburger Schriften zur Musikwissenschaft XII), München 1981, S. 104 ff.

der heute Werbepsychologie heißt und die modernste Form der Kunst der Rhetorik bildet, sondern es ergab sich auch die Möglichkeit einer, wie Johannes Lohmann es genannt hat, „absolut funktionalisierten Sprache", in der „prinzipiell j e d e Sache n a c h B e l i e b e n mit dem Gegenteil von dem benannt werden kann, was sie ‚in Wirklichkeit' ist"[31].

Vor diesem Hintergrund ist die Sensibilität der Künstler gegen alles Schlagwort-artige und damit Eingängig-Gefällige, Zündend-Einprägsame und Einfach-Verein-fachende als Manipulations-Instrument leicht verständlich, und zwar nicht nur gegen die schlagenden Worte, sondern auch gegen Bilder und Töne. Vor diesem historischen Hintergrund wäre es aber bestimmt auch nötig und lohnend, nicht allein mit den Mitteln der Wortforschung den über Musik verbreiteten Schlagworten nachzugehen[32], sondern das musikalische Schlagwort als Schlagwort in Tönen einer systematischen Behandlung zu unterziehen, und zwar gerade weil es (wie das Schlagwort insgesamt) in Verruf geraten, in die Unterhaltungsmusik (‚Kulturindu-strie', in der Kunst als ‚Ware' und ‚Reklame' bzw. ‚Werbung' figuriert) abgewandert und in der neuen Musik tabuiert ist. (Ein Indiz dieser Ausgrenzung kann in der merkwürdigen Tatsache gesehen werden, daß sowohl in der Musiktheorie als auch in der Musikwissenschaft der letzten Zeit die Grammatik große, die Rhetorik hingegen fast keine Beachtung findet.) Die Behandlung müßte — es kann hier nur schlaglicht-artig darauf verwiesen werden — die syntaktische (grammatische) Ebene ebenso einbeziehen wie die pragmatische (rhetorische, psychologische). Ein musikalisches Schlagwort kann — dies erschwert die formelle Bestimmung erheblich — ebenso eine kleine melodische Floskel sein wie ein geschlossenes Musikstück (z. B. die ‚Cham-pagnerarie')[33]; seine Funktionen rühren an Grundfragen des historisch und demo-graphisch wandelbaren Verhältnisses von Komponist (sowie Ausführendem) und Publikum; seine komplizierte Stellung zwischen Kontextbezogenheit und relativer Kontextunabhängigkeit (Isoliertheit bzw. Isolierbarkeit des Schlagworts) weist in die Problematik des musikalischen Zitats. Am dringlichsten jedoch stellen sich die Probleme auf der semantischen Ebene. Denn die musikalischen Schlagworte sind — wie Schlagworte generell — in eminentem Sinne Bedeutungsträger. In ihnen sind Aussagen und Konnotationen (nicht für sich, sondern zentral um der Wirkung wil-len) so komprimiert enthalten, daß sie je nach Perspektive und Gewichtung ent-weder als Paradigmata oder als Zerrbilder eines musikalischen Bedeutungsträgers erscheinen.

Indem das musikalische Schlagwort als Bedeutungsträger am Ende dieser Be-trachtung über Liszts *Don Juan-Fantasie* steht, ist ein musikgeschichtlicher Themen-

---

31 J. Lohmann, *Philosophie und Sprachwissenschaft* (1965), Berlin ² 1975, S. 11; vgl. S. 91.

32 Dies hat aus Anlaß der damals aktuellen ‚Studenten-Bewegung' Walter Wiora mit einem Plädoyer für die „Freiheit vom Schlagwort" unternommen (*Über das Schlagwort in der heutigen Musikliteratur*, in: Fs. E. Doflein, hg. von L. U. Abraham, Mainz 1972, S. 85–104).

33 Hier könnte an den von der Linguistik gelegentlich von Presse-Untersuchungen beachteten Unterschied zwischen Schlagzeilen bzw. Überschriften (headlines) und Vortexten (leads) angeschlossen werden; vgl. z. B. H. Kniffka, *Soziolinguistik und empirische Textanalyse. Schlagzeilen- und Leadformulierungen in amerikanischen Tageszeitungen*, Tübingen 1980.

und Fragenkreis angeschnitten, den Hans Heinrich Eggebrecht in vielen Untersuchungen abgeschritten ist. Einerseits hat er eine Studie über Mozarts *Don Giovanni* vorgelegt, in der er am Beispiel der ‚Tanzszene' die Gehaltlichkeit der reinen Musik im Sinne einer „restlosen Einigung, gänzlichen Ineinanderbindung des Meinens und Erscheinens" unter Beweis gestellt hat[34]. Andererseits hat er — und daran denken wir hier in erster Linie — die Musikgeschichte stets wieder im Blick auf bestimmte musikalische Bedeutungsträger unter der Frage untersucht, inwiefern sich benennbare Gehalte in die Musik entweder einschreiben oder aus ihr selbst heraus zum Ausdruck kommen. Dazu gehören die barocken musikalisch-rhetorischen ‚Figuren' (Heinrich Schütz), der ‚Ton' des Lieds der Goethe-Zeit (Franz Schubert) und, gleichsam als musikalische Umgangswörter, die ‚Vokabeln' (Gustav Mahler). Dazu gehörten aber auch die Leitmotive und, als ein wie defizienter Modus solcher Bedeutungsträger auch immer, die musikalischen Schlagworte. Ob der Komponist diese Schlagworte selbst erfindet oder ob er sie vorfindet und als schlagende Zitate verwendet, macht keinen prinzipiellen Unterschied, sofern man sie in ihrer Struktur und Funktion als das gewissermaßen musikalisch Fettgedruckte erkennt. Oder anders und in das Bild des Anfangs zurück gewendet: Sie sind die wirklichen Funde der Schürfgrube, die der Komponist — zugleich Gräber und Schmied — verwandelt, indem er sie bearbeitet und beschlägt.

---

34 H. H. Eggebrecht, *Versuch über die Wiener Klassik. Die Tanzszene in Mozarts „Don Giovanni"* (= BzAfMw XII), Wiesbaden 1972, S. 1 f.

Musik über Musik
Zu Wagners „Götterdämmerung"

von
THEO HIRSBRUNNER

Gefährlich ist es, ein Bonmot wie dasjenige von Rudolf Kolisch, der nach Theodor W. Adorno gesagt haben soll, Strawinsky schreibe „Musik über Musik"[1], auf andere, in diesem Falle auf Wagner, zu übertragen. Deshalb sei zuerst näher erläutert, was es bei Adorno bedeutet, um dann auf Wagner einzugehen, der nicht einer in jedem Punkt ähnlichen Situation ausgesetzt war, als er die Musik der *Götterdämmerung* schrieb.

Der neoklassische Strawinsky komponierte, z. B. in *Pulcinella*, nach Modellen, nach Musik Pergolesis oder nach Musik, die Pergolesi zugeschrieben worden war. Die Stimmigkeit dieser Musik wurde durch die Deformationen, denen sie durch Strawinsky unterzogen wurde, eher noch erhöht — was ohne genaue Analyse am Werk paradox klingen mag — indem die in der ursprünglichen Musik angelegten Tendenzen zu konsequenter Stimmführung, die sich wegen der Bindung jener Musik an die Drei- und Vierklänge der Harmonik nicht richtig entfalten konnten, voll entwickelt wurden. Adorno spricht deshalb von „lädierter Tonalität"[2] und sagt von Strawinskys Musik, daß sie „von der Differenz der Modelle und dem, was sie damit verübt"[3] zehre; „seine [Strawinskys] Musik" blicke „stets auf andere hin, die sie durch Überbelichtung ihrer starren, mechanistischen Züge"[4] entstelle. Dieses Verfahren wurde aber nicht von Strawinsky, sondern von Erik Satie zuerst angewandt, der in *Jack in the box*, drei Tänzen, die er wahrscheinlich um 1900 schrieb, die seelenlos abschnurrenden Formeln der Unterhaltungsmusik durch ‚unschöne' Dissonanzen störte, die eben gerade die Klischees deutlich hörbar machten. Nur an Trivialmusik und den zu hehren Vorbildern von satztechnischen Übungen an Konservatorien erstarrten Chorälen und Fugen konnte die ‚Verzerrung' bemerkbar gemacht werden. Dasselbe Verfahren auf die komplexen harmonischen Verhältnisse der Musik von *Tristan und Isolde* übertragen, würde eine durchaus ‚mögliche' Variante des Modells ergeben. In Saties *Descriptions automatiques* von 1913 steht nun die verbale Bemerkung „mécanique démolie" über einer an sich in F—Dur stehenden Marsch-Melodie, die durch einige ‚fehlerhafte' Töne und eine Begleitung in Des—Dur aus ihrem ursprünglichen Zusammenhang gerissen wird. Die Trivialität

---

1 Th. W. Adorno, *Philosophie der Neuen Musik*, Frankfurt 1958, S. 168.
2 Ebenda, S. 169.
3 Ebenda, S. 169.
4 Ebenda, S. 169.

des Modells erweist sich damit als gebrochen, denn die Alltagsmusik ist etwas vollkommen Ungewöhnliches geworden. Die Ratlosigkeit von Leuten, die nur einen unreflektierten Umgang mit Musik pflegen, beweist das schlagend. Keiner von ihnen möchte auch den Tango oder Walzer aus Strawinskys *Histoire du soldat* mittanzen, wo die Bewegungen des Körpers in ihrer bewußtlosen Motorik stets durch Verschiebungen und Zerstückelungen des Rhythmus angehalten würden. Die „demolierte Mechanik" Saties verrät aber nicht nur eine Freude am Beschädigten, die der Kenner lächelnd goutiert, sondern sie ist, vor allem bei Strawinsky, etwas Tieferes, Komplexeres: mit ihr findet eine Überlagerung von Zeit- und Bedeutungsschichten statt, die den Überhang von Geschichte, von Vergangenheit anzeigt, dem unsere Kultur ausgesetzt ist. In *Apollon musagète* z. B. sind drei verschiedene Formen von ‚Klassik' gleichzeitig gegenwärtig: die Klassik des homerischen Hymnos von Apollos Geburt in der Handlung, die Klassik des französischen Großen Jahrhunderts, der Regierungszeit Ludwigs XIV., in der sich streckenweise an Lully orientierenden Musik und die Klassik der Choreographie, die sich an Balette wie *Schwanensee* anlehnen soll. Die profane und die sakrale Sphäre werden auch oft übereinandergelagert, wenn z. B. in der *Histoire du soldat* während der Umarmung zwischen den Soldaten und der Prinzessin ein Choral erklingt und in dem Ballett *Orpheus* der Bittgesang an die Furien einer Arie aus einer Kantate J. S. Bachs – immer mit den erwähnten Deformationen – gleicht.

*

Nach mehr als zehnjähriger Unterbrechung begann Wagner wieder am *Ring* zu komponieren, nachdem er in der Zwischenzeit *Tristan und Isolde* und die *Meistersinger* geschrieben hatte. Er traf dabei auf ein nahezu erkaltetes Material, das zudem, in seiner rhythmisch-melodischen und vor allem harmonischen Faktur, veraltet war, und dies nicht eigentlich durch die Werke seiner Zeitgenossen, sondern durch seine eigenen Arbeiten, namentlich durch den *Tristan*. Die Leitmotive in ihrer anfänglichen Gestalt wieder anzuwenden, verbot sich aber nicht nur aus diesem Grunde, sondern auch aus der Nötigung zum ständigen Variieren, zur ‚entwickelnden Variation', wie Schönberg sagen sollte. Beethoven aber konnte noch diesen Prozeß in, verglichen mit Wagner, umgekehrter Weise ausführen, nämlich von einem vorläufigen Zustand des thematischen Materials zu einem endgültigen. Die erste Klaviersonate in f–Moll exponiert das Thema zuerst leise und mit nachschlagenden Vierteln der Begleitung, während es in der Reprise im Forte und mit der Begleitung, hart akzentuierend, auf dem ersten Schlag des Taktes erscheint. Der erste Satz der Eroica bringt das Thema zuerst nur in zwielichtiger Form – die Dreiklangbrechung der Celli geht in einen verminderten Septakkord über –, worauf in zielstrebiger Entwicklung durch verschiedene Tonarten erst in der Coda ein endgültiger Zustand erreicht wird, wo das Thema nun, zwischen Akkordbrechungen der Tonika und Dominante abwechselnd, in einfachster Form erscheint, die nur deshalb nicht als banal angesehen werden darf, weil sie das Resultat eines langen Prozesses ist. Alban Berg sollte in diesem Zusammenhang davon reden, daß die Motive „ein

Schicksal erleiden". Bei Wagner erleiden die Leitmotive auch ein Schicksal, aber gerade, wie erwähnt, in umgekehrter Richtung, von der klaren und manchmal auch banalen Form hin zum Deformierten, Fragmentarischen, das nur deshalb nichts mit Saties Verfahren zu tun hat, weil die Terzenschichtung der Akkorde, wie das ja während der sechziger und siebziger Jahre des 19. Jahrhunderts nicht anders denkbar war, nicht aufgegeben wird.

Obschon Wagner bereits vor dem Beginn der Komposition am *Ring* weitgehend die alte Nummernoper überwunden hatte, so sind im *Rheingold*, der *Walküre* und den ersten beiden Akten von *Siegfried* doch noch Niveauunterschiede zwischen mehr rezitativischen, in ihrer Struktur aufgelösten Partien und Enklaven lyrischen Gesangs oder in sich geschlossener Orchesterstücke zu finden, die beide damals und zum Teil noch heute in Sinfoniekonzerten aufgeführt wurden und werden: die Musik, die in *Rheingold* beim ersten Sichtbarwerden der Götterburg Walhall erklingt, umstandslos als Leitmotiv zu bezeichnen, verbietet sich schon aus der Länge dieses Stückes, das in sich geschlossen, mit einfachen Akkorden und Modulationen und mit einfacher Periodik in ungefähr derselben Form gleich zweimal erscheint, wobei das dazwischen liegende Rezitativ als Folie dient, von dem sich der festgefügte Zustand dieses Themas abhebt, obschon es mit dem Aufgehen des Vorhangs zum zweiten Bild sorgfältig und allmählich aus dem Ring-Motiv entwickelt wurde. Der Walkürenritt ist mit seiner regelmäßigen Periodik, den gut erkennbaren Wiederholungen und blockartig sich lange ausbreitenden Akkorden wieder so ein Stück bequem faßbarer Musik, die heute noch auf Platten mit sogenannten ,Highlights' aus der *Walküre* erscheinen kann. Wotans Abschied von Brünnhilde am Schluß dieser Oper nimmt Isoldes Liebestod voraus, da es sich beinahe um eine Solo-Nummer handelt, gegen deren Ende Loges und Siegfrieds Motiv in voller Breite zelebriert werden, und dieses Stück hat genau so wie jenes − der Liebestod − noch den Vorteil, daß es den Abschluß einer Oper bildet, daß also nicht nachträglich angehängte, immer etwas ärmlich wirkende Konzertschlüsse die Wirkung stören. Die Schmelz- und Schmiedelieder Siegfrieds schließlich sind kunstvoll verfremdete Volkslieder, die mit Refrains und deutlich erkennbaren Strophen aber von den Worten Mimes unterbrochen werden, die wiederum, wie beim Walhall-Thema, als kontrastierende Folie eingesetzt werden. Alle diese hier kurz beschriebenen ,Nummern' tauchen aber schon im Verlauf der Musik, die vor der Unterbrechung an der Komposition des *Ring* geschrieben wurde, nie mehr in ihrer unveränderten Gestalt auf, ganz abgesehen davon, daß sie vor ihrem Erscheinen in musikalisch geschlossener Form auch oft bereits andeutungsweise vorhanden waren. Hier von permanenter Durchführung zu sprechen, wie das oft geschieht, wäre aber doch nicht ganz zutreffend, denn im Gegensatz zur Sonate und Sinfonie gebietet doch meist der Text über das Auftauchen und Verschwinden der Motive, die sehr oft auch, wie unter Zwang, in derselben Tonart wie bei ihrem ersten Auftreten erscheinen, was brüske Modulationen notwendig macht, die zeitweise, wenn wir Cosima Wagner Glauben schenken sollen, Wagner Mühe bereiteten, schreibt sie doch, während er am *Parsifal* arbeitete: ,,... nur wenn er unreflektiert schaffe, stünde ihm alles zu Gebote, wenn er aber überlege, wie ein Thema in eine andere Tonart zu bringen sei, verwirre er sich!"[5] Die Ideologie vom unreflektierten Schaffen, wo Musik etwas unwillkürlich und gnadenvoll Geschenktes wäre, ist typisch romantisch und verdeckt mit ihrem Kult der Inspiration und des Genies nur die Tatsache, daß sich das von Stufe zu Stufe immer Neue, Neuere und Neueste als das einzig Gültige gebieterisch aufdrängte; deshalb wurde von Wagner die längst voraussehbare Logik durchführungsartiger Entwicklungen, wie sie die Musik Beethovens vom Anfang des 19. Jahrhunderts repräsentierte, nicht eigentlich gesteigert, sondern außer Kraft gesetzt, da das ,imprévu' nun oberste Norm war.

Schwierig war es auch, verschiedene der Motive einem sich unaufhaltsam vorwärtsstrebenden Gang der Musik einzugliedern, weil jene, gerade in ihrer Einfachheit und Klarheit, die Tendenz hatten, sich zu isolieren: das Schwertmotiv mit seinem gebrochenen C–Dur-Akkord wirkt schon bald stereotyp, wenn man es, was tatsächlich bisweilen geschieht, sequenzierend in verschiedenen Tonarten bringt. In Siegmunds Monolog im ersten Akt der *Walküre* verfährt nun Wagner so, daß er zuerst die Melodik, den gebrochenen Akkord, nicht antastet, dafür aber diesen nach anfänglich sequenzierender, einfacher Form mit komplizierteren Akkorden begleitet, die die additive Reihung des Motivs verhindern und dafür dynamisches Hineinwachsen in den einfachen Akkord und daraus wieder hinaus gewährleisten. Dissonanz und Konsonanz bilden ein Spannungsgefälle, das, wie das Schönberg formulieren sollte, nur einen graduellen und nicht einen spezifischen Unterschied zwischen einfacheren und komplizierteren, harmonischen Aggregaten vorwegnimmt[6]. Wenn Thomas Mann gesteht, daß ,,die Dreiklangswelt des *Rings* im Grunde seine ,,musikalische Heimat" sei und gleich beifügt, er werde ,,am Klavier des Tristan-Akkordes nicht satt"[7], so ist doch schon hier, im Monolog Siegmunds, zwischen den Gegensätzen – hier Dreiklang, dort Tristan-Akkord – eine Vermittlung zustande gekommen, die sich auch an anderen als dem Schwert-Motiv in immer stärkerem Maße, je weiter das Werk fortschreitet, feststellen läßt.

Der Text zur *Götterdämmerung*, die ursprünglich *Siegfrieds Tod* hieß, wurde aber zuerst geschrieben, doch die vielen Erzählungen, die die Vorgeschichte hätten erhellen sollen, schienen Wagner nur in einem Sprechstück möglich, und in dem Bestreben, alles zu vergegenwärtigen, verfaßte er, rückwärtsgehend, sukzessive den Text zu *Siegfried*, der zuerst *Der junge Siegfried* hieß, und dann *Die Walküre* und *Das Rheingold*; die Musik des letzten erwähnten Stückes entstand aber zuerst, dann die *Walküre* und *Siegfried* bis gegen das Ende des zweiten Aktes. Angenommen, die *Götterdämmerung* wäre allein gestanden, so wäre sie mit der Leitmotivtechnik, wenn man sie als gegeben annimmt, gar nicht komponierbar gewesen, da die Motive sich zuerst an den Text, die Handlung und das Bühnen-

5 Cosima Wagner, *Die Tagebücher II. 1878–1883* Hg. von M. Gregor-Dellin u. D. Mack, München, Zürich 1977, S. 36.

6 A. Schönberg, *Harmonielehre*, Wien 1922, S. 18.

7 Th. Mann: *Wagner und unsere Zeit. Aufsätze, Betrachtungen, Briefe.* Hg. von Erika Mann, Frankfurt 1963, S. 164.

bild heften mußten, um nachher auch verständlich zu sein[8]. Es gibt in der Musik allein keine vollkommen unmißverständlichen Vokabeln, die als Leitmotive ohne den verbalen und optischen Kontext dem Hörer eine genügend klare Orientierung gewährleisten würden. Dazu kommt noch, daß die Handlung einen Endzustand beschwört, wo alles defekt, dem Untergang nahe ist: das Gold ist geraubt, der schuldlose Urzustand dahin, die emanzipierte Liebe zwischen den Geschwistern Siegmund und Sieglinde durch Frickas Eingreifen zerstört und die Weltesche gefällt. In einer *Siegfrieds Tod* adäquaten Musik hätten die Leitmotive in ihrer ursprünglichen Gestalt und die geschlossenen „Nummern" gar nicht erscheinen können, die Differenz zum damals, am Ende der sechziger Jahre, wie erwähnt, schon erkalteten Material hätte gar nicht bestanden. Diese Musik hätte Wagner aber auch vor den Erfahrungen mit *Tristan und Isolde*, wo das Lied des jungen Seemanns und die Matrosenchöre, im Gegensatz zum *Fliegenden Holländer*, auch chromatisiert wurden, gar nicht schreiben können. Hier nur ein „Beziehungsfest"[9] zu sehen, wie Thomas Mann schreibt, die Veränderungen der Motive und der ganzen musikalischen Syntax in der *Götterdämmerung* zu genießen, verbietet sich aber durch die Tatsache, daß jene überhaupt nichts Festliches an sich haben, sondern daß durch Zerfetzungen, Zerstörungen im musikalischen Bereich Zustände geschaffen werden, die der Handlung zwar vollkommen entsprechen, den Hörer aber hätten in Ratlosigkeit stürzen können, wenn nicht gerade die Repetition von intakten Strukturen beim damaligen und heutigen Publikum Langeweile entstehen lassen würde und das noch nie Gehörte, mag es auch defekt sein, als das Willkommene erschiene. Die Zerstörungen setzen aber auch Kräfte frei, die bis in unsere Zeit weitergewirkt haben und deshalb auch positiv gewürdigt werden können. Die Auflösung des tonalen Systems in der Musik hat längst nicht mehr den negativen Aspekt, den es für viele noch um 1900 haben mochte, neue Kriterien wurden erarbeitet, die es ermöglichen, die Musik der *Götterdämmerung* leidenschaftslos, ohne Kulturpessimismus zu betrachten. Gerade anhand der Erzählungen und Rekapitulationen im Text und in der Musik sei im folgenden gezeigt, wie sich etwas Neues abzeichnet, ohne daß dieses Werk als eine bloße Durchgangsphase zu etwas Besserem relativiert würde.

Der Text des sogenannten Nornenvorspiels würde einem Leser, der sich über die Vorgeschichte der *Götterdämmerung* informieren wollte, ohne die drei vorangegangenen Werke — *Rheingold*, *Walküre* und *Siegfried* — zu kennen, nur sehr vage Auskunft geben. Die drei Nornen wiederholen ein vom Schlaf bedrohtes Wissen, wie ihre Mutter Erda im dritten Akt von *Siegfried*, und verkünden zugleich das Ende ihrer Macht und der von ihnen gelenkten und überwachten Weltordnung mit den Worten: „Zu Ende ewiges Wissen! Der Welt melden Weise nichts mehr. Hinab! Zur Mutter! Hinab!" Das Seil, an dem sie gesponnen haben, ist zerrissen und damit das Schicksal einer in Ansätzen noch sinnvollen Welt besiegelt.

---

8 C. Dahlhaus, *Entfremdung und Erinnerung. Zu Wagners „Götterdämmerung"*. Referat an den Internationalen musikwissenschaftlichen Kongreß, Bayreuth 1981.
9 Mann, a.a.O., S. 145.

Ohne allzu genaue Parallelen zwischen Text und Musik herstellen zu wollen, was immer problematisch ist, da die Musik nicht umstandslos, als vollkommen anderes Medium, die Worte spiegelt, muß vor allem ein vorwärtsweisender Aspekt erwähnt werden: aus der Auflösung der Strukturen erwächst eine neue Qualität für die Musik, die nur ungenau und flüchtig die längst bekannten Motive zitiert. Das Motiv des Seiles, eine sich windende Figur in regelmäßigen Achteln, überwuchert alles und gleicht sich auch die vordem charakteristischen Motive an, dergestalt daß daraus etwas entsteht, das Debussy um 1900 unter dem Einfluß des Jugendstils als Arabeske deuten sollte, die die Basis jeder Kunst sei. Die Arabeske hält zwischen einem individuellen, sich von der Umgebung abhebenden, melodischen Gedanken und einer stereotyp und dienend ablaufenden Begleitfigur die Mitte und bildet doch die Hauptsache des musikalischen Verlaufs, aber nur insofern, wie man bereit ist anzunehmen, daß nun das, was bei einem klassischen Komponisten und beim früheren Wagner Nebensache wäre, zur Hauptsache geworden ist. Die Nivellierung der Motive geht hier so weit, daß unter der Einwirkung der regelmäßigen Achtel das Fragment des früher, wie erwähnt, breit ausgespielten Walhall-Themas nicht nur in das Ring-Motiv wie beiläufig übergeht, sondern daß auch das vordem lebhafte Loge-Motiv zeitweise sich rhythmisch angleicht und Speer- und Weltesche-Motiv mit ihren abwärts bzw. aufwärts schreitenden, punktierten Notenwerten nicht mehr zu unterscheiden sind und in das Götterdämmerungs-Motiv, das wieder nur eine Umkehrung des Erda-Motivs aus dem *Rheingold* ist, gleitend übergehen. Wie aus dem Gesagten klarwerden sollte, handelt es sich dabei nicht um einen dramatischen Prozeß des Zerstörens, sondern eine unaufhaltsame Annäherung von Verschiedenartigem, die gut diese Dämmerung des Bewußtseins, des Gedächtnisses, wie er im Text zum Ausdruck kommt, spiegelt, weil sich zugleich ein Motiv im andern erkennt und seine Einmaligkeit verliert.

Eine harmonische Formel, die man zuerst als betont altmodisch bezeichnen möchte, taucht bei den Worten „weihlicher Äste Wald" zum erstenmal auf und wiederholt sich dann mehrere Male: es handelt sich um den Sextvorhalt über der Dominante, der sich in frühromantischen Volksliedern schon und dann später in Verdis Bravour-Arien und im Verismo von Puccini sehnsüchtig aufschwingt, um sein Ende, wie erwartet und deshalb banal, auf der Tonika zu finden. Hier symbolisiert er den noch unberührten Zustand des Waldes, in dem die Weltesche grünte, bevor sie durch Wotans Eingriff, der sich einen Ast abbrach und daraus seinen Speer schnitt, abzusterben begann. Das Altbekannte – dieser naiv klingende Sextvorhalt – wird nun in das erwähnte Beiläufige und Gleitende nicht nur durch das Seil-Motiv eingebaut, sondern auch durch ständige Modulationen, wobei sich keine Tonart lange festsetzt, dem banalen Modell entfremdet. Am Schluß des *Rheingold* wurde diese Formel noch vollkommen affirmativ und triumphal ausgespielt, während sie hier, durch verschiedene Beleuchtungen sozusagen, relativiert wird.

Gegen den Schluß dieser Szene erklingen wie Signale das Schwert-Motiv und Siegfrieds Hornruf, bevor sich der Gesang der Nornen verliert. Diese Art des Überblendens von zwei Szenen – denn die Signale kündigen Siegfrieds Auftritt an – hat auf Alban Bergs *Wozzeck*, auf den Übergang von der zweiten zu der dritten Szene im ersten Akt, eingewirkt. Wenn Boulez auch „die unheilbare „Melancholie" dieser Szene der *Götterdämmerung* liebt und sie mit den Amfortas-Partien im *Parsifal* vergleicht, so betont er doch auch den „Sprung nach vorne", der Wagner mit dieser Szene gelungen sei – der dritte Akt von *Siegfried* sei aus dem Bestreben nach Einheit dieses Werkes noch nicht so avanciert –, und er lobt den „Reichtum des harmonischen Vokabulars, die komplexe Satztechnik, die außerordentliche thematische Kombinatorik"[10] dieser Musik, in der er sein eigenes Streben nach Zusammenhang in der Ambiguität vieldeutiger Beziehungen wiedergefunden haben dürfte.

Ungenaues oder halb verhehltes Wissen teilt Hagen in der ersten Szene des ersten Aktes Gunther und Gutrune mit, nur so viel, daß ihre Begierde nach Besitz und Macht angestachelt wird: „Ein Weib weiß ich", singt Hagen, „das herrlichste der Welt: auf Felsen hoch ihr Sitz; ein Feuer umbrennt ihren Saal; nur wer durch das Feuer bricht, darf Brünnhildes Freier sein." Dazu ertönt in der Baßklarinette und im Horn ein Fragment des Walkürenrittes, eine Andeutung des Feuerzaubers vom Schluß der *Walküre*, der dort, wie schon erwähnt, breit ausgesponnen wurde, das Signal des Abenteuer-Motives aus dem dritten Akt von *Siegfried* und, wiederum wie als Signal, der Gesang des Waldvogels, flüchtig hingeworfen. Nach Siegfrieds Ankunft wiederholt sich diese Stelle, nachdem der Held Vergessen getrunken hat: Gunther suggeriert ihm: „Auf Felsen hoch ihr Sitz" und Siegfried wiederholt, „mit verwunderungsvoller Hast einfallend", wie es in den Regieanmerkungen heißt: „Auf Felsen hoch ihr Sitz?" Gunther fährt fort: „ein Feuer umbrennt ihren Saal", und Siegfried frägt wieder: „Ein Feuer umbrennt ihren Saal?" Nur noch „mit der heftigsten Anstrengung, um eine Erinnerung festzuhalten", wie Wagner schreibt, wiederholt er Gunthers nächste Worte: „Nur wer durch das Feuer bricht?", bevor dieser schließt: „darf Brünnhildes Freier sein". Dazu heißt es in der Partitur: „Siegfried verrät durch eine Gebärde, daß bei der Nennung von Brünnhildes Namen die Erinnerung ihm vollends gänzlich schwindet". Die Motive erscheinen hier noch einmal gebrochen und verfärbt: die Einflüsterungen Hagens werden von Gunther, ohne daß er als ein schließlich betrogener Betrüger genau über die Tragweite seiner Worte im klaren ist, wiederholt und an den seiner selbst entfremdeten Siegfried weitergegeben. Diese beiden Stellen haben nicht nur in ihrem instrumentalen Kolorit, sondern auch in der Kunst der Andeutung auf Debussy eingewirkt: im ersten Bild von *Pelléas et Mélisande* erklingt bei der Erwähnung der goldenen Krone auf dem Grunde des Brunnens eine kurze C–Dur-Fanfare, die als Erinnerung an die gewichtig ausgespielte Rheingold-Fanfare im *Rheingold* gelten mag, und dann, als es sich herausstellt, daß diese Krone nicht heraufgeholt werden darf – Mélisande verbietet dis Golaud – ertönt die Fanfare noch einmal, aber diesmal getrübt durch den Ton *B*, um dann spurlos, so wie sie gekommen ist, zu verschwinden. Debussy führt die Entwicklung fort, die Wagner am Anfang der fünfziger Jahre des 19. Jahrhunderts begann, und setzt an den extremsten Punkten des *Ring* an, um sie im Nachhall bis zum letzten zu sublimieren.

10 P. Boulez, in: *Histoire d'un „Ring"*, Paris 1980, S. 34.

Wagner fährt an jenem Punkt im ersten Akt der *Götterdämmerung* mit dem Motiv des Vergessens fort, das mit seiner zögernden Wiederholung des c—Moll-Akkordes und des Tristan-Akkordes auf *Cis* eine harmonische Trouvaille ganz besonderer Art darstellt. Sie ist aber, ihrer Struktur nach, mit dem Tarnhelm-Motiv verwandt: das Verschwinden der leiblichen Gestalt im einen findet seine Entsprechung im Schwinden des Gedächtnisses und des Ichs im andern Motiv. Solche Trouvaillen, die wegen ihrer harmonischen Komplexität meist gleich zweimal nacheinander auftreten, bilden oft auch den Kern von Debussys Werken, denn seit Wagner verfügt der Musiker nicht mehr über vorgegebene Akkordfolgen — Kadenzen und Sequenzen — die seinen Kompositionen ein vor allem von den Italienern jener Zeit fraglos akzeptiertes Gerüst geben, er muß selber Erfindungen auf diesem Gebiet machen, ist doch seit Baudelaire, der von den Franzosen Wagner am tiefsten begriff, die Suche nach Neuem um jeden Preis, auch wenn damit die Tonalität der Musik zerstört würde, oberstes Gebot. Kunst soll, bei Wagner und Debussy, das Mißvergnügen am Alltag kompensieren, der in den Augen der Künstler, Literaten und Ästheten, immer mehr als feindlich empfunden wird. Der Hang zum Bizarren, das von Baudelaire als schön empfunden wird — ja, er erklärt sogar in Umkehrung der geltenden Normen: „Das Schöne ist immer bizarr"[11] — und der Hang zum Seltenen, das, nach Verlaine, das Gute sein soll[12], stehen am Anfang der Moderne, die freilich dadurch auch in die Esoterik geriet und den Kontakt mit dem breiten Publikum nicht mehr suchte. Der Überhang an Vergangenheit, den Strawinsky, wie erwähnt, annahm und verwandelte, kann auch dadurch gemeistert werden, daß man ihn negiert und das schlechterdings noch nie Geörte sucht. Das war Schönbergs und vor allem Weberns Weg, die aus den kühnsten Stellen Wagners ihre Konsequenzen zogen und ihre Errungenschaften an die junge Generation nach dem Zweiten Weltkrieg weitergaben.

Es ist deshalb hoch bedeutsam, daß gerade Boulez auch an der ersten Szene des zweiten Aktes der *Götterdämmerung*, neben dem Nornenvorspiel, besonders Gefallen fand. Der Text, ein Gespräch zwischen dem halb schlafenden Hagen und seinem Vater Alberich, ist ein hastiges Resumé dessen, was die beiden ohnehin schon wissen und was hier pro memoria, und nicht zuletzt auch für das Publikum im verdunkelten Raum, in schattenhaften Umrissen rekapituliert wird. Alberichs Sprechen wirkt zwangshaft und lästig, die Erwähnungen all der für ihn Liebes- und Machtentzug bedeutenden Ereignisse überstürzen sich. Die Musik vollzieht das nach in der Übereinanderlagerung und Zerstörung der Motive, d. h. die Motive m ü s s e n zerstört werden, um im immer noch harmonisch tonalen, aber bis zum Zerreißen gespannten Gefüge gleichzeitig erklingen zu können. Schönberg hat diese Situation in seinem zweiten Streichquartett noch weiter gesteigert: nachdem er, ähnlich wie Wagner, nach dem zweiten Satz die Arbeit unterbrochen hatte, hebt er im dritten mit aus dem Zusammenhang gerissenen und auch vorläufig uninteressant wirkenden Motiven aus dem längst Komponierten an, um sie dann in einer vorher in der neueren Musik unbekannten Form von Variationen übereinander zu schichten

11 Ch. Baudelaire, *Oeuvres complètes*, Paris 1961, S. 956.
12 P. Verlaine, *Fêtes galantes*, Paris 1943, S. v6.

und den traditionellen vertikalen Zusammenklang, den Wagner noch respektiert, zu verlassen. Der Schluß dieses Satzes, der *Litanei*, ist wieder unmißverständlich tonal, doch war es für Schönberg ein unausweichlicher Schritt, mit dem vierten Satz, der *Entrückung*, die tonartgebundene Musik zu verlassen.

Daß seit Beethoven die Reprise in der Sonatenform zum Problem wurde, fand hier schon Erwähnung, und Schönberg war sich dieser Schwierigkeit vollkommen bewußt, als er im ersten Satz des zweiten Streichquartetts nach der Durchführung nicht eine intakte Wiederholung der anfänglichen Themen anbahnte, sondern nach der Übereinanderschichtung des Initialmotivs im Original, der Verkleinerung und Vergrößerung die Coda beginnen ließ. Anstatt verschiedene, getrennte Sätze zu schreiben, war aber für ihn in der Kammersinfonie op. 9 die Einsätzigkeit die gültige Lösung des Problems, wo ein dynamischer Elan von einem zum andern Teil führt und sich die Themen der in schwachen Umrissen noch feststellbaren Sätze schließlich überlagern. Ein Zuviel an musikalischen Ereignissen zur selben Zeit wurde deshalb im Zusammenhang mit Schönbergs Musik schon oft beklagt, das aber auch schon in der *Götterdämmerung* fühlbar wird: deren erster Akt nimmt die Tendenz zur Einsätzigkeit voraus, die Schönberg zu Ende führt, er schien auch Wagner nach der Uraufführung übermäßig lang, doch hätte die Abtrennung der zwei Szenen des Vorspiels jenen erwähnten dynamischen Elan zunichte gemacht, der Siegfrieds Rheinfahrt an die Szene am Hof der Gibichungen bindet. Boulez realisierte diese Einsätzigkeit, in *Répons* von 1981, wo verschiedene im Konzertraum getrennt spielende Solisten und ein Instrumental-Ensemble mitten unter den Zuhörern plaziert sind, auch dort findet sich diese bei Wagner auftretende Deformation der Motive, die sich die Musiker zuspielen, um jenes für den Zuhörer teils aufregende, teils quälende Erlebnis des Gefangenseins in einem allmächtigen musikalischen Geschehen zu provozieren.

Bei Wagner, in der erwähnten ersten Szene des zweiten Aktes, finden sich aber noch frühere, weniger entwickelte Zeitschichten der Musik, sie ist nicht nur verschlungene, komplexe Struktur wie bei Schönberg und Boulez: wenn Alberich von den Rheintöchtern spricht, schwelgt die Musik in Dreiklängen und in parallelen, volksliedhaften Terzengängen, die als Erinnerung an Früheres aber nicht banal wirken wie der Gesang Siegfrieds und Gunthers, während sie Blutsbrüderschaft trinken – er hat, bei der lügenhaften Handlungssituation, eine gewollt peinliche Ähnlichkeit mit Studentenliedern –, diese Stellen geben der Musik etwas zurück, was sie zu verlieren Gefahr läuft, die Sprachhaftigkeit nämlich, einige in einem bestimmten kulturellen Kontext unmißverständliche musikalische Vokabeln, die durch langen Umgang mit der Musik im Zusammenhang mit ihrem Text und ihrer Umgebung errungen wurden. So wirkt denn auch der plagale Schluß des im übrigen bis zur Unkenntlichkeit zerfetzten Walhall-Motivs als Hinweis auf die Erhabenheit der Götterburg. Der Rhythmus dieser Stelle mit Alberichs Worten: „dem Wälsung und Wotan zum Hohn! Schwörst du mir's, Hagen, mein Sohn?" würde aber schon ganz einem expressionistischen Psychogramm Schönbergs gleichen, wenn dieser konventionelle, aber hier wie neu wirkende Schluß nicht wäre.

Die Gleichzeitigkeit verschiedener Stilschichten und Motive neben den chromati-

schen Fortschreitungen der Akkorde, die, wie das Vergessenheits-Motiv, gleich zweimal vorkommen, also am Ort treten, symbolisieren mit den auf kleinem Raum
wechselnden Motiven, die an sich dynamisch wären, die Ausweglosigkeit der Handlungssituation. Aus der Dynamik wird Statik, und für Pierre Boulez ist diese Szene
„eine der rätselhaftesten des ganzen *Ring*“, „eine unermeßliche Projektion außerhalb der Zeit und außerhalb des Raumes“[13], nicht unähnlich seinem eigenem Werk
Pli selon pli, in dem Mallarmés Gedichte in einer auch rätselhaften, magischen
Musik verschwinden, eingesargt sind und das ‚poème tu‘, das verschwiegene Gedicht, jenseits der meinenden Sprache beschwörend zu sprechen beginnt.

Eine zuerst einfacher, vertrauter anmutende Rekapitulation der Handlung bringt
Siegfrieds Erzählung von Mime und dem Waldvogel im dritten Akt der *Götterdämmerung*. Sie beginnt wie eine Ballade bei den Worten: „Mime hieß ein mürrischer
Zwerg“. Mit nach einem gängigen Klischee ‚ritterlich‘ zu nennenden punktierten
Rhythmen und gelegentlichen, vollkommen traditionellen Kadenzen — wie bei den
Worten „neu zu schmieden das Schwert“ oder „dort fällt’ ich Fafner, den Wurm“ —
nimmt die Musik unkompliziertere, eigentlich längst überholte Formeln wieder auf,
die aber stets durch unvorhersehbare, aber nach Baudelaire bizarre und deshalb
schöne oder nach Verlaine seltene und deshalb gute Wendungen unterbrochen werden. Getreu dem balladenhaften Prinzip, Episches und Dramatisches zu mischen,
wird aber die Szene mit dem Waldvogel, das sogenannte Waldweben, vollständig
gebracht, wobei Siegfried „mit ganz leichter Kopfstimme“, wie Wagner fordert, den
Part des Vogels singt, um eine Vergegenwärtigung jener Szene aus dem zweiten Akt
von *Siegfried* zu erreichen. Das Vergangene, Einfache wird in der Erinnerung
gegenwärtig und ist doch entrückt in einem musikalischen Kontext, der sonst nur
noch in fragmentarischer, zerrissener Form die bekannten Motive bringt. Nach
Hagens Mord an Siegfried, wo aus der in die Vergangenheit blickenden Ballade jäh
ein sich im Jetzt abspielendes Drama wird, stirbt der Held zu der Musik von
Brünnhildes Erwachen, er findet, zurück aus der Entfremdung, sein Ich wieder in
dem Augenblick, wo sein ihm von Wotan zugedachter Auftrag, die Welt aus dem
Schuldzusammenhang zu lösen, endgültig gescheitert ist. Waldweben und Siegfrieds
letzter Gruß an Brünnhilde zeigen wieder vorwärts auf Debussy weisende Aspekte:
die vorherrschende Diatonik, die quer steht zu der übrigen Chromatik, verhieß um
1900, wo sich die französischen Komponisten — Debussy, Ravel und Satie — auf
Palestrina zurückzubesinnen begannen, eine neue Einfachheit, die aber nicht mit
dem Caecilianismus der Romantik zu verwechseln ist; man suchte vielmehr, wie im
Waldweben, nach neuen harmonischen Verbindungen der sieben diatonischen Töne
oder nach neuen, nicht durch stereotype Kadenzen genormten Folgen der Dreiklänge, wie hier zu Siegfrieds Worten „Brünnhilde! Heilige Braut!“, wo auf die dritte
Stufe von *C*–Dur die erste folgt, was im 16. Jahrhundert durchaus geläufig war,
später aber zu den größten Seltenheiten gehörte. Daß es unbedingt *C*–Dur ist, sollte
für die Franzosen auch wegweisend werden, denn man wollte auf den weißen
Tasten des Klaviers, nachdem die Romantik die weniger geläufigen Tonarten bevor-

---

13 Boulez, a.a.O., S. 35.

zugt hatte, das gesunde Neu-Einfache wiederherstellen, das der Musik verloren-
gegangen war.

Mit dem Trauermarsch vollzieht sie schließlich ein Ritual der Erinnerung: die
Wälsungen-Motive wechseln responsorisch mit den konventionell wirkenden Akkordschlägen und Schleiferfiguren des Orchesters ab. Dieser Marsch wäre wieder
eine ‚Nummer' wie der Walkürenritt oder der Feuerzauber, mit ihm könnte die
Tetralogie schließen, wenn Wagner auf eine der Großen Opern Meyerbeers gleichen-
de Geschlossenheit des Werkes gezielt hätte. Doch ihm folgt noch der Nachruf
Brünnhildes auf Siegfried, der, mit dem Aufschichten der Scheite zum Holzstoß und
dem Schmücken der Leiche durch die Frauen, auch leicht zum Ritual geraten
könnte. Doch Wagner hat die letzten Worte der Walküre — es existieren drei Fassungen, die nach Feuerbach, Bakunin oder Schopenhauer dem Geschehen einen Sinn
gegeben hätten — nicht komponiert, der Text bricht mit Hagens Ruf: „Zurück vom
Ring!" ab und es bleibt der Musik anheimgestellt, das Werk zu beenden. Die von
hoher Warte, in einem offiziellen Tone gesprochenen Worte eines neuen Herrschers,
welche Shakespeares Tragödien abrunden halfen, fehlen hier vollständig. Das spiegelt sich auch in der Musik, die, gleichsam ratlos und hastig, noch einmal die längst
bekannten Motive aufbietet, um einem tonalen Schluß zuzutreiben. Das längst ver-
gessene Erlösungsmotiv, das nur kurz im dritten Akt der *Walküre* aufgetaucht ist,
wird gleichsam als letzter Einsatz beim Glücksspiel hingeworfen, um nur den in
Wagners Musik Eingeweihten stumm beredt einen Sinn dieses allgemeinen Untergan-
ges zu suggerieren. Hagens Sturz in die Tiefe des Rheins mit seinen parallel chromatisch abwärtsgeführten Tristan-Akkorden droht die Zerstörung des tonalen Zusam-
menhanges anzukündigen, diese und ähnliche Leerstellen zwischen den Motiven —
z. B. auch der Flug der Raben vor Siegfrieds Ermordung — sind nicht Nebensäch-
liches, sondern sie kündigen die Desintegration des vordem solide Gebauten an. Der
Schlußakkord des Werkes wird auch, vergleicht man ihn mit dem Schluß des
Rheingold, relativ kurz ausgehalten. Stereotype Wendungen haben es nicht nötig,
ausgeschrieben zu werden, erklärt Schönberg in seiner Harmonielehre[14]. Davon ist
hier bei Wagner schon etwas zu spüren, ja, die Regisseure Wieland Wagner und
Patrice Chéreau haben den auftrumpfenden Schluß des *Rheingold* schon anders,
im Sinne von Schönberg als etwas lärmig Überflüssiges gehört und ihn negativ, als
ein Schreiten ins Verderben und nicht in die selige Götterallmacht gedeutet. Ihre
Inszenierungen des Schlusses der *Götterdämmerung* verrieten dagegen Verlegenheit, die aber in Wagners Musik angelegt ist, wo der letzte Tonika-Akkord etwas
Schwebendes, Fragendes an sich hat.

*

Strawinsky schrieb Musik nach fremden Modellen, die nicht zu vergleichen sind
mit dem erkalteten musikalischen Material, das Wagner nach der Unterbrechung der
Arbeit am *Ring* antraf, doch auch er schrieb Musik über Musik, er bezog sich

14 Schönberg, a.a.O., S. 143.

zurück auf die veralteten Formeln, um daraus neue Musik zu bilden, die in ihrer, verglichen mit dem ursprünglichen Zustand, verformten Art auf die folgenden Generationen eingewirkt hat. Affirmative Schlüsse schrieben die französischen Komponisten in der Nachfolge Wagners und verrieten dadurch, daß sie, als Epigonen, den Sinn von Wagners Spätwerken nicht verstanden hatten, der in der Negation und Brechung des schon Vorhandenen besteht.

Schema als Form bei Anton Bruckner
Zum Adagio der VII. Symphonie

von
WOLFRAM STEINBECK

I.

Das verbreitete Wort von der „Schablonenhaftigkeit" der Symphonien Anton Bruckners[1] und die Ansicht, Bruckner habe „sich ein sehr einfaches Schema für seine Sätze zurecht gelegt" und daran „in all seinen Sinfonien ganz gleichmäßig festgehalten"[2], hat Anhängern wie Gegnern immer wieder der jeweils eigenen Argumentation gedient. Sahen die Befürworter Bruckners darin den Beweis eines tiefverwurzelten und unausrottbaren Mißverständnisses, das selbst aus dem engsten Freundeskreis um den Meister dessen Formwillen entgegenschlug, so verbanden Kritiker und Gegner damit den Vorwurf mangelnden Formgefühls, das vom Schema als rettender Hülle innerer Zusammenhangslosigkeit nicht loskommt. Aber auch jene, die sich um ein ernsthaftes Verständnis Bruckners bemüht haben, schlagen immer wieder ins Extreme. Fr. Blumes Formulierung etwa, daß bei Bruckner „von der Symphonie Nr. 1 bis zur Symphonie Nr. 9 Grundriß, Anlage, Einzelformen, Instrumentation, Klangsprache, Tonalitätsverhältnisse usw. einander grundsätzlich gleich bleiben"[3], ist nicht untriftig, aber einseitig. Und die vielzitierte Ansicht, daß die Themen aller Symphonien wie „Abwandlungen je eines Urmodells wirken", ja daß die kompositorische Anlage „immer ‚unverkennbarer Bruckner', aber . . . niemals ‚unverkennbar 3. Symphonie' oder irgendeine andere"[4] sei, kann — wenn überhaupt — nur auf den ersten Blick gelten. Vor allem aber verstellt die Auffassung, die jeweils individuelle Struktur der Einzelwerke als sekundär, das Festhalten am Schema dagegen als das Primäre der Brucknerschen Musik anzusehen, den Zugang zu der zentralen Frage nach der Begründung und der Legitimation der Formkonzeption von innen heraus.

Ebenso extrem freilich ist umgekehrt die Auffassung E. Kurths, den die „Vielfältigkeit der inneren Entwicklungszüge" dazu bewog, „jedes Werk Bruckners" als „ein Weltgebäude" zu beschreiben und in jeder Symphonie eine jeweils neue, indivi-

1 Im Brief von H. Levi an J. Schalk vom 30.9.1887. Vgl. *A. Bruckner, Gesammelte Briefe. Neue Folge*, gesammelt und hg. v. M. Auer, Regensburg 1924, S. 395.
2 Fr. Schalk, *A. Bruckner. Betrachtungen und Erinnerungen* (1921), in: Die Musik XXIV, 1932, S. 882.
3 Fr. Blume, Art. *Bruckner*, in: MGG II, Sp. 368.
4 Ebenda Sp. 369 f.

duelle Satzkonzeption zu suchen[5]. Ein solcher Ansatz, den in neuester Zeit z. B. C. Floros[6] wiederzubeleben sucht, aber auch das schlichte Übergehen des Schematik-Problems, wie es seit den frühen Standardwerken über Bruckner, etwa bei A. H Halm, A. Orel oder R. Haas[7], bis heute zu beobachten ist, verkennt die Bedeutung und die grundlegende Funktion, die das Festhalten an kompositorischen Konstanten bei Bruckner hat[7a].

So gesehen erscheint es ebenso einseitig, auf das Individuelle im Werk Bruckners einzugehen, ohne nach der Herkunft der immerhin höchst eigenwilligen Konstanten und nach der Begründung des Schemas aus der jeweils konkreten Anlage heraus zu fragen oder gar das Schematische gänzlich zu leugnen; wie es umgekehrt eine Verkürzung wäre, sich auf die Beschreibung der äußeren Formumrisse und die jeweiligen Abweichungen vom Schema zu beschränken, auch wenn dies die besondere Formkonzeption Bruckners nahezulegen scheint. Der Weg liegt in der Mitte und hat zwischen den Polen zu vermitteln.

Hierbei gilt es jedoch zunächst einen bemerkenswerten Widerspruch auszuräumen. Einerseits nämlich ist in der Tat nicht zu leugnen, daß Bruckner seinen Satz in allen kompositorischen Schichten einer extremen Schematisierung unterworfen hat. Dazu gehört das Festhalten an der Sonatenform für alle Sätze sämtlicher Symphonien mit ihren drei satzbezogenen, gleichfalls schematisierten Typen[8]: trithematische Sonatenform für die Ecksätze (wobei die Finali oft stärkere Abweichungen aufweisen als die Kopfsätze[9]), bithematische für die langsamen Sätze[10] und monothematische Sonatenform für die Scherzi[11]. Dazu gehört die Schematisierung der Satzcharaktere, insbesondere der Scherzi mit ihrer Konzentration aufs Rhythmische sowie der Adagiosätze, deren Überschrift Tempo- und Charakterangabe vereinigt. Und dazu gehören einzelne Techniken, so die rhythmische Verdichtung für Steigerungsbildungen, die Einschaltung choralähnlicher Ruhephasen oder auch die registerartige Instrumentierung — um hier nur die häufigst genannten anzuführen.

5 E. Kurth, *Bruckner*, 2 Bde, Berlin 1925, S. 599.

6 C. Floros, *Thesen über Bruckner*, in: *A. Bruckner* (= Musik-Konzepte XXIII/XXIV), München 1982, S. 10 f.

7 A. Halm, *Die Symphonie A. Bruckners*, München 1923; A. Orel, *A. Bruckner. Das Werk, der Künstler, die Zeit*, Wien 1925; R. Haas, *A. Bruckner*, Potsdam 1934.

7a Die Dissertation von W. Notter, Schematismus und Evolution in der Sinfonik Anton Bruckners (= Freiburger Studien zur Musikwissenschaft, Bd. XIV), München 1983, die erst nach Drucklegung dieses Beitrages erschien, konnte hier leider keine Berücksichtigung mehr finden.

8 Die IX. Symphonie ist wegen ihrer deutlichen Tendenz zur Auflösung der Satzschemata im folgenden stets ausgenommen. Hierauf näher einzugehen, ist einer gesonderten Abhandlung vorbehalten.

9 Man denke etwa an die Doppelfuge im Finale der V. Symphonie oder an das der VII. Symphonie, in der die Themenreihenfolge umgekehrt ist.

10 Vgl. unten Anm. 30.

11 Das Scherzo-Schema lautet vereinfacht: A A', B A^r, wobei A' stets in die Dominante (in der VII. und VIII. Symphonie in die Dominantparallele) moduliert, B ein Durchführungsteil darstellt und A^r eine (meist auf A' beruhende) Reprise ist. Der gleiche Abriß gilt im Prinzip für das Trio.

Andererseits aber scheint das feste Formgerüst der Sätze durch eine Binnenstruktur aufgefüllt, deren motivisch-thematische Verknüpfungsprinzipien sich gerade einer schematischen Regelung entziehen. Hierfür spricht etwa das in der Kompositionsgeschichte einmalige Problem der Fassungen, welches sich gewiß nicht allein in einer textkritischen Aufarbeitung[12] und in einer noch so differenzierten Vergabe von Etiketten wie „Originalfassung", „Ur-", „Erst-", „End-", „Druckfassung" etc.[13] erschöpft. Auch die vielleicht naheliegende biographische Begründung, die die Persönlichkeit Bruckners dem übermächtigen Druck der Umwelt hilflos ausgeliefert sieht, dürfte nicht ausreichen. Vielmehr ist die Möglichkeit der Streichung, Erweiterung, Umstellung und Neugestaltung ganzer Abschnitte aus der blockhaften Grundstruktur des Brucknerschen Satzes heraus zu erklären. Hierzu gehört auch seine Zitatpraxis, wonach es die offensichtlich lockere Fügung der kompositorischen Anlage, insbesondere zwischen zwei Abschnitten, erlaubt, musikalische Zitate aus eigener oder fremder Feder collage-ähnlich aufzunehmen, aber auch zu eliminieren oder auszutauschen, wie etwa in den verschiedenen Fassungen der III. Symphonie, u.z. ohne daß jeweils über Gültigkeit oder Ungültigkeit triftig zu entscheiden wäre.

W. F. Korte hat diese Blockhaftigkeit des Satzes und die lockere Fügung der einzelnen Abschnitte als Konsequenz eines Verfahrens beschrieben, das auf der „addierenden Reihung" „zellenfester Werkstücke" und ihrer fortwährenden „Mutation" beruhe. Bei Bruckner sei „alles ohne Übergang", er habe nicht „das Ineinander und Miteinander sich verzahnender Konturen" gesucht, sondern „die glatte Zäsur". Und die thematische Arbeit beruhe dementsprechend nicht auf einer entwickelnden, sondern auf einer „sprunghaften" Motivabwandlung, die ihr Ziel nicht kennt[14].

Demnach aber müßte der innere musikalische Prozeß bei Bruckner — auch Blockhaftigkeit, Zitatpraxis oder Fassungsfrage sprächen dafür — im Sinne des Begriffs von der Mutation auf Zufälligkeit, auf Willkür oder Beliebigkeit als gültigen Kriterien der Satzanlage beruhen. Und im Blick auf eine solche Struktur müßte das Festhalten am „vorfixierten Ordnungs-,Schema'. . ., dem alle Strukturteile eingebaut werden"[15], als ein konzeptioneller Bruch erscheinen: Ein aus sich selbst nicht mehr steuerbarer Ablauf bedarf eines vorgefertigten Formgerüstes, das ihn zusammenhält und ihn vor der Gefahr gänzlichen Ausuferns bewahrt. Das Schema wäre, gemäß dem pejorativen Teil der Wortbedeutung, die Zwangsjacke eines formunfähigen Gefüges.

Der sich hierin ausdrückende ästhetische Widerspruch zwischen Schema und innerem Gefüge, den Korte nicht sah, wäre nur zu lösen, wenn es gelänge, weder das Schema als pures „Arrangement"[16], noch das Verknüpfungsverfahren als „Mutation" und damit im Prinzip als zufällig auffassen zu müssen. Vielmehr müßte es

12 *A. Bruckner. Sämtliche Werke. Kritische Gesamtausgabe*, hg. von der Generaldirektion der Österreichischen Nationalbibliothek und der Internationalen Bruckner-Gesellschaft unter der Leitung v. L. Nowak, Wien 1951 ff. Nach ihr wird im folgenden stets zitiert.

13 Vgl. L. Nowak, *„Urfassung" und „Endfassung" bei A. Bruckner*, Kgr.-Ber. Wien 1956.

14 W. F. Korte, *Bruckner und Brahms. Die spätromantische Lösung der autonomen Konzeption*, Tutzing 1963, S. 42 f.

15 Ebenda S. 54.   16 Ebenda S. 61.

möglich sein, beides, Schema und musikalischen Prozeß, Schema und Form also, als Bestandteile ein und derselben Gestaltungsidee und das eine als die Erfüllung bzw. als Voraussetzung des anderen zu beschreiben.

II.

Am Beispiel des *Adagio* der VII. Symphonie wollen wir im folgenden einen solchen Weg zu gehen suchen. Es ist bekanntlich nicht nur Bruckners legendärste Komposition, da sie mit dem Tode seines Abgottes Wagner verknüpft ist; es ist auch sein berühmtester und meistbewunderter Satz, der ihm vor allem, zusammen mit dem Kopfsatz, den lang ersehnten und bahnbrechenden Erfolg gebracht hat. Und wie das Adagio im allgemeinen immer wieder als der zentrale Satztypus bei Bruckner beschrieben worden ist[17], so wurde im *Adagio* der VII. Symphonie geradezu der Höhepunkt in Bruckners Schaffen überhaupt gesehen[18]. Mögen Urteile dieser Art auch nicht immer viel besagen, so scheint Bruckner doch in der Tat etwas gelungen zu sein, worum er lange gerungen hat: der Ausgleich zwischen Anlage und Steuerung des motivisch-thematischen Prozesses auf der einen sowie zwischen Schema und spezifischem Satzcharakter auf der anderen Seite[19].

Nun ist es aber gerade aufgrund des besonderen Verhältnisses von Schema und innerem Gefüge bei Bruckner — wie bei kaum einem anderen Komponisten (und in extremem Gegensatz z. B. zu seinem Antipoden Brahms) — unmöglich, die Konzeption eines einzelnen Satzes analytisch zu erfassen, ohne dabei zugleich das gesamte symphonische Schaffen und dessen kompositorische Grundbedingungen im Auge zu haben. Das bedeutet, das Exemplarische des Einzelfalles insofern ernst zu nehmen, als hier das Besondere nicht nur auf das Allgemeine, das es vertritt, zu verweisen hat, sondern zugleich nur auf dem Hintergrund des Gesamtkonzepts begreifbar zu machen ist. So gilt es zunächst, auf einige grundlegende Gestaltungsprinzipien, soweit für das Adagio erforderlich, einzugehen.

Bei Bruckner beruht der musikalische Prozeß auf einem Verfahren, das — in Abwandlung bestehender Benennungen — als d i s j u n k t i v e V a r i a n t e n - r e i h u n g bezeichnet werden kann. Seine Musik kommt voran durch Veränderung, u.z. nicht im Sinne ,entwickelnder Variation', wie sie Schönberg an Brahms entdeckte, sondern durchaus im Sinne einer bausteinartigen und locker gefügten, immer wieder neu ansetzenden Reihung fester, jedoch auch immer wieder verwan-

17 Vgl. z. B. Halm, a.a.O., S. 121; oder J. v. Hecker, Art. *Symphonie*, in: MGG XII, Sp. 1849.
18 W. Niemann, *7. Symphonie E-Dur*, in: *Bruckners Symphonien*, erläutert v. K. Grunsky u. a. (= Meisterführer Nr. 4, Berlin [1907]), S. 135.
19 Bezeichnenderweise wird auch die Schema-Frage der Adagio-Sätze widersprüchlich diskutiert: Während R. Louis in der frühesten Bruckner-Biographie die Form des Adagio „mehr als irgend eine andere" als „geradezu stereotyp" bezeichnet (R. Louis, *A. Bruckner*, München 1905, S. 219; vgl. auch Halm, a.a.O., S. 121), so meint P. Benary, daß die „langsamen Sätze... voneinander am weitesten unterschieden" seien, weshalb sie sich „weitgehend jeglicher summarischen Charakterisierung" entzögen (P. Benary, *A. Bruckner* (= Musikbücherei für jedermann XIII), Leipzig 1956, S. 45).

delbarer „Werkstücke"[20]. Die offensichtliche Festigkeit entsteht dabei vor allem durch ein zäsurbetontes, taktmetrisch abgezirkeltes Komponieren[21] mit einer Neigung zur Beibehaltung rhythmischer Grundmuster. Der prägnanten Motivkontur aber wohnt zugleich eine Fähigkeit zur Verwandlung inne, die den musikalischen Prozeß über alle Zäsuren hinweg in Gang zu halten vermag. Denn so unleugbar Bruckners Motivbildung Bausteincharakter hat und so plausibel das Progressionsprinzip von Korte als „Additions-" und „Kettenverfahren" mit „begrenzten Werkstücken" bezeichnet wird, so unzweifelhaft ist zugleich die dynamische Kraft der Brucknerschen ‚Zellen', ihre zugleich offene Anlage, die – um im Bild zu bleiben – aufgrund ihres inneren ‚Codes', ihrer komponierten Bereitschaft zur Wandlung, sehr planvoll auf Vervielfältigung und Veränderung aus ist.

Diese Offenheit der Zellen, die über deren feste Konturierung gleichsam hinauswirkt, wird zum einen durch einen besonderen Zug der Brucknerschen Harmonik getragen, den man als d i s j u n k t i v bezeichnen kann: Die motivischen Bauelemente haben trotz ihrer Begrenzung einen ausgeprägten harmonischen Mündungscharakter, der auf beständiger Dominantisierung der Nahtstellen beruht[22], wobei die Dominantbildungen zu ihrer verknüpfenden Funktion gleichberechtigt eine abgrenzende erhalten (davon später). Zum andern wird der musikalische Vervielfältigungsprozeß von einer gewissen instabilen Diastematik[23] getragen, durch die das „thematisch Erschaffene, kaum erfunden..., schon beginnt, sich zu verwandeln"[24]. In dieser Wandlungsfähigkeit, deren Extrem in der Tat Beliebigkeit wäre, liegt die Gefahr der Zerfaserung oder Verflüchtigung thematischer Substanz, der auch die Beibehaltung rhythmischer Formeln nicht Einhalt gebieten könnte, würde doch in ihrer Monotonie die entstandene Leere im Gegenteil um so spürbarer. Wo aber das Material die Tendenz hat, Themen- und Motivstrukturen in der Schicht des Melodischen zu nivellieren und an die Stelle stringenter, ‚logischer' Motivverflechtung in letzter Konsequenz diastematische Beliebigkeit treten zu lassen, dort ist ein Regulativ erforderlich, das dies als substantielles Gestaltungsmittel legitimiert und der Form die sich auflösende thematische Identität erhält.

Dieses Regulativ ist die Befähigung der offenen Variantenreihung zur unversehrten Wiedergewinnung der thematischen Substanz, kurz: zur Reprise (u.z. zunächst in einem allgemeinen, nicht sonatenmäßigen Sinne), eine Befähigung, die sich doppelt begründet: Erst aus der vorgegebenen Sicherheit der thematischen Wiederkehr nämlich erwächst der Musik überhaupt das Vermögen zur diastematischen Nivellierung; und umgekehrt: erst der weittragende Prozeß der Variantenreihung mit seiner Auflösungstendenz macht die Reprise, die Rückgewinnung des thematisch Bestimmenden, zum zentralen Ereignis des Satzes. Und daß Bruckner, mit Ausnahme der Scherzi, auf Themen aufbaut, die neben der rhythmischen gerade auch eine beson-

---

20 Korte, a.a.O., S. 39.
21 Bruckner hat ja bekanntlich jeden einzelnen Takt metrisch beziffert und penibel auf Geradzahligkeit seiner Abschnitte geachtet.
22 Vgl. Kurth, a.a.O., S. 549.
23 Vgl. C. Dahlhaus, *Die Musik des 19. Jahrhunderts*, = NHbMw VI, Laaber 1980, S. 225 f.
24 Korte, a.a.O., S. 35.

dere melodische Prägnanz besitzen, erscheint zwar als Widerspruch zur diastematischen Variabilität, macht jedoch just jene komponierte Sicherheit seines Reprisengedankens aus. Erst der Rückgriff auf markante Zeichen schafft musikalischen Zusammenhang in einem Satz, der die Freiheit hat, genau mit dieser Wandlungsfähigkeit den musikalischen Prozeß zu bestreiten.

Nun kann aber das beschriebene Reprisenprinzip, aus dessen grundlegender Gültigkeit sich Bruckners starres Festhalten an den verschiedenen Ausprägungen seiner Sonatenform erklärt, nicht nur aus der Tendenz des Materials zu melodischer Instabilität begründet werden. Vielmehr erweist es sich auch als Konsequenz eines anderen, gewissermaßen übergeordneten Gestaltungsprinzips: der für Bruckner so typischen und alles beherrschenden S t e i g e r u n g s - u n d H ö h e p u n k t b i l d u n g. Gerade die Herausbildung nämlich der Höhepunkte in Bruckners Symphonik rechnet in besonderer Weise mit der Wiederholung, der Rückgewinnung des thematisch Bedeutsamen. So ereignen sich in den Ecksätzen die Höhepunkte als D u r c h b r u c h des jeweiligen Satz-Hauptthemas, wobei in den Finali, welche ihrerseits als Höhepunkte des symphonischen Ganzen konzipiert sind, der Satzhöhepunkt im Durchbruch des symphonischen Hauptthemas noch überboten wird (ab der III. Symphonie). Und als Konsequenz des Steigerungsprinzips wiederum erklärt sich die bei Bruckner so eigentümliche trithematische Anlage der Ecksätze: Die Gestaltung der dritten Themenkomplexe, deren motivischer Ursprung im Grunde im jeweiligen Kopfthema liegt[25], ergibt sich aus der Absicht, mit ihnen die Steigerungen und Höhepunkte zu bestreiten. Kurze Motivbildung, Unisonoführung, Skalenparaphrasierung und ein ostinater Rhythmus sind die Mittel eines Ballungsprozesses, der auf zunehmender Aktionsdichte im Rhythmischen, abnehmender melodischer Differenzierung und beständiger Wiederholung des thematischen Kerns beruht. Und diese Art der Steigerung, die die Exposition mit dem dritten Themenkomplex einführt und die „wellenartig" (E. Kurth) in immer erneuten Ansätzen in der Durchführung erprobt wird, vermag das verdrängte, wenn man so will: verschüttete Hauptthema im Sinne der Durchbruchsidee zu seiner Reprise und zum Höhepunkt zu verhelfen.

Indem nun aber die auf den Reprisengedanken konzentrierte Sonatenform vom Prinzip des thematischen Durchbruchs durchkreuzt wird, gerät die Form in nicht unerhebliche Schwierigkeiten. Dies wird insbesondere an der Schwächung der Reprise selbst greifbar. Bei einer Reprise nämlich, die bis auf ihren Schluß die Exposition nur unwesentlich verändert wiederholt (so zumindest in den Kopfsätzen), muß die Durchbruchsidee den tragenden Steigerungszug über ihre volle trithematische Anlage hinaus bis in die Coda hineintreiben. Auch wenn der besondere Schlußhöhepunkt der Reprise den der Exposition oft deutlich überbietet[26], kann sich das Hauptthema doch erst in der Coda ‚behaupten', den endgültigen Höhepunkt des

25 So besonders deutlich gleich in der ‚Nullten' oder z. B. in der IV. (Buchst. D, entspricht dem Höhepunktteil des 1. Themenkomplexes bei Buchst. A) und in der VI. Symphonie (Buchst. F, v. a. aus dem Begleitrhythmus des 1. Themenkomplexes hervorgegangen).
26 Vgl. z. B. den 1. Satz der I. Symphonie (Linzer Fassung), Buchst. M; oder den der III. Symphonie (Fassung v. 1889), Buchst. W.

Satzes herbeiführen und damit die höchste, gleichsam die ‚letzte' Erfüllung bringen[27]. Und dies gilt dann insbesondere für die Schlußsätze, in denen ja die Satzklimax zugleich zum gesamtsymphonischen Höhepunkt apotheotisch ‚überhöht' wird, was gerade hier erhebliche Auswirkungen auf die Form hat[28].

Demgegenüber bringen die Scherzi das Steigerungsprinzip der Ecksätze dadurch auf den Punkt, daß sie sich von vornherein nur auf ein einziges Thema beschränken, dessen Anlage im Grunde der der dritten Themenkomplexe der Ecksätze ähnelt. So dienen ihre Steigerungsphasen nicht der Vorbereitung von Themendurchbrüchen, sondern folgen dem thematischen Auftrag, der sich ganz im Sinne der Tanzsatz-Idee aus der Konzentration auf die Auseinandersetzung mit dem Rhythmischen ergibt. Problematisch erscheint freilich, daß die Steigerungen in den Scherzi nicht wie in den Ecksätzen einem Ziel dienen, das in der Erfüllung erzeugter Erwartung liegt. Vielmehr ‚gipfeln' die Scherzi stets im Abbruch, was freilich wiederum im Blick auf den Folgesatz wie ein symphonischer „Doppelpunkt"[29] wirken kann.

III.

Betrachtet man vor diesem Hintergrund nun die Anlage der langsamen Sätze, so scheint Bruckner hier einen einfacheren, vielleicht den konsequentesten Weg gegangen zu sein.

Bruckners Adagio-Schema

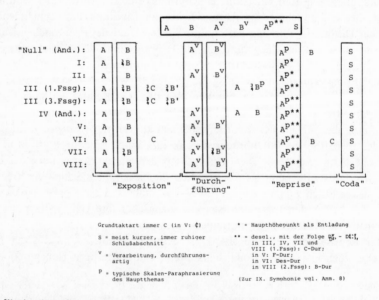

27 Einzige Ausnahme ist der 1. Satz der VIII. Symphonie.
28 Vgl. oben Anm. 9.
29 Vgl. H. H. Eggebrecht, *Prinzipien des Schubert-Liedes*, AfMw XXVII, 1970, S. 100 ff.

Äußeres Merkmal dessen ist die Beschränkung auf nur zwei Themenkomplexe[30] mit besonders auffälliger Unterscheidung in Hauptthema und „Gesangsperiode"[31] (A und B im Schema). Im Blick auf das beherrschende Steigerungs- und Höhepunktprinzip bedeutet dies, daß die Steigerungspartien des ganzen Satzes direkt aus dem Hauptthemenkomplex schöpfen müssen (A^v und A^p), während die in sich völlig abgeriegelten Partien der Gesangsperiode in der Exposition und am Ende der Durchführung (B und B^v) Beruhigungsfelder darstellen, in denen die Entspannung dem Zwecke „neuen Ausgreifens zu ... umso mächtiger neugesteigertem Ansatz"[32] dient. So muß sich also das Hauptthema selbst als allein steigerungsfähig erweisen.

Für diese Forderung bietet das *Adagio* der VII. Symphonie geradezu ein modellhaftes Beispiel, an dem zugleich jenes für Bruckners Reprisen- und Höhepunktprinzip grundlegende Verfahren der disjunktiven Variantenreihung in besonders evidenter, substantieller Weise beteiligt ist.

Die 36 Takte des Hauptthemenkomplexes lassen sich im Blick auf ihre thematische Funktion in zwei Abteilungen gliedern: Abschnitt 1 (T. 1–9) mit Tuben- und *Te Deum*-Thema[33], d. h. mit dem Durchführung und Reprise bestimmenden Motivmaterial, sowie zusammengenommen die Abschnitte 2–6 (T. 9–12, 13–18, 19–22, 23–26, 27–36) als offene Reihung von Variantengruppen mit Steigerungs-, Höhepunktpartie und Rückleitung. Das Tuben-Thema, das an das Hauptthema des Kopfsatzes anknüpft, wird in den beiden ersten Takten von einer harmonischen Prägung beherrscht, wie sie für Bruckner besonders charakteristisch ist. Ihr Kern besteht aus dem verminderten Dominantseptnonen-Akkord mit tiefalterierter Quinte, kurz: dem übermäßigen Quintsextakkord[34], hier als $\overset{v}{D}_{5>}^{7}$, zwischen t und in cis-Moll (cis-e-fisis-a)[35]. Dieser schon lange äußerst beliebte Klang, der sich wie ein einfacher Dominantseptakkord anhört, jedoch durch vierfache Leittonspannung seine überraschenden Auflösungen erfährt[36], ist für Bruckner durch die Häufigkeit und Auffälligkeit seines Einsatzes geradezu ein Markenzeichen. Bemerkenswert ist hier je-

---

30 Nur die III. und VI. Symphonie versuchen es mit drei Themen. Während in der III. der 2. Themenkomplex in einer Art A-B-A'-Anordnung zwei thematische Einheiten (B und C) hat, von denen sich der C-Teil wie ein Mittelteil ausnimmt (vgl. die Eingriffe in die 1. Fassung), ist in der VI. das 3. Thema in der Tat ein eigenständiger Komplex, ohne daß hieraus aber die Höhepunktbildung bestritten würde.

31 Bruckners eigener Ausdruck; vgl. z. B. die Partitur der IV. Symphonie, 4. Satz, Buchst. K. In der I., III. und VII. Symphonie sind die „Gesangsperioden" zusätzlich durch Taktwechsel abgehoben.

32 Kurth, a.a.O., S. 498.

33 Bruckner hat bekanntlich hier zum ersten Mal die sog. Wagner-Tuben eingesetzt. Den zweiten Thementeil, T. 4–6, hat er auch im *Te-Deum* mit dem Text „non confundar in aeternum" ab Buchst. X verwendet. Diesen Teil scheint Bruckner nach der Fertigstellung des *Adagios* (21.4.1883) geschrieben zu haben, denn im ersten Entwurf vom 17.5.1881 fehlt er noch, während die nächste Fassung mit dieser Partie erst vom 28.9.1883 datiert.

34 Streng genommen nur, wenn er auf der verminderten Quinte steht. Zur Vereinfachung werden auch die Umkehrungen hier so benannt und als ü$_5^6$ abgekürzt.

35 Für funktionsharmonische Angaben werden die Zeichen von W. Maler (*Beitrag zur durmolltonalen Harmonielehre*, 2 Bde, 4. Aufl., München 1957) benutzt.

36 Charakteristisch ist der phrygisch klingende Leittonfall der alterierten Quinte und die entgegengesetzte Bewegung der Terz in die Oktave. Die Auflösung dieses wechsel- oder domi-

doch die fast demonstrative Ableitung dieses Klanges. Sie beruht auf dem für Bruckner typischen Verfahren der Klangverknüpfung durch Spaltung des Grund- oder
Quinttones eines Akkordes in die obere und untere Kleinsekund[37]. Je nach Weiterführung entstehen dadurch entweder ein oder·zwei entgegengerichtete, nach außen
oder zurück zum Ausgangston strebende Leittöne[38]. Hier in T. 1 wird die melodisch
hervorgehobene Tonikaquinte gis in die Töne a und fisis gespalten, die dann als
Leittöne im nächsten Klang in den Ausgangston, der nun Grundton der D ist,
zurückführen. Bemerkenswert ist ferner die unauffällige, gewissermaßen subkutane
Einführung dieses Klanges unmittelbar am Satzbeginn, u.z. als untergeordneter
Stützklang der „hervortretenden" (vgl. Partitur) Oberstimme. Zunächst noch frei
von seinen spektakulären Eigenschaften, wird der Klang zum gleichberechtigten
harmonischen Träger des Tuben-Themas, d. h. zum eigens exponierten Themenbestandteil, der später in Verbindung mit der ursprünglichen Motivkontur, dann
aber auch gelöst von ihr, für Steigerungs- und Höhepunktbildungen eingesetzt werden kann und durch die Art seiner Verwendung thematischen Rang erhält.

Das gesamte viertaktige Thema erfüllt mit seinen beiden eng korrespondierenden
Zweitaktgruppen die Funktion einer gravitätisch-„feierlichen" (Partitur) Introduktion, die in T. 3 mit dem retardierenden Moment der ruhigeren Achtel (statt Punktierung in T. 1), der melodischen wie auch harmonischen Öffnung (erweiterter Ambitus, sP und s statt t und D) sowie mit der Artikulierung eines kompositorischen
Doppelpunktes in offenem Verharren der Bewegung in T. 4 ihr Ziel erreicht. Mit
einer solchen Eröffnungsgeste, deren Gewichtigkeit Großes erwarten läßt, wird schon
hier auf die Bedeutung verwiesen, die das so Angekündigte für die zentralen Partien
des Satzes haben wird. Und in vollem Streichersatz, deutlich abgesetzt in Faktur und
Funktion, folgt das *Te Deum*-Thema, das der gliedernden Metrik und der zögernden
Ruhe der ‚Einleitung' einen emphatisch-insistierenden Bewegungszug entgegensetzt.
Sein Kern besteht aus dem dreitönig auffsteigenden Akkordmotiv (b^1, T. 4/5),
dessen markanter Sechzehntel-Bestätigung (b^2, T. 5) und der Dominantisierung des
Zielklangs (D_{5-5}^{7}, (D^7), T. 5/6). Dieser erneuten Öffnung folgen der Aufschwung
zum Höhepunkt (T. 6) und ein wellenartiger Melodiebogen, der mit „markig" (Partitur) schreitenden Achteln (b^3), dem dreitönigen Kopfmotiv (T. 7/8) und seiner
melodisch erweiterten Variante (T. 8/9) gleichsam der Zentrierung der Zieldomi-
nante Cis dient.

Introduktion und Hauptthema aber sind trotz ihrer Divergenzen motivisch miteinander verknüpft. So ergibt sich die stufenweise Aufwärtsbewegung des Akkordmotivs (b^1) aus dem öffnenden Schluß des Tuben-Themas: Zum einen wird die
Aufwärtsbewegung von his nach dis′ in Vierteln diatonisch bis gis′ (später bis cis″)
fortgeführt. Zum andern ist die harmonische Anlage des Akkordmotivs im Übergang

---

nantisch verwendeten Klanges erfolgt meist in den Quartsextakkord als Vorhaltsklang oder
direkt in den Zielklang.

37 Vgl. Orel, a.a.O., S. 15 ff.

38 Vgl. z.B. die berühmte Stelle am Anfang der IX. Symphonie, an der der 18 Takte lange
Grundton d plötzlich in die Sekund des − es auseinanderbricht, um als Vertreter des Sept-
akkordes auf es trugschlüssig nach Ces-Dur aufgelöst zu werden.

vorgeprägt: T. 3/4 mit der Stufenfolge VI – (IV) – V – I in cis-Moll, T. 4/5 mit der gleichen, nur um die IV. Stufe verkürzten Folge in E-Dur. Beide Thementeile sind also auch harmonisch über ihre Zäsur hinweg verknüpft, indem der Anfangsklang des Akkordmotivs, cis-Moll in T. 4, zugleich Zielklang der vorherigen D ist und durch die Fortschreitung wiederum zur VI. Stufe des nächsten harmonischen Zieles, E-Dur, umgedeutet wird.

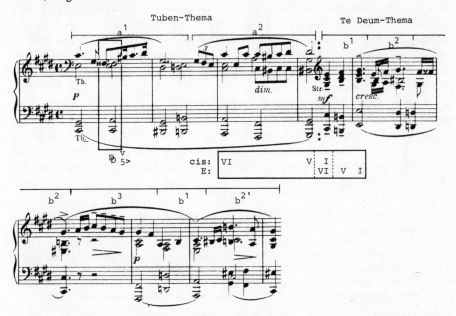

Genau diese K l a n g k e t t e aber mit diatonischer Aufwärtsführung der Oberstimme in Dur oder Moll[39] ist motivisch nicht allein aus dem *Adagio*-Beginn herzuleiten. Vielmehr ist sie zugleich ein Kernstück jener Steigerungspartien bei Bruckner, die durch primär harmonische Steuerung den Haupthöhepunkt eines Satzes herbeiführen oder begleiten[40]. Und so wird zu zeigen sein, wie auch im zweiten Thementeil ein charakteristisches, ja zu Bruckners materialem Repertoire gehöriges Modell harmonischer Verknüpfung aufgrund seiner Funktion im Satzverlauf in den Rang thematischer Bedeutung erhoben wird.

Welchen Sinn aber haben nun die folgenden fünf Abschnitte, die im Unterschied zu den beiden ersten Thementeilen im ganzen Satz — bis auf eine kurze Passage in der Coda (T. 193–206) — nicht wieder verwendet werden? Die „wunderbare Entwicklung einzelner Motive des Themas"[41] zu preisen, besagt nichts, wenn nicht ihre

---

39 Zum Bild der Kette paßt ihre geschlossene Kreisbewegung: bei alternierendem Tongeschlecht der Zielklänge (I/VI) reiht sie 24 Glieder durch alle Tonarten bis zum Wiedererreichen des Ausgangspunktes.

40 Als Initialklang verwendet Bruckner auch oft den Sextakkord der I. Stufe. Vgl. auch unten Anm. 53.

41 M. Auer, *A. Bruckner. Sein Leben und Werk*, Leipzig 5. Aufl. 1941, S. 313.

Funktion für die Satzkonzeption beschrieben wird. Und die irrige Annahme, daß die Abschnitte „im Fortgang des Satzes... keine Rolle spielen"[42], lenkt den Blick einseitig auf das verwendete Motivmaterial. In der Tat sind die einzelnen Abschnitte durch starke Zäsuren jeweils so abgegrenzt, vom Satzbeginn und untereinander motivisch so unabhängig (auch wenn Abschnitt 3 und 4 mit gleichem Rhythmus arbeiten) und so ohne jede Entwicklung parataktisch gereiht, daß sie austauschbar und beliebig eliminierbar scheinen. Aber gerade durch die fast inflationäre Häufung höchst eigenständiger und auch prägnanter, jedoch immer wieder abgebrochener melodischer Erfindungen, unter denen Kurth sogar eine der „stärkst subjektiven... Melodien" Bruckners (Abschnitt 4)[43] entdeckt, bleiben ihre Einzelwirkungen auf den Augenblick beschränkt und nivellieren sich gegenseitig gar bis zur Bedeutungslosigkeit für den Satz.

Eine derartige Anlage aber macht deutlich, daß es ihr auf die Bereitstellung immer neuen Motivmaterials primär gar nicht ankommen kann. Vielmehr scheinen diese Abschnitte gerade auf die Ablösbarkeit ihrer motivischen Schicht angelegt und – gleichsam erst nach deren Abzug – ihren Sinn für das Satzganze freizugeben: die Exposition genau jener Verfahrenstechnik, die in der Durchführung dann auf den Kopfteil, auf das ,eigentliche' Thema angewendet wird.

Zum einen wird die Weise offener Variantenreihung Bruckners auf knappem Raume greifbar (vgl. das folgende Notenbeispiel:) Dem Ausgangsgedanken (1), der seinerseits aus Quartfall und unterer Wechselnote des Tuben-Themas frei abgeleitet ist, wird in (2) die aus b² bekannte Sechzehntelbewegung nun als obere Wechselnote eingefügt, die aufsteigenden Sekunden in (3) entsprechend b¹ ins h′ fortgeführt und auf den so neu entstandenen Rhythmus ein gleichfalls neuer (jedoch mit b³ verwandter) Bogen gesetzt, dessen in (4) angedeuteter Höhepunkt-Charakter auf den Terzambitus abgeschwächt wird.

Auch die folgenden, so eigenständig wirkenden Motivbildungen sind assioziativ untereinander und mit den beiden Teilen des Hauptthemas vermittelt: T. 13 übernimmt den Rhythmus aus T. 3, weitet den zweimaligen Sextsprung zur umgekehrten Sept und verwendet am Motivschluß die Vorhaltsbildung aus T. 10; T. 19 verändert T. 13 unter Verwendung der Punktierung aus T. 1 und variiert die Umspielung aus T. 3, während der große Bogen des zweiten Te Deum-Motivs (T. 23/24)[44], vermittelt durch den kleineren in

---

42 Korte, a.a.O., S. 60.
43 Kurth, a.a.O., S. 998.
44 Erstmals 16 Takte nach U, d. h. noch vor dem im Adagio ersten Te Deum-Thema.

T. 11 bzw. 12, aus b¹ und b³ stammt. Die motivischen Beziehungen ‚entwickeln' sich also in der Tat nicht Schritt für Schritt, wie es für Brahms charakteristisch wäre, sondern erweisen sich als im Satzprozeß frei verfügbare Abwandlungen.

Zum andern werden in den Abschnitten 2 und 3 die weiteren harmonischen Verknüpfungsmittel bereitgestellt. So wird in Abschnitt 2 die Quintbeziehung geradezu exemplarisch vorexerziert: vier Quinten aufwärts und zwei zurück mit reinen Dreiklängen in unmittelbarer Folge (T. 8–10: Fis – Cis – Gis – Dis – Ais, Ais – Dis – Gis). Schon aber der nächste Abschnitt befreit den Satz ein für alle Mal von der Alleinherrschaft der Quintbeziehung, indem in zunächst eintaktiger (T. 13–16), dann halbtaktiger Folge (T. 16–18) sechs verschiedene harmonische Verknüpfungsweisen gleichberechtigt angeboten werden: nach zweifach dominantischem Übergang zu T. 13 (gis – Dis – Ais) zunächst die Folge TP – D (oder VI$^\#$ – V) in Fis–Dur; dann drei mediantische Beziehungen, u.z. der oberen Kleinterz, der oberen Großterz und der unteren Großterz (Fis – A; D – Fis; h – G); am Wendepunkt zum Abschnittschluß der ins Pianissimo zurückgenommene dominantische Übergang (G – D), gefolgt von dem noch ‚fehlenden' Mediantenschritt der unteren Kleinterz (D⁷ – H)[45]; den Abschluß bildet die Öffnung in die Doppeldominante mit Mündung in den Dominant-Schluß von E-Dur.

Dieser demonstrativen Revue ‚typisch Brucknerscher' Harmonik folgt in den beiden nächsten Abschnitten die Vorführung von Steigerung: Abschnitt 4 durch aufwärtsgerichtete Sequenzierung einer emphatisch-singenden Melodieformel, am Schluß wellenartig zurückgenommen, um Abschnitt 5 mit dem nun zur Oktave geweiteten Melodiebogen den eigentlichen Anstieg zum ersten Höhepunkt des Satzes vorzuhalten. Auch die registerartige Instrumentierung mit terrassenförmiger Intensitätszunahme dient der Steigerung. Der Höhepunkt erfolgt mit einem bei Bruckner sehr gebräuchlichen Ballungsklang[46], hier in der Funktion des Quintsextakkordes der s von cis-Moll. Wie planvoll freilich diese Stelle auch harmonisch vorbereitet ist, zeigt die Tatsache, daß seit T. 9 die Subdominante völlig ausgespart wurde, so daß mit ihrem Eintritt, zumal als Quintsextakkord, die Wirkung harmonischer Vervollständigung einer überdimensionierten Kadenz erzielt wird. Daß aber dieser Höhepunktklang auch im übrigen Satzverlauf nicht wieder verwendet wird, zeigt erneut, daß sich die materiale Beschaffenheit eines kompositorischen Ereignisses der Funktion, nämlich der Vorführung von harmonisch gesteuerter Höhepunktbildung, gänzlich unterordnet.

So wird also der Exposition des motivischen Themenmaterials in T. 1–9 mit dem übermäßigen Quintsextakkord und der Klangkette hier eigens eine Exposition der Mittel gegenübergestellt. Und in ihr sucht Bruckner das ‚eigentliche' Thema, indem er es für höhere Aufgaben schont, vor frühzeitigem Verschleiß gewissermaßen durch die Verwendung von motivischem Ersatzmaterial zu bewahren, welches seinerseits nach Erfüllung seiner Aufgabe für den Satz entbehrlich wird.

Vor diesem Hintergrund erscheint die Funktion der Gesangsperiode (Part.-Buchstabe B) in einem besonderen Licht. Die schlichte, sanglich-beschwingte, durchweg achttaktig gegliederte Anlage in komplikationsloser A-B-A-Form mit offen endendem Hauptteil in Fis–Dur (T. 37–44), dessen (durch einen lediglich angehängten

---

45 Hier kann der Anschlußklang H auch auf den unterdrückten Zielklang G bezogen werden, was der Beziehung der oberen Großterz-Mediante entspräche.

46 Vgl. z. B. den Scherzo-Beginn der IX. Symphonie. Daß er mit dem Tristanakkord übereinstimmt, ist vollkommen belanglos (vgl. E. Kurth, *Romantische Harmonik und ihre Krise in Wagners „Tristan"*, Berlin 2. Aufl. 1923, S. 202).

Takt) geschlossener Wiederholung[47] und einem dominantischen Mittelteil mit Höhepunktbildung (T. 45–52); die Liedsatzstruktur mit Pendelbegleitung; die betont
einfache Harmonik; die Beschränkung auf im Grunde nur zwei aus dem Tuben-
Thema abgeleitete Motive (T. 37: Sprungmotiv als Umkehrung des Quartsprungs in
T. 1; Sechzehntelgruppe als Diminution der Achtelgruppe in T. 3) – all diese
Momente dienen nicht allein dem Ziel der erwartungssteigernden Bewegungsrück-
nahme vor dem Neuansatz der Durchführung (und später der Reprise). Vielmehr ist
dieser Teil in seiner strikten Konzentration aufs Sangliche, die durch das Sprungmotiv gleichwohl das ‚Zusammengesetzte' seines Duktus nicht leugnet[48], zugleich
auch als exemplarische Herausstellung genau jener Gestaltungsgrundlagen aufzufassen, die bislang zurückgestellt und allenfalls angedeutet waren[49]: melodische Kontinuität, Einheitlichkeit und Zusammenhang der Bewegung als Gegenstück zum
Nebeneinander blockhafter Reihung in den vorangegangenen Abschnitten sowie als
polares Element des Disjunktionsprinzips bei Bruckner.

Eine solch eigenständige, abgeriegelte Faktur mit einer so extremen (durch Takt-
und Tempowechsel eigens unterstrichenen) Divergenz zum Hauptthemenkomplex
hat zweierlei Konsequenzen: Zum einen bedarf es zur Vermittlung einer ausführlichen Rückleitung, die die Kluft zwischen den Gegensätzen überbrückt; sie nimmt
in der Tat fast zwei Drittel des Hauptabschnitts ein (T. 62–76). Zum andern ist es
die betonte Hervorhebung des Überleitungs- und Mündungscharakters (Ausdünnung
des Satzes durch Motivverkürzung, absinkende Bewegung, acht Takte lang Dominante nach einer Modulation über den nun bekannten übermäßigen Quintsextakkord in T. 67/68), die für das Kommende wiederum um so Bedeutsameres in
Aussicht stellt. So ist es im Sinne dieser Erwartung, wenn der neue Abschnitt mit
dem thematisch Wichtigsten des Satzes, dem Hauptthema, beginnt. Daß dessen
Wiedereinsatz am Beginn der Durchführung jedoch (wie in keiner anderen Symphonie) in so auffälliger, tongetreuer Form geschieht, als sei nicht die Durchführung,
sondern die Reprise angebrochen, ist die Konsequenz einer Anlage, die thematischen Zusammenhang dort umso nachhaltiger zu garantieren hat, wo die Möglichkeit äußerster thematischer Verflüchtigung herrscht.

So wird der Durchführung (A[v] im Schema, s. o.) noch einmal ihr Gegenstand in
Erinnerung gerufen, dessen Steigerungsfähigkeit im folgenden erprobt und vorge-
führt werden soll. Dies geschieht, wie stets im Adagio bei Bruckner, vorwiegend mit
Mitteln der Harmonik und der Sequenzbildung.

---

47 Das schematische Verhältnis Bruckners zur Metrik wird hier im Blick auf seine unterlegten
   Ziffern deutlich: Der angehängte Schlußtakt (T. 61) ist, obgleich er metrisch der 8. Takt ist,
   mit 1 beziffert und der folgende, nicht mehr periodisch gebundene Überleitungsteil zweimal
   bis 8 durchgezählt. Durch diese musikalisch falsche Zuordnung entstehen zwar dem Anschein nach drei 8-taktige Gruppen (T. 53–60, 61–68, 69–76), die Erweiterung jedoch der
   ersten auf Kosten der zweiten wird nicht erfaßt.
48 Das Sprungmotiv führt immer wieder zu feinen Nahtstellen.
49 V. a. im Tuben-Thema, das nicht zufällig auch die motivische Beziehung zur Gesangsperiode
   darstellt.

Ein erster achttaktiger Abschnitt (ab H), noch ohne Höhepunktbildung, legt mit der ersten Taktgruppe des Tuben-Themas das Steigerungsverfahren dar: Betont deutliche Abschnittzäsurierung unter Beschleunigung des Aktionstempos durch Motivverkürzung sowie eine motivisch strenge, aufwärtsgerichtete Sequenzierung im Rahmen der einfachen Taktordnung (2 + 2) + (2 + 1 + 1). Dieses Modell übernimmt der zweite Abschnitt (ab I) sehr genau, intensiviert jedoch die Steigerungsbemühung bis zum Durchbruch eines ersten viertaktigen Höhepunktes (K) mit der – typisch für Bruckner – genauen Umkehrung des Tuben-Themas und dessen Umspielung. Der nahtlos anschließende Überleitungsteil schließlich läßt mit der unablässigen Wiederholung des Sechzehntelmotivs aus dem *Te Deum*-Thema die Bewegung zunächst über der chromatischen Abwärtsführung des Basses abklingen, um sie dann ab T. 111 mit der Rückwendung und einer gleichsam rätselhaften, auf unaufgehobenen Sextvorhalten beruhenden Harmonik[50] wiederzubeleben.

Die Durchführungstechnik dieser Teile ist beherrscht von einer sehr plastischen Form der Brucknerschen Kontrapunktik: Das Miteinander von Motiv, Motivspiegelung, Imitation und Engführung sowie die Bildung reiner Umkehrungen sind nur möglich durch den freizügigen Umgang mit der Diastematik seiner Themen, deren Identität in den Nebenstimmen nur als Kontur und vorwiegend im Rhythmischen bewahrt wird.

Von besonderer Evidenz aber ist die typische Gliederungsfunktion der Harmonik, vor allem in den beiden ersten Abschnitten, sowie die Art der Dominantbehandlung. Für einen engen Zusammenhang innerhalb der Zweitaktgruppen bzw. der Einzeltakte (s. o. die Taktordnung) wird stets die Dominantbeziehung benutzt, an den offen endenden Nahtstellen dagegen bleiben die Dominanten (erst als reine, dann als Septakkorde) nicht nur unaufgelöst, sondern werden auch jeweils anders weitergeführt. Als Bindeelement innerhalb der Viertakter wirken: die doppeldominantische Beziehung bzw. die zweimalige aufwärtsführende Ganztonsequenz im ersten und die intensivere Halbtonsequenz im zweiten Abschnitt; als zäsurbetonte Maßnahme zwischen den Halbsätzen dagegen: mediantische Übergänge mit typischer Leitton-Umdeutung der Akkordquinte (in T. 88/89 und stärker gliedernd in T. 92/93) sowie ein überraschender Kleinterz-Sprung (T. 96/97).

Genau in diesem hierarchischen Nebeneinander verschiedener Dominantfortführungen ist das Brucknersche Verfahren der d i s j u n k t i v e n R e i h u n g zu erkennen: Unmittelbare Dominant-Auflösung im ‚Zell'-Innern (der Zweitaktgruppen) als in sich stabiles Bauelement, zugleich aber unablässige Dominantisierung der Nahtstellen als prozeßbildende Gegenmaßnahme mit einer harmonisch gleichwohl unkalkulierbaren Fortführung, deren scheinbare Beliebigkeit jedoch in einer ordnungsbildenden Stufung harmonischer Beziehungsgrade eine Steuerung erfährt mit dem Ziel, Zusammenhalt und zugleich Bewegungssteigerung zu schaffen. Der verbindenden Funktion der Dominante wird also – ohne daß sie negiert würde – eine trennende gleichberechtigt gegenübergestellt[51], was die Grundlage tonaler Beziehungen im übrigen nicht unerheblich tangiert. Und es macht das Besondere dieses *Adagio* aus, daß das Disjunktionsprinzip, ein für Bruckner grundlegendes, in den

50 Vgl. hierzu die harmonische Analyse bei Kurth, *A. Bruckner*, S. 567.
51 Vgl. A. Halm, a.a.O., S. 191 ff.

Adagio-Sätzen aber besonders evidentes Gestaltungsmittel, hier zugleich im Thema verankert und vermittelt ist durch die extensive Vorführung offener Klangverknüpfungen in der Exposition (Abschnitt 2–6) und ihrer geradezu symbolhaften Konzentration im Schlüsselklang des Satzes, dem mehrdeutigen übermäßigen Quintsextakkord.

Besonders deutlich wird dies beim Höhepunkt-Ausbruch durch die doppelte Verwendung dieses Klanges: Seine Variante in T. 98 (Cis$_{5>}^{7}$,) wird nach der chromatischen Ausweichung nach D$_{5>}^{7}$ scheinbar zurückgenommen in den (Des^{7}, jedoch klingenden) Cis^{7} in T. 100, tatsächlich jedoch als G$_{5>}^{v}$ benutzt (also als üß$_{5}^{6}$ mit Quintbeziehung zum D-Dur-Klang zuvor) und in der zweiten Takthälfte wiederum zum G$_{5>}^{7}$ variiert, um schließlich – wiederum dominantisch – nach C-Dur gelöst zu werden. Die Ausnutzung harmonischer Mehrdeutigkeit dieses Septklanges ist hier also nicht nur Mittel zur Höhepunktbildung, sondern zugleich thematische Verarbeitung.

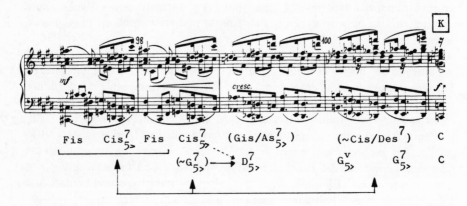

Was sich im ersten Durchführungsteil (T. 77–114) anbahnte, wird nun (ab M) zur eigentlichen Entfaltung gebracht. Dabei entspricht es der Funktion der Thementeile in der Exposition, daß das ‚Vorstadium‘ der Durchführung mit dem einleitenden Tuben-Thema, ihr Hauptteil aber mit dem *Te Deum*-Thema bestritten wird, welches seine zentrale Bedeutung für den Satz überhaupt erst jetzt, nach langer Aussparung und markantem Wiedereintritt, voll zu erkennen gibt. Und als sei es trotz der Andeutungen in der Überleitung wiederum in Vergessenheit geraten, wird es auch hier, wie zu Beginn der Durchführung, zunächst noch einmal ganz in Erinnerung gerufen, um dann in viermaligem Ansatz seiner ersten Taktgruppe den Haupthöhepunkt der Durchführung, erstmals mit vollem Orchester, herbeizuführen (0).

Das harmonische Modell der motivisch wiederum sehr strengen Sequenzbildung beruht, als habe sich seine Eignung bestätigt, ausschließlich auf dem übermäßigen Quintsextakkord: Der C^{7} in T. 116 wird themengetreu in die Tonika (T. 117) aufgelöst. Nach der harmonischen Variante, die das Motiv nicht charakteristisch modulieren, sondern scheinbar sicher in f-Moll verharren läßt (T. 119), wird aber genau dieser Klang in T. 120 nicht mehr als einfacher C^{7} verwendet, sondern abrupt in seine zweite Version als Fis^V_5, umgedeutet, d. h. als alterierte Doppeldominante zum folgenden E-Dur-Einsatz (N). Dasselbe gilt für die weiteren, chromatisch ansteigenden Sequenzstufen: Stets wird die dominantische Nahtstelle des Motivs zum $ü^6_5$ des folgenden Neuansatzes.

Freilich ist diese harmonische Beziehung, die hier das Tuben-Thema, aus dem sie stammt, latent einbezieht, zunächst kaum spürbar. Vielmehr wird durch die Registerinstrumentierung und die krassen Tonlagenwechsel, aber auch durch die ‚falschen‘ Auflösungen des $ü^6_5$ jeweils in den T_3 (statt in den D^6_4) der Eindruck äußerster Distanz, ja der harmonischen Beliebigkeit erweckt. Hierzu gehört, daß das Ziel der Sequenz aus der Anlage selbst nicht abzuleiten ist. Genau diese Wirkung aber, die bei genauerer Betrachtung wiederum thematisch verankert ist, braucht Bruckner für seine Steigerungsbewegung: Die beliebig fortsetzbare Aufschichtung in sich stabiler, jedoch betont isolierter Blöcke verlangt angesichts des Risikos der Überdehnung, des Umschlags der Erwartungssteigerung ins Langweilige, umso stärker nach kompositorisch begründetem Zusammenhalt, der sich aber erst im Einmünden in ein Schlußereignis einstellen kann. Und dies geschieht dadurch, daß Bruckner im Schlußglied das bis dahin gleichsam rätselhafte Sequenzprinzip kompositorisch enthüllt: Gruppen- und Lagenwechsel entfallen (die Hauptstimme bleibt in den Hörnern) und die harmonische Beziehung wird eindeutig: Der Schlußklang Dis^7 in T. 126 löst sich nun ‚endlich‘ erwartungsgemäß (nämlich A^V_5>) in den Dominantquartsext-Vorhalt von G-Dur, das dann über die reine Dominante auch erreicht wird. Der so entstehende Eindruck harmonischer E n t l a d u n g wird verstärkt durch die leittönige Aufhellung des melodischen Hochtons ais ins h des Zielklanges sowie durch den erstmaligen und umso gewichtigeren Quintfall im Baß (T. 127/28).

Was in der Durchführung in verschiedenen Stadien und mit unterschiedlichen Mitteln gewissermaßen erarbeitet und entwickelt wurde, findet in der Reprise (A^P im Schema, s. o.), die nur noch e i n Ziel kennt, seine endgültige Ausführung. Und da das Ziel in der Überhöhung alles Bisherigen liegt, hat die Vorschaltung des ruhigen Gesangsthemas (B^V im Schema, s. o.) im Sinne der Brucknerschen Wellenbewegung die Funktion der Sammlung vor der höchsten Kraftanstrengung. Freilich wird der Komplex nicht schlicht wiederholt, sondern reagiert auf seine Stellung: Er vereinigt in vor allem ‚kontrapunktischen‘ Verarbeitungstechniken und gleichwohl enger Bindung an die Expositionsversion Durchführungs- und Reprisengedanken in sich.

Einziges Merkmal dafür, daß die Reprise ihren Namen überhaupt verdient, scheint der Wiedereinsatz der beiden Hauptthementeile zu sein, paraphrasiert von den für Bruckners Adagio-Sätze so typischen Skalenläufen und Akkordbrechungen, die schon frühzeitig andeuten, was sich da anbahnt. Wie zu Beginn der Durchführung bricht die Themenwiederholung mit dem A-Dur-Klang in T. 164 ab, um nun allein mit dem Kopf des *Te Deum*-Themas jene Steigerung einzuleiten, die zum zentralen Ereignis des Satzes führen soll.

Der erste achttaktige Zug besteht aus der permanenten Sequenzierung des Akkordmotivs zunächst in vier Stationen zu je zwei Gruppen (T. 164–68), in denen jeweils auf die künstlich eingetrübte Moll-Variante (in T. 165 müßte es themenentsprechend F, in T. 167 Fis heißen), die aufhellende Dur-Version (mit der I. statt der VI. Stufe zu Beginn) folgt und deren Sequenzanstieg nicht linear, sondern gleichsam potenziert ist (dritte Station um einen Halbton, die vierte um einen Ganzton höher als die erste bzw. zweite). Hinter beiden Gruppen verbirgt sich als Motivklammer und harmonische Stütze die Brucknersche Klangkette vom Satzbeginn: in T. 164/65 in der Form

$$d - C - f - (As) - Es - As,$$

wobei (As) der – zusätzliche – Anfangsklang der zweiten Station ist; in T. 166/67 in der Form

$$fis - Cis - fis \stackrel{\triangle}{=} Ges^* - (B) - F - b^* .$$

Für beide Ketten gilt also die Stufenfolge

$$VI - V - I/VI - V - I .$$

Die zweite Kette enthält zwei wichtige Vertauschungen (*): Das zu erwartende Ges (oder Fis) in T. 167 wird nach fis getrübt, die Kettenfortführung aber an den im Hintergrund gemeinten Klang geknüpft. Nach dem F (T. 167, letztes Viertel) erwartet man aber b-Moll als Zielklang, der nun jedoch nach Dur – umso wirksamer – aufgehellt wird (T. 168). Und da auch die vierte Station an ihrem zusätzlichen Initialklang festhält, entsteht zudem der geheimnisvoll wirkende Schritt von fis nach B (T. 167). All dies trägt zur Steigerungsintensivierung bei. Die zunächst latent wirksame Bruckner-Kette dringt in den beiden folgenden Taktgruppen (T. 169–72, ab U) nun zum ersten Mal im Satz ungetrübt an die Oberfläche und gibt sich damit als die eigentlich treibende, aber auch Zusammenhang stiftende Kraft zu erkennen. Indem in ihr der stationsweise Anstieg zu einem jeweils durchgängigen Zug vereinigt wird, beschleunigt sich deutlich das Aktionstempo. Beide Ketten brechen jedoch offenbar auf dem Dominantklang ab (T. 170 bzw. T. 172), wobei durch die Einschaltung der mittlerweile hinreichend bekannten quintalterierten Doppeldominante ($E^7_{5\flat}$, bzw. $B^7_{5\flat}$, freilich noch ohne None) die Nahtstellen einmal mehr dominantisiert werden:

$$gis - Dis - gis - Fis - h - E^7_{5\flat} - A^{4-3} \ldots \text{ bzw.}$$

$$Des - As - Des - C - f - B^7_{5\flat} - Es^{4-3} \ldots \text{ oder}$$

$$I - V - I/VI - V - I/VI \ldots - V \ldots$$

Dabei ist der Kettenanschluß in T. 170 nach Des in mehrfacher Hinsicht bedeutsam: Als typisch Brucknersche Mediantenverknüpfung (A – Des) ist er zugleich eine Konsequenz jenes Durchführungsteils (M bis O), in dem dieser Übergang eigens erprobt und zur Höhepunktbildung eingesetzt wurde; ferner ist mit Des-Dur, enharmonisch verwechselt, die Dur-Tonika des Satzes erreicht und durch die beiden folgenden Klänge bestätigt, so daß man schon hier einen Höhepunkt erwarten könnte; die Fortführung aber zeigt schließlich eine weitere Steigerung im plötzlichen (klingenden) Quartanstieg sowie der erneuten Dur-Aufhellung der letzten Sequenz. Und nachdem nun die Steigerungsanlage auch metrisch am Ziel ist, glaubt man mit dem überraschenden Ausbruch von H-Dur (statt As oder entsprechend T. 170: G) sowie dem Wechsel der Paraphrasierung zu weit ausholender Dreiklangsbrechung den Höhepunkt nun endgültig gekommen, und der deutliche Rückbezug auf den letzten, bislang stärksten Ausbruch in der Durchführung (O) mit erstmals vollem Orchestereinsatz im Fortissimo, dem Verharren auf dem erreichten

Klangniveau im Dominant-Tonika-Wechsel und die Rückkehr zum vollen Themenkopf machen es geradezu zur Gewißheit.

Daß es aber dann die Rückbesinnung auf die originale Themenversion in T. 174/75 mit der quintalterierten Zwischendominante (Dis$^7_{5-5}$,) und der dominantisierten Nahtstelle ist, die doch noch eine Steigerungszunahme ermöglicht; und daß es schließlich wiederum jener Akkord ist, der als zweiter im Adagio erklang und der nun endgültig (übrigens nach langer Enthaltsamkeit und daher umso wirkungsvoller) seine thematische Funktion erfüllt – dies ist ein Kunstgriff, der das Spektakuläre dieser legendären Höhepunkt-Entladung[52] als thematisch vielschichtig vermitteltes Satzereignis in der Tat von innen heraus trägt.

Der Weltruhm, den sich insbesondere diese Steigerungspartie erworben hat, beruht wohl auf ihrer unverhüllten Absicht zu Monumentalität und eruptivem, schlechthin unüberbietbarem Höhepunkt-Ausbruch. Dabei ist das Vokabular dieser Anlage so typisch, so ,unverkennbarer Bruckner', daß es im Sinne des Schematikproblems austauschbar und nicht ,unverkennbar 7. Symphonie' zu sein scheint. Denn in der Tat setzt Bruckner das harmonische Grundmodell dieses Satzes, die Klangkette, in seinem Werk so oft und auffällig als gleichsam letztes Mittel für höchste Steigerungen ein, daß man berechtigt ist, von einer *idee fixe*, einem Markenzeichen primär harmonisch gesteuerter Höhepunktbildung zu sprechen[53]. Das gleiche gilt vom charakteristischen Einsatz des übermäßigen Quintsextakkordes für die Satzklimax[54]. Gerade diese Mittel aber sind es, die hier nicht von außen kommen. Vielmehr haben Steigerungsmodell und harmonische Entladung als schematisierte Zentralereignisse im Adagio in der speziellen Faktur des doppelten *Adagio*-Themas dieser Symphonie – wie in keinem anderen Werk Bruckners – ihre besondere Grundlage erhalten und werden damit dem Satz, der insofern eben gerade ,unverkennbar 7. Symphonie' ist, als individuelle, thematisierte Gestaltungsmittel zur Verfügung gestellt. Und das schwelgerische Pathos einer solchen Satzanlage wirkt dadurch nicht hohl, sondern kompositorisch kalkuliert.

52 Ob mit oder ohne Beckenschlag, scheint dabei völlig unerheblich.

53 Nach einem Vorläufer in der d-Moll-Messe (1864, T. 100 ff.) wird die Klangkette erstmals eingesetzt im *Adagio* der V. Symphonie (1878), u. z. ab T. 171 und dann zur Bildung des Haupthöhepunktes ab T. 187, der sich über den C$^V_5$, direkt nach F-Dur entlädt. In der IV. Symphonie wird sie nachträglich, erst in der 3. Fassung von 1880, eingebaut, nämlich im Finale ab Buchst. X als Steigerung zur symphonischen Apotheose mit Durchbruch des Hauptthemas aus dem Kopfsatz. Im *Adagio* der VIII. Symphonie (2. Fassung von 1889) dient die Kette einem neuartigen Ziel. Nachdem sie schon in der Exposition als Abschluß des 1. Themas (T. 23 ff. und 41 ff.) und entsprechend in der Reprise (vor P) zur Vorbereitung vorläufiger Höhepunkte eingesetzt war, wird sie nach dem Haupthöhepunkt (V), der sich nach diatonischem, dann chromatischem Skalenanstieg und Klangballung über den Ces^7=F$^V_5$, in den B$^6_4$ entläd, zu dessen geradezu verklärendem Ausklang und damit zu einer Art ,innerer' Überhöhung der monumentalen Satzklimax (nach W). Die Fassung im *Te Deum* (ab X) entspricht der behandelten Version unseres *Adagios* ab T. 169. Und schließlich wird im *Adagio* der IX. Symphonie mit der – jeweils um die Doppeldominante erweiterten – Kette (T. 191–206) der Haupthöhepunkt (Q) eingeleitet, der dann trugschlüssig in den Tredezimklang über gis ausbricht.

54 Vgl. im Schema (s. o.) die Angaben zu A^{P**}. Auf die Verwandtschaft dieser Stellen mit der harmonisch gleichen Wendung im *Adagio* der V. Symphonie von L. van Beethoven wurde immer wieder hingewiesen (vgl. z. B. Halm, a.a.O., S. 200).

IV.

Daß sich im Adagio Bruckners, anders als in den Ecksätzen, der Haupthöhepunkt nicht im Wiederausbruch des Hauptthemas ereignet, sondern durch eine primär harmonische Entladung, ist die Konsequenz der im Prinzip bithematischen Anlage[55]: Durchbruch ist dort nicht möglich, wo die Steigerungswellen, mangels eines eigens dafür eingeführten Steigerungsthemas, mit dem Hauptthema selbst bestritten werden. Wird die Durchführung im Adagio — Tendenzen der Ecksätze entsprechend — auf die Funktion reduziert, die Steigerungsfähigkeit des Hauptthemas vorzuführen und erste Maßnahmen der Höhepunktbildung zu treffen, so wird sie im Blick auf diese formale Funktion zur Vorstufe der Reprise. Die Reprise aber, in der das Erprobte, noch unvollkommen Ausgebildete aufgegriffen und nach dem Plan der Durchführung zur endgültigen Ausführung, und d. h. für Bruckner: zur alles überragenden Satzklimax gelangt, wird — im Unterschied zu den Ecksätzen — zum echten Höhepunktteil des Satzes. Daß sie sich dabei mit der Ausbreitung nur eines Themas begnügt, resultiert wiederum aus Funktion und Anlage der Gesangsperiode: Hat sie ihre Aufgabe im „Atemschöpfen"[56] vor der letzten, unwiderruflichen Steigerung der Reprise erfüllt, so wird sie nach dem Zielereignis überflüssig und kann entfallen[57]. Und so kann auch das Adagio — als einziger der vier Symphoniesätze bei Bruckner — in einem ruhigen Schlußabschnitt, gleichsam in der Atmosphäre gelöster Entspannung und Befriedigung ausklingen (S im Schema, s. o.).

Im *Adagio* der VII. Symphonie geschieht dies, nach einem schmerzlich gestimmten Tuben-Choral (in dem noch einmal das *Te Deum*-Thema anklingt), unter Rückgriff auf jenes sonst nicht wieder verwendete Motivmaterial aus Abschnitt 2 der Exposition, so als sei nun das Hauptthema völlig ausgelaugt und bedürfe der Unterstützung dafür eigens exponierter Ersatzmittel. Zum Schluß aber sucht sich das Tuben-Thema doch noch einmal — nun in seiner Dur-Version — zu behaupten, kommt aber über die beiden ersten Takte nicht hinweg (in T. 208 bricht das Thema ab und fällt zurück in die variierte Wiederholung des Vortaktes), um schließlich in wiederholten Dreiklangsbrechungen, in die sich das Kopfmotiv weitet, zu verklingen. Daß es aber wiederum jener Zentralklang dieses *Adagio* ist, an dem schließlich der volle Themeneinsatz scheitert, indem er sich in einer zugleich neuen harmonischen Fortführung unmittelbar zurück in seine Dur-Tonika auflöst, erscheint erneut als ein Kunstgriff, durch den sich das Vergebliche dieses Ansatzes und zugleich das Verklärend-Schöne der ganzen Schlußpartie nicht als leerer Schein, sondern wiederum als Ergebnis kompositorisch sinnfälliger Arbeit erweist.

---

55 Nur in der IX. Symphonie gibt es den Durchbruch des Hauptthemas beim Adagio-Höhepunkt. Der Satz ist aber auch nicht bithematisch angelegt.

56 Vgl. Kurth, *A. Bruckner*, S. 376.

57 In der ‚Nullten' ist die Reprise (noch) vollständig, ohne daß aber der Höhepunktcharakter der späteren Symphonien schon ausgebildet wäre. Und in der VI. Symphonie hat der Höhepunkt — als Konsequenz der trithematischen Anlage — bei weitem nicht die Konzentrationskraft und Wucht, die Reprise auch der anderen Themen überflüssig zu machen.

Im Blick auf das bei Bruckner alles beherrschende Höhepunkt- und Reprisenprinzip und deren gegenseitige Bedingtheit für die Formlösungen der einzelnen Symphoniesätze erscheint die Konzeption des Adagio insbesondere gegenüber den Ecksätzen in der Tat als die einfachste und konsequenteste. So ist nicht zu übersehen, daß die Absicht zu voller Reprise dort quer zur Steigerungs- und Durchbruchidee liegt und eine extensive Coda erforderlich macht, die wiederum durch ihre Überhöhung die Bedeutung der Reprise schmälert — was vor allem in den Finali zu erheblichen Formeinbrüchen führt. Im Adagio dagegen erreicht die Reprise ihre volle Wirkung als Ziel und Erfüllung des Satzes. Nach ihr ist eine nochmalige Überhöhung weder nötig noch möglich. Diese zentrale Stellung aber kann sie sich nur erwerben, indem sich ihre Anlage — gefördert durch die bithematische Gesamtkonzeption — von vornherein auf ihre Funktion einstellt. Und infolge nicht zuletzt des traditionell freieren Umgangs mit der Sonatenform in langsamen Sätzen zyklischer Instrumentalwerke kann der Durchgriff der Funktion auf die Reprise so weit gehen, daß letztlich nur noch der markante Wiedereintritt des Hauptthemas in der Grundtonart an ihren alten Begriff erinnert.

Gilt dies für das Adagio Bruckners im allgemeinen, so besteht das Besondere des *Adagios* der VII. Symphonie darin, daß es sich in bisher nicht bekanntem Maße mit seinem Schema identifiziert: Die allgemein verfügbaren Techniken kompositorischer Gestaltung in der besonderen motivischen wie auch satztechnischen Themengestalt dieses Satzes werden so individuell gefaßt, daß sie den musikalischen Prozeß, der ‚von außen‘ dem Höhepunkt- und Reprisenprinzip gehorcht, von innen durch das exponierte thematische Material zu steuern und zu erfüllen vermögen. Und umgekehrt bedeutet die Thematisierung von gleichsam materialen Gestaltungskomponenten, welche zur Grundausstattung der Brucknerschen Schematik gehören, daß die Erfüllung des Schemas und seiner Teilaspekte zum Ziel des individuellen Formprozesses wird. Mit einer solchen Vereinigung von allgemeiner Substanz und individueller Ausprägung wird das Schema als Form aufgehoben, welche ihrerseits ohne dessen Voraussetzung nicht auskäme. Schema ist, zumindest in diesem *Adagio*, nicht von außen diktierte Maßnahme zu Formzwang, sondern die ideale Form einer Idee, der Höhepunkt- und Reprisenidee. Bis ins Innerste hinein durchgestaltet und durch alle Schichten des Satzes hindurch kompositorisch vermittelt, liegt ihr Ziel ganz im Geist der Gattung: in der Ausbildung einer substantiellen, spezifisch musikalischen Monumentalität.

Johannes Brahms' Intermezzo op. 117, Nr. 2

von
ELMAR BUDDE

Im Sommer 1892, fünf Jahre vor seinem Tod, fertigt Brahms die Niederschrift der Klavierstücke op. 116 bis op. 119 an. Die Mehrzahl der Klavierstücke dürfte auch in diesem Sommer komponiert worden sein; gleichwohl gehen nach einhelliger Meinung der Brahms-Biographen einige der Stücke zumindest in Entwürfen auf eine frühere Zeit zurück.

> „Es ist anzunehmen, daß ein Teil dieser op. 116 und op. 117 und der späteren unter op. 118 und 119 herausgegebenen Capricci, Intermezzi, Balladen, Romanzen und Rhapsodien weit älteren Datums ist, als das Jahr ihres Erscheinens anzeigt. Einige mögen schon in Pörtschach entstanden sein, ja, eines und das andere Stück könnte, der Erfindung nach, bis in die Düsseldorfer Frühzeit zurückreichen. Beweisen lassen sich, bei dem Mangel an dokumentarischen Zeugnissen, dergleichen nur mit Vorsicht auszusprechende Vermutungen allerdings nicht."[1]

Obwohl es also an beweiskräftigen Fakten, die Ursprung und Chronologie der Klavierstücke sichern, mangelt, so ist es doch nicht unwichtig, sich zu vergegenwärtigen, daß Umarbeitungen und Rückgriffe auf frühe Entwürfe in Brahms' Schaffen keine Seltenheit sind. Es sei an das 1875 erschienene Klavierquartett op. 60 erinnert, dessen Anfänge bis in die 1850er Jahre zurückreichen, oder an jenen komplizierten Mutationsprozeß, den das Klavierquintett op. 34 durchlaufen mußte. Die Jahre um 1890 gelten in Brahms Biographie im allgemeinen als Jahre der Rückschau[2]; allein schon deshalb, weil Brahms zu diesem Zeitpunkt sein kompositorisches Schaffen scheinbar als abgeschlossen betrachtete, weil er korrigierende Eingriffe in ältere Kompositionen vornahm und Neuausgaben vorbereitete. Das wohl bemerkenswerteste Ergebnis dieser Korrekturarbeiten ist die vollständige Umarbeitung des 1854 komponierten Klaviertrios op. 8; die Neufassung erscheint im Jahre 1891, ein Jahr vor der Niederschrift der Klavierstücke.

Überblickt man das kompositorische Schaffen Brahms' als Ganzes, so fällt auf, daß vor allem die kammermusikalischen Werke, insbesondere die Kompositionen für Klavier und Streicher (Trio, Quartett, Quintett), erst nach einem komplexen und zeitlich ausgreifenden Entstehungsprozesse ihre definitive Gestalt finden. Da die meisten dieser Kompositionen in Entwürfen auf die Jahre vor 1860 zurückgehen,

---

1 M. Kalbeck, *Johannes Brahms*, Bd. IV, Berlin ²1915, S. 277.

2 Vgl. K. Geiringer, *Johannes Brahms. Sein Leben und Schaffen*, Taschenbuchausgabe der 2. Auflage, Zürich/Stuttgart 1955, Kassel 1974, S. 189 f.

liegt die Vermutung nahe, daß sich in diesen Werken musikalische und kompositorische Ideen und Gedanken artikulieren, die Brahms auf besondere Weise und über lange Zeit hin intensiv beschäftigt haben; Ideen und Gedanken, die sicherlich auch für die übrigen Werke, die innerhalb dieser Zeitspanne entstanden, nicht ohne Bedeutung sind. Wenn man die von Brahms vorgenommenen Veränderungen, Umarbeitungen und schließlich die einzelnen Fassungen, sofern sie erhalten sind, miteinander vergleicht, dann hat es den Anschein, als ob die Kammermusik mit Klavier und Streicher für Brahms so etwas wie ein kompositorisches Experimentierfeld darstellte. Das Experimentierfeld beschränkt sich jedoch nicht auf diese Besetzung; seinen eigentlichen Mittelpunkt bildet das Klavier, d. h. die solistische Klaviermusik. Daß es der klavierspielende Praktiker Brahms ist, der dieses Experimentierfeld für sich abgesteckt hat, bedarf keines weiteren Kommentars. Ähnlich wie in den frühen Klavierwerken (z. B. den Schumann-Variationen op. 9 oder den Händel-Variationen op. 24) tritt in den Kammermusikwerken mit Klavier das musikalisch-kompositorische Denken Brahms' deutlicher hervor (und ist deshalb der theoretischen Reflexion zugänglicher) als in manchen anderen Werken, deren musikalische Vollkommenheit den steinigen Weg des Entstehungsprozesses nicht ahnen läßt. Vor dem Hintergrund der skizzierten Bedeutung, die der Kammermusik mit Klavier und der Klaviermusik in Brahms' kompositorischem Schaffen zukommt, und schließlich im Kontext der Korrekturarbeiten um 1890, gewinnen die Klavierstücke aus dem Jahre 1892 Dimensionen, die weit über deren bloße Gattungsdefinition als Charakterstücke hinausreichen. Gerade in diesen Klavierstücken formuliert sich auf engstem Raum, wie in einem Brennpunkt, ein musikalisches Denken und eine kompositorische Reflexionskraft, die mit dem traditionellen Genre des Charakterstücks kaum noch in Einklang zu bringen sind. Es will scheinen, daß Brahms in diesen Klavierstücken die musikalisch-kompositorischen Erfahrungen eines ganzen Lebens exemplarisch, gleichsam als Vermächtnis, zusammengetragen hat. Dennoch ist die ungeheure kompositorische Dichte dieser Klavierstücke für den Außenstehenden zunächst kaum wahrnehmbar. Während in der erwähnten Kammermusik der frühen und mittleren Zeit das kompositorisch Gefügte, mit allen seinen Fugen, Rissen und Verzahnungen, zumeist unmittelbar erkannt und benannt werden kann, ist in den späten Klavierstücken das Verhältnis von Gefüge und Klanggestalt in einer schier unauflösbaren Weise vermittelt.

Die melodisch-klangliche Oberfläche der meisten der Klavierstücke und deren durchweg dreigliedriges Formgerüst suggerieren dem unvoreingenommenen Hörer ein Moment von Einfachheit und Unkompliziertheit. Brahms' Zeitgenossen und selbst einige seiner Freunde hielten die Klavierstücke aufgrund ihrer scheinbaren Simplizität und ihrer zurückhaltenden Gestik für belanglos; belanglos vor allem im Verhältnis zu den „großen" Werken des Komponisten. In einem Brief äußert sich Theodor Billroth über die Klavierstücke[3]:

> „Brahms hat, soviel ich weiß, in diesem Sommer wieder ein Dutzend Clavierstücke componiert; ich weiß nicht, woher ihm diese Passion auf einmal gekommen ist. Ich liebe

---

3 Th. Billroth, *Briefe*, Hannover-Leipzig [5] 1899, S. 580.

dieses Genre von ihm am wenigsten, die Rhapsodie in G–moll ausgenommen. Er ist in der von ihm gewählten Form dieser kleinen Clavierstücke nicht mannigfaltig genug, meist zu schwerfällig, nicht pikant genug. Chopin und Schumann verstanden das besser. Beethoven's Bagatellen liebe ich auch nicht, auch nur wenige Stücke dieser Art von Schubert. – Brahms sollte beim großen Styl bleiben."

Vielleicht wär es den Zeitgenossen, auch denen, die Brahms wohlgesonnen waren, aufgrund der zeitlichen Kürze der Klavierstücke nicht möglich, deren kompositorische Tiefe zu erkennen; vielleicht aber waren ihnen diese Tiefen überhaupt verschlossen, auch in jenen Werken, die man als groß und bedeutend charakterisierte. Erst der um eine Generation jüngere Arnold Schönberg hat eindringlich darauf aufmerksam gemacht, daß Brahms in seinen Kompositionen musiksprachliche Tiefen aufgedeckt hat, ohne deren Kenntnis die neue Musik des 20. Jahrhunderts, bzw. sein eigenes Komponieren, nicht denkbar wären; deshalb ist Brahms für Schönberg nicht ein akademischer sondern ein fortschrittlicher Komponist[4].

Die Analyse des Intermezzos op. 117 Nr. 2 von Johannes Brahms versucht in jene Tiefen vorzudringen; dabei konzentriert sie sich, nach einer allgemeinen Orientierung, vornehmlich auf den harmonischen Verlauf der Komposition, was nicht heißt, daß eine melodisch-motivische und eine rhythmisch-metrische Analyse sich nicht anschließen müßten, um die Komposition angemessen auszuloten. Die Analyse beabsichtigt nicht, Sinn und Gehalt der Komposition als individuelles Einzelwerk zu hinterfragen; vielmehr versucht sie am Beispiel der Harmonik zumindest thesenhaft eine Antwort auf jene merkwürdige Doppelbödigkeit von Einfachheit und Komplexität, von ,,akademischer" Außenseite und ,,fortschrittlicher" Binnenstruktur zu finden; eine Antwort auf jene Doppelbödigkeit, die sich über die Klavierstücke und die erwähnte Kammermusik hinaus in vielen Werken des Komponisten mehr oder weniger ausgeprägt findet, und die den Zeitgenossen so seltsam verschlossen geblieben ist.

*

Allgemeine Orientierung

1. Formgefüge: Die formale Grunddisposition des Intermezzos läßt sich nach dem Schema A–B–A' als dreiteilig bestimmen; A (T. 1–38) – B (T. 39–51) – A' (T. 52–85). Die einzelnen Abschnitte weisen indessen eine weiterreichende formale Differenzierung auf, so daß das dreiteilige Formschema nur als ein erster formaler Anhaltspunkt anzusehen ist. Abschnitt A gliedert sich in zwei Unterabschnitte; T. 1–22 und T. 23–38. Die beiden Unterabschnitte sind nicht nur unterschiedlich, sondern auch gegensätzlich kompositorisch charakterisiert. Der erste Unterabschnitt besteht, grob gesagt, aus zwei Sequenzketten; wobei die erste Kette auf Stufen, die zweite hingegen auf Dominantfolgen basiert. Die Sequenzketten werden je in einen

---

4 Vgl. hierzu: E. Budde, *Schönberg und Brahms*, in: Bericht über den 1. Kongreß der internationalen Schönberg-Gesellschaft, hg. von R. Stephan, = Publikationen der Internationalen Schönberg-Gesellschaft, Bd. I, Wien 1978, S. 20 ff.

arpeggierenden und zugleich durchbrochenen harmonischen Satz zerlegt. Der zweite Unterabschnitt ist thematisch geschlossen komponiert. Er wird formal durch eine sechzehntaktige Großperiode bestimmt, die sich in einen achttaktigen Vorder- und einen achttaktigen Nachsatz gliedert; der Klaviersatz ist primär vertikal-akkordisch. Der folgende Abschnitt B läßt sich als eine durchführungsartige Abwandlung des Kopfmotivs und der Sequenzketten des Abschnitts A beschreiben. Der abschließende Abschnitt A′ gliedert sich wiederum in zwei Unterabschnitte. Der erste Unterabschnitt (T. 52–72) entspricht in seiner internen Gliederung (zwei unterschiedliche Sequenzketten) dem ersten Unterabschnitt von A. Der sich anschließende zweite Unterabschnitt (T. 73–85) ist jedoch gegenüber A grundlegend verändert. Er setzt sich zwar als *Più Adagio* vom voraufgehenden Unterabschnitt deutlich ab; er beruht indessen nicht mehr auf jener sechzehntaktigen Großperiode des Anfangs. Seine Funktion ist nun die einer Coda, die einerseits Elemente der Großperiode (Kopfmotiv, homophoner Klaviersatz) und andererseits solche des ersten Unterabschnitts (Akkordbrechungen) vermittelnd zusammenfaßt. Die beschriebene formale Auffächerung des dreiteiligen Formschemas stellt nicht nur eine bloße Differenzierung dar, vielmehr wird durch die einzelnen Unterabschnitte und deren musikalisch-kompositorischer Charakterisierung das dreiteilige Formgerüst der Sonatensatzform angenähert, die sich wie folgt beschreiben läßt:

Abschnitt A = „Exposition“
          erster Unterabschnitt = „Hauptsatz“
          zweiter Unterabschnitt = „Seitensatz“
Abschnitt B = „Durchführung“
Abschnitt A′ = „Reprise“
          erster Unterabschnitt = „Hauptsatz“
          zweiter Unterabschnitt = Umdeutung des „Seitensatzes“ zu einer
          abschließenden „Coda“.

Die Formidee des Intermezzos beruht also auf der Ineinssetzung von Liedform und Sonatensatzform; so entsteht gleichsam eine doppelschichtige musikalische Form.
2. Rhythmik: Die rhythmische Bewegung des Intermezzos verläuft auftaktig. Da die Auftaktigkeit durchweg dreihebig (drei Sechzehntel) komponiert ist, kompliziert sich die rhythmische Bewegung vor dem Hintergrund des Taktgerüsts (3/8-Takt) als Auftakt zum Auftakt. In den ersten Unterabschnitten der Abschnitte A und A′ ist die Auftaktigkeit rhythmisch pointiert (♪♪♪| ♪), in den zweiten Unterabschnitten hingegen rhythmisch geglättet (♫♪|♪). Die Auftaktigkeit spiegelt sich in der metrischen Bewegung des 3/8-Takts, die wiederum von den auftaktigen Harmoniewechseln jeweils vom dritten zum ersten Achtel eines Taktes bestimmt wird.
3. Motivik: Sekundbewegungen und Vorhaltsbildungen kennzeichnen die Motivik; sie ist als solche sowohl in der beschriebenen Auftaktigkeit als auch in den harmonischen Sequenzbildungen und der melodischen Großperiode der Unterabschnitte vorgegeben. Das motivisch-melodische Prinzip der Komposition (Sekundbewegungen abwärts und Vorhaltsbildungen) liegt im auftaktigen Beginn der Komposition beschlossen. Insgesamt ist der motivisch-melodische Duktus des Intermezzos, vor allem

aufgrund der Sequenzketten, abwärts gerichtet; er wird jedoch innerhalb der harmonischen Figurationen durch aufwärts gerichtete Sekundbewegungen kontrapunktiert. Der durchführungsartige Mittelteil B setzt Auf- und Abwärtsbewegungen gegeneinander. Erst die drei Schlußtakte wenden die abwärts gerichtete Bewegung der Komposition in eine über sechs Oktaven aufsteigende Tonikabrechung.

Harmonik

Formgefüge, Rhythmik und schließlich Melodik und Motivik sind in der Besonderheit der harmonischen Anlage der Komposition integriert, die, um es als These vorwegzunehmen, als vieldeutig und ambivalent zu charakterisieren ist. Diese Vieldeutigkeit thematisiert sich bereits in dem auftaktigen Beginn des Intermezzos und der sich anschließenden harmonischen Fortsetzung. Der in seiner harmonischen Substanz dreitönige Klang (*es-ges-c*) des Auftakts ist ein sogenannter verminderter Dreiklang; seine tonartliche Zuordnung ist deshalb nicht eindeutig. Einmal läßt er sich als Dominante bzw. Subdominante auf b—Moll beziehen, zum anderen kann er als Dominante von Des-Dur bestimmt werden.

a) Dominante von b-Moll

Der Klang definiert sich als verkürzter Dominantseptnonakkord (Grundton und Terz sind ausgelassen) mit im Baß liegender Septime; er wird in den Sextakkord der Tonika weitergeführt[5].

b) Subdominante von b-Moll

Versteht man den Ton *es* als harmonischen Grundton, dann läßt sich der Klang als Subdominante (statt der Quinte erklingt die charakteristische große Sexte) von b-Moll interpretieren, die in die Tonika weitergeführt wird.

c) Dominante von Des-Dur

Schließlich kann der Anfangsklang auch als Dominante von Des-Dur aufgefaßt werden, und zwar als ein verkürzter Dominantseptakkord (ohne Grundton) mit Quinte

---

5 In den folgenden Notenbeispielen sind die harmonischen Exzerpte der besseren Übersichtlichkeit wegen im 3/2-Takt notiert.

im Baß. Der sich anschließende Auflösungsklang wäre dann als Tonika (Des) mit
„vorgehaltener Sexte" zu verstehen.

Die drei funktionalen Bestimmungsversuche könnte man als theoretische Haar-
spaltereien abtun; denn die Tonart b-Moll scheint für den unvoreingenommenen
Hörer zweifelsfrei festzustehen. Gleichwohl zeigt der harmonische Verlauf der
Komposition, daß sich Brahms dieser funktionalen Mehrdeutigkeit nicht nur bewußt ist, daß sie vielmehr so etwas wie die „thematische" Idee der gesamten harmonischen Konzeption des Intermezzos darstellt. So einfach und verständlich die harmonischen Verläufe dem Hörer erscheinen, vor allem bedingt durch die Mechanik
der Sequenzketten, so sehr komplizieren sie sich, wenn man sich bemüht, sie im
Kontext tonaler Normen, d. h. im Kontext der traditionellen Musiksprache zu verstehen.

Verfolgt man die Harmoniebewegung der ersten Sequenzkette (T. 1–9) von Abschnitt A und versucht, die einzelnen harmonischen Schritte tonartlich zu bestimmen, dann zeigt es sich, daß die Takte 1 bis 5 sowohl b-Moll als auch Des-Dur
zugeordnet werden können. Der folgende harmonische Auszug verdeutlicht die
zweifache Beziehungsmöglichkeit der Harmonik. Beginn und Schluß der Sequenzkette werden funktional bestimmt; die eigentliche Sequenzfolge ab T. 2 ist als
Stufenfolge gekennzeichnet.

Ausgehend von jenem vieldeutigen Klang des Auftakts zu T. 1 bewegt sich der
Harmonieverlauf bis T. 5 gewissermaßen in zwei Tonarten, in b-Moll und Des-Dur.
Ein eindeutiger tonaler Bezugspunkt ergibt sich erst in T. 6, wenn die Dominante
von b-Moll erklingt; auch T. 7 läßt sich ohne Schwierigkeit als Dominante von

b-Moll verstehen. In den Takten 8 und 9 wird der tonale Bezugspunkt b-Moll jedoch wieder eingedunkelt. Eine ausholende, arpeggierende Klanggeste verwandelt den Dominantklang der Takte 6 und 7 wieder zurück in jenen vieldeutigen Klang des Beginns.

Die Rückverwandlung geschieht schrittweise und auf verschiedenen Ebenen. Die melodische Oberfläche führt als Sekundgang von der kleinen None (*ges*) der Dominante über deren Septime (*es*) bis zum Zielton *b* in T. 10. Die Logik des Sekundgangs kollidiert jedoch mit dem Klang in T. 8. Aufgrund der Notation (*ges-a-des*) kann er als ein Dominantfragment beschrieben werden, das aus der kleinen None (*ges*), der Terz (*a*) und dem Vorhalt vor der Quinte (*des*) besteht. Die Intervallstruktur, die für den unmittelbaren Höreindruck verantwortlich ist, durchkreuzt jedoch diese Beschreibung; denn der Klang wird als Moll-Dreiklang, als ges-Moll, wahrgenommen. Daß Brahms auf diese Wirkung Wert legt, ist aus der Überbindung der Töne in T. 9 hinein zu ersehen; ein ges-Moll-Dreiklang aber stellt wiederum eine Beziehung zu Des-Dur her, und zwar als dessen Moll-Subdominante. Mit Erreichung des Tieftons *es* in T. 9 wird diese blitzlichtartig aufscheinende Möglichkeit eines Bezugs indessen wieder verdunkelt. Der Spitzenton *des* wird als Vorhalt zum *c* des vieldeutigen Auftaktklanges (*es-ges-c*) geführt, der wiederum die zweite Sequenzkette des ersten Abschnitts eröffnet. Anfang und Schluß der beiden Sequenzketten sind identisch.

Die Sequenzkette kehrt, gleichsam kreisförmig, in ihren Anfang zurück. Doch bereits T. 11 stört diesen Eindruck. Durch Veränderung des Tones *b* (vgl. T. 1) in *c*, auf der ersten Zählzeit des Taktes (T. 11), wird dieser Zielklang nunmehr sehr viel deutlicher auf die Tonart Des-Dur bezogen. Die sich anschließende Sequenzfolge basiert nicht mehr auf leitereigenen Stufen, sondern auf einer Folge von Zwischendominanten; d. h. sie bewegt sich von *c* ausgehend im Quintenzirkel abwärts bis zur Dominante über *des*. Die Tonart b-Moll tritt in den Hintergrund; die zweite Möglichkeit des beschriebenen auftaktigen Initialklangs, sich als Dominante der Tonart Des-Dur zuzuordnen, macht sich geltend. Gleichwohl wird Des-Dur als Zieltonart von Brahms noch hinausgezögert. Wenn der Dominantklang über *des* erreicht ist, erwartet der Hörer eine Weiterführung nach *ges*, der Subdominante von Des-Dur; die Folge Dominante-Tonika könnte sich unmittelbar anschließen. In dieser vollkommenen Kadenz wäre der Dominantklang über *des* als Dominante zur Subdominante zu verstehen, eine übliche, um nicht zu sagen alltägliche musikalische Sprachformel. Brahms erfüllt diese Erwartung zunächst nicht; denn er führt den Klang nicht dominantisch nach *ges*, sondern als übermäßigen Quintsextakkord doppeldominantisch nach f-Moll (T. 17). Sich gewissermaßen an die eigentliche Zieltonart Des-Dur erinnernd greift Brahms jedoch den Klang über *des* (mit Auftakt) wieder auf, führt ihn nun als Dominante in die Mollsubdominante von Des-Dur (d. h. in jenen Klang, der als ges-Moll blitzlichtartig in T. 8 aufschien), variiert diesen zum neapolitanischen Sextakkord (*ges-heses-eses*) und kadenziert schließlich über die Dominante (*as*) nach Des-Dur. Ähnlich wie im Übergang zur zweiten Sequenzkette formt die harmonische Schlußwendung zugleich den motivischen Kopf der sich anschließenden sechzehntaktigen Großperiode (zweiter Unterabschnitt des Abschnitts A). Die folgende Übersicht versucht, den beschriebenen harmonischen Gang der zweiten Sequenzkette und deren Übergang[6] in den zweiten Unterabschnitt zusammenfassend zu systematisieren.

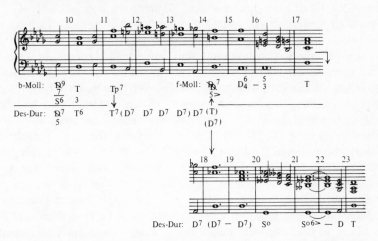

Die Analyse der beiden Sequenzketten[7] zeigt, daß eine eindeutige tonale Zuordnung von Brahms vermieden wird. Der harmonische Verlauf schwankt zwischen b-Moll und Des-Dur. Erst gegen Schluß der zweiten Sequenzkette verfestigt er sich kadenziell zu Des-Dur, um damit zugleich den zweiten Unterabschnitt zu eröffnen. Aber auch die sechzehntaktige Großperiode mit ihrem kompakten harmonischen Satz und ihrer geschlossenen melodischen Oberfläche, deren tonaler Rahmen eindeutig durch Des-Dur bestimmt wird, wendet sich am Ende des achttaktigen Vordersatzes nicht, wie es üblich wäre, nach *as*, der Dominante von Des-Dur, sondern nach *f*, der Dominante von b-Moll; an der interpunktischen Schnittstelle zwischen Vorder- und Nachsatz bringt sich b-Moll in Erinnerung. Eine angemessene analytische Untersuchung des weiteren harmonischen Verlaufs der Komposition, die indessen, da sie den Rahmen der vorliegenden Ausführungen ungebührlich überschreiten würde, hier nicht durchgeführt werden kann, vermag zu demonstrieren, daß auch das harmonische Gefüge der sich anschließenden Formabschnitte auf einer durch die Tonarten b-Moll und Des-Dur abgesteckten tonalen Ambivalenz beruht. Die kompositorischen Möglichkeiten, derer sich Brahms bedient, um diese Ambivalenz auszukomponieren, sind jedoch immer unterschiedlich. So läßt Brahms den Abschnitt A'

6 Der Übergang ist als „Überleitung" in den „Seitensatz" ein weiteres kompositorisches Indiz für die beschriebene Sonatensatzform, die in einer zweiten Schicht die Liedform des Intermezzos überlagert.

7 Es mag nicht unwichtig sein, darauf hinzuweisen, daß der Unterschied zwischen einer Stufensequenz und einer dominantisch im Quintenzirkel verlaufenden Sequenz nicht bloß ein kompositorisch-technischer ist, sondern auch ein historischer. Die erste verweist als Typus auf barocke Musik, während die zweite ihren historischen Ort in der Klassik hat. Daß Brahms sowohl in den beiden Sequenzmodellen als auch in dem durchbrochenen Satz Momente des Historisierens reflektiert, ist mit Sicherheit anzunehmen.

(„Reprise" von A) in es-Moll, der subdominantischen Region von b-Moll, beginnen
(T. 52), nachdem er im Übergang vom Mittelteil B zu A', wie noch zu zeigen sein
wird, Des-Dur kurz andeutet; d. h. die in jenem Anfangsklang beschlossene sub-
dominantische Möglichkeit macht sich zu Beginn der „Reprise" geltend. Die Sequenzkette ist ähnlich wie in Abschnitt A auf Stufen aufgebaut. Auch die zweite
Sequenzkette korrespondiert insofern mit jener von Abschnitt A, als auch sie auf
Dominantfolgen, die jedoch insgesamt stark variiert sind, beruht. Im Zusammenhang mit jener beschriebenen harmonischen Überleitung nach Des-Dur in Abschnitt
A (vgl. T. 20—23) ist die „Richtungsänderung" der Sequenzkette bemerkenswert.
Sie führt bis zu einem Dominantklang über h, auf den, als Höhepunkt des Intermezzos, die nach b-Moll zurückführende Dominante über f ruckartig und scheinbar
unvorbereitet eintritt (T. 67—69). Erst im Vergleich mit der „neapolitanisch"
(Eses-Dur) ausgeweiteten Des-Dur-Kadenz in T. 20—23 wird diese Wendung einsichtig. Der Zielklang der Sequenzkette über h steht nämlich als Ceses-Klang in einem
im weitesten Sinne zu verstehenden „neapolitanischen" Verhältnis zu b-Moll; die in
T. 69 einsetzende Dominante entbehrt also nicht der funktionalen Logik. In einer
harmonisch und dynamisch weit ausladenden Kadenz kehrt Brahms nach b-Moll
(über B-Dur) zurück. Die sich anschließende Coda (wiederum sind Anfang und
Schluß identisch) rekapituliert reminiszensartig über dem Orgelpunkt der Dominante jenes ambivalente Schwanken zwischen b-Moll und Des-Dur, um schließlich und
endlich im b-Moll zu verharren. Auf der dritten Zählzeit von T. 82 erklingt zum
letzten Mal jener vieldeutige Anfangsklang; nun aber, verändert und seiner Vieldeutigkeit entkleidet, als Dominante von b-Moll. Eine Sechzehntelpause der linken
Hand läßt den Klang jedoch für den Bruchteil eines Augenblicks noch einmal unbe-
gleitet im Raum stehen. Sich gleichsam seiner vergewissernd, daß es nichts mehr zu
sagen gibt, findet das Intermezzo sein Ende.

Der vieldeutige Klang

Die Tonarten b-Moll und Des-Dur sind als Paralleltonarten eng aufeinander bezogen, und man könnte deshalb einwenden, daß die beschriebene tonale Ambivalenz
eine Überinterpretation eines garnicht so komplizierten musikalischen Sachverhalts
darstelle. Dem Einwand läßt sich bereits mit dem Hinweis auf die innere Logik der
harmonischen Anlage des Intermezzos begegnen, die nicht ein musikalisches Zufalls-
produkt sein kann, sondern Ergebnis einer kompositorischen Reflexion ist, die die
harmonischen Möglichkeiten der tonalen Musiksprache im Kontext der ihr eigenen
Bedingungen widerspruchsfrei entfaltet, ohne diesen Kontext zu zerstören. Entscheidend ist die Tatsache, daß diese Ambivalenz einerseits auf *einen* Klang zurückgeht, nämlich jenen vieldeutigen Anfangsklang, und daß andererseits dieser Klang
immer an formal gewichtigen Positionen erklingt (z. B. Anfang und Schluß) und die
jeweils folgenden harmonischen Verläufe bestimmt. Der Klang fungiert im Formgefüge der Komposition wie ein harmonisches Scharnier. Obwohl er sich als bloße
Umkehrung eines verminderten Dreiklangs (*es-ges-c*) bestimmen läßt, so ist damit

noch nicht sein Charakter erfaßt. Der harmonisch-funktionalen Vieldeutigkeit entspricht nämlich eine klangliche Farbigkeit, die den Klang aus dem Verband üblicher Akkordbildungen und Akkordprogressionen heraushebt, ihn sozusagen verselbständigt. Im Sinne dieser Farbigkeit läßt Brahms den Klang z. B. in T. 8/9 mehr aufleuchten als erklingen. Vor allem die Stellung des Klanges am Anfang und Schluß der mechanisch fortschreitenden Sequenzketten unterstreicht diesen sich verselbständigenden Farbcharakter. Die merkwürdige Dialektik von Farbigkeit und harmonisch-funktionaler Vieldeutigkeit, die sich auf der Grenzscheide von tonaler Harmonik (d. h. tonaler Musiksprache) und nicht mehr tonal gebundener, d. h. in sich selbständiger Klanglichkeit ereignet, läßt Brahms in zwei Stellen des Intermezzos paradigmatisch aufscheinen; einmal beim Übergang von Abschnitt B in die „Reprise" des Abschnitts A' (T. 49–51), dann beim Übergang der ersten zur zweiten Sequenzkette in A' (T. 59–60).

1) T. 48–51

Der durchführungsartige Mittelteil B findet in T. 48, so will es dem unvoreingenommenen Hörer scheinen, in der Dominante von b-Moll sein Ende; die Dominante signalisiert die Rückkehr nach b-Moll; der motivische Sextvorhalt vor der Quinte (*des-c*) verstärkt und intensiviert diese Tendenz, insbesondere indem er auf den charakteristischen Motivkopf der Sequenzketten verweist. Der erwartete Einsatz der Zieltonart wird jedoch hinausgezögert und elliptisch umgangen. Die Dominante dehnt sich in T. 49 zum Dominantseptnonakkord mit kleiner None, der in verkürzter Form (ohne Grundton) zu einer rhythmisch bewegten Klangfläche ausgebreitet wird. Die funktionale Tendenz der Dominante verdunkelt sich in dem Maße, wie ihr Klangcharakter hervortritt; schließlich wird die Dominante nur noch als Klang wahr genommen. Zugleich rekurriert Brahms auf die funktionale Ambivalenz des Klanges, indem er jene beschriebene Möglichkeit der Zuordnung des Klanges zur Tonart Des-Dur[8] melodisch andeutet. Die klangliche Auffächerung in der linken Hand ist nämlich in der rechten Hand von einer in ihren Spitzentönen (durch Vorhalte) veränderten klanglichen Figuration konfrontiert. Diese Spitzentöne ergeben eine Des-Dur-Tonleiter mit chromatischem Durchgang (Sextvorhalt) zur Quinte.

Da der flächig ausgebreitete Klang sich nicht auf die Töne *es-ges-c* beschränkt, wie zu Beginn des Intermezzos, sondern als viertönig verminderter Klang den Ton *a* (Terz der Dominante) einbezieht und damit zugleich seinen Ursprung als Dominan-

8 Vgl. S. 328 f.

te von b-Moll stärker betont, ist die Hervorkehrung der Des-Dur-Tonleiter mehr als ein bloßer Zufall. Die ursprünglich eindeutige funktionale Tendenz des Klanges als Dominante wird in doppelter Weise eingetrübt und verwischt: einmal durch klangliche Ausweitung, zum anderen durch Akzentuierung seiner funktionalen Ambivalenz. Daß es Brahms gerade um diese Ambivalenz geht, zeigt die Weiterführung des Klanges in den Beginn des Abschnitts A'. Im Übergang vom Mittelteil in den Beginn von A' wird der Klang für den Moment eines Augenblicks dominantisch nach „Des-Dur" aufgelöst, um sogleich auftaktig in die Reprise des Abschnitts A' geführt zu werden, die sich jedoch nach es-Moll wendet.

„Des-Dur":   „Dominante"   „Tonika"

2) T. 59–60

Der Übergang vom Schluß der ersten in den Beginn der zweiten Sequenzkette des ersten Unterabschnitts von A' ist als Ganzes als eine Wiederholung der entsprechenden Takte von A (T. 7–9) komponiert. Eine gewisse Ausnahme bildet der Takt 60. Sein harmonisches Gefüge entspricht zwar dem parallelen Takt 9, zumindest die aufwärts führenden Arpeggien der linken Hand; die rechte Hand spielt indessen eine abwärts gerichtete Skalenfigur, die bisher unbekannt war. Durch Phrasierung dieser Skalenfigur wird weiterhin der Auftakt zum Auftakt (des zum c) eliminiert; der rhythmisch-motivische Fluß gerät ins Stocken.

Bei der Beschreibung der Takte 7–9 wurde darauf hingewiesen[9], daß Brahms in T. 8 einerseits ein Dominantfragment komponiert (ges-a-des), daß er aber andererseits die Möglichkeit offen läßt, dieses Fragment als moll-Dreiklang, als ges-Moll, zu verstehen; vor allem durch Überbindung dieser drei Töne in den folgenden Takt hat Brahms diese Möglichkeit angedeutet. Die Wiederholung der Takte im Reprisenabschnitt verfestigt diese Möglichkeit endgültig zur Gewißheit. Die abwärts führende Tonskala, die die rechte Hand spielt, stellt den Quintausschnitt der ges-Moll-Tonleiter dar. Ähnlich wie im Übergang von B zu A' läßt Brahms einen weiteren funktionalen Aspekt jenes vieldeutigen Klanges musikalisch hervortreten.

ges-Moll

9 Vgl. S. 330.

*

Brahms galt zu seiner Zeit, und gilt zum Teil auch heute noch, als ein konservativer und akademischer Komponist. Allein schon deshalb, weil er sich mit musikalischen Gattungen auseinandersetzte, die den Traditionalisten als unverändert gültig den Fortschrittlern aber als abgetan und leer galten. Auch seine Musik vermochte man nicht anders zu charakterisieren, denn sie bewegte sich in den engen Grenzen der tonalen Musiksprache, deren normative Kategorien dem Fortschritt längst obsolet waren. Im Vergleich mit der farbigen Klanglichkeit der Musik Wagners erschien die klangliche Außenseite der Brahms'schen Musik den einen als gediegen und zurückhaltend den anderen aber als grau und wenig bemerkenswert. Und doch hat gerade Schönberg, dessen Kompositionen zum Inbegriff der neuen Musik wurden, Brahms und nicht Wagner einen fortschrittlichen Komponisten genannt. In seinem Aufsatz „Brahms, der Fortschrittliche"[10] stellt Schönberg einige musikalisch-kompositorische Kriterien zusammen, die Brahms im Blick auf die Musik des 20. Jahrhunderts als fortschrittlich kennzeichnen. Sämtliche von Schönberg angeführten Kriterien konvergieren in der für ihn fundamentalen Tatsache, daß Musik eine Sprache ist, in und mit der musikalische Gedanken formuliert werden können. Der Sprachcharakter von Musik setzt aber, wie Schönberg betont, eine sprachähnliche Organisation und Determination sämtlicher musikalisch-kompositorischer Elemente voraus, wie es z. B. in der tonalen Musik der Fall war. Den Wert oder Unwert einer Komposition sieht Schönberg vor allem in der sinnvollen Ausnutzung dieser Sprachlichkeit und der ihr zugrunde liegenden Prinzipe und Gesetze begründet. Die Darstellung musikalischer Gedanken ist für ihn also immer abhängig von der sprachlichen Organisation und Determination der musikalischen Elemente. Für Schönberg kann darum der Fortschritt in der Musik immer nur gleichbedeutend sein mit der Entwicklung und Verfeinerung dieser Organisationen und Determinationen. In diesem Sinne ist Brahms ein fortschrittlicher Komponist; er hat, wie Schönberg demonstriert, in seinen Kompositionen die tonale Musiksprache aufgrund der ihr eigenen Bedingungen verfeinert und zugleich höher organisiert. Brahms hat die musikalische Sprache fähig gemacht, komplexe musikalische Gedanken jenseits subjektiver Willkür zu objektivieren und zu vermitteln.

Wenn man Schönbergs Erkenntnisse, die er im Umgang mit Brahms' Musik gemacht hat, in Brahms' Werke selbst zurückprojiziert, dann ist unschwer festzustellen, daß Schönberg in der Tat einen der wichtigsten Aspekte des Brahms'schen Denkens und Komponierens erkannt und benannt hat. Für Brahms ist Musik immer und grundsätzlich eine Sprache, die auf einem vorgegebenen Normensystem beruht; dieses Normensystem gilt es zu erforschen, auszuweiten und zu differenzieren. Am Beispiel der Harmonik des Intermezzos wurde deutlich, daß die ambivalenten Beziehungen der Klangereignisse und deren zeitliche Entfaltung im Gefüge der Komposition auf einer Differenzierung und nicht einer Annullierung des tonalen Systems (und damit zugleich der tonalen Musiksprache) basiert. Die Klänge treten nie als selbständige Ereignisse sondern immer als ein Teil des musiksprachlich Ganzen in Erscheinung. Anton Webern hat in seinen zu Beginn der dreißiger Jahre

---

10 A. Schönberg, *Brahms, der Fortschrittliche*, in: A. Schönberg, *Stil und Gedanke. Aufsätze zur Musik*, hg. von I. Vojtech, Frankfurt/M. 1976, S. 35 ff.

in Wien gehaltenen Vorträgen auf diesen Sachverhalt präzis hingewiesen. „Bei Wagner kommt der Harmonik die weiteste Bedeutung zu; aber in Hinsicht der harmonischen Beziehungen ist Brahms eigentlich reicher"[11]. Harmonischer Reichtum ist für Webern, gleiches gilt für Schönberg, nicht gleichbedeutend mit ungewöhnlichen Klangbildungen; er zeigt sich vielmehr in dem Erfinden und Aufdecken komplexer harmonischer Beziehungen, die jedoch ihrerseits nicht willkürlich sind, sondern in denen sich die übergeordneten Prinzipe der musikalischen Sprache verwirklichen.

Die Differenzierung musikalischer Gedanken im Kontext eines differenzierten musiksprachlichen Gefüges bedeutet zugleich aber auch eine Differenzierung des musikalischen Ausdrucks; denn musikalische Ausdrucksformen sind für Brahms nur sinnvoll im Kontext einer musiksprachlichen Vermittlung. Mit diesem Anspruch steht er in der Tat in krassem Gegensatz zu den Fortschrittlern seiner Zeit, die die Steigerung des musikalischen Ausdrucks primär in der Differenzierung des Klangbildes bzw. in der Unmittelbarkeit des klanglichen Ereignisses jenseits musiksprachlicher Normen zu erreichen versuchten. Indem Brahms unbeirrt auf den Sprachcharakter von Musik rekurrierte, hat er einen wesentlichen Anspruch der traditionellen Musik nicht preisgegeben, den des musikalischen Verstehens. Musikalischer Ausdruck und musikalische Gedanken, die sprachlich vermittelt sind, stellen den Anspruch, erlebt *und* verstanden zu werden; musikalischer Ausdruck, der in der Unmittelbarkeit des Klanglichen sich kund gibt, will hingegen ausschließlich erlebt sein. Zwischen diesen beiden Polen, dem musikalischen Verstehen und dem musikalischen Erleben, der musikalisch-sprachlichen Differenzierung und der Unmittelbarkeit des Klanggeschehens, liegen jene Auseinandersetzungen eingebettet, die den Komponisten Brahms und seine Musik entweder als fortschrittlich oder aber als rückschrittlich begreifen.

Die zeitgenössischen Anhänger Brahms' haben in dem Komponisten vor allem den konservativen Akademiker, den Bewahrer historischer Werte, verehrt; daß sich hinter der traditionell scheinenden Fassade der Kompositionen etwas anderes verbarg, nämlich die Insistenz auf den Sprachcharakter von Musik, hat man weder erkannt noch geahnt. Vielleicht konnte man diesen Sachverhalt überhaupt erst zu Beginn des 20. Jahrhunderts erkennen und formulieren; zu einem Zeitpunkt, als man erfahren mußte, daß die Musik ihres Sprachcharakters endgültig verlustig gegangen war, daß man als Komponist dem absoluten Verstummen gegenüberstand. Bereits zu seinen Lebzeiten hat man Brahms die komplexe Struktur seiner Musik vorgeworfen. Selbst seine Freunde haben nicht immer verstanden, daß diese Komplexität überhaupt erst die notwendige Voraussetzung war, um musikalische Gedanken zu formulieren. Im Blick auf die vierte Symphonie schreibt Elisabet von Herzogenberg am 8. September 1885 an Brahms[12]:

> „Aber da ist auch der Punkt, wo ein gewisser Zweifel anhakt, der Punkt, den mir selber klarzumachen mit so schwer wird, geschweige denn, daß ich was Vernünftiges darüber vorzubringen wüßte. Es ist mir, als wenn eben diese Schöpfung zu sehr auf das Auge des

---

11 A. Webern, *Wege zur neuen Musik*, hg. von W. Reich, Wien 1960, S. 50.
12 *Johannes Brahms im Briefwechsel mit Heinrich und Elisabet von Herzogenberg*, hg. von M. Kalbeck, Bd. II, Berlin 1907, S. 86.

Mikroskopikers berechnet wäre, als wenn nicht für jeden einfachen Liebhaber die Schönheiten alle offen da lägen, und als wäre es eine kleine Welt für die Klugen und Wissenden, an der das Volk, das im Dunkeln wandelt, nur einen schwachen Anteil haben könnte."

Brahms wußte, daß er für wenige komponierte, doch er fühlte sich nicht zu jenen Klugen und Wissenden hingezogen; im Gegenteil, er war es, der im Dunkeln wandelte. Es ist zur Genüge bekannt, daß Brahms dem subjektiven Einfall gegenüber mißtrauisch war. Für den Einfall sollte man dankbar sein; aber dann begann die kompositorische Arbeit, die bis in die Tiefen der musikalischen Sprache reichte. Gegenüber seinem Schüler Gustav Jenner sprach Brahms ausdrücklich von der Oberfläche der Empfindung und den Tiefen des Verstandes[13].

> „Nur eines schien mir unzweifelhaft zu sein, daß es beim musikalischen Schaffen noch Dinge geben müsse, von denen ich absolut nichts wisse. So lenkte Brahms meinen Blick von der Oberfläche einer traumseligen Empfindung hinunter in Tiefen, wo ich nur ahnen konnte, daß neben der Empfindung auch ein anderer Faktor tätig sein müsse, der aus Mangel an Können und Wissen bei mir nur sehr unvollkommen mitarbeitete: der Verstand".

Obwohl Brahms wie kaum ein anderer seiner Zeitgenossen eine vollkommene Kenntnis der musikalischen Sprache besaß, so war er doch zugleich von einem Pessimismus besessen, der auf jüngere Komponisten, die sich ihm zu nähern versuchten, niederschmetternd wirkte. Über diese Brahms'sche Nachtseite ist viel spekuliert worden. Mit Sicherheit haben zu diesem Charakterzug auch jene Kenntnisse beigetragen, die er von der musikalischen Sprache hatte; denkbar ist, daß gerade sie ihn an jenen Punkt geführt haben, an dem er einsehen mußte, daß die allgemeinen Bedingungen einer musikalischen Sprache sich unaufhaltsam aufzulösen begannen. Daß Musik auch etwas anderes sein könnte als eine Sprache, das war für Brahms undenkbar; aber geahnt hat er es wohl, jedoch er sah darin das Ende der Musik. Als Clara Schumann ihn einmal brieflich fragt, warum er sich mit kontrapunktischen Übungen abgebe, gibt er zunächst die mürrische Antwort, nicht weil er Professor werden wolle; dann fügt er deprimiert hinzu: „Aber etwas tragisch ist es doch, wenn man gar schließlich klüger wird, als man's brauchen kann"[14]. Vielleicht spiegelt sich in diesem Bekenntnis tatsächlich Brahms' Tragik; er wußte zuviel und konnte doch aus diesem Wissen heraus nur wenig ändern.

---

13 G. Jenner, *Johannes Brahms als Mensch, Lehre und Künstler*, Marburg ² 1930, S. 8.
14 Brief vom April 1872 an Clara Schumann, in: *Johannes Brahms. Briefe*, hg. von H. Gal, Frankfurt/M. 1979, S. 62.

Der Sprechgesang und das Unsagbare
Bemerkungen zu „Pelléas et Mélisande" von Debussy[1]

von
STEFAN KUNZE

Das Traumhafte ist die Sphäre, in der sich die Handlung fast ohne Zutun der Akteure vollzieht. Aus der Wagnerschen Perspektive, insbesondere aus der des *Tristan*, sprach Th. W. Adorno vom „traumhaften Schatten des Musikdrama"[2]. Die Passivität der Personen ist, wenn nicht die entscheidende dramatische Kategorie, so doch eine zentrale. Die Handlung ragt nur von fern in die am Rande des Bewußten sich entfaltende Existenz der Personen, die versuchen, ihr Inneres mit Worten abzutasten. Im Oktober 1889, lange bevor Debussy die Arbeit an seinem chef d'oeuvre in Angriff nehmen konnte (Maeterlincks Drama wurde 1892 publiziert), äußerte er sich in einem von Maurice Emmanuel festgehaltenen Gespräch mit seinem Lehrer Ernest Guiraud über seine Vorstellung einer dramatischen Musik und einer dramatischen Dichtung[3] : „Je rêve des poèmes qui ne me condamnent pas à perpétrer des actes longs, pesants; qui me fournissent des scènes mobiles, diverses par les lieux et le caractère; où les personnages ne discutent pas, mais subissent la vie et le sort". Mit der Kritik am Wagnerschen Musikdrama verband Debussy den Gedanken, daß die Personen ohne lange Reden zu führen, ihr Schicksal (man darf hinzufügen) „stumm" erleiden sollten. Der Bereich der Sprache im Drama und somit auch der Sprachvertonung ist hier berührt.

Der konkrete Ausgangspunkt für die folgenden Bemerkungen war die Beobachtung, daß sich im *Pelléas* von Debussy die musikalische Rede am Sprechfall der Sprache, und zwar bekanntlich der Prosa, orientiert, daß aber andererseits die Sprache in diesem Werk kaum Handlung bewirkt, nur scheinbar Kommunikation stiftet, und nicht einmal Emotion freisetzt. Ein eigenartiger Widerspruch, der the-

---

1 Das Nachfolgende wurde nicht zuletzt angeregt durch eine dem Werk kongeniale Inszenierung von Jean-Pierre Ponnelle an der Bayerischen Staatsoper im Sommer 1973. In einer den mündlichen Vortrag bestimmten Fassung war der Text ein Beitrag für das Symposium *Musik um 1900* im Rahmen des Kongresses 1974 in Berlin. Die Veröffentlichung im Kongreßbericht ist aus heute nicht mehr aufklärbaren Gründen unterblieben.

2 Th. W. Adorno, *Zur Partitur des Parsifal* (1956/57), in: Moments musicaux, Frankfurt 1964, S. 56. – Man könnte *Pelléas* nur aufgrund des Sujets als die Transposition des *Tristan* in den Bereich des Symbolismus verstehen. Das Schauspiel und seine Vertonung gehören jedenfalls auch in den Zusammenhang des „Wagnerisme". Debussy hat wiederholt den *Tristan* von seiner Kritik des Wagnerschen Musikdramas ausgenommen. Musikalisch allerdings bestehen eher Beziehungen zu Wagners *Parsifal*.

3 M. Emmanuel, *Pelléas et Mélisande de Debussy. Étude et analyse*, Paris 1929, S. 36.

senartig verkürzt so gefaßt werden könnte: Sprache wurde durch Musik zur Manifestation des Unsagbaren und des Verstummens. Das Drama von Maeterlinck kam den Vorstellungen Debussys, der es mit einigen Kürzungen wörtlich in Musik setzte, im höchsten Maße entgegen. Maeterlincks Dialoge erfüllten Debussys Postulat, die Dinge seien nur halb auszusprechen[4]. Diese Tatsache ist für die Frage nach der musikalischen Behandlung von Sprache in *Pelléas et Mélisande* in Betracht zu ziehen. Das heißt: Die Sprachvertonung von Debussy ist nicht unabhängig von der Funktion, welche die Sprache im Maeterlinckschen Drama besitzt. Diese Funktion besteht jedenfalls nicht darin, daß der Dialog die Handlung konstituiert, motiviert und rationalisiert. Die Wechselwirkung zwischen der spezifischen Sprachfunktion und der Sprachvertonung wäre zu klären, aber auch, ob es überhaupt berechtigt ist, von „Sprachvertonung" im strikten Sinn zu reden. Denn bereits bei Maeterlinck hat die Sprache als Medium der aktiven Auseinandersetzung mit der Welt ihr Recht verloren. Ein zweiter Gesichtspunkt greift weiter und umfaßt den ersten: Nach romantischer Vorstellung bekundet sich in der Kunst und insbesondere in der Musik das „Unaussprechliche", also ein Etwas, das jenseits von Sprache angesiedelt, der Sprache nicht mehr erreichbar ist. Musik übersteigt die Sprache. Richard Wagner hat diese Anschauung ebenfalls vertreten, obwohl er dem Dichter und der Dichtung in *Oper und Drama* eine entscheidende Rolle zuwies[5]. Die Musik beginne dort, wo das Wort seine Macht verloren hat („la musique y commence là où la parole est impuissante à exprimer; la musique est faite pour l'inexprimable")[6]. Wie immer man diese Ansicht, der mit der Berufung auf die – scheinbare – Unmittelbarkeit und Unbestimmbarkeit des Gefühls ein antirationales Moment beigemischt ist, auch interpretieren mag (für Wagner sicherlich anders als für die französische Romantik seit Baudelaire und für Debussy) und welche Konsequenzen sich für das Komponieren aus dieser Überzeugung, die für eine Weltsicht steht, ergeben, es erhebt sich die Frage, auf welche Weise sich Musik der Sprache im Drama annehmen kann, wenn diese durch jene transzendiert, hinter sich gelassen wird. Allerdings gibt es keine generelle Antwort. Jeder einzelne Fall erfordert seine eigene, die der besonderen musikalischen und historischen Situation gerecht zu werden hat. Der Gegensatz zwischen dem Pathos der musikalischen Rede in Wagnerschen Dramen und der

4 Auf die Frage, welcher Dichter ihm vorschwebe, entgegnete Debussy im Gespräch mit Guiraud: „Celui qui, disant les choses à demi, me permettra de griffer mon rêve sur le sien;. . ." vgl. M. Emmanuel, a.a.O., S. 35. – Zum *Pelléas* äußerte er sich im Jahr 1902 folgendermaßen: „Das *Pelléas*-Drama, das trotz seiner traumhaften Atmosphäre bei weitem mehr Menschlichkeit enthält als all die sogenannten ‚lebensechten Stoffe', schien mir auf wunderbare Weise dem zu entsprechen, was ich wollte. Es herrscht hier eine zauberisch beschwörende Sprache, deren sensible Nuancen ihre Weiterführung in der Musik und im orchestralen Klangkolorit finden konnten." (*Warum ich „Pelléas" geschrieben habe*, zitiert aus: *Monsier Croche*, Sämtliche Schriften und Interviews, hg. von F. Lesure, aus dem Französischen übertragen von J. Häusler, Stuttgart 1974, S. 58.)

5 Z. B. in *Oper und Drama* (R. Wagner, Gesammelte Schriften, hg. von J. Kapp, Leipzig 1914, Bd. X, S. 201): Das Vermögen des Orchesters sei die „Kundgebung des Unaussprechlichen"; *Zukunftsmusik*, Gesammelte Schriften, Bd. I, S. 217: Das Unaussprechliche, das der Dichter verschweigt, bringt die Melodie zum Ertönen.

6 Aus dem Gespräch mit Guiraud, Emmanuel, a.a.O., S. 35.

schwebenden Diktion Debussys läßt sich zwar schärfer nicht denken. Als übergreifend Gemeinsames aber wäre das Übersteigen der Grenze des durch Sprache Sagbaren festzuhalten, im einen Fall im Verlöschen des Ausdrucks (Emotion) als Zurücknahme, im andern als dessen emphatische Steigerung. Gemeinsam, wenn auch im Ergebnis gänzlich abweichend, ist die Annäherung an den Sprechfall. Auch von Debussy ließe sich sagen, was dieser an Wagners Musik feststellt[7]: „. . . Wagner tend à se rapprocher de la parole parlée; ou plustôt il prétend s'en rapprocher, tout en traitand les voix très ‚vocalement'".

Mit dem Schicksalsdrama des 19. Jahrhunderts und seinen verschiedenen Spielarten, zu denen die Oper als eine der wesentlichsten und ausgeprägtesten zählt, ist das Werk von Debussy durch das bereits erwähnte Kriterium verbunden, daß im Dialog nicht mehr eigentlich die Motivation der Handlung gegeben ist, daß Sprache sie nicht weitertreibt und damit begreifbar macht. Gegenüber dem verhängten Schicksal, dem blinden Fatum verstummt das Wort. Auch die rationale Verständigung durch das Wort ist gestört[8]. Die Sprache zeichnet nach, was geschieht, deutet die Emotionen an, bringt die Reaktionen des leidenden Subjekts auf ein unbegreifliches, unheilvolles Geschehen zur Geltung. Statt daß die Sprache die Wirklichkeit konstituierte, artikuliert sich in ihr der ohnmächtige Reflex des Geschehens. In der Sprache bekundet sich der Zustand der Sprachlosigkeit[9]. In der Oper *Pelléas et Mélisande* treiben diese Tendenzen auf einen extremen Punkt zu. Golauds verzweifelter und vergeblicher Versuch, die Wahrheit zu erfahren, die er, wenn er sie erführe, nie begreifen würde, ist nichts anderes als das letzte Aufbegehren gegen die Welt, die undurchdringlich geworden ist und die für das Unabwendbare steht. Hier gründet auch das Motiv für die Tat Golauds, die einzige Handlung, die wirklich als solche zu bezeichnen ist, und die für einen Augenblick die Schleier zerreißt. Ihr Erschreckendes liegt darin, daß sie in ein Dasein anachronistisch einbricht, in dem die Tat kein Recht mehr besitzt und darum zur Untat wird.

Maeterlinck bezeichnet sein Stück als „drame statique". Diese Kennzeichnung trifft ebenso für Debussys Werk zu und entspricht dem Zustand, in dem nichts mehr

---

7 Aus dem Gespräch mit Guiraud, Emmanuel, a.a.O., S. 34.

8 Darauf hat insbesondere Marianne Kesting hingewiesen: *Das epische Theater, Zur Struktur des modernen Dramas*, Stuttgart ⁵1972 (= Urban-Taschenbücher Bd. 36), S. 29 ff. Der passive Held, der Ausgelieferte, das Opfer (erstmals in greller Beleuchtung in Büchners *Woyzeck* von 1839) ist zugleich der Einsame. Einsamkeit jedoch resultiert aus der suspendierten Verständigung. Nicht von ungefähr übernimmt im 19. Jahrhundert die Oper eine führende Rolle, in deren Musik die Klage des vereinzelten, ausgelieferten Subjekts laut wird.

9 Nach P. Szondi (*Theorie des modernen Dramas, 1880–1950*, Frankfurt 1973, S. 57 ff.) findet in den Dramen von Maeterlinck die „Darstellung des Menschen in seiner existentiellen Ohnmacht, in seinem Ausgeliefertsein an ein Schicksal, in das die Einsicht versperrt ist" statt. Das Schicksal aber ist gleichbedeutend mit dem Tod. Man könnte folgerichtig weiterführen: der Tod durchdringt jegliches Geschehen. Daß es ein Gespräch im eigentlichen Sinne nicht geben könne, ergibt sich für Szondi aus der Tatsache, daß die Personen nicht Subjekte, sondern Objekte der Handlung sind (vgl. a.a.O., S. 60). Überzeugend scheint mir auch die Ableitung der Tendenz zum Epischen aus der absoluten Ohnmacht des Menschen gegenüber dem Schicksal (a.a.O., S. 62).

durch die handelnden Personen bewegt wird, vielmehr jegliche Aktivität, somit auch die aktive Zeitbewältigung aufgehört hat. Statik und Esoterik rühren auch daher, daß mit sehr subtilen Mitteln der Eindruck hervorgerufen wird, als handle es sich um längst vergangene Ereignisse, die zu einem schattenhaften Dasein wieder aufgerufen werden. Dies wird nicht nur dem Zuschauer suggeriert, vielmehr scheint sogar den handelnden Personen das Bewußtsein ihrer Gegenwart und Realität zu fehlen, so daß sie ihre Handlungen und Gesten wie aus der Vergangenheit projiziert empfinden. Nicht nur der Stoff selbst ist legendenhaft. Die Vergangenheit, als die Zeit, in der die Zeit nicht mehr wirkt, hat gewissermaßen die Gegenwart aufgezehrt. Nicht von ungefähr beginnt Debussys Oper mit dem Motiv der „fernen Zeiten". Der Wirklichkeitsverlust ist nahezu total.

Außer den oben angedeuteten Zusammenhängen ist die musikalische Struktur im Werk von Debussy in Betracht zu ziehen. Denn die Sprachvertonung ist nur eine Seite dieser Struktur. Aber die Weise, in der die Sprache zur Erscheinung kommt, erhellt auch den Sinn des musikalischen Gefüges.

Debussys Verfahren der Sprachvertonung ist häufig beschrieben worden, am genauesten immer noch von Maurice Emmanuel[10]. Man hat auf die Anlehnung an die „parole parlée", an den Sprechfall, auf die „allure discrète" der musikalischen Rede hingewiesen, die der Forderung von J.-J. Rousseau nach einem „récitatif approprié à la simplicité et à la clarté de notre langue" in eigentümlicher Weise entspricht. Daß der Vergleich mit dem Rezitativ unzutreffend ist, bemerkte bereits Emmanuel (ebda. S. 126)[11]. Denn es handelt sich nicht um irgendeine Art von musikalischer Rede, die sich als eigene Gattung der Sprachvertonung abheben ließe von einem musikalisch autonomen Gefüge, wie es Arie oder Ensemble in der früheren Oper darstellen. Daß Debussys Sprachbehandlung im *Pelléas* in einer bis ins 17. Jahrhundert zurückreichenden Tradition steht (Lully, Rameau), ist gleichwohl nicht zu leugnen.

Der lyrische Charakter und die Beweglichkeit wird betont, desgleichen die Sensibilität, mit der Debussy die Rede differenziert. „Lyrisch" wäre dabei nicht als epitheton ornans, sondern negativ zu verstehen als eine Rede, die in die Handlung nicht eingreift, dramatisch inaktiv bleibt. Daß die Emotion nur sehr verhalten in die Gesangslinie eingelassen ist, der Nuancierung des Sängers offensteht, gehört ebenfalls zur eher lyrischen Diktion Debussys, die sich freilich nicht in den groben Gegensatz Lyrisch-Dramatisch einspannen läßt. Essentiell für die Sprachvertonung im *Pelléas* ist vielmehr, daß sie nicht in einer Richtung festgelegt ist und auch in dieser Hinsicht schwebend, unbelastet bleibt. Der „état d'esprit des personnages" sei festzuhalten, nicht ihr „état d'âme"[12]. Was für das Verhältnis des Motivisch-

10 A.a.O., S. 124 ff.

11 Die einzige Stelle, an der Debussy in der Singstimme „Récit." vorschreibt (III, 44; S. 218), unterscheidet sich in keinem Punkt von der übrigen Deklamation. Die Vorschrift bedeutet hier nur, daß die Singstimme an kein Taktmaß gebunden ist. – Hier und im folgenden beziehen sich die Stellenangaben auf die Taschen-Partitur Edition Durand & Cie., Paris (o. J.), Edition originale.

12 M. Emmanuel a.a.O., S. 129: „Il ne s'agit pas encore d'états d'âme: Les passions ne fermente-ront que plus tard."

Thematischen zum Handlungsablauf gilt, läßt sich analog auch für das Verhältnis von Emotion und Gesang sagen: Emotionen zwingen den Personen ihre Herrschaft nicht auf[13].

Es geht hier nicht so sehr um die ausführliche Darstellung der ineinander verzahnten Fragen, sondern um den Aufweis ihres Ineinandergreifens. Was kann musikalisch dargestellte Rede aussagen, der jede Dynamik entzogen ist, die sich dennoch an den Sprechfall sensibel anpaßt – dies ist gemeint, wenn Debussy in einem Brief von der Entdeckung einer Welt spricht, „in der die Sensibilität an Stelle des Pathos herrscht" –, die eingelassen ist in ein Gefüge, in dem sich die „alten Spannungsbeziehungen der Akkorde verlieren" und „das logische Auf und Ab . . . von einem gleitenden Nebeneinander abgelöst" wird? „Das Thema ruht in sich, es entfaltet, entwickelt sich nicht mehr". Zu klären wäre, welcher Zusammenhang besteht zwischen dem Aufgeben des gliedernden und Dynamik freisetzenden Kadenzgerüsts sowie der harmonischen, vom Einzelakkord ausgehenden Spannungsbeziehungen und einer dem Sprechfall folgenden Sprachvertonung, die die Prosa zu ihrem Strukturprinzip erhob. Im strengen Sinn ist hier sprachliche und musikalische Prosa, die bereits früh im 19. Jahrhundert sich ankündigte, zur Deckung gebracht. Musikalische Prosa ist dabei als die Konsequenz eines Satzes zu verstehen, der mit der Verabschiedung einer auf dem Kadenzgerüst beruhenden Bauweise keine überschaubare Korrespondenzen mehr entstehen ließ und dadurch den Sprechton musikalisch nachzuvollziehen vermochte. Die dem Sprechen analoge Form der verfaßten Sprache ist jedoch die Prosa. Sobald die Musik sich am Sprechakt orientierte, wurde sie auf Prosatexte verwiesen[14].

Die Prosa des Maeterlinckschen Dramas, die keine rhetorische oder poetische ist, sondern eher kurzatmig (auffällig sind die kurzen Sätze), mit Bedacht unprätentiös, kunstlos wirkt, und die Vertonung von Debussy sind einander adäquat. In Maeterlincks Sprache ist die Reflexion nahezu ausgeschaltet. Die Personen tasten in ihren

13 In einem Brief an Ernest Guiraud von 1889 über Wagners *Tristan* hat sich Debussy über das Verhältnis von Thematik und Aktion geäußert (zitiert nach M. Emmanuel, a.a.O., S. 133):

„Ce que j'admire le plus dans cet ouvrage c'est que les thèmes de la symphonie sont aussi les reflets de l'action. Mais la symphonie ne violente pas l'action: la musique n'est pas l'essentiel de drame, un équilibre permanent se réalise entre les nécessitées musicales et les évocations thématiques. Celles-ci n'interviennent qu'autant qu'il faut pour donner à l'orchestre la couleur qui convient à sa fonction décorative. Je crains que dans la Tétralogie les thèmes ne deviennent tyrans. . ." Emmanuel (a.a.O., S. 133) meinte sogar: „Claude Debussy en resta au stade du *leitmotiv* dans Tristan." Im Unterschied zu Wagnerschen Leitmotiven entziehen sich die motivisch-thematischen Bildungen in *Pelleas* – Emmanuel zählte deren 13 – eindeutiger Festlegung: „ils ont un rôle plus discret" (a.a.O., S. 134). Debussys „Leitmotive" können auch als die Schatten der Wagnerschen beschrieben werden, wodurch sie allerdings andere Funktion erhalten. Sie wechseln auch die Bedeutungen und rufen lediglich subtile Assoziationen „de sentiments et d'images" hervor.

14 Es ist bekannt, daß Debussy wesentliche Anregung von der russischen Musik, von Mussorgsky, empfing – insbesondere durch den Liederzyklus *Kinderstube* und durch den *Boris Godunow*. Die Bezugnahme schließt nicht zuletzt, ja vor allem die musikalische Sprachbehandlung ein. Daß trotzdem Mussorgsky und Debussy fundamental verschiedene Sprachen sprechen, sei hier nur am Rande bemerkt.

Reden das Unbegreifliche, die verschlossene Realität ab. Auch die Musik Debussys, soweit sie die Sprache wiedergibt, registriert in erster Linie, sie enthält sich der ausdeutenden, sinngebenden Formung ebenso, wie der emotionalen Vergegenwärtigung des Gesagten. Es handelt sich somit nicht eigentlich um ausdrückliche Vertonung von Prosa in einem grundsätzlich ähnlichen Sinne wie in früheren Epochen der Musik Prosa vertont worden ist, etwa im 16. Jahrhundert durch Palestrina, später durch Schütz und im Rahmen der eigentlich geschichtlichen, europäischen Musik erstmals in der einstimmigen, liturgischen Musik des Mittelalters. Vielmehr bringt Debussy das vordergründige, aus dem Blickwinkel des akustisch, gewissermaßen protokollarisch Wahrnehmenden aufgefaßte Gesprochen-Werden von Sprache zur Geltung.

Die Auswahl der Stellen aus *Pelléas*, an denen einige Kriterien ermittelt werden sollen, erfolgte ohne die systematische Absicht, etwa die verschiedenen „Stile" von Debussys Sprachvertonung festzulegen[15]. Eine solche Systematik wäre nur Schein; denn sie müßte im einzelnen Fall wesentliche Gesichtspunkte unterdrücken, oder den Zusammenhang außer acht lassen.

Zur „Briefszene" (I, 2)

Die Übergänge von ausdrücklich Gesungenem und musikalisch Gesprochenem sind fließend. Nur in seltenen Fällen läßt sich eine Grenze ziehen. Im Ganzen gesehen nimmt Debussy die opernhafte Emphase des Gesangs aufs äußerste zurück. Das nach der einen wie nach der andern Seite hin Ungreifbare, nicht Fixierbare gehört aber zu den entscheidenden Kriterien von Debussys Sprachdeklamation. Es gibt nur eine Szene, die zweite im I. Akt, die einheitlich und konsequent den musikalischen Sprechton wahrt. Dies ist zunächst motiviert durch das Indirekte der Rede – Geneviève liest den Brief von Golaud an Pelléas Arkel vor – danach durch die längere, fast geschwätzige Antwort Arkels und überhaupt dadurch, daß von einem nicht Gegenwärtigen gesprochen wird. Die Kategorie des Ungegenwärtigen bringt die schattenhafte, nahezu konturlose Deklamation mit sich, die man als Grundschicht der musikalischen Rede im *Pelléas* bezeichnen kann. In der „Briefszene" ist zugleich die Grenze für die Annäherung an den Sprechton erreicht, die nicht unterschritten wird. Die rhythmische, instrumentale Bestimmtheit ist ausgesetzt. Kennzeichnend dafür ist der schwebende Triolenrhythmus, durch den sich gewöhnlich die Linie der Singstimme vom orchestralen Grund abhebt und gerade dadurch auf ihrem Eigenrecht besteht, daß sie Kontur verliert, ferner die Vermeidung emotionsbefrachteter Intervalle (Wagner nannte sie einmal die „sensitiven Intervalle", mit denen er im I. Akt des *Parsifal* sparsamer umgegangen sei), d. h. vor allem der Intervalle, die die Quint überschreiten, und der Leittönigkeit im melodischen Duktus. Es liegt kein Rezitativ vor. Aber das Pathos der Wagnerschen

---

15 Beispielhaft ist immer noch die Behutsamkeit, mit der Emmanuel (a.a.O., S. 124 ff.) „manières vocales" zu unterscheiden sucht, ohne in Kategorien zu pressen.

erzählenden Rede wird ausdrücklich neutralisiert. Dies dürfte nicht allein auf den weniger dem Akzentuierungsprinzip unterworfenen Charakter der französischen Sprache gegenüber der mit mehr Nachdruck akzentuierenden deutschen zurück-zuführen sein[16].

Dennoch bliebe das oben über die Intervallik allgemein Gesagte an der Oberfläche, würde man es nicht durch die Feststellung präzisieren, daß das „Unspezifische" der Intervalle in der Gesangsrede von einer besonderen Funktion der Intervalle herrührt. Sie haben nicht mehr primär die Funktion, die sie als genau definierte Elemente im Gewebe der Partitur besitzen, sondern stehen stellvertretend für den flexiblen Sprechton. Die Terz, das Grundintervall der Deklamation, bezieht sich auf Vormusikalisches, etwa auf die Rufterz. Sie ist prinzipiell zu unterscheiden von der Terz, die definiert ist als Bestandteil des Dreiklangs und aufgrund dieser Bindung auch Dynamik entbindet[17]. Wesentlich ist weiterhin, daß die Terz als Rufterz keine Brücke zum Inhalt des Gesagten schlägt, sondern reines Zeichen für ein auf Töne gebrachtes Sprechen, musikalische Lautung von Sprache ist. Da aber auch die übrigen Intervalle (vor allem Sekunden, Quarten) die Eigenschaften der Terz als Rufterz teilen, so läßt sich behaupten, daß auch sie als Ausweitungen bzw. Reduktionen der Terz zu verstehen sind. Ferner ist charakteristisch, daß die musikalische Rede zwar nach den Cola des Textes gegliedert ist, der Sprachbau jedoch keine Entsprechung in der musikalischen Konstruktion findet.

Die Deklamationsachse e' des ersten Teils der Brieflesung in der zweiten Szene (S. 30, T. 4 – S. 31, T. 9) wird mit äußerster Diskretion intoniert (Fl. I/II pp, unisono). Im Terzfall von b' aus (b'-g'-e') pendelt sich der Rezitationston ein. Es handelt sich um einen sprachlichen Einschwingungsvorgang, der zugleich die horizontale Ausfaltung des ebenfalls in Terzen geschichteten Klangs (E-g-b-d' im dritten Vorspieltakt darstellt. Danach beginnt der Text des Briefs. Unterbrechungen innerhalb der Kola (z.B. S. 31, T. 2) muten eher unwillkürlich an, wie ein Stocken des Sprechenden, zwar nicht gegen den Sinn des Gesprochenen, aber auch nicht von ihm gefordert. Die Deklamationsachse e' ist nicht tonale Achse, sondern labil in die Terzreihe eingebettet, aus der der erste Teil der Briefszene besteht (F-a bzw. as – c- e -g-h bzw. b -d). Die Klänge bleiben tonal konturlos. Es ergibt sich ein eigentümlich labiles Übereinander von Rezitation und Instrumentalklängen, zumal die von Ziffer 23 bis 24 im Orchester deutlich zweitaktige Gliederung von der Singstimme nicht eingehalten wird. Seinen tonalen Ort, der als solcher aber nicht mehr kenntlich bzw. aufgehoben ist in die oben angeführte neutrale Terzreihe, nämlich als

---

16 Diesen Unterschied mißachtet zu haben, wirft Debussy einmal Gluck vor (Offener Brief an Herrn Christoph Willibald Gluck (1903), zitiert nach: Cl. Debussy, *Monsieur Croche*, Sämtliche Schriften und Interviews, a.a.O., S. 90: „. . .zumindest machen Sie aus der französischen Sprache eine Sprache der Akzentuierung dabei ist sie eine Sprache der Nuancierung. . .".

17 Der Begriff „Rufterz" ist gebräuchlich im Zusammenhang mit der außereuropäischen Musik. Es handelt sich jedoch bei Debussy um keinen Exotismus, sondern um ein Stück artifizieller Ausschaltung des harmonischen Systems und seiner dynamischen Klangbeziehungen, die in erster Linie auf die Leittonfunktion der Terz im harmonischen System zurückzuführen sind.

Terz eines C–Dur-Dreiklangs, erhält das e' erst im Schlußtakt S. 31) mit dem Fall zum c' und dem abschließenden Pizzicato in den Violen und Celli.

Äußerst diskret wird die Teilnahme der sprechenden Person am Inhalt der Aussage angedeutet, etwa an der Stelle, wo es heißt „elle pleure tout a coup comme une enfant et sanglotte" (S. 31, T. 7). Die Quarte e' – a' wird bei dem Wort „sanglotte" (schluchzen) in die verminderte Quarte (as') moduliert, und auch rhythmisch (Achtel), dynamisch ($\langle\rangle$), sowie durch die nachfolgende Pause hervorgehoben. Im Klang des Orchesters (As-ges-c'-e') spiegelt sich das Intervall in den Begrenzungstönen (übermäßige Quint). Das ges (Va.) ist dabei als Verunklärung des as, wie vorher das b (Va.) im Verhältnis zum a' zu verstehen. Der leittönige Ansatz zum Pizzicato-Abschluß (ges→g) wird durch die Pause neutralisiert.

(as →g)

Schon während der Rede der Genevieve taucht schattenhaft das Motiv der Mélisande im Orchester auf (S. 32, letzter Takt). Die vorwiegend in Terzen geschichtete Singstimme „S'il consent néanmoins . . . fille", verwandelt die motivische Terz der zurückleitenden Achtelwendung in das unspezifische Terzintervall des Sprechtons. Die Singstimme wirkt wie der Schatten eines Schattens, willenlos eingebettet in das in sich ruhende Motiv. Auch die im Sekundschritt nach abwärts angedeutete Kadenz setzt keine entschiedene Zäsur (S. 33, T. 1). Die abschließende Wendung e'-d' ist ein Nachklang der zwei letzten Töne des Motivs[18]. Der Höhepunkt der Szene, hervorgehoben auch durch die Veränderung des Tempos und durch die neue Vorzeichnung und das Crescendo bis zum forte, ist nicht von ungefähr der Satz Arkels: „Je ne me suis jamais mis en travers d'une destinée" (S. 37–S. 38, T. 2). Arkels bemächtigt sich Erregung. Doch der dynamische Anstieg in Singstimme und Orchester bleibt gefesselt an die „blind" in sich kreisenden Klänge, die mit Eintritt des Forte eine komprimierende quasi kadenzierende Bewegung ausführen (Bässe: Gis-cis). Die harmonische Innenspannung der Klänge wird nicht freigesetzt, sondern bleibt verstrickt in der drehenden Bewegung. Der V. Stufe im Baß(Gis) entspricht kein dominantischer Klang. Es handelt sich vielmehr um eine verwandelte Form des in den ersten drei Takten (S. 37, T. 1–3) kreisenden H-Klangs (als Septakkord), die dadurch entsteht, daß dis zu d wird und dem h die Unterterz gis hinzugefügt wird. Der Klang über Gis ist in seinem Terzaufbau eine Art Spiegelbild des H-Klangs:

18 Um den an Psalmodie gemahnenden Charakter der Deklamation vor allem dieser Szene zu erklären, hat man darauf hingewiesen, daß Debussy sich in der Zeit vor dem *Pelléas* mit älterer Musik (Gregorianik und klassische Vokalpolyphonie) beschäftigt hatte. Über der Feststellung solcher Anregungen sollte jedoch nicht übersehen werden, daß die psalmodierende Führung der Singstimmen bei Debussy eine mit den Vorbildern unvergleichbare Funktion hat, und daß ein wesentliches Moment dieser Funktion die Wirkung des Fernen, Entrückten, Vorindividuellen ist.

Das Gis ist nur scheinbar V. Stufe von Cis. Der Vorgang ist als stationärer Wechsel von H- und Cis-Klang zu beschreiben, in dem die in der Singstimme und in den
Durchgangsklängen andrängende Emotion neutralisiert bleibt. Die beiden Töne, die
den Gipfelpunkt der Gesangslinie bilden, kehren überdies den scheinbar kadenzierenden Schritt Gis-cis um in cis'-gis. Die Dynamik wird dadurch ausdrücklich zurückgenommen. Die Rede Arkels bleibt ohnmächtig hängen in den ohne Lösung
auspendelnden Klängen. Die Aussage reduziert sich auf die bedingungslose Unterwerfung unter das Unentrinnbare (dramatisches Leitmotiv!). *Was* Arkel im einzelnen äußert, ist demgegenüber fast gleichgültig. Von der Sprache bleibt der reine
Sprechakt übrig. Das resignierte Zurückfallen der beiden Schlußtakte (S. 38,
T. 1–2: „Il sait mieux que moi son avenir"), das sich im klanglichen Abbau dokumentiert, bringt vom vorhergehenden Cis-Klang aus gesehen die Lösung (fis als
I. Stufe). Doch die Schlußwirkung bleibt aus, zumal die Umschichtung des Klangs
im letzten Takt diesem die Basis entzieht. Erst im folgenden Abschnitt, in dem
Arkel die Summe zieht („Il' n'arrive. . . inutiles"; S. 38, T. 3–5) wird klar, worauf
sich die Vorzeichnung eigentlich bezieht: auf den cis-moll-Klang, der „fatalistisch"
aufgeht in den mit „Lent" eintretenden in sich ruhenden E–dur-Klang.

Zur Anfangsszene

Nur an einzelnen wenigen Stellen nimmt die Singstimme thematisches Profil an,
findet eine thematisch geformte Identifizierung der Gesangslinie mit der Aussage
statt. Dies ist z. B. der Fall in den beiden Takten, in denen Golaud in der ersten
Szene des Werks seinen Namen nennt (S. 17, T. 2–3; Très large): „Je suis le prince
Golaud. . ." Die Distanz, welche die Personen als sprechende Wesen musikalisch zu
den Dingen und den Ereignissen halten, ist für einen Augenblick durchbrochen
durch das identifizierende und vom Schein der Aktivität umgebene Pathos des
melodischen Duktus und der Kadenz. Es reicht indessen nur aus, um eine Beziehung
zum Ich, zum eigenen Namen herzustellen, nicht zum Du. Es ist kein Zufall, daß es
auch im weiteren Verlauf des Dramas vor allem bei Golaud zu Ansätzen kommt,
durch Emotion die Brücke zur Wirklichkeit zu schlagen. Golaud, der bereits anachronistische Vertreter der alten Welt des Pathos, der Welt Wagners und des freilich
schon dort brüchigen Heldenbildes, sucht die von Pelléas und Mélisande hingenommene Entfremdung zu durchbrechen. Golaud kommt Mélisande als Riese (géant)
vor, d. h. wie ein Wesen aus der Vorzeit. Die grauen Haare, von denen Mélisande
verschreckt spricht, und der graue Bart passen in dieses Bild. Das Golaud-Motiv ist
das einzige, das an Wagners Leitmotive, und zwar an das Hunding-Motiv erinnert.
Daß auch seine Rolle bis in die Details der Gestalt Hundings analog ist, darf nicht
als bloße Reminiszenz gewertet werden. Golaud begreift nicht, daß die Realität dem
Subjekt bereits unwiederbringlich verloren ging, und daß Einverständnis unter den
Handelnden nur möglich scheint unter der Bedingung der Hinnahme der Entfremdung. Dieses Einverständnis ist der unausgesprochene Kern der Liebe zwischen
Pelléas und Mélisande. Und dieses Unausgesprochene Es fangen Debussys Musik und

die Reden der Personen ein. Die brutalen Versuche Golauds in der Turmszene mit Yniold (III, 4) und in der ersten Szene des IV. Akts, in der er Mélisande außer sich an ihren Haaren zu Boden reißt, den Abgrund zwischen dem Subjekt und der Wirklichkeit zu überbrücken, schlagen fehl und gipfeln in der blinden Tat des Mordes. Es ist auffällig, daß gerade an der Stelle der Mißhandlung Mélisandes (IV, 1), die umso brutaler ist, als sie gegen das Gesetz des Rückzugs von der Realität verstößt – schon die ersten Worte Melisandes lauten „Ne me touchez pas . . .“ (I, 1) –, die Singstimme (Golaud) melodische Umrisse erhält. Golaud lügt in diesem Augenblick nicht. Dennoch wird in seiner Rede die Unwahrheit offenbar. Sie besteht darin, daß er durch Emotion die Illusion wiederherzustellen sucht, Wirklichkeit könnte dem Subjekt durch den objektivierten Ton noch zugänglich sein. Das entscheidende Ereignis am Schluß der ersten Szene im I. Akt kommt ohne Entscheidung zustande. Mélisande gibt, ohne es eigentlich zu wollen, dem Drängen Golauds nach und folgt ihm. Nachdem Golaud seinen Namen genannt hat, taucht zweimal ein unruhig pulsierender, synkopischer Rhythmus auf (S. 19, T. 2 ff. Va., dann S. 20, T. 7 ff. Fl.), der ein drittes Mal anhebt, wenn Mélisande ihren Namen nennt (S. 22, T. 1, Cor.) und dann ohne Unterbrechung bis zum Wiedereintritt des Motivs der „fernen Zeit“ (S. 24, T. 1–2) gegenwärtig ist: ♫♩♫ bzw. ♫♩ ♫♩ . Dieser Rhythmus ist nicht bloß Bewegungshintergrund. Trotz der Intensivierung durch das „animando“ (S. 22, T. 2) und dann durch die Wiederaufnahme des hektischen Tempocharakters (S. 23, T. 3: au mouv^t (animé)) findet die befangene Dynamik des synkopischen Rhythmus kein Ziel, keine Lösung. Debussy realisiert das Unartikulierte, Dunkle der Angst, die Mélisande zuerst unmerklich erfaßt (S. 21, T. 2), als Golaud die Frage stellt, ob sie mit ihm kommen wolle. Die untergründige Angst, das Zurückweichen, Ausweichen wird zum beherrschenden Motiv nach der dritten Frage Golauds (S. 23, T. 2). Das Motiv der Mélisande erscheint gleichzeitig in Oboe und Kontrabässen in verschiedenen Stadien des Abbaus und wird von den gesichtslosen Klängen der wogenden Synkopen gleichsam verschluckt (S. 23, T. 3–5). Die synkopische Bewegung vermittelt zwischen der zurückweichenden Geste Mélisandes, mit der zugleich ihr Widerstand erlahmt (S. 23, T. 3–5: Oboe), und dem drängenden Beharren Golauds (S. 23, T. 3–4: Kontrabässe). Was sich hier ereignet, steht jenseits von Sprache. Gerade das Unfaßbare, Unausgesprochene zwischen den beiden Personen wird thematisch. Die sprachliche Aussage könnte die präzise musikalische Darstellung nur kommentieren. Der eingesprengte, hastig gesprochene Dialog (S. 23, T. 3 ff.) wird an der unzentrierten gerüsthaften Folge von Kerntönen der Klänge (fis – a – cis (e)) „aufgehängt“:

Geregelt wird der Verlauf durch die konstitutive Rufterz. Die Quarte cis-fis tritt
zweimal auf und zwar zweifellos bezogen auf die Aussage: zuerst in Mélisandes
„Oh! ne me touchez pas" und dann wiederaufgenommen in Golauds „Mais venez
avec moi". Aber das gleiche Intervall, gelöst aus seiner harmonischen Beziehung
(V–I), mit der es ursprünglich verbunden war, sagt miteinander Unvereinbares.

Der Duktus jedes Redeglieds ist steigend, dem drängenden Charakter des Ge-
sprächs angepaßt. Doch statt sich entscheidend zuzuspitzen, mündet der Dialog in
das Motiv der „fernen Zeiten", mit dem das Werk beginnt, und das für das schlechthin Unfaßbare steht (S. 25, T. 1–2). Der Kreis der ersten Szene schließt sich. Das
Unsagbare, Ungewisse und Traumhafte des Märchenmotivs, das wie aus dem Nichts
aufsteigt und keinerlei Impuls auslöst, ist Ziel und zugleich das Argument, welches
Mélisande nachgeben läßt. Die Worte Golauds „La nuit sera très noire et très froi-
de" sind eingebettet in das Motiv der „fernen Zeiten" und erhalten durch dieses erst
ihre Konkretion. Das Unheimliche, Ungreifbare, das sich hinter der Aussage an
Gehalt verbirgt, gewinnt musikalische Gestalt im Orchester. Die Singstimme durch-
mißt gleichsam „sprachlos" den leeren Grunddreiklang (a-f-d). Die musikalische
Struktur enthält kein Äquivalent für die Bestimmtheit des Sprechaktes. Die letzte
Aufforderung Golauds „Venez avec moi. . ." in dem nun versiegenden Dialog öffnet
sich fragend in einen Dominantseptakkord, der wie stillgelegt wirkt. Er signalisiert
die Wendung, die indirekt in Mélisandes Frage liegt: „Où allez-vous?" An diesem
kritischen Punkt aber tritt die erwartete Tonika nicht ein. Die Klangsubstanz zer-
fällt (S. 24, T. 5: V. II, Va. Pizz. und pp). Zwei dilatorische Klänge über dem
festgehaltenen Ton b, der gleichwohl kein Fundament abgibt, verhallen im Leeren
(S. 24, T. 5: jeweils ein Dreiklang mit der hinzugefügten Sexte (b-d-f-g und
g-b-d-e)). Golauds Antwort lautet: „Je ne sais pas. . ." und „Je suis perdu aussi. . .".
Realisiert wird die hier ausgesprochene Ziellosigkeit nicht primär im Duktus der
Singstimme, sondern im orchestralen Geschehen. Debussy kommt auf den d-Klang
des Motivs der „fernen Zeiten" zurück (S. 24, T. 6). Wie eine bereits schwache
Erinnerung erklingt das Golaud-Motiv. Der letzte Ton der Singstimme (c) aber
gleitet als Sept des Akkords disparat aus dem d-Klang. Golaud und Mélisande als
musikalisch sprechende Wesen begreifen nicht, wie ihnen geschieht. Ihre Worte
stehen kurz vor dem Verstummen, genauer gesagt: schon jenseits. Die Worte spiegeln nur noch den Schatten der Wirklichkeit.

Mélisandes „Lied" (III, 1)

Die erste Szene des III. Aktes beginnt mit einem Lied (S. 151–154). Die Märchen-Situation wird zitiert. Mélisande kämmt sich am Fenster eines der Schloßtür-
me (die Unbestimmtheit des Schauplatzes gehört wesentlich zu dieser Szene) die
Haare: das Bild der Loreley, des mit Zauberkräften begabten Naturwesens. Es mag
hier beiseite bleiben, wie diese Szene im Ganzen des Werks zu verstehen ist –
tatsächlich nimmt sie eine Schlüsselstellung ein. Die Märchen-Situation erscheint
hier zum Symbol sublimiert. Das Bild – und in dieses Bild gehört gewissermaßen als

Requisit auch das Lied — ist ein Zeichen für die Existenz Mélisandes. Sie gehört der Realität nicht an. Das Symbol der Haare wird später in derselben Szene verdeutlicht. Schon im Text von Mélisandes Lied, den Debussy an die Stelle des Lieds in Maeterlincks Drama setzte, ist von den langen Haaren die Rede, die auf Pelléas herabfallen:

> Mes longs cheveux descendent
> Jusqu'au seuil de la tour!

Das Lied hat den Charakter einer Beschwörung[19].

Das Lied gehört textlich und musikalisch einer anderen Ebene an als der Dialog. Daß im Lied eine objektive Beziehung zwischen der Welt und dem Subjekt hergestellt bzw. möglich sei, gehört zu den zentralen Ideen seit der frühen Romantik. Anders gesagt: im objektiv und intersubjektiv Vorgeformten des Lieds erscheint die Kluft geschlossen, die das Subjekt vom Bereich der Objekte und der Natur trennt. Das Liedhafte bedeutet Bewältigung der als verschlossen erfahrenen Wirklichkeit. In der drohenden Entfremdung zwischen Subjekt und Wirklichkeit sollte das Lied den Schlüssel zum sich verschließenden Realen bieten. Es galt, das „Lied in allen Dingen" (Eichendorff) aufzufinden. Doch die romantische, später die symbolistische Beschwörung des Lieds, seines Naturhaften, Verbindenden und Verbindlichen war die Konsequenz einer gestörten Subjekt-Objekt-Beziehung. Das Lied wurde zu einem im Rückgriff konstruierten ästhetischen Symbol, zur ästhetischen Konstruktion des Ursprünglichen.

Das Lied der Mélisande, das Bestandteil eines symbolischen Märchenbildes ist (Turm, Sitzen am Fenster, Kämmen der Haare) versagt sich den Schein des naturhaft Unmittelbaren. Der ästhetische Wunschtraum der Romantiker, das Lied als die in Tönen objektivierte Versöhnung des Subjekts mit der Natur, erscheint in doppelter Brechung. Was Mélisande singt, ist die Andeutung, der Umriß, der mit diskreter Präzision ausgeführte Gestus des Lieds als ästhetische Idee. Im Text werden die Dinge magisch angesprochen. Die Worte wirken wie Zauberformeln, die verborgene Kräfte aufrufen (Wortwiederholungen!). Suggeriert wird aber von Debussy die Phase, in der das Lied aus dem Unbewußten entsteht, noch keine festen Konturen gewonnen hat. Aus der musikalischen Distanzierung vom realen oder fiktiv realen Lied ist Mélisandes Lied konzipiert. Damit wird Bezug genommen auf die Vorstellung, daß nur im Unbewußten der Ursprung des Lieds zu suchen sei. In einem Akt der kompositorischen Aussparung vermeidet Debussy die Fiktion des Lieds. Diese Aussparung dokumentiert sich am offenkundigsten in der vokalen Einstimmigkeit. Das Orchester tritt als Vorspiel, Zwischenspiel und Nachspiel ein und zeichnet somit die ursprüngliche Funktion des Instrumentalen nach. H ist Zentralton, jedoch nicht Grundton. Um den Ton h herum wird das Tonmaterial locker aufgebaut. Die harmonische Tonalität erscheint suspendiert. Die unzentrierte Tonreihe verdichtet

---

19 Mit dem Lied über die „drei blinden Schwestern" beginnt bei Maeterlinck die zweite Szene des III. Aktes. Die erste hat Debussy gestrichen, aus ihr jedoch die Anrufung an „Saint Daniel et Saint Michael..." in seinen Liedtext übernommen.

sich in einzelnen Figuren, die wiederum tonal unbestimmt bleiben, z. B. die bereits schemenhaft zu Beginn des Vorspiels auftauchende Sekund-Terz-Figur (h-a-fis), die als Intervallkombination dann immer wieder begegnet und zu einem leitmotivischen Gebilde gerinnt (S. 152, T. 2, Flöten). Die Quintbeziehung zwischen dem Zentralton h und dem motivischen Drehpunkt fis stiftet kein harmonisches Fundament. Im Drehmotiv ist die Intervallstruktur nur allgemein formuliert: die kleine Sekund (g-fis) changiert in die große (gis-fis). Nur an zwei Stellen am Schluß des Vorspiels (S. 153, T. 2 und T. 4) setzt sich das Drehmotiv über eine Terz zum Zentralton h fort. Im Vorspiel wird eine vom Kernton h ausgehende, auf der Folge Sekund-Terz bzw. Terz-Sekund aufgebaute Materialreihe exponiert, in der der in Takt 6 eintretende Klang nur eine Episode ist:

(1. 2. 3. 4. = Sukzession der Schritte.) Tonale Labilität und Statik werden auskonstruiert. Die Veränderung tritt als unwillkürliche in Erscheinung. Das Moment des Unwillkürlichen kennzeichnet auch das folgende Lied. Der Gesang beschwört den Charakter eines noch nicht individuierten Archetypus schon durch die vegetativ wirkende Wiederholung der ersten Zeile und durch das formal abrundende dritte Glied (a a b):

Den Charakter des Allgemeinen unterstreichen die überwiegend „unspezifischen" Intervalle der Terz (Rufterz) und der Quart, das Kreisen um die Achse h, d. h. die Entfaltung des Gesangs aus der Eintönigkeit, die in der orchestralen Einleitung ausdrücklich wird, und schließlich die Funktion der Triolenformel. Sie steht für den Gestus des Sprechens, der an den zentralen Stellen des Gesangs eintritt: am Schluß der ersten (und zweiten) Zeile und zu Beginn des zusammenfassenden Schlußabschnitts. Aus zwei Rufterzen entsteht der Dreiklang (g-h-d), dessen Mitte der Zentralton h ist, und der somit als G—dur-Dreiklang falsch beschrieben wäre. Durch den Ton cis, mit dem die erste (und zweite) Zeile ausschwingt, und der im Schlußglied in die von e″ stufenweise absteigende Reihe einbezogen ist, wird die Sekund-Terz-Figur wiederaufgegriffen, jedoch mit den gegenüber dem Vorspiel neuen Tönen cis und e:

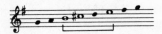

Das Quartgerüst wird umgeben von Zusatztönen:

Erst im Schlußglied des Lieds (S. 154, T. 4) kommt es zu einer Erweiterung der Material-Reihe, indem die Singstimme die Quart h′-e″ nach unten zur Oktave ergänzt (e′-h′-e″). Besonders deutlich ist der Rufcharakter des Lieds im zweiten Teil (S. 153, T. 13 ff.) „Saint Daniel...". Debussy läßt eine Schicht zu Wort kommen, die *vor* der liedhaften Verdichtung liegt:

Litaneiartig erscheinen die Anrufungsglieder von den ersten drei (d von a, e von b) und voneinander (d von c, f von e) abgeleitet. Die Deklamationswendungen spinnen sich selbstvergessen fort. Sie sind ohne jede Emotion, weisen jede Art von Identifikation ab. Die Intervallkonstellationen behalten in allen Gesangsabschnitten den Charakter des Sphinxhaften bei. Die Töne der E-Reihe mit den Zusatztönen h und e bleiben tonal indifferent, und es wäre verfehlt (obwohl die Vorzeichnung es nahelegt), eine E-moll-Tonalität zu postulieren, die durch eine, wenngleich vage dominantische Eröffnung (Vorspiel) vorbereitet würde:

Es handelt sich vielmehr um eine Materialreihe, deren Töne mit denen der e-moll-Tonleiter ohne Leitton (d statt dis) identisch sind, und die ambivalent um das Quartgerüst h′ und e″ gravitiert. Offenkundig oder latent ist die Sekund-Terz-Aufteilung wirksam, die bereits im Vorspiel exponiert wurde. Als melodische Schritte treten ferner ausschließlich Sekunden, Terzen und Quarten auf. Das Vorspiel bringt die Materialreihe unvollständig (h a fis d g), aber zusätzlich die Töne dis, den Leitton, der jedoch nicht als solcher fungiert, und gis, das allerdings bloß eine Umspielungsform des g darstellt (siehe S. 152, T. 2/3 usw.). Daß Debussy hier tatsächlich keine E–moll-Leiter bzw. E–moll-Tonart verwendet, sondern eine zur Pentatonik tendierende Leiter, ist nicht allein dadurch klar, daß der erhöhten Sexte cis keine Erhöhung der 7. Stufe zum Leitton dis entspricht (das dis im Vorspiel hat, wie gesagt, keine Leittonfunktion), sondern vor allem durch den Umstand, daß die beiden Töne, die durch einen Halbtonschritt erreicht werden, nämlich d und g, als labile Töne eingeführt werden.

Die tonalen Beziehungen bleiben in der Schwebe. Da diese Offenheit aber schon im verwendeten Tonmaterial fixiert ist, mutet das gesamte musikalische Geschehen determiniert an. Durch den satztechnischen Vorgang konstituiert sich der Gehalt der Aussage – mehr oder weniger unabhängig vom Aussage-Inhalt des Textes. Die Vermittlung der Sprache erfolgt durch die musikalische Struktur, in der jede Möglichkeit eines selbstbewußten, zielgerichteten und auf Entscheidungen beruhenden Sprechaktes ausgeschaltet ist.

Im Lied ist musikalisch ausgesprochen, d. h. als Gehalt realisiert, was bereits in der orchestralen Einleitung thematisch wurde: das in seiner Eintönigkeit suggestive Kreisen einer rätselhaften Intervallverbindung im Drehmotiv, das sich durch den ersten Teil der Szene zieht und zum letzten Mal (in Umkehrung) an der Stelle auftaucht, an der Mélisande die Worte ihres Liedgesangs zitiert und ihre Haare sich über Pelléas ergießen (S. 166, T. 1–4). Der Sinn des „Lieds" und seine Funktion ist in der „ungelösten" verminderten Quart beschlossen, die immer wieder verklingt und wie selbsttätig in Gang kommt. In der abwärts gerichteten Bewegungsform des Motivs ist überdies der Automatismus eines fatalen Vollzugs realisiert. Über eine fallende Terz von dis aus wird der Kernton h erreicht (S. 153, T 2 und T. 4). Der Charakter des Fallenden als beherrschende Bewegungstendenz wird greifbar im Orchester, nicht in der Singstimme, die ohne Impuls nachvollzieht, was bereits determiniert ist. Widerstandslos bleibt Mélisande verstrickt in der von ihr nur wie im Traum registrierten Wirklichkeit.

Der Dialog in *Pelléas* erhellt weder die Wirklichkeit noch das Ich, sondern deutet beide mit blinder Diskretion an. Es stehen einander das verstummende Subjekt und die rätselhafte, ebenfalls verstummte Wirklichkeit gegenüber. Die Musik, das Orchester schlägt sich auf die Seite dieser Wirklichkeit. Die in den Orchestersatz eingesponnenen Reden artikulieren höchstens die Erinnerung auch an den ehemals möglichen Brückenschlag durch das Wort. Die musikalische Rede verweigert geradezu die Kommunikation. Aber insgeheim verweist sie zugleich durch ihren schlichten unpathetischen Sprechduktus auf die Möglichkeit, daß die nüchterne Sprache noch einmal die Wirklichkeit, von der sich das Kunstwerk hermetisch abschloß, erreichen und die verschüttete Verständigung wiederherstellen könnte.

Zur Fontänen-Szene (II, 1)

Zu Beginn des II. Aktes (II, 1) treffen sich Pelléas und Mélisande erstmals allein (S. 70, T. 1). Emmanuel schrieb über diese Szene: „Ce tableau de *la Fontaine dans le parc*, par la délicatesse des nuances, par l'intensité d'une émotion intérieure qui se voile, par l'intimité du discours musical, est peut-être ce qu'il y a de plus achevé dans la partition" (M. Emmanuel, a.a.O., S. 165). Darüber hinaus wäre zu sagen, daß sie zu den Schlüsselszenen des Werks gehört. Musik und Dialog beziehen sich auf den Schauplatz: auf den Springbrunnen im Park, auf die Fremdheit des Orts, die Kühle, das klare Wasser, die Einsamkeit, die Stille („silence extraordinaire") und die Reglosigkeit. Das Wasser schläft. Der Ort ist verzaubert und der Brunnen gilt als wundertätige Quelle. Blinde sind durch das Wasser sehend geworden. Kein Sonnenstrahl dringt durch das dichte Laub. Die lichtlose Abgeschlossenheit steht in eigentümlichem Widerspruch zur Eigenschaft der Quelle, sehend zu machen. Aber jener Zauber wirkt nicht mehr, der Ort ist verlassen, seitdem der König nahezu erblindete. Die Kräfte der Natur sind erlahmt. Die Fontaine, Symbol für das Wasser des Lebens, spendet kein Leben mehr. Geblieben ist die Unergründlichkeit des Elements.

Mélisande wünscht auf den Grund des Wassers zu sehen. Pelléas antwortet, es sei unergründlich wie das Meer. Auch die Klarheit des Quellwassers trägt zur Lösung des Rätselhaften, das die Existenz der beiden umfängt, nichts bei. In ihrer Begegnung suchen sie das Unsagbare. Melisande bemüht sich vergeblich, ihre Hände in den Brunnen zu tauchen. Nur mit den Haaren, die für das Dämonisch-Naturhafte stehen, kommt die Berührung zustande. Die aktive Bemühung, etwas zu begreifen, bleibt fruchtlos. Ins Vieldeutige, ja Undeutbare fällt die Situation zurück mit der symbolischen Parallelität der Begegnungen von Mélisande mit Golaud (I, 1) und jetzt mit Pelléas. Er sucht der Wirklichkeit jener ersten Begegnung nachzuspüren. Aber seine entscheidende Frage, weshalb Mélisande Golaud die Umarmung verweigert habe, bleibt ohne Antwort: P. „Pourquoi ne vouliez-vous pas?" M. „Oh! oh! j'ai vu passer quelque chose au fond de l'eau..." Die Verknüpfung der Szenen geschieht durch den Ring Golauds, der Mélisande entgleitet und in den Brunnen fällt. Der Zufallsakt ist die eigentliche, die unbewußte Aussage. Mélisande ist der Bindung an Golaud ledig. Aber die Rede trägt zur Klärung nichts bei. Es klingt wie das Eingeständnis der Unmöglichkeit, aus dem Seienden die Wahrheit zu erkennen und diese auszusprechen, wenn am Schluß der Szene auf die Frage, was Mélisande nun sagen solle, falls sich Golaud nach dem Ring erkundigt, Pelléas bei Maeterlinck dreimal, bei Debussy zweimal beschwörend entgegnet: La vérité. Gerade sie ist unentwirrbar, unsagbar. Und Golauds Verzweiflung am Schluß des Werks ergibt sich gerade daraus, daß ihm die Wahrheit, die er fordert, versagt und verschlossen bleibt.

Gegenüber dem, was in dieser Szene wirklich vorgeht, wirkt das Gesprochene eigentlich beiläufig. Das Beiläufige und das, was den wahren, aber den Personen unerkennbaren Inhalt der ·Rede angeht, Unausgesprochene manifestiert sich nicht zuletzt im Verhältnis von orchestralem Geschehen und Singstimmen-Deklamation.

Die orchestrale Einleitung beginnt mit der Aneinanderreihung von Gebilden, die auf die Situation Bezug nehmen. Die einleitende, im Pelléas-Motiv melodisch entfaltete Tonreihe, sowie der Anflug einer subjektiv teilnehmenden Geste („doux et expressif") wird schon in den beiden folgenden Takten (S. 70, T. 3–4) eingefangen in eine das sanfte Steigen und Fallen der Fontäne repräsentierende Bewegung. Was der lineare Duktus an Zielstrebigkeit enthalten mochte — obwohl auch das Pelléas-Motiv trotz seiner fallenden Tendenz keinerlei tonale Spannung freiwerden läßt — wird in den beiden folgenden Takten neutralisiert. Die Tonfolge erscheint als Klang und nimmt dadurch ihren Verlaufscharakter zurück:

Im Terzaufbau der Klänge ist mit der Statik ihrer Aufeinanderfolge auch das Moment des unzentriert Gleitenden realisiert, das die Klanglichkeit des ganzen Werkes kennzeichnet. Verschiedenartig konturierte Reflexe der objektiven Situation wechseln einander in kurzen Abständen ab (jeweils 2 bzw. 3 Takte: 2 + 2 + 1 + 2 + 2 + 3 (S. 70, T. 1–S. 71, T. 8). Im Grunde handelt es sich um den zweimaligen Ablauf desselben Vorgangs: fließende Bewegung (S. 70, T. 1–2 und S. 71, T. 2–4), die ins Stocken kommt und schließlich versiegt (S. 70, T. 3–4 und analog S. 71, T. 5–8).

Danach tritt, unvermittelt aus dem Stillstand, das zentrale Motiv der Szene, das der Fontäne, ein (S. 71, T. 9). Das Motiv beschreibt eine fließend abfallende, aber in sich selbst zurücklaufende Bewegung. Sie läßt das Unaufhaltsame und die unbegrenzte Dauer dieses Fließens sinnfällig werden und ist nichts anderes als die abermalige, diesmal aber auf den Ton E (eine Art Fundamentalton der Szene, nicht Grundton in harmonisch-funktionalem Sinne) gegründete Ausfaltung der Kerntöne, erweitert um den Ton gis. Das Bewegungsmotiv selbst ist tetrachordisch gebaut: cis''' – gis''fis'' – cis'':

Als Prinzip des Klangaufbaus, auf den hier nicht näher einzugehen ist, wäre die Terzschichtung um die Achse eines oder auch mehrerer Töne (hier e und cis) zu bezeichnen. In das Nachzittern und in den Stillstand der Bewegung (S. 72, T. 2–3) ist Pelléas' erste Frage eingebettet. Der stagnierende Rhythmus der Hörner (♪♩. ♩ ♫♩ ♪) legt sich über die auspendelnden Klänge und die nachhallende, diffus gewordene Sechzehntel-Bewegung (Fl.I,Va.). Die Singstimme zeichnet das Klanggerüst nach, indem sie die Töne gis – cis' in musikalische Rede verwandelt. Von ihr aber gehen keine eigenwilligen Impulse aus. Der Quartsprung zur vorletzten Silbe ist weder emphatisch noch als Fragegestus zu verstehen, sondern eine aus dem Sprechen resultierende Betonung, die vom Inhalt oder von der sprachlichen Form des Gesagten unberührt bleibt. Der folgende Satz von Pelléas („Je viens souvent. . .") gibt jede Distanz zur Dingwelt der Umgebung auf und wird eingeschmolzen in das wieder eintretende Sechzehntel-Motiv (S. 72, T. 4 ff.), folgt dessen Tendenz und füllt den Quint- (bzw. Quart)-Rahmen cis-gis, der im zweiten Halbsatz („lorsqu'il fait. . .") zur Oktave erweitert wird. Die Deklamation entfaltet sich somit aus dem Grundintervall des Sechzehntel-Motivs (Fontäne):

Doch in dieser Entfaltung bleibt die Singstimme uncharakteristisch. Das musikalische Sprechen erscheint als die neutralisierte Form der musikalisch erfaßten Situation. Wie sehr die Rezitation in den Klängen (ohne freilich zu verschwimmen) „schwimmt", zeigt die Fortsetzung (S. 73, T. 1–2). Wieder stagniert, verweht gleichsam die Bewegung. Zugleich findet eine Trübung des bisherigen Klangs statt, wie wenn in der Schwüle, die durch Pelléas angesprochen wird, die Umrisse der Dinge zu flimmern beginnen: Um den Fundamentton schichten sich neue Terzen und somit neue Töne. Das Fluktuieren der beiden Klänge

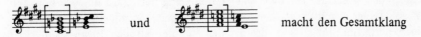

und   macht den Gesamtklang

undurchsichtig, wirkt opalisierend. Dieses Geschehen wird in der gleitenden Deklamationslinie der Singstimme gespiegelt („On étouffe. . ."), die seufzerartig den neuen Ton b einbezieht. Von den 5 Stufen der musikalischen Rede (e-fis-g-a-b) greifen nur die beiden ersten (e und fis) in subtiler Anknüpfung Töne der vorhergehenden Rede auf. Pelléas wird durch das Wahrnehmen seiner Umgebung unwillkürlich abgelenkt, die Töne gis und h werden – vergegenwärtigt man sich den Zusammenhang im Verlauf der Singstimme – zu g und b „gedrückt". Unwillkürlich wirkt außerdem die plötzliche, mit dem Stillstand der Bewegung eintretende Klärung des Klangs durch den Wechsel des Fundamenttons vom E zum C (S. 73, T. 3). Der Klang entsteht dadurch, daß dem vorhergehenden zweiten (mit b und g), der als Wechselklang

fungiert, eine Terz hinzugefügt wird (d) und daß er auch Bestandteile des ersten
Klangs in sich aufnimmt (c):

Mélisandes dem Sprechgestus angepaßter Ausruf „Oh! l'eau est claire . . ." ist der
sprachlich artikulierte Reflex jener klanglichen Klärung, die übrigens anknüpft an
die Klangfarbe der Takte 3–4 dieser Szene (Harfe + Streicher). Der Ausruf umfaßt
mit Ausnahme des Fundamenttons C alle vier Töne des Klangs. Mélisande ist gebannt durch die Klarheit der Quelle. Der folgende weitere Bericht Pelléas' über den
Brunnen (S. 74 – S. 75, T. 1) ist aufgehängt in den locker ausschwingenden Klängen. Jeder der fünf Sätze, aus denen die Rede besteht, ist jeweils eingeschlossen in
den Klang, dessen Wechsel unberührt von der Textgliederung bzw. von der Gliederung der musikalischen Rede vor sich geht. Aber die scheinbar so unbeteiligte
Führung der Singstimme reagiert auf den Anstoß, den die Klänge erfahren: etwa an
der Stelle, an der von der Zauberkraft der Quelle die Rede ist (S. 74, T. 3/4), der
Übergang von d zu dis, der dadurch noch unterstrichen wird, daß die Phrase wieder
ins d zurückläuft (S. 74, T. 4). Das d als verborgene Achse, um die die Singstimme
kreist – es ist der gemeinsame Ton der Wechselklänge der Takte 2–5 nach Ziffer 3
(S. 73/74) – kehrt am Schluß der Rede in deutlicher Analogie zu ihrem Beginn
(„Elle est fraîche. . .") wieder. Doch nun wird nicht wie dort die übermäßige Quint
(ais) erreicht, sondern die Quint a (S. 75, T. 1). Der aktiv kadenzierende Gestus
erscheint bis auf eine kaum wahrnehmbare Andeutung reduziert. Ähnlich ins
Unfaßbare zurückgenommen ist die Korrespondenz der Satzabschlüsse. Es ergibt
sich auf die jeweils vorletzte und letzte Silbe folgende Intervallreihe: Sekund (gis-
ais), Terz (g-e), Quart (g-d), Quart (cis-gis), Einklang (a–a). Das primäre Ereignis
findet indessen nicht in der Singstimme statt, sondern im Orchester. Die Aura des
Zaubers, von dem die Rede ist, wird musikalisch durch das in extremer Tonlage
eintretende isolierte ais der Violinen (S. 74, T. 4) realisiert, das sich ins h auflöst,
die Quint des E-Klangs, der als idealer Grundklang der Szene deren ersten Teil
abschließt, ferner durch die seltsam kreisenden Klänge, die mit dem hohen ais der
Violinen einsetzen. (Man kann das ais der Violinen als den Restbestand einer
Kadenz Fis (V) – H (I) auffassen – siehe S. 74, T. 5, letzter Klang –, die jedoch
insofern abgebogen ist, als statt eines H-Akkords der E-Akkord eintritt.)

*

Daß die musikalische Erscheinungsform der Sprache in *Pelléas et Mélisande*
auf keinen Begriff zu bringen ist, er mag „Psalmodie", „lyrisches Rezitativ" oder wie
auch immer lauten, gehört wesentlich zur Sache selbst. Debussys Sprachbehandlung
läßt sich hingegen beschreiben als die adäquate Äußerung von Personen, denen
nicht nur das Bewußtsein über die Bedeutung des Gesprochenen nicht aufgeht,
sondern für die der traumhafte Bezug zu den Dingen und Ereignissen die einzige

Form der Kommunikation darstellt. Ihre Wirklichkeit besteht darin, daß die musikalische Objektivierung von Emotion als Illusion durchschaut ist. Diese Absage erscheint vor dem Horizont der Geschichte nicht als die widerrufbare Findung des Komponisten Debussy, vielmehr als die im musikalischen Drama gedeutete historische Situation der Musik als einer Sprache sui generis. Nicht von ungefähr wurde der Stoff in der Fassung von Maeterlinck um 1900 als signifikant empfunden. Eine stattliche Reihe von Komponisten sind aufzuzählen, die sich entweder zu Werken nach diesem Stoff anregen ließen oder die Bearbeitung planten. Ich nenne Schönberg, Sibelius, Puccini, Fauré, Cyril Scott. Aus dem Rückzug in die ästhetische Reinheit — sie ist der Bezugspol der Diskretion, die die Musik von Debussy im *Pelléas* kennzeichnet — erklärt sich offensichtlich der schwindende Sprachcharakter.

Die musikalische Rede im *Pelléas* steht ferner im Einklang mit der Funktion der Sprache im Drama Maeterlincks. Der Dialog ergreift die Wirklichkeit nicht, geschweige denn daß er sie konstituierte, sondern gibt ihren fahlen Widerschein wieder. Die Sprache bezeichnet einen Zustand, in dem der Sinn der Dinge und der Ereignisse verschlossen bleibt. Debussys Werk als Drama des Symbolismus zu bezeichnen, ist gewiß eine unzulässige Vereinfachung, und zwar nicht nur seines Rangs und seiner Singularität wegen. Andererseits steht fest, daß der Symbolismus und sein Verlust an Wirklichkeit, durch den Sprache und Bild zum unergründlichen, rätselhaften Zeichen, zur Hieroglyphe werden, in die musikalische Konzeption eingeflossen ist. Paul Dukas äußerte einmal: „Der stärkste Einfluß, dem Debussy erlag, ist der der Dichter..." Bis zu einem gewissen Grade erfüllte der *Pelléas* von Debussy Postulate, wie sie von den Symbolisten aufgestellt wurden. Seine Musik vergegenwärtigt gerade jenes Verhältnis der Sprache zur Wirklichkeit, welches das Wort durch die Abweisung seines realen Sinns herstellen sollte. Dies geschieht jedoch in erster Linie nicht in der musikalischen Rede, sondern im Orchester. Musik als Manifestation des Unsagbaren führt dort, wo musikalischer Zusammenhang und Sprache sich treffen, nämlich im Gesang, zur Geste des Verstummens. In den schwebenden Konturen der musikalischen Redeweise verschweigen die Personen das Eigentliche, und dieses Verschweigen wird umgesetzt in den Akt einer dem natürlichen Sprechen angenäherten Gesangsdiktion. Ich fasse die bereits erwähnten Kriterien zusammen: mit äußerster Konsequenz und Präzision nur andeutende Identifikation mit Emotion, Aktion und Gebärde, das Schweben im Gefüge des Orchesters, die Willenlosigkeit, die wie im Traum oder in Trance gesprochene (gesungene) Rede. Das musikalische Sprechen ist ohne das Gewicht, welches ihm von der Eigenschaft, etwas zu bedeuten, die Wirklichkeit zu artikulieren, zuwachsen könnte. Sprache und deren Aussage wird durch Debussy musikalisch dargestellt als Instrument, das der Verständigung n i c h t mehr zu dienen vermag. In ihrer Ohnmacht wird Sprache daher reduziert auf das Sprechen, d. h. auf das, was an der Sprache materialer Vollzug ist und sinnfällige, nur im Augenblick des Gesprochen-Werdens reale und gegenwärtige Erscheinung. Die Gliederung der Deklamation, die sich pauschal an den syntaktischen Abschnitten der Rede orientiert, nimmt keinen Bezug etwa zum Sprachgefüge oder zum Sinn. Der Sprach- bzw. der Satzbau kommt in seiner sinntragenden Funktion nicht mehr zu Geltung.

Von hier aus zeichnet sich die Lösung des scheinbaren Widerspruchs ab, der
eingangs formuliert wurde: wie sich zusammenreimt, daß im Gesang der Sprechakt
nachgezeichnet wird, obwohl die Sprache als Bedeutungsträgerin an die Grenze
ihres Verstummens gelangt. Der in der Sprache fixierte Sinn greift und wirkt stets
über das bloße Sprechen hinaus, auch ohne schriftliche Festlegung. Wird aber die
Sprache als bedeutungtragendes Medium nicht in musikalische Struktur verwandelt, so vermag sie nur als das sinnfällig zu werden, was sie auch ohne die Eigenschaft, etwas zu bedeuten, ist. Es bleibt das bloß gegenwärtige, nicht über sich selbst
hinausweisende Sprechen.

Musikalisch dargestelltes Sprechen als Äußerung eines Unsagbaren kann jedoch
auch noch anders begründet werden. Der musikalische Zusammenhang bekundet
sich (wie gesagt) nicht im Gesang sondern im Orchester. Auch am Orchestersatz
ließe sich zeigen, daß dieser Zusammenhang nicht in erster Linie durch ein über-
geordnetes Bezugssystem hergestellt wird, das sprachanaloge Durcharticulation ein-
schließt, sondern durch fast ausschließlich material-konstruktive Bezüge. Dies er-
möglichte das prosaähnliche Prinzip der Parataxe, aus dem sich wiederum der statische Charakter des Ablaufs ergab. Dem Materialen der Konstruktion, wie sie etwa
von Peter Cahn für die Souterrain-Szene (III, 2) nachgewiesen wurde[20], entspricht
die Reduktion von Sprache auf einen in höchstem Maße sensibel gehandhabten
materialen Zusammenhang des Sprechens. Debussys Sprachvertonung ist gleichsam
die Oberfläche, auf der sich das im Orchester realisierte Unaussprechliche mit der
Sprache trifft. Die Worte und ihr musikalischer Duktus sind wie ein Schleier,
hinter dem das vorgeht, was ungreifbar ist. Auch Resignation und Rückzug vor dem
Realen ist in der musikalischen Rede eingefangen. Somit erscheint sie in *Pelléas et
Mélisande* auch als die Artikulation dessen, was in der orchestralen Struktur konkretisiert wurde. Die Singstimme steht nicht in dialogischer Beziehung zum Orchestersatz, wie etwa in der Wiener klassischen Musik, bringt keine zusätzliche,
die Emotion des Subjekts bindende Variante des orchestralen Gewebes, wie in
Wagners Musikdrama, konstituiert aber auch nicht das musikalische Geschehen, wie
weitgehend bei Mussorgsky.

Zu Debussys Verfahren gibt es analoge Erscheinungen in der Literatur. Auf den
Prozeß der Entdinglichung der Sprache bei Mallarmé hat Hugo Friedrich hingewie-
sen[21]. Die Vieldeutigkeit wurde bis zur Unbestimmtheit der Aussage getrieben.
Debussys Sprachbehandlung in *Pelléas et Mélisande* geht in die gleiche Richtung.
„Debussy spekuliert auf das Erbe Mallarmés" las man im *Mercure de France* des
Jahres 1905. Wie in der Dichtung, die von Mallarmé einmal ein „schweigender
Aufflug ins Abstrakte", ein „Erlöschen" und ein „schweigendes Konzert" genannt
wurde, dient auch Debussys von Impulsen des Unbewußten regierte musikalische
Gesanglinie nicht mehr der Mitteilung. Doch die Entdinglichung, die Abkehr von

---

20 In: Kongreß-Bericht Bonn 1970, Kassel 1972, S. 207 ff.
21 H. Friedrich, *Die Struktur der modernen Lyrik, Von Baudelaire bis zur Gegenwart*, Hamburg 1956 (= rde Bd. 25) siehe vor allem S. 83 ff., S. 88, S. 90, S. 100. – In der erweiterten
Neuausgabe von 1967 findet man die Passagen über Mallarmé, auf die Bezug genommen
wurde, auf den Seiten 109–134.

der Realität, das Sagen des Ungesagten garantierte die ästhetische Reinheit der Kunst. Auch dies könnte man für Mallarmé ebenso wie mutatis mutandis für Debussy geltend machen. Die Sprache der „poésie pure", wie sie Mallarmé und andern vorschwebte, ist eine Sprache, die ihr real Bedeutendes abwirft, um zur Hieroglyphe der Welt der inneren Regungen zu werden, des sprachlosen „état d'âme"[22]. Im Dichtwerk gebundene Sprache tendiert zur Sprachmusik, zur „instrumentation verbale". Das symbolistische Drama sollte nach der Vorstellung von Mallarmé die Wirkung eines musikalischen Dramas hervorrufen, nicht selbst ein Musikdrama sein[23].

Novalis spricht bereits in einem Fragment davon: „Erzählungen, ohne Zusammenhang, jedoch mit Assoziation, wie Träume. Gedichte — bloß wohlklingend und voll schöner Worte — aber auch ohne allen Sinn und Zusammenhang — höchstens einzelne Strophen verständlich — wie lauter Bruchstücke aus den verschiedenartigsten Dinge. Höchstens kann wahre Poesie einen allegorischen Sinn im großen haben und eine indirekte Wirkung, wie Musik usw. tun. . ."[24] Das Werk von Debussy hat Mallarmé nicht mehr erlebt. Vielleicht hätte es seiner Vorstellung des symbolistischen Dramas entsprochen, obwohl er in *Pelléas et Mélisande* ein Musikdrama hätte erkennen müssen. Aber Mallarmés Begriff des musikalischen Dramas war durch Wagner geprägt. Und zu den Wagnerschen Werken verhält sich der *Pelléas* in der Tat wie deren sublimer Reflex. Musik als Medium des Sprachlosen konvergierte mit der Entdinglichung der Sprache in der symbolistischen Dichtung. *Pelléas et Mélisande* ist nicht nur der „Schatten des Musikdramas" (Adorno) sondern vermittelt im Gesang auch das Bild einer entsubstanzialisierten Sprache.

Das Verstummen der rational setzenden Sprache in der Musik aber ist längst vorbereitet. Es kündigt sich (wie gesagt) in der Oper des 19. Jahrhunderts und im Wagner-Theater an. Tristans Schweigen, der verstummte Wotan in der *Götterdämmerung*, der im entscheidenden Moment sprachlose Parsifal sind keineswegs belanglose Motive[25].

Mit Debussys *Pelléas et Mélisande* war die Auseinandersetzung der Musik mit der Sprache — im Zeichen dieser Auseinandersetzung steht die gesamte europäische Musik — in ihre Endphase eingetreten. Aus der musikalischen Struktur wurde das Bild sprachlich verfaßter Aussage entlassen. Es blieb kein Raum mehr für jene begreifend artikulierende Bewältigung der Wirklichkeit, die sich die Musik während ihrer Gesichte mit Hilfe der Sprache zu eigen gemacht hatte und die das Band darstellte, das auch die autonome Musik mit der Sprache verband.

Das Versiegen des Sprachcharakters in der bedeutenden Musik um 1900 erscheint wie die Kehrseite der Idee des „l'art pour l'art". Diese besagt in ihrem Kern,

---

22 Ich beziehe mich auf die Darstellung von W. Vordtriede, *Novalis und die französischen Symbolisten*, Stuttgart 1963. Über die Vermittlerrolle Wagners siehe besonders S. 158 ff.

23 Vgl. dazu Jaques Scherer, *Le ,Livre' de Mallarmé*, Paris 1957.

24 Siehe Vordtriede, a.a.O., S. 170. — Zitiert nach: Novalis, *Werke und Briefe*, hg. von A. Kelletat, München 1962, S. 503.

25 Anregende Gedanken zum gesamten hier erörterten Fragenkomplex bietet neuerdings das Buch von Chr. Hart-Nibbrig, *Rhetorik des Schweigens, Versuch über den Schatten literarischer Rede*, Frankfurt 1981.

daß das Kunstwerk, um sich in reiner Form verwirklichen zu können, die Beziehung zur banalen Dingwelt aufzulösen habe. Die Sprache aber muß als das Medium einer solchen Beziehung gelten und analog auch der Sprachcharakter der Musik. Verlust des Sprachcharakters ist daher der Preis für die Reinheit des musikalischen Werks und für sein ästhetisches, von der Wirklichkeit hermetisch abgeschlossenes Dasein. In *Pelléas et Mélisande* scheinen indessen auch Kriterien greifbar zu werden, die Zusammenhänge im musikalischen Denken der Epoche sichtbar machen, ohne daß man die Divergenz der Erscheinungen aus dem Auge verlieren müßte. Die Geste des verabsolutierten Ausdrucks im musikalischen Expressionismus der frei atonalen Phase, die Wirklichkeitsflucht in *Pelléas et Mélisande* und nicht zuletzt der blinde, fatalistische Jammer in der rauschhaften melodischen Entfaltung der späten italienischen Oper (Puccini): sie könnten beschrieben werden als (freilich diametral entgegengesetzte) Möglichkeiten der in musikalische Struktur gebannten Sprachlosigkeit.

Schönbergs „Litanei"

von
WERNER BREIG

I. *Litanei* als Brennpunkt der zyklischen Konzeption
von Schönbergs II. Streichquartett

Schönbergs Entschluß, sein II. Streichquartett op. 10 mit zwei vokalen Sätzen enden zu lassen, gehört nicht zur ursprünglichen Konzeption des Werkes. Nachdem am 1. September 1907 der erste Satz abgeschlossen und nachfolgend der Anfang des zweiten Satzes skizziert war, begann der Komponist mit dem Entwurf für einen langsamen Satz, der zwar schon die Tonart es-moll hatte, aber thematisch von der *Litanei* verschieden war und wohl auch rein instrumental besetzt sein sollte[1].

Erst gegen Ende des Jahres 1907 scheint die Entscheidung gefallen zu sein, die Sätze 3 und 4 des Quartetts über Gedichte aus Stefan Georges Zyklus *Der siebente Ring*[2] zu komponieren. Es waren nicht die ersten George-Texte, zu denen Schönberg griff. Im gleichen Skizzenbuch, das der Ausarbeitung des Streichquartetts diente, ist das Konzept des Liedes *Ich darf nicht dankend vor dir niedersinken* (op. 14 Nr. 1) mit dem Datum „17/12 1907" eingetragen; erst daran anschließend stehen die Skizzen zu den Sätzen 4 und 3 des Streichquartetts, und zwar in dieser Reihenfolge, wobei *Entrückung* zunächst als dritter Satz geplant war. Gleichzeitig mit der Arbeit an diesen Sätzen schritt die Komposition des Liederzyklus nach George op. 15 voran; mindestens vier Lieder daraus waren bereits vollendet, bevor am 11. Juli 1908 die *Litanei* abgeschlossen wurde — noch vor dem zweiten Satz, dessen Schluß mit „27/7.1908" datiert ist. (Ein Enddatum für den Schlußsatz gibt

---

1 Zur Entstehungsgeschichte des Werkes vgl. R. Brinkmann, *Arnold Schönberg: Drei Klavierstücke op. 11 – Studien zur frühen Atonalität bei Schönberg* (= BzAfMw VII), Wiesbaden 1969, S. 16 f.; J. Maegaard, *Studien zur Entwicklung des dodekaphonen Satzes bei Arnold Schönberg*, Kopenhagen 1972, Bd. I, S. 55.

2 In der editorischen Schlußbemerkung zum Druck der Sammlung innerhalb der Gesamtausgabe der Werke Georges (Bd. VI/VII, Berlin 1931) wird mitgeteilt: „Die erste Ausgabe des Siebenten Ringes erschien zum Herbst 1907 im Verlag der Blätter für die Kunst. [...] Die erste öffentliche Ausgabe erschien bei Georg Bondi 1908." Schönberg begann also mit seinen Vertonungen bemerkenswert kurz nach dem ersten Erscheinen des Gedichtzyklus. Daß Schönberg als unmittelbare Vorlage für die Komposition Abschriften seines Schülers Karl Horwitz verwendete, könnte darauf hindeuten, daß er wohl in den Druck von 1907 hatte Einsicht nehmen können, aber noch keine Möglichkeit hatte, sich ein eigenes Exemplar zu beschaffen.

Schönberg nicht an, doch überliefert Dika Newlin, daß das Quartett als ganzes im August 1908 fertig vorlag[3].)

Die Entscheidung dafür, das II. Streichquartett mit zwei vokalen Sätzen abzuschließen, bedeutete die Fortsetzung einer Semantisierung des Werkes, die schon im zweiten Satz mit dem Zitat des *Augustin*-Liedes begonnen hatte[4]. Neuere biographische Darstellungen haben wahrscheinlich gemacht, daß das „geheime Programm"[5] des Streichquartetts autobiographischen Hintergrund hat und „Zeichen einer schweren seelischen Krise [ist], in der sich der Komponist damals befand"[6]. Dem sarkastischen Ausdruck äußerer Ausweglosigkeit im Zitat des Gassenhauers („Alles ist hin") folgt – nunmehr verbalisiert in literarischen Texten von höchster Artifizialität – die Suche nach Auswegen, die nach innen führen: zunächst in Satz 3 (*Litanei*) die Hinwendung zum Religiösen, das hier noch traditionell-rituelle Elemente hat (der Beter begehrt Wein und Brot im Haus des Herren), dann im vierten Satz (*Entrückung*) die Vision einer Loslösung von den Bedingungen irdischer Existenz. Die Aufeinanderfolge dieser (assoziierbaren bzw. zu hörenden) Texte läßt vielleicht sogar – zumal im Gedanken an die autobiographischen Hintergründe – eine rückwirkende Deutung des Anfangssatzes zu, etwa in der Weise, wie Frank Schneider dies versucht hat: Der erste Satz stünde dann „mit seiner emotionalen Wärme für die Gebundenheit an eine Welt der Gesichter, ,die freundlich eben noch sich zu mir drehten', die, wie es Georges Gedicht *Entrückung* im letzten Satz sagt, ,blaßt', ,fahlt', ,erlischt' vor dem ätherischen ,meer kristallnen glanzes', in das gottfühlige schöpferische Intuition einsam vordringt"[7].

Hinter der in solcher Weise bewirkten Semantisierung eines Werkes, das laut Titel (und ursprünglicher Konzeption) einer Gattung der reinen Instrumentalmusik zugehört, stehen als anregende Vorbilder zweifellos die frühen Symphonien Gustav Mahlers, besonders die Vokalsätze enthaltenden „Wunderhorn-Symphonien" Nr. II–IV. (Mahlers Symphonien Nr. II und III haben als zusätzliche Gemeinsamkeit mit Schönbergs Quartett, daß bereits vor dem Hinzutreten der Singstimme instrumentale Liedzitate erklingen.)

Der Entschluß, in der zweiten Hälfte des Werkes zur Grundbesetzung des Streichquartetts eine Singstimme hinzutreten zu lassen, hatte Konsequenzen für die zyklische Organisation des Ganzen, die bedacht werden mußten. Einem Komponi-

---

3 Maegaard, a.a.O., S. 55 f.

4 Eine Interpretation des zweiten Satzes von dem Liedzitat aus versuchte E. L. Waeltner, „*O du lieber Augustin*" – *Der Scherzo-Satz im II. Streichquartett von Arnold Schönberg*, in: Bericht über den 1. Kongreß der Internationalen Schönberg-Gesellschaft, hg. von R. Stephan, Wien 1978, S. 246 ff.

5 W. Reich, *Arnold Schönberg oder Der konservative Revolutionär*, Wien, Frankfurt und Zürich 1968 (zit. nach der Taschenbuch-Ausgabe München 1974), S. 43.

6 Ebenda. Vgl. auch H. H. Stuckenschmidt, *Schönberg – Leben, Umwelt, Werk*, Zürich und Freiburg i. Br. 1974, S. 88 f. und 105; A. Dümling, *Die fremden Klänge der hängenden Gärten – Die öffentliche Einsamkeit der Neuen Musik am Beispiel von Arnold Schönberg und Stefan George*, München 1981, S. 162, 176–178, 187 f.

7 Fr. Schneider, *Arnold Schönberg – Versuch einer musikgeschichtlichen Positionsbestimmung*, BzMw XVI, 1974, S. 285.

sten wie Schönberg, der eine an Brahms geschulte Sensibilität für die Gattungseigen-
tümlichkeiten der Kammermusik besaß, konnte es nicht entgehen, daß eine vokale
Zusatzstimme zu einem Streichquartett eine weit mehr ins Gewicht fallende Veränderung des Klangkörpers bedeutete, als dies in Mahlers Symphonien der Fall
war[8]. Die Gefahr, die dem Quartett aus der partiellen Vokalisierung erwuchs, war,
daß seine Satzfolge sich weniger als geschlossener Zyklus denn als eine lose Assoziation von zwei Satzgruppen, einer rein instrumentalen und einer vokal-instrumenta-
len, darstellte.

Als Mittel, dieser Gefahr entgegenzuwirken, ersann der Komponist die thematische Rückbindung des ersten der vokalen Sätze an die vorangegangenen instrumentalen. Eine solche Substanzgemeinschaft konnte die zyklische Einheit des Werkes
gerade an der Stelle nachdrücklich bekräftigen, an der sie durch den Besetzungs-
wechsel in Frage gestellt erschien.

Anton Webern sprach in seinem Beitrag zum Schönberg-Sammelband von 1912
von einem „formellen Zusammenhang [des II. Quartetts] mit op. 7 und 9: es steht
auch hier nach dem Scherzo ein großer Durchführungsteil, die ‚Litanei'. [. . .]
Ähnlich [nämlich als Kombination von Motiven des ersten Hauptteils und des scher-
zoartigen zweiten Teils] baute Schönberg das ‚Modell' der großen Durchführung in
der Kammersymphonie"[9]. Die Analogie zu den vorangehenden einsätzigen Werken
ist damit vielleicht überakzentuiert; doch dürfte Weberns Darstellung darauf hindeuten, daß Schönberg sich gegenüber seinen Schülern über die Formprobleme des
Werkes in dieser Richtung äußerte[10].

Beim Versuch, die Grundzüge der gegen Ende 1907 sich herausbildenden endgültigen Werkkonzeption klarzulegen, wird deutlich, daß der dritte Satz eine Art
Brennpunkt des Quartetts als Zyklus werden mußte. Die Anlage dieses Satzes ist
nur aus der doppelten Aufgabenstellung zu erklären, die sich einerseits auf eine an
die vorangehenden Sätze anknüpfende Motivdurchführung, andererseits auf eine
textadäquate Vokalkomposition richten mußte. Der hohe Anteil an konstruktivem
Kalkül, den die Lösung dieser Aufgabe verlangte, läßt verstehen, daß Schönberg in
seinem Variationen-Seminar im Winter 1948/49 über die *Litanei* sagte, „here in the
slow movement, I decided to expose my brain, through variations, rather than my
heart"[11].

Robert U. Nelson, der an dem Seminar teilgenommen und seinen Inhalt überliefert hat, kommentiert diese Äußerung mit der Bemerkung: „Whether Schoenberg really exposes his ‚brain'
rather than his ‚heart' may be questioned, for seemingly he does both"[12]. So verständlich es ist,

8 Zu berücksichtigen ist dabei, daß Mahler in seinen Symphonien ohnehin schon mit instrumentalen Mitteln einzelnen Sätzen eigene Klangprofile verlieh (man denke an das Posthorn in
   der III., die skordierte Violine in der IV. Symphonie).
9 A. von Webern, *Schönbergs Musik*, in: [Sammelband] *Arnold Schönberg*, München 1912,
   S. 36 f.
10 Vgl. auch die spätere Darstellung Schönbergs in den *Notes* (s. Anm. 17): „I designed this
   movement to present the elaborations (Durchführungen) I had restricted or omitted in the
   first and second movements respectively" (a.a.O., S. 48).
11 R. U. Nelson, *Schoenberg's Variation Seminar*, MQ L, 1964, S. 143.

daß der Berichterstatter sich genötigt fühlte – wohl aufgrund seiner Kenntnis von Schönbergs Aufsatz *Heart and Brain in Music*[13] –, den Komponisten gleichsam gegen sich selbst in Schutz zu nehmen, so besteht doch andererseits die Gefahr, daß durch vorschnelle Harmonisierung von „Herz" und „Hirn" wichtige Charakteristika des Stückes der Beobachtung entgleiten.

Folgt man den Analysen von Schönberg selbst und aus seinem Schülerkreis, so besteht der Satz *Litanei* aus einem achttaktigen Thema (T. 1–9)[14], fünf ebensolangen Variationen (T. 9–49) und einem umfangreichen Schlußabschnitt, der entweder als „gleichsam das Finale der Variationenform"[15], als „Quasi Finale"[16] oder als „Coda"[17] bezeichnet wird.

Damit ist nicht nur eine Gliederung des Satzes gegeben, sondern zugleich etwas über Schönbergs Verständnis des Formtypus „Thema mit Variationen" gesagt. Es ist ein Verständnis, das keineswegs an der frei-assoziierenden Technik von Werken wie Schumanns *Etudes symphoniques* oder Regers Bach-Variationen orientiert ist, sondern das eher als klassizistisch zu charakterisieren wäre. Denn die Sonderbezeichnung des letzten Drittels des Satzes als „Quasi Finale" oder „Coda" zeigt, daß als Variationen im eigentlichen Sinne nur jene Abschnitte gelten sollen, die in ihrer Länge und in ihrem motivischen Inhalt direkt auf das Thema zu beziehen sind. Diese Auffassung der Variationenform wird von Schönberg in seiner Brahms-Abhandlung auch expressis verbis ausgesprochen: „There are even composers who preserve little of the feature of the theme in their variations – a queer case: why should one use a form of such strictness, if one aims for the contrary? Is it not as if one would string a violin E-string on a double bass?"[18]

12 Ebenda S. 144.

13 In: A. Schoenberg, *Style and Idea – Selected Writings*, ed. by L. Stein, London 1975. Dort heißt es gegen Schluß (S. 75), „everything of supreme value in art must show heart as well as brain".

14 In der Studienpartitur (s. Anm. 16) ist die einleitende auftaktige Halbe als T. 1 gezählt, wodurch die streng periodische Gliederung des bis zur 5. Variation reichenden Anfangsteils etwas verunklart wird.

15 *Arnold Schönbergs Fis-Moll-Quartett – Eine technische Analyse*, in: *Erdgeist*, Jg. IV, H. VII, Wien, 20. Februar 1909, S. 225 ff. – In einer Vorbemerkung von R[ichard] Sp[echt] wird mitgeteilt, daß die Analyse „aus dem Kreise des Komponisten" stammt. Das Signum „Jal." am Ende der Analyse des 2. Satzes dürfte Schönbergs Schüler Heinrich Jalowetz bezeichnen, während das Signum „-y." am Ende des Gesamttextes noch nicht entschlüsselt ist. Ungeklärt ist auch, was die Bemerkung Alban Bergs in einem Brief vom 7. November 1908, er sei mit einer „Analyse im ‚Erdgeist' " beschäftigt (A. Berg, *Briefe an seine Frau*, München und Wien 1965, S. 56), für die Autorschaft der Analyse bedeutet. Da sich Berg in diesem Brief über „wahnsinnig viel Lauferein und Schreiberein" beklagt, mit denen er belastet sei, wäre es denkbar, daß er auf Bitten Schönbergs sich zunächst zum Abfassen eines Artikels bereiterklärt hatte, dann aber wegen Überlastung doch von der Aufgabe zurückgetreten ist.

16 E. St[ein], *Formüberblick*, in: A. Schönberg, Streichquartett II [...] op. 10 (Neu revidiert 1921), Wien und London o. J. (Philharmonia-Partituren, Nr. 229).

17 Nelson, a.a.O.; A. Schönberg, *Notes on the Four String Quartets* (entstanden wahrscheinlich 1949), in: *Schönberg, Berg, Webern – Die Streichquartette. Eine Dokumenation*, hg. von U. von Rauchhaupt, Hamburg 1971, S. 36 ff.

18 A. Schönberg, *Brahms the Progressive* (im Jahre 1947 überarbeitete, englische Version eines Vortrages von 1933), in: Schönberg, *Style and Idea* (s. Anm. 13), S. 429.

Es ist verwunderlich, daß Jan Maegaard, dem die einzige bisher publizierte eingehendere Besprechung des Satzes zu verdanken ist[19], die Gliederung in „Variationen" und „Quasi Finale" bzw. „Coda" nicht übernahm, obwohl ihm zwei der Dokumente aus Schönbergs Umkreis bekannt waren[20]. Stattdessen postulierte er auf der einen Seite eine durchgehende Reihe von neun Variationen unterschiedlicher Länge (9, 10, 6, 8, 4, 5, 8, 11 Takte); andererseits relativierte er anschließend auch diese Disposition wieder (sie sei „kaum hörbar"[21]) und sah sie für die Wahrnehmung überformt durch eine Satzgliederung, in der zwei instrumentale Rahmenteile und drei von ihnen umschlossene, durch Pausen getrennte Vokalabschnitte zu unterscheiden sind. – Daß auf Maegaards Kriterien – Stropheneinteilung des Textes, Präsenz oder Pausieren der Singstimme – zum Verständnis der *Litanei* als eines Vokalstückes nicht verzichtet werden kann, liegt auf der Hand. Doch wird die folgende Analyse zeigen können, daß gerade diese auf die Singstimme bezogenen Formungsmomente erst dann vollständig zu würdigen sind, wenn sie auf die Grundstruktur des Satzes als Variationenfolge bezogen werden.

II. Das Thema und seine Projektion in der Variationenreihe

Wie immer man über Schönbergs oben zitierte Aussage, bei der Komposition der *Litanei* sei mehr sein Hirn als sein Herz am Werk gewesen, denken mag: kaum ist zu leugnen, daß das Thema dieses Satzes ein Konstrukt von singulärer Art ist, Resultat nicht eines zusammenhängenden, eine Phrase aus der anderen entwickelnden Erfindungsvorganges, sondern vielmehr einer Zusammenfügung von Zitaten. Denn wie bekannt, ist der instrumentale thematische Satz aus vier Bestandteilen zusammengesetzt, die sämtlich aus den beiden vorangehenden Sätzen des Quartetts entlehnt sind (drei aus Satz 1, eins aus Satz 2).

19 Maegaard, a.a.O., Bd. II, S. 98–104.
20 Ebenda S. 98, Anm. 77.
21 Ebenda S. 98.

Die Ableitung der thematischen Elemente aus den vorangehenden Sätzen ist nicht von der Art, daß sie sich nur einer klügelnden Analyse erschlösse (der späte Schönberg liebt es bekanntlich, verborgene motivische Zusammenhänge in eigenen und fremden Werke aufzuzeigen), sondern bietet sich dem aufmerksamen Hören offen und unmißverständlich dar. Daß dies so ist, liegt wesentlich daran, daß Schönberg im Variationenthema solche Gestalten zitiert, die im ursprünglichen Zusammenhang hohen thematischen Rang haben und sich durch deutliche Exposition und vielfaches Vorkommen einprägen.

Dies gilt uneingeschränkt für die Zitate aus dem ersten Satz; es sind abgeleitet:
Motiv a des Variationenthemas aus dem 1. Thema der Hauptsatzgruppe[22],
Motiv b aus dem 2. Thema der Hauptsatzgruppe,
Motiv d aus dem 2. Thema der Seitensatzgruppe.

Die direkte Anknüpfungsstelle für Motiv c sind die Takte 14—15 des 2. Satzes. Ihr melodischer Inhalt wäre — wiederum dem Formschema von Erwin Stein folgend — als zweite Hälfte des 2. Themas des Scherzos zu bezeichnen, was auf eine Herkunftsposition von geringerer thematischer Prominenz hinzudeuten scheint. Indessen ist das 2. Thema eine Weiterentwicklung von Elementen des 1. Themas: Es kombiniert den Rhythmus der vier Einleitungstakte mit einem melodischen Element des 1. Themas (T. 6; Umkehrung T. 10).

So erweist sich, daß auch hier der thematische Kern des Bezugs-Satzes aufgegriffen ist. (Daß die als Motiv c in das Variationenthema eingegangene Phrase durch ihren Ausdruckscharakter — er wird im dritten Satz als „flüchtig" angesprochen — eine geeignete Ergänzung der Motive aus dem Kopfsatz darstellt, hat wahrscheinlich entscheidend zur Wahl der Bezugsstelle beigetragen.)

Um die vier Zitate so zu verbinden, daß sie einen zusammenhängenden und einprägsamen Ablauf bilden, der als Thema für den folgenden Satzverlauf tragfähig ist, brachte Schönberg gewisse Modifikationen an:

22 Diese und die folgenden Bezeichnungen der Funktionen im Satz nach der Analyse von E. Stein in der Studienpartitur.

1. Die zitierten Motive wurden aus ihrem mehrstimmigen Zusammenhang herausgelöst (nur Motiv c ist auch an seinem ursprünglichen Ort schon einstimmig) und nur als melodische Gebilde in den dritten Satz herübergenommen.

2. Der ursprüngliche Rhythmus wurde nicht als verbindlich betrachtet, sondern entweder leichten Veränderungen unterworfen (Motive b und c) oder völlig neugefaßt (Motive a und d).

3. Die Motive a und c erhielten Schlußerweiterungen gegenüber ihren Ableitungsstellen im ersten und zweiten Satz. Mit diesen Erweiterungen wird eine melodische Annäherung an das jeweils folgende Motiv bewirkt: In Motiv a vermittelt der abschließende Kleinsekundfall zu Motiv b, während der Ausgang von Motiv c die Dreitonkonstellation antizipiert, mit der dann (mit Umstellung der Reihenfolge) Motiv c einsetzt.

4. Für die Motive a und b ist der Tonartbezug des Primärvorkommens gewahrt, d. h. sie stehen im dritten Satz in der Tonart es-moll auf den gleichen Stufen, auf denen sie im ersten Satz in fis-moll gestanden haben[23]. Die Motive c und d dagegen erfahren eine harmonische Umdeutung gegenüber ihrem ursprünglichen Verhältnis zur Tonart des Satzes; dabei wurde das in jedem von ihnen charakteristisch hervortretende Oktavintervall (c: zwischen 1. und 5. Ton, d: zwischen Anfangs- und Schlußton) dem Grundton (Motiv c) bzw. der Quinte (Motiv d) der Tonart es-moll zugeordnet.

Das Prinzip der Zusammenfügung der Teile ist nicht Verschmelzung, sondern Koordination. Einerseits bleiben die vier Motive als eigene Gestalten kenntlich, da sie in wechselnden Instrumenten und Oktavlagen exponiert werden. Andererseits wird eine einheitliche Auffassung des Komplexes dadurch gewährleistet, daß das Modell der achttaktigen Periode die Einzelteile einander zuordnet: Das Ganze besteht aus einem Vordersatz, der sich wiederum in zwei Phrasen (Motive a und b; Motiv c) gliedert, und einem einheitlichen Nachsatz (Motiv d).

Der in dieser Weise konstruierte thematische Satz bildet die Basis für die folgenden fünf Variationen. Bevor darüber im Detail gesprochen wird, ist jedoch gesondert auf Variation 1 einzugehen, die eine spezielle Rolle hat. Mit ihr beginnt einerseits das Variationsverfahren, andererseits aber setzt sie in gewisser Weise die Themenexposition – teils wiederholend, teils erweiternd – fort. Der Vordersatz der 1. Variation ist nämlich lediglich eine Uminstrumentierung des Thema-Vordersatzes; der Nachsatz exponiert ein fünftes thematisches Element in der neu eintretenden Singstimme:

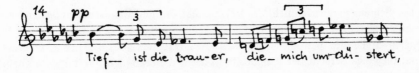

23 In bezug auf das Motiv b gilt dies nur für das erste Vorkommen in der Violine; über die harmonische Bedeutung der Violoncello-Imitation wird in Abschnitt V zu sprechen sein.

ein tret ich wie- - der Herr—! in dein haus

Es ist leicht zu sehen, daß das Vokalthema eng mit dem Instrumentalthema zusammenhängt, wie die folgende Tabelle der Motivbeziehungen zeigen möge:

Vokalthema Takt	korrespondierende Motive des Instrumentalthemas
14	a (es-moll-Dreiklang) und b (Halbtonmelodik)
15	c (Intervallstruktur der ersten fünf Töne)
16	d (Töne 1–3 in umgekehrter Reihenfolge)
17	b

Dennoch bleibt die Neubildung in sich kohärent und wird als thematischer Bestandteil in den Variierungsprozeß aufgenommen.

Dieser nun stellt sich in seiner Grundschicht dar als Konsequenz aus dem Bau des thematischen Satzes, d. h. aus seiner Austarierung von zentrifugalen und zentripetalen Tendenzen. Diese Grundschicht läßt sich tabellarisch wie folgt darstellen:

Thematische Elemente	Formglieder und Anteile der Besetzungskomponenten					
	Thema	Var. 1	Var. 2	Var. 3	Var. 4	Var. 5
Motiv a	Va.	V.I	V.II	S. → Va.	V.II → Vc.	Vc.
Motiv b	V.I/Vc.	V.II/Va.	Va./S.	V.I+Vc./V.II	V.I/Vc.	S.
Motiv c	Va.	V.I	Vc.	Va. → Vc.	Va.	Va.
Motiv d	V.II+Vc.	Vc.	V.I	V.I/V.II	Vc.	V.II/Va.
Vokalthema	–	S.+V.I(+V.II)	V.II	Vc. → V.I	S.	–

Erläuterungen zur Tabelle: Die Abkürzungen S., V.I (II), Va., Vc. bedeuten Sopran, Violine I (II), Viola, Violoncello. Sind am Vortrag eines thematischen Elements mehrere Besetzungskomponenten beteiligt, so ist durch Schrägstrich enggeführte Imitation, durch Plus-Zeichen Unisono- oder Oktavverdoppelung, durch Pfeil Aufteilung des Verlaufs an zwei Besetzungskomponenten angezeigt.

Das Schema veranschaulicht das Vorkommen der fünf thematischen Bestandteile in ihrer ursprünglichen Tonhöhe (Oktavversetzungen nicht gerechnet) und an der gleichen Stelle des periodisch gegliederten Satzablaufs wie im Thema. Es erfaßt damit diejenige Schicht der Komposition, die den Zusammenhang mit dem Thema in direkter Weise herstellt und die Schönbergs Auffassung von „strictness"[24] als Grundeigenschaft der Variationenform bestätigt.

24 Vgl. das oben unter Anm. 18 nachgewiesene Zitat.

Was jedoch aus dem Schema nicht ersichtlich wird, das sind einmal die Veränderungen, die die thematischen Bestandteile der Grundschicht selbst erleiden, zum
andern die freien, d. h. nicht an Tonhöhe und periodischen Ort des Themas gebundenen Motivverarbeitungen, die als eine zweite Schicht das Satzgewebe bereichern.
Die Veränderungen innerhalb der Grundschicht setzen bereits in Variation 1 mit
der Rhythmisierung des im Violoncello liegenden Motivs d ein. Sie setzen sich fort
in Variation 2 mit dem punktierten Rhythmus von Motiv b in der Viola und der
Vorhalts-Variante von Motiv d in Violine I; in Variation 3 mit der Figurierung der
dem Violoncello übertragenen Fortsetzung von Motiv c (es – g – ces – es – F)
durch den Beginn von Motiv a, das Wechselspiel der beiden Violinen, die das Motiv
d abwechselnd in rhythmischer Verkürzung bringen, aber so, daß die Einsatztöne
(b''' – fis''' – c''' etc.) nochmals die Intervallfolge des Motivs d ergeben; usw. usf. Es
ist ein Prozeß der allmählichen Auflösung der Konturen des thematischen Satzes,
von dem in Variation 5 nur noch Andeutungen übriggeblieben sind (freilich ist der
achttaktige Grundriß noch erhalten).

Veränderungen wie die zuletzt beschriebenen in Variation 5 stellen bereits einen
Übergang dar zur Schicht der freien Motivverarbeitung. Dabei wird in den Variationen 2–5 jeweils eins der vier Grundmotive bevorzugt verarbeitet: Motiv c in Variation 2, Motiv a in Variation 3, Motiv a in Variation 4 und Motiv d in Variation 5.

III. Text und Musik im Variationen-Teil

Obwohl manche Einzelheiten der zuletzt beschriebenen Motivverzweigungen
schon zu den gleichzeitig gesungenen Textworten in Beziehung gebracht werden
können, lassen sie sich auch noch als Teile der von Schönberg angestrebten „serious
elaboration"[25] verstehen. Indessen ist das Ende der 5. Variation die Grenze, bis zu
der wesentliche Teile des Satzgefüges als Teile eines musikalischen Variationsprozes-
ses beschrieben werden können. Bevor die Betrachtung zur Coda weiterschreitet, ist
deshalb das Gedicht Stefan Georges in die Analyse des Stückes einzubeziehen.

Was die Frage nach der Motivierung von Schönbergs Textwahl betrifft, so wurde
eingangs auf den autobiographischen Gehalt von Schönbergs II. Streichquartett hingewiesen, ohne daß allerdings damit diese Frage erschöpfend beantwortet wäre. Daß
die Wahl eines Textes ein komplexer und bereits von musikalischen Vorstellungen
mit beeinflußter Vorgang ist, hat Schönberg in seinen Antworten auf die Anfang
1931 an ihn gelangte Rundfrage des Psychologen Julius Bahle an einer Stelle klarge-
macht[26]:

„Im allgemeinen habe ich [...] immer ein bestimmtes Gedicht gesucht, wobei gewiß auch oft
Stimmungs- und Gefühlsinhalt vorgefaßten Wünschen entsprechen mußte. Oft kam es dennoch
dazu, daß ich [ein] ganz anderes wählte: vielleicht entsprach dieses dann einer musikalischen
Vorstellung: einem Thema, das geboren werden wollte und einen Geburtshelfer suchte. Denn
vielfach weiß ich, daß ich Texte suchte zu einer Musik, die ich schreiben wollte."

25 Vgl. das unten unter Anm. 29 nachgewiesene Zitat.
26 Zitiert nach der Erstveröffentlichung bei Reich, a.a.O., S. 246.

Welche Motivationen im Einzelfall zur Wahl eines Gedichtes geführt haben, entzieht sich der exakten Bestimmung, vielleicht sogar der Rechenschaftslegung durch den Komponisten selbst. Die Analyse hat mit dem komponierten Text als einer der Voraussetzungen für die Entstehung der Vertonung zu rechnen und kann lediglich im nachhinein nach den Bedingungen fragen, die er für die Komposition mitbrachte.

Stefan Georges Gedicht *Litanei* aus der IV. Abteilung (*Traumdunkel*) seines Zyklus *Der siebente Ring* ist — folgt man der Interpretation von Ernst Morwitz — „der Versuch, einen neuzeitlichen Choral zu dichten, eine Aufgabe, die als Wiederbelebung einer alten, nur durch echte Frömmigkeit zu füllenden Sonderform der Dichtung jeden Künstler unablässig anzieht"[27]. Die dichterischen Mittel dazu beschreibt Morwitz wie folgt: „Die Wünsche eines Betenden werden durch Eintönigkeit des strengen und starken Rhythmus, Verwendung religiös überkommener Bilder sowie Einfachheit der Worte und der Satzformung zu einem Kirchenlied vereint"[28].

Die formale Grundlage von „choralartiger" Grundhaltung, „Eintönigkeit" und „Strenge" dürfte die betont herausgestellte Folge von kurzen, einheitlichen und geschlossenen Strophen sein, aus denen das Gedicht sich zusammensetzt.

Wesentliches Aufbauprinzip der Strophe ist die binäre Ordnung: Die Strophe gliedert sich in zwei Halbstrophen, die jeweils zwei Verse mit je zwei Hebungen umfassen. Der „quadratische" Aufbau ist vom Dichter auch typographisch (durch den Einzug der Zeilen 2 und 4) verdeutlicht. Als Beispiel sei die Anfangsstrophe zitiert, begleitet vom metrischen Schema:

Tief ist die trauer	— ∪ ∪ — ∪
die mich umdüstert.	— ∪ ∪ — ∪
Ein tret ich wieder	— ∪ ∪ — ∪
Herr! in dein haus. .	— ∪ ∪ —

Daß der Rhythmus als „stark" empfunden werden kann, liegt wohl daran, daß das metrische Schema von der sprachlichen Konkretisierung fast durchwegs bestätigt wird. D. h., nahezu alle Hebungspositionen sind mit Stammsilben von sinnstarken Wörtern (vor allem Substantiven, Verben und Adjektiven) besetzt, und umgekehrt kommen solche Stammsilben fast stets auf metrische Hebungen zu stehen.

Die erste Strophe hat von dieser Regel die meisten Ausnahmen: Nach Maßgabe des Sprachakzentes „überbesetzt" ist die erste Senkung des dritten Verses, „unterbesetzt" dagegen sind die erste Hebung des zweiten und die zweite Hebung des dritten Verses. Solche Differenzen wiederholen sich in der Folge kaum.

Geradezu überdeutlich ist die Kongruenz zwischen metrischer Hebung und sprachlichem Akzent an den Versausgängen. Die unbetonten Schlußsilben der Verse 1–3 tragen ausnahmslos ein tonloses „e" als Vokal; auf der betonten Schlußsilbe des stumpf ausgehenden Schlußverses steht dagegen stets ein einsilbiges Substantiv von starkem Bedeutungsgehalt („Haus", „Arm", „Brot" usw.), wobei für diese

---

27 E. Morwitz, *Kommentar zu dem Werk Stefan Georges*, Düsseldorf und München ²1969, S. 299.
28 Ebenda.

Schlußsilben der Vokal „e" konsequent ausgespart bleibt. Durch diese Maßnahmen entsteht gleichsam eine markante Schlußkadenz für jede Strophe.

Innerhalb der Strophen gibt es keine Reimbindung; dagegen verknüpfen Reime jeweils den 3. Vers einer Strophe mit dem 2. Vers der folgenden – ein subtiles Gegengewicht zu der stark ausgeprägten Strophengliederung.

Es ist denkbar, daß George bei der Wahl des Titels „Litanei" neben der Assoziation an Liturgisches auch diese Form mit meinte, wobei das stetig wiederholte Strophenmodell stellvertretend für die wiederkehrende Rezitationsformel beim musikalischen Ablauf einer Litanei stünde.

Ob die Gedichtüberschrift dazu beigetragen hat, das Formdenken des Komponisten in eine bestimmte Richtung zu lenken, bleibe dahingestellt. Jedenfalls aber hat die strophengegliederte Form des Gedichts die Vertonung in der musikalischen Form der Variationenreihe, und damit zugleich ein bestimmtes Wort-Ton-Verhältnis möglich gemacht. Es ist ein Wort-Ton-Verhältnis, das – nach Schönbergs spätem Selbstzeugnis – primär formbestimmt ist: „I was afraid the great dramatic emotionality of the poem might cause me to surpass the borderlines of what should be admitted in chamber music. I expected the serious elaboration required by variation would keep me from becoming too dramatic"[29].

Indem die Variationenreihe selbst eine Art Strophenform darstellt, ist ein formaler Grundriß gegeben – dies gilt für den Ablauf bis zum Ende der 5. Variation –, der das Problem der Koordinierung von Musik und Text auf einer fundamentalen Ebene im voraus in einfacher Weise löst.

Die Parallelisierung von textlichen Strophen und musikalischen Variationen hat ihren Sinn freilich keineswegs in einer beabsichtigten Egalisierung der Deklamation. Daß textliche wie musikalische Formeinheiten gleichermaßen leicht auffaßbar sind, schafft vielmehr die Möglichkeit, die Textdeklamation variabel zu gestalten, ohne die Strophe als Formeinheit in ihrer Bedeutung zu schmälern. So entsteht gleichsam im Bereich der Deklamation eine Folge „Thema mit Variationen", die als eine zweite Gestaltungsebene die musikalische Variationenreihe überlagert.

Deklamatorisches „Thema" ist der Nachsatz der 1. Variation, der das Vokalthema exponiert, und zwar in einer neutralen Deklamation, bei der jede Zeile einen Takt einnimmt, wobei nicht nur mit fast pedantischer Genauigkeit Zeilengrenzen und Taktstriche zusammenfallen, sondern auch jede Hebungssilbe auf den Anfang eines Halbtaktes gesetzt ist.

Zum deklamatorischen Gleichmaß der ersten Strophe setzt sich die zweite (Variation 2) sogleich in vollsten Gegensatz. Wurden in der Anfangsstrophe die Vershebungen regelmäßig in Abständen von zwei Vierteln in die Takte eingesetzt, so betragen die Zeitintervalle jetzt (Angaben in Viertelnoten; die Abstände bei Zeilenwechsel eingeklammert): 5 – (4) – 4 – (2,5) – 3,5 – (4) – 8. (Daß die Beobachtung dieses leicht zu quantifizierenden Teilmoments nur einen Teil der deklamatorischen Vielfalt erkennen läßt, sei betont.) Besonderes Gewicht liegt auf den Außenzeilen. Sie sind zusätzlich zu ihrer zeitlichen Ausbreitung dadurch ausge-

29 Schönberg, *Notes. . .*, a.a.O., S. 48.

zeichnet, daß die Singstimme hier Motive des instrumentalen Themas übernimmt. „Lang war die (Reise)" wird auf das chromatische Motiv b gesungen, „(voll) nur die Qual" auf Motiv a, wobei neben der Oktaverweiterung des Motivs (aus der kleinen Sekunde wird eine kleine None) das Übergreifen in die folgende Variation ein besonderes Ausdrucksmoment ist.

Die beiden gegensätzlichen Anfangsstrophen stecken ein Feld von deklamatorischen Möglichkeiten ab, das in den folgenden drei Strophen, musikalisch den Variationen 3–5, ausgeschritten wird, was hier im einzelnen nicht nachgezeichnet zu werden braucht.

Ergänzend sei hier auf die – oben bereits angedeutete – Lenkung des variativen Verfahrens im instrumentalen Bereich durch den Text hingewiesen, auf die Schönberg in einer Passage seiner *Notes* aufmerksam gemacht hat: „In a perfect amalgamation of music with a poem, the form will follow the outline of the text. The Leitmotiv technique of Wagner has taught us how to vary such motifs and other phrases, so as to express every change of mood and character in a poem"[30]. Als solche textgelenkte Motivvarianten darf man wohl die Vorhalts-Version von Motiv d in T. 21 ff. ansehen („matt"), ferner das ‚Nachbeben' der Vorstellung „Qual" in der Variante von Motiv a in T. 26 f. sowie die Triolierung von Motiv b in der Strophe, in der von „schwankenden Schritten" die Rede ist (T. 36 ff.). Als textdeutend in einem allgemeineren Sinne ist vielleicht auch die weitgehende Auflösung der ursprünglichen thematischen Konturen in der 5. Strophe zu verstehen, deren Text die Vorstellung völliger Erschöpfung vermittelt („schwach", „hohl", „fiebernd").

Besondere Aufmerksamkeit verdient jedoch ein in Variation 3 einsetzender und von der Singstimme ausgehender Prozeß, der die Fortsetzung des Satzes über die 5. Variation hinaus vorbereitet. Es ist ein erneutes Aktivieren jenes Vorganges, der zur Bildung des Variationenthemas führte, nämlich der Gewinnung musikalischer Gestalten aus vorangegangenen Sätzen. Dabei sind es nun freilich nicht Kernthemen, sondern Ableitungen, Gestalten von transitorischer Bedeutung, die in den dritten Satz eindringen. Die Sopran-Phrasen „Durstende Zunge" und „darbt nach dem Weine" in der 3. Strophe stellen intervallische Erweiterungen des Motivs a dar und knüpfen damit an eine ähnliche Erweiterung in einer Entwicklungspartie des ersten Satzes (T. 37) an. Und ein ebenso deutlicher Rückbezug liegt in Variation 5 vor; das sowohl in der Singstimme als auch in den Instrumenten dominierende Motiv dieser Variation, das die vorgegebene thematische Substanz auf Andeutungen zurückdrängt, stellt sich als eine Ableitung aus der Durchführung des ersten Satzes dar, die im folgenden Notenbeispiel demonstriert sei:

30 Ebenda. .

IV. Die Coda

Bis in Variation 5 ist das Variationenthema — sein periodischer Aufbau und seine vier Teilmotive — Grundlage des Satzfortganges geblieben. Untergründig jedoch haben sich im Verlaufe der fünf Variationen zwei Prozesse abgespielt, die zum äußeren Gleichmaß des Fortganges in einem gewissen Widerspruch stehen. Einmal wurde die formbildende Kraft des Themas infolge der fortschreitenden Verarbeitung zunehmend „verbraucht", zum andern gewann die Singstimme mehr und mehr eigenes motivisches Profil. Mit Variation 5 hat in dem Wechselspiel von Bewahren und Verändern, das die Variationenform ausmacht, das Verändern so stark die Oberhand gewonnen, daß der mit T. 50 erfolgende qualitative Umschlag vorbereitet ist. Die Fortsetzung des Satzes ist dem im Variationenthema aufgestellten Gesetz nur noch mittelbar verpflichtet.

Obwohl in der Coda alle thematischen Motive weiterhin am Ablauf beteiligt sind, gibt das Thema als Ganzes nicht mehr das Gesetz für den Fortgang. Sucht man für die Coda nach einer thematischen Grundlage in der Art des anfänglichen Variationenthemas, so könnte man sie in der folgenden Motivkonstellation sehen:

Hauptbestandteil dieses viertaktigen Satzes ist eine Erweiterung von Motiv b durch seine ursprüngliche Fortsetzungs-Phrase (Satz 1, T. 12—15); hinzu kommen im ersten Takt die erste Hälfte des Vokalthemas in Variation und Diminution und am Schluß eine Diminution des ursprünglichen Nachsatzmotivs d.

Diese aus den Takten 50—53 abstrahierte Motivkonstellation wird mit Stimmtausch und Oktavversetzung in den folgenden vier Takten reproduziert (nur Motiv d wird anders behandelt). Auch der darauf folgende Schlußteil des Satzes läßt sich auf das viertaktige Modell zurückführen: Das Vokalthema und das erweiterte Motiv b nehmen insgesamt fünf Takte ein; nach einem Zwischenteil von fünf nicht modellgebundenen Takten erscheint schließlich in T. 69 ff. im Violoncello das Nachsatzthema, jetzt in seiner ursprünglichen rhythmischen Gestalt.

Dominierend für den Verlauf der Coda ist jedoch die Singstimme. Sie deklamiert zunächst die Strophen 6 und 7 des Gedichts in jeweils einer — entsprechend dem neuen Satzmodell — auf vier Takte gerafften Version, deren Stretta-Charakter dadurch betont wird, daß die Zeilen nicht (wie in Variation 1) innerhalb der Einzeltakte stehen, sondern stets auf einen Taktbeginn zulaufen, der die Schlußhebung trägt. Unterstrichen wird die Rolle der Singstimme in der Coda noch dadurch, daß

sie sämtliche vier Teilmotive des Instrumentalthemas in sich aufnimmt: Motiv a in
T. 67 ff., Motiv b (mit der beschriebenen Erweiterung) in T. 58 ff., Motiv c in
T. 52 f. und 64 f., Motiv d in T. 54 ff.

Nachdem in den Strophen 6 und 7 als Maß für den Strophenumfang die Viertak-
tigkeit aufgestellt wurde, bekommt der ausbruchartige Höhepunkt der letzten Strophe, die sich über zwölf Takte erstreckt, umso mehr das Gepräge des Unerhörten.
Schönbergs Beschreibung in den *Notes*, ,,a coda leads to a climax''[31], ist in ihrer
Schlichtheit fast eine Untertreibung, die vielleicht mehr aus der im gleichen Text
mitgeteilten Intention, die Textvertonung nicht zu dramatisch zu gestalten[32], als
aus der wirklichen Komposition zu erklären ist.

Im instrumentalen Epilog verbinden sich Nachsatzmotiv (im Violoncello) und
Kleinsekundmotiv (in den Violinen) mit der Anfangsphrase der Vokalmelodie, die,
als wolle sie ,,Glück'' nicht als letztes Wort stehenlassen, in den drei unteren Streich-
instrumenten noch dreimal zu deklamieren scheint: ,,Tief ist die Trauer''.

V. Zur Frage der Tonalität

Schönberg hat in seiner späten autobiographischen Betrachtung *My Evolution*
das II. Streichquartett als ein Werk des Übergangs bezeichnet, des Übergangs zu der
Schaffensphase, die durch den Verzicht auf Tonalität bestimmt ist[33]. Ein besonderer Aspekt der Übergangssituation ergibt sich aus der Entstehungsgeschichte: Zu
einer Zeit, in der Schönberg mit der Komposition der Lieder op. 15 bereits das
Neuland der tonartfreien Komposition betreten hatte, waren gleichzeitig noch die
Sätze 2—4 eines in fis-moll begonnenen Streichquartetts zu vollenden. Trug diese
Entstehungssituation wesentlich zu der stilistischen Janusköpfigkeit des Werkes bei,
so haben die — eingangs beschriebenen — inneren Spannungen, die die Werkkonzeption in sich begreift, dazu geführt, daß der Übergangsstil des II. Quartetts sich in
den einzelnen Sätzen entsprechend deren unterschiedlichen Kompositionsideen in
verschiedenen Brechungen darstellt. (Äußeres Kennzeichen dieser verschiedenen
,,Satzstile'' ist der berühmte Notationsunterschied zwischen dem dritten, mit gene-
reller es-moll-Vorzeichnung geschriebenen Satz zum vierten Satz, der auf Schlüssel-
akzidentien verzichtet.)

Mit den folgenden Bemerkungen sei abschließend versucht, die stilistische Übergangssituation in derjenigen Brechung, in der sie sich in der *Litanei* darstellt, zu
skizzieren.

Zwei Arten von tonaler Organisation lassen sich in der *Litanei* unterscheiden.

1. Der größte Teil des Satzes wird von einem Organisationsprinzip beherrscht,
das — entsprechend dem formalen Grundriß eines Variationssatzes — aus dem

---

31 Ebenda.
32 Ebenda.
33 ,,[...] the Second String Quartet, Op. 10 [...] marks the transition to my second period. In
    this period I renounced a tonal centre'' (A. Schönberg, *My Evolution*, in: *Style and Idea*,
    a.a.O., S. 86).

Thema hergeleitet ist. Das Thema bezieht sich betont auf die Grundpfeiler der Tonart es-moll: den Grundton, die Quinte, den es-moll-Dreiklang. Trotz dieser Beziehung auf einen Zentralton bzw. einen Zentralklang birgt das Thema Tendenzen in sich, die, legt man den Maßstab der traditionellen Bestimmung der Tonart durch funktionale Akkordfolgen an, tonaler Gestaltung widerstreben.

Die „antitonalen" Tendenzen des Themas werden bereits in der ersten Phrase, also in der Verbindung der Motive a und b, spürbar. Die Kombination von Motiv a in der Viola und Motiv b in der I. Violine hält sich bis zum Eintritt des Tones ces der Violine innerhalb des diatonischen Sextraumes von es-moll, und die Einführung des g in T. 3 wäre als chromatische Aufhellung nach Es-dur zu verstehen, würde nicht gleichzeitig durch die enggeführte Imitation des Halbtonmotivs im Violoncello das Tonsystem innerlich umstrukturiert. Denn der Schritt ges-g im Violoncello kann nicht, wie der Weg von ges zu g in der Viola, als Wechsel von der Dur- zur Mollterz des gleichen Grundtones aufgefaßt werden, sondern erzwingt – analog zur Führung der 1. Violine – ein Verständnis als Kleinsekundschritt. So fallen auf dem zweiten Viertel von T. 3 auf einer Position der zwölftönigen Skala die zwei Tonbedeutungen „g" (erreicht von as) und „ases" (erreicht von ges) zusammen. Hier ist der Bedeutungsunterschied zwischen enharmonisch identischen Stufen, der zu den Axiomen der tonalen Harmonielehre gehört, aufgehoben – im Sinne dessen, was Schönberg kurze Zeit später in seiner *Harmonielehre* ausführte: „Es ist überflüssig zu sagen, daß es nicht viel Zweck hat, sich den Kopf zu zerbrechen, ob man wegen der harmonischen Bedeutung *cis* oder *des*, *gis* oder *as* schreiben soll. Man schreibt das Einfachste, der Fehler liegt an unserer unvollkommenen Notenschrift"[34].

In anderer Weise regen sich in dem Themenbestandteil c antitonale Tendenzen, und zwar in den Intervallkombinationen des Quartenklangs (Töne es-as-des des Auftaktes) und im übermäßigen Dreiklang (die vier Anfangstöne von T. 3), die bereits in der Kammersymphonie op. 9 zur Zersetzung der Tonalität beigetragen hatten. Der Nachsatz des Variationenthemas ist harmonisch vielfach deutungsfähig; gegen allzu eindeutige tonale Erwartungen (etwa in der Weise eines ganztaktigen Vorhalts c zur Tonartquinte b) sichert ihn zudem seine Baßlage ab. Schließlich verdient noch der Übergang vom Nachsatz des Themas zum Einsatz der 1. Variation Beachtung. Die Verbindung des Schlusses auf dem Ton b mit dem erneuten Themenanfang, der die Tonika ausprägt, könnte zu einem konventionellen Dominant-Tonika-Fall werden, wenn nicht Motiv a mit der halbtaktigen Vorwegnahme einsetzte und so ein allzu handgreifliches Kadenzverhältnis verhinderte.

So deutlich zwar im Thema der Bezug auf eine Tonart ausgesprochen ist, so wird andererseits dieser Bezug nicht nach dem Prinzip der harmonischen Tonalität – gleichsam argumentativ, in Widerspruch und Bekräftigung – hergestellt, sondern eher in Bewegungszügen des sich Entfernens und wieder Annäherns an das Zentrum, wobei das Zentrum einmal verblaßt und dann wieder deutlichere Konturen bekommt.

Auf das Thema, das Tonalität demnach nur mit gewissen Einschränkungen ausprägt, beziehen sich die nicht im engeren Sinne thematischen Stimmen des Satzgefüges vorwiegend als kontrapunktische Gegenstimmen, kaum aber als harmonische Ergänzung. Schönberg nennt in seinen *Notes* die Melodieführung der thematischen Stimmen als Grund für das weitgehende Fehlen von tonartdarstellenden Akkorden: gewisse melodische Bildungen „cannot be accompanied by tonal triads, and if at all by chords, they would have to be transformed by alterations. Instead, one finds accompanying voices whose purpose is not harmonic at all; they even do not aim

34 A. Schönberg, *Harmonielehre*, Wien [3] 1922, S. 306 f.

for chord production"[35]. Und wo auf kurze Strecken akkordähnliche Zusammenklänge auftauchen, stößt der Versuch, sie als Bestandteile einer harmonischen Progression aufzufassen, ins Leere, weil kein funktionaler Kontext vorhanden ist, auf den sie sich beziehen könnten.

2. Eine andere Art des Verhältnisses zur Tonalität zeigt sich in denjenigen Teilen der Coda, in denen nicht mehr der Bezug auf ein thematisches Modell eine quasi tonale Ordnung vorgibt (T. 58 ff.). Die akkordartigen Zusammenklänge, die hier auftauchen, schreiten allerdings nicht nach den herkömmlichen Gesetzen der Grundtonbeziehungen fort, sondern sind durch sekundmäßige Stimmführung (siehe etwa die Baßführung in T. 62 ff.) miteinander verkettet.

Eine spezielle Art der Klangfortschreitung findet sich in den Takten 68–70: Zu einem liegenden verminderten Septakkord erklingen nacheinander drei verschiedene Baßtöne, die jeweils eine andere Ergänzung zu einem Nonenakkord bringen, ohne daß freilich eine dieser Ergänzungen funktional wirksam würde. Es ist nach Schönbergs Beschreibung dieser Klangfortschreitung in der *Harmonielehre* „eine Sache, die nichts für empfindliche Ohren ist, [...] sondern nur für gute"[36].

Dieser zweite Typus der tonalen Organisation, bei dem für eine gewisse Strecke der Bezug zu einem Zentrum nicht mehr aufrechterhalten wird, ist mit einer bestimmten formalen Position verbunden: Er findet sich nur in der HöhepunktsStelle am Schluß der Gesangspartie, bevor das Instrumentnachspiel den es-moll-Dreiklang als Finalklang etabliert.

Aus der Zusammenschau unserer analytischen Beobachtungen läßt sich ein neuartiges Verhältnis zwischen Materialordnung und Werk ablesen. Während die traditionelle Tonalität ein relativ stabiles System von Beziehungen darstellte, das auf das jeweilige Werk angewendet wurde (daß die Disziplin „Harmonielehre" eine sinnvolle Existenz hat, ist eine Folge dieser Tatsache), wird von Schönberg in der Phase der Auflösung der Tonalität eine Materialordnung erst in der jeweiligen Komposition konstituiert.

Wahrscheinlich enthielt die Kompositionsidee der *Litanei* – Zusammenfassung eines Komplexes von thematischen Zitaten mit anschließender durchführungsartiger Verarbeitung und zugleich Textvertonung – eine so große Vielfalt von Strukturvorgaben, daß eine solche Konzeption mit den einschränkenden Regeln der traditionellen Tonalität kaum zu verwirklichen gewesen wäre. Die Satzkonzeption (die, wie gezeigt, ihrerseits eine Konsequenz der Werkkonzeption war) und die Materialordnung sind nicht unabhängig voneinander zu denken. Die Satzkonzeption entstand in dem Bewußtsein, daß eine Materialordnung, in der sie sich realisieren konnte, grundsätzlich greifbar war; der Vorgang der Realisierung umgekehrt machte die Materialordnung erst konkret. Die Qualität von Schönbergs II. Streichquartett gründet wesentlich in der Kraft eines musikalischen Denkens, das die Kategorien Tonalität, Form des Einzelsatzes, Konzeption des Gesamtwerkes und Textvertonung miteinander in Beziehung zu bringen vermochte.

35 Schönberg, *Notes*. . ., a.a.O., S. 44.
36 Schönberg, *Harmonielehre* (s. Anm. 34), S. 441.

... nicht zur Befriedigung sentimentaler Bedürfnisse
Anmerkungen zu Igor Strawinskys „Bläsersinfonien"

von

KLAUS SCHWEIZER

I. „. . . *so simple and accessible a piece*"

Von Strawinsky, dem Dreiundachtzigjährigen, stammt diese einigermaßen überraschende Beurteilung eines Werkes, das häufig zuvor mit dem Nimbus des Unsinnlich-Spröden und Strengen, folglich Ungefälligen und Schwerverständlichen umgeben worden war – nicht zuletzt auch vom Komponisten selbst, der sich noch in seinen *Erinnerungen* (1935/36) auffällig bemüht hatte, Argumente für die mangelnde Resonanz der Londoner Uraufführung am 20. November 1920 unter Sergej Kussewitzky zu benennen[1]:

> „Ich wußte, daß ich nicht mit einem sofortigen Erfolg dieses Werks rechnen konnte. Es enthält keinerlei Elemente, an die der Durchschnittshörer gewöhnt ist, und die unfehlbar auf ihn wirken. Man würde in diesem Werk vergeblich nach leidenschaftlichem Feuer oder dynamischen Ausbrüchen suchen. Es hat die Form einer strengen Zeremonie, bei der die verschiedenen Gruppen homogener Instrumente sich in kurzen litaneiartigen Zwiegesängen begegnen.
> Ich hatte sehr wohl damit gerechnet, daß die Kantilenen der Klarinetten und Flöten, die immer wieder ihren liturgischen Dialog aufnehmen und sanft psalmodieren, dem Publikum nicht sehr behagen würden, dem gleichen Publikum übrigens, das noch kurz vorher der ‚revolutionären' Kunst des *Sacre du Printemps* begeistert zugejubelt hatte. Die Musik der *Bläsersinfonien* ist nicht dazu angetan, zu gefallen oder die Hörer leidenschaftlich zu erregen. Aber ich hoffte doch, sie werde einige bewegen, die aus rein musikalischen Gründen zuhören und nicht den Wunsch haben, ein sentimentales Bedürfnis zu befriedigen."

Die Vermutung liegt nahe, daß der erfolgsgewohnte Komponist sich stark verunsichert fühlte und die *Bläsersinfonien* für lange Zeit als ein Schmerzenskind inmitten einer stattlichen Schar lebenstüchtiger Geschwister betrachtete. Vielleicht unbewußt verfolgte er künftighin eine Strategie der Verdrängung bzw. Kompensation. Zunächst beanspruchte er das schützende Privileg einer vom breiten Publikum sich lossagenden Musik für „Kenner" („. . .ich hoffte doch, sie werde einige bewegen, die aus rein musikalischen Gründen zuhören. . ."). Des weiteren ließ er in der Folgezeit kaum eine Gelegenheit aus, die Unzulänglichkeit des Londoner Uraufführ-

---

1 I. Strawinsky, *Erinnerungen*, dt. von R. Tüngel, Zürich-Berlin 1937, S. 122 f.

rungsdirigenten wie auch späterer Interpreten hervorzukehren[2]. Entgegen sonst ge-
übter Publikationsgepflogenheiten Strawinskys erschien die Fassung 1920 damals
wie später nicht im Handel[3]; im Druck verbreitet wurde lediglich ein Klavierarrangement[4] des nach Paris gefolgten St. Petersburger Komponistenkollegen Arthur
Lourié (1892–1966), der während der Jahre 1924–1935 bei Strawinsky eine Art
Assistententätigkeit ausübte.

Als sich Strawinsky jedoch bald nach Erwerb der amerikanischen Staatsbürger-
schaft im Jahre 1945 zur Wahrung seiner Urheberrechte an die Neufassung früherer
Partituren machte, unterzog er den Text der *Bläsersinfonien* der tiefeingreifenden
Revisionsprozedur eines „complete re-writing" und ließ deren Ergebnis als „revised
1947 version" im Druck erscheinen[5]. Eine selbst dirigierte Privataufführung mit
Filmmusikern (Hollywood, 30. Januar 1948) mag als vorgeschalteter Test für eine
rasch anwachsende Anzahl weiterer Aufführungen wie auch Platteneinspielungen
gedient haben. Jetzt auch zögerte Strawinsky nicht, die früher beschworene Publi-
kumsferne des Werkes herunterzuspielen und von ihm als einem „so einfachen und
zugänglichen Stück" zu sprechen, das lediglich einer angemessenen Interpretation
bedürfe[6]:

> „...performance *can* make the hundred percent difference between nonsense and com-
> prehension, as it cannot do with a popular classic. Even in the case of so simple and
> accessible a piece as my own *Symphonies of Wind Instruments*, I ought not to have
> blamed the listeners who took it for an ugly duckling at its London debut (though I have
> launched an unsuitable metaphor; the work is no swan even when perfectly played): it
> was unintelligibly performed."

2 Vgl. u. a. I. Stravinsky, *Themes and Conclusions*, London 1972, S. 94 („... it was unintel-
 ligibly performed"); I. Stravinsky/R. Craft, *Dialogues and A Diary*, London 1968, S. 149
 („Mention of the *Symphonies of Wind Instruments*... provokes a tirade against Ansermet
 and his recent broadcast of it with the N.B.C. Symphony"); E. White, *Stravinsky. The
 Composer and his Works*, London/Boston 1979, S. 296 („A short while ago, I heard so
 extraordinary a performance of the *Symphonies of Wind Instruments* that I myself could
 make neither head nor tail of it...").
3 Unter der Bezeichnung „Original Version" als gedrucktes Leihmaterial beim Verlag Boosey
 & Hawkes, London, o. J. Beschreibung des Partiturmanuskriptes in: *Musikhandschriften aus
 der Sammlung Paul Sacher* = Festschrift zu Paul Sachers 70. Geburtstag, in Verbindung mit
 E. Lichtenhahn und T. Seebass hg. von F. Hoffmann-La Roche & Co. A.G, Basel 1976,
 S. 76. Der Verfasser dankt Herrn Dr. h.c. Sacher für freundlich gewährte Einblicknahme ins
 Manuskript.
4 I. Strawinsky, *Symphonies d'instruments à vent à la mémoire de Claude Debussy*, arrangées
 pour Piano seul par Arthur Lourié, Berlin, Russischer Musikverlag, 1926. Diese Klavierfassung stimmt hinsichtlich Taktanlage und Tempoangaben mit der Partiturfassung 1920 völlig
 überein.
5 I. Stravinsky, *Symphonies of Wind Instruments*, Revised 1947 version, New York, Boosey &
 Hawkes, 1952. Zur Beurteilung seiner Neufassungen vgl. I. Stravinsky/R. Craft, *Memories
 and Commentaries*, London 1959, S. 96 f., Anm. 1.
6 *Themes and Conclusions*, a.a.O., S. 94. Eine vergleichende Würdigung der Fassungen von
 1920 und 1947 ist in diesem Rahmen nicht zu leisten. Strawinsky hob am „complete
 re-writing" der Fassung 1947 vor allem die andersartige Phrasierung hervor, für ihn Grund
 genug, „that the two versions will doubtless continue to be played as two different pieces"

II. „. . . ich begann mit dem Schluß"

In den *Erinnerungen* heißt es über jene sommerliche Arbeitsphase des Jahres 1920, die Strawinsky im Anschluß an die hektischen Vorbereitungen zur Pariser *Pulcinella*-Uraufführung (*Ballets Russes*, Pariser Opéra, 15. Mai) in der Abgeschiedenheit des bretonischen Fischerdorfes Carantec (Finistère) verbrachte[7] :

> „Ich schrieb eine Choralmusik, die jetzt den Abschluß jener ‚Symphonischen Stücke für Blasinstrumente' bildet, die ich dem Andenken von Claude-Achille Debussy gewidmet habe. Die Klavierfassung dieses Fragments schickte ich der *Revue musicale.*"

Die rührige Schriftleitung dieser soeben gegründeten französischen Musikzeitschrift hatte eine Reihe prominenter Komponisten um Beiträge für ein *Tombeau de Debussy* gebeten, das dem Andenken des am 25. März 1918 verstorbenen Komponisten gewidmet sein sollte[8] .

Strawinskys kahler homophoner Satz in Vierteln und Halben mit seinen 51, zwischen zwei und sechs Viertelzählzeiten ständig wechselnden Takten mußte in der Nachbarschaft der übrigen, teilweise überladen wirkenden Beiträge durch die konsequente Begrenzung seiner kompositorischen Mittel und eine betont abstrakte Notationsweise auffallen: die Vortragsanweisungen beschränken sich aufs Notwen-

(ebenda). R. Craft plädierte, im Anschluß an eine detaillierte Auflistung von Abweichungen, für eine kritische Studienausgabe beider Fassungen samt der *Choralmusik* der *Revue musicale*. Er machte jedoch kein Hehl aus seiner Bevorzugung der – dank Strawinskys fortgeschrittenen Dirigiererfahrung – praktikableren und effizienteren „revised version": „Die *Bläsersinfonien* von 1947 sind harmonisch, rhythmisch und instrumental besser geschrieben als die von 1920" (vgl. R. Crafts Beitrag *Deux pièces pour Debussy*, in: *Avec Strawinsky*, Monaco 1958, S. 103–116; dt. in gekürzter Form als *Zwei Widmungen an Debussy*, in: *Strawinsky – Wirklichkeit und Wirkung* = Musik der Zeit, Neue Folge, Heft 1, Bonn 1958, S. 68 ff.) Diesen Voten, angesichts der geringen Distanz zum Gegenstand wohl nicht ohne Vorurteil und ökonomische Parteilichkeit getroffen, ließe sich ein seither stark gewachsenes Interesse an den vorklassizistischen Frühfassungen entgegenhalten, die heute nicht selten für „natürlicher", farbiger und im Taktgefüge elastischer gehalten werden, wenn auch für technisch diffiziler und weniger auf interpretatorische Absicherung bedacht.

An der Neufassung der *Bläsersinfonien* fällt besonders auf: der Wegfall von Altflöte und Altklarinette (d. h. Beschneidung des Klangspektrums), die Bevorzugung kurzer Zweier- und Dreiertakte (d. h. anwachsende Divergenz zwischen Phrasen- und Taktlängen) und schließlich die „Auslichtung" der Instrumentation zugunsten punktueller Farb- und Betonungsakzente bzw. zum Nachteil der in den *Erinnerungen* (S. 122) angesprochenen chorischen Setzweise für „verschiedene Gruppen homogener Instrumente".

7 Siehe oben S. 116. Die deutsche Übertragung spricht unkorrekterweise von „Symphonischen Stücken", einer Bezeichnung, die sich weder in einer der Ausgaben noch im Sprachgebrauch des Komponisten nachweisen läßt.

8 *La Revue musicale*, Jg. 1, Heft 2, Paris, Dezember 1920 = Spezialnummer *Claude Debussy*. Hierzu: Supplément musical *Tombeau de Debussy*. Enthalten sind kurze, zuvor unveröffentlichte Kompositionen von P. Dukas, A. Roussel, G. Fr. Malipiero, E. Goossens, B. Bartók (= Nr. 7 der *Improvisationen über ungarische Bauernlieder* op. 20), Fl. Schmitt, I. Strawinsky (*Fragment des Symphonies pour instruments à vent à la mémoire de Claude Debussy*), M. Ravel (= Satz I der *Sonate pour violon et violoncelle*), M. de Falla und E. Satie.

Tafel 1

Choralmusik

Abschnitt 1:

Abschnitt 2:

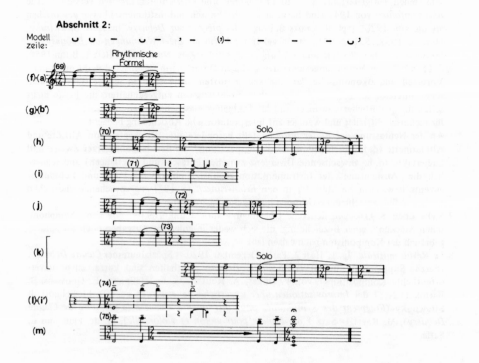

digste (Phrasierung, Spieleinrichtung) oder fehlen ganz (Dynamik, Taktvorzeichnung). Davon abgesehen gibt dieses „Fragment" gewissenhaft das Satzbild der etwa gleichzeitig angefertigten Fassung für 24 Bläser wieder[9]. Ein gravierender Unterschied besteht hinsichtlich des Zeitmaßes: während das „Fragment" ♩=100 vorsieht, reduzieren alle übrigen Fassungen auf ♩=72, d. h. die tiefste der drei eng korrelierten Tempoebenen der *Bläsersinfonien*. Im übrigen hat der Komponist seine „Choralmusik" auch lange nach ihrer Integration in den Gesamttext der *Bläsersinfonien* offensichtlich noch als geschlossenes Ganzes und somit ablösbar vom Übrigen betrachtet. Wie sonst hätte er sich im Jahre 1945 entschließen können, von diesem Abschnitt eine modifizierte Fassung herzustellen, die eine separate Aufführung in der Nachbarschaft der *Psalmensinfonie* erlauben sollte[10]?

Im Unterschied zum *Petit Choral* und *Grand Choral* der *Histoire du Soldat* (1918) mit ihrer einen bzw. ihren sieben jeweils nochmals untergliederten und ausfigurierten Melodiezeilen verzichtet die Choralmusik der *Bläsersinfonien* auf einen traditionellen choralmäßigen Zuschnitt im engen Sinne des mehrstimmigen Kirchenliedsatzes mit der Reihung etwa gleichlanger, da atemabhängiger Zeilen. Von einer Nachempfindung dieses klar umrissenen historischen Choralmodelles mit dem Ziel der Affirmation, Verfremdung oder Verwerfung kann somit kaum die Rede sein. Eher schon erinnert die Oberstimme mit ihren wenigen Tonschritten und ihren kurzen, aber großenteils asymmetrisch gebauten und in wechselnde Taktlängen gefaßten Melodiegliedern, getragen von einer irregulären Abfolge der Längen und Kürzen, an Verlauf und Zuschnitt gregorianischer Modelle, ohne daß tongetreue oder auch paraphrasierte Choralanleihen erkennbar würden.

Nach der Berücksichtigung von jeweils Verbindendem und Trennendem scheint eine Zeilengliederung möglich, die nicht nur Zeilenlängen, sondern auch Konstanten und Variantenbildungen sichtbar werden läßt (vgl. Tafel 1, S. 380)[11]. Es fällt auf, daß der Komponist diesen scheinbar in sprachähnlicher Ungebundenheit voranschreitenden Abschnitt außerordentlich bewußt, wenn auch keineswegs nach Maßgabe „schulmäßiger" Periodenbildung geformt hat.

Beiden Abschnitten, die sich in ihrer Ausdehnung annähernd wie Minor und Maior (56 : 81 Viertel) einer nach Goldenem Schnitt unterteilten Zeitstrecke verhalten, liegt eine Art Modellzeile zugrunde, an deren Längen-Kürzen-Folge und Melodiekontur sich die Einzelglieder der „Choral"-Oberstimme orientieren. Beide Modellzeilen erscheinen selbst nicht in vollständiger Ausdehnung, sondern prägen sich erst in der Summe der sukzessiv erklingenden Einzelglieder aus.

9 Vgl. das obige Zitat, wo Strawinsky ausdrücklich von einer „Klavierfassung" („réduction pour piano") spricht, angefertigt nach der später die *Bläsersinfonien* beschließenden „Choralmusik".

10 „On December 11, 1945, I arranged the final chorale for a wind orchestra without clarinets, to be performed with the *Symphony of Psalms...*" (*Themes and Conclusions*, S. 39). Vgl. hierzu auch Appendix C, Nr. 86 des Standardwerkes von E. White (a.a.O., S. 616), wo auch das Manuskript einer „New Version" des Chorales verzeichnet ist, das bereits vom 11. Dezember 1945 datiert.

11 Hier wie später finden die Studierziffern der leicht erreichbaren Fassung 1947 Verwendung, die erheblich von denjenigen der Fassung 1920 abweichen.

Strawinsky bewegt sich, wie zumeist bei analog gebauten Melodieanlagen der frühen „russischen" (und überwiegend „russisch" orientierten Schweizer) Schaffensepoche, in einem eng begrenzten, modal verbindlichen Spielraum der Tonstufen, Intervalle und Tondauern (vgl. die Liederzyklen, *Les Noces, Renard* und *L'Histoire du Soldat*, aber im besonderen auch die *Litaneien* und *Liturgischen Dialoge* der *Bläsersinfonien*). Hieraus resultiert der Gesamteindruck des Statischen, des Auf-der-Stelle-Tretens, der Strawinskys Musik in hohem Maße charakterisiert. Obwohl die gereihten Einzelglieder ständig geringfügig variieren oder Varianten ausbilden, lassen sie sich auf die Modellzeilen als Prototypen zurückführen[12].

So läßt sich zu Beginn von *Abschnitt 1* in (a) der Sekundschritt c–d als klauselartige, durch die Hörner zusätzlich akzentuierte Abweichung von der vorausgehenden Tonrepetition auf d″ beschreiben. Gleichzeitig wird diese Variante getragen vom rhythmischen Abspaltungsmotiv kurz-lang. Die Zeile (b), unwesentlich modifiziert, doch analog gebaut, bestätigt diese Entwicklung. (c) greift zunächst lediglich den durch weitere Abspaltung isolierten Ton d″ auf, läßt von ihm jedoch in Erinnerung an die Sekundabweichung eine zweimalige doppelschlagartige Umschreibungsfloskel des Kerntons d″ ausgehen. In Oktavversetzung folgt die einer Cambiata nachgebildete Abspaltungsvariante e′-c′-d′ nach, deren Trägerakkorde noch weitere Varianten ausbilden: in (d) mit abgespaltenem, zudem verlangsamtem Sekundschritt h–a, in (e) als fächerartig raumgreifende, ausschließlich aus Längen gebildete Ausweitung. Die angefügte Wiederholung der in die Ausgangslage gerückten „Cambiata"-Floskel weist zurück und vergegenwärtigt die kurze, doch stetig variierende Wegstrecke.

Abschnitt 2 setzt wieder beim Beginn an (Zeile (f)=(a), Zeile (g)=(b′)), bildet jedoch bis (i) eine feste rhythmische Repetitionsformel aus, deren Binnenzäsur die Funktion einer aufstauenden, entwicklungshemmenden Aposiopesis-Figur ausübt. Den „Doppelschlag"-Figuren in (c) und (d) – weiter unten als Choralelement *b* bezeichnet – entsprechen jetzt in (h) und (k) zwei in Fassung 1920 ausdrücklich mit „Solo" apostrophierte, melodisch geglättete und somit vom Kernton d″ kaum mehr ablenkende Melodiebogen[13]. Zeile (1) erhöht auf dem Wege der Akkordumkehrung von d″ nach h″, Zeile (m) führt in Gegenbewegung der Akkordschichten wiederum eine fächerartige Ausweitung durch und setzt damit die früher unterbrochene Aufwärtsbewegung der halbschlußartigen Zeile (e) bis zum Oktavton d‴′ als definitivem Schlußpunkt fort.

12 Dieses für Strawinsky in allen Schaffensphasen außerordentlich typische Arbeitsverfahren wird in den *Gesprächen mit Robert Craft* (Zürich 1961, S. 171) auf folgende Kurzformel gebracht: „Musikalische Form ist das Ergebnis der ‚logischen Erörterung' des musikalischen Materials."
Dieses Arbeitsverfahren wird in folgenden Arbeiten ausführlich beschrieben: A. Traub, *Strawinsky – L'histoire du Soldat* = Meisterwerke der Musik, Heft 22, München 1981; Chr. Marti, *Zur Kompositionstechnik von Igor Strawinsky. Das Petit concert aus der Histoire du soldat*, AfMw XXXVIII, 1981, S. 93–109.
Vom formbildenden Rang gewisser „thematischer Rhythmen" ostinater Prägung und der Problematik ihrer taktmäßigen Erfassung ist die Rede bei E. L. Waeltner, *Aspekte zum Neoklassizismus Strawinskys. Schlußrhythmus, Thema und Grundriß im Finale des Bläseroktetts*, Kongreßbericht Bonn 1970, S. 265–274.

13 Partiturfassung 1920 und das Klavierarrangement heben die zweite Umschreibungsfloskel der Trompete durch ein *forte* hervor, das sich weder im Partiturmanuskript noch in der Fassung 1947 findet. Dieses *forte* wäre umso überraschender, als alle drei frühen Quellen zu Beginn der Choralmusik ein *sempre p al fine* vorschreiben.

Im *Harmonischen* dominiert zu Beginn beider Abschnitte jener charakteristische Septnonakkord der Blechbläser über G mit kleiner Non, der jedoch, entgegen schulmäßigem Usus, den Fundamentdreiklang g'-h'-d" (Trompeten, enge Lage) über den verbleibenden verminderten Septakkord stellt (Posaunen und Tuba, weite Lage) und dadurch einen Schwebezustand hervorruft, dem ähnlich, den Tonika und Dominante bei gleichzeitigem Erklingen bewirken. Präziser formuliert sind die eindeutig zweischichtigen Schlußakkorde beider Abschnitte: sie vereinigen die Durdreiklänge bzw. Rahmenquinten über g und d' – „Halbschluß"-Zeile (e) – bzw. über C und g" – Schlußzeile (m) – und versuchen damit, paradoxerweise trotz Paralysierung und damit Außerkraftsetzung der Dominantenergetik, der *Choralmusik* die formbildende Grundlage des stabilisierenden traditionellen Kadenzgerüstes zu erhalten. Strawinskys Prinzip harmonischer Progression durch Setzung gegeneinander verspannter Quinten bzw. Dreiklänge läßt sich etwa an Zeile (e) ablesen. Stets ist zumindest Zweischichtigkeit im Spiel, wobei zu den benachbarten Quinten nach Bedarf Terzen „hinzuregistriert" werden:

Auffällig ist in Abschnitt 2, daß der hier sich abspielende rhythmische Verfestigungsprozeß auch harmonische Wirkung zeigt. Ab Zeile (i), mit Eintritt also der voll ausgebildeten Repetitionsformel (⌐⌐), wird das harmonische Satzbild schlichter, archaischer, die Klangbewegung spärlicher. Da die eingesetzten Akkorde ihrem funktionalen Auftrag nicht nachzukommen vermögen bzw. ihre Kräfte im gleichzeitigen Erklingen lediglich auf sich selbst gerichtet sind, statt sich in dynamischer Sukzession anzuspannen und wieder zu entspannen, kommt der Choralkondukt zwangsläufig, gewissermaßen aus sich selbst heraus, zum Stillstand.

III. „. . . es hat die Form einer strengen Zeremonie"

Selten genug erlaubt es die einmal abgeschlossene Partitur, nachträglichen Einblick ins allmähliche Wachstum einer Komposition zu nehmen und das kompositorische Zusammenwirken ihrer verschiedenen Teilschichten aus getrennten Ansätzen oder Rumpfteilen herzuleiten. Schönbergs späte Kantate *Ein Überlebender aus Warschau* verdient unter diesem Aspekt besondere Beachtung insofern, als die Skizzen bestätigen, daß sich hier die musikalische Struktur – melodischer Kern, Reihengestalt, motivisch-thematische Derivate, schließlich das umgebende Satzbild selbst – vom Ende her, also vom beschließenden *Shema Yisroel*-Gebet aus entfaltet[14].

14 Vgl. hierzu K. Schweizer, *Ein Überlebender aus Warschau für Sprecher, Männerchor und Orchester von Arnold Schönberg*, Melos XXXXI, 1974, S. 365–371.

Auch die *Bläsersinfonien* scheinen sich ähnlich, wenn auch wiederum mit anderen Akzenten formiert zu haben. Die Datierung der „Choralmusik" steht fest: 20. Juni 1920. Auch der weitere Fortgang des kompositorischen Prozesses ist kalendarisch verbürgt[14]:

> „The music was finished in abbreviated score form by July 2 (though not in full score until November 30 in Garches). . .".

Doch erwähnt Strawinsky in seinem Programmtext, der wohl im Zusammenhang mit der „Revised 1947 version" verfaßt worden ist, auch jene frühen, wenn auch undatierten, vielleicht aber schon im Juli 1919 zu Papier gebrachten Duett-Skizzen, die nicht nur in den *Bläsersinfonien*, sondern sogar erst im *Bläseroktett* des Jahres 1923 Verwendung finden sollten[15]:

> „The earliest sketches contain notations for string quartet, and the duets for alto flute and alto clarinet were originally scored for violin and viola. Another section in one of the same duets, incidentally, was originally the waltz variation in the *Octuor*."

Ein weiterer Kommentar geht noch etwas detaillierter auf Art und Inhalt der Skizzen ein[16]:

> „The earliest notations, dating from July 1919, are scored for a harmonium. These start at the beginning of the work as we know it and include all of its motives except those of the final chorale. . .".

So besehen erscheint Strawinskys Bericht in seinen *Erinnerungen* in hellerem Licht (a.a.O., S. 116):

> Dieser Auftrag der *Revue musicale* und der feierliche Anlaß, aufgrund dessen ich ihn erhielt, weckten in mir bestimmte musikalische Gedanken, und während der Arbeit fühlte ich das Bedürfnis, sie weiter auszuspinnen. Ich begann mit dem Schluß. Ich schrieb eine Choralmusik. . ."

Zwei Entwicklungslinien laufen somit im definitiven Partiturtext der *Bläsersinfonien* zusammen:

---

15 Vgl. *Themes and Conclusions*, S. 39. Die beiden erstgenannten Daten werden von E. White bestätigt (a.a.O., S. 291 f. bzw. S. 606), während er beim dritten fälschlicherweise vom 20. November 1920 spricht. Strawinskys Angabe – 30. November 1920 – stimmt mit dem Manuskriptvermerk überein (vgl. auch: *Musikhandschriften aus der Sammlung Paul Sacher*, a.a.O., S. 76).

16 Namentlich nicht gekennzeichneter Einführungstext zur Schallplatte CBS 76 680 (1978), bei der es sich – soweit dem Verf. bekannt – um die erste Einspielung der Fassung 1920 überhaupt handelt (New York Philharmonic, P. Boulez). Doch muß der Textautor – wahrscheinlich Strawinskys Assistent R. Craft; Recherchen blieben ohne Ergebnis – sehr genaue Einblicke in des Komponisten Skizzenmaterial gewonnen haben, die über den Kenntnisstand des von R. Craft im Jahre 1956 erstellten und bei White (= Appendix C, S. 599–616) abgedruckten *Catalogue of Manuscripts (1904–1952) in Stravinsky's possession* hinausreichen. Bei den erwähnten „earliest sketches" bzw. „earliest notations" dürfte es sich um gemischte Skizzen ohne präzise Fixierung auf einen bestimmten Werkplan handeln. Dies würde auch die unterschiedliche instrumentale („string quartet" bzw. „harmonium") und kompositorische Zuordnung erklären (*Bläsersinfonien, Oktett).*

– Auftrag und Anlaß lösen eine kompositorische Schicht aus („bestimmte musikalische Gedanken"), die erstmals das Choralmotiv beinhaltet. Letzteres konkretisiert sich im Hinblick auf die termingebundene Aufgabenstellung der *Revue musicale* in der zuerst ausgeführten *Choralmusik*, da sie der Komponist wohl am ehesten für herauslösbar aus dem sich unversehens ausweitenden Projekt erachtete;

– Im Zuge des sich anschließenden „Weiter-Ausspinnens" muß Strawinsky die Schicht der früher notierten und noch nicht weiter „verplanten" Duett-Skizzen samt anhängender Motivgruppe („. . . all of its motives except those of the final chorale") mit der neuen Schicht „bestimmter musikalischer Gedanken" zusammengeführt und aus beiden jene Formanlage gewonnen haben, wie sie in die „abbreviated score" und die endgültige „full score" eingegangen ist.

Wenn auch die letztgenannte Schicht, zumindest im Skizzenstadium, als die ältere anzusehen ist, so hatte doch die jüngere Schicht „bestimmter musikalischer Gedanken" als erste ein konkretes kompositorisches Ergebnis gezeitigt: die *Choralmusik*. Nach ihrer Plazierung als künftigem Schlußstück mußte das verästelte Formgebilde der *Bläsersinfonien* – wie Schönbergs Kantate – sich zwangsläufig vom Ende her bzw. mit Blick aufs Ende hin entwickeln.

Der Komponist spricht von der „Form einer strengen Zeremonie", vom Litaneicharakter der Zwiegesänge, die als sanft psalmodierende, liturgische Dialoge gehalten seien. Er gebraucht somit ein Vokabular, das insgesamt auf liturgisch-vokale Ritualformen im Sakralbereich verweist, ohne darüber hinaus präzise Analogien, etwa zu bestimmten Teilen des russisch-orthodoxen Kultes, herzustellen.

Ins Bild einer „strengen Zeremonie" passen nicht nur die hauptsächlich der Tempoebene II zugehörigen Holzbläserpsalmodien in reduzierter Besetzung, sondern kaum weniger das planvolle Prozessual des Werkes, das auf der Reihung und Verschachtelung von insgesamt fast vierzig teils extrem kurzen, teils breit entwickelten Einzelabschnitten beruht, die sich ihrerseits als Varianten auf acht Grundmodelle zurückführen lassen (vgl. im folgenden Tafel 2, S. 386).

> Die beigefügte Formübersicht entlehnt Strawinskys Kommentaren die Begriffe *Choral*, *Litanei* und *liturgischer Dialog* und ergänzt sie sinngemäß durch Termini wie *Hymnus*, *Tanz* oder auch *Cauda*. Erwähnung finden mag in diesem Zusammenhang der Einführungstext des Komponisten zur späteren *Psalmensinfonie*, wo vom engen Zusammenhang zwischen Psalmodie und Tanz die Rede ist und die getragenen Eröffnungs- und Schlußteile des dritten Satzes (= Psalm 150) mehrfach als *Hymne* bzw. *hymnisch* charakterisiert werden.

Der Rückgriff auf die zunehmend vertrauten Grundmodelle sichert dem Hörer eine Faßlichkeit etwa im Sinne von Refrainformen. Darüber hinaus resultiert aus den verschieden großen und verschieden gearteten Abweichungen vom Modell wie auch aus der je besonderen Plazierung im Prozessual der Formteile eine zunächst „zweigleisige" Dynamik. Punktuelle Erinnerung (d. h. Vergleich mit dem Erscheinungsbild des Modells bei seinem letzten Vorkommen) und Wahrnehmung des von ständigen Modell-, Instrumentations- und Tempowechseln geprägten Gesamteindruckes verlaufen parallel, vermischen sich jedoch notwendig zu einem „perspektivischen" Erfassen des Werkganzen.

Tafel 2

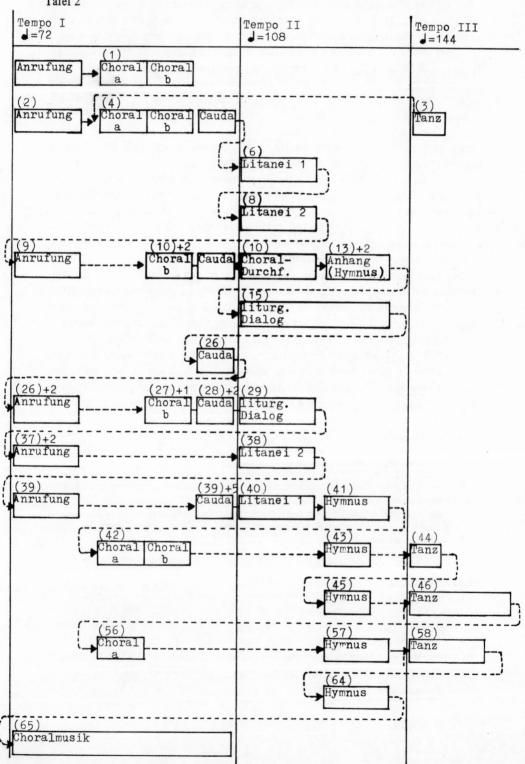

Zunächst dominiert die tiefste der drei mit 72, 108 und 144 metronomisierten, somit im Verhältnis 2:3:4 gewählten Tempoebenen. Trotz ihres gemeinsamen Tempos stehen die Eröffnungsteile *Anrufung* und (1) *Choral* im Hinblick auf Rhythmus, Taktart, Binnentaktplazierung, Harmonik, Register und Instrumentation in betontem Kontrast[17]. Als Zeileneinheit, näherungsweise geformt im Sinne von Vorder- und Nachsatz, lassen sie sich dank nachfolgender bestätigender Wiederholung begreifen, die allerdings bereits Modifikationen aufweist: Der Eingangstakt der *Anrufung* (2) verkürzt sich, stattdessen ist zum Ausgleich, vom selben Quintklang ausgehend, bei (3) die dreitaktige Eröffnungsphrase des *Tanzes* antizipiert. (Dank halbierter Notenwerte kommt es hier indirekt zu einer Enklave des Tempo III innerhalb von Tempo II). Ferner greift der *b*-Bogen des *Chorals* weiter aus und führt eine fallende, mit einem Schleifer kenntlich gemachte *Cauda*-Wendung nach sich (vor 6) — hier wie später offensichtlich mit der Aufgabe des Zeilenschließens und der Zäsurbildung vor Verlassen (und auch bei Betreten) der Tempoebene betraut (vgl. die *Cauda*-Nahtstellen vor (11), bei (26), vor (29) und (40)).

Zu weiteren analogen Zeilenbildungen kommt es, jeweils nach längeren Einschüben bei (9) und nach (26). Auch hier wieder wurden „interne", wenn auch noch nicht formal sich auswirkende Änderungen vorgenommen. Bedingt durch die vorausgehenden Schlußbildungen sinken die *Anrufungen* um einen Halbton (9) bzw. eine kleine Terz ab (nach 26), während die *Choral b*-Fortsetzungen um je einen Halbton steigen (nach 10) bzw. sinken (nach 27), somit ihre Eigenständigkeit im Vordersatz-Nachsatz-Verbund betonen. Die eine *Anrufung* (9) elidiert ihren zweiten Takt und überlappt sich mit einer Wiederholung insistierenden Charakters — wiederum ohne zweiten Takt. Zäsurlos fügt sich, ohne ein akkordisches Einschwingen durch Choralelement *a*, sofort die Choralwendung *b* an, die in der anschließenden *Choraldurchführung* als Baßostinato der Posaunen figurieren wird (11 bis 13). Die andere Anrufung (nach 26) kehrt zwar zum Umfang des Ausgangsmodells zurück, doch setzt e′ „verfrüht" ein und verändert somit die rhythmische Physiognomie dieses Signalmotivs. Zum anderen weist die wiederum alleinstehende *b*-Wendung erstmals eine tiefertransportierte zweitaktige Abspaltung auf (28), die im Verein mit ihrer *Cauda* zum nachfolgenden *Liturgischen Dialog* eher harmonische Distanz schafft als Brücken schlägt.

Die Tatsache, daß nach (37) und bei (39) zwei nochmalige *Anrufungen* erfolgen — erstere verkürzt, letztere in regulärer Ausdehnung, hat bereits früh auf rondoartigen Formzuschnitt schließen lassen, dem allerdings nur die wenigen *Anrufungs*-

---

17 Es ist ohne weiteres ersichtlich, daß die Konzeption dieses Tempogefüges erst die Besonderheit des Formgefüges ermöglicht. Die Plazierung als Finalstück des Formgefüges machte auch das verlangsamte Zeitmaß der *Choralmusik*, folglich aller ihr zustrebenden *Choral*-Elemente notwendig (Fassung der *Revue musicale*: ♩ = 100, später: ♩ = 72). Immer wieder läßt sich erkennen, in welch hohem Maße sich bei Strawinsky Tempofrage und thematischer Inhalt bedingen, so etwa auch im Planungsstadium der *Psalmensinfonie*: „I was much concerned, in setting the Psalm verses, with problems of tempo. To me, the relation of tempo and meaning is a primary question of musical order, and until I am certain that I have found the right tempo, I cannot compose" (*Theme and Conclusion*, S. 44 f.).

Takte als Refrainelement zugrundelägen[18]. Richtiger scheint, die formale Bedeutung der *Anrufung* am Verhältnis zu den beiden *Choral*-Elementen zu bemessen, mit denen sie zu Beginn satzartig aufgestellt wurde. Nicht nur „interne" Modifikationen lassen sich dann erkennen, sondern auch die zunehmende Auflösung des Vordersatz-Nachsatz-Verbundes, sowie auch das Verstummen der *Anrufungen* lange vor Ende des Werkes.

Beachtung verdient in diesem Zusammenhang nochmals Strawinskys spätere Anmerkung[19]:

> „The music was finished in abbreviated score form by July 2 (though not in full score until November 30, in Garches), but a few days later I added two adumbrative bits of chorale to the body of the piece."

Jene zwei nur „flüchtig andeutenden" Choral-„Happen" dürften mit großer Wahrscheinlichkeit die bei (42) und (56) interpolierten Dreitaktgruppen sein, da allein sie relativ isoliert, d. h. losgelöst vom bisherigen Vorspann der *Anrufungen* plaziert sind. Dafür spricht weiter, daß sie es sind, die nach längerer Absenz wieder das *a*-Element des *Chorals* in den Blickpunkt rücken, und zwar bereits in jener formelhaften Rhythmusgestalt mit erstmaligem Sekundwechsel $d'' - c'' - d''$, die in der abschließenden *Choralmusik* dominieren wird. Rufen wir uns erneut ins Gedächtnis zurück, daß die *Choralmusik* als erster Abschnitt seine definitive Gestalt gefunden (20. Juli 1920) und daß Strawinsky im Hinblick auf sie als Schlußstück jene „earliest notations" des Juli 1919 bis zum Stadium einer „abbreviated score" weiterentwickelt hatte (2. Juli 1920). Offenbar führte also die kritische Durchsicht der jetzt zusammengefügten Teile zur nachträglichen Erkenntnis („a few days later"), die finale *Choralmusik* trete nach Auflösung der fest gefügten *Anrufung*-*Choral*-Zeilen (ab 29) samt frühzeitiger Ausschaltung der *Choral*-Elemente (*a* letztmals bei 4, *b* nach 27) zu unvermittelt ein. Abhilfe sollten nun jene überbrückenden Einsprengsel bei (42) und (56) schaffen.

Das erste der beiden Bruchstücke befindet sich zusammen mit einer größeren Zahl ebenfalls auffällig kurzer Nachbarabschnitte in einem formalen Bezirk, wo die Zeremonie der *Bläsersinfonien* eine bedeutsame Wendung nimmt. Bisher hatten sich die formal betont stabilen *Anrufungs-Choral-(Cauda-)*Zeilen der Tempoebene I zu den Einschaltungen der Tempoebene II näherungsweise so verhalten wie die Ritornelle des barocken Instrumentalkonzerts zu ihren Episoden. (Unberücksichtigt bleibt bei diesem Vergleich freilich der Umstand, daß Strawinskys Episoden im „russischen" Stil auf einem eng begrenzten Formelvorrat insistieren und daher nahezu entwicklungslos in sich kreisen). Die Ausgewogenheit dieser Formanlage war eher noch unterstrichen worden durch eine grob symmetrische Plazierung der Episodenteile:

---

18 J. Handschin (*Igor Strawinski*, Zürich & Leipzig 1933 = 121. Neujahrsblatt der Allgemeinen Musikgesellschaft in Zürich, S. 24) zitiert I. Glebovs/B. Asafievs frühe Arbeit (*Kniga o Stravinskom*, Leningrad 1929), die im Hinblick auf die *Bläsersinfonien* von einer „rondomäßigen Disposition des Materials mit zyklischer Wiederkehr der ‚Vertikalen' des Grundmottos" spricht.

19 *Themes and Conclusions*, a.a.O., S. 39.

– Die beiden ungleich langen, doch fast inhaltsgleichen *Liturgischen Dialoge* (Fassung 1920: Altflöte + Altklarinette, Fassung 1947: Flöte + Klarinette 2, jeweils mit Interventionen der Klarinette 1 bzw. der Flöten + Oboen) stehen zentral, umgeben von den symmetrisch angeordneten *Litaneien* (Fassung 1920: C-Flöte bzw. Altflöte + Flötengruppe, Fassung 1947: C-Flöte bzw. Fagott + Flötengruppe). Durchbrochen wird die Symmetrie durch eine Art *Choraldurchführung* mit Anhang (ab 11), nach Art eines Exkurses ausgelöst durch Choralelement *b* (nach 10).

Als Gegengewichte zu den ausbleibenden Anrufungen, eher noch deutbar als deren Auslösungen auf höherer ritueller Stufe, setzen die Abschnittsfolgen der jeweils nur kurzgefaßten *Hymnen*-Einblendungen und der desto breiter ausgeführten *Tanz*-Episoden ein:

– Die zwischen Pedaltönen in Diskant und Baß verlaufende Pendelbewegung der hymnischen Abschnitte, erstmals bei (14) in den Oboen ausgeprägt, leitet sich aus den Motiven der rasch aufsteigenden Achtelfiguren der *Choraldurchführung* ab, die sich ihrerseits als Diminutionen der im Baßregister sich wiederholenden *Choral b*-Formeln verstehen lassen:

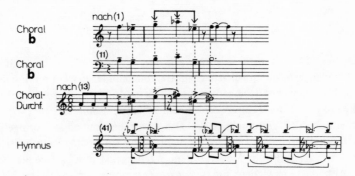

Kennzeichnend ist für ihre orgelähnliche Klangerscheinung das Plenum der Holzbläserstimmen, abgerundet durch Hörner und Tuba[20].

– Das Grundmodell der beiden umfänglichen *Tanz*-Abschnitte (ab 46 bzw. 58), aus denen durch fortwährende Umbildung (Abspaltung, Dehnung, melodische Neubesetzung des Rhythmus, kontrastbetonte Instrumentations- und Lautstärkewechsel) neue Zeilenreihen bei gleichbleibendem Grundaffekt gewonnen werden (Fassung 1920: „très mordant"), war bereits anläßlich seiner frühen Antizipation vor (3) fast fertig ausgebildet. Nach langem Pausieren genügt bei (44) ein dreitaktiges Bruchstück zur neuerlichen Vergegenwärtig (s. Beispiel auf S. 390).

Die Engzeiligkeit und Kurzatmigkeit beider *Tanz*-Sektionen, die den Hörer trotz seiner Vertrautheit mit dem Modell stets im unklaren über die jeweils anstehende Variante beläßt, ermöglicht die Ausbildung des äußeren Höhepunktes des Zeremo-

---

20 Dieser Klanggebung entspricht auch die bei (43) für Fagotte und Hörner gegebene Anweisung des Partiturmanuskripts „très égal de sonorité", die keinen Eingang in die Ausgaben gefunden hat.

niells: bei (54) sammeln sich zum einzigen Mal alle 24 Bläser in drei ekstatisch stampfenden, wie durch scharfe Schnitte voneinander getrennten Fortissimo-Tutti-zeilen. Nachdem jene Übergangszone kurzer und heterogener Abschnitte nach (39) häufige und abrupte Tempowechsel bedingt hatte, dominieren ab (46) erstmalig die Geschehnisse der Tempoebene III. Das zuvor bestimmende Formgefüge aus bei-behaltenen Refrains und wechselnden Episoden ist, bedingt durch Strawinskys ge-zielte Umplazierung der Modelle, dem Wechselspiel ungleich langer *Hymnus*- und *Tanz*-Abschnitte gewichen: die imaginäre Zeremonie der wortlosen *Bläsersinfonien* durchläuft ihre Klimax.

Umso nachhaltiger muß sich beim Eintreten der *Choralmusik* (65) das definitive Absenken auf Tempoebene I und damit die Rückkehr zum Zeitmaß des Beginns auswirken. Mit dem Kontrast der Tempi, der Dynamik und des Kolorits verbindet sich der Kontrast des Motivisch-Thematischen. In gebündeltem Zusammenwirken eröffnen sie dem Choralkondukt jenen geschützten Wirkungsraum, den sich der isolierte, ohne Vorgeschichte zu intonierende Choralsatz des Debussy-Gedächtnis-heftes niemals erschließen konnte.

IV. „. . . a ‚grand chant‘, an objective cry of wind instruments“

Weiter oben war die irreguläre, somit frei anmutende Abfolge von Längen und Kürzen im gemessenen Schreiten der *Choralmusik* als sprachähnlich beschrieben worden. Ausschließlich in den Bereich des Sprachlich-Vokalen deutet auch Strawin-skys Vokabular, das die einzelnen Aktionen und Interaktionen dieser imaginären Zeremonie vergegenwärtigen will:

„The *Symphonies d'Instruments à Vent* was designed as a *grand chant*, an objective cry of wind instruments, in place of the warm human tone of the violons."[21]

Ins Gewicht fällt bei dieser Aussage einmal das Paradoxon eines „objektiven Aufschreis", zum andern die Herstellung eines Bezuges zum Klangmedium *Bläser* und damit zu anderen Bläserpartituren bzw. vom Bläserklang maßgeblich mitgeprägten Kompositionen Strawinskys, also etwa zu einigen Liederzyklen, zu *Oktett, Concerto, Psalmensinfonie, Sinfonie in C, Messe* oder *Ebony Concerto*[22].

Nun ist durch die Arbeiten R. Crafts, H. Lindlars und vor allem Cl. Gottwalds überzeugend nachgewiesen worden, daß jenes kurze, der frühen Kantate *Swesdoliki*[23] als Überschrift vorangestellte Chormotto, im folgenden belegt mit mehreren Textformen der Gottesanrufung, für Strawinsky die Bedeutung eines musikalischen „Archetypus" angenommen hatte und von ihm in diesem Sinne sehr bewußt eingesetzt wurde[24]. Auch *Choral*-Element *b* greift dieses archetypische Motiv auf und weitet es zur bekannten doppelschlagartigen Melodiewendung aus, deren fünfmaliges Vorkommen vor Eintritt der ebenfalls motivhaltigen *Choralmusik* sich im Formgefüge der *Bläsersinfonien* wie eine zielgerichtete Längsachse ausnimmt[25]:

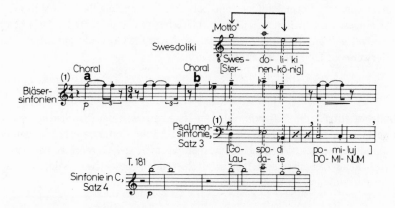

21 Auszug aus einem Interview, abgedruckt in der *New York Times* vom 6. Januar 1925; zitiert im CBS-Plattentext, vgl. Anm. 16.

22 Bezüglich des Klangkörpers der *Psalmensinfonie* argumentierte Strawinsky:
   „I thought, for a moment, to the organ, but I dislike the organ's *legato sostenuto* and its blur of octaves, as well as the fact that the monster never breathes. The breathing of wind instruments is one of their primary attractions for me" (*Themes and Conclusions*, a.a.O., S. 46).

23 *Swesdoliki* („Der Sterngesichtige"), Kantate für Männerchor und Orchester nach dem gleichnamigen Gedicht von K. Balmont, C. Debussy gewidmet (1911–12, während einer Unterbrechung der Arbeit am *Sacre*).

24 Vgl. R. Craft, *Deux pièces pour Debussy* bzw. *Zwei Widmungen an Debussy*, a.a.O.; Cl. Gottwald, *‚Swesdoliki' und die musikalische Archetypik*, Melos XXXVIII, 1971, S. 360–364; H. Lindlar, *Igor Strawinskys sakraler Gesang. Geist und Form der christ-kultischen Kompositionen*, Regensburg 1957, S. 35 f.

25 „Gospodi pomiluj" – „Herr, erbarme dich": kirchenslawischer Kyrieruf, von Strawinsky ursprünglich statt des „Laudate DOMINUM" unterlegt (Vgl. *Themes and Conclusions*, a.a.O., S. 46).

Zwar „spricht" dieses im Zusammenhang mit Debussys Tod auf Christus verweisende Motiv nur zu dem Hörer auf eindeutige Weise, dem es aus *Swesdoliki* bzw. der *Psalmensinfonie* vertraut ist. Doch auch für den Uneingeweihten signalisiert der Choralanklang im Habitus der Blechblasinstrumente ohne Zweifel die Sphäre des Sakralen. Begreiflich wird jetzt auch, daß Strawinsky Ende 1945 das Bedürfnis verspürt hatte, die *Choralmusik* mit Blick auf die Bläserbesetzung der *Psalmensinfonie* umzuschreiben (vgl. Anm. 10), um so die instrumentale „Sprachlosigkeit" der einen mit Hilfe der *Laudate DOMINUM*-Rufe der „sprachbegabten" anderen Komposition in gemeinsamen Aufführungen aufzuheben.

Er habe gehofft, die Musik der *Bläsersinfonien* „werde einige bewegen, die aus rein musikalischen Gründen zuhören und nicht den Wunsch haben, ein sentimentales Bedürfnis zu befriedigen" (*Erinnerungen*, S. 123). Ein unsentimental-objektiver Aufschrei, eine in strenge zeremonielle Bahnen gelenkte Trauermusik sollte hörbar werden. Ähnliches auch bei der Planung der *Psalmensinfonie*: Strawinskys dringliches Bestreben angesichts der Wahl des wohlbekannten Psalmes 150 in Satz III ging dahin, „to counter the many composers who had abused these magisterial verses for their own lyrico-sentimental ‚feelings' . . . I knew that I would have to treat it in an imperative way"[26]. Formal bildete ein „objektiv" streng gearbeitetes sinfonisches Allegro, eingespannt zwischen langsame, bläserbetonte Rahmenteile, die Antwort.

Le Sacre du Printemps und *Swesdoliki*, so hatte Cl. Gottwald gefordert, wären sinnvollerweise als Doppelwerk aufzuführen[27]:

> „Die derwischhafte Ekstase, die archetypische Explosion des ‚Sacre' sollten am ritualisierten Archetypus Christus, wie ‚Swesdoliki' ihn umschließt, zunichte werden."

Ähnliches gilt für die *Bläsersinfonien* in Nachbarschaft der *Psalmensinfonie*. Das exakt vermessene Trauerzeremoniell des einen und die domestizierte Psalmenhymnik des andern Werkes stellen sich nicht mehr als affektive Gegensätze dar, sondern als angeglichene Zeugnisse derselben schutzbietenden ‚objektiven' Sakralhaltung — nicht zur Befriedigung sentimentaler Bedürfnisse!

---

26 *Themes and Conclusions*, a.a.O., S. 44.
27 Cl. Gottwald, a.a.O., S. 364.

Folklore und Komposition
Einige Anmerkungen zu Béla Bartóks „Improvisations sur
des chansons paysannes hongroises" op. 20*

von
PETER ANDRASCHKE

Kompositionen, die sich auf Folklore gründen, sind zu allen Zeiten der Kompositionsgeschichte zahlreich. In der ersten Hälfte des 20. Jahrhunderts versucht Béla
Bartók mit seiner Orientierung, vor allem an ost- und südosteuropäischer Volksmusik zu einer über das Nationale hinausreichenden Neuen Musik zu finden. Er geht
hierbei einen gegenüber den Komponisten der zweiten Wiener Schule – von denen
er übrigens geachtet wurde – alternativen Weg einer zeitgenössischen Musik, die
tonal bleibt.

> „Unsere Volksmusik ist selbstverständlich ausschließlich tonal, wenn auch nicht im Sinne
> der reinen dur- und moll-Tonalität. . . Da unsere schöpferische Arbeit auf einer solchen
> Basis ruht, sind natürlicherweise auch unsere Werke ausgesprochen tonalen Charakters"[1].

Für das Verständnis von Bartóks Kompositionsart ist es wichtig, daß Bartók
zugleich ein intensiver und renommierter Ethnomusikologe war, dessen wissenschaft-
liches Werk seinem musikalischen gleichberechtigt ist. Er kannte daher die Volksmusik, auf die er sich bezog, in ihrem authentischen Klang und wußte um strukturelle Nuancen und Zusammenhänge, sowie soziologische und kulturelle Hintergründe, die ansonsten Komponisten verborgen bleiben. In einem Budapester Vortrag aus
dem Jahre 1931 formulierte er[2]:

> „. . .ich bin überzeugt, daß es nicht genügt, sich lediglich mit der in den Museen aufbe-
> wahrten Bauernmusik zu befassen. Denn das Wesentliche ist, ihren mit Worten nicht
> ausdrückbaren inneren Charakter auf unsere Kunstmusik zu übertragen und letztere ganz
> mit dieser Atmosphäre auszufüllen. Es genügt nicht, lediglich Motive der Bauernmusik
> oder Nachahmungen solcher Motive der Kunstmusik einzuverleiben – das würde nur
> einen äußerlichen Aufputz bedeuten".

* Die Möglichkeit, im Bartók-Archiv und in anderen Abteilungen der Akademie der Wissenschaften in Budapest zu arbeiten, wurde durch den DAAD ermöglicht. Der Verfasser dankt
besonders Herrn László Somfai und seinen Mitarbeitern, ferner der Dolmetscherin Frau Olga
Fülei-Szántó und Herrn Péter Ullmann.
1 B. Bartók, *Ungarische Volksmusik und neue ungarische Musik*, in: B. Bartók, *Weg und
Werk. Schriften und Briefe*, hg. von B. Szabolsci (= dtv. Wissenschaftliche Reihe 4085),
Kassel etc. u. München 1972, S. 163.
2 B. Bartók, *Vom Einfluß der Bauernmusik auf die Musik unserer Zeit*, in: B. Bartók, *Weg und
Werk*, a.a.O., S. 168 f.

Bartók unterscheidet verschiedene Arten des Einbeziehens von Folklore in Kompositionen. Bei den Volksliedbearbeitungen sind entweder die Bauernmelodien die Hauptsache und werden in einen kompositorischen Rahmen von sekundärer Bedeutung eingefügt; oder umgekehrt „spielt die Bauernmelodie nur die Rolle des Mottos, und was darum und darunter gesetzt wird, ist die Hauptsache"[3]. Zwischen diesen beiden Grundtypen der kompositorischen Darstellung gibt es einen weiten übergangslosen Zwischenbereich; die *Improvisations* gehören stärker der zweiten Art zu.

> „Immer ist es aber sehr wichtig, daß das Musikgewand, in welches wir die Melodie kleiden, sich vom Charakter der Melodie, von den in der Melodie offen oder verhüllt enthaltenen musikalischen Eigentümlichkeiten ableiten läßt, bzw. daß die Melodie und alles Hinzugefügte den Eindruck einer untrennbaren Einheit erwecken"[4].

Ebenso ist es aber möglich, Themen in der Art von originaler Folklore zu erfinden und in der beschriebenen Weise zugrunde zu legen. In Bartóks *Vierundzwanzig Duos* für zwei Violinen (Sz 98, 1931) beispielsweise sind Volksmelodie und Imitation nicht voneinander zu unterscheiden. Des weiteren kann sich der Komponist Ausdruck, Haltung und Gestus von Folklore in einer Weise zu eigen machen, daß

> „seiner Musik . . . dieselbe Atmosphäre entströmt wie der Bauernmusik. In diesem Falle kann gesagt werden, daß der Komponist die Musiksprache der Bauern erlernt hat und sie so vollkommen beherrscht wie ein Dichter seine Muttersprache"[5].

Volksliedkompositionen stehen bei Bartók zeitlebens im Zentrum des Schaffens und sind keineswegs als peripher oder zweitrangig zu werten, wie dies oft bei anderen Komponisten der Fall ist. Das belegen die Kompositionen Bartóks selbst, zudem zahlreiche seiner schriftlichen Äußerungen. Zu letzteren gehört auch der Briefwechsel mit der STAGMA („Staatlich genehmigte Gesellschaft zur Verwertung musikalischer Aufführungsrechte") mit Sitz in Berlin, der Vorläuferin der heutigen GEMA, in dem Bartók Kompositionen und Volksliedbearbeitungen als gleichberechtigt und künstlerisch gleichgewichtig verteidigt[6].

Bartóks Begriff von Originalität ist somit sehr verschieden von dem des Schönbergkreises. Seine künstlerische Inspiration entzündet sich gerne an vorgegebenem Ausgangsmaterial aus dem Folklorebereich, und seine eigentliche kompositorische Arbeit sieht er in der individuellen Auseinandersetzung mit diesen bislang von kompositorischen Prozessen unbelasteten Vorlagen. Schönbergs Auffassung von Komposition als entwickelnde Variation impliziert dagegen die eigenschöpferische Findung der kompositorischen Grundidee (etwas, „das noch nicht gesagt worden ist"), aus nur der heraus dann das Werk als große Form zwingend entfaltet werden kann[7].

---

3 Ebenda S. 169.
4 Ebenda S. 170.
5 Ebenda S. 173.
6 Die Dokumente sind ediert und kommentiert bei L. Somfai, *Eine Erklärung Bartóks aus dem Jahre 1938*, in: *Documenta Bartókiana* IV, Budapest 1970, S. 148–164.
7 Vgl. hierzu insbesondere Schönbergs Aufsatz *Symphonien aus Volksliedern*, in: Arnold Schönberg, *Stil und Gedanke. Aufsätze zur Musik*, hg. von Ivan Vojtech (= Arnold Schönberg, Gesammelte Schriften I), Frankfurt/M. 1976, S. 134–139.

Im folgenden soll neben der Entstehungsgeschichte der *Improvisations* und der Zyklusbildung vor allem die Darstellung von Folklore in der Komposition im Vordergrund stehen, wobei die Entwicklung von der Volksmelodie über die verschiedenen Stufen ihrer Transkription und Überlieferung bis hin zum Thema der Komposition an ausgewählten Beispielen untersucht wird. Auf eine detaillierte Untersuchung der Kompositionsstruktur muß aus Gründen des Umfanges verzichtet werden.

1. Kompositionsgeschichte

Die *Improvisations sur des chansons paysannes hongroises (Improvisationen über ungarische Bauernlieder für Klavier)* op. 20 (Sz 74) sind 1920 (so die Datierung im Autograph), vermutlich gegen Jahresende, in Budapest entstanden. Sie stehen in der Umgebung so gewichtiger Werke wie der einaktigen Pantomime *Der wunderbare Mandarin* op. 19 (Sz 73, 1918/19) und der beiden Sonaten für Violine und Klavier (Sz 75, 1921; Sz 76, 1922). Zunächst ist die spätere Nr. VII fertiggestellt worden. Sie erschien ohne Titel in der zweiten Sondernummer des Jahrgangs 1920 *Tombeau de Claude Debussy* der französischen Musikzeitschrift *La Revue Musicale*[8] mit einem Copyright 1920 der Universal Edition in Wien, wo der Zyklus dann 1922 vollständig ediert wurde.

In dieser Beilage sind insgesamt zehn Kompositionen versammelt, „écrites à l'intention et dédiés à la mémoire de Debussy", neben Bartók Musik von Paul Dukas, Albert Roussel, G. Francesco Malipiero, Eugène Goossens, Florent Schmitt, Igor Strawinsky (der Schluß der insgesamt Debussy gewidmeten *Symphonies pour instruments à vent* im Klavierauszug), Maurice Ravel, Manuel de Falla (*Homenaja* für Gitarre), in der aus Debussys *La Soirée dans Granada* aus den *Les Estampes* zitiert wird und Eric Satie. Von daher hat die Nr. VII die Anmerkung „à la mémoire de Claude Debussy". Mit dem darauf bezogenen Titel „En hommage de Debussy" wurde sie am 27.2.1921 als Einzelstück in Budapest uraufgeführt. In ihr finden sich jedoch keine aus dem Rahmen der *Improvisations* besonders herausfallenden Bezüge zu Debussy. Bartók war in seiner Kompositionsart, weitgehend selbständig, zu ähnlichen Ergebnissen gekommen[9], und so sind die Kompositionen seit etwa 1905 in manchen Klangstrukturen den impressionistischen Klangbildern des Franzosen verbunden; andere der *Improvisations* zeigen dies eher stärker als gerade die VII.

In der ungarischen Literatur findet sich zuweilen der Hinweis, daß eine engere Bindung der VII. Improvisation an Debussys *Berceuse heroïque pour rendre hommage à S. M. Albert de Belgique et à ses soldats* bestehe. Debussy hat dieses wenig profilierte Klavierstück unter dem Eindruck der deutschen Besetzung Belgiens im Jahre 1914 komponiert; er zitiert darin auch die von François van Campenhout 1830 komponierte belgische Nationalhymne *La Brabançonne.* Es wurde nun vermu-

---

8 *La Revue Musicale* I, 1920, *Supplément* Nr. 2 (Dezember), S. 12 f.

9 Vgl. B. Bartók, *Ungarische Volksmusik und neue ungarische Musik*, in: B. Bartók, *Musiksprache. Aufsätze und Vorträge*, Leipzig 1972, S. 190–196.

tet, daß Bartók aus einer vergleichbaren Stimmung heraus nach Ende des ersten Weltkrieges an dieses Debussystück angeknüpft hätte. Ein Vergleich der Kompositionsart zwischen beiden macht dies wenig wahrscheinlich. Die Improvisation Nr. VII scheint mit ihrem gehaltenen Vortrag (sostenuto und espressivo) eher aus einem Gefühl der Trauer, in Erinnerung an Debussy komponiert, ein wahres Tombeau für diesen Komponisten, dessen Werke im beständigen Repertoire des Konzertpianisten Bartók waren[10].

Auch ein Vorabdruck der Nr. IV erschien in *La Revue Musicale* I, 1920/21, *Supplément musicaux* zu Heft Nr. 5. Unter dem Titel *Musique Hongroise. Deux pièces inédites pour le piano par Béla Bartók et Zoltán Kodály* war es mit Erlaubnis der Wiener Universal Edition zusammen mit dem fünften der *Sieben Klavierstücke* op. 11 von Kodály abgedruckt. Bartóks Komposition hat hier die Überschrift *Sur une chanson paysanne Hongroise.* Ein Vergleich mit dem Notentext der späteren UE-Ausgabe zeigt, anders als der Vorabdruck von Nr. VII einige wesentliche Unterschiede und belegt damit, daß Bartók bis zur endgültigen Drucklegung noch daran gearbeitet hat.

1. Es fehlen noch die Metronomangaben (T. 1, T. 17).
2. Zwei crescendo-Zeichen erscheinen in der späteren Edition nicht (T. 10, T. 19–21); das crescendo, das zum ersten Höhepunkt des Stückes, dem Fünfklang im Takt 11 im mf hinführt – er ist auch Schlußklang des Stückes – wirkt in der französischen Erstausgabe überzeugend, die Dynamik wird in Takt 11 durch ein entsprechendes decrescendo zum ursprünglichen mp zurückgenommen; möglicherweise ist dieses crescendo bei Neudruck versehentlich ausgelassen worden.
3. Das sf im Takt 33 ist zu Akzenten in beiden Händen verändert worden, was eine Verringerung der Anschlagstärke bedeutet.
4. Die erste Zweiunddreißigstelnote des Auftaktes zum Takt 40 hatte ursprünglich einen starken Akzent.
5. Da die Volksliedbearbeitung in der *Revue Musicale* als Einzelstück ediert ist, fehlt selbstverständlich die spätere attacca-Vorzeichnung. Auffallend ist, daß aber Bartók den burlesken Abschluß des Stückes in einem Leertakt ausklingen läßt.

Als Emma Kodály, die Frau des Komponistenfreundes Zoltán Kodály (im Herbst?)1920 das noch unvollständige Manuskript kopierte, bestand es aus fünf Stücken in der Anordnung der späteren Nummern I, V, II, VIII, IV; sie zeigen ein wichtiges Stadium des Ausarbeitungsprozesses.

Allein die spätere Nr. II ist in ihrem Schlußteil hier noch weit von ihrer endgültigen Gestalt entfernt. Die Veränderungen betreffen vor allem die Takte 26–41. In der ursprünglichen Fassung setzt Bartók hier mit einer Themendarstellung von c″ aus beginnend ein und schließt nach neun Takten mit einer letzten Themendarstellung, wiederum in C, die bis zum Schluß mit geringen Abweichungen den späteren

---

10 Vgl. die Auflistung bei János Demény, *Zeitgenössische Musik in Bartóks Konzertrepertoire*, in: *Documenta Bartókiana*, N. F., Heft 5, Mainz 1977, S. 169–176.

Takten 42–54 entspricht. Die endgültige Version ist demnach kompositorisch reicher, sie ist auch länger. Das Zwischenspiel Takt 26–29, das den Themeneinsatz in der neuen Tonart As einleitet, fehlt in der Vorstufe ebenso wie das der Takte 38–41, in dem ein „con sentimento" vorzutragender, gedehnter Scheineinsatz (T. 40 f.) zur abschließenden Themenbearbeitung hinführt.

Ansonsten entspricht der Notentext der *Improvisations* in der Abschrift von Emma Kodály mit geringen Unterschieden der endgültigen Version. Es fehlen jedoch bis auf wenige Ausnahmen noch Vortragsanweisungen, Artikulation, Dynamik und Pedalvorzeichnungen. Diese eigentliche Schicht des Vortrags ist bei Bartók demnach eine Sache der Ausarbeitung, also eine spätere Arbeitsstufe im Kompositionsprozeß.

Der Titel von op. 20 ist eine späte Findung. Bei der Uraufführung am 18.1.1922 im Budapester „Vigadó" – Bartók spielte selbst – hießen sie noch sehr allgemein *Acht Klavierstücke über ungarische Volkslieder*[11]. Erst für die Drucklegung erhielten sie den Titel *Improvisations sur des chansons paysannes hongroises*; er ist französisch und nicht deutsch, vielleicht wegen der besonderen Situation nach dem 1. Weltkrieg, vielleicht auch deshalb, weil das ursprünglich als erstes komponierte und veröffentlichte Stück als hommage à Debussy einen Bezug zur französischen Musiktradition hat. Mit der Bezeichnung „chansons paysannes" formulierte Bartók seine Auffassung von original ungarischer Folklore, die für ihn das Bauernlied war und nicht die neuere und für ihn folkloristische städtische Musik der Zigeunerkapellen.

Die Improvisationen Nr. II und VIII erschienen 1921 in einem *Grotesken-Album* der Universal Edition (UE Nr. 6567), das des weiteren Klavierkompositionen u. a. von Alois Hába (*Zwei groteske Stücke*), Ernst Křenek (*Tanzstudie*), Felix Petyrek (u. a. *Wurstelprater*) und Egon Wellesz (*Burleske* op. 11, Nr. 3) enthält. Der Herausgeber Carl Seelig hatte hier unter dem Oberbegriff des „Grotesken" Kompositionen versammelt, die „häufig nicht mehr tonal, sondern nach neu erfundenen Gesetzen" erarbeitet sind.

> „Das Groteske in der Kunst entsteht durch die gewaltsame Beleuchtung charakteristischer Linien eines Vorwurfs, welche zumeist durch verblüffende Gegensätze bis zur Übertreibung gesteigert wirken und dadurch das künstlerische Ebenmaß launig verzerren. Musikalisch kann das Groteske im kompositionellen Gedanken selbst. . . oder in seiner Durchführung liegen. In diesem Fall wird die groteske Wirkung entweder im Thematischen und Melodischen durch Gegenüberstellung gegensätzlicher Einfälle, vielleicht auch durch überraschende Fortführung derselben oder im Harmonischen durch unerwartete Wendungen erzielt, indem eine schlichte melodische Bildung durch komplizierte, farbenreiche Harmonien untermalt oder eine bizarre Phrase durch eine einfache, urwüchsige Begleitung plötzlich ganz selbstverständlich, elementar wird. (Béla Bartók, Igor Strawinsky.)"[12]

11 Als opus war fälschlich 21 angegeben. Zu den verschiedenen Benennungen von op. 20 siehe L. Somfai, *Bartók, Béla: Improvizációk Magyar Parasztdalokra*, Op. 20 (Improvisationen über ungarische Bauernlieder, op. 20), in: *A Het Zeneműve*, hg. von G. Kroó, Budapest 1980, H. 3, S. 94–102. Für die deutsche Übersetzung danke ich Herrn Tibor Istvánffy, Heidelberg.

12 C. Seelig, *Geleitwort* zum *Grotesken-Album*, Wien 1921.

Die burleske Übersteigerung der Folklore ist nicht allein in den beiden abgedruckten Improvisationen komponiert. Doch bedeutet dieser hier als grotesk bezeichnete ausgelassene und übermütige Ton keineswegs etwa eine „Verfremdung
gegen die Welt" und „ein Umschlagen der Form ins Formlose, des Maßvollen ins
Sinnlose bis geradezu Dämonische", begründet darin, daß „der Glaube an eine heile
Welt zerbrochen und . . . die bindungslos gewordene Phantasie über das Mögliche
hinaus in das noch Unfaßbare umschlägt, um die dämonische Zersetzung der Welt zu
beschwören"[13]. Diese besonderen Inhalte, die der Begriff des Grotesken z.B. in der
Literaturwissenschaft als wesentlich mitenthält, scheinen weder von Seelig mitge-
meint, noch treffen sie auf Bartóks *Improvisations* zu, denn gerade der Rückgriff
auf die Bauernmelodien führt der Komposition, nach Auffassung Bartóks, besondere, sich auf alte Traditionen gründende Qualitäten zu, die geradezu als Abkehr und
Abwehr gegen negative Auflösungserscheinungen in der zeitgenössischen Kulturent-
wicklung gewertet werden können.

2. Zyklusgestaltung

Die Kompositionen auf der Grundlage von Volksmusikthemen sind bei Bartók
notwendig kurz und in ihrer formalen Anlage begrenzt, da er das Thema stets als
Einheit darstellt und nur verhältnismäßig knappe Vor-, Zwischen- und Nachspiele
komponiert; das ergibt vor allem Reihungsformen. Dabei muß die Darstellung nicht
unbedingt statisch sein; die Entwicklung liegt oft in der Art der aufeinander folgenden Themendarstellungen[14]. Bei aller Begrenzung formaler Möglichkeiten zeigen die acht *Improvisations* eine Vielfalt der Gestaltung, die überrascht. Im Aufbau,
d. h. der Folge von Themendarstellung und Vor-, Zwischen- und Nachspiel stimmen
lediglich die Nummern II und VIII, IV und VI überein; sie sind dabei jedoch in ihrer
Kompositionsart (Tonartenplan, Themendarstellung etc.) reizvoll verschieden.
Bis etwa 1914 sind die Volksliedbearbeitungen meist kurze Einzelstücke mit
einfachen Formen für verschiedene Besetzungen. Erst mit der *Sonatine für Klavier*
(Sz 55, 1915) und den *Fünfzehn ungarischen Bauernliedern* für Klavier (Sz 71,
1914—1918) versucht Bartók sie zu Zyklen zu fügen. Er orientiert sich hier am
traditionellen Sonatenzyklus und faßt seine Volksliedbearbeitungen zu entsprechen-
den Satztypen zusammen: Langsamer Eröffnungssatz (*Vier alte Weisen*, Nr. 1—4) —
Scherzo (Nr. 5) — Variationensatz (*Ballade (tema con variazioni)*) (Nr. 6) — rasches
Finale (*Alte Tanzweisen*, Nr. 7—15)[15]. Auch nach den *Improvisations* op. 20, die an
diese beiden Klavierzyklen zeitlich anschließen, hat Bartók wiederholt versucht,
Volksmusikkompositionen zu größeren Einheiten zu fügen; in den beiden Rhapso-

13 G. v. Wilpert, Artikel *Groteske*, in: *Sachwörterbuch der Literatur*, Stuttgart ⁶1979, S. 320.
14 Vgl. P. Andraschke, *Folklore und außereuropäische Kunstmusik in Kompositionen der
   Avantgarde im 20. Jahrhundert*, Habilitationsschrift Freiburg i. Br. 1981 (maschr.).
15 Es wäre anhand der Quellenlage zu untersuchen, ob Bartók die *Drei ungarischen Volkslieder*
   für Klavier (Sz 66), die ursprünglich den *Fünfzehn ungarischen Bauernliedern* zugehörten
   (ebenso das *Ungarische Volkslied*, Sz 65) aus Gründen der Zyklusbildung eliminiert hat.

dien für Violine und Orchester (Sz 87 und 89, 1928) geschieht dies in Nachbildung von Folklorezyklen.

Die *Improvisations* op. 20 werden durch attacca-Vorzeichnungen vierfach unterteilt:

I,   II   – III, IV, V – VI – VII, VIII
C   C   D D G   Es   C   C

Diese vier Abteilungen sind noch durch besondere Merkmale zusammengefaßt. Dabei sind der Anfangs- und der Schlußteil durch strukturelle Gemeinsamkeiten aufeinander bezogen. Nr. I und II sowie Nr. VII und VIII stehen in der gleichen Tonart C; diese Satzpaare sind jeweils steigernd, langsam – schnell, angelegt; der Schlußsatz Nr. VIII hat dabei ausgesprochenen Finalcharakter.

Auch die dreisätzige Gruppe Nr. III–V gehört tonal zusammen; es überwiegt die G-Tonalität (D – G – G), wobei Nr. III, das in D steht, im Nachspiel auffallend den Ton G herausstellt und damit einen besonderen Anschluß zum nachfolgenden Stück enthält. Diese drei Improvisationen sind gleichfalls durch ihre Temposteigerung als Einheit gefaßt. Nr. III beginnt „Lento, rubato ($\mathbf{\downarrow}$ = ca. 96)", Nr. IV „Allegretto scherzando ($\mathbf{\downarrow}$ = 108)" und Nr. V „Allegro molto ($\mathbf{\downarrow}$ = 100)", die Nr. VI setzt dann wieder in langsamerem Tempo ein. Nr. III–V haben zudem verwandte Themenanfänge.

Bartók hat, wenn er die *Improvisations* nur auszugsweise vorgetragen hat, diese Gliederungen im Zyklus beachtet. So nahm er am 31.1.1932 in Frankfurt die Nr. IV und V aus der zweiten Gruppe auf[16] und um 1941 spielte er in Amerika Nr. I–II, VI, VII–VIII auf Continental 4007 (Set 102) ein[17].

In der Abschrift von Emma Kodály ist dagegen in der Reihung der Stücke I, V, II, VII, IV kein Zyklusgedanke erkennbar. So werden die Zusammenhänge innerhalb der Dreiergruppe erst durch die später komponierte dritte Improvisation (Wahl des Themas, deutliche Hinwendung des Nachsatzes zur Tonalität des folgenden Stückes) und die neue Aufeinanderfolge der Stücke geschaffen, wodurch z. B. erst der Bezug zwischen dem Synkopentakt im Thema der vierten Improvisation (T. 5 etc.) zum Begleitrhythmus am Anfang der fünften auffällt.

Es ist bezeichnend, daß die Volksmelodien mit einer Ausnahme einer alten Stilschicht zugehören; und auch diese, die Melodie zu Nr. IV, steht „den Melodien alten Stils ... sehr nahe und wurde nur aufgrund ihrer heterometrischen Strophenzeilen in Klasse C (= gemischte Klasse) eingeteilt"[18]. Dieser sogenannte alte Stil war für Bartók auch von besonderer ästhetischer Qualität. Dies mag für ihn das entscheiden-

---

16 Neuveröffentlichung in: *Centenary Edition of Bartók's Records*, Vol. 2: *Bartók Record Archives. Bartók Plays and Talks. 1912–1944*, Hungaroton LPX 12334–A.

17 Neuveröffentlichung in: a.a.O., Vol. 1: *Bartók at the Piano. 1920–1945*, Hungaroton LPX 12333–B.

18 B. Bartók, *Das ungarische Volkslied. Versuch einer Systematisierung der ungarischen Bauernmelodien* (= Ungarische Bibliothek. Erste Reihe, Bd. XI), Berlin und Leipzig 1925, erweiterte Neuausgabe in: B. Bartók, *Ethnomusikologische Schriften. Faksimile Nachdrucke I*, hg. v. D. Dille, Budapest 1965 (im folgenden wird nach der Neuausgabe zitiert), S. 77*.

de Kriterium der Auswahl für seine *Improvisations* gewesen sein. In Bartóks nicht-technischen Beschreibungen des alten Stils dringt zugleich die Sehnsucht nach dem noch weitgehend von Zivilisationsschäden unberührten dörflichen Leben durch.

3. Folklore und Tonalität

Die Tonalität der einzelnen Improvisationen ist in der musikwissenschaftlichen Literatur zum Teil verschieden bestimmt worden[19]. Dies ist zum einen auf die freie Auffassung von Tonalität bei Bartók zurückzuführen, der kein auf das Dur-Moll-System gerichtetes funktions-harmonisches Denken zugrundeliegt, ebenso auf die Eigenart der Folkloretonalität, auf die er sich bezieht. In der osteuropäischen Folklore existiert noch eine Mannigfaltigkeit an Tonarten, anders als in der abendländischen Musik des ausgehenden 19. Jahrhunderts, in der aufgrund der Kompositionsgeschichte und der Theorieentwicklung eine Reduzierung auf Dur- und Molltonarten erfolgt ist. Auch der Einbezug der früheren Kirchentonarten bei der Analyse der Folkloremelodien kann das Spezifische ihrer Tonarten nicht immer fassen. Bei mehrfacher Bedeutungsmöglichkeit ist es zudem wichtig, Bartóks Auffassung, die sich auf ein reiches Studium der Folklore gründet und im Werk ihren Niederschlag gefunden hat, zugrundezulegen.

Eine Eigenart der ungarischen Folklore ist es, daß in bestimmten Musikdialektgebieten einige Intervalle variabel sind. Dies betrifft vor allem die Terz und die Septime, aber auch die Sekunde und die Sexte, die alle zwischen groß und klein wechseln können und zwar innerhalb einer Melodie. Bartók hat dies im Anschluß an Zoltán Kodály in seinem Buch über das ungarische Volkslied beschrieben[20]. Diese Untersuchung ist eine fundamentale Quelle für das Verständnis der *Improvisations*, da Bartók gerade während deren Komposition daran gearbeitet hat und die Erfahrungen dieser Forschungen auch in die Komposition eingegangen sind. Eine weitere Erkenntnis Bartóks ist, daß die Tonleitern der Melodien alten Stils — und bei den Vorlagen zu den *Improvisations* handelt es sich um solche (siehe oben) — ihre Grundlage in der Pentatonik haben und zwar in der folgenden Form der anhemitonisch pentatonischen Skala.

Notenbeispiel 1

Schlußton

---

19 Vgl. besonders die Arbeiten von E. von der Nüll, *Béla Bartók. Ein Beitrag zur Morphologie der neuen Musik*, Halle (Saale) 1930; St. Thyne, *Bartók's ,Improvisations'. An Essay in Technical Analysis*, ML XXXI, 1950, S. 30–45; P. Petersen, *Die Tonalität im Instrumentalschaffen von Béla Bartók* (= Hamburger Beiträge zur Musikwissenschaft VI), Hamburg 1971.
20 B. Bartók, *Das ungarische Volkslied*, a.a.O., S. 36*f.

Die zu einer siebentönigen Leiter ergänzenden Töne der zweiten und sechsten Stufe sind oft nur von ornamentalem Gewicht. Ein Beispiel ist die Melodie der ersten Improvisation. Sie ist pentatonisch (c -- es – f – g – b), die Töne d und a, die sie zu einer dorischen Skala ergänzen, sind Nebennoten. Für die Kompositionsstruktur des Stückes ist aber der pentatonische Charakter entscheidend und nicht eine dorische Tonart. Rein pentatonisch ist die Melodie der sechsten Improvisation (es – ges – as – b – des). Die Melodie des fünften Stückes ist in den ersten beiden Zeilen pentatonisch (g – b – c – d – f), in den beiden nächsten erhält das a', wenn auch nicht auf dem Taktschwerpunkt, Bedeutung, so daß die Melodie hin zu äolisch oder dorisch tendiert, je nachdem, ob man als zu ergänzenden sechsten Ton ein es oder ein e annimmt. Bartók nimmt in seiner Komposition auf diese harmonische Eigenart des Themas deutlich Bezug. Er hält die Tonart in den beiden ersten Darstellungen des Themas (T. 5 ff., 13 ff.) offen, indem er als Begleitung nur die Sekundballung c' – cis' – d' setzt. Erst im weiteren Verlauf werden die Töne es und e in geplantem Wechsel in die Harmonik eingebracht. Beim dritten Erscheinen des Themas (T. 27 ff.) erklingt das es in der Begleitung, am Ende des vierten (T. 35 ff.) das E. In der fünften Darstellung (T. 48 ff.) erscheinen in den vier Melodiezeilen und den sie unterbrechenden Zwischenspielen jeweils es und e in wechselnder Folge, ebenso im Nachspiel (T. 59 ff.).

Auch die Melodie der vierten Improvisation ist pentatonisch (g – h – c – d – f/fis) mit großer Terz und variabler Septime, die Töne a und e sind deutlich sekundär. Zoltán Kodály hat diese Melodie als eine besonders in Westungarn vorkommende Variante der Pentatonik erklärt. Die Tonstruktur g – h – c – d – fis statt g – b – c – d – f ist

> „eine Modifikation, die – offenbar unter dem Einfluß der Durtonleiter – in Transdanubien am häufigsten vorkommt. Die Intonation dieser erhöhten Töne ist nicht immer rein; ja oft sind sie tiefer, oft höher, oft ändern sie sich auch bei demselben Sänger"[21].

Die Melodie von Nr. III besitzt eine ungewöhnliche Tonstruktur mit Halbtonschritten zwischen der dritten und vierten und der fünften und sechsten Stufe: d – e – fis – g – a – b – c – d. Sie mit Hilfe von Kirchentonarten erklären zu wollen, etwa „mixolydisch mit erniedrigter Sexte" würde ihr nicht gerecht. Petersen[22] bestimmt sie als „g – ionisch – Moll", was seine Verlegenheit zeigt und zudem falsch ist, denn Grundton ist sicherlich das d; von der Nüll[23] bezeichnet sie als äolisch, was ebenso unrichtig ist, aber dieser Irrtum mag daher kommen, daß in dem den *Improvisations* vorangestellten Melodienverzeichnis eine falsche Vorzeichnung steht, nämlich b statt es[24]. Lediglich Thyne[25] beurteilt sie richtig, indem er sich darauf beschränkt, ihre Besonderheit festzustellen: ein d-Modus mit c, b und fis.

21 Z. Kodály, *Die ungarische Volksmusik*, Budapest 1956, S. 25 f.
22 Petersen, a.a.O., S. 206.
23 Von der Nüll, a.a.O., S. 65.
24 Dies veranlaßte auch Petersen zu seiner falschen Anmerkung „Die Originalmelodie enthält kein fis. Ihr Modus ist c-hypodorisch" (S. 206, Anm. 23).
25 Thyne, a.a.O., S. 37.

Bartók hat in *Das ungarische Volkslied* mehrere Melodien abgedruckt, die diese eigenständige Tonart besitzen; neben der Vorlage zur dritten Improvisation (Nr. 40) sind es die Nummern 7c, 49, 61, 173, 195, 218b, 226, 240, 252, 276a, 276b, 280 und 304; sie entstammen allen vier Musikdialektgebieten[26], die Bartók für den alten Stil unterschieden hat; diese Tonart ist also keine regionale Besonderheit. Er hat auch Melodien dieser Tonart bearbeitet, z. B. die rumänische Colinde „Colo sus pa după lună" (Sz 57, 2. Heft Nr. 8) und das Violin-Duo Nr. 28 (Sz 98, Nr. 28), das er auch als Nr. 1 der *Petite Suite* für Klavier (Sz 105, Nr. 1) umgearbeitet hat.

Gleich zu Beginn der dritten Improvisation hebt er die besondere Ton-Struktur der Melodie heraus, indem er in der Begleitung die noch fehlenden charakteristischen Töne ergänzt: in dem in sich bewegten Vierklang ist die große Terz fis enthalten, die erst in der zweiten Themenhälfte erscheint, und das cis′ verweist, als große Septime zum gleichzeitigen c″ im Thema, auf die Variabilität dieses Intervalls (beide Septimen enthält z. B. die Nr. 304 in *Das ungarische Volkslied*). Somit sind im Satz des Anfangs zugleich auch Folklorestrukturen einkomponiert. Die vier Töne des Begleitklanges (cis′ – fis′, d′ – g′), der aus zwei Quarten im Sekundabstand besteht, bestimmen das Nachspiel des Stückes und sind zugleich sein Schlußklang.

Die Tonart der Melodie von Nr. II ist mixolydisch mit variabler Sekunde, die von Nr. VII äolisch mit variabler Sekunde[27], Nr. VIII ist reines dorisch.

4. Volkslied und Kompositionsthema

Daß verschiedene Transkriptionen Bartóks von einer einzigen Aufnahme existieren, hat vornehmlich zwei Gründe. Zum einen ist es die didaktische Überlegung, ob und inwieweit es notwendig ist, etwa für die Systematisierung oder für den praktischen Gebrauch (wozu auch die kompositorische Bearbeitung gerechnet werden kann), Volksmusik in all ihrer Differenzierung des freien Vortrages zu transkribieren und ob sich dafür nicht eine weitgehend entkolorisierte Darstellung besser eignet. Es kann beobachtet werden, daß Bartók aus seiner sich beständig entwickelnden wissenschaftlichen Erfahrung im Umgang mit Folklore zunehmend versucht hat, ihr Klangbild möglichst genau und vollständig im Notenbild zu fassen.

Zum anderen ist es die Schwierigkeit, authentische Folklore, d. h. ein akustisches Ereignis, das sich nicht auf Notenschrift gründet, in Notenschrift zu fassen. Vor allem in rascherem Tempo sind Verzierungen von Gerüsttönen, Ton- und Temposchwankungen mit den technischen Mitteln, die Bartók damals zur Verfügung standen (es war eigentlich nur das wiederholte Abspielen in verschiedenen Tempi mög-

---

26 B. Bartók, *Das ungarische Volkslied*, a.a.O., S. 21*.
27 Die Bestimmungen von Petersen („f-hypo-dorisch/äolisch, d neben des") und von v. der Nüll („phrygisch") sind nicht richtig. Thyne dagegen vertritt die beiden möglichen Auffassungen als: dorisch auf f (mit d/des) oder als äolisch auf c und verweist auch darauf, daß die vorherrschende Tonart des Stückes c ist, weswegen die Bestimmung als äolisch wohl der von Bartók entspricht.

lich), nur annähernd im Schriftbild festzuhalten. Besonders auffallend zeigt sich dieses Problem bei den verschiedenen Transkriptionsversuchen Bartóks an den differenzierten Klangbildern rumänischer und bulgarischer Instrumentalmusik; er hat auch darüber berichtet[28]. Aber es existiert ebenso bei den Übertragungen dem gegenüber einfacheren ungarischen Volksliedern. Am Beispiel der Veränderungen zwischen der ersten, oft flüchtigen Notierung einer Melodie in den Skizzenbüchern noch während der Feldforschung bis hin zu den sorgfältigen Verbesserungen und Ergänzungen an bereits in Reinschrift gebrachten Transkriptionen kann man dies gut beobachten.

Von den von Bartók selbst gesammelten beiden Volksliedern soll die Melodie zu Nr. IV im Blick auf ihren Folklorehintergrund dargestellt werden[29]. Bartók ordnet sie in seiner Untersuchung zum ungarischen Volkslied als Nr. 244 in die Abteilung C.III.5 ein, wegen des unregelmäßigen Umfangs ihrer Melodiezeilen. Die Silbenzahl der einzelnen Melodiezeilen vermerkt er auf der Reinschrift der Transkription wie folgt: 7 + 7, 6, 7 + 7, 6. Er notiert demnach insgesamt sechs Melodiezeilen und vermerkt auch deren Schlußtöne; die Wiederholungen von Melodiezeilen, die aber verschiedene Texte haben, kennzeichnet er durch ein Additionszeichen. In der Edition hingegen unterscheidet er nur noch vier Melodiezeilen (siehe die Zeilenschlüsse 7, 5, 3, 1) und faßt die sich wiederholenden zur Einheit (vgl. Notenbeispiel 2A). Dies ist nicht einsichtig, vgl. etwa die Nr. 246, bei der er anders verfährt, indem er die beiden tonidentischen Anfangszeilen gesondert wertet. Eine vierzeilige Gliederung der Volksliedstrophen ist ihm bei seiner Systematik ein vorrangiges Prinzip, wie des öfteren zu beobachten ist.

Das Volkslied zu Nr. IV hat Bartok zugleich mit dem zu Nr. I im April 1907 in Felsöiregh[30] im damaligen Komitat Tolna aufgenommen und mehrfach in verschiedenen Niederschriften ediert. In der von ihm verbesserten Reinschrift (Akademie der Wissenschaften, Budapest, Bartók-System C–II 689a) findet sich eine weitere noch nicht veröffentlichte Transkription (Notenbeispiel 2B) mit der er sich dem Vortrag in besonders differenzierender Weise zu nähern sucht[31].

---

28 Z. B. in dem Aufsatz *Der sogenannte bulgarische Rhythmus*, in: B. Bartók, *Musiksprachen. Aufsätze und Vorträge*, Leipzig 1972, S. 94–105.

29 Zu den Niederschriften der Volksmelodien von Nr. I vgl. P. Andraschke, *Folklore und außereuropäische Kunstmusik in Kompositionen der Avantgarde im 20. Jahrhundert*, a.a.O.

30 Die Aufnahme der Volksliedmelodie zu Nr. I (Phon. Aufn. MF 994a und 997b) und Nr. IV (Phon. Aufn. MF 998c) folgen unmittelbar aufeinander. Ihre erste flüchtige Transkription am Ort der Aufnahme steht im gleichen Arbeitsheft M. IV, das Bartók bei dieser Feldforschung im Frühjahr 1907 benützte. Aus Felsöiregh hat Bartók insgesamt 307 Melodien in seinem Buch über *Das ungarische Volkslied* untersucht; es ist die Ortschaft mit den weitaus meisten Belegen.

31 Die Bindebögen in den Beispielen der Volkslieder fassen jeweils Silbenmelismen zusammen, so auch in den folgenden Notenbeispielen.

Notenbeispiel 2

Sie unterscheidet sich von den früheren durch eine genauere Notierung der Vorschläge, der Verzierungen (T. 2, 4, 8, 10) und des Rhythmus (T. 2, 8, 9). Die
Schwierigkeit, ja geradezu Unmöglichkeit, die Vortragsart in unserer Notation
genau zu fassen, zeigt sich etwa in den verschiedenen gleichzeitigen Phrasierungen
an manchen Stellen (T. 4, 8, 10).

Die zahlreichen ornamentalen Momente, wie sie vor allem die besonders differenzierte letzte Niederschrift zeigt, hat Bartók nicht in die Themenformulierung übernommen; zwar erfolgte diese letzte Transkription erst nach der Komposition, doch
war Bartók der Klangeindruck bekannt. Aber sie sind spürbar enthalten in der
auffallenden, im Verlauf des Stückes variierenden Verzierungsart, die als ein Charakteristikum dieses Themas besonders herausgestellt wird. Dabei ist, was im authentischen Vortrag improvisatorisch lebendig und in seiner Erscheinungsart eher zufällig
war (siehe die sich in der Transkription noch sehr unterscheidenden Vorschläge
und Auftakte), jetzt in der Komposition geregelt, aufeinander bezogen und angeglichen.

Im Vergleich der beiden Themendarstellungen ist eine zunehmende Differenzierung und Steigerung zu beobachten. Das Thema wird zunächst rhythmisch einfach,
aber in einer in den Transkriptionen nicht enthaltenen besonderen instrumentalen
Artikulation vorgetragen. Erst am Ende des vierten Taktes erfolgt eine erste Aus-
schmückung des Auftaktes, dessen Punktierung gegenüber der Vorlage in *Das ungarische Volkslied* und im Melodieverzeichnis zur Komposition verschärft ist; im zweiten Teil des Themas komponiert Bartók dann regelmäßig wiederkehrende Arpeggien
zu den Taktanfängen; im weiteren Verlauf des Stückes kommen als Verzierungen
Pralltriller, Triller und erweiterte Auftaktbildungen hinzu, sie stehen stets in deutlich formaler Beziehung zueinander. Der insgesamt burlesken Steigerung entspricht
neben dieser Darstellung auch eine allmähliche Auflösung des Thematischen, verbunden mit einer Zunahme des Tempos; ein accelerando ist übrigens in den letzten

Verbesserungen Bartóks an der Reinschrift als Eigenart des Vortrags vermerkt, allerdings ist dort das Tempo langsamer als in der lebhaften Komposition. Das Thema wird beim zweiten Mal freier dargestellt: jeweils zu Beginn seiner beiden Themenhälften setzt es wie übermütig in einer neuen Tonart ein, kehrt aber im vierten Takt (T. 20, 27) stets unvermittelt in die Grundtonart zurück. Bei seinem lautstarken Abschluß (T. 28 ff.) werden die letzten Töne klangfarblich zu Quinten verstärkt (vgl. auch die Nr. V, T. 36 ff.). Quintklänge und rasche Figurationen, die an die Begleitung des Anfanges erinnern, bestimmen das Nachspiel. Der Schlußklang, welcher die g-Tonalität des Stückes in besonderer Weise ausprägt, erscheint bereits am Schluß der ersten Themendarstellung (T. 11). Die Töne fis und es sind „Leittöne" zu den gleichzeitig erscheinenden Tönen g und d; eine entsprechende Zusammenfassung von Spannungs- und Zielklang zeigt z. B. auch der Schlußakkord von Nr. III (cis – fis, d – g).

Die impressionistische Klanglichkeit der Begleitfiguren zu Anfang des Stückes könnte ebenfalls als Einwirkung der ornamentalen Vortragsart der Folkloremelodie gesehen werden. Sie steht zudem mit dem Text des Liedes in Beziehung, in dem vom Wind die Rede ist. Er lautet in der Übersetzung von Hedwig Lüdeke[32]:

„Übern Weinberg, übern Berg
mit dem Bruder geht die Maid,
Wind bläst vom Donaustrand. . .
Bläst der Wind vom Donaustrand,
trifft er stets die armen Leut,
Wind bläst vom Donaustrand."

In der Komposition, deren übermütiger Charakter auch durch eine Temposteigerung gegenüber der Folklorevorlage erreicht wird, erscheint eine Verbindung zum Liedtext nur noch locker vorhanden.

Die Sechzehnteltriolen der Anfangsbegleitung füllen den Ambitus einer Quarte chromatisch in der Weise auf, daß die Auf- und Abwärtsbewegung jeweils aus Ganztönen besteht. Die Quarte ist auch das Rahmenintervall mehrerer Taktmotive des Themas, z. B. des Themenkopfes. Somit ist die Begleitung zwar als chromatischer und bewegungsmäßiger Kontrast zum pentatonischen Thema erfunden, steht aber zugleich mit ihm in Beziehung.

Das Thema der zweiten Improvisation hat Bartók aus Strophenvarianten einer Volksliedmelodie zusammengefügt, die im Bartók-System als A–I 369g überliefert ist. Béla Vikár hatte dieses Lied im November 1906 von einem Siebzigjährigen in Hottó (Komitat Zala) aufgenommen. Das Notenbeispiel zeigt den Verlauf der Volksmelodie in der ersten Strophe (B), die Varianten in den Strophen 2–4 (A) und den Notentext im Melodieverzeichnis, der dem späteren Thema (ohne ergänzende Vortragsanweisungen) entspricht (C).

---

32 B. Bartók, *Das ungarische Volkslied*, a.a.O., S. 199*.

Notenbeispiel 3

Die Angabe im Melodieverzeichnis ist unrichtig, denn es ist in Bartóks Transkription auch ein vierstrophiger Text überliefert:

> „Meggüttem én jól este, János, köszöntiésiére. . .“
> (Wir sind angekommen, guten Abend, zur Begrüßung von János. . .)

Das Thema ist durch Phrasierung, Dynamik, Vortragsart und durch Tempoanweisungen kompositorisch gestaltet. Innerhalb der ersten Themendarstellung nimmt das Tempo „accelerando sempre“ von ♩ = 63 – ♩ = 144 zu. Diese Steigerung innerhalb einer Themendarstellung zum oberen feststehenden Eckwert von ♩ = 144 ist ein wichtiges Kompositionsmoment in diesem Stück; auch die zweite Themendarstellung (T. 14–22) beschleunigt von ♩ = 63 – 144, die dritte (T. 30–37) von ♩ = 100 – 144, und die letzte (T. 42–49) sehr rasch innerhalb des ersten Taktes von ♩ = 72 – 144. Ein besonderer kompositorischer Einfall ist, daß jeweils ein zum Anfangston des Themas hinstrebender Sekundklang (ein Charakteristikum dieses Themas sind Sekundfortschreitungen) vorangeht und den Anstoß gibt, aus dem heraus sich das Thema überraschend löst, bzw. es gleichsam losgelassen wird; aus ihm ist dann jeweils die Begleitung gearbeitet. Vom Hörer ist das Einsetzen des Themas zeitlich nicht genau abzuschätzen. Denn dieser Themenvorspann ist durch eine Fermate (so T. 1, 14) oder durch ein ritardando (so vor T. 30 und T. 42) unbestimmt gedehnt, wonach das Thema dann in rascherem Tempo einsetzt; dieser Überraschungseffekt wird meist durch einen Kontrast in Klang, Tempo oder Dynamik betont.

Auch die Volksliedvorlagen zur Improvisation Nr. VII belegen, daß Bartók sie in vereinfachter Art und weitgehend entkoloriert der Themengestalt zugrundegelegt hat. Ein Vergleich der Transkriptionen mit den beiden Darstellungen des Themas zeigt außerdem die kompositorischen Eingriffe, die er an ihnen vorgenommen hat.

Die Volksmelodie hat der bekannte Folklorist Béla Vikár (1859–1945) in Lengyelfalva im ehemaligen Komitat Udvarhely aufgenommen, ohne den Zeitpunkt zu vermerken. Vikár begann noch vor Bartók mit der Feldforschung in Ungarn und hat dabei als erster ungarischer Sammler den Phonographen verwendet. Bartók transkribierte den größten Teil seiner 1492 zwischen 1898 und etwa 1910 phonographierten Melodien, so auch unser Beispiel.

Der synoptischen Darstellung auf der folgenden Seite liegen zugrunde:

- die Reinschrift der Bartók-Transkriptionen von Márta Ziegler[33], Bartóks erster Frau, laut Wiedergabe bei Vera Lampert[34] (B);
- der Notentext des den *Improvisations* beigegebenen Melodieverzeichnisses; es werden hier nur die wenigen Abweichungen vermerkt (A);
- der von Bartók verbesserte Notentext der Reinschrift von M. Ziegler im Bartók-System A–I 68a, der bislang unediert ist (C);
- die Varianten beim Vortrag der zweiten Strophe[35] (D);
- der Abdruck in der von Bartók und Kodály gemeinsam edierten Volksliedersammlung *Ungarn in Siebenbürgen*[36] und zwar nur die erste Strophe (E);
- die erste Themendarstellung in der Komposition[37] (F);
- die zweite Themendarstellung in der Komposition[38] (G);

Die Veränderungen können aus der synoptischen Darstellung leicht ersehen werden, so daß auf eine detaillierte Beschreibung verzichtet werden kann. Die nuancierteste Darstellung ist die von Bartók korrigierte Reinschrift (C, D). Die Pfeile geben Tonerhöhungen unterhalb eines Halbtons an, mit denen jeweils der Übergang zum nachfolgenden Ton im Vortrag verschärft wurde. Die Ausschmückungen der Haupttöne sind oft äußerst differenziert, und die Werte mancher Figurationen sprengen den Taktrahmen, siehe etwa den dritten Takt im Beispiel C und den Beginn und vorletzten Takt der zweiten Strophe (Beispiel D), wo Bartók jeweils ausdrücklich „sic" vermerkt, um die Besonderheiten der Vortragsart nicht als Fehler erscheinen zu lassen.

Bartóks Themengestalten (F, G) sind am ehesten mit der Fassung aus der edierten Volksliedsammlung (E) verwandt, die jedoch einen ganz anderen Text trägt. Es ist deshalb merkwürdig, daß im Melodieverzeichnis nicht diese Variante als Vorlage angegeben ist.

---

33 Ungarische Akademie der Wissenschaften, Budapest, Bartók-System A-I 68a.
34 Vera Lampert, *Quellenkatalog der Volksliedbearbeitungen von Bartók. Ungarische, slowakische, rumänische, ruthenische, serbische und arabische Volkslieder und Tänze*, in: *Documenta Bartókiana*, N. F., Heft 6, Budapest 1981, S. 15–149. Das Notenbeispiel hat die Nr. 206. Das Original stand im Bartók-Archiv nicht zur Verfügung, und aus der vorliegenden Ablichtung können die Grundschicht der Reinschrift und die späteren Verbesserungen Bartóks daran, die sich im Original farblich unterscheiden, nicht mit Sicherheit auseinander gehalten werden.
35 V. Lampert hat leider bei der Edition der Grundschicht nur die letzte Variante vermerkt; da die erste Version der übrigen Varianten aus der Ablichtung nicht rekonstruiert werden kann, wird hier nur die verbesserte Fassung wiedergegeben.
36 B. Bartók und Z. Kodály, *Erdélyi Magyarság. Népdalok (Ungarn in Siebenbürgen. Volkslieder)*, Budapest 1923, Nr. 66. Die Melodie wird hier auf einen Balladentext gesungen, der Halbkreis über den Noten im zweiten und dritten Takt bedeutet geringfügige Längungen des angegebenen Wertes.
37 In der Komposition erscheint das Thema eine Quinte tiefer.
38 Das Thema erscheint durchweg in Oktaven, hier ist nur die obere Oktave notiert.

Notenbeispiel 4

Einen Vortrag improvisatorischen Charakters erreicht Bartók in seiner Komposition durch unregelmäßigen Taktwechsel, durch einen rhythmisch unterschiedlichen und artikulationsmäßig verschiedenen Vortrag an entsprechenden Stellen des Themas, im Vergleich beider Themendarstellungen und durch verschiedene Dynamik. Die Vortragsanweisung rubato (T. 11 ff.) und die allmähliche Beschleunigung des Tempos (T. 15 ff.) gibt dem Pianisten zusätzlich die Möglichkeit zu einer aus dem Ausdruck des Stückes erwachsenden freien Vortragsgestaltung. Wie stark die Satzstruktur aus der Tonstruktur des Themas und damit aus der Volksmelodie heraus komponiert ist, das hat Somfai in seinem Plattenkommentar zu Hungaroton LPX 11337 angedeutet; man kann dies bis ins kompositorische Detail nachweisen[39]. Es ist erstaunlich, mit welchem Einfallsreichtum Bartók bei Volksliedkompositionen die vertikalen Akkordbildungen aus der horizontalen Struktur des Melodieverlaufs bildet.

Die Varianten der Volksmelodie A – C und die Melodie E tragen zwei verschiedene Texte. Es ist für die Folklore bezeichnend, daß Text und Musik nicht immer zwingend aufeinander bezogen sind, so daß verschiedene Texte auf gleichartige Melodien gesungen werden und ebenso umgekehrt ein Text mit verschiedenen Melodien verbreitet ist. Beide hier überlieferten Texte hängen aber nicht mit dem in der Komposition enthaltenen Ausdruck und dem neuen Sinngehalt zusammen, der von Bartók durch den Bezug auf Debussy explizit mitgegeben ist.

„Beli filam beli", der von Bartók auch im Melodienverzeichnis überlieferte Text (zu A–C) lautet in den beiden Strophen grob übersetzt:

> „Beli, mein Sohn Beli, bist nicht von deinem Vater, sondern vom Kanzleibeamten.
> Der hat dir eine Wiege geschickt, und in den vier Ecken der Wiegen vier goldene Taler".

Der Text zum Beispiel E ist eine Ballade von der schönen Anna, die drei junge Heiducken bittet, sie zu ihrem Geliebten, dem Heiducken Benedök zu führen. Sie wird von ihnen unterwegs getötet und ausgeraubt. Als Benedök dies erfährt, ersticht er sich am Grab der schönen Anna.

Für Bartók geht es bei der Übernahme von Volksliedern zu Themen von Kompositionen nicht unbedingt um die Beibehaltung des durch den Text bestimmten Ausdrucks; dies mag aus seiner Erfahrung herrühren, daß die Textinhalte zu Folkloremelodien wechseln können. Die Texte der in den *Improvisations* einkomponierten Volkslieder stehen deshalb meist nur in lockerem Zusammenhang mit dem Charakter der Komposition; ebenso können sie aber auch im Gegensatz zu ihm stehen, wie es das Beispiel der ersten Improvisation belegt, wo ein ganz neuer Ausdruck durch die veränderte Vortragsart und das deutlich verlangsamte Tempo entstanden ist. Ein gleichsam unverbindliches Verhältnis zum Text zeigt Bartók in dieser Zeit auch damit, daß er die deutschen Übertragungen von Hedwig Lüdeke in *Das ungarische Volkslied* aufgenommen hat. Die Urtümlichkeit, Offenheit und Derbheit der originalen Formulierungen wird in diesen Nachdichtungen sprachlich oft nivelliert, verschönt und damit der Ursprünglichkeit beraubt. Gerade die Volkstexte zu den

---

39 Vgl. P. Andraschke, a.a.O., wo dies am Beispiel der I. Improvisation durchgeführt ist.

Improvisations faszinieren aber durch eine kräftige, zum Teil erotische Bildlichkeit. Auch die Übersetzungen bei von der Nüll entsprechen nicht dem eigentlichen Wortlaut[40].

40 E. von der Nüll, a.a.O., S. 63 f.

Gebrauchsmusik in der Oper

Der „Alabama Song" von Brecht und Weill

von

WOLFGANG RUF

Von den zahlreichen Ansätzen für eine neue Form der Oper, die in der kurzen Zeitspanne zwischen den Weltkriegen erprobt wurden, ist derjenige Weills dadurch gekennzeichnet, daß ein damals breit erörtertes Konzept von Neuer Musik, das der Gebrauchsmusik, erstmals konsequent auf das Musiktheater angewendet wurde. Dieses Konzept war einer umfassenden, unterm Schlagwort der Neuen Sachlichkeit firmierenden kulturellen Bewegung entsprungen und teilte mit gleichzeitigen Strömungen in anderen Kunstsparten zum einen die Absage an den hypertrophen Subjektivismus und die Esoterik des Expressionismus, zum anderen die Wendung gegen den Ausschließlichkeitsanspruch von autonomer Kunst. Gemeinsames Ziel war es, eine objektive, unpersönliche und unsentimentale Kunst zu schaffen, die nicht nur von wenigen, sondern von der breiten Masse zu gebrauchen und zu verbrauchen war. Auch die Zusammenarbeit zwischen Brecht und Weill gründete auf ein Einverständnis über die soziale Verantwortlichkeit des Künstlers, das tragfähig genug war, solange Brechts skeptische Sicht der bürgerlichen Gesellschaft noch nicht zur Analyse der ökonomischen Ursachen von deren Krise und zur Konsequenz einer künstlerisch vermittelten Kapitalismuskritik geführt hatte. Die *Dreigroschenoper* und *Aufstieg und Fall der Stadt Mahagonny* waren Resultate der scheinbar nahtlosen Übereinstimmung zwischen Dichter und Komponist, die leicht den Blick dafür verstellt, daß Weill bei der konkreten Arbeit gegenüber Brecht eine durchaus eigenständige, eine politisch wie ästhetische ‚mittlere' Position vertrat, aus der sich zwangsläufig Divergenzen und auch innerkompositorische Widersprüche ergaben.

I.

Weill ist seiner ganzen Grundhaltung nach kein parteilicher Komponist. Seine aus den Jahren 1925 bis 1929 stammenden Beiträge zum Wochenblatt *Der deutsche Rundfunk*[1] erweisen ihn als einen typischen bürgerlichen Linksintellektuellen der Weimarer Republik mit allen Widersprüchen, liberal, pragmatisch und gleichwohl engagiert, individualistisch und zugleich sozial orientiert. Weill, ein Pluralist, glaubt

---

1 Abgedruckt in: *Kurt Weill. Ausgewählte Schriften*, hg. von D. Drew, Frankfurt 1975 (fortan abgekürzt *Schriften*).

an die freie Entfaltung der Persönlichkeit und an die Emanzipation der Massen, ohne die Notwendigkeit einschneidender Wandlungen ins Auge zu fassen. Er nimmt die Differenzierung der Schichten als gegeben hin und begnügt sich, deren geistige Annäherung wohlwollend zu konstatieren. Es steht für ihn außer Frage, daß der erforderliche Prozeß der „moralischen und seelischen Gesundung des Volkes"[2] nur von oben, aber ohne pädagogische Bevormundung zu steuern sei: „Das Volk will nicht belehrt sein, es verträgt in keinem Falle die laute Absicht und die öffentliche Bekundung einer kulturellen Förderung"[3]. Die überkommene Kunstpflege hält er in Produktion und Reproduktion wegen der Begrenztheit des Rezipientenkreises und des Mangels an gemeinschaftsbildender Kraft für hinfällig: „. . . eine Kunst, die in unserer Zeit Geltung besitzen will, darf nicht mehr für einen Ausschnitt der oberen Gesellschaftsschichten berechnet sein, sondern muß wenigstens die Möglichkeit einer Wirkung auf breitere Massen in sich tragen"[4].

Zur Gebrauchsmusik gelangt Weill, ohne die ästhetischen Grundsätze über Bord zu werfen, die ihm sein Lehrer Busoni vermittelte. Von Busoni übernimmt er den Glauben an die Zukunftsträchtigkeit der Operngattung als Ausdrucksmedium einer reinen Musik und die Überzeugung, daß man sich in ihr „mit der gleichen ungebundenen Phantasieentfaltung ausmusizieren müsse wie in der Kammermusik", wobei es nicht lediglich um die Übertragung der „Elemente der absoluten Musik in die Oper" gehen könne, sondern um eine innere Dramatisierung der Tonsprache, die deren unterschiedslose Verwendung auf der Bühne wie im Konzertsaal gestatte[5]. Das habe ihn Mozart gelehrt, der in der Oper kein anderer sei als in der Symphonie oder im Streichquartett und der bei beiden das Wesentlichste aller Musik und der Kunst überhaupt, die erhebende, dramatisch anspannende Wirkung erreiche: „Denn schließlich ist das, was uns im Theater bewegt, das gleiche, was uns in allen Künsten ergreift: das gesteigerte Erlebnis, der geläuterte Ausdruck einer Empfindung, die Menschlichkeit"[6].

Die nachwagnerische Operndiskussion dreht sich im Kern um die Frage, wie ein Werk beschaffen sein müsse, bei dem die Musik sich mit dem Wort und der Szene verbindet, ohne ihre eigengesetzliche Formung preiszugeben. Die Idee der absoluten Musik fordert gebieterisch ihre Verwirklichung gerade in der Oper, die trotz ihres synthetischen Wesens weiterhin als die maßgebliche Gattung der Tonkunst gilt. Busoni, der Wortführer des Fortschritts, sieht die Lösung in der Analogie von Musik und Leben: so wie sich im Leben Bewegung und Fülle zusammendrängen, spiegele sich in jeder stimmigen Musik ungeachtet der funktionalen Bestimmung oder der Gattung die Mannigfaltigkeit und der Puls des Daseins und trete darin ein im besten Sinne Theaterhaftes zutage. Denn: „Kunst ist Übertragung des Lebens, und das Theater ist dieses in umfassenderem Maße als andere Künste; darum ist es natürlich,

---

2 Weill, *Der Mittelweg, Schriften* S. 93.
3 Weill, *Zur Psychologie der funkischen Programmbildung, Schriften* S. 97.
4 Weill, *Was wir von der neuen Berliner Sendesaison erwarten, Schriften* S. 102.
5 Weill, *Bekenntnis zur Oper, Schriften* S. 29.
6 Ebenda S. 30.

daß lebendige Musik mit der Theatermusik verwandt sei"[7]. Busoni vertritt jedoch nicht nur die Position der absoluten Musik, sondern er stellt in bezug auf das Theater die Frage nach einer sinnvollen Funktionalität, die er mit dem Hinweis zum einen auf metaphysische oder reine Spielhandlungen und zum andern auf die natürlichen Berührungspunkte zwischen Kunst und Empirie in Tanz, Marsch und Lied beantwortet[8]. Hinsichtlich eines realistischen Opernsujets impliziert die Eingrenzung auf Szenen eines umgangsmäßigen Musizierens ästhetisch die Präferenz einer in alltägliche Lebenszusammenhänge eingebetteten, gebrauchsfähigen Musik und strukturell die Trennung von handlungstragendem Dialog und in sich geschlossener Musiknummer anstelle der Durchkomposition. Das Bauprinzip des epischen Theaters in Form der Dialogoper mit intermittierender Musik oder des dialogisch verbundenen Liederspiels ist in Busonis Überlegungen ebenso vorweggenommen wie die Aufwertung der Umgangsmusik zum Grundmaterial von Opernkomposition.

In Busonis Vorstellung von einer latenten Dramatik der absoluten Musik ist ein zweiter wesentlicher Aspekt des epischen Theaters, der Begriff des Gestischen, vorgedacht, der im Zusammenhang mit der Arbeit Brechts und Weills an der *Mahagonny*-Oper theoretisch ausformuliert wurde[9] und sich möglicherweise einer direkten Übernahme und begrifflichen Fassung des von Busoni nur Umschriebenen verdankt. Weill versteht unter dem Gestischen den sichtbaren Ausdruck jener inneren Beziehungen zwischen Mensch und Mensch, aus denen ein dramatisches Geschehen hervorgeht; ihn vermag die Musik unzweideutig festzuhalten[10]:

„Sie kann den Gestus wiedergeben, der den Vorgang der Bühne veranschaulicht, sie kann sogar eine Art von Grundgestus schaffen, durch den sie dem Darsteller eine bestimmte Haltung vorschreibt, die jeden Zweifel und jedes Mißverständnis über den betreffenden Vorgang ausschaltet, sie kann im idealen Falle diesen Gestus so stark fixieren, daß eine falsche Darstellung des betreffenden Vorgangs nicht mehr möglich ist."

Im Unterschied zu Brecht, der dem sprachlichen Gestus stets eine Aussage über die gesellschaftliche Wirklichkeit zuspricht[11], beläßt Weill den Begriff der gestischen Musik im Subjektiven des Ausdrucks persönlich handelnder Individuen als Konsequenz aus seiner die Spiegelung von Realität negierenden Musikauffassung. Daneben nutzt er ihn als eine Art Kompromißformel, die den von der Instrumentalmusik abgezogenen Autonomieanspruch auch im Rahmen einer durchfunktionalisierten szenischen Musik retten soll.

Der Song ist als Kristallisationspunkt der Bemühungen Weills um eine zeitgerechte Kunstform anzusehen, wobei freilich der Songbegriff nicht undifferenziert auf alles liedhaft Gestaltete in den Stücken ausgedehnt werden darf, sondern auf die aus Strophe und Kehrreim bestehende und musikalisch wie textlich kunstlose Gesangs-

---

7 F. Busoni, *Über die Möglichkeiten der Oper und über die Partitur des „Doktor Faust"*, Wiesbaden ²1967, S. 5.

8 Busoni, *Entwurf einer neuen Ästhetik der Tonkunst*, Neuausgabe Wiesbaden 1954, S. 20 f.

9 J. Knopf, *Brecht-Handbuch. Theater*, Stuttgart 1980, S. 392.

10 Weill, *Über den gestischen Charakter der Musik, Schriften* S. 42.

11 Knopf, a.a.O., S. 392 f.

form zündenden und aggressiven Charakters einzugrenzen ist. Zwar ist die Entstehungsgeschichte des Songs, genauer gesagt, der Zeitpunkt, zu dem das im Englischen inhaltlich weitgesteckte Wort unter Bedeutungsverengung und -modifikation
in den deutschen Sprachgebrauch eingeht, noch ungeklärt[12]. Doch ist unstrittig, daß
der Song der Sache nach dem Umkreis des deutschen Kabaretts entstammt und von
vornherein mit dem Merkmal eines schauspielerisch akzentuierten, auf ein Publikum
gerichteten Vortrags verknüpft ist und daß die englische Wortbildung vor dem Hintergrund eines modischen Amerikanismus[13] die Konnotationen von Sachlichkeit,
Realitätsbezogenheit, Modernität und großstädtischer Attitüde vermitteln soll. Im
Song findet Weill die Qualitäten vor, die er von einer Gebrauchskunst fordert:
Bühnenmäßigkeit und damit verbunden eine rhetorische Haltung, Knappheit, Poin-
tierung, Aktualität und Engagement. Seine selbstgestellte Aufgabe ist es, den Song
für eine größere musiktheatralische Form zu nutzen.

II.

Der die zweite Szene der Oper *Aufstieg und Fall der Stadt Mahagonny* ausfüllen-
de *Alabama Song* bildet textlich wie musikalisch eine Keimzelle des Werks. *Mahagonny*, eine versteckte Parodie auf die biblische Geschichte vom Gelobten Land[14],
handelt von der vergeblichen Suche nach einer besseren Welt. Die „Paradiesstadt",
in der jeder in Ruhe und Muße seinen Genüssen leben darf und wohin jeder zieht,
dem es in den großen Städten nicht behagt, weil es dort „nichts [gibt] als Unruhe
und Zwietracht und nichts, woran man sich halten kann" (2, 505[15]), stellt sich
schnell als Stätte des Kampfes und der Verbote heraus. Denn auch die „Netzestadt"
— das fiktive Übersetzungswort spielt auf die mit dem Himmelsgleichnis verbundene
Netzmetaphorik der Bibel an[16] — hat ihre Reglementierungen, dekretiert in den
Gesetzen der Witwe Begbick, und sie läßt nur den glückselig werden, der sich die
Ergötzlichkeiten mit Geld erkaufen kann. Bereits haben sich die gefräßigen Haifi-
sche eingeschlichen, um sich über die kleinen Fische herzumachen. Jenny und die
sechs Mädchen sind in der Stadt der Verheißung angekommen und stimmen, auf
Koffern sitzend, das Lied ihrer Hoffnungen an: sie suchen die Schnapsbar, wo man
den Durst stillt und der Beutel locker sitzt, die Jungens, die auf Liebe aus sind, und
den kleinen Dollar, mit dem man sich über Wasser hält:

---

12 Belege zur Frühgeschichte bei B. Thole, *Die „Gesänge" in den Stücken Bertolt Brechts*,
   Göppingen 1973, S. 9 ff.
13 Hierzu H. W. Seliger, *Das Amerikabild Bertolt Brechts*, Bonn 1974.
14 G. S. Sehm, *Moses, Christus und Paul Ackermann. Brechts „Aufstieg und Fall der Stadt
   Mahagonny"*, in: *Brecht-Jahrbuch 1976*, Frankfurt 1976, S. 83–100.
15 Zitiert wird nach *Bert Brecht. Gesammelte Werke in 20 Bänden*, Frankfurt 1967, bzw. nach
   Bertolt Brechts Hauspostille, Berlin 1927.
16 Brecht 2, 502. – Vgl. Matth. 13, 46: „Abermals ist das Himmelreich gleich einem Netze, das
   ins Meer geworfen ward und allerlei Gattung fing."

Oh, show us the way to the next whisky-bar!
Oh, don't ask why, oh, don't ask why!
For we must find the next whisky-bar
For if we don't find the next whisky-bar
I tell you we must die!
    Oh, moon of Alabama
    We now must say good-bye
    We've lost our good old mamma
    And must have whisky
    Oh, you know why.

...   (2, 504)

Brecht hat den *Alabama Song* bereits in der *Taschenpostille* von 1926 veröffentlicht und nachfolgend in die Erstfassung der *Hauspostille* von 1927 übernommen, aus deren fünf *Mahagonnygesängen* das im selben Jahr uraufgeführte *Mahagonny Songspiel* zusammengestellt wurde. Der Song gehört somit der antibürgerlichen und anarchisch-nihilistischen Phase der Lyrik Brechts an[17], und er ist in Anbetracht des Rahmens seines ersten Erscheinens, der Parodie eines Erbauungsbuches, als ironisches Gegenstück zu einem geistlichen Lied zu verstehen. Hierauf weist neben dem Kontext des Gedichtzyklus speziell das dem Song in der *Hauspostille* vorangestellte Lied vom *Gott in Mahagonny*, das die Rebellion der Männer gegen den Herrn behandelt: Anfänglich eingeschüchtert, lassen sie sich auch nicht mit der Androhung von Höllenqualen von ihren Lastern abhalten, denn sie haben schon die Hölle auf Erden erfahren. Die Schlußzeile „Nein, sagten die Männer von Mahagonny" (*Hauspostille* 1927, 110) gibt das Stichwort für den anschließenden Song.

Der Refrain enthält die Quintessenz des Gedichts. Eine deutschsprachige Version findet sich bereits in dem 1924/25 entstandenen Stück *Mann ist Mann* an entscheidender Stelle: Der Packer Galy Gay hat seine Individualität aufgegeben und wird in einen Soldaten ohne Charakter „ummontiert". Nachdem er seiner Frau gegenüber die alte Identität verneint hat, faßt er den Umschlag vom vorgeblich autonomen zum kollektivistischen Wesen in folgende Liedstrophe:

O Mond von Alabama
So mußt du untergehn!
Die gute alte Mamma
Will neue Monde sehn.   (1, 335)

Wie Mahagonny die imaginäre neue Welt verkörpert, in der alles anders sein soll und doch wieder nur das Geld den Ton angibt, so bezeichnet Alabama, Name des realen Südstaats, in dem die Ausbeutung als ökonomisches Grundprinzip sanktioniert ist, das Alte und Überholte und zugleich die großen, kalten Städte, in denen man es nicht aushalten kann. Der Mond wiederum, jener im Volkslied besungene Schweiger

---

17 C. Pietzcker, *Die Lyrik des jungen Brecht*, Frankfurt 1974, S. 25.

und Tröster, der ungerührt vom irdischen Elend seine Bahnen am Firmament zieht, symbolisiert den alten Gott, dessen Schicksal besiegelt ist, weil die „gute alte Mamma", die Mutter Erde, ihren stumm hinnehmenden Begleiter nicht weiter akzeptiert und neue Trabanten verlangt. Als doppeltes Sinnbild für das Kreisen — in der ontologisierenden Lyrik des jungen Brecht eine die Verfangenheit des Individuums kennzeichnende „strukturbestimmende Bewegung"[18] — und zugleich für Vergänglichkeit und zweifelhaftes Glück taucht der Mond in den Songrefrains Brechts wiederholt auf[19], und immer, wenn der Mond beschworen wird, ist von Billigkeit und Hinfälligkeit, von abgelaufener Zeit und Ungeduld die Rede und klingt die Aufforderung zur Lossagung oder Selbstbefreiung an.

Brecht überträgt die Strophe des Galy Gay für den Songrefrain nicht nur ins Englische, sondern nimmt eine inhaltliche Änderung vor, erkennbar zunächst am Wechsel des Modalverbs ‚müssen' vom Imperativ zum Indikativ der ersten Person Plural. Aus der bloßen Forderung nach Veränderung ist der Entschluß zum initiativen Handeln, zum Ausbruch aus dem Zirkel der Schicksalsverfangenheit geworden. Der Mond wird gewissermaßen stehengelassen und verabschiedet als einer, der um die Gründe solcher Brüskierung weiß. Abgelaufen ist zudem die Zeit der „guten alten Mamma", und mit der Aufhebung des Bezugsverhältnisses zwischen Himmelskörper und Erdball ist symbolisch die Verknüpfung von Jenseits und Diesseits außer Kraft gesetzt. Erst wenn es transzendentale Bindungen und eine metaphysische Sinngebung des Daseins negiert, vermag das Individuum zu sich selbst zu kommen, d.h. im Verständnis des damals noch individual- statt gesellschaftskritisch argumentierenden Brecht[20]: sich so auszuleben, wie es der unverzerrten Menschennatur entspricht.

Das Plädoyer für ein skrupelloses Sichausleben macht den Kern dessen aus, was die „asoziale Haltung" der *Hauspostille* genannt worden ist[21]. Brecht setzt in vitalistischer Verkürzung die Natürlichkeit des Individuums mit der Freiheit zur Sinnlichkeit gleich und vertritt, was bürgerliche Konvention und christliche Moral mit einem Tabu belegen, den ungehemmten leiblichen Genuß und die unverstellte Sexualität. Das schiene der reine Hedonismus, wenn nicht die Glückseligkeit an ein drittes gekoppelt wäre, das die Genüsse ihrer Naturhaftigkeit beraubt. Die bei ansonsten gleichlautendem Refrain einzig wechselnden Schlußwörter der vom Kreuzreim ausgenommenen vierten Zeile, whisky — boys — dollars, verraten in ihrer Abfolge die Hierarchie der Werte, an deren Spitze das alles Dingliche und Menschliche zur Ware pervertierende Geld steht.

---

18 Ebenda, S. 31.
19 *Mahagonnygesang Nr. 1* (*Hauspostille* 1927, S. 103 f.; in der *Mahagonny*-Oper die Nr. 4); in *Happy End* der *Bilbao-Song* (8, 319 ff.) und der *Song von Mandelay* (8, 324 ff.). – Die Peripetie der *Mahagonny*-Oper markiert Jims Anstiftung zum Verlassen der Stadt: „Ihr habt gelernt das Cocktail-Abc/ Ihr habt den Mond die ganze Nacht gesehn/ Geschlossen ist die Bar von Mandelay/ Und es ist immer noch nichts geschehn." (2, 159).
20 Ch. Bohnert, *Brechts Lyrik im Kontext. Zyklen und Exil*, Königstein/T. 1982, S. 27 ff.
21 W. Benjamin, *Kommentare zu Gedichten von Brecht*, in: *Versuche über Brecht*, hg. von R. Tiedemann, Frankfurt ³1971, S. 50.

Die drei strukturell identischen Vorstrophen sind einerseits bloße Extensionen und Paraphrasierungen der variierenden Refrainzeilen, andererseits zeigen sie eine merkliche Differenz zur Sentimentalität des Kehrreims. Die Vorstrophen benennen das absolute Muß der Triebhaftigkeit; wenn die elementarsten Bedürfnisse nicht befriedigt werden, droht der Tod. Der Adressat der ausgesprochenen Bitten bleibt ungenannt und ist erst aus dem Refrain aufgrund der gleichen affektgeladenen Interjektion zu erschließen: der Mond von Alabama, der enttrohnte Gott, der gerade noch dazu taugt, den Weg ins diesseitige Armenparadies zu weisen, doch das Recht auf nähere Begründungen längst verspielt hat. In dieser Parodie eines Bittgebets korrespondiert die Reduktion aufs Kreatürliche derjenigen im Sprachlichen. Sie zeigt sich in der gleichwohl höchst artifiziell erwirkten Simplizität des Textes; ihre Mittel sind die Knappheit der Sätze, die Satzwiederholung in der zweiten Zeile, der syntaktische und vokabulare Parallelismus der dritten und vierten Zeile und die unechten Reimbildungen. Im Primitivstil angelsächsischer Shanties[22] wird ein Minimum an Aussage durch Repetition und Variation in eine ausgedehnte Strophenform gebracht, der das Vorbild des an seemännischen Arbeitsvorgängen ausgerichteten responsorischen Wechselgesangs zwischen Shantyman und Chorus anzumerken ist. Die Sprache der Shanties ist der Aussage des Songs angemessen; er handelt von dem, was der ausgebrannte und liebesentwöhnte Mensch einzig braucht: Triebbefriedigung auf der Ebene der Stillung blinder Gier. In der *Hauspostille* geht es noch um die Gier von Männern, im *Songspiel* und in der Oper dagegen um die von Dirnen, die ihr armseliges Geschäft mit der Begehrlichkeit anderer machen. Der scheinbar nur dramaturgisch bedingte Figurentausch läßt auf eine geschärfte Weltsicht, auf die Erkenntnis der Durchdringung aller Lebensverhältnisse von kapitalistischem Geist schließen und gibt den Schlüssel für die Deutung der *Mahagonny*-Oper in ihrer Gesamtheit als Drama des entfremdeten und damit unmöglich gewordenen Genusses.

III.

Die Vertonung der fünf *Mahagonnygesänge* aus der *Hauspostille* und ihre Zusammenfassung zum *Songspiel* betrachtet Weill als „Stil-Studie" für das spätere Opernwerk; erprobt wird die theatralische Tragfähigkeit der Gattung ‚Song‘[23]. Weill geht bei seinem Experiment davon aus, daß jeder Song als geschlossene Form einen „Zustand", d. h. die einer bestimmten Etappe des dramatischen Ablaufs entsprechende und aus dem Text abstrahierbare Grundhaltung der Akteure, ihren gemein-

---

22 Seliger, a.a.O., S. 142 f. Seliger weist ferner auf die Nähe des *Alabama Songs* zu dem amerikanischen Trinklied *Rye Whisky* hin, das in *A Treasury of American Folklore. Stories, Ballads, and Traditions of the People*, hg. von B. A. Botkin, New York 1944, S. 855 ff. abgedruckt ist. Ebenda findet sich überdies (S. 804 ff.) ein Abschiedslied von Sklaven, das den Text des Refrains beeinflußt haben könnte: „I'm gwine to Alabamy, – Oh / For to see my mammy, – Ah."

23 Weill, *Anmerkungen zu meiner Oper „Mahagonny", Schriften* S. 56 ff.

samen, das „Tempo der Bühne" bestimmenden Gestus, zum Ausdruck bringt. Im Falle des *Alabama Songs* ist dieser Gestus, nach dem Text zu schließen, der Affekt der solidarischen Auflehnung und der aggressiven Ungeduld. Basierend auf dem dramatischer Entwicklung widerstrebenden Prinzip der Montage, reiht das *Songspiel* musikalisch definierte und gegeneinander kontrastierende Zustandsformen solch gestischen Charakters aneinander.

Weill erachtet die Fixierung des Rhythmus als das primäre kompositionstechnische Mittel zur prägnanten Zeichnung eines Gestus. Im *Alabama Song*, den der Komponist selbst zur Demonstration des gestischen Prinzips heranzieht[24], erfolgt diese Fixierung durch den Kontrast eines Hintergrunds aus gleichmäßigen Taktschlägen auf bleibendem Akkord gegen den daktylischen Grundrhythmus der Singstimme, der seinerseits durch den Auftakt und die Schlußdehnung an den Satzzäsuren sowie durch die synkopierende Verkürzung der ersten Hebung im Eingangstakt verunklart wird. Das Resultat ist eine schwebende, im Gleichschlag gemilderte Motorik. Der Bezug zum Text ist eng. Berücksichtigt werden der natürliche Sprechrhythmus und die syntaktische Gliederung, wobei durch die natürliche Schwerpunktverteilung im geraden Takt und durch die Notenwerte die wesentlichen Wörter der ersten Verszeile herausgehoben sind. Eine Ausnahme bildet die die erste syntaktische Einheit sprengende Pause (T. 3), die dazu dient, den Imperativ des Anfangssatzes zu bekräftigen. Nach der Stabilisierung des Grundrhythmus in den Takten 7–10, die der pathestischen Interjektion und dem Kritik und Aufsässigkeit beinhaltenden „why" zugutekommt, erfährt er weitere Störungen durch die Auftaktbildung in Takt 11, die anapästische Umkehrung (T. 13, 15), die gänzliche Auflösung in zwei Hebungen (T. 14) und die metrisch verschobene Wiederholung der Kombination von Takt 12/13 in Takt 16/17, die dann der repetierten Schlußzeile (T. 17–25) den Rhythmus leiht. Der formale Aufbau hält sich an die Dreiteiligkeit mit trotz der Irregularitäten in der Mittelpartie (T. 11–17) grundsätzlich symmetrischen Perioden. Das Festhalten an einfachsten, durch kleine Komplikationen mit Spannung versehenen Rhythmen und leicht überschaubaren Phrasen ist charakteristisch für die Songs Weills. Funktion dieses Verfahrens ist es, in faßlichen Taktgruppierungen einen Grundschlag einzuprägen und zugleich dessen Hartnäckigkeit durch Akzentverlagerungen und Umstellungen zurückzunehmen.

Der relativierten Gleichmäßigkeit des Rhythmus korrespondiert in der Vorstrophe die Gleichförmigkeit der Vokallinie. Ihr Duktus ist von äußerster Knappheit und ergibt sich aus der Reihung einer kurzatmigen Motivik, die den Raum der fallenden Kleinterz c^2-a^1 und deren Versetzung nach unten (a^1-fis^1) nicht verläßt und in diesem begrenzten Rahmen zwischen den Möglichkeiten des schrittweisen Durchgangs und des Sprungs wechselt. Intendiert ist die Absenz von Kantabilität und die Nähe zum Sprechgesang; letzterer wird in der Version des *Songspiels* in Annäherung an Brechts Forderung nach einer bänkelsangartig kunstlosen und gegenüber dem Wortinhalt unbeteiligten Vortragsweise explizit gefordert. Brechts eigene musikalische Fassung gibt eine Vorstellung von der Art des erstrebten

---

24 Weill, *Über den gestischen Charakter der Musik, Schriften* S. 40–45.

nüchternen Tonfalls[25]. Brecht setzt sinnwidrige Zäsuren und fehlerhafte Wortakzente; er treibt die simple Repetition ins Extrem und meidet trotz regelmäßiger Phrasenbildung durch das Verharren im gleichen Terzraum eine korrespondierende Periodik. Folglich ist sein Gesang – in einem merkwürdigen Widerspruch zum Vorschlag, „mit der Höchstleistung an Stimme und Gefühl (jedoch ohne Mimik)" zu singen[26] – bei aller Primitivität ohne Kontur, unfaßlich und von mechanisch leiernder Motorik. Worttext und Klangbild stehen beziehungslos nebeneinander[27]; die Tongebung ist mehr ein Verfremden des normalen Sprachausdrucks durch Bindung an feste Tonhöhen und Rhythmen denn eine Übertragung ins begriffslose Medium. Weill hingegen greift auf traditionelle, auf Adäquanz statt auf Diskrepanz zwischen Sprache und Musik abhebende Vertonungsweisen zurück und paßt sich den Hörerwartungen des Durchschnittshörers an.

Die für den rhythmisch-melodischen Zuschnitt kennzeichnende Spannung zwischen Fixierung und Störung, aus der der Eindruck von hintergründiger Insistenz resultiert, ist auch in der Harmonik erkennbar. Zwei Klänge, der leere Quintklang auf c und der Quartklang auf cis werden gewissermaßen festgenagelt; ersterer wird mit dem Moll-Sept-Akkord auf f konfrontiert, dem sich wiederum die Singstimme und die hohen Begleitstimmen mit ihrem Hineinspielen des verminderten Septakkords über fis widersetzen. Der ostinate Quartklang der zweiten Verszeile ist eine Umkehrung des fis-Moll-Akkords mit zugefügter Sexte, in die ein zweiter Mollakkord mit Sexte hineingemischt wird, so daß sich in Takt 8 der komplexe, der Vieldeutigkeit des dort plazierten Frageworts „why" entsprechende Klang cis-fis-a-c-e-fis einstellt. Auch das „find" der dritten und vierten Zeile findet im Vagieren der Oberstimmen zwischen as^1-c^2 und f-a^1 überm c-Moll-Klang einen adäquaten Ausdruck. Der Übergang zum G-Dur des Refrains erfolgt schließlich über eine reguläre IV-V-I-Kadenz. So bleibt bei allem Bestreben, billige Eingängigkeit durch ein gegenläufiges Moment von Differenzierungen zu umgehen, ein Übergewicht an Formelhaftem und Vertrautem, ein Hang zum festen Halt und Selbstverständlichen zu beobachten. Faßlichkeit ist oberstes Gebot, das Weill sowohl hinsichtlich des Textsinns als auch des innermusikalischen Verfahrens verfolgt.

Jazzähnlicher Beat und Klang, in den 1920er Jahren Ausweis von Modernität, wird im *Alabama Song* durch die von Becken und Tamtam diskret unterstrichene Klavier- und Banjobegleitung und durch die zwischen gedämpften Trompeten, Saxophonen und, im Refrain, Posaunen alternierende Oberstimmenverdopplung erzeugt. Der Jazzanklang hat hier eine doppelte Funktion: zum einen charakterisiert er das amerikanische Milieu und erweckt er die Assoziation von Unterhaltungsmusik und damit einer Sphäre des ästhetisch Niederen, das der Hörer der Zeit mit Ursprünglichkeit und Aktualität verbindet, zum andern fördert er den Gestus des Treibens bei gleichzeitiger Entschärfung durch das fremde, unromantische und

---

25 Anhang zur *Hauspostille* 1927, S. 153 ff.
26 *Anleitung zum Gebrauch der einzelnen Lektionen, Hauspostille* 1927, S. XI.
27 Vergleichbare Beobachtungen am Apfelböck-Lied verzeichnet die Studie von H. M. Ritter, *Die Lieder der Hauspostille*, in: *Bertolt Brechts „Hauspostille", Text und kollektives Lesen*, Stuttgart 1978, hg. von H.-Th. Lehmann und H. Lethen, S. 212 ff.

unmartialische Idiom. Es macht die Brisanz des Songs aus, daß er weder dem zackigen Marcato proletarischer Kampf- und Marschlieder noch der harmlosen Spritzigkeit damaliger Schlager verfällt. Weill tut ein Übriges, um die Zuordnung zu aktuellen Liedtypen zu erschweren: Er verteilt die Vokallinie auf eine Solostimme und einen Chor und restituiert so das Wechselgesangsprinzip der von Brecht imitierten Seemannslieder. Marsch, Schlager, Jazz, Shanty: Bei Weill findet sich im Kleinen wie im Großen grundsätzlich von vielem etwas und wird doch nichts eindeutig greifbar. Sein Prinzip ist die Absenz von Stil durch die dauernde Präsenz mehrerer Stile.

Im Refrain, dessen breit angelegter melodischer Duktus stärker hervortritt als der Rhythmus, findet sich wiederum die Reihung eines rhythmischen Modells. Es erhält durch die Überdehnung der ersten und letzten Hebung des jambischen Verses ein leicht schmalziges, durch die exponierte Lage der Töne noch gesteigertes Pathos. In der gleichrhythmisch pulsierenden Begleitung wird vor dem Hintergrund eines Bleibenden, des fundierenden G-Dur-Klangs, durch chromatische Veränderungen in den Mittelstimmen die Täuschung eines stetigen Fortschreitens evoziert. Im Unterschied zur Vorstrophe zeigt der Refrain eine großbogige Lineatur mit dreifachen Terzsprüngen, fallenden Sexten und wiegendem Auf und Ab. Der Gegensatz zwischen der unkantablen Vorstrophe und dem Refrain liegt nicht in der Intention Brechts und verrät ein Mißverständnis des Textes als Parodie eines romantischen Lieds an den Mond. Das Ansingen des Himmelskörpers wird, ohne daß eine kritische Spitze hörbar wäre, in Bild und Stimmung nachvollzogen und droht in Sentimentalität und Süßlichkeit zu verschwimmen; vom Gestus des Aufbegehrens ist in diesem Songteil nichts zu spüren. Brechts Fassung des Refrains trifft ihn mit ihren dürftigen Terzschritt- und Tonrepetitionen, ihrer Klampfenharmonik und den offenen Melodieschlüssen zwar auch nicht, doch scheint hier eine wohlkalkulierte Diskrepanz zwischen der „espressivo"-Vortragsanweisung und der spröden Monotonie der Tonfolgen vorzuliegen. Die Aussage Weills, die Version Brechts sei als Musik nicht brauchbar[28], belegt den entscheidenden Dissens: Für den Dichter ist die Aussage des Textes die Hauptsache und bleibt die Musik ein tonstützendes Vehikel des Vortrags, der Komponist aber sucht dort, wo es sich anbietet, die Umsetzung ins eigene Medium und die parodistische oder auch ernstgemeinte Überhöhung. Das bestätigt sich verstärkt beim Refrain der zweiten Strophe — sie ist bei Brecht die dritte, weil seine zweite, im *Songspiel* noch vertonte Strophe mit den „boys" in der Oper eliminiert wurde — durch den dreistimmigen Vokalsatz der Mädchen und die koloraturartige Führung der Solostimme, die übertriebene und sinnwidrige Wortbetonungen mit sich bringt und den Song endgültig in die kulinarische Sphäre von Operette und Revue überführt.

---

28 Weill, *Über den gestischen Charakter. . ., Schriften* S. 44.

IV.

Der *Alabama Song* zeigt auf seinen zwei durch die Vorstrophe und den Refrain vertretenen Ebenen zwei Möglichkeiten des Weillschen Konzepts von Gebrauchsmusik. Die eine besteht in der gänzlichen Angleichung an den sachlichen Gehalt und provokatorischen Gestus des Gedichts. Die Musik stellt sich hier restlos in den Dienst des Textes, und durch dessen Vermittlung mag sie intentional den Interessen eines massenhaften Publikums dienen: angewandte Musik, deren Gestus mit dem des Textus übereinstimmt. Die andere Möglichkeit ist die Überanpassung an Ausdrucksweisen bürgerlicher Populärmusik (zu der der domestizierte Jazz ebenso gehört wie die Operette), ausgelöst durch ein isoliert herausgegriffenes Einzelmoment des Textes, sein dort gleichwohl ironisch gemeintes Sentimentales, das Weill in ein großangelegtes Espressivo ummünzt und auskostet, weil es seiner Auffassung von einer für sich sprechenden Musik am nächsten kommt. Deren Gestus ist genuin musikalisch und erstrebt nicht die Deckung mit dem des Textes. Orientierungspunkt ist der eingegrenzte Erwartungshorizont des bürgerlichen Musikliebhabers, dessen Kulinarismus restlos befriedigt wird: Gebrauchsmusik zum leichten Konsum. In beiden Fällen ist eine Antithese zum Text oder eine kritische Distanzierung nicht zu beobachten. Die referierende Darbietung, von Brecht ursprünglich fixiert, liegt Weill ebenso fern wie die Kontrapunktierung, die Brecht als eine vom Prinzip der „Trennung der Elemente" herleitbare Alternative des Verhältnisses von Musik zum Text vorschlägt.

Aufstieg und Fall der Stadt Mahagonny ist der Beweis, wie bereitwillig der Komponist dem Bürger gibt, was des Bürgers ist: die abendfüllende Oper, deren extensive Dimensionen Weill nicht abschrecken, sondern stimulieren, das am sketchartigen *Songspiel* erprobte Montageprinzip auf die Großform auszudehnen[29]. Weill erkennt, daß sie aus der bloßen Reihung kleinräumiger strophischer Songs nicht zu gestalten ist. Folglich montiert er die Gesänge aus dem *Songspiel* und durchkomponierte, vielgliedrige Komplexe zu einer opernhaft mannigfaltigen Ganzheit zusammen[30]. Die entlegenen Formteile werden durch vielfache Rekurrenzen von Songausschnitten oder -refrains verklammert, die das Stück mit einem dichten Netz von musikalisch-textlichen Bezügen überziehen — ein Verfahren, das offensichtlich von der Leitmotivtechnik inspiriert ist, jedoch nicht deren Entwicklungsaspekt teilt, sondern in Korrespondenz von dramaturgischer und kompositorischer Technik auf

---

29 Von einer „Entlarvung" der traditionellen Oper „durch die verfremdende Anwendung der sie konstituierenden Strukturelemente als kulinarisch, spätbürgerlich-kapitalistisch und verlogen" (G. Wagner, *Weill und Brecht. Das musikalische Zeittheater*, München 1977, S. 185) kann bei Weill nicht die Rede sein.

30 Einen hinsichtlich der Dramaturgie zutreffenden Vergleich des *Songspiels* mit der Oper bietet die Studie von H. Kahnt, *Die Opernversuche Weills und Brechts mit „Mahagonny"*, in: *Musiktheater heute*, hg. von H. Kühn, Mainz 1982, S. 63–93. – Die Vielfalt der Formen in der *Mahagonny*-Oper betont G. Rienäcker in seinen *Thesen zur Opernästhetik Kurt Weills*, in: *Jahrbuch Peters 1980*, S. 116–137.

einfacher oder modifizierter Wiederholung beruht[31] und hier durch die Statik der
Handlung und das Auf-der-Stelle-treten der Leute von Mahagonny gerechtfertigt ist.

Der Refrain des *Alabama Songs* kehrt in den Finali des ersten und dritten Akts
wieder, also eingegliedert in reihenhafte Großkomplexe, in denen Weill Formen und
Stile diverser Herkunft zusammenfügt. Das erste Finale, laut Szenenprojektion die
„Nacht des Entsetzens" darstellend, in der der Holzfäller Jim die „Gesetze der
menschlichen Glückseligkeit" erkennt, weist vier Abschnitte mit jeweils divergierenden Ebenen von Choral, Song, Accompagnatorezitativ und Marschlied auf. Der
Alabama-Refrain trifft im ersten Abschnitt auf eine auf den G̃esang der geharnisch-
ten Männer aus der *Zauberflöte* anspielende – nicht ihn parodierende[32] – Choralpartie, die angesichts der Bedrohung durch den Hurrikan zur Standhaftigkeit auf-
ruft. Inbrünstiger Glaube an die Transzendenz und deren höhnische Ablehnung stehen sich schroff gegenüber. Weill verschränkt zudem Jennys sentimentalen Refrain
duettisch mit Jacks Zeilen von der Sinnlosigkeit des Ausbruchs, wobei die betont
unmelodiös gehaltenen Einwürfe des Tenors auf die langen Haltetöne des Soprans
gesetzt werden, so daß dessen pathetische Auslassungen mit ernüchternden Kom-
mentaren gleichsam von außen konfrontiert werden. Hier, allein hier, gewinnt der
Alabama Song jene Dimension von zynischer Radikalität und bitterem Ernst, die
gewöhnlich *Mahagonny* und der *Dreigroschenoper* allgemein und den Songs ins-
besonders vorschnell und undifferenziert zugemessen wird.

Im letzten Finale, in dem Songs aus dem *Songspiel* und Partien aus dem ersten
Finale mit einem abschließenden Wechselgesang zusammengefügt sind, dient das
Wiederauftauchen des *Alabama*-Refrains dem elegischen Rückblick auf den einst so
hoffnungsfrohen Aufbruch. Es fehlen der kontrastive, erhellende Kontext und die
glossierende Gegenstimme, denen er im ersten Finale seine Schlagkraft verdankte,
und er verliert zusätzlich an Substanz durch den Sog, der von dem nun unterlegten
messerscharfen Rhythmus aus punktierter Achtelnote und Zweiunddreißigstel-
Triole, einer den Bogen zum Anfang schlagenden Entlehnung aus der Introduktion,
ausgeht. Die Augenblicke, in denen Weills Gebrauchsmusik von der Affirmation in
Kritik umschlägt, sind spärlich und kurz bemessen. Der Versuch, mit ihrer Hilfe aus
der Esoterik der Gattung und der Institution Oper auszubrechen, bleibt ebenso
vergeblich wie der Ausbruch Jennys und Jims aus dem Zirkel einer anarchischen
Ordnung.

31 Die Technik der entwickelnden Variation, auf die Kowalkes Beschreibung des Weillschen
   Rekurrenzverfahrens als „thematic transformation" und „motivic development" abhebt
   (Kim H. Kowalke, *Kurt Weill in Europe*, Ann Arbor 1979, S. 139), läßt sich für Weill nicht
   in Anspruch nehmen.
32 Vgl. G. Wagner, a.a.O., S. 200.

Serielle Musik um 1960: Stockhausens „Kontakte"

von

CHRISTOPH VON BLUMRÖDER

Die *Kontakte*, die Karlheinz Stockhausen zwischen September 1959 und Mai 1960 komponierte, nachdem seit Februar 1958 unter Assistenz von Gottfried Michael Koenig Klangexperimente im Studio für elektronische Musik des Westdeutschen Rundfunks Köln vorausgegangen waren, existieren in zwei nach dem Willen Stockhausens gleichberechtigten Fassungen: die eine trägt den Titel *Kontakte für elektronische Klänge*, die andere den Titel *Kontakte für elektronische Klänge, Klavier und Schlagzeug*. Infolgedessen wurde erstens eine Realisationspartitur veröffentlicht, die die Herstellung der rein elektronischen Fassung in sämtlichen Arbeitsschritten dokumentiert, und zweitens eine Aufführungspartitur für jene Fassung, die elektronische und instrumentale Klänge, letztere ausgeführt von jeweils einem Pianisten und einem Schlagzeuger, miteinander verbindet. Im Gegensatz zur Realisationspartitur ist die Aufführungspartitur auch zum Mitlesen beim Hören geeignet, indem sie in einer oberen Spalte die graphisch vereinfachten Ergebnisse der Realisationspartitur sowie darunter den Notentext für die beiden Instrumentalisten abbildet. Nicht zuletzt deshalb wird die folgende analytische Skizze von der elektronisch-instrumentalen Fassung ausgehen, in der das Werk am 11. Juni 1960 in Köln mit dem Pianisten David Tudor und dem Schlagzeuger Christoph Caskel uraufgeführt wurde.

Bereits in Hinsicht auf den Entstehungszeitpunkt markieren die *Kontakte* einen Übergang, nämlich den Übergang von den fünfziger Jahren, die geprägt waren durch die Entstehung der seriellen und elektronischen Musik sowie der Aleatorik, in die sechziger Jahre, in deren Verlauf nicht nur Stockhausen, sondern ein Großteil der Komponisten überhaupt die seriellen Kompositionsverfahren zusehends freier handhabten. Mithin tragen die *Kontakte* in konkret kompositionstechnischer Hinsicht Züge, von denen einige im Sinne einer Synthese abstrakter serieller Verfahrensweisen aus den fünfziger Jahren, andere dagegen als Ausblicke auf das in den sechziger Jahren bevorstehende Aufbrechen serieller Hermetik aufzufassen sind. Man kann die *Kontakte* ohne Übertreibung als ein Schlüsselwerk für das Verständnis der musikalischen Entwicklung nach 1950 bezeichnen.

Allerdings hat der Übergangscharakter, der dem Werk kompositionsgeschichtlich eignet, auch Auswirkungen auf die Analyse. Entgegen jenen Darstellungen serieller Musikstücke aus den frühen fünfziger Jahren, die unter Kenntnis der Kompositionsskizzen, der prädeterminierten Skalen und des Formschemas mehr oder minder bruchlos den Kompositionsvorgang selbst Schritt für Schritt von der ersten Idee bis zum endgültigen Resultat nachzeichnen konnten, ist der Versuch, Ähnliches – wie es vielleicht erwartet würde – an den *Kontakten* zu demonstrieren, zum Scheitern verurteilt. Die Schwierigkeit liegt darin begründet, daß Stockhausen zwar für die *Kontakte* einen Formplan mit sämtlichen in der seriellen Musik bis dahin üblichen Material-Determinationen aufgestellt hat, dann aber bei der Ausarbeitung der Komposition nicht unbeträchtlich von diesen Fixierungen abgewichen ist. Daraus erwächst für die Analyse die Folgerung, je nach der Art der Fragestellung den Kompositionsplan einerseits oder das fertige Werk, die Partitur andererseits zum Ausgangspunkt zu nehmen und sich, zumal auf begrenztem Raum, mit der Aneinanderreihung einzelner analytischer Aspekte zu begnügen, ohne indes darauf zu verzichten, das Verhältnis zwischen Plan und Ausführung an geeigneter Stelle grundsätzlich zu bedenken.

I. Zum Material

Zwar schien, als die ersten Werke elektronischer Musik – darunter Stockhausens *Studie I* (1953) und *Studie II* (1954) – entstanden, manchem Beobachter diese neuartige Klangwelt der herkömmlichen Musik diametral entgegengesetzt zu sein, doch zeigte sich schon bald, daß eine derartige Entgegensetzung vorschnell proklamiert worden war. Bereits im Januar 1954 äußerte sich Stockhausen in einem Brief an Karel Goeyvaerts ablehnend gegenüber der Ansicht, „daß ein Sinuston qualitativ höher zu bewerten sei als ein Klavierton"; vielmehr seien für die jeweilige Materialwahl die kompositorischen „Vorstellungen" und damit verknüpfte „Forderungen" an das Material ausschlaggebend, wobei er augenblicklich den Eindruck habe, „daß uns in Zukunft mehr Vorstellungen gegeben sein werden, die sich nur noch elektronisch verwirklichen lassen"[1]. Zuvor, im März 1953, hatte Stockhausen allerdings ebenso entschieden auch seine feste Überzeugung darüber zum Ausdruck gebracht, daß zukünftig trotz ihrer spezifischen Unterschiede „mechanische und menschliche Klanghervorbringung... ohne Widerspruch neben- und ineinander wirken" werden[2]. Ausgehend also von der prinzipiellen Verschiedenheit des elektronischen sowie des instrumentalen Klangmaterials, aber – und hierin einem konstitutiven Gesetz serieller Komposition verpflichtet – mit dem Ziel, die gegensätzlichen Klangwelten einander zu vermitteln, setzt Stockhausen seine theoretische Einsicht in einem ersten Anlauf mit dem *Gesang der Jünglinge* (1955–56) dergestalt in die kompositorische Praxis um, daß er neben elektronischen Klängen die menschliche Singstimme als gleichberechtigtes Ausgangsmaterial verarbeitet. Und im Übergang zu den sechziger Jahren, beispielsweise zu einem live-elektronischen Werk wie *Mixtur für Orchester, Sinusgeneratoren und Ringmodulatoren* (1964), in dem – wie es im Titel bereits anklingt – instrumentales Ausgangsmaterial mit Sinustönen ver-

---

1 Zit. nach: H. Sabbe, *Die Einheit der Stockhausen-Zeit...*, in: *K. Stockhausen, ...wie die Zeit verging...* (= Musik-Konzepte, H. 19), München 1981, S. 51.
2 Ebenda.

mischt, zu einem völlig neuartigen Klangfarbenkaleidoskop verschmolzen wird, repräsentieren die *Kontakte* jene Stufe im Schaffen Stockhausens, auf der Instrumentalklänge unverarbeitet zum elektronischen Material treten und – wie ebenfalls der Titel programmatisch anzeigt – Berührungen und Verbindungen zwischen den beiden einander fremden Bereichen hergestellt werden.

Um diese kompositorische Idee realisieren zu können, hat Stockhausen sechs übergeordnete „intstrumentale Klangkategorien" definiert: „Metallklang – Metallgeräusch, Fellklang – Fellgeräusch, Holzklang – Holzgeräusch"[3]. Die Notwendigkeit elektronischer Klangerzeugung erwuchs daraus, daß nur so zwischen den genannten Klangkategorien „Verwandtschaften und Übergänge" hergestellt werden konnten, die sich rein instrumental nicht kontinuierlich bewerkstelligen ließen; zudem ergaben sich dabei die Möglichkeiten, zum einen die elektronischen Klänge mit den instrumentalen zu „verschmelzen" – und erst dies garantierte auch der rein elektronischen Fassung des Werkes ihre Eigenständigkeit –, zum anderen „in bisher unbekannte Klangräume" vorzudringen[4], womit der kompositorischen Klangphantasie ein willkommener Freiraum eröffnet wurde.

Dem Schlagzeuger steht eine Palette von Klangerzeugern aus jeder der sechs Klangkategorien – von vier Almglocken (Metallklang) bis zu einem Guero (Holzgeräusch) – zur Verfügung. Der Pianist, dessen angestammtes Instrument unter die Kategorie Metallklang fällt, spielt außerdem auf oder neben dem Klavier postierte Perkussionsinstrumente aus den Kategorien Metallklang (drei Cymbales antiques, vier Almglocken), Metallgeräusch (ein aufgehängtes Bündel indischer Schellen, ein Becken, ein Hihat), Fellgeräusch (ein umgekehrtes, mit Bohnen gefülltes Bongo) und Holzgeräusch (eine Pendelrassel aus zwölf hängenden Bambus-Claves, zwei Woodblocks). Ein Tamtam und ein Gong, die den Interpreten gemeinsam zugeteilt sind (vgl. unten, IV.), komplettieren das Instrumentarium[5]. Neben der Funktion, daß das Klavier die sechs in den *Kontakten* verwendeten Klangkategorien „verbinden, aufspalten oder Signale des Zusammenspiels geben" soll[6], leisten beide Instrumentalisten im Kontext einer elektronischen Musik, die sich zusehends von bekannten Klangeindrücken entfernt, Orientierungshilfen für den Hörer. Im Blick darauf hat Stockhausen 1968 die Instrumentalklänge mit „Verkehrszeichen im unbegrenzten Raum der neu entdeckten elektronischen Klangwelt" verglichen, ebenso wie er auf die Dialektik aufmerksam gemacht hat, in die das Neue, die elektronische

---

3 K. Stockhausen, Programmtext zur Uraufführung der *Kontakte* 1960, in: *Texte zu eigenen Werken, zur Kunst Anderer, Aktuelles*, Bd. II, Köln 1964, S. 104.

4 Ebenda. Es muß hier darauf verzichtet werden, auf die besondere Methode der elektronischen Klangproduktion einzugehen. Sie war insofern neuartig, als Stockhausen das gesamte Material ausschließlich aus Impulsen aufbaute und dadurch erst vielfältige Transformationsprozesse, selbst Übergänge etwa von Tonhöhenphänomenen in rhythmische Ereignisse, gestalten konnte; ein entsprechendes Beispiel aus den *Kontakten* hat Stockhausen im Aufsatz *Die Einheit der musikalischen Zeit* (1961) erläutert (in: *Texte zur elektronischen und instrumentalen Musik*, Bd. I, Köln 1963, S. 216 ff.).

5 Detaillierte Angaben mit Photographien der einzelnen Instrumente enthält das Vorwort der Aufführungspartitur.

6 K. Stockhausen, Programmtext zur Uraufführung, a.a.O.

Musik, mit dem Alten, der Instrumentalmusik, tritt: „Die Begegnung mit Vertrautem, Benennbarem in Regionen des Unbekannten und Namenlosen macht das Unbekannte um so geheimnisvoller, faszinierender, und umgekehrt wird das Bekannte,
auch Banale und Alte — für das wir kaum noch ein Ohr hatten — in der neuen
Umgebung des Unbekannten ganz frisch und lebendig."[7] Die *Kontakte* sind auch
ein Paradigma dafür, daß die serielle Musik sich als Neue Musik versteht und jenen
Strang der abendländischen Musikgeschichte fortsetzt, der seit dem ausgehenden
Mittelalter durch die bewußt reflektierte, ständige Erfindung von musikalisch
Neuem geknüpft wurde[8], wobei das Neue zur Definition seiner Identität des Alten
als Kontrapost ebenso bedarf, wie in einem solchen dialektischen Zusammenspiel
gleichzeitig das Alte, vermeintlich Wohlbekannte eine neuartige Qualität gewinnt;
man kann den letztgenannten Vorgang — wie Stockhausen 1973 plastisch ausgemalt
hat — im heutigen Raumfahrt-Zeitalter anhand der Wirkung veranschaulichen, die
das Auffinden eines Apfels oder eines Aschenbechers auf dem Mond hervorrufen
würde, „denn ein banales Objekt, das hier jedermann bekannt ist und das kaum
jemand als etwas Besonderes ansehen würde — wie ein Aschenbecher, ein Apfel —,
würde dort gewiß magische Wirkung haben, wenn wir es auf einem anderen Stern
fänden"[9].

II. Zur Vorplanung

Gemäß dem Formplan, den Stockhausen vor Beginn der Realisation der *Kontakte* entwarf, sollte das Werk aus achtzehn Abschnitten, von Stockhausen als
Strukturen bezeichnet, bestehen, von denen unter der Prämisse der Gleichverteilung
sechs rein elektronisch gestaltet sein, sechs ein Übergewicht instrumentaler Klänge
und die restlichen sechs ein Gleichgewicht zwischen elektronischen und instrumentalen Klängen aufweisen sollten[10]. Im Rahmen der sechs ausgewählten „instrumen-

7 K. Stockhausen, Einführungstext für die Schallplattenneuaufnahme der *Kontakte* 1968, in:
   Texte zur Musik 1963–1970, Bd. III, Köln 1971, S. 29.
8 Vgl. K. von Fischer sowie H. H. Eggebrecht, *Der Begriff des „Neuen" in der Musik von der
   Ars nova bis zur Gegenwart*, Kgr.-Ber. New York 1961, Bd. I, S. 184 ff. bzw. S. 195 ff.
9 K. Stockhausen, *Fragen und Antworten zu den ‚Vier Kriterien. . .'*, in: *Texte zur Musik
   1970–1977*, Bd. IV, Köln 1978, S. 413 f.; ähnlich äußerte sich Stockhausen bereits 1971 im
   Gespräch mit J. Cott (*Stockhausen. Conversations with the Composer*, New York 1973,
   S. 34).
10 Zwei ausführlichen Analysen, die den *Kontakten* gewidmet und deren Resultate in die
   vorliegende Darstellung einbezogen wurden, ist eine Reproduktion des Formplanes beige-
   fügt: H. Kirchmeyer, *Zur Entstehungs- und Problemgeschichte der ‚Kontakte' von Karlheinz
   Stockhausen*, 1963 als Beiheft zur Schallplatte Wergo 600 09, o. S.; zusammengefaßt auch
   in: ders. u. H. W. Schmidt, *Aufbruch der Jungen Musik. Von Webern bis Stockhausen* (= Die
   Garbe, Musikkunde IV), Köln 1970, S. 193 ff. (Formplan S. 204 ff.); vollständiger Neu-
   druck des Artikels in: Neuland III, 1983, S. 152 ff. (ohne Formplan). S. Heikinheimo, *The
   Electronic Music of Karlheinz Stockhausen. Studies on the Esthetical and Formal Problems
   of its First Phase* (= Acta musicologica fennica VI), Helsinki 1972, S. 115 ff. (Formplan
   S. 132 f.). Daneben existiert eine Untersuchung, die mit Hilfe eines Computers die seriellen
   Verfahren im Werk aufzudecken versucht: St. Brandorff u. J. La Cour, *Aspects of the Serial
   Procedures in Karlheinz Stockhausen's „Kontakte"*. Electronic Music and Musical Acoustics
   I, 1975, S. 75 ff.

talen Klangkategorien" (vgl. oben, I.) nahm Stockhausen die Anordnung und Verknüpfung der Strukturen unter dem Gesichtspunkt einer kontinuierlichen Klang-
transformation aus dunkler Tiefe (tiefes Metallgeräusch in der instrumental domi-
nierten Struktur I) in helle Höhe (hohes Holzgeräusch am Ende der rein elektronischen Struktur XVIII) vor und stellte damit die *Kontakte* in die Nachfolge von
Arnold Schönbergs Konzept einer „Klangfarbenmelodie". Denn entsprechend der
Forderung Schönbergs, aus Klangfarben „solche Folgen herzustellen, deren Beziehung untereinander mit einer Art Logik wirkt, ganz äquivalent jener Logik, die uns
bei der Melodie der Klanghöhen genügt"[11], ist für die *Kontakte*, vergleichbar der
Logik des Aufsteigens einer Tonhöhenmelodie zu einem Spitzenton, die Logik des
übergreifenden klangfarblichen Aufhellungsprozesses konstitutiv, aus der die Balance der einzelnen Strukturen und damit die Form des Werkes erwächst. Zugleich
gibt es aus einem früheren Stadium der Skizzierung des Werkes eine aufschlußreiche
Notiz Stockhausens, in der er die drei Möglichkeiten im Mischungsverhältnis von
elektronischen und instrumentalen Klangmitteln mit den Attributen „irdisch"
(instrumental), „irdisch-himmlisch" (instrumental-elektronisch) und „himmlisch"
(elektronisch) versehen hat. Übertragen auf den formalen Verlauf der *Kontakte*
präsentiert sich jener somit auch als ein Aufstieg vom „Irdischen" (Struktur I) zum
„Himmlischen" (Struktur XVIII). Freilich sollte man derartige Assoziationen, die
Stockhausen während der Planungsphase des Werkes bewegt haben, nicht wie
Richard Toop, der die Inskriptionen in den Skizzen entdeckt hat, bereits als „vir-
tuelles ‚inferno-purgatorio-paradiso'-Programm des Stückes" auslegen[12], sondern
vielmehr als einen ersten Hinweis auf den – in der Terminologie Hans Heinrich
Eggebrechts – „Gehalt"[13] der *Kontakte* registrieren.

Bei der Detailplanung der achtzehn Strukturen, die jeweils in sechs Teilstrukturen (in der Partitur von A bis F durchgezählt) untergliedert sind, verfuhr Stockhausen in einer besonderen Weise, die er schon 1955 im Blick auf sein damaliges
kompositorisches Projekt *Gesang der Jünglinge* (1955–56) dahingehend umschrieben hatte, daß „man der ‚Gedankenordnung' Ordnungskriterien und Ordnungs-
methoden der Empfindungsqualitäten hinzufügt"[14]. So wurde in dieser Komposition neben der „Gedankenordnung" – der abstrakten seriellen Determination der
einzelnen Parameter des Klanges – eine auf „Empfindungsqualitäten" bezogene
Reihe von sieben Verständlichkeitsgraden wirksam und kontrollierte das Ausmaß
der Verfremdung, der die in das Werk eingearbeiteten Singstimmenfragmente unter-

11 A. Schönberg, *Harmonielehre*, Wien ³1922; 7. Aufl., hrsg. von J. Rufer, Wien 1966, S. 503.
12 R. Toop, *Stockhausen's Electronic Works: Sketches and Work-Sheets from 1952–1967*,
   Interface X, 1981, S. 186.
13 H. H. Eggebrecht, *Zur Methode der musikalischen Analyse*, in: *Sinn und Gehalt. Aufsätze
   zur musikalischen Analyse* (= Taschenbücher zur Musikwissenschaft LVIII), Wilhelmshaven
   1979, S. 7 ff.
14 K. Stockhausen im Februar 1955 brieflich an K. Goeyvaerts, zit. nach: H. Sabbe, *Die
   Einheit der Stockhausen-Zeit . . .* , a.a.O., S. 52.

worfen sind[15]. Und in den *Kontakten* findet der seit der Mitte der fünfziger Jahre von einer quantitativen zu einer qualitativen Organisationsmethode führende Umschwung im seriellen Komponieren seinen Niederschlag in einer Skala von sechs Veränderungsgraden, die nunmehr sämtliche Schichten des kompositorischen Verlaufs steuert.

Veranschaulichen läßt sich die neuartige Organisationsmethode im Blick auf die kompositorischen Bereiche „Geschwindigkeit", „Lage" und „Intensität", für die Stockhausen jeweils drei Zustandsformen der musikalischen Elemente definierte und in einem einheitlichen System von drei Linien durch Striche darstellte: Ein Strich auf der unteren Linie repräsentiert die Zustandsformen „langsam" (Geschwindigkeit), „tief" (Lage) und „pp" (Intensitäten), auf der mittleren Linie „mittel" (Geschwindigkeit), „mittel" (Lage) und „mf" (Intensitäten) und auf der oberen Linie „schnell" (Geschwindigkeit), „hoch" (Lage) und „ff" (Intensitäten); während der waagerechte Strich einen statischen Zustand symbolisiert, zeigt eine auf- oder absteigende Schräglinie einen sich ändernden Zustand an, eine Beschleunigung oder Verlangsamung (Geschwindigkeit), eine Verlagerung in die Höhe oder in die Tiefe (Lage) und ein Crescendo oder Decrescendo (Intensitäten)[16]. In Verbindung damit regelt die sechsstufige Skala der Veränderungsgrade, in der die Ziffer 1 eine nur geringfügige, kaum wahrnehmbare Veränderung, die Ziffer 6 dagegen die größtmögliche, sehr deutlich wahrnehmbare Veränderung indiziert, die Relation zweier aufeinanderfolgender musikalischer Zustandsformen in sechs größer werdenden, in der Tabelle von links nach rechts auf einem Liniensystem aufgetragenen Schritten; da die Fortschreitungsmöglichkeiten innerhalb einer Skala jeweils von der im Veränderungsgrad 1 zum Ausgang genommenen Zustandsform abhängen, konnte Stockhausen eine Tabelle von acht Liniensystemen entwerfen:

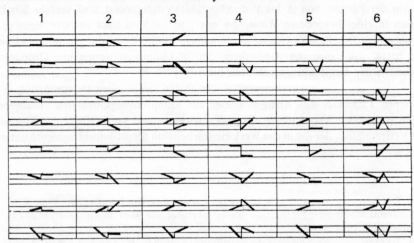

15 Die Reihe lautet: 1 = nicht verständlich, 2 = kaum verständlich, 3 = ganz wenig verständlich, 4 = fast verständlich, 5 = nicht genau verständlich, 6 = verständlicher, 7 = verständlich (nach: K. Stockhausen, *Musik und Sprache III*, in: *Texte* . . ., Bd. II, a.a.O., S. 61 f.).
16 Die Beschreibung und anschließende Transkription basiert auf dem entsprechenden Skizzen-

Im oben bereits erwähnten Formplan finden sich in jeder Struktur mit Ausnahme der sechs rein elektronisch konzipierten Abschnitte die Veränderungsgrade — die Stockhausen auch für die Raumposition des Klanges (vierkanalige Lautsprecherwiedergabe), die Wahl der Instrumentenfamilie und die Form der musikalischen Elemente (Tonpunkt, -gruppe oder -kollektiv) in sechsstufigen Skalen bestimmte — in Zahlenquadraten wieder, deren sechs waagerechte Zeilen jeweils eine Reihe von Veränderungsgraden für die Gestaltungsbereiche — von oben nach unten — Raum, Intensität, Elementform, Lage, Geschwindigkeit und Instrumentenfamilie angeben. Wie aus den Zahlenquadraten für die ersten drei geplanten Strukturen hervorgeht, basieren die einzelnen Zeilen nicht unbedingt immer auf der vollständigen Skala möglicher Veränderungsgrade, sondern teilweise nur auf Ausschnitten, im Extremfall lediglich auf dem geringsten Veränderungsgrad 1; sie steuern in den genannten Gestaltungsbereichen mit ihren ersten fünf Ziffern die Relationen zwischen den sechs Teilstrukturen einer Struktur, mit ihrer sechsten Ziffer den Übergang von der jeweils letzten zur jeweils ersten Teilstruktur zweier aufeinanderfolgender Strukturen:

	I							II							III				
1	4	3	5	2	6		4	1	6	2	5	3		3	6	5	1	4	2
1	3	2	4	1	5		4	1	6	2	5	3		3	6	5	1	4	2
1	2	1	3	1	4		4	1	6	2	5	3		3	6	5	1	4	2
1	1	1	2	1	3		4	1	6	2	5	3		2	5	4	1	3	1
1	1	1	1	1	2		3	1	5	1	4	2		1	4	3	1	2	1
1	1	1	1	1	1		2	1	4	1	3	1		1	3	2	1	1	1
6	12	9	16	7	21		21	6	33	10	27	15		13	30	24	6	18	9
1	4	3	5	2	6		4	1	6	2	5	3		3	6	5	1	4	2

⑥ ② ⑤

[① ④③]

Addiert man in jeder vertikalen Spalte die Veränderungsgrade der einzelnen Gestaltungsbereiche, so ergeben sich unter dem Strich Summen, die das jeweilige Veränderungspotential von einer Teilstruktur zur anderen pauschalieren und, proportional geordnet, den jeweils darunter stehenden Zahlenfolgen entsprechen, in der Struktur I der Folge 1 4 3 5 2 6. Diese Zahlenreihe, die bereits in der ersten Zeile des Zahlenquadrats für die Struktur I auftritt, repräsentiert den Keim der mathematisch begründeten seriellen Logik in den *Kontakten* und kontrolliert auch die übergeordneten Proportionen der für eine jede Struktur insgesamt summierten Veränderungspotentiale: Wenn man alle Veränderungsgrade in den Zahlenquadraten

blatt Stockhausens, reproduziert bei S. Heikinheimo, *The Electronic Music of Karlheinz Stockhausen*, a.a.O., S. 131.

der ersten sechs Strukturen I, II, III, V, VI und VII – IV entfällt, da rein elektronisch geplant – zusammenzählt, resultiert die Folge 71 (=1), 112 (=4), 100 (=3),
121 (=5), 86 (=2), 126 (=6). Die unter einer jeden Struktur stehenden eingekreisten
Ziffern ergänzen sich für die Strukturen I bis VI zu der gleichfalls von jener grundlegenden Zahlenreihe abgeleiteten Folge 6 2 5 1 4 3 (drei Zahlen ‚Krebs', dann die
drei Anfangszahlen der Grundreihe); diese Zahlenfolge schreibt den Strukturen die
Dauern in Bandzentimetern vor (6 = 220, 2 = 43,5, 5 = 146, 1 = 29, 4 = 97,5,
3 = 65), wobei jeder Zahl noch eine spezielle Skala für die Dauern der Teilstrukturen zugeordnet ist.

Weiteren Ableitungen und Permutationen kann hier ebensowenig nachgegangen
werden wie der Prädetermination der noch ausstehenden Strukturen. Doch dürfte
sich die einheitstiftende Organisationsmethode hinlänglich abgezeichnet haben, mit
der Stockhausen für die *Kontakte* ein Netz vielfältiger serieller Beziehungen wob
und eine Kette ständiger musikalischer Veränderungen knüpfte.

III. Zur Ausarbeitung

Dafür, daß die *Kontakte* in ihrer endgültigen Gestalt entgegen den achtzehn
Strukturen im Formplan lediglich sechzehn Strukturen aufweisen, war zum einen
ein äußerer Umstand ausschlaggebend: Um den Uraufführungstermin einhalten zu
können, mußte Stockhausen die Komposition bei Struktur XIV abbrechen, so daß
der übergeordnete, von tiefem Metallgeräusch ausgehende Klangaufhellungsprozeß
verkürzt in hohem Metall- und nicht, wie geplant, Holzgeräusch endet. Zum anderen hatte Stockhausen zuvor schon nach der Fertigstellung der Struktur I erkannt,
daß sie für einen Beginn des Werkes ungeeignet war, und deshalb eine spezielle
Anfangsstruktur sowie, da sich diese der vorgesehenen Struktur I nicht bruchlos
anfügen wollte, noch eine Überleitungsstruktur komponiert und beide der geplanten
Struktur I vorgeschaltet. Den Expositionscharakter der neukonzipierten Struktur I
offenbart bereits ein flüchtiger Blick auf die Verteilung der Klänge im Raum. Nacheinander präsentieren die sechs Teilstrukturen die sechs für das Werk grundlegenden
Raumpositionen: Klang aus einem Lautsprecher (Teilstruktur IA), in allen Lautsprechern Verschiedenes (IB), Alternation (IC), in allen Lautsprechern das Gleiche
(ID), Rotation (IE) und Flutklang (IF). Und die Numerierung der Strukturen in der
gedruckten Partitur verhält sich folglich zum Formplan dergestalt, daß Struktur III
der Partitur mit Struktur I im Plan zusammenfällt und hier erst die Realisation des
prädeterminierten seriellen Schemas einsetzt.

Kann man somit für die gegenüber dem Plan veränderte Zählung der Strukturen
in der Partitur von äußerem Zeitdruck unabhängige, rein kompositorische Gründe
anführen, so gilt dies auch für weitere Modifikationen, die Stockhausen während der
Ausarbeitung vornahm. Einerseits erwuchsen Abweichungen wie die nicht unbe-
trächtliche Ausweitung der (nach der Partitur gezählt) Struktur X auf eine Dauer
von 4'30" – im Formplan waren 43,5" veranschlagt – aus der Wechselwirkung
zwischen serieller Planung, kompositorischer Ausführung und klanglichem Ergebnis

– ein Vorgang, der gerade auf dem Gebiet elektronischer Klangerzeugung äußerst überraschende Resultate zeitigen kann. Fasziniert von dem Klang, der aus der Struktur IX hervorging, ließ Stockhausen hier seiner kompositorischen Phantasie freien Lauf und schuf – so seine eigene Schilderung 1978 – „Klang-Flugzeuge" rings um den „Hauptklang, der in Mikro-Intervallen auf- und abfährt wie so ein Raum-Fahrzeug" und sich nicht der Vorplanung, sondern allein Stockhausens momentaner „Verliebtheit in seine fremdartige Schönheit" verdankt[17]. Andererseits spielte bei der Verkürzung der Struktur XII auf drei Teilstrukturen offensichtlich die dramaturgische Überlegung eine Rolle, daß dem Höhepunkt einer musikalischen Szene (XIIA$_1$; 29,7″) ein längerer Abschnitt der Beruhigung (XIIB; 37,9″) sowie ein kurzes Aufgreifen des Höhepunkts (XIIA$_2$; 13,8″) folgen sollten (Näheres dazu unten, IV.). Zudem fiel die Komposition des Werkes in jene Zeit, in der die serielle Musik um die Möglichkeiten der Aleatorik erweitert worden war, und auch diese Tendenz, bei Stockhausen im *Klavierstück XI* (1956) manifest geworden, ist an den *Kontakten* nicht spurlos vorübergegangen. Ursprünglich hatte Stockhausen nämlich beabsichtigt, drei Schlagzeuger sowie einen Pianisten an der Aufführung des Werkes zu beteiligen, die zum einen jeweils einen Kanal der vierspurig aufgenommenen elektronischen Musik nach eigenem Ermessen ein- oder ausblenden, zum anderen – ein Vorgriff auf eine Konzeption, die Stockhausen später in den *Hymnen* mit Solisten (1966–67) beziehungsweise mit Orchester (1969) verwirklichte – in ihrem Spiel frei auf die Tonbandaufnahme reagieren sollten. Da Proben rasch die Unrealisierbarkeit dieses Vorhabens, der auch eine Reduzierung der Besetzung auf zwei Instrumentalisten nicht abhelfen konnte, erwiesen, sah sich Stockhausen schließlich zur Anfertigung eines festgelegten Notentextes für die Solisten gezwungen[18]. Doch hatte er von Anfang an umgekehrt proportional zu den Veränderungsgraden auch Freiheitsgrade in die Komposition eingeplant[19] – einem geringen Veränderungsgrad korrespondierte ein hoher Freiheitsgrad, und umgekehrt –, und so drängt sich die Folgerung auf, daß während der Ausarbeitung vorgenommene Modifikationen des Plans bereits im Entwurf angelegt waren und bei der Ausarbeitung die eingeplante Freiheit auf den Plan selbst zurückschlug.

Allerdings erlaubten einen freizügigen Umgang mit dem Formplan letzten Endes erst die relative serielle Determination in Veränderungsgraden einerseits, verbunden mit der relativen Eigenständigkeit der einzelnen Strukturen im Sinne von „Momentgruppen" andererseits. Stockhausen hat 1960 unter Berufung auf die *Kontakte* die Bedeutung des Ausdrucks „Moment" folgendermaßen – „qualitativ und unter Berücksichtigung eines gegebenen Kontextes", wie er eigens betont – definiert: „Ich will. . . den Begriff so fassen, daß ich jede durch eine persönliche und unverwechselbare Charakteristik erkennbare Formeinheit – ich könnte auch sagen: jeden selb-

17 „*Wille zur Form und Wille zum Abenteuer*". Karlheinz Stockhausen im Gespräch mit Rudolf Frisius, Neuland II, 1981/82, S. 147.

18 Ausführungen Stockhausens dazu (1972) bei R. Maconie, *The Works of Karlheinz Stockhausen*, London, New York u. Toronto 1976, S. 144.

19 Das betreffende Skizzenblatt Stockhausens ist reproduziert bei H. Kirchmeyer, *Zur Entstehungs- und Problemgeschichte der ‚Kontakte'*. . ., a.a.O., o.S. (Neuland III, S. 173).

ständigen Gedanken – in einer bestimmten Komposition als M o m e n t bezeichne": Zum einen kann ein solcher „Moment durch Änderung einer oder mehrerer seiner charakteristischen Eigenschaften" in „Teilmomente" untergliedert werden, zum anderen bilden „aufeinanderfolgende Momente, die durch eine oder mehrere Eigenschaften miteinander verwandt sind, ohne ihre persönliche Charakteristik in Frage zu stellen, . . .eine Momentgruppe"[20] ; bereits die Terminologie erhellt, daß diese Konzeption aus der Theorie der „Gruppenkomposition" erwachsen ist[21]. Gemäß der Begriffsbestimmung Stockhausens wird die Teilstruktur IA der *Kontakte* durch einen ruhigen, 15,7″ ausgehaltenen Klang als „Moment", der durch einen crescendo-decrescendo-Akzent nach 10,4″ in zwei „Teilmomente" gegliedert ist, charakterisiert. Der zweite „Moment", die Teilstruktur IB, gewinnt sein Profil aus dem Kontrast zum vorangegangenen und besteht aus sechs „Teilmomenten": drei unterschiedlich langen (8,6″, 1,7″ und 5,7″) dichten Klangkomplexen, deren Partikel mit hohen Geschwindigkeiten durcheinanderwirbeln, folgen jeweils Pausen (1,2″, 2,6″ und 3,8″), in denen zunehmend die zuvor mit der elektronischen Musik vermischten Klangeinwürfe der Instrumentalisten deutlich hervortreten. Und so, wie die beiden ersten „Momente" sowohl sich gegeneinander abheben als auch einander bedingen – der zweite „Moment" würde einen weniger furiosen Eindruck erwecken, wenn er allein stünde und nicht auf den ersten, langsam charakterisierten folgte –, schließen sie sich mit den nächsten vier „Momenten" (den Teilstrukturen IC bis IF, in denen der Anfangsklang bald in seine Komponenten zerlegt, bald in verschiedenartigen Mischungen wieder zusammengefügt wird) zur ersten „Momentgruppe", der Struktur I der *Kontakte* zusammen.

Indem Stockhausen bei der Skizzierung des Werkes die „Momente" und „Momentgruppen" nicht im Sinne bereits fertig umrissener Gestalten determiniert, sondern in Reihen von Veränderungsgraden einen relativen Zusammenhang zwischen ihnen gestiftet hatte, konnte er bei der kompositorischen Ausarbeitung durchaus mit einer gewissen Freiheit verfahren. Wenn er etwa bei der Realisierung der Struktur II des Formplanes (die in der Partitur als Struktur IV erscheint) das zugehörige Zahlenquadrat erheblich durcheinanderwürfelte und – bezogen auf die erste waagerechte Zeile, die entsprechende Umstellungen in allen darunterstehenden Zeilen bewirkt – die Folge 4 1 6 2 5 3 in 6 3 5 4 1 2 abänderte (vgl. das originale Zahlenquadrat oben, am Ende von II.)[22], so bedeutet dies keine Preisgabe des seriellen Schemas. Vielmehr beweist gerade ein derart einschneidender Eingriff den veränderten Stellenwert der seriellen Organisationsmethode und mithin eine Verlagerung des kompositorischen Interesses; Stockhausen resümierte diesbezüglich 1973: „Der Charakter des Objektes wird relativ, und der Prozeß selbst, der Prozeß der Genesis eines Ereignisses, seiner Komposition und Dekomposition: dieser Pro-

20 K. Stockhausen, *Momentform. Neue Zusammenhänge zwischen Aufführungsdauer, Werkdauer und Moment*, in: *Texte. . .*, Bd. I, a.a.O., S. 200 f.
21 Vgl. K. Stockhausen, *Gruppenkomposition: Klavierstück I* (1955), ebenda, S. 63 ff.
22 Die Detail-Skizze zur Realisation der Struktur II bzw. IV ist bei H. Kirchmeyer und H. W. Schmidt (*Aufbruch der Jungen Musik*, a.a.O., S. 198) wiedergegeben.

zeß wird das Thema"[23]. Das obige Beispiel, und ebenso die bereits weiter oben erwähnte Struktur X, die Stockhausen in diesem Zusammenhang 1972 als musterhaft zitiert hat[24], zeigen treffend, wie strikt Stockhausen die Formung solcher „Prozesse" zum primären „Thema" der Komposition um 1960 erhob, dem gegenüber vorgeplante Festlegungen innerhalb einzelner „Momentgruppen" zweitrangig wurden, so lange die übergeordnete Balance zwischen den „Momentgruppen" gewahrt blieb. Und so führt von den *Kontakten*, für die nicht mehr die genaue Bemessenheit im Detail, sondern vielmehr der fortwährende Fluß musikalischer Transformationsprozesse konstitutiv ist, auch ein gerader Weg zu Werken wir *Plus-Minus* (1963) oder *Prozession* (1967), mit denen Stockhausen die freie Prozeß-Komposition als Gattung etablierte und bei denen vollends der Verlauf wichtiger ist als das verwendete Klangmaterial oder die Aufführungsdauer.

Darüber hinaus eröffnet sich hier ein Ausblick auf das grundsätzliche Verhältnis zwischen Plan und Ausführung in den *Kontakten*: Stockhausen formulierte mit dem Plan ein kompositorisches Problem, steckte den Rahmen in Hinsicht auf das zu verwendende Material ab und versuchte mittels einer geeigneten Organisationsmethode einen Weg zur Problemlösung einschließlich des am Ende resultierenden Werkes vorzuzeichnen. Doch die Dialektik zwischen abstrakter Vorplanung und konkretem klanglichen Ergebnis, die mit der kompositorischen Ausführung des Entwurfs einsetzte, brachte als zusätzliche Instanz die ästhetische Urteilskraft des Komponisten ins Spiel. Und nicht zuletzt sie entschied darüber, ob im Einzelfall eine sich abzeichnende Antwort auf die kompositorische Fragestellung falsch und somit – dem mathematischen Autoritätsanspruch des Planes zum Trotz – korrekturbedürftig oder aber richtig, und das heißt nichts anderes als musikalisch plausibel war.

IV. Szenische Musik

Zwar prägte Stockhausen den Ausdruck „szenische Musik" 1977 im Hinblick darauf, daß insbesondere seit den siebziger Jahren seine „Werke auch für das Auge durchkomponiert sind", indem „die Bewegungen der Instrumentalisten und Sänger immer mehr komponiert werden"[25], doch tritt dieser Gesichtspunkt ansatzweise bereits in den *Kontakten* zum Vorschein, zunächst eingangs in der Szene, mit der eine Aufführung des Werkes eröffnet wird: Nachdem sich der Pianist auf die – vom Zuhörer aus gesehen – linke und der Schlagzeuger auf die rechte Bühnenseite zu ihren Instrumenten begeben haben, schreitet der Pianist zur Bühnenmitte, wo ein großes Tamtam (Mindestdurchmesser 75 cm) aufgestellt ist, bringt dieses in Schwingung, indem er mit einem Metallschlegel crescendierend einmal im Kreis an dessen

23 K. Stockhausen, *Fragen und Antworten zu den* [!!!], *Vier Kriterien* . . ., a.a.O., S. 403
24 K. Stockhausen, *Vier Kriterien der Elektronischen Musik*, in: *Texte*. . ., Bd. IV, a.a.O., S. 365 ff.
25 *„Was steht in TEXTE Band 4?". Ein Gespräch zwischen Christoph von Blumröder und Karlheinz Stockhausen*, in: *Texte*. . ., Bd. IV, a.a.O., S. 18.

Rand entlangstreicht, und während gleichzeitig die elektronische Musik, identisch mit der Klangfarbe des Tamtams, einsetzt, kehrt der Pianist zum Klavier zurück und spielt dort bei 10,4″ der Teilstruktur IA in einem synchronen Klangeinwurf mit dem Schlagzeuger weiter.

Besonderes Gewicht gewinnt diese Szene dadurch, daß sie nicht nur die Aufführung, sondern auch einen direkten Zugang zum Gehalt der *Kontakte* eröffnet. Die Aktion des Pianisten, laut Stockhausen dem Andrehen des „Weltrades" vergleichbar[26], setzt den Prozeß der elektronischen Klangtransformationen in Gang, der nach einem regelrechten musikalischen ‚Ur-Knall' in der Teilstruktur IB eine völlig neuartige Klangwelt entwickelt; übrigens begegnet der Vorgang in Stockhausens Prozeß-Komposition *Ylem* (1972) wieder, zu deren Beginn eine ähnliche, auf einen Tamtamschlag folgende „Explosion" die musikalische „Evolution" auslöst[27]. Und so läßt sich der Gehalt der *Kontakte* dahingehend umschreiben, daß zur selben Zeit, da die Weltraumfahrt ihre ersten spektakulären Erfolge feierte[28], auch Stockhausen seine eigene, ihm gemäße Expedition in bislang unerforschte und außerhalb der bekannten musikalischen Welt gelegene Regionen unternahm. Für diese Interpretation spricht nicht nur die Faszination, mit welcher weltweit die ersten Weltraumflüge verfolgt wurden, da es mehr als unwahrscheinlich erscheint, daß davon gerade ein Komponist wie Stockhausen — technischen und naturwissenschaftlichen Forschungen prinzipiell aufgeschlossen — unbeeindruckt geblieben sein sollte. Sondern auch die Metaphern, deren sich Stockhausen zuweilen bediente, wenn er über die *Kontakte* sprach, weisen in dieselbe Richtung, sei es, daß er die Bewegung des „Hauptklangs" der Struktur X als die eines „Raum-Fahrzeugs" beschrieb (zitiert oben als Anm. 17), sei es, daß er den besonderen Charakter instrumentaler Klänge im Kontext elektronischer Musik mit der „magischen Wirkung" eines Aschenbechers oder Apfels „auf einem anderen Stern" verglich (zitiert oben als Anm. 9), wozu sich nicht zuletzt seine Skizzenvermerke „irdisch" für die instrumentalen und „himmlisch" für die elektronischen Klänge (vgl. oben, II.) fügen.

In den Teilstrukturen XIE bis XIIIA hat Stockhausen eine zweite, der Eingangsszene korrespondierende, aber mit etwa 2′10″ ungleich längere Aktion komponiert: Zunächst begibt sich der Schlagzeuger zur Bühnenmitte (XIE) und beginnt, den dort neben dem Tamtam stehenden Gong von allen Seiten mit unterschiedlichen Schlegeln stürmisch zu bearbeiten, währenddessen der Pianist in erster Linie Cluster beisteuert, dann ebenfalls sein Instrument verläßt und zum Tamtam geht (XIF). Nun spielen der Schlagzeuger am Gong und der Pianist am Tamtam einen gemein-

---

26 Auf dieses mythische Symbol bezieht sich Stockhausen 1971 im Gespräch mit J. Cott (*Stockhausen*, a.a.O., S. 65).

27 Laut Stockhausens Angaben in der weitgehend verbal notierten Partitur.

28 Seit dem ersten, am 4.10.1957 gestarteten Sputnik, dem am 3.11.1957 ein zweiter mit einer Hündin an Bord folgte, waren bis zum Abschluß der Komposition der *Kontakte* insgesamt 14 Raumflüge begonnen worden, wobei die Mondsonde Lunik 3 (4.10.1959) erste Fernsehbilder der Mondrückseite geliefert und das Raumschiff Sputnik 4 (15.5.1960) zur Vorbereitung der bemannten Raumfahrt bereits eine dem Menschen nachgebildete Puppe mit künstlichem Kreislauf bis in 660 km Höhe getragen hatte.

samen Rhythmus wuchtiger Schläge, der in vier, jeweils mit Einsätzen identischer elektronischer Tamtamklänge zusammentreffenden ff-Akzenten (XIIA$_1$ bei 23'49", 24'4,6", 24'9,4" und 24'11,5") gipfelt: an formal signifikanter Stelle, nämlich nach zwei Dritteln der Gesamtdauer des Werkes, wird in sowohl musikalischer als auch szenischer Hinsicht ein Kontakt gestiftet, der die Klangwelt der *Kontakte* im Tamtamklang und damit im Zentrum, dem „Weltrad", erneut zusammenfaßt, um anschließend dem elektronischen Transformationsprozeß im „Flutklang" (24'18,7") wieder seinen Lauf zu lassen; spiegelbildlich zur Reihenfolge ihres Auftretens kehren erst der Pianist (XIIB), dann der Schlagzeuger (XIIIA), nachdem er zuvor als Echo der vier ff-Akzente noch zweimal synchron mit der elektronischen Musik den Gong sowie das Tamtam im ff angeschlagen hat (XIIA$_2$ bei 24'56,6" sowie 24'59,8"), zu ihren Plätzen zurück.

Aufgrund der Schlüsselstellung, die den beiden beschriebenen Aktionen in den *Kontakten* zukommt, nimmt es nicht wunder, daß Stockhausen aus dieser latent szenischen Musik 1961 die schillernde Welt der *Originale* erstehen ließ, ein „Musikalisches Theater" – so der Untertitel –, bei dem Klangerzeugung und theatralisches Ereignis ineins fallen. Aber nicht nur in szenischer Hinsicht eröffnen die *Kontakte* eine Perspektive bis in die siebziger Jahre mit Stockhausens visuell vollständig durchkomponierten Werken wie *Inori. Anbetungen für 1 oder 2 Solisten und Orchester* (1973–74). Sondern auch der eingangs skizzierte kompositionstechnische Übergangscharakter der *Kontakte* bedarf einer Präzisierung: Konnte es am Ende der sechziger Jahre unter einem eingeschränkten Blickwinkel für manchen Betrachter den Anschein haben, als signalisiere dieses Werk eine Preisgabe serieller Kompositionspraxis, so ist der Sachverhalt heute in einem umfassenderen musikgeschichtlichen Zusammenhang als Übergang der seriellen Musik zu sich selbst zu umschreiben, indem sie in modifizierter Form bei Stockhausen seit *Mantra* (1970) in der Formel-Komposition ihre Wiedereinsetzung feiert.

PERSONENREGISTER
Zu den Seiten 1–435

Zusammengestellt von
Joachim Stange